TASCHEN
est. 1980

TASCHEN
est. 1980

L'EGYPTE

Les hommes

Les dieux

Les pharaons

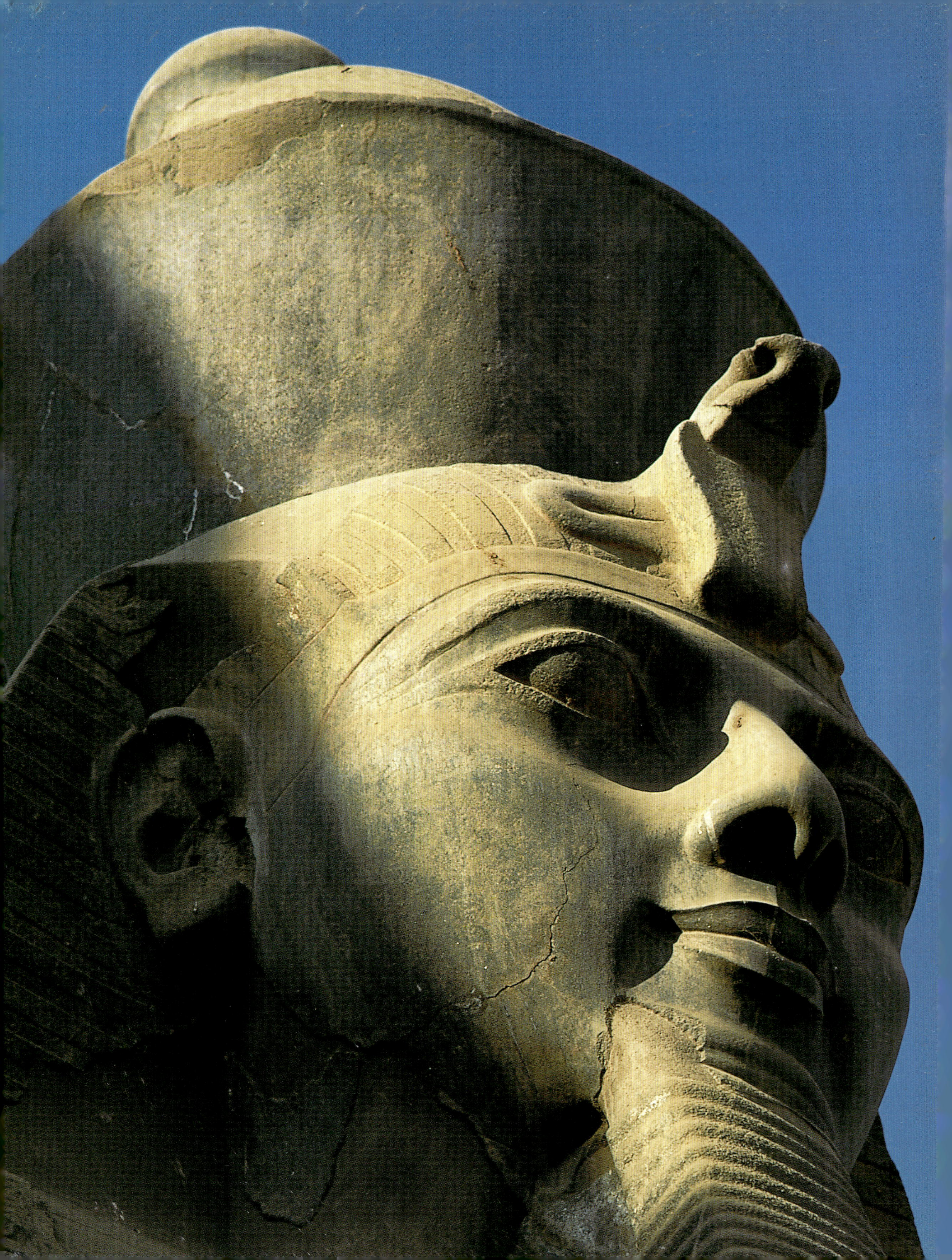

Rose-Marie & Rainer Hagen

L'EGYPTE

Les hommes

Les dieux

Les pharaons

TASCHEN

Page 2 : Statue de Ramsès II, temple de Louqsor
Page 6 : Bracelet du roi Chéchonq Ier, Tanis (détail)
Pages 8/9 : Le Sphinx, Gizeh
Pages 10/11 : Paysage du Nil
Pages 12/13 : Cavaliers devant les pyramides de Gizeh

Hohenzollernring 53, 50672–Köln
www.taschen.com

Édition originale : © 1999 Benedikt Taschen Verlag GmbH
Rédaction : Susanne Uppenbrock, Cologne
Conseillère égyptologue : Muriel Elsholz, Hambourg
Mise en page : Kühle und Mozer, Cologne
Couverture : Sense/Net, Andy Disl et Birgit Reber, Cologne
Traduction française : Michèle Schreyer, Cologne

Printed in South Korea
ISBN 3–8228–4766–6

Sommaire

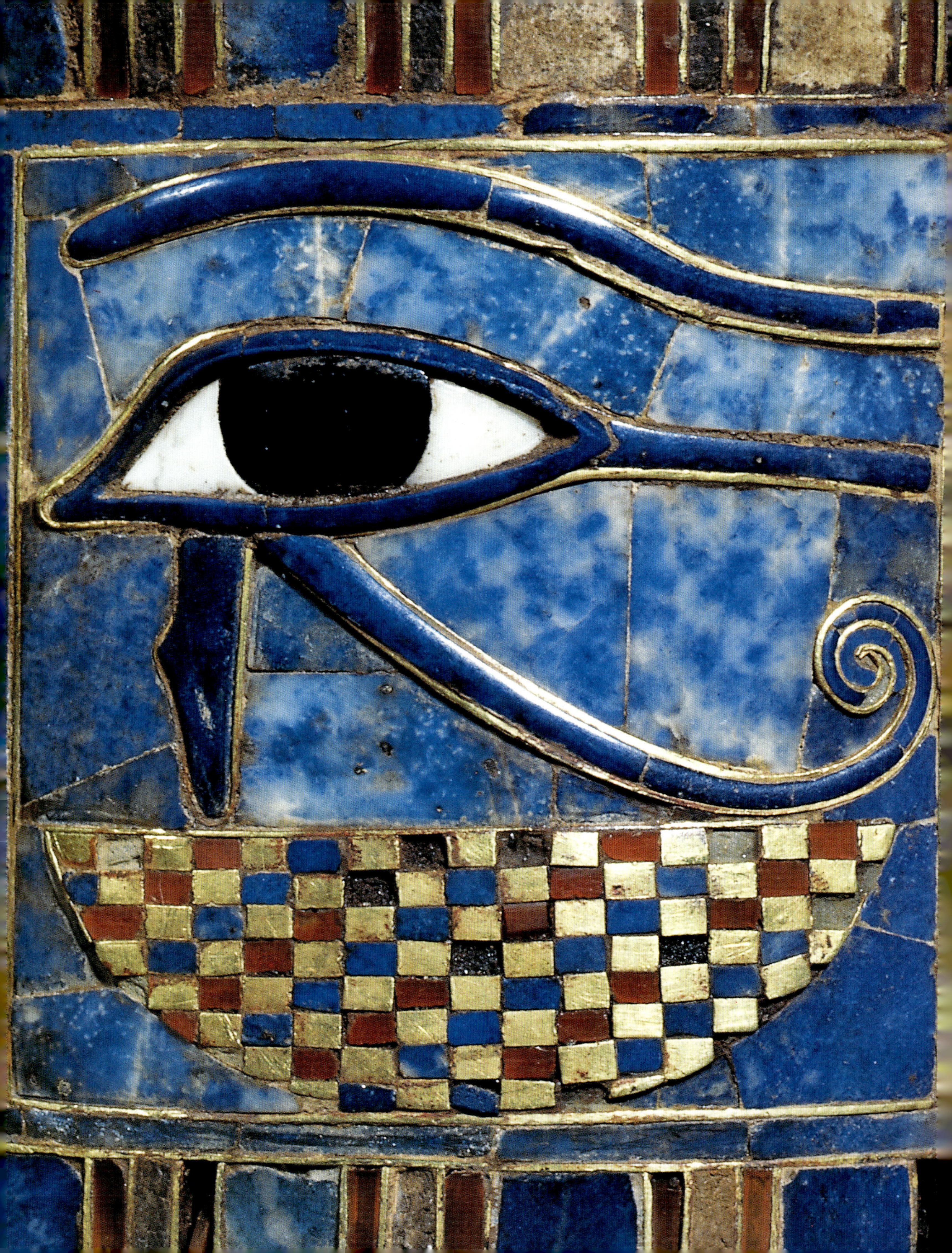

Préface

Aujourd'hui encore des pyramides sont édifiées, ici un hôtel à Las Vegas, là l'entrée de verre d'un grand musée parisien. Mais les Egyptiens nous ont légué bien plus que cette architecture de génie, ils ont conçu et élaboré beaucoup de choses qui n'ont rien perdu de leur actualité – les nouvelles pyramides n'en sont que la marque la plus spectaculaire.

Si on n'a pas encore réussi à se faire une idée claire de la manière dont ont été édifiés les tombeaux monumentaux des pharaons, on sait, du moins pour l'essentiel, comment vivaient les hommes qui les ont construits, ce qui les mettait en joie, ce qui les excitait, comment ils concevaient le monde. Les peintures et bas-reliefs des tombeaux nous éclairent là-dessus, et les documents déchiffrés par les égyptologues, tel celui qui rapporte la grève des ouvriers funéraires, nous renseignent sur la vie quotidienne en Egypte, l'administration, la manière dont les conflits étaient résolus.

Trois mille années d'histoire égyptienne signalent peu de mutations profondes, du moins si on les compare aux deux derniers millénaires, et en particulier aux deux derniers siècles de l'histoire européenne. Les dieux et les pharaons changeaient de nom, mais les conceptions de l'au-delà, les structures politiques, le niveau des connaissances technologiques n'évoluaient pas notablement. Et sur le plan de l'alimentation, les hommes dépendirent toujours en premier lieu des crues du Nil. Cette stabilité hors du commun nous a incités à ne pas décrire l'Egypte ancienne dans une perspective chronologique, et si nous mentionnons les dates, celles-ci restent une information secondaire. Le lecteur soucieux de repères historiques trouvera aux pages 232–235 une liste des empires et dynasties et le nom des principaux souverains.

L'élaboration de caractères écrits est l'une des prouesses les plus remarquables des Egyptiens – les hiéroglyphes que nous avons « semés » tout au long des pages en convaincront le lecteur. Ils seront traités trois fois au cours de l'ouvrage : le chapitre sur les scribes évoque la position privilégiée de ceux qui savaient écrire, le chapitre sur l'écriture présente l'alphabet égyptien, beaucoup plus complexe que le nôtre ; le dernier chapitre rapporte les vicissitudes de la recherche et des efforts qu'il fallut fournir jusqu'à ce que les signes tombés dans l'oubli redeviennent enfin lisibles.

Le présent ouvrage veut éveiller la curiosité du lecteur et apporter les premières réponses à ses questions – une sélection d'ouvrages spécialisés est publiée à son attention page 237.

Les auteurs

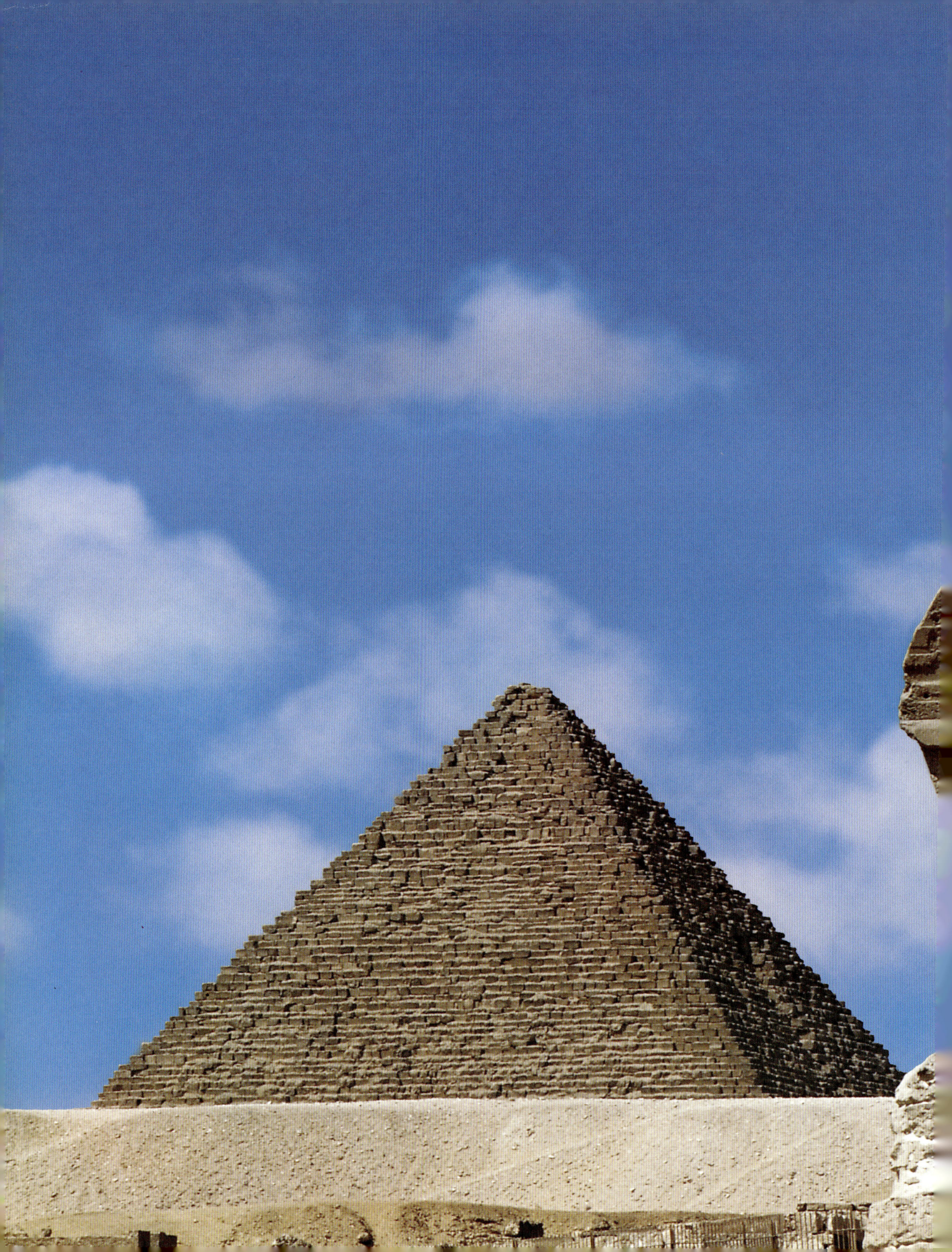

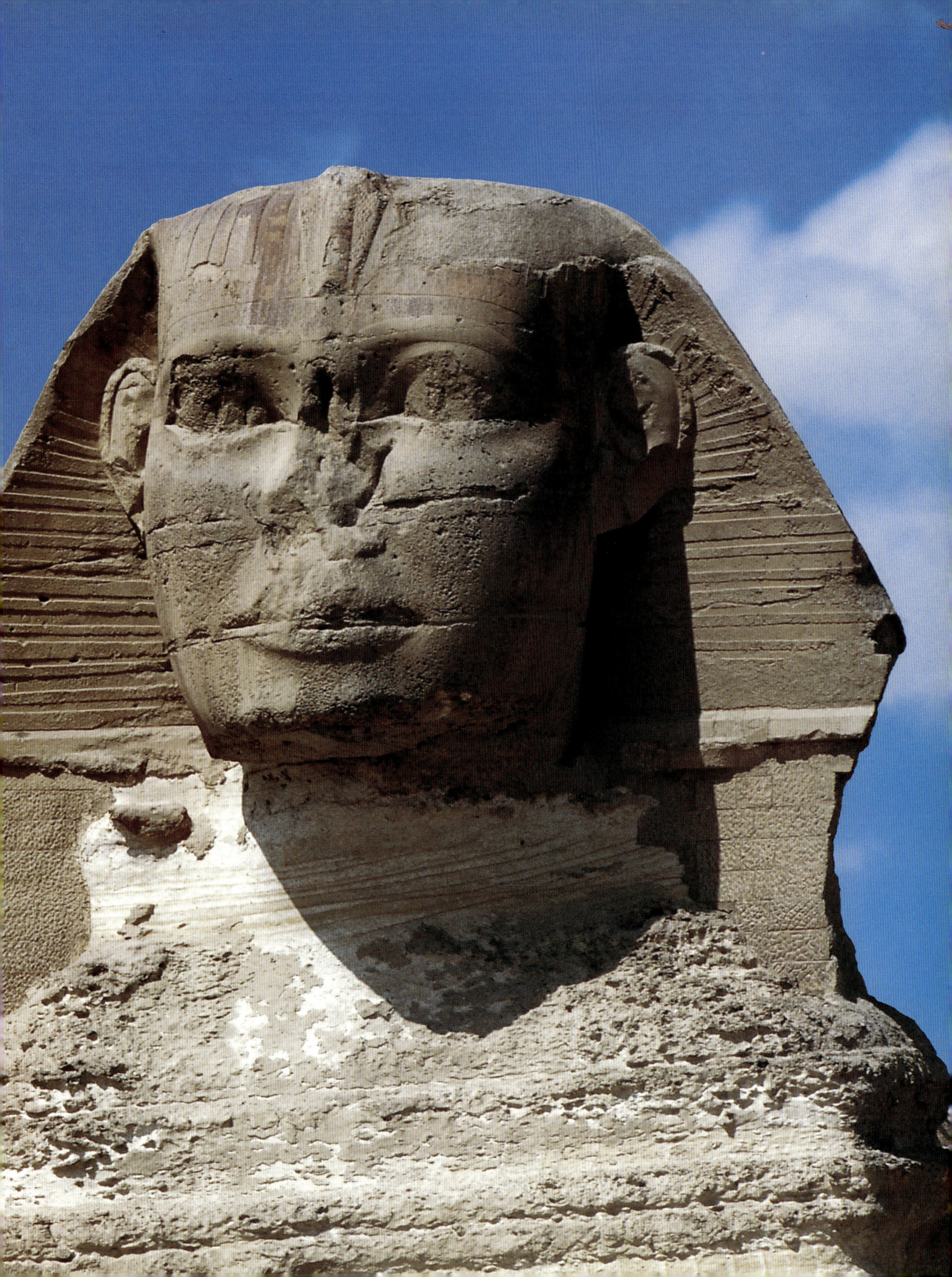

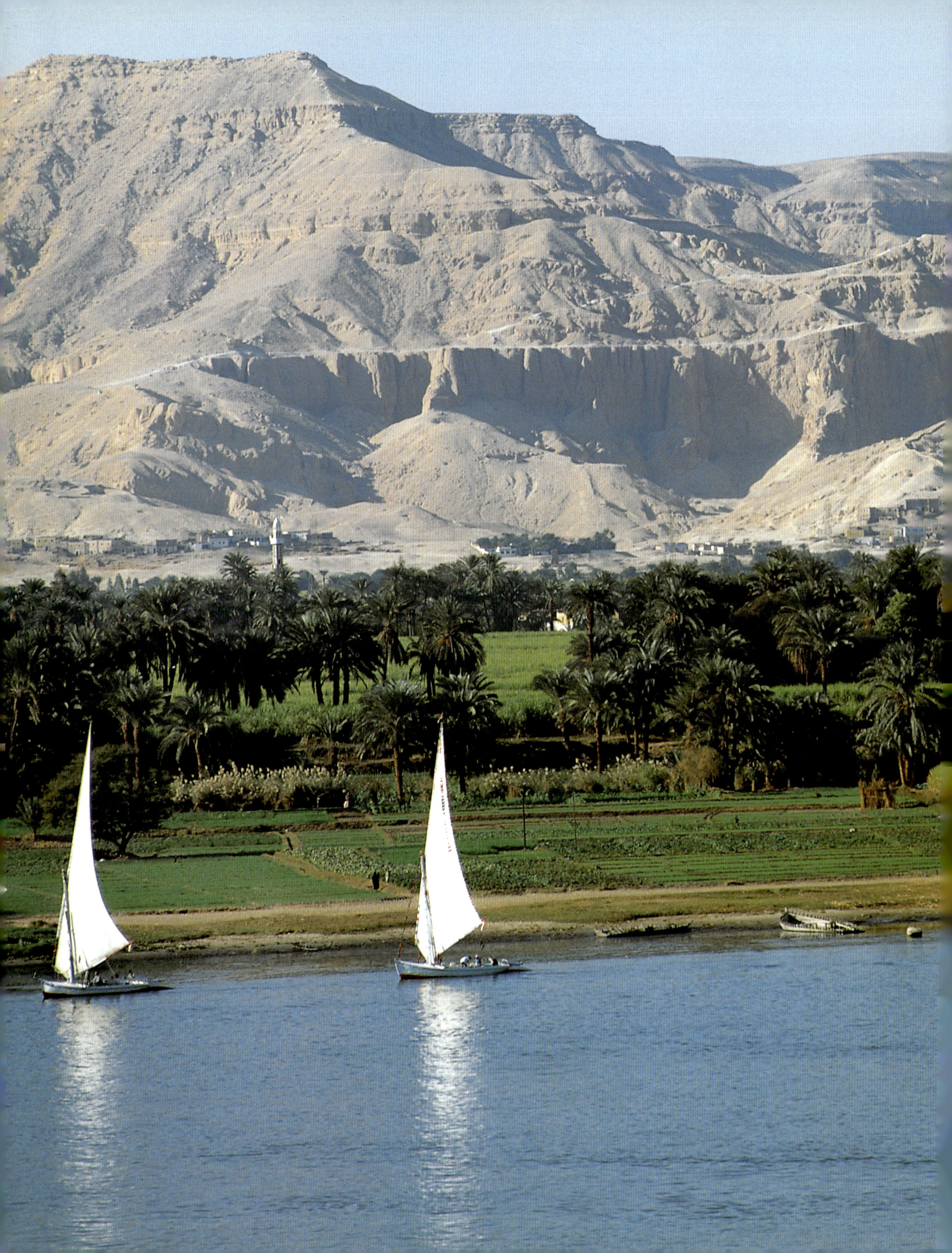

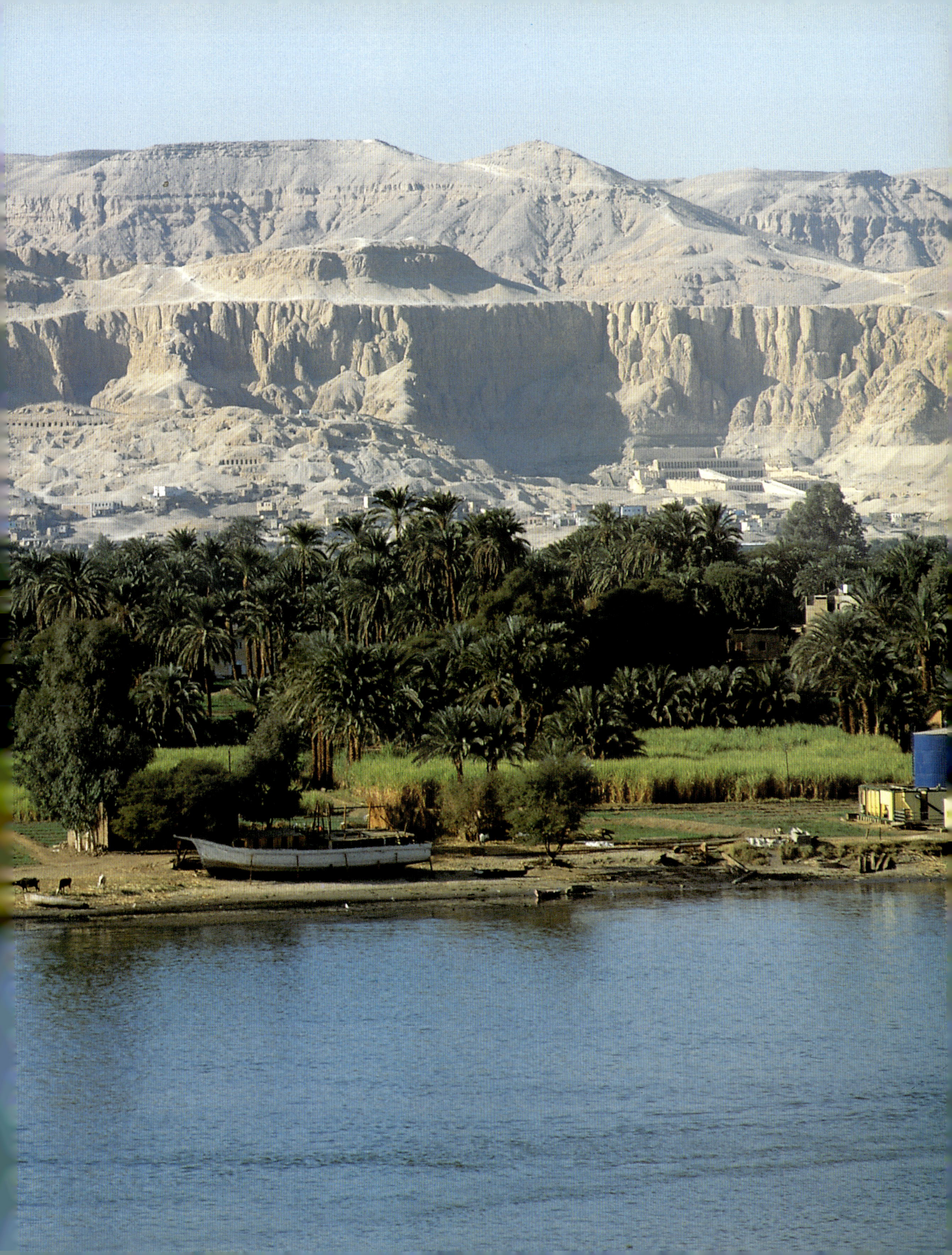

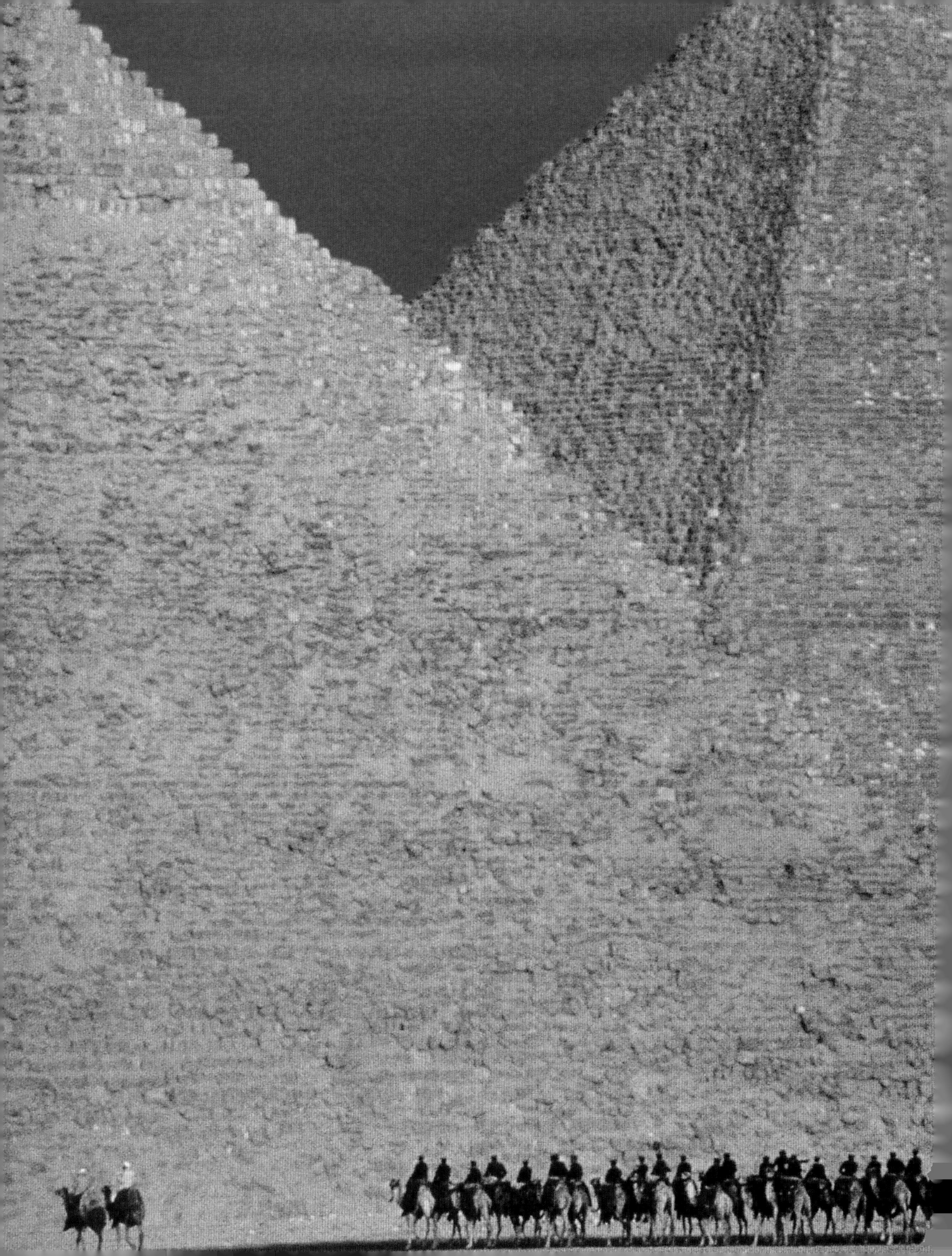

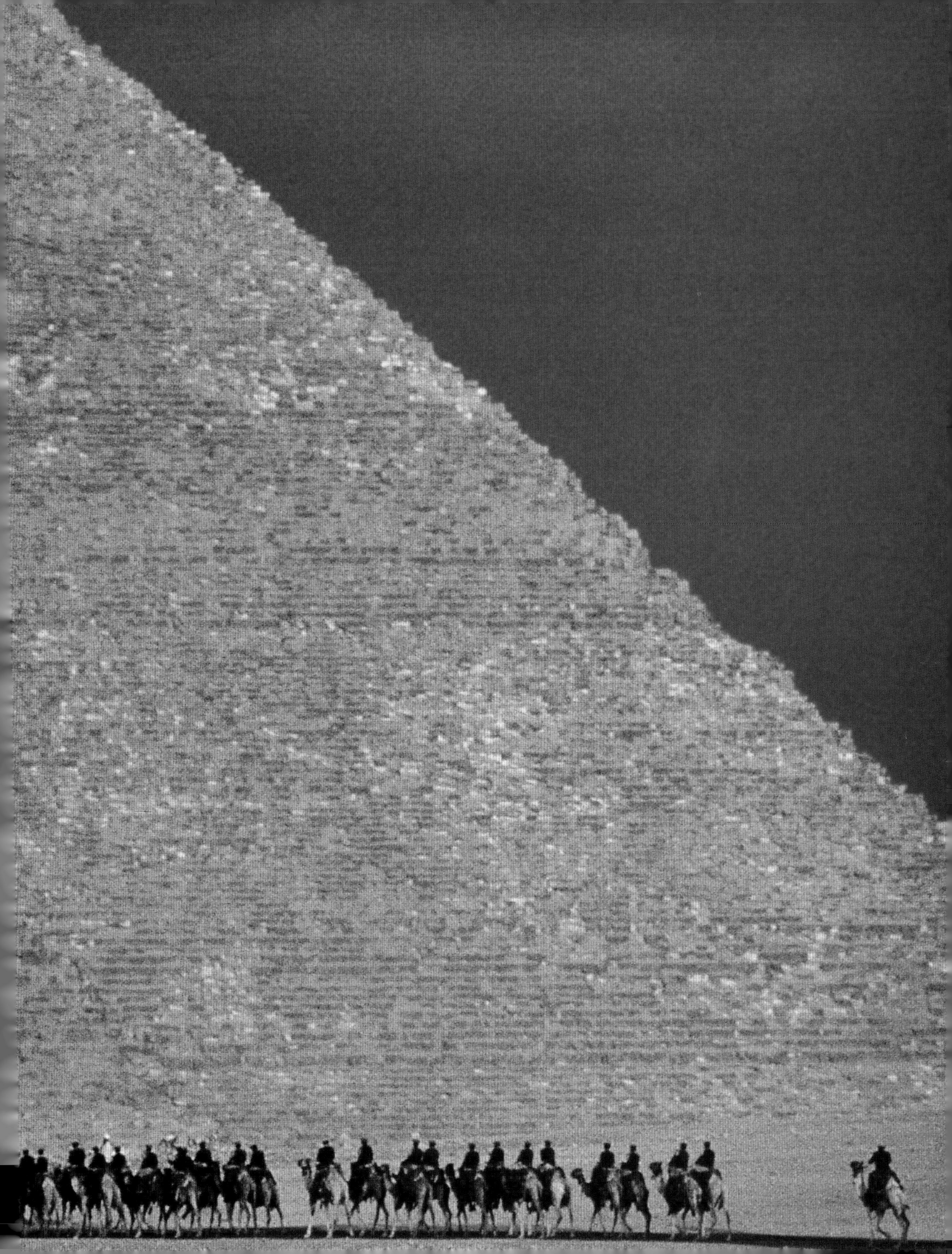

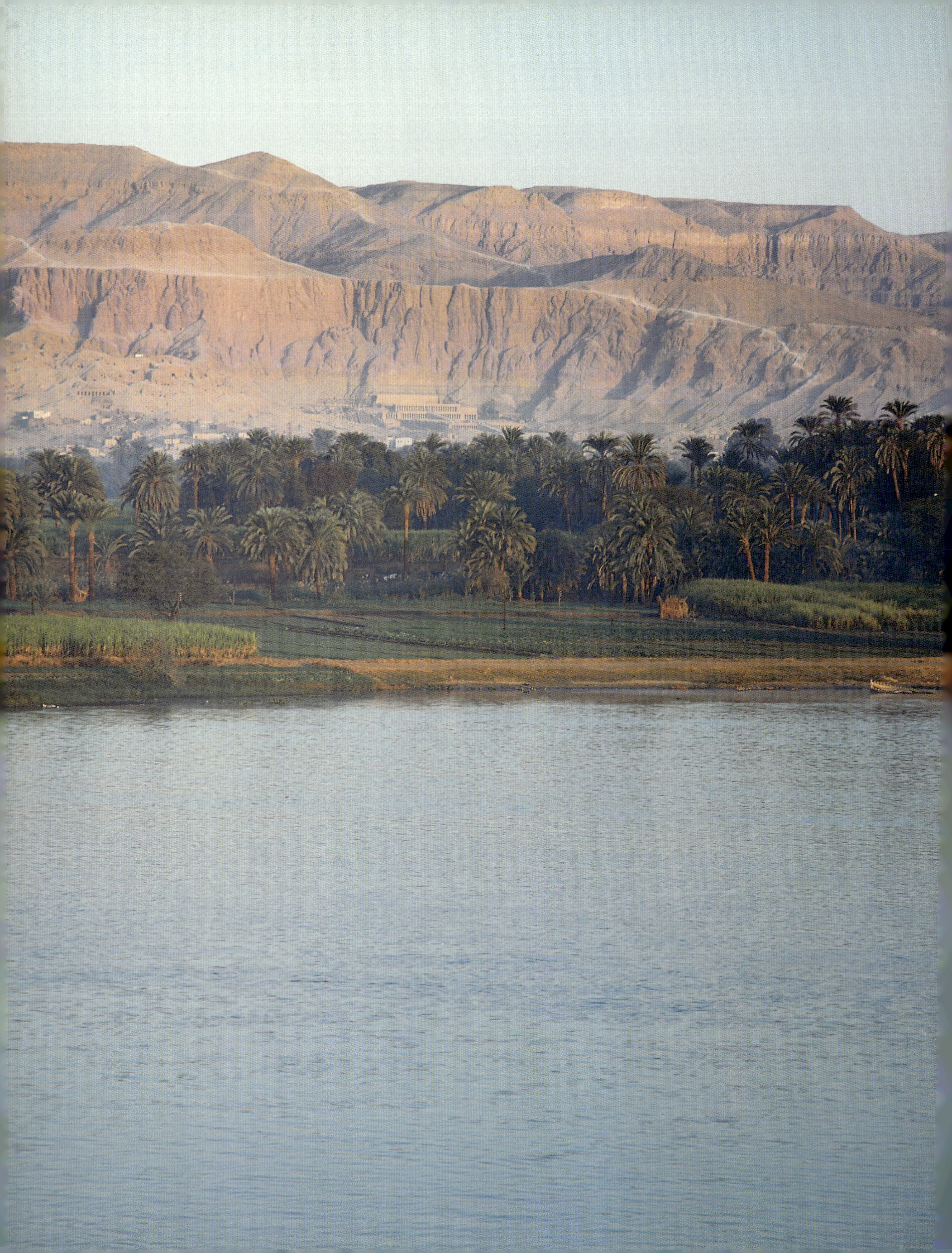

Le Nil, ses rives fertiles et le désert caractérisent l'image de l'Egypte, d'Assouan au sud du pays, jusqu'au Caire au nord et au début du delta. Les terres cultivées habitées ne couvrent que quatre pour cent de la superficie totale du pays : l'Egypte est une oasis dans un Etat désertique.

Un don du Nil

mou = l'eau

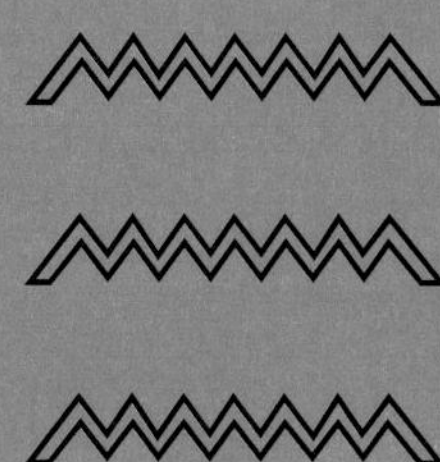

Si l'Egypte existe, elle le doit à un fleuve. L'historien grec Hérodote écrivait en 450 avant notre ère : « L'Egypte est un don du Nil. » Sans le Nil, une civilisation aussi avancée n'aurait pas pu s'épanouir dans l'Antiquité, et l'Etat actuel n'existerait pas.

Pourtant, hors de la plaine qui borde le fleuve, le pays est aride, les terres cultivées et habitées ne couvrent que quatre pour cent de la superficie totale de l'Egypte. Ces terres riveraines ressemblent, d'Assouan au Caire, à une oasis plus vaste que nature, mesurant par endroits à peine cent mètres de large et s'étalant ailleurs sur plusieurs kilomètres à l'intérieur du désert saharien. Le delta commence au nord du Caire, le fleuve se divise ici en bras multiples, les hommes ne vivent plus sur les berges mais entre les eaux ; la région est fertile, on cultive deux fois plus dans le delta qu'entre Le Caire et Assouan.

Le Nil nourrit l'Egypte et pendant des milliers d'années il a aussi défini le rythme annuel. A l'époque du solstice d'été, les eaux gonflées venues du Sud se rapprochaient, un mois plus tard elles atteignaient l'embouchure, pendant trois mois environ le Nil en crue sortait de son lit, inondait la plaine et le delta. S'ensuivait la saison des semailles et des plantations, d'octobre à novembre. De janvier à avril, les fruits et céréales mûrissaient, puis venait le temps des récoltes.

Pour tirer le meilleur parti de la crue, les Egyptiens créèrent un système sophistiqué de canaux et de champs en terrasses. Le Nil n'irriguait pas seulement les sols assoiffés, il les lavait aussi du sel qui les imprégnait, il emportait les déchets. Il apportait avec lui un limon riche en minéraux, qui teintait la terre en noir et la rendait féconde. Kemet : Terre Noire. Kemet, c'est aussi le nom que les Egyptiens avaient donné à leur pays.

Il ne pleut pratiquement jamais dans le Sud, et les précipitations étant insignifiantes dans la région du delta, la récolte annuelle dépendait uniquement de la crue estivale : si elle était propice, l'Egypte produisait du blé en abondance, pouvait stocker des réserves et exporter. En revanche, trop d'eau ou pas assez plusieurs années de suite et c'était la famine assurée.

Les Egyptiens ne vivaient pas seulement au bord du Nil, ils vivaient avec lui. La crue annuelle était de loin l'événement qui avait la plus grande portée sur leur existence matérielle. On mesurait la hauteur des eaux à vingt endroits au moins, aujourd'hui encore on peut apercevoir quelques nilomètres – des puits à escalier dotés de marques. Les résultats servaient à prédire le volume des récoltes et aussi, pense-t-on, à calculer les impôts annuels.

La situation a changé depuis la mise en service de barrages près d'Assouan – le premier en 1920, le second et le plus haut, en 1971. L'irrigation est régulière toute l'année, les régions cultivables ont pu être étendues, les récoltes sont plus nombreuses, et la centrale hydroélectrique qui couple le haut barrage d'Assouan produit un quart de l'électricité

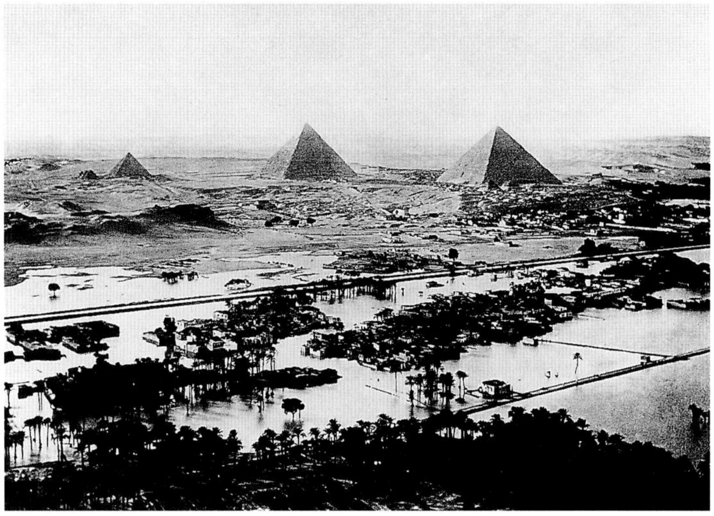

Jusqu'en 1902, année où l'on construisit le premier barrage à Assouan, le Nil sortait de son lit une fois l'an à partir du Sud et inondait la plaine fluviale. Sur la photo qui date du XIXe siècle, on distingue à l'arrière-plan les pyramides de Gizeh.

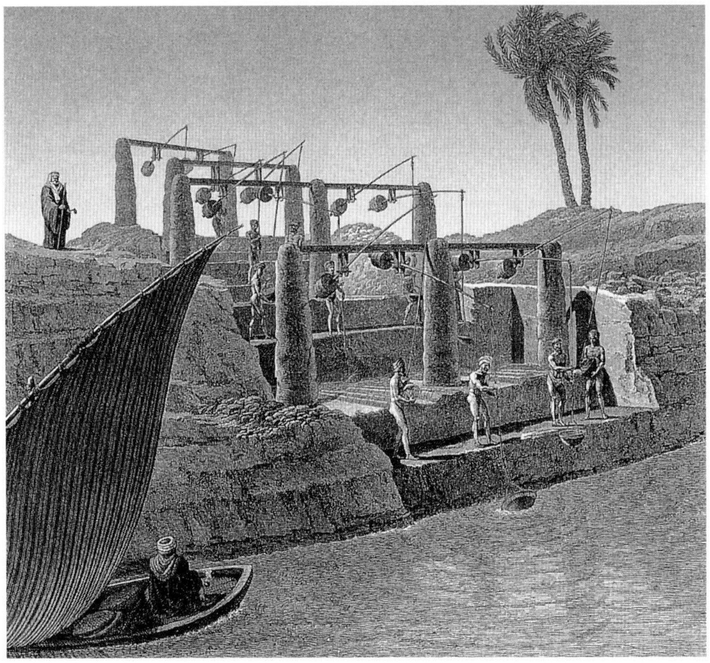

La crue annuelle passée, les champs étaient irrigués par un système de canaux. Pendant des millénaires les Egyptiens utilisèrent des rampes étagées auxquelles étaient suspendus des seaux à l'extrémité de longues tiges. Aujourd'hui, des pompes à moteur amènent l'eau dans les fossés.

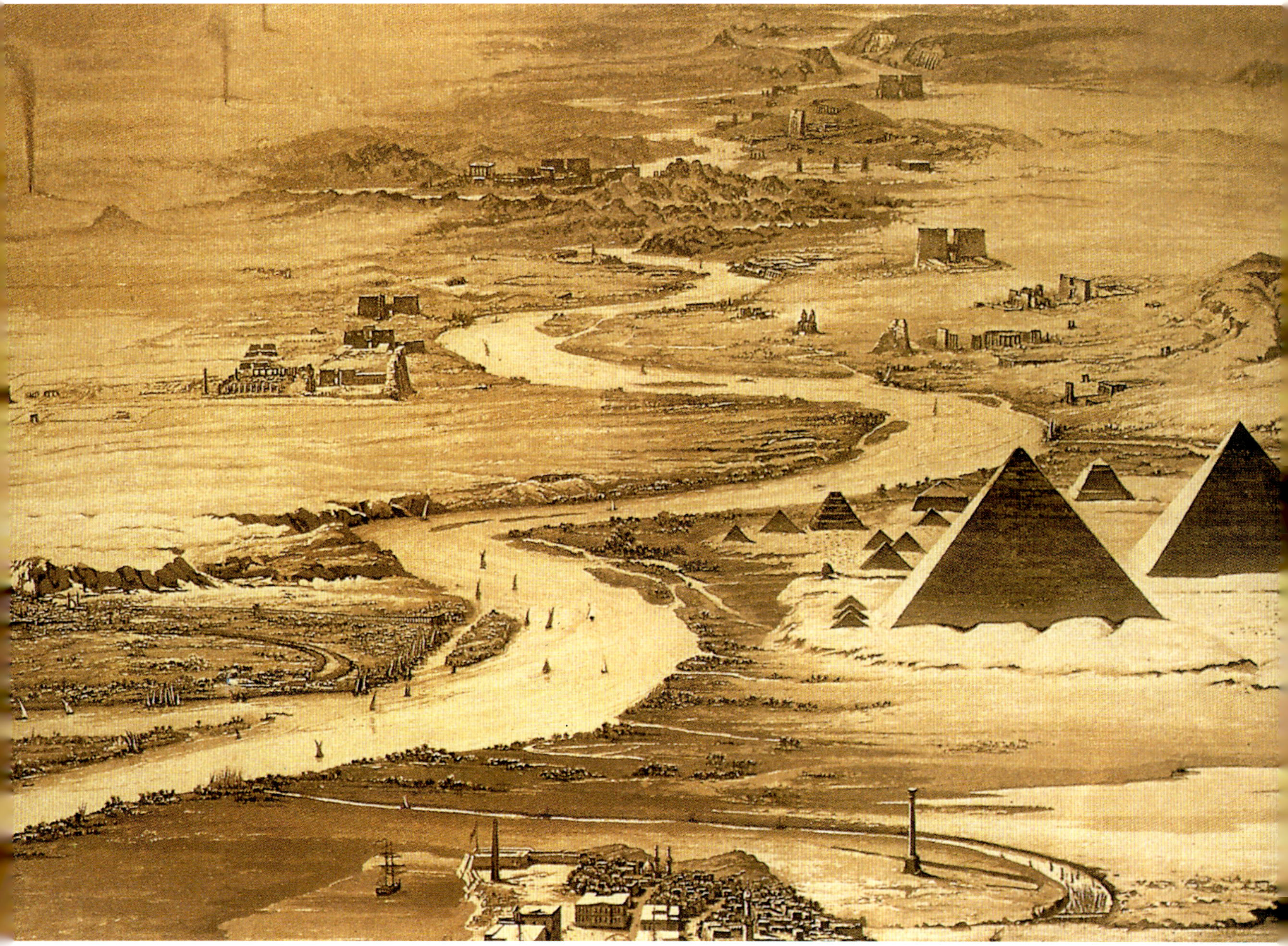

nécessaire au pays. Mais il y a une ombre au tableau, car les sels minéraux contenus dans les eaux de retenue du Lac Nasser se déposent au fond du bassin, et les champs autrefois engraissés naturellement le sont maintenant à l'aide de produits chimiques. En outre, l'eau délivrée de ses alluvions coule plus rapidement et arrache les consolidations édifiées sur les berges, le niveau de la nappe phréatique monte et menace les anciennes constructions. Il semble aujourd'hui que ces interventions très lourdes dans l'écosystème génèrent autant d'avantages que d'inconvénients.

Les anciens Egyptiens ne connaissaient pas les sources du Nil et ignoraient les causes de l'inondation. Hérodote rapporte : « Je n'ai rien pu apprendre de la nature du Nil ni des prêtres ni de qui que ce soit. J'aurais aimé savoir pour quelle raison les eaux du Nil montent. Aucun Egyptien … ne put répondre quand je demandai pourquoi le Nil fait le contraire de tous les autres fleuves … » C'est-à-dire

L'architecte français Hector Horeau publia en 1838 une représentation en perspective du Nil avec quelques-uns des édifices les plus importants. Au premier plan, la colonne de Pompée à Alexandrie, au-dessus les pyramides de Gizeh et de Saqqarah, ensuite – entre autres – le Ramesseum, sur la rive opposée du Nil les temples de Karnak et de Louqsor, en haut le temple rupestre d'Abou Simbel.

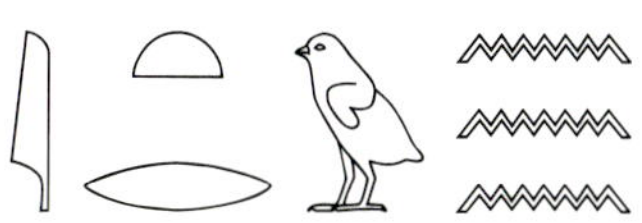

iterou = le fleuve

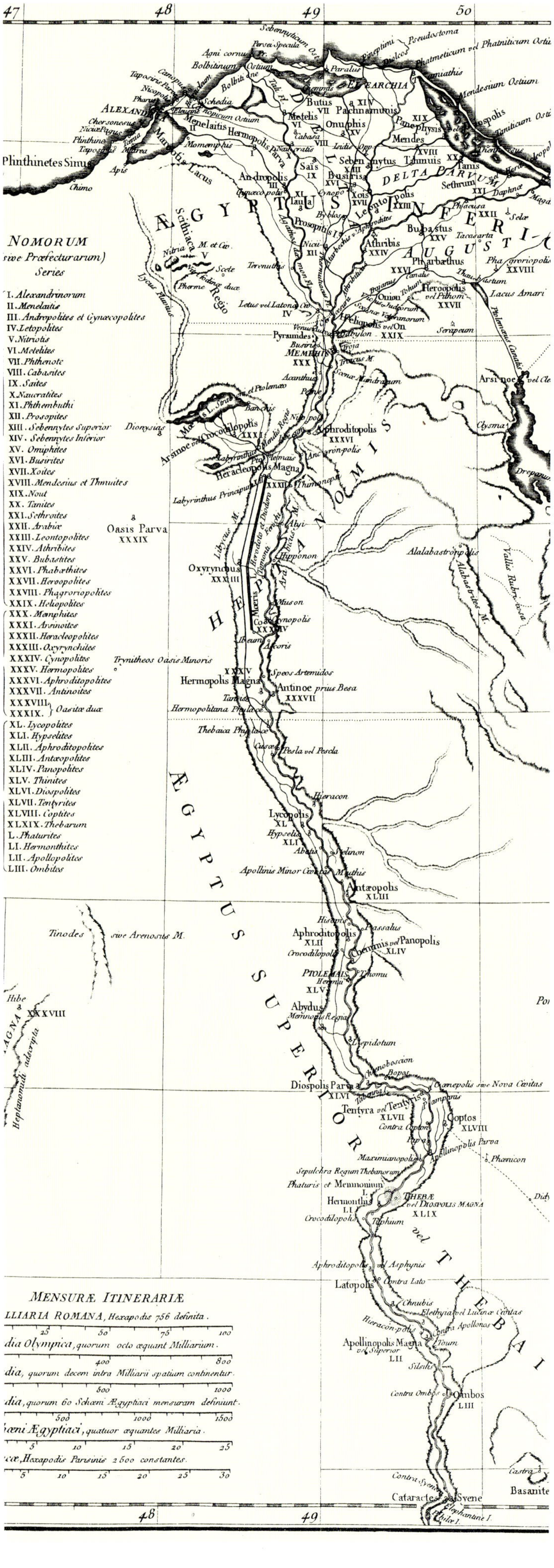

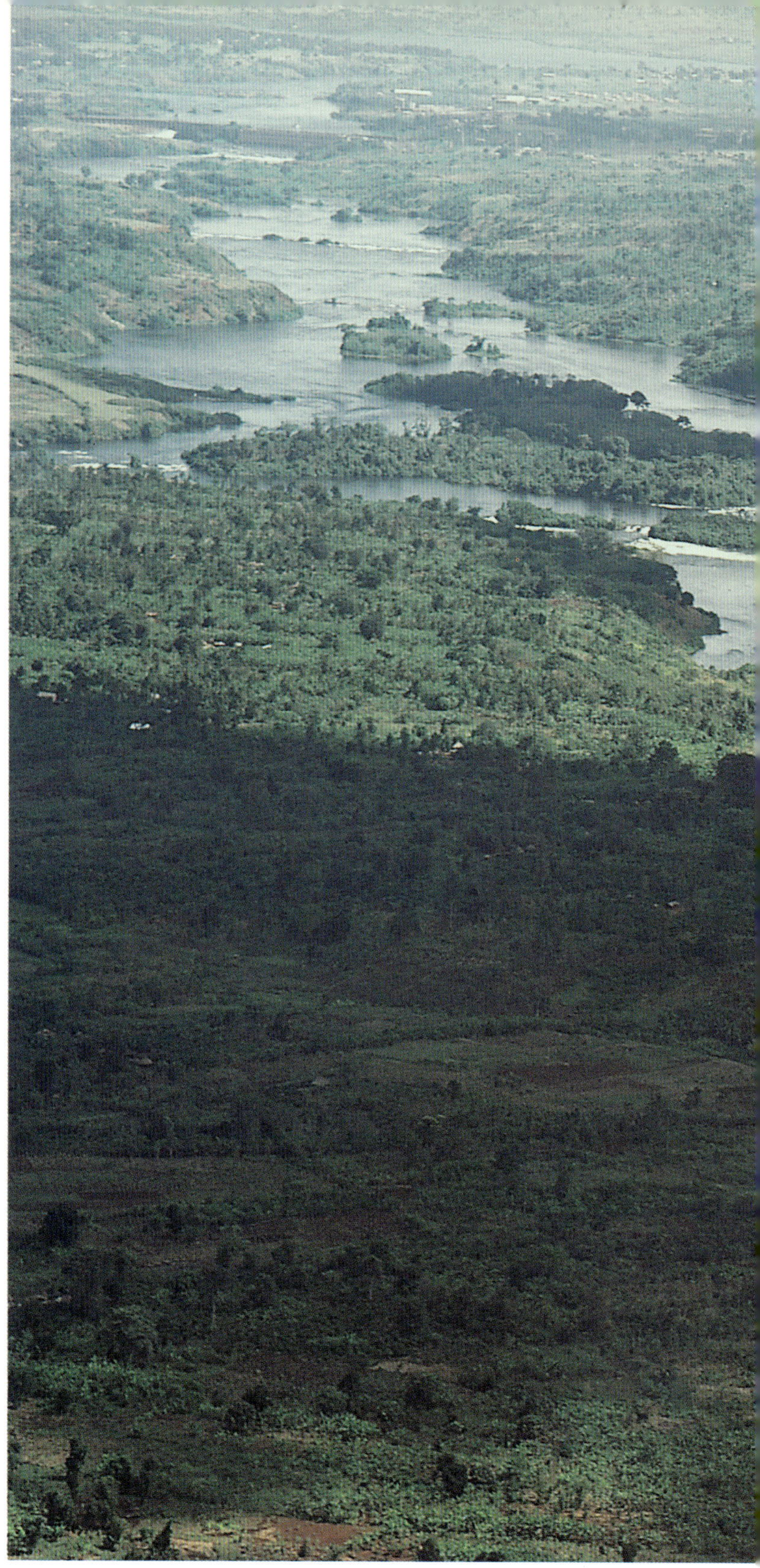

Quand le Nil, venant de Nubie, atteint l'Egypte, il a déjà parcouru plusieurs milliers de kilomètres. Ses sources étaient inconnues des Egyptiens. L'une se trouve en Ethiopie, un de ses bras est alimenté par le lac Victoria, à hauteur de l'Equateur. La photo montre un des bras du fleuve se frayant un passage à travers l'Ouganda. La carte *Aegyptus Antiqua* date de 1756.

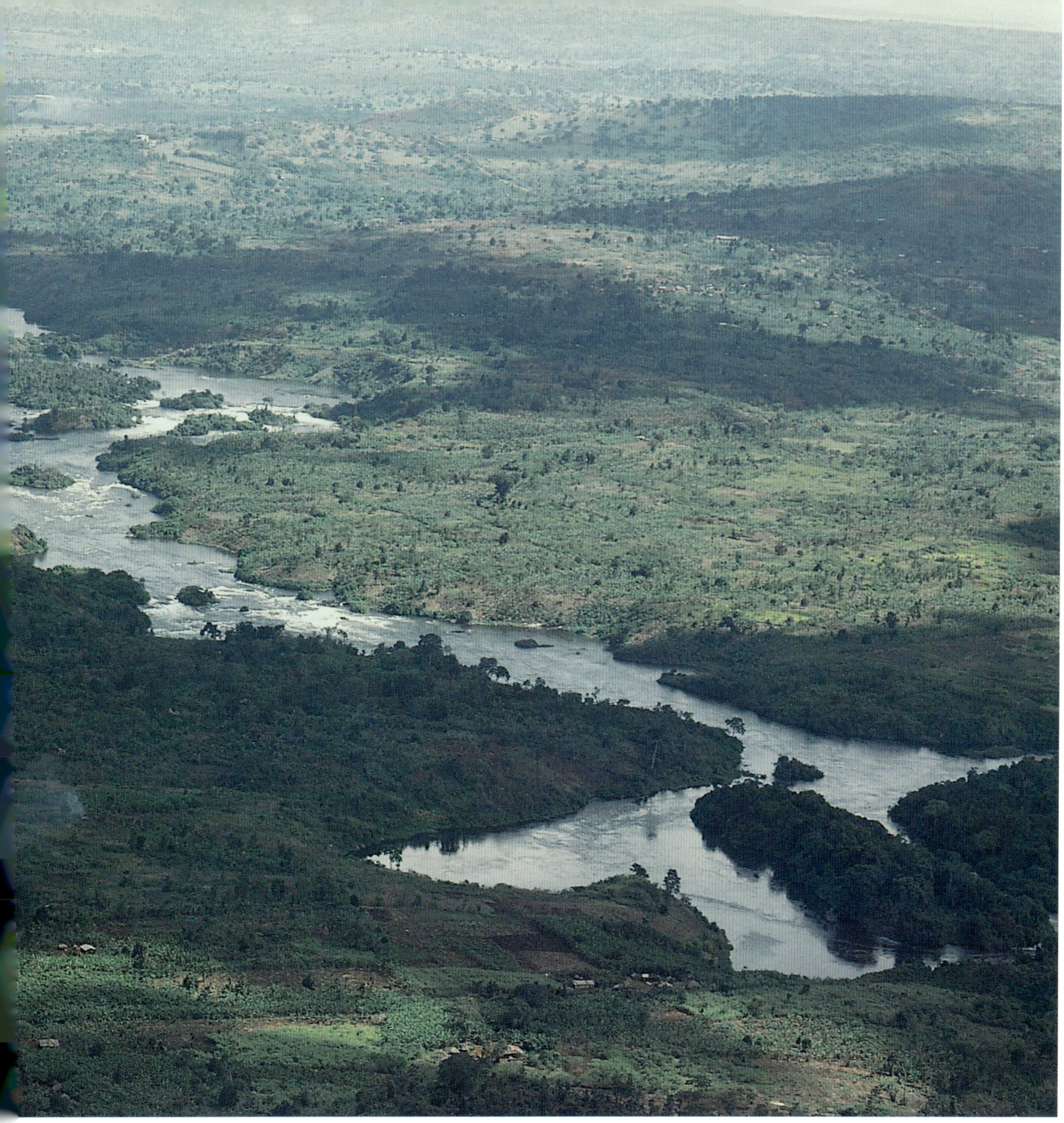

pourquoi les eaux gonflent en été et non après la fonte des neiges. Il fallut attendre le XIXe siècle pour que les explorateurs pénètrent dans la région des sources et découvrent que le Nil, qui s'étend sur six mille sept cents kilomètres, est l'un des deux fleuves les plus longs de la planète. Il naît du Nil bleu venu du haut plateau éthiopien et du Nil blanc, qui prend sa source au sud du Soudan dans une région qui s'étend jusqu'au Lac Victoria. Ces fleuves sont nourris par les précipitations normales de la ceinture tropicale et les pluies de mousson violentes de l'Ethiopie.

L'artère vitale

Dans l'Antiquité, le Nil régissait le rythme des saisons, l'alimentation et aussi la circulation dans le pays. Il était la voie de transport principale, qu'il s'agisse d'hommes ou de matériaux. Pour construire de grands édifices comme les pyramides, les Egyptiens commençaient par creuser un canal d'accès le plus près possible du chantier. Sur le plan de la circulation, ils formaient ce que nous appellerions aujourd'hui une société fluviale. Ils élaborèrent un grand nombre de types d'embarcations, faites le plus souvent de tiges de papyrus en bottes, mais ils ne possédaient pas de véhicules pour les transports routiers. Et s'ils adoptèrent entre 1650 et 1550 avant notre ère le léger char de chasse et de guerre attelé à des chevaux des Hyksos – des envahisseurs asiatiques – ils continuèrent néanmoins à transporter les matériaux à dos d'âne, ou sur des traîneaux tirés par des bœufs et des hommes. Il semble que le fleuve ait véritablement obnubilé les anciens Egyptiens, ce qui expliquerait leur mépris de la roue comme moyen de transport.
Le Nil unit les différentes régions de ce pays long de plus de douze cents kilomètres, il le divise aussi en une partie occidentale et une partie orientale aux caractères différents : le Soleil se levant à l'Est, cette région était considérée comme l'Empire des Vivants, il se couche à l'Ouest, ce qui en fait l'Empire des Morts. Cette différenciation n'était pas toujours strictement observée mais on l'observe encore de manière impressionnante à Thèbes (aujourd'hui Louqsor), l'ancienne capitale. Si les demeures des vivants se trouvaient sur la rive orientale, les tombeaux des rois, des reines et des hauts fonctionnaires sont tous édifiés à l'ouest de la ville ; c'est ici, en bordure du désert, que tous les membres de l'élite dirigeante se sont fait construire leur « maison d'éternité ».

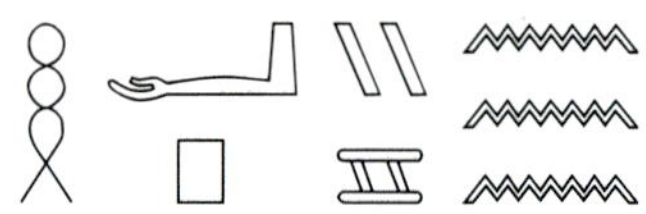

Hapi = le dieu du Nil, de l'inondation

Hapi, le dieu du Nil bleu, tient à la main les côtes d'une feuille de palmier qui signifie « année » et symbolise la crue annuelle. De l'importance de cette dernière dépendent le volume des récoltes et donc le bien-être de la population. A droite, le dieu de la fécondité, les mains levées au-dessus de deux lacs.
Du Livre des Morts d'Ani, XIXe dynastie, Londres, British Museum

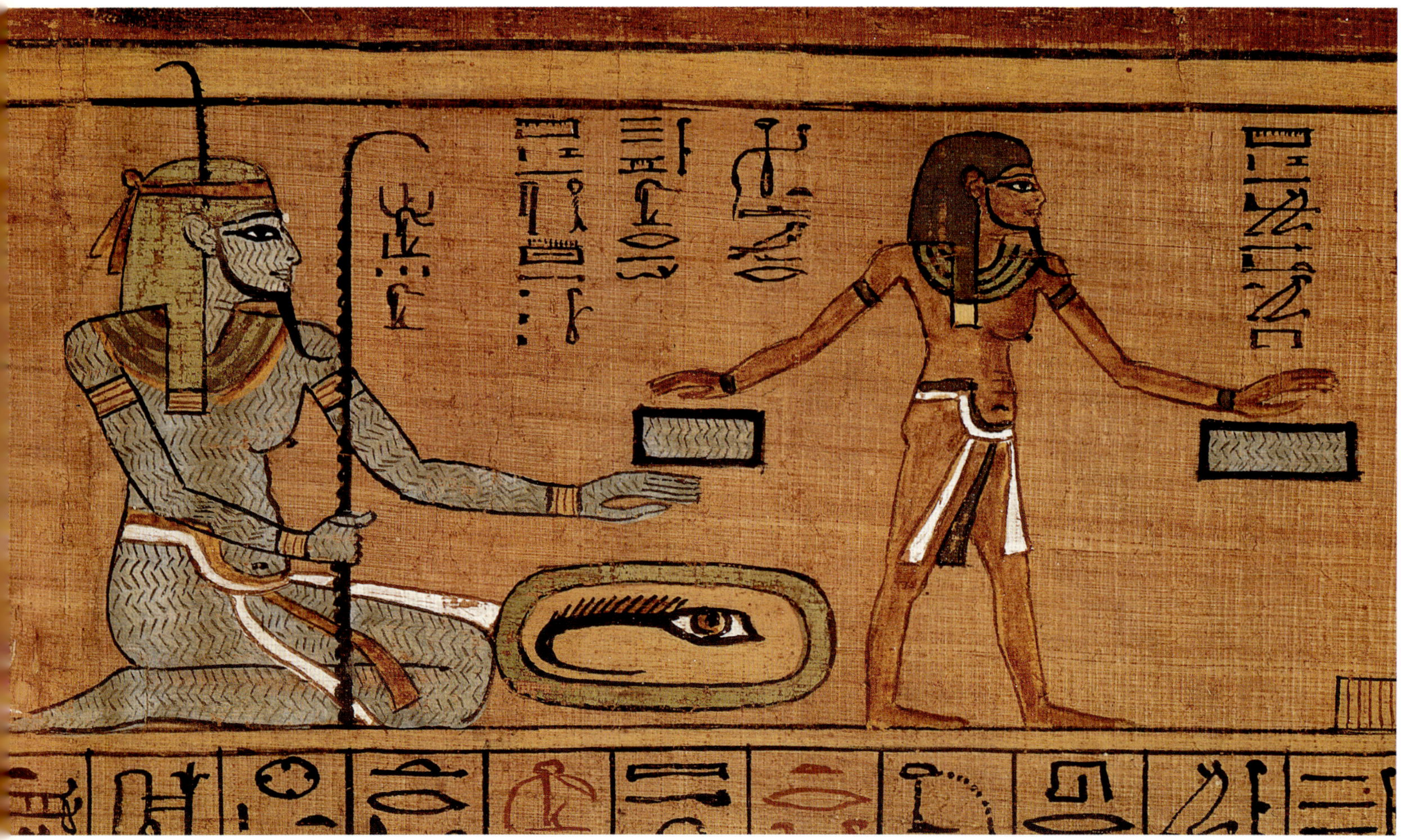

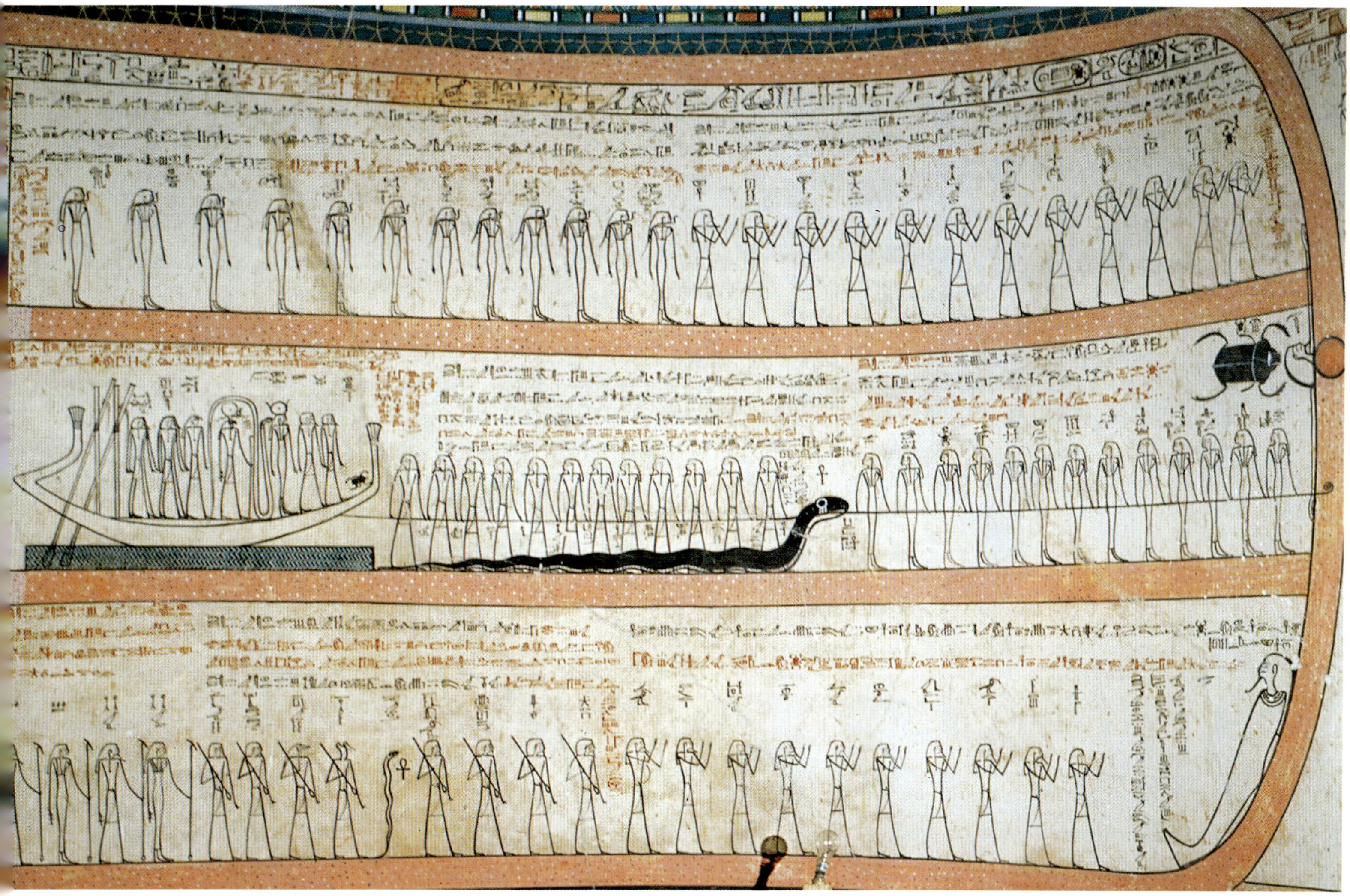

Le fleuve des dieux

La nuit, des êtres divins tirent, d'ouest en est, la barque sacrée sur les eaux du monde d'en-bas. Le soleil, qui se lève à nouveau le matin dans le ciel, a renouvelé ses forces vitales dans le serpent « Vie des dieux ». Le scarabée symbolise le soleil à son lever.
Détail d'une peinture murale du tombeau de Thoutmosis III, Thèbes, Vallée des Rois, Nouvel Empire, XVIIIe dynastie

Si l'Egypte est un don du Nil, le Nil était un présent des dieux pour les anciens Egyptiens. Ils leur donnaient de l'eau – ou les en privaient –, et l'un des devoirs du pharaon était de veiller à ce que les divinités fluviales restent bienveillantes. Ainsi, le réel et le divin étant étroitement mêlés, le dieu était facilement assimilé aux eaux du fleuve.
Le mot Hapi est en ce sens très significatif puisqu'il caractérise à la fois le Nil, l'eau des crues et le dieu du Nil.
A Assouan, on parlait aussi des divinités fluviales ventrues Krophi et Mophi : accroupies sous les rochers, elles font bouger cette eau issue de Noun, l'océan primitif souterrain qui a généré l'univers et sur lequel le monde visible flotte en quelque sorte. Les anciens Egyptiens croyaient que le Nil retournait à l'eau originelle et en sortait en un cycle éternel. « Salut à toi Nil, Toi qui sors de la Terre et reviens pour vivifier l'Egypte ... », dit un hymne à sa gloire.
Ce fleuve omniprésent n'a pas seulement façonné la vie terrestre des Egyptiens mais aussi leur conception du monde : c'est dans une barque que le dieu du Soleil passait dans le ciel et, la nuit, il traversait les eaux du monde souterrain pour se rendre de nouveau à l'Est. De même, les statues que les prêtres portaient durant les processions solennelles

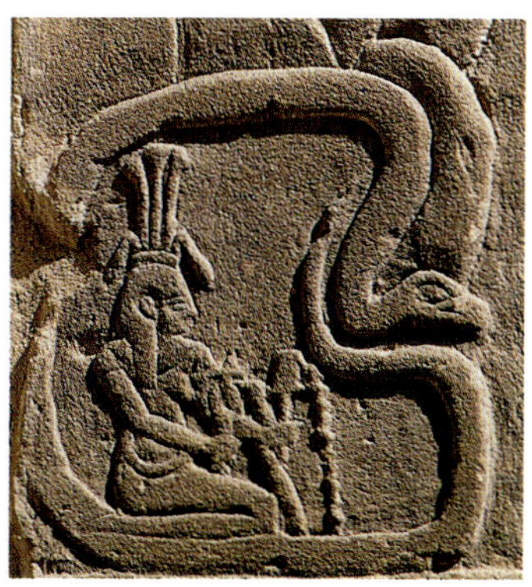

Sous les rochers de la première cataracte, Hapi le dieu du Nil fait couler l'eau de ses vases.
Relief du temple d'Isis de l'île de Philae, IIe siècle apr. J.-C.

étaient assises dans des barques, comme si elles se déplaçaient sur le fleuve. On déposait dans la tombe à côté des morts des sandales – à leur taille – et des bateaux pour qu'ils puissent circuler sur les voies périlleuses du monde souterrain : des modèles d'embarcations miniature en bois ou en terre cuite, dotées souvent de rameurs, ou alors grandeur nature comme celles que l'on a découvertes au pied de la pyramide de Khéops.

En 1954, on mit au jour à côté de la pyramide de Khéops le premier de cinq caveaux où étaient enfouies des barques. Il contenait tous les éléments démontés d'un bateau à rames de quarante-trois mètres de long apte à naviguer. Le bois le plus couramment utilisé était le cèdre du Liban, car les palmiers de la vallée du Nil étaient peu adaptés à la construction navale. Les planches étaient maintenues par des filins. Les filins et des toiles destinés à recouvrir la cabine se trouvaient également dans le caveau. Aujourd'hui, cette embarcation plus de quatre fois millénaire et parfaitement opérationnelle a son musée à elle, directement au-dessus de l'endroit où elle a été découverte. Elle témoigne des techniques de construction navale des anciens Egyptiens et de l'influence du Nil sur leur conception de l'au-delà.

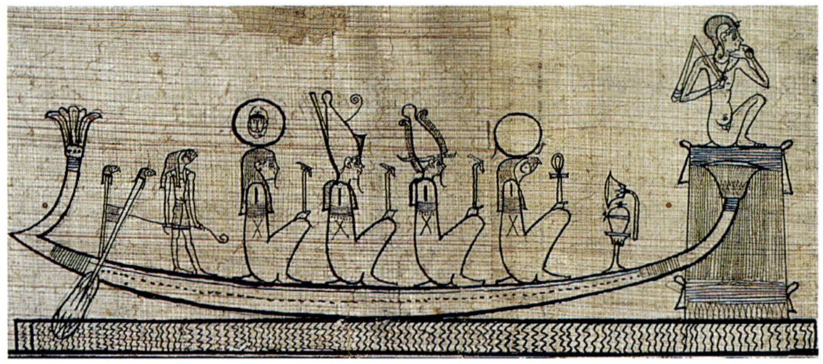

Les Egyptiens croyaient que les dieux se déplaçaient presque toujours sur l'eau. Au cours des processions, les prêtres transportaient les statues des divinités dans des barques.
Du Livre des Morts de Khonsouïou, Nouvel Empire, Vienne, Kunsthistorisches Museum

Pêche au filet entre deux embarcations en papyrus. A l'arrière-plan, les bateaux de voyage ou de plaisance d'un riche seigneur.
Maquette en bois du tombeau du chancelier Meketré, XIe dynastie, vers 2000 av. J.-C., Turin, Museo Egizio

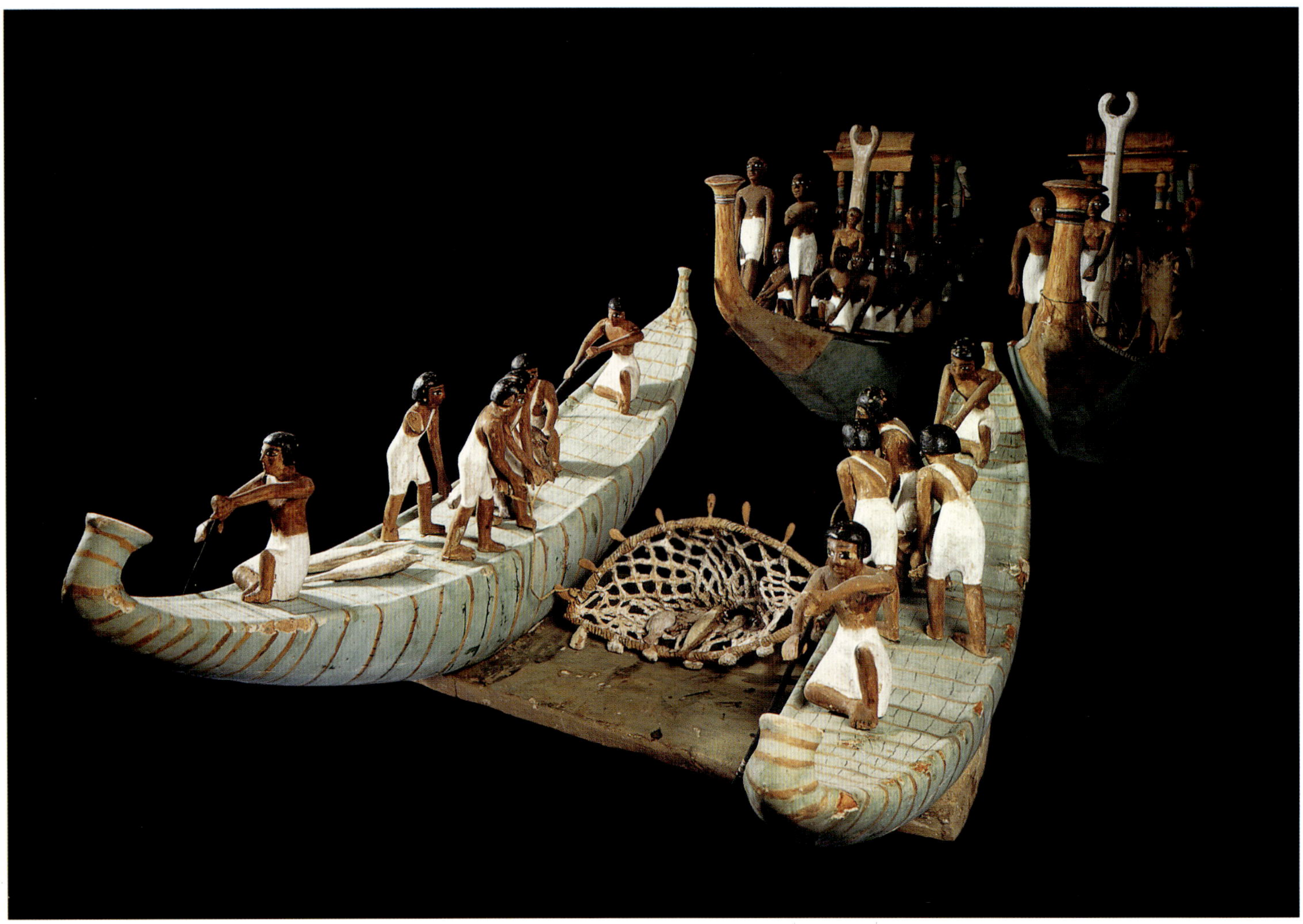

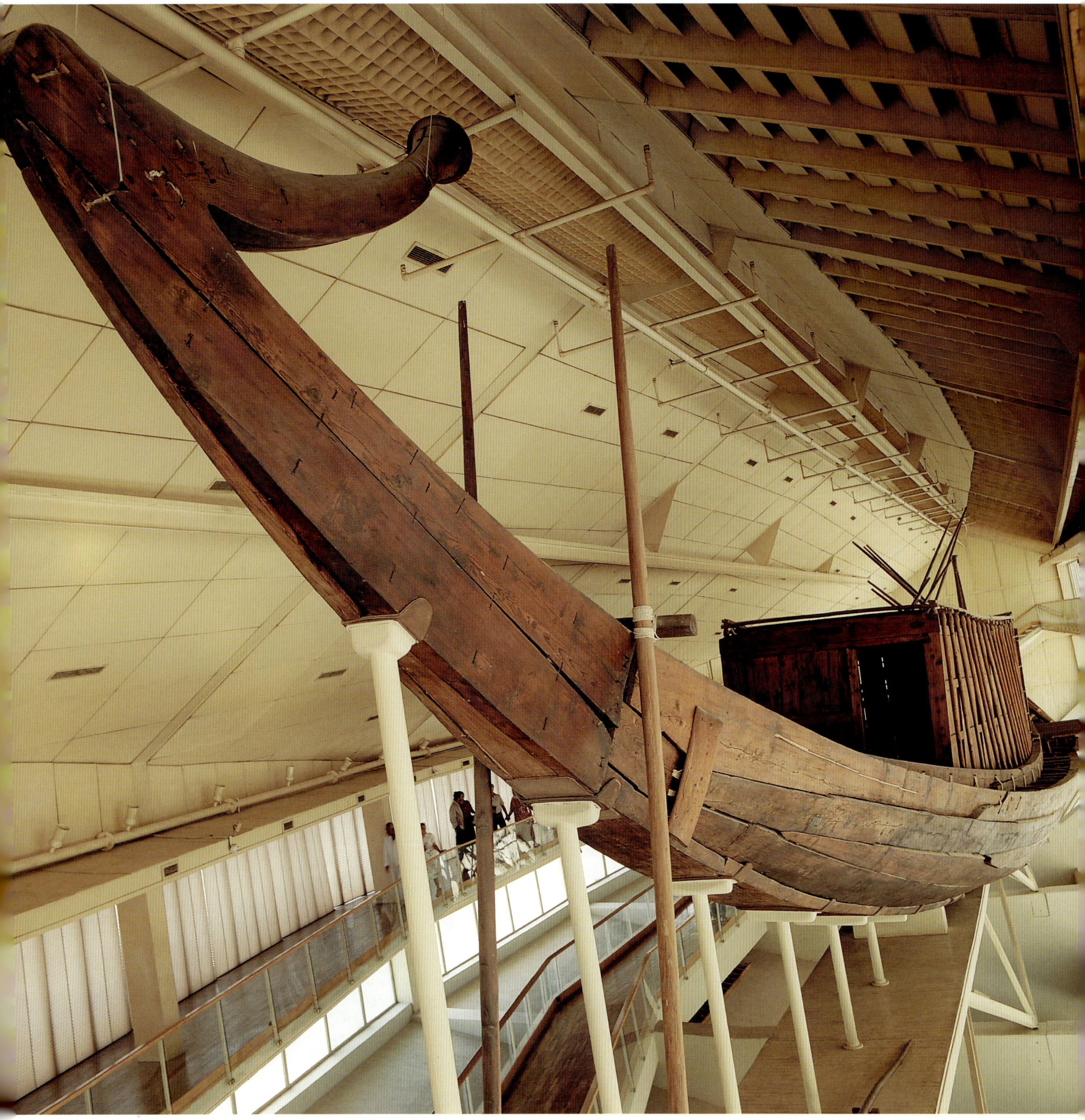

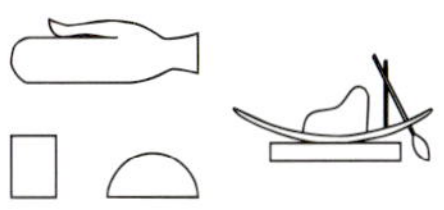

depet = l'embarcation

Plus de 4000 ans, c'est l'âge de cette barque royale de 43 mètres de long et parfaitement fonctionnelle. Elle gisait en 1 224 pièces détachées, accompagnée d'indications pour la construction dans une fosse au pied de la pyramide de Khéops. Mise au jour en 1954, la barque est aujourd'hui exposée dans son propre musée, au-dessus du lieu où elle fut découverte.

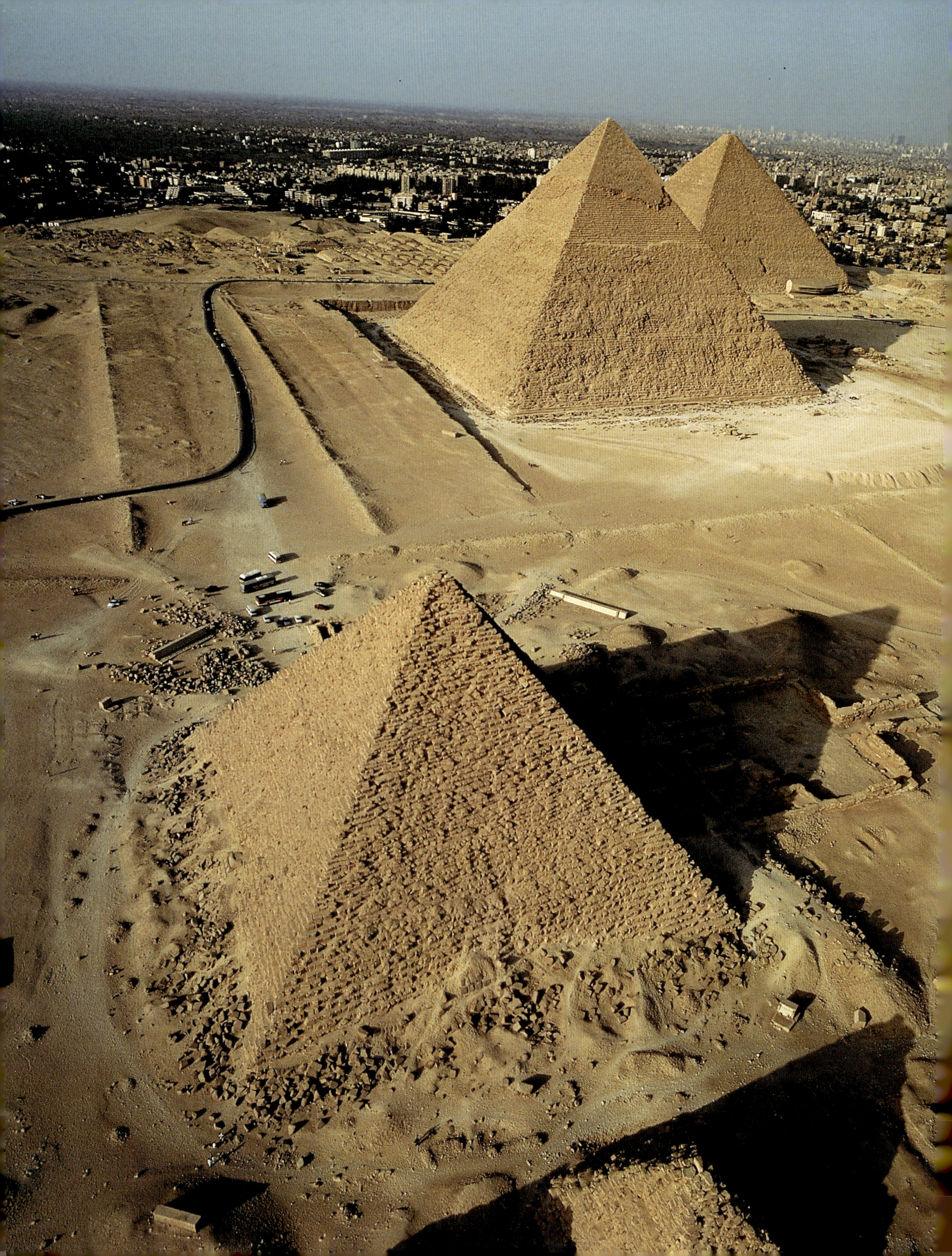

Dans le monde antique, les célèbres pyramides de Gizeh étaient l'une des Sept Merveilles du monde. Edifiées entre 2550 et environ 2490 avant J.-C., elles servaient de tombeaux royaux. La première était destinée à Mykérinos, celle du milieu à Khéphren, la dernière et la plus élevée à Khéops. Les pyramides protégeaient du pillage le corps embaumé du roi et facilitaient l'ascension de son âme vers les étoiles.

Les Pyramides : Une des Sept Merveilles du monde

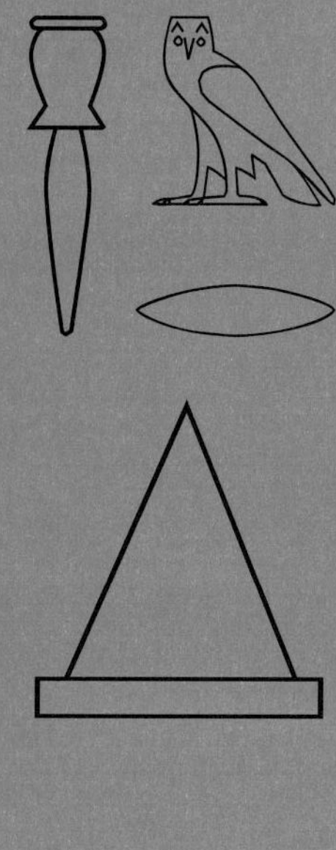

mer = la pyramide

Cette statue en calcaire de 1,42 mètre de haut, montre grandeur nature Djéser, roi de la IIIe dynastie sur son trône. Il porte la barbe de cérémonie et la perruque, ses orbites étaient garnies de pierres précieuses. Tout endommagée qu'elle soit, la statue laisse encore pressentir l'aura de puissance qui entourait le souverain.
Le Caire, Musée égyptien

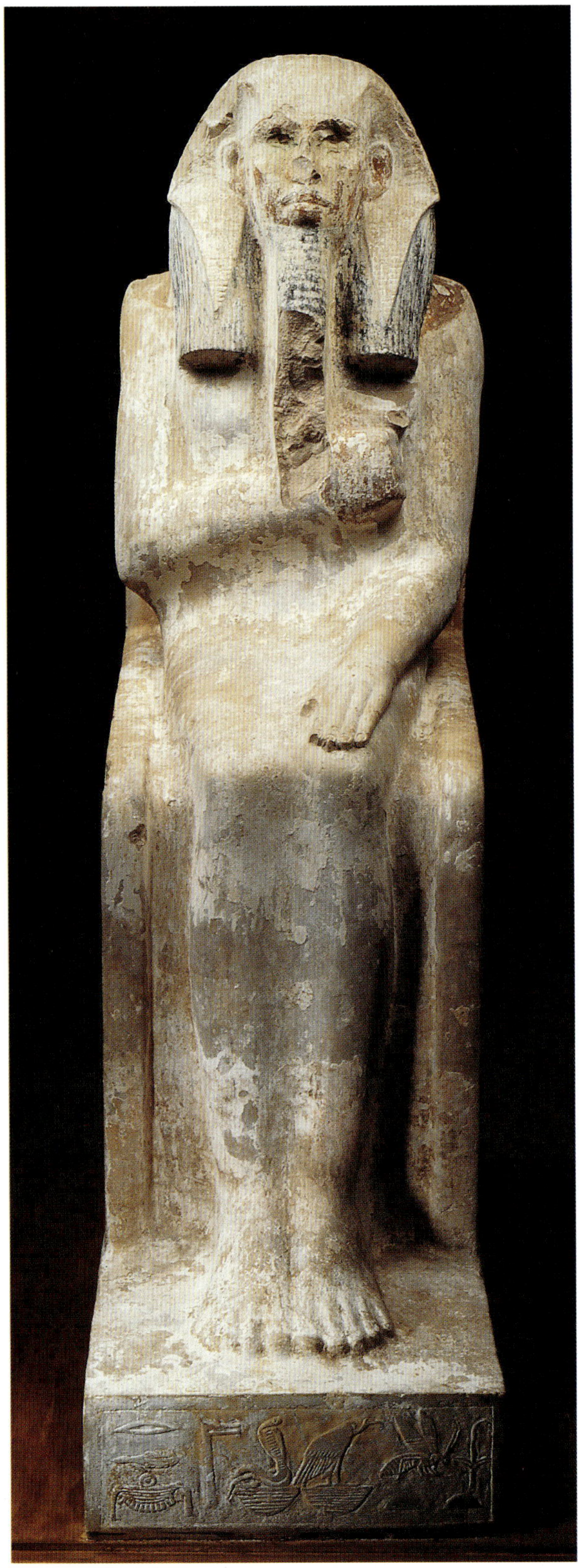

Les Egyptiens connaissaient plusieurs mythes sur la création du monde. L'un d'eux rapporte qu'à l'origine, il n'y avait ni ciel ni terre, pas de dieux non plus, uniquement de l'eau. La vase se serait rassemblée dans cet océan primordial et aurait formé une colline primitive sur laquelle la vie serait née. Rien de plus familier aux Egyptiens que le spectacle de la terre émergée : ils le voyaient tous les ans après la crue du Nil. Les pyramides leur rappelaient la toute première fois où la terre s'était élevée au-dessus des eaux du chaos primitif.

Les pyramides liées aux profondeurs et aux eaux des origines, l'étaient aussi au ciel. Les Egyptiens croyaient que leurs rois étaient des dieux ou fils des dieux et qu'ils s'élevaient vers les étoiles après leur mort. Les autres dieux « te soulèvent dans leurs bras » dit un des Textes des Pyramides, « et tu montes, ô Roi, vers le Ciel et tu grimpes vers lui comme sur une échelle ». Les pyramides étaient en quelque sorte des escaliers devant faciliter l'ascension des pharaons. Sur un plan purement terrestre et pratique, elles étaient des forteresses destinées à protéger du pillage le corps embaumé du souverain et les précieuses offrandes. Pour les Egyptiens, le défunt continuait à vivre dans l'au-delà ; il avait besoin de son enveloppe charnelle – « Accroche ta tête à tes os et accroche tes os à ta tête » – afin que son « âme » dispose d'un support, et d'offrandes pour se nourrir outre-tombe et habiter des lieux dignes d'un roi. Les tombes étaient des « maisons d'éternité ». Pour protéger les morts, les couloirs à l'intérieur des pyramides étaient obstrués par de lourdes pierres et les accès extérieurs étaient invisibles. Comparées aux autres édifices monumentaux, les pyramides ne possédaient pas d'entrée visible, et tant que les prêtres célébrant le culte des morts vaquaient à leurs tâches, personne n'osait pénétrer à l'intérieur.

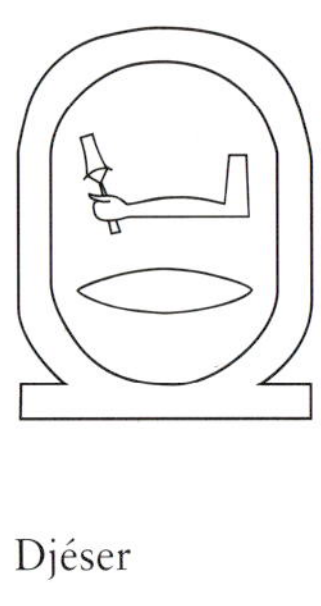

Djéser

Le tombeau du roi Djéser, édifié vers 2650 av. J.-C., annonce la pyramide classique. Djéser fut le premier à unifier l'Empire. Sans doute la construction devait-elle refléter son importance hors du commun. C'est pour cette raison qu'il fut enseveli non dans le mastaba, courant à l'époque, mais dans un monument érigé en hauteur. La surface de base est rectangulaire et non carrée comme celle des pyramides ultérieures.

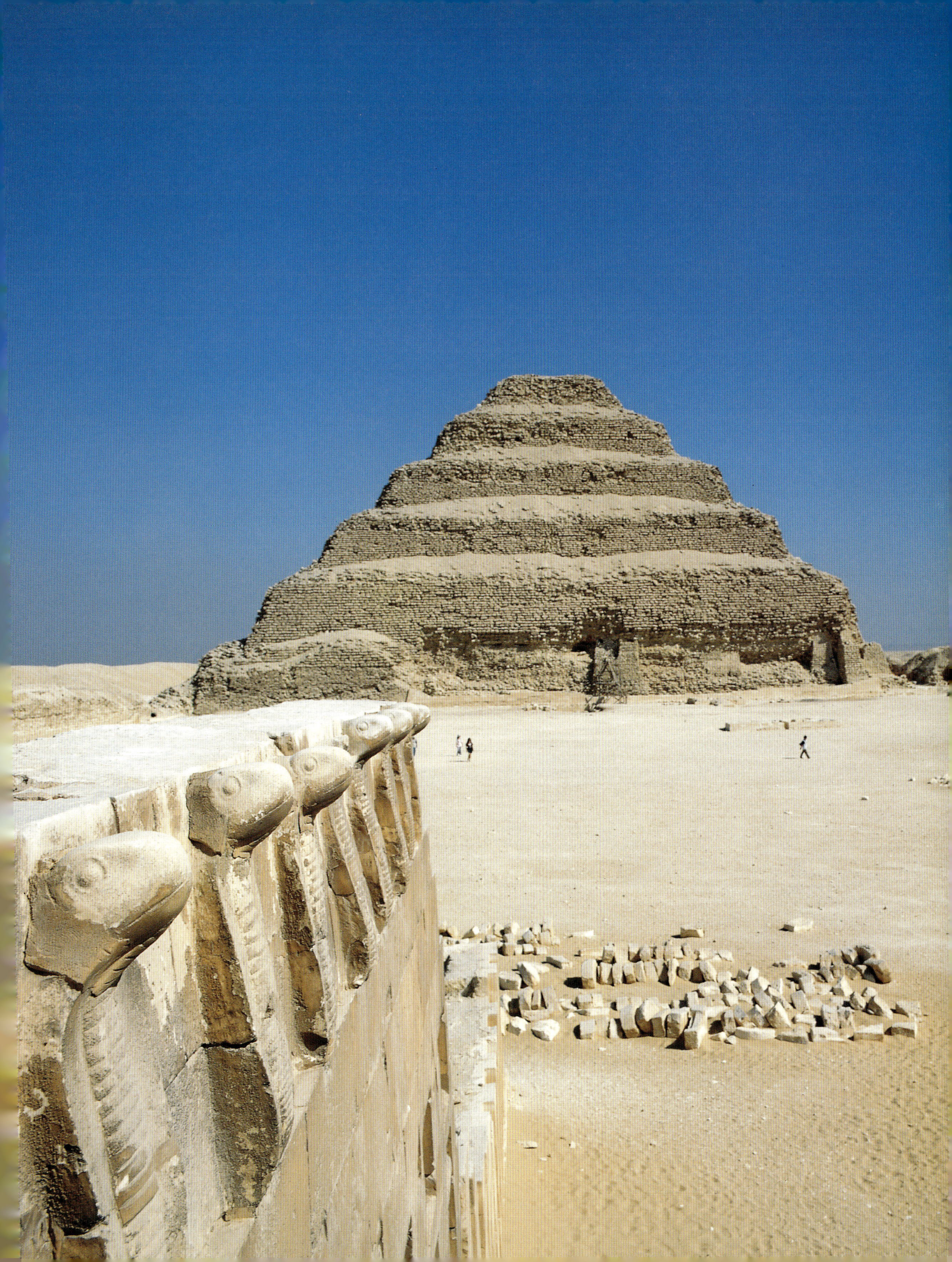

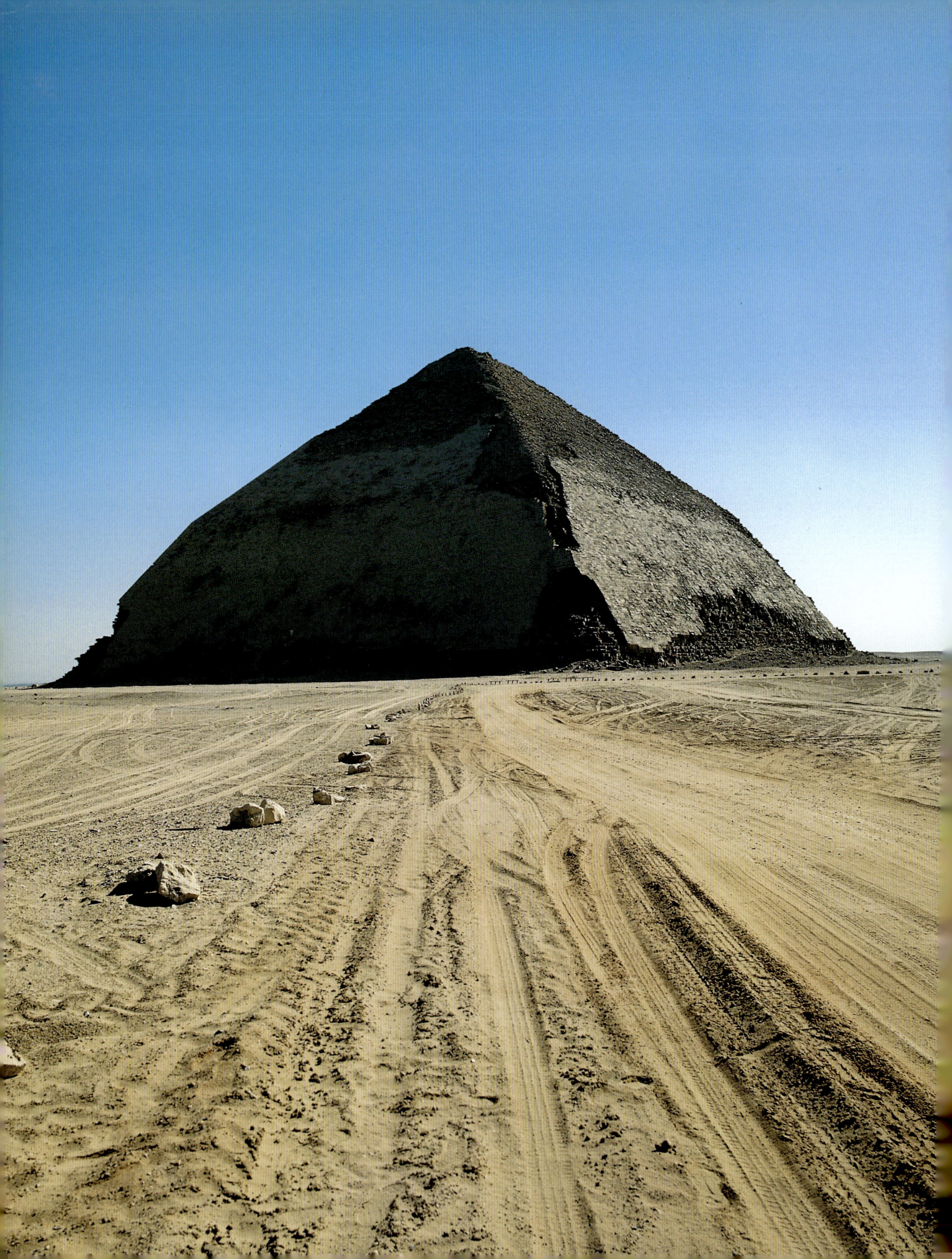

De la pyramide à degrés de Djéser, les Egyptiens procédèrent par tâtonnements avant d'arriver à la pyramide classique. La pyramide rhomboïdale du roi Snéfrou (édifiée vers 2570 av. J.-C.) présente déjà un plan carré, mais les bâtisseurs n'ont pas osé conserver l'inclinaison des pentes jusqu'au sommet. A mi-hauteur, ils ont commencé à bâtir plus plat.

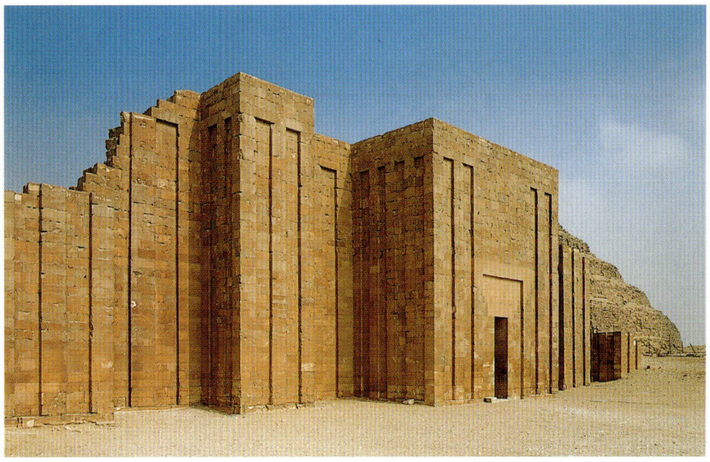

La pyramide à degrés de Djéser n'est pas isolée, elle appartient à un complexe funéraire de 544 mètres de long sur 277 mètres de large, cerné d'une haute enceinte en partie reconstruite aujourd'hui.

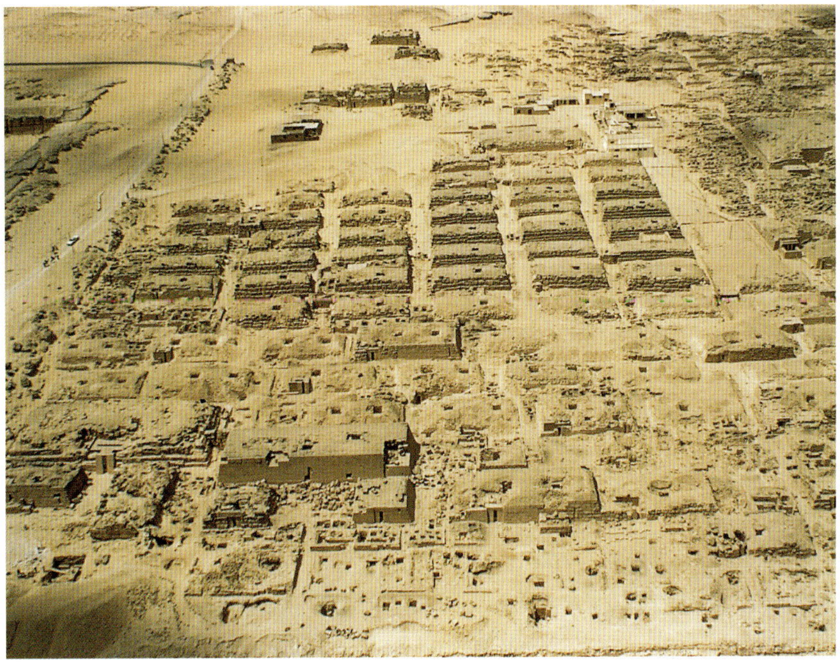

Les tombeaux des notables et des membres de la famille royale à côté de la pyramide de Khéops. C'est dans ces constructions basses nommées mastabas, ou au-dessous d'elles, que furent également ensevelis les rois au début de l'Ancien Empire.

La géométrie concrétisée

Les pyramides ne sont pas apparues soudainement, elles ont une histoire. Au début de l'Ancien Empire, les rois étaient inhumés dans des tombeaux en forme de trapèze. Ces constructions abritaient la salle destinée au cercueil, des pièces pour les provisions et les ustensiles de chasse ou des chambres où le défunt pouvait séjourner, et aussi un espace pour les tables à offrandes. Les murs étaient en briques fabriquées avec la vase du Nil. De loin, ces tombes ressemblaient à des banquettes, « mastaba » en arabe, d'où le nom que les archéologues leur ont donné.
Le mastaba destiné au corps du roi Djéser, fondateur de la IIIe dynastie, fut construit en pierre et surélevé en gradins jusqu'à atteindre soixante mètres de haut. Il en résulte une pyramide à degrés, dont la base est rectangulaire et non carrée comme celle des pyramides ultérieures; elle est entourée de lieux de culte et les constructions sont cernées d'une enceinte haute de dix mètres. Cet ensemble funéraire était à cette époque le plus grand jamais édifié. Pourquoi ? Djéser fut le premier pharaon aussi puissant et c'est sous son règne que l'Empire fut définitivement unifié. Son tombeau devait manifestement refléter l'importance qu'il avait eue durant sa vie. C'est le vizir Imhotep, le plus haut fonctionnaire de Djéser qui fit construire la pyramide à degrés. Son nom resta étroitement lié aux nouvelles formes et dimensions des ensembles funéraires royaux. Imhotep fut ensuite considéré comme le fils du dieu Ptah, le maître de tous les architectes, et il était encore vénéré sous le Nouvel Empire. Les générations qui suivirent comblèrent les degrés des tombeaux royaux, égalisèrent les parois obliques jusqu'à les rendre lisses et commencèrent à travailler à partir d'un plan carré. La forme géométrique de la pyramide était née. Bien sûr des expériences furent nécessaires avant de trouver l'angle parfait. La pyramide rhomboïdale du roi Snéfrou en témoigne : les pentes changent d'inclinaison à une bonne quarantaine de mètres au-dessus du sol, et la forme achevée est plus plate que prévue. Les bâtisseurs ont probablement été alarmés par un tremblement de terre et craint de voir s'écrouler leur ouvrage.

Quarante siècles de pierre

Khéops, le fils de Snéfrou, régna de 2553 à 2530 et fit construire la plus grande des pyramides. Avec ses cent quarante-six mètres de haut, elle dépasse la Statue de la Liberté (quatre-vingt-douze mètres) à New York, le Taj Mahal en Inde (quatre-vingt-quinze mètres) et Saint-Pierre de Rome (cent trente-neuf mètres). Les Grecs la considéraient comme l'une des Sept Merveilles du monde et Napoléon aurait calculé – pendant que quelques-uns de ses officiers l'escaladaient – que le volume des pierres de la pyramide de Khéops et des deux pyramides plus petites à côté d'elle suffirait pour élever tout autour de la France un mur de trois mètres de haut et cinquante centimètres d'épaisseur. « Soldats, » aurait-il crié à son armée, « du haut de ces pyramides quarante siècles vous contemplent ! »
Les dix derniers mètres de la pyramide de Khéops coiffés de la pierre terminale ont disparu, et le revêtement de calcaire blanc ne subsiste qu'à certains endroits. Les catastrophes naturelles n'en sont pas la cause ; ce sont les souverains et les habitants à la recherche de matériau de construction qui ont arraché la pointe et le manteau de la pyramide. Le calife Abdullah el-Mamoun, qui gouverna l'Egypte de 820 à 827 voulait même l'abattre pour s'emparer des trésors qu'on y croyait dissimulés. Ses fonctionnaires ayant calculé que ces travaux reviendraient plus chers que ce que l'Egypte rapportait en impôts, il y renonça et se contenta de percer dans la paroi nord l'accès que nous utilisons encore de nos jours. Des siècles plus tard, un auteur arabe écrivit que les ouvriers avaient trouvé derrière l'ouverture un récipient contenant mille pièces d'or et que le calife fit « calculer ce qu'il avait dépensé pour ouvrir une brèche, et il se trouva que la somme découverte correspondait tout à fait à ces dépenses. Il fut très étonné de voir qu'ils avaient su ce qu'il dépenserait ... »
Ce sont les ouvriers d'El-Mamoun qui pénétrèrent dans la chambre funéraire et en sortirent le cercueil. Quand on l'ouvrit « on aperçut à l'intérieur le cadavre d'un homme portant une armure dorée décorée de toutes sortes de pierres précieuses. Sur sa poitrine gisait une lame d'épée sans poignée et à côté de sa tête une hyacinthe rouge de la taille d'un œuf de poule qui brillait comme les flammes du feu. El-Mamoun en prit possession. » Aujourd'hui, le seul objet resté dans la pyramide de Khéops est le lourd sarcophage de pierre, dont le couvercle a disparu, et dans lequel se trouvait probablement le cercueil de bois contenant la dépouille momifiée de Khéops. Sinon la pyramide est absolument vide, du moins les trois salles accessibles au public aujourd'hui. Trente mètres au-dessous de la base de la pyramide se trouve une salle creusée dans la falaise, elle n'a pas été achevée et n'a manifestement jamais été utilisée. Peut-être l'oxygène vint-il à manquer aux travailleurs et aux torches. Une seconde chambre, plus petite, n'est pas terminée et on ignore ici aussi pourquoi les travaux furent interrompus. Le manque d'oxygène ne peut être mis en

La puissante pyramide de Khéops se dresse sur un plateau rocheux dans le désert.
Elle mesurait à la base 227,50 mètres de côté pour une hauteur de 146,60 mètres. La pointe a disparu et le revêtement précieux en calcaire blanc de Tourah ne subsiste qu'à quelques rares endroits – arraché par des bâtisseurs d'une époque ultérieure en quête de matériaux de construction « préfabriqués ».

De Khéops, qui fit édifier la grande pyramide, n'existe plus qu'une petite statuette en ivoire haute de cinq centimètres.
Le Caire, Musée égyptien

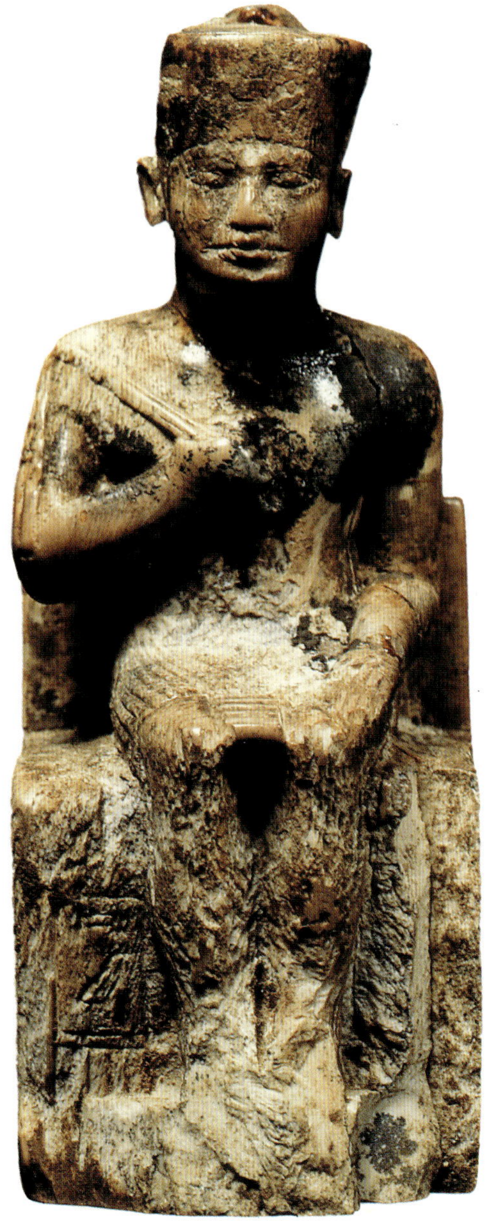

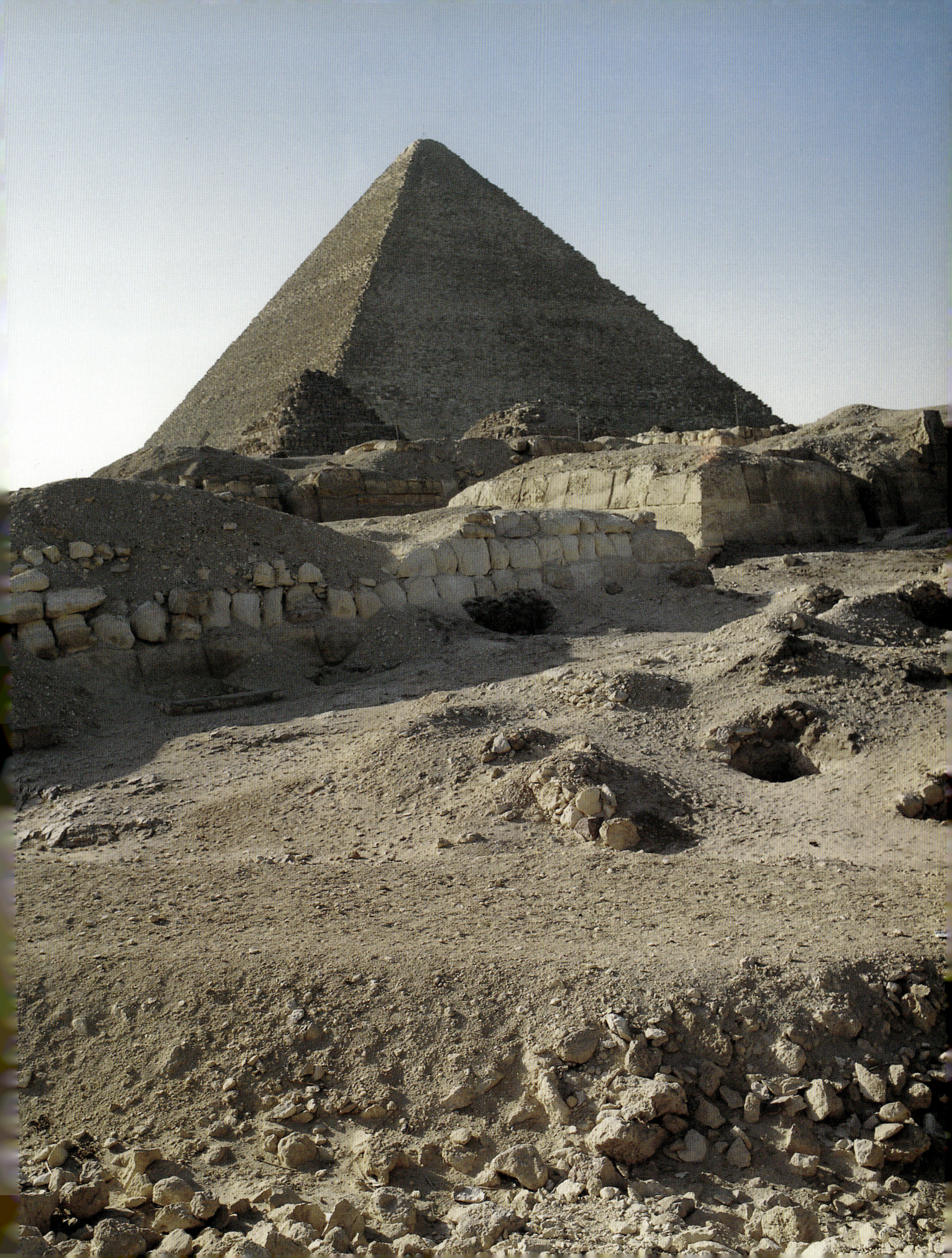

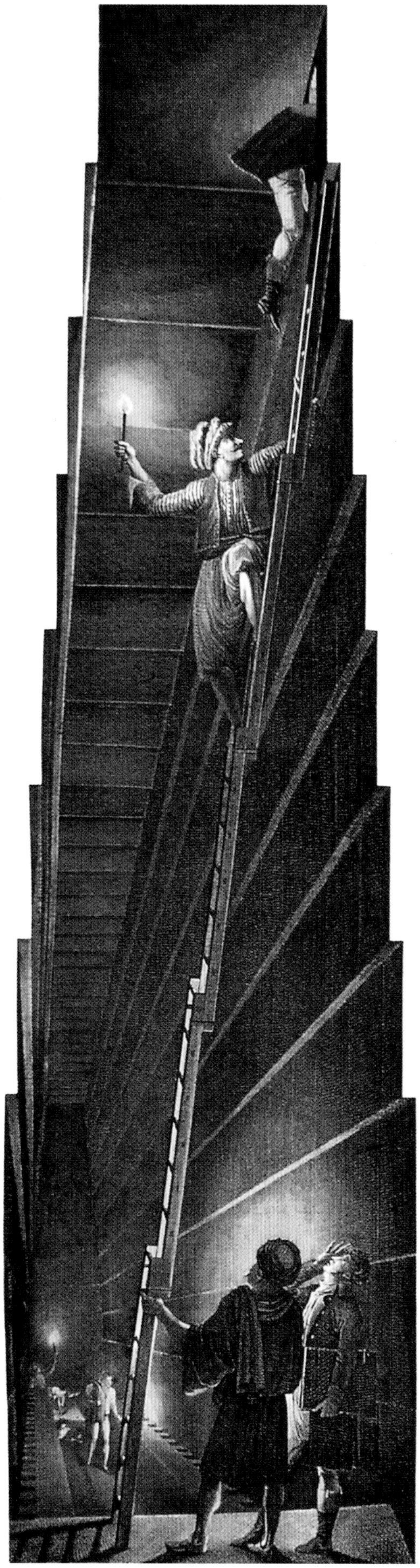

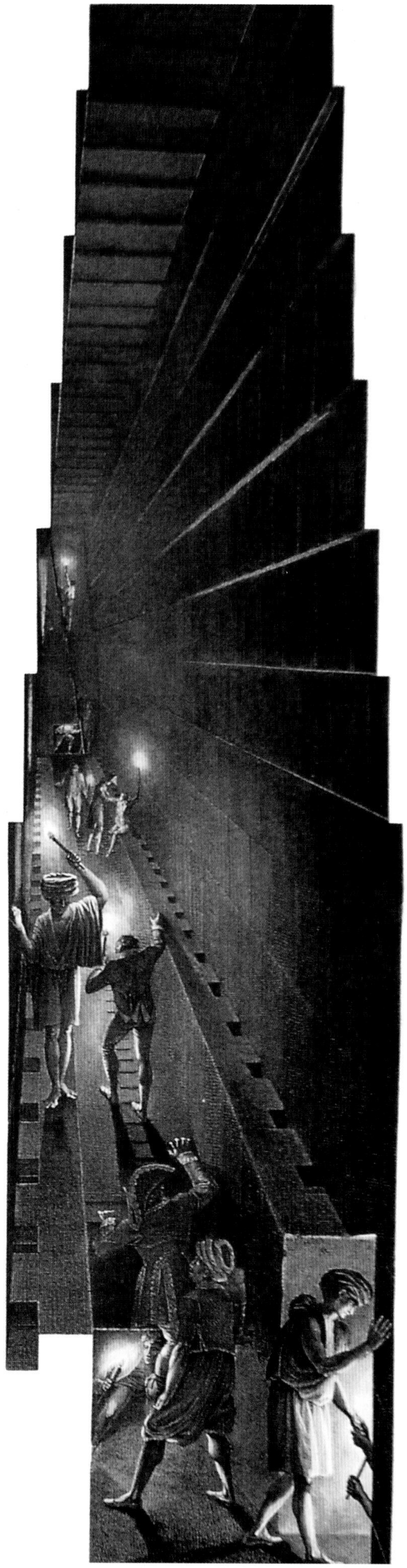

cause vu que la pièce se trouve au-dessus de la base de la pyramide. On la nomme la Chambre des Reines, bien qu'aucun indice ne mentionne une reine. Plus haut encore se trouve la Chambre du Roi contenant le sarcophage : elle mesure environ soixante mètres carrés; les parois, le plafond, et le sol sont en blocs de granit rose, les murs sont polis. Au-dessus de la Chambre du Roi, les fouilleurs ont trouvé cinq chambres basses, toutes recouvertes de blocs de pierre massifs, elles ont probablement été construites pour que le poids total de la pyramide supérieure ne repose pas sur le plafond de la Chambre du Roi.

Mais l'endroit le plus impressionnant est sans conteste la Grande Galerie qui mène à la Chambre du Roi : un couloir légèrement ascendant de quarante-sept mètres de long, un escalier de la hauteur d'une maison moyenne, c'est-à-dire huit mètres et demi. Les murs sont en grès poli; à deux mètres de hauteur, les blocs entassés l'un sur l'autre commencent à se rapprocher progressivement jusqu'à créer une voûte à gradins. Aucun dessin, aucune photographie ne peut rendre l'effet extraordinaire que la galerie exerce, pourtant il ne faut pas s'imaginer qu'elle a été édifiée pour un public quelconque, elle était un hommage au Roi et à lui seul. Sur le plan architectural, cette construction est un chef-d'œuvre à l'intérieur du chef-d'œuvre que représente la pyramide. Les funérailles terminées, le couloir ascendant servit de rampe à de gigantesques tampons de granit qui fermeraient le couloir pour l'éternité.

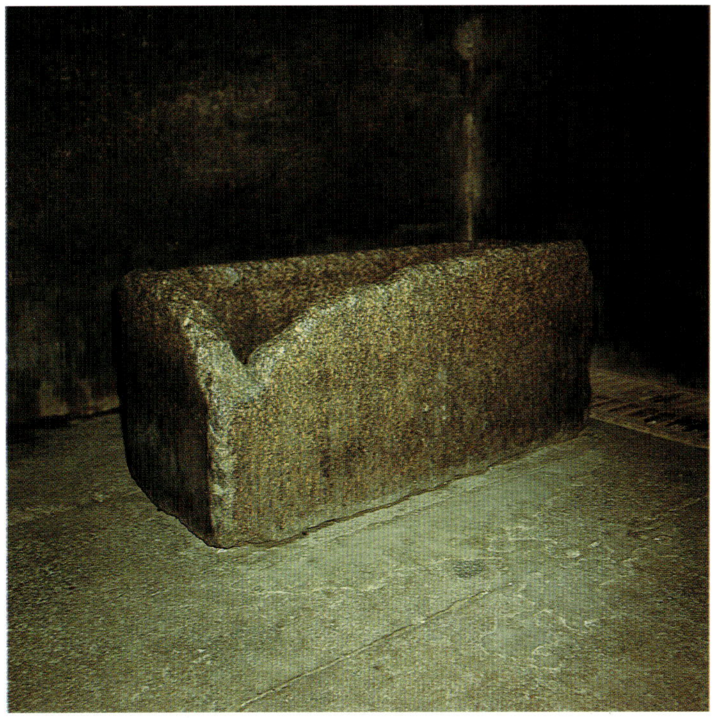

La chambre funéraire, pillée au Moyen Age, se trouve en haut de la Grande Galerie. Elle n'abrite plus qu'un sarcophage en granit rose qui contenait le cercueil de bois du roi embaumé.

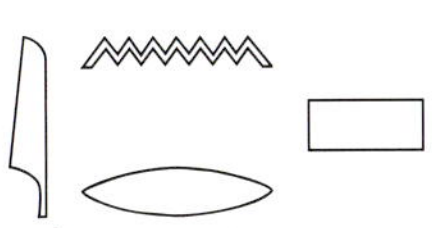

iner = la pierre

Aucune photographie ne peut rendre l'effet extraordinaire qu'exerce la Grande Galerie, un corridor ascendant de 47 mètres de long, dont le plafond est scellé par plusieurs rangées de blocs de pierre formant une voûte en gradins. Dans *la Description de l'Egypte*, rédigée par les savants ayant accompagné l'expédition de Napoléon, elle est reproduite deux fois, vue d'en haut et d'en bas.

Une coupe transversale de la pyramide de Khéops montre trois chambres funéraires, dont seule celle qui se trouve dans la partie supérieure (3) fut achevée et utilisée. Cette chambre, dite Chambre du Roi, est recouverte de blocs de pierre massifs (2) – ils doivent soutenir le poids de la pyramide qui reposerait sinon sur la chambre. Deux couloirs (1) mènent de la chambre funéraire à l'extérieur de la pyramide; ils permettaient à l'air de circuler et devaient probablement aussi faciliter l'ascension de l'âme du roi vers les étoiles. La Grande Galerie (4) donne aussi accès à la Chambre des Reines (5). La chambre (6), située sous la base de la pyramide, est probablement la plus ancienne.

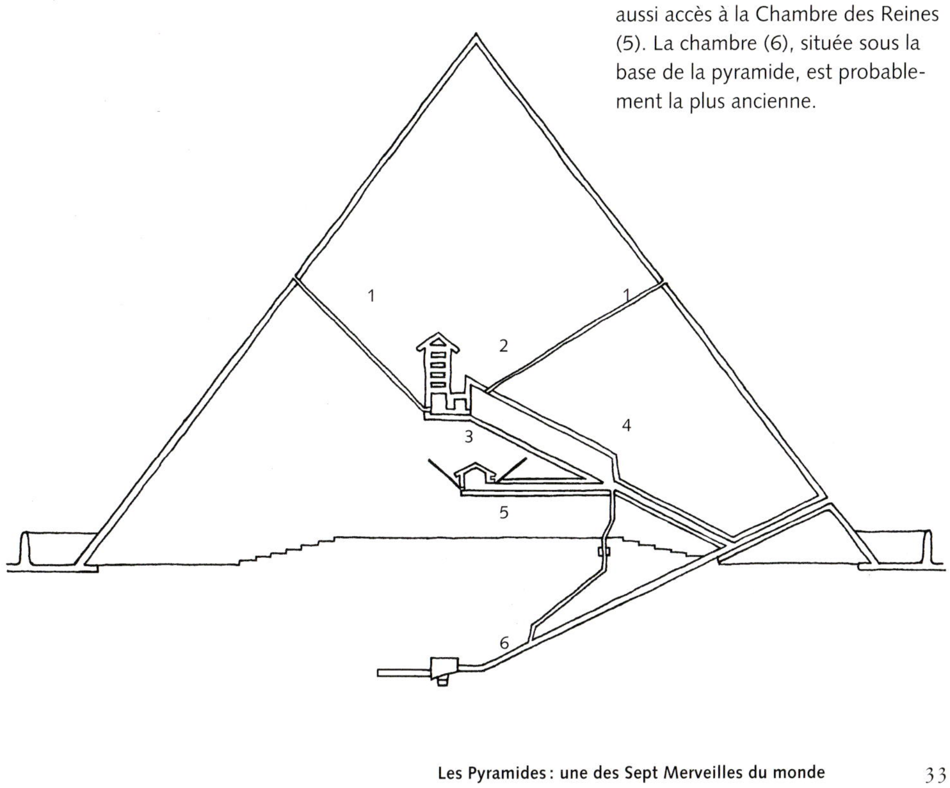

Une technologie inconnue

Aucun document de l'époque ne répond aux questions concernant la construction des pyramides, à savoir les plans architecturaux, le nombre d'ouvriers nécessaire et les moyens dont ils disposaient. Peut-être ont-ils été détruits au cours des millénaires, peut-être n'ont-ils jamais été écrits. Aucune source ne nous éclaire non plus sur la raison d'être des pyramides. Les égyptologues doivent déduire leurs interprétations des édifices eux-mêmes ou d'autres textes contemporains.

On a pu déterminer exactement l'endroit d'où provenaient les pierres : le granit rose d'Assouan, le calcaire blanc dont étaient revêtus l'extérieur et certains endroits à l'intérieur de la pyramide, de Tourah, le matériau de remplissage des carrières de Gizeh, là où se trouve la grande pyramide. Assouan est située huit cents kilomètres en amont, Tourah sur la rive opposée du Nil. Le transport se faisait par bateau. A l'aide de canaux et de débarcadères édifiés à cet effet, les matériaux étaient acheminés à proximité du chantier. Une rampe de terre, de briques et de rochers reliait le port au plateau de Gizeh, situé quarante mètres plus haut. Autre point resté obscur : comment les matériaux étaient-ils acheminés au sommet de la pyramide ? Les ouvriers ont dû ériger une autre rampe qui s'élevait en même temps que la construction et était menée latéralement près des quatre faces de la pyramide ou autour d'elles. Des calculs ont montré que, quand elle atteint le sommet, la rampe latérale nécessite plus de matériau que la pyramide elle-même. Ce n'est pas le cas de la rampe qui fait le tour de la pyramide, mais elle dissimule la partie déjà construite et empêche les travailleurs de contrôler les arêtes et les angles d'inclinaison. On ignore quelle solution les Egyptiens avaient adoptée, mais peut-être en existe-t-il une troisième ?

Les blocs de pierre étaient probablement transportés sur des traîneaux en bois, les contemporains de Khéops ne connaissant pas la roue, ni d'ailleurs les chevaux de trait. En plaine, les bœufs tiraient les charges, mais c'est peu probable sur les rampes étroites. Quant à la force humaine, de nombreux blocs pesant plus de cinq tonnes, il aurait fallu cinquante ouvriers pour les hisser. Hérodote, l'historien grec qui visita l'Egypte vers 450 avant notre ère écrivit que les Egyptiens se seraient servi de « machines faites de morceaux de bois courts » avec lesquelles les blocs auraient été élevés de gradins en gradins. Mais les pyramides existaient depuis deux mille ans quand il s'informa, et les recherches récentes nous apprennent qu'aucun appareil de levage ne fut utilisé, uniquement des leviers, des rouleaux, des pieds-de-biche et des traîneaux. Les blocs rocheux étaient probablement dégrossis dans la carrière et élaborés dans le chantier. La précision dont firent preuve les bâtisseurs ne cesse d'étonner, elle témoigne de capacités artisanales à travailler la pierre qui n'ont jamais été surpassées. L'égyptologue anglais William Flinders Petrie l'a comparée à la « précision d'opticiens remarquables ».

Les Egyptiens de l'Ancien et du Moyen Empire ne connaissaient pas la roue. Les blocs de pierre destinés à la pyramide ou aux sculptures monumentales étaient transportés sur des traîneaux. Des contremaîtres donnaient le rythme du travail, un des ouvriers mouillait la voie où allait passer le traîneau.
Restitution d'une peinture murale du Moyen Empire, aujourd'hui détruite, publiée en 1924 dans le livre Voyage à l'oasis de Jupiter Ammon *du consul général prussien, le baron Heinrich von Minutoli*

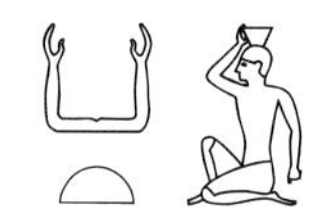

kat = la construction

On ignore jusqu'à ce jour comment les pyramides ont été édifiées. Les Egyptiens doivent avoir utilisé des rampes qui s'élevaient en même temps que la pyramide et étaient menées latéralement près des quatre faces de la construction ou en faisaient le tour. Autant que l'on sache, ils ne possédaient pas d'appareils de levage. Il est peu probable qu'ils aient fait hisser les charges par des bœufs sur les rampes étroites.

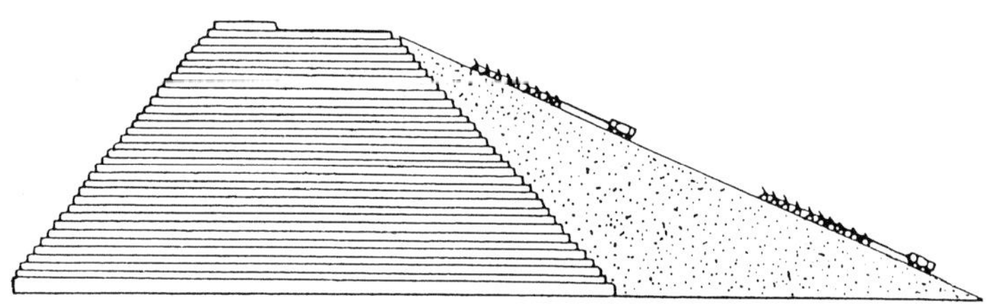

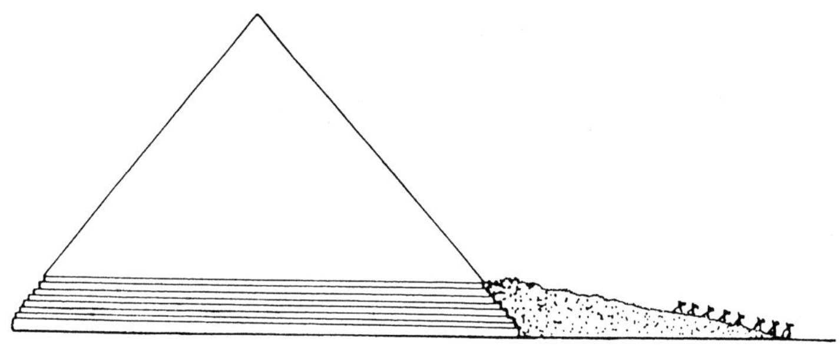

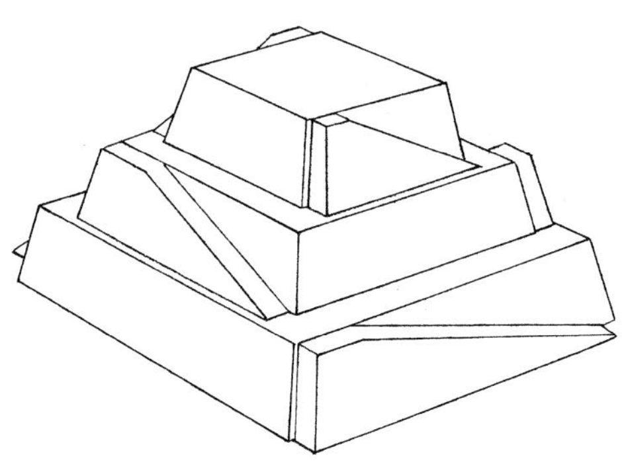

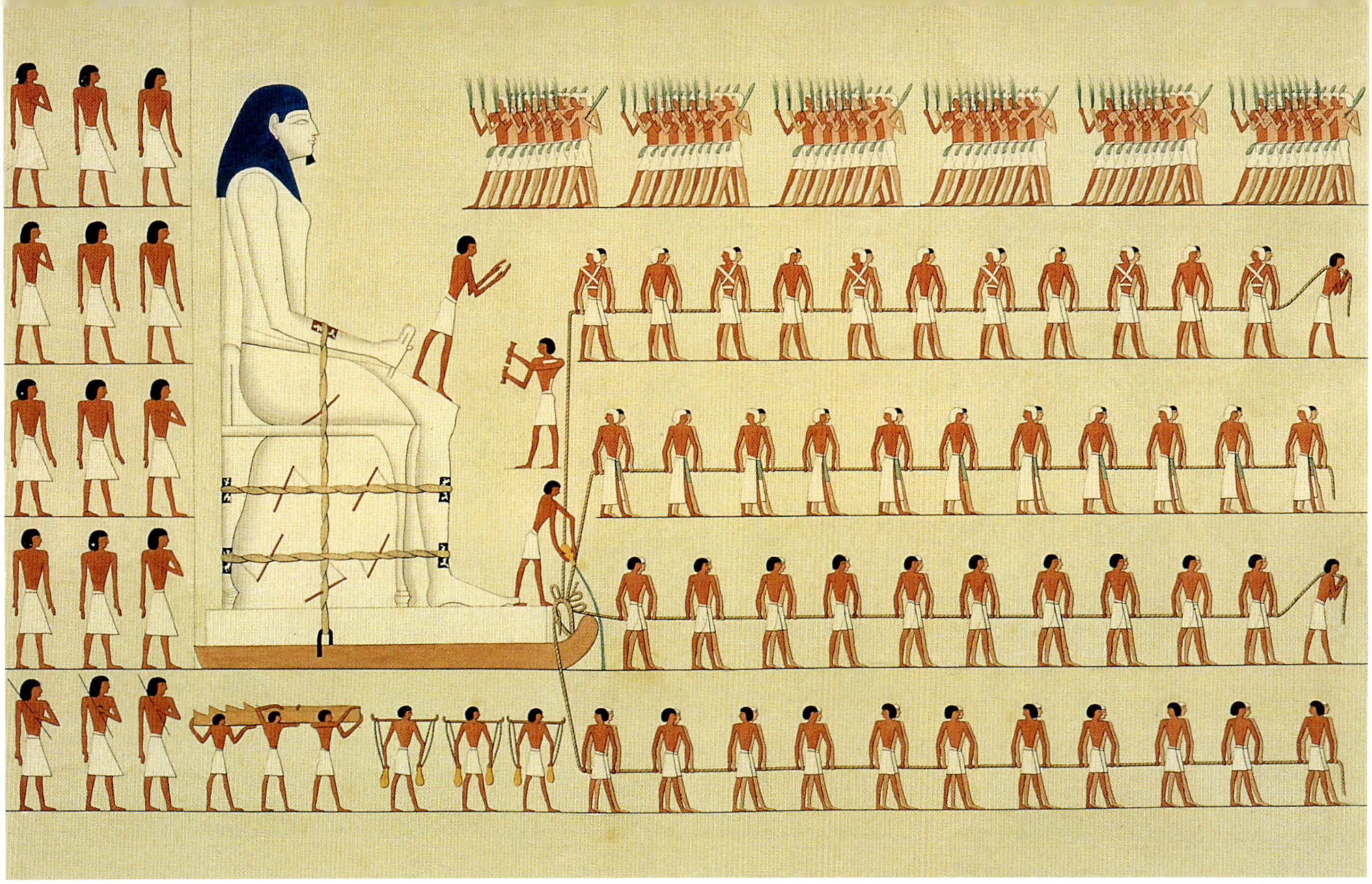

L'aptitude des Egyptiens à concrétiser des plans géométriques était également très développée. Sinon comment auraient-ils pu élever de si grands édifices aux parois possédant exactement la même pente ? Construire les pyramides de manière qu'elles ne basculent pas d'un côté ? Il fallait pour cela, outre l'utilisation d'un goniomètre, que la base soit parfaitement horizontale. Le niveau à bulle d'air n'existait pas, mais son principe était sans doute connu : le long de ce qui deviendra les arêtes de base de deux cent trente mètres de la pyramide de Khéops, on creusa un fossé peu profond dont la pente fut corrigée jusqu'à ce que le niveau de l'eau soit égal partout.

Nous manquons aussi de documents contemporains concernant l'organisation du travail. C'est Hérodote encore, et vingt siècles plus tard, qui nous renseigne : « Le nombre des ouvriers atteignait cent mille à la fois, chaque équipe travaillant trois mois de suite. » ou encore « Une inscription sur les pyramides indique en lettres égyptiennes quelles quantités de radis, d'oignons et d'aulx ont été consommées par les ouvriers. Si je me souviens bien de la somme que l'interprète qui déchiffrait les inscriptions m'a nommée, il s'agissait de seize cents talents d'argent ... la construction ... a duré vingt ans. » Et dix ans auraient été nécessaires pour construire les chemins d'accès.

Aujourd'hui, les experts tiennent ces données sur la durée de la construction pour réalistes. Cependant, si les ouvriers spécialisés – dans ce cas les tailleurs de pierre – ont dû travailler toute l'année sans interruption, la main-d'œuvre d'appoint, c'est-à-dire la masse des ouvriers, n'était probablement pas remplacée tous les trois mois, mais employée seulement trois mois par an, à l'époque des crues du Nil, quand les champs étaient inondés et les agriculteurs inactifs. Pour Hérodote et les prêtres égyptiens qui l'ont renseigné, construire des pyramides était un travail de forçat et Khéops un tyran méprisant le genre humain. Il aurait même tiré profit des charmes de sa fille : « Khéops était un être si infâme que manquant d'argent, il amena sa propre fille dans une maison de passe et lui ordonna de gagner une certaine somme d'argent – combien, les prêtres ne me l'ont pas dit. Elle réunit la somme demandée et décida, elle aussi, de se faire élever un monument. Elle pria chaque homme qui lui rendait visite de lui offrir une pierre pour le grand édifice. Elle aurait fait construire avec ces pierres la pyramide placée au milieu des trois pyramides, celle qui se trouve devant la grande pyramide ... »

Cette anecdote, si absurde soit-elle, témoigne de la mauvaise réputation de Khéops. Les informateurs d'Hérodote savaient manifestement bien peu de choses sur ce qui touchait à l'apogée de l'Ancien Empire. Ils semblent ignorer qu'en son temps Khéops était considéré comme un dieu, et que l'Egypte et ses habitants étaient sa propriété personnelle. Que ce soit aux champs, au temple ou au palais, directement on non, les Egyptiens travaillaient toujours pour lui. En aidant à ériger une œuvre aussi colossale que la pyramide-sépulcre de leur dieu incarné, ils ne servaient pas seulement celui-ci mais aussi leurs propres intérêts : que Pharaon veille ici-bas ou dans l'au-delà, il était le garant du bien-être de ses contemporains.

Le Sphinx monte la garde

La pyramide royale – plus tard un tombeau creusé dans la falaise – était mise en chantier le jour même de l'intronisation. Le plus haut dignitaire de l'Etat, les archéologues l'ont appelé « vizir » d'après le modèle oriental, en portait la responsabilité. Le vizir de Khéops s'appelait Hémiounou. Quand on ouvrit son tombeau en 1912, on trouva entre autres sa statue grandeur nature. Paradoxalement, nous ne connaissons de Khéops qu'une figurine en ivoire de cinq centimètres et demi de haut, que l'on peut découvrir, après maintes recherches, au Musée du Caire.

Les pyramides ne se dressaient pas seules dans le paysage, elles faisaient partie d'un vaste complexe rassemblant les tombeaux des dignitaires (comme Hémiounou) et ceux des membres de la famille royale : les fonctionnaires de Khéops reposent à l'ouest de la pyramide en rangées de mastabas orientés de manière très précise ; une petite pyramide a été construite sur le flanc oriental pour les trois épouses royales. Un temple destiné au culte funéraire quotidien faisait également partie du complexe, des vestiges de son sol de basalte ont été conservés sur le flanc oriental de la pyramide. De ce temple haut, une chaussée couverte descendait jusqu'au temple bas, dans la vallée. Il est aujourd'hui enfoui sous des habitations, et ses vestiges ne sont pas accessibles aux archéologues. On déposait ici des offrandes destinées au défunt, des provisions fraîches pour assurer sa subsistance durant son long voyage dans l'Empire des Morts, ou celle des prêtres qui assuraient le culte et veillaient sur l'ensemble funéraire. Les barques dans lesquelles Khéops voyagerait étaient déposées dans de vastes caveaux au pied de la pyramide.

A côté de la pyramide de Khéops se dressent celles de ses successeurs, son frère Khéphren et le fils de celui-ci, Mykérinos. Elles sont un peu plus petites mais forment avec elle et le puissant Sphinx de Khéphren un des ensembles architecturaux les plus célèbres de la planète. Haut de vingt mètres et long de soixante-treize mètres, le sphinx est sculpté dans le roc. Son corps de lion est doté d'une tête de pharaon reconnaissable au némès, la coiffe royale parée de l'uraeus, le cobra dilaté, et on distingue encore nettement le début de la barbe de cérémonie qui ornait son menton. Protecteur des pyramides, vénéré plus tard aussi comme une manifestation du dieu solaire, celui que les Arabes, plus tard encore, appelleront avec crainte le « père de l'effroi », se dresse, visible de loin dans le sable du désert.

Il n'en a pas toujours été ainsi. Au cours des derniers millénaires, le vent a enfoui plusieurs fois le colosse sous le sable, ne laissant que la tête visible. Au temps des pharaons, il fut au moins deux fois complètement dégagé des sables sur ordre divin. Chaque fois, les dieux communiquaient ce souhait à des princes, leur prédisant qu'ils monteraient sur le trône s'ils libéraient le Sphinx. Sur une stèle, entre les pattes griffues, on peut lire comment le futur Thoutmosis, qui s'était allongé pour dormir à l'ombre de la tête de pierre entendit « comme la Majesté de ce dieu superbe parlait de sa propre bouche, comme un père parle à son fils ... ».

Son long séjour sous les sables a préservé le Sphinx de bien des outrages, les Arabes et les Mamelouks n'ont endommagé que sa tête – la barbe et le nez ont disparu. La pollution atmosphérique et les eaux de la nappe phréatique en hausse se chargent aujourd'hui de son corps. L'érosion qu'elles provoquent est bien plus grave que les boulets de canon d'autrefois : de gros fragments se sont détachés de la patte antérieure gauche, de l'épaule et de la queue. La divinité de pierre est un malade chronique et les traitements qu'elle demande ont le pas sur l'exploration de cavités mises en évidence par des moyens acoustiques.

Cette dégradation manifeste n'entame en rien le pouvoir de fascination du Sphinx, ce rayonnement persistant qui stimule l'imagination. Il a servi de modèle à de nombreux animaux mythiques ou sacrés. Plus tard les Egyptiens eux-mêmes associeront aussi le corps de lion à des têtes d'animaux, avant que les Grecs ne lui donnent des ailes et des attributs féminins et le transforment en un monstre posant des énigmes aux voyageurs et dévorant ceux qui ne pouvaient les résoudre. Le gardien devint un voleur de grand chemin, le protecteur un démon qui hante aussi bien les œuvres des romantiques que les bandes dessinées et les films fantastiques de notre époque.

Depuis des millénaires, le Sphinx et la Grande Pyramide excitent la curiosité, le désir de découvertes, l'imagination, particulièrement chez les adeptes des sciences occultes. Ceux-ci luttent contre les sobres égyptologues, si peu exaltants par comparaison, et prétendent entre autres que la Grande Galerie a servi d'observatoire, que l'on peut calculer le périmètre de la Terre à partir des dimensions de la pyramide de Khéops et que les bâtisseurs de la Grande Pyramide voulaient laisser à la postérité une « encyclopédie monumentale » rassemblant tout le savoir de leur époque. Quant au Sphinx, il ne daterait absolument pas de l'Ancien Empire mais serait antérieur au déluge.

Sévère et inaccessible, le Sphinx se dresse, long de 73 mètres, haut de 20 mètres. Son corps de lion surmonté d'une tête de pharaon fait de lui une créature mythique qui a éveillé la curiosité et l'inquiétude du monde antique. L'uraeus ornant son front et la barbe postiche ont disparu, il ne reste des insignes de la dignité pharaonique que la coiffe royale.

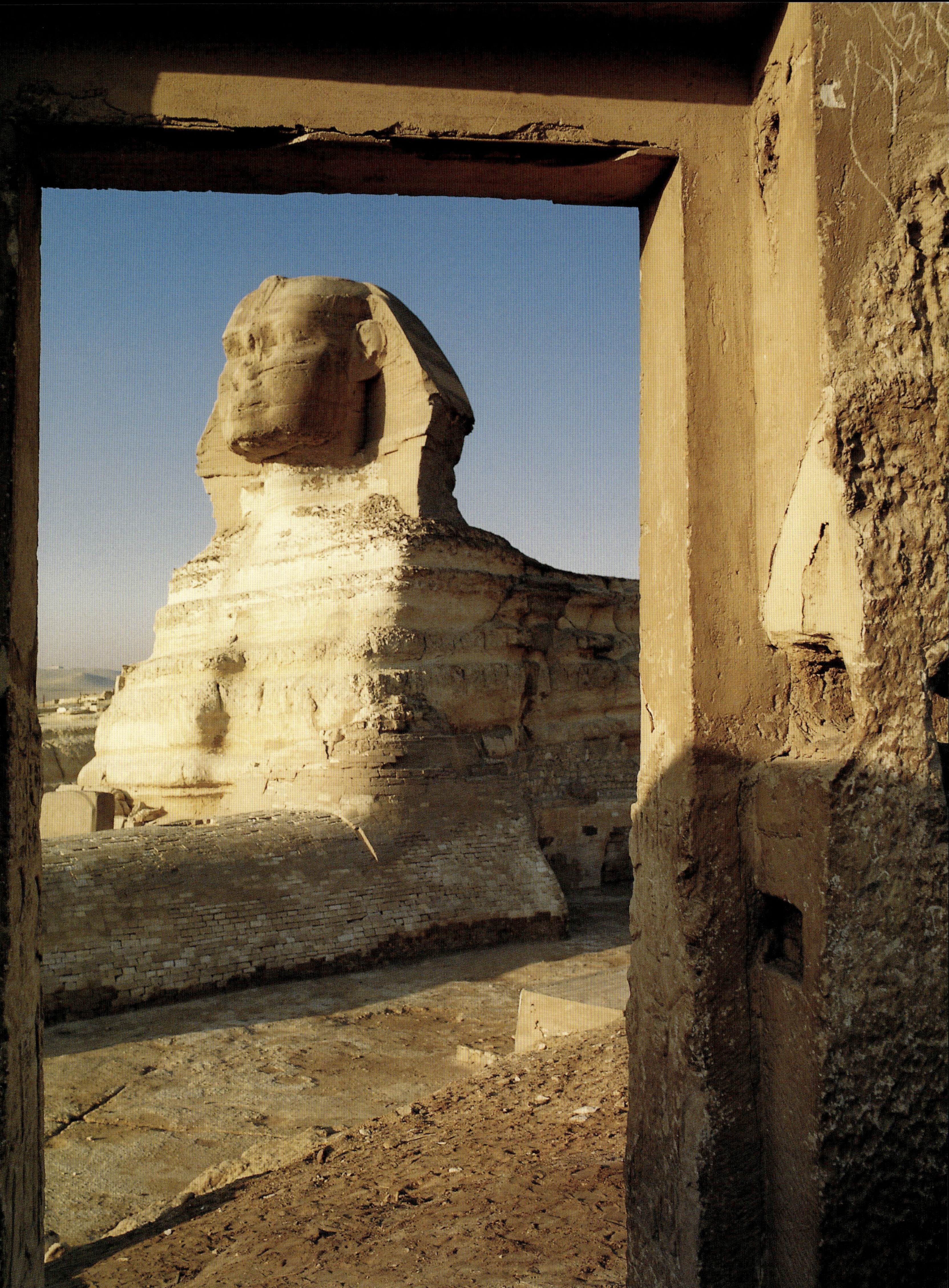

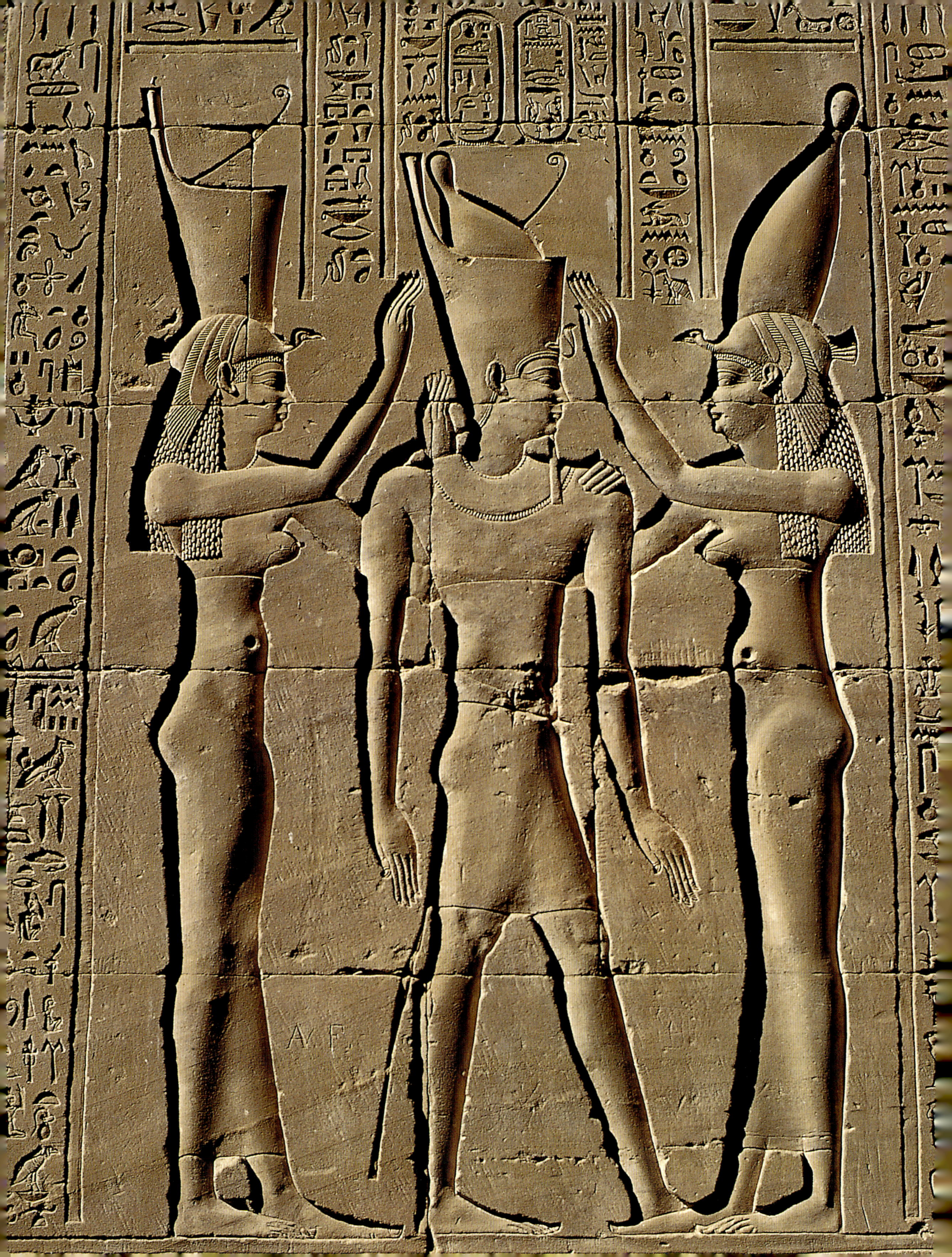

La déesse de gauche porte le bonnet de Basse-Egypte, celle de droite la mitre de Haute-Egypte. Elles posent sur la tête du pharaon le pschent qui réunit ces deux couronnes, car le roi doit veiller à la cohésion des deux parties du pays, enrayer les conflits et s'opposer au chaos.
Relief du temple d'Edfou, 181–145 av. J.-C.

Pharaon unifie le pays

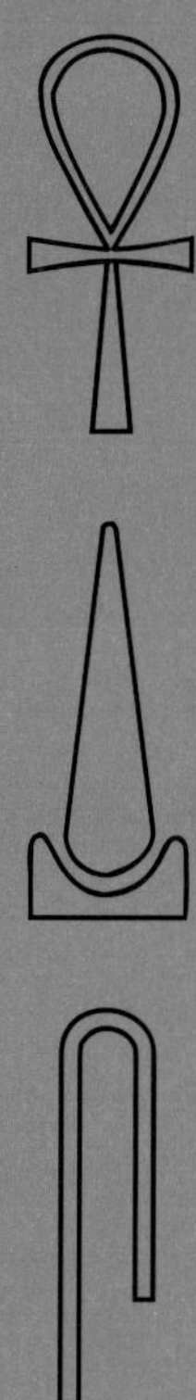

ankh, oudjat, seneb
= qu'il vive, reste sain et sauf
(ce vœu accompagnait toujours
le nom du pharaon)

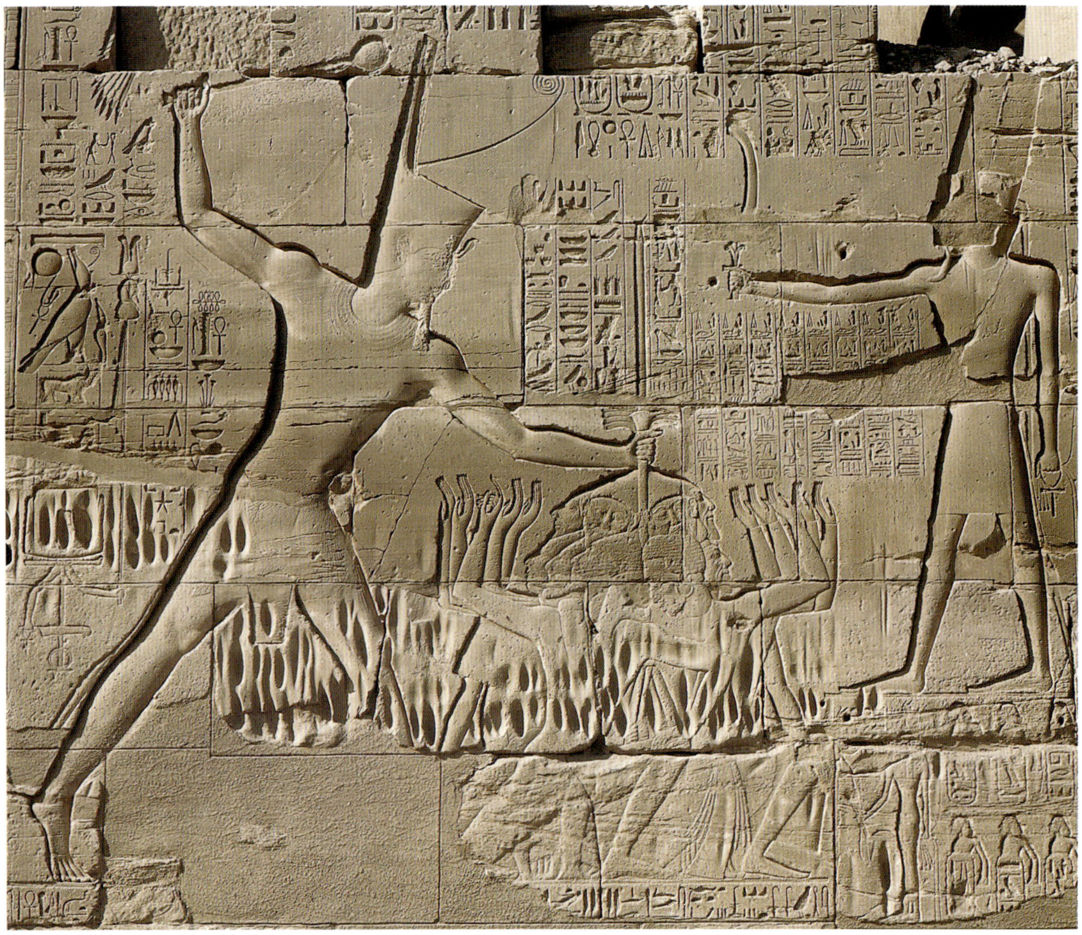

Assurer la protection du pays est un des devoirs traditionnels du pharaon. Un des « pictogrammes » sans cesse utilisé pour désigner le roi victorieux le montre brandissant une massue au-dessus d'un groupe de prisonniers qu'il tient par les cheveux. Les vaincus lèvent les mains d'un geste suppliant. Ils ont peu d'importance et sont donc beaucoup plus petits que le roi Thoutmosis Ier.
Relief du temple de Karnak, Nouvel Empire, XVIIIe dynastie

Le pharaon brandit une massue, il a attrapé ses ennemis par les cheveux et s'apprête à les tuer. Cette représentation du Roi vainqueur a été sculptée des centaines de fois dans la pierre, aussi bien aux frontières que dans les villes résidentielles et loin à l'intérieur de la Nubie. Elle ne décrit pas un événement réel mais le devoir de Pharaon qui est de protéger l'Egypte. L'une des prouesses de la civilisation égyptienne antique est d'avoir élaboré des formules picturales pour toutes les tâches majeures de son souverain. Les Egyptiens pouvaient voir sur les murs des temples ce qu'était Pharaon et ce qu'il devait faire. Sa mission principale était de réunir les deux parties du pays. Si elle était bien réelle pendant les guerres civiles qui sévirent durant les « périodes intermédiaires », il s'agissait à d'autres époques d'un devoir mythique : les Egyptiens se sentaient menacés par le chaos et Pharaon devait les sauver. Cet événement était représenté par l'unification de la Basse et de la Haute-Egypte, symbolisées par deux plantes, une tige de papyrus et un lotus liés ensemble, ou par deux dieux qui bénissent le pharaon. Le titre « Roi de Haute et Basse-Egypte », toujours donné aux pharaons, montre l'importance de cette idée d'unification. Responsable de l'unification du pays et de sa protection, le Maître des Deux-Terres est aussi chargé d'assurer l'ordre universel. La Justice, la Vérité, l'Harmonie sont personnifiées par la déesse Maât dont la tête est surmontée d'une plume d'autruche, et qui est parfois représentée uniquement par cette plume. Le pharaon apporte aux dieux une petite Maât sur la paume de ses mains, montrant qu'il ne veut pas abuser de son pouvoir et qu'en cas de litiges parmi ses sujets il cherchera la vérité. « Agis conformément à Maât tant que tu es sur terre », conseille un des rois à son fils, « console celui qui pleure, n'opprime pas la veuve, ne chasse personne de la propriété de son père et ne fais pas de tort aux fonctionnaires dans leur emploi. Garde-toi de châtier injustement et ne tue pas, car cela ne peut pas t'être utile. » En se reconnaissant de Maât, le roi tout-puissant limite volontairement ses pouvoirs et recherche, ainsi qu'elle l'y oblige, le consensus avec ses sujets. « Tu fixes les lois pour l'éternité », louent les fonctionnaires d'un pharaon, ajoutant prudemment « à la satisfaction des êtres humains ».
Comme bien d'autres peuples, les Egyptiens ont donné une origine divine à leurs souverains et au début de l'Ancien Empire, les rois égyptiens étaient encore considérés comme des dieux. Mais cet état de grâce ne dura pas, et à partir de la IVe dynastie, les rois furent abaissés au rang de fils des divinités. Le dieu Amon, disait-on, prend la forme du pharaon régnant pour s'unir charnellement à la reine et engendrer l'héritier du trône. Son essence divine faisait aussi du pharaon le plus grand prêtre du pays et le seul interlocuteur possible pour les divinités.

L'unité de la Haute et de la Basse-Egypte n'est pas seulement représentée par la double couronne mais aussi par une tige de papyrus et un lotus liés ensemble, plantes qui symbolisent les deux parties du pays.
Relief sur le socle du colosse de Memnon, Thèbes, XVIIIe dynastie

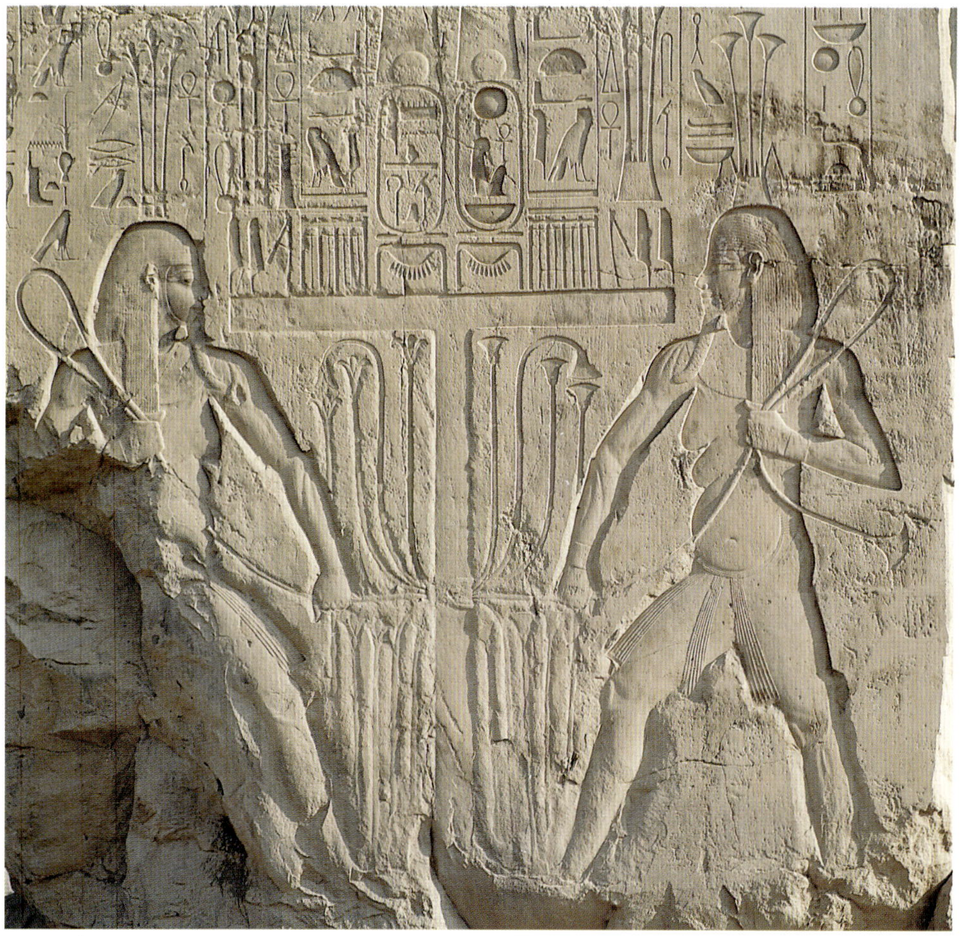

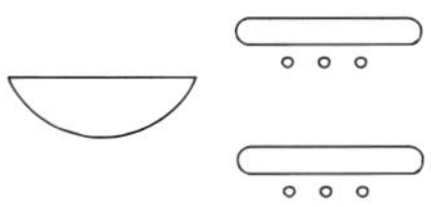

neb-taui = le Maître des Deux-Terres

Le signe distinctif de la déesse Maât est la plume d'autruche qui orne sa tête. Maât incarne l'ordre universel, la loi et la vérité, et tous les pharaons sont ses obligés. Ici, elle protège de ses ailes déployées la reine Néfertari, épouse de Ramsès II.
Peinture murale du tombeau de Néfertari, Vallée des Reines, Nouvel Empire, XIXe dynastie

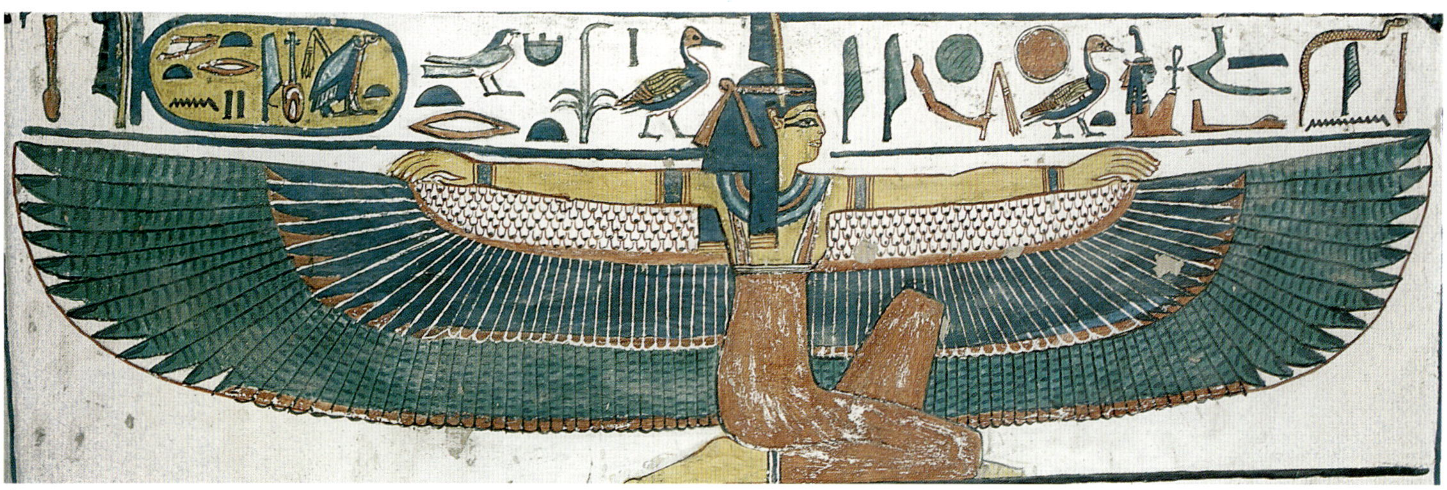

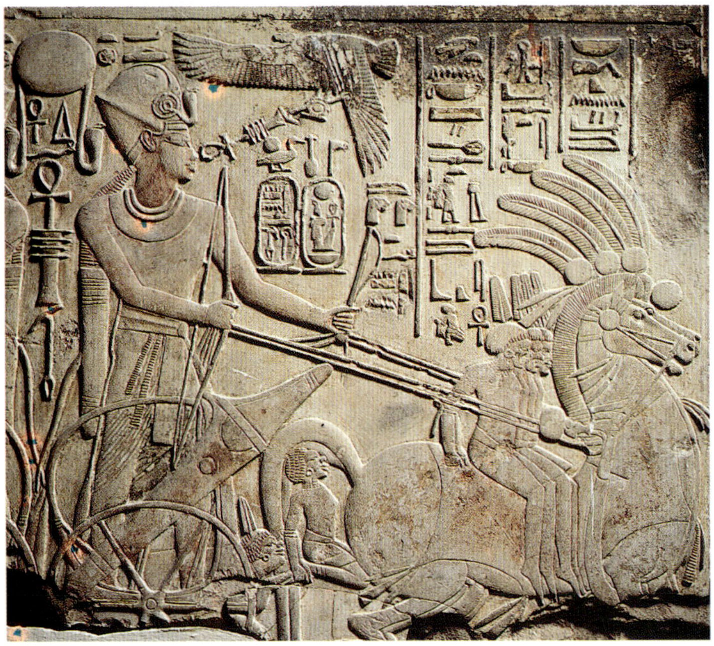

Défendre le pays était l'une des tâches majeures du pharaon. Les Egyptiens n'ont découvert les chevaux et les chars de combat que pendant l'occupation par les Hyksos à la fin du Moyen Empire.
Stèle, XVIIIe dynastie, Le Caire, Musée Egyptien

fondations de temples, les cérémonies, éventuellement la hauteur des crues du Nil. La relation avec les dieux comptait le plus, car ils détenaient le pouvoir, c'est d'eux que dépendait la montée des eaux ou l'absence de crue. Les pharaons faibles ou indignes, ceux que les dieux n'aimaient pas, n'étaient tout simplement pas mentionnés dans ces annales, ils ne correspondaient pas à l'idée que les Egyptiens se faisaient de leur roi.

On constate, indirectement il est vrai, que la succession n'était pas non plus toujours réglée conformément à l'idéologie officielle. Dans le cas idéal, le fils aîné du pharaon succédait à son père, mais des pièces de procès rapportent des intrigues contre des successeurs n'ayant pas encore atteint la majorité, et montrent qu'à l'occasion un homme particulièrement fort, étranger à la famille, s'est emparé du trône. Il fondait alors une nouvelle dynastie tout en veillant à préserver l'idée de procréation divine et de continuité. Seul celui qui prenait en charge les rituels et les emblèmes du pouvoir pouvait devenir le souverain légitime. D'ailleurs, les Ptolémées originaires de Macédoine se firent aussi représenter sur les murs des temples de Philae et Edfou en tenue traditionnelle de pharaon et procédant aux rituels, et même lorsque l'Egypte fut une province romaine, les empereurs s'y firent représenter « à l'ancienne ».

Mythe et réalité

Dans la réalité, le souverain devait aussi accomplir des rituels semblables à ceux que nous montrent les bas-reliefs et les peintures, particulièrement lorsqu'il montait sur le trône. Il tirait des flèches vers tous les points cardinaux contre ses ennemis possibles et faisait solennellement le tour d'une surface délimitée symbolisant l'Empire. Trente ans plus tard – du moins au commencement de l'histoire égyptienne – il répéterait cette cérémonie afin de démontrer sa force physique et de la faire renouveler magiquement par les dieux.

La chronologie égyptienne montre aussi combien était ancrée la croyance selon laquelle chaque pharaon recrée le pays en l'unifiant. Contrairement aux chrétiens et aux musulmans, les Egyptiens ne connaissaient pas de fondateur religieux dont la naissance ou l'ascension détermine l'année zéro. L'avènement de chaque roi entraînait une nouvelle datation, et un événement se produisait par exemple le troisième jour du second mois des crues du Nil, en l'année 10 du règne de tel roi.

Les Egyptiens se représentaient l'histoire de leur pays comme une chaîne de rois, groupés en dynasties. Le premier connu, son nom est Narmer ou Ménès, vécut trois mille ans avant notre ère; le dernier ou plutôt la dernière, Cléopâtre VII, se donna la mort en l'an 30 avant notre ère quand les Romains s'emparèrent de son pays. Si les prêtres dans les temples ont consigné l'histoire de l'Egypte, ils ne fixaient pas les événements, les guerres, les catastrophes ou les conquêtes, mais les noms des rois, la durée de leurs règnes respectifs, les

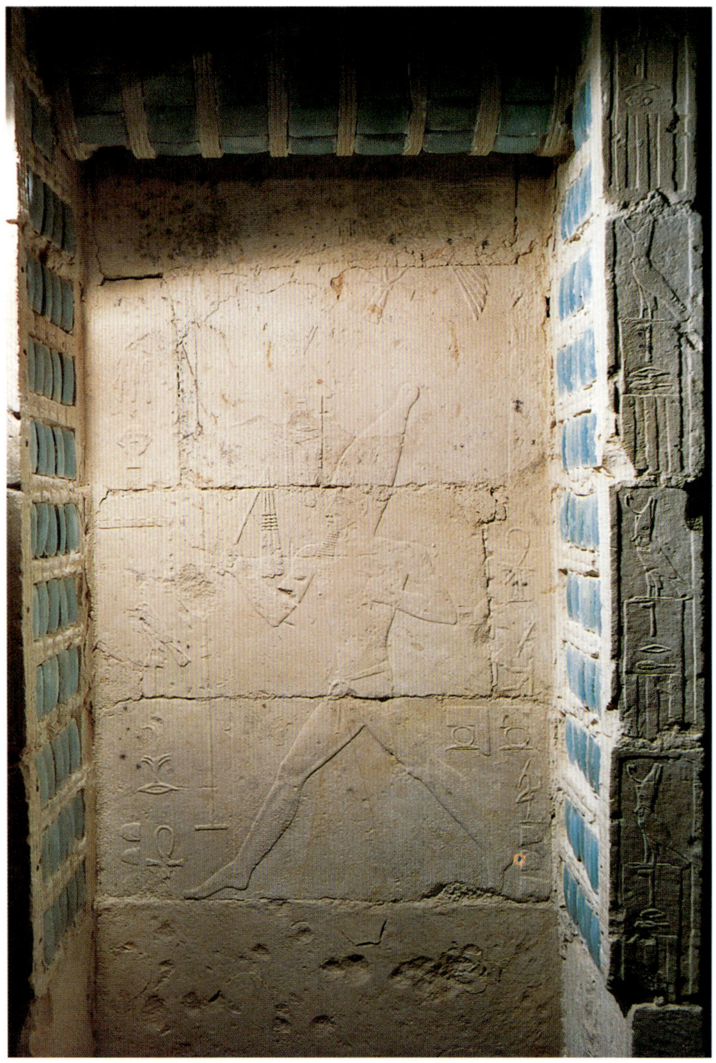

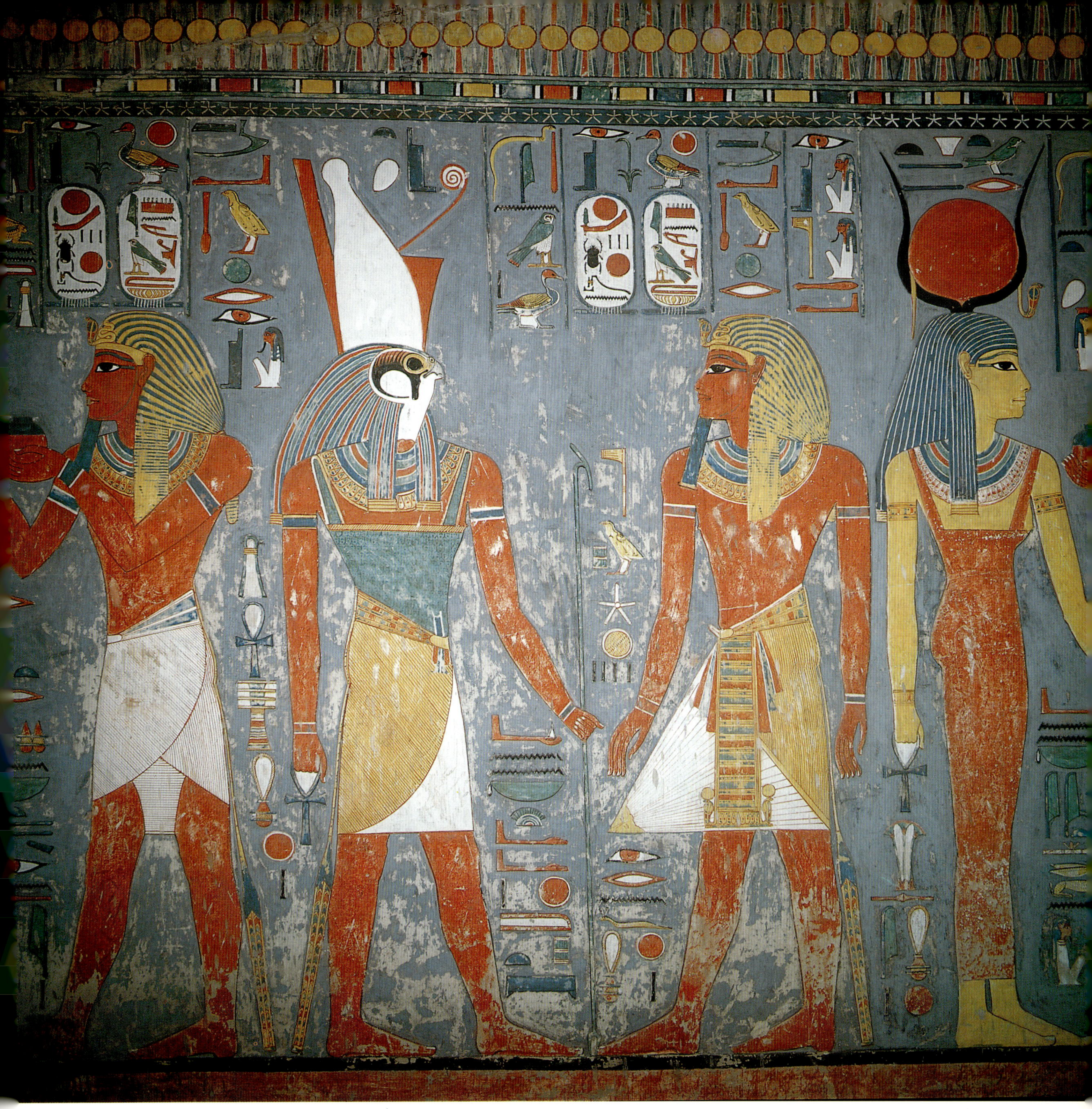

Le roi Haremheb devant le dieu Horus à tête de faucon qui tient pour lui la couronne de Haute et Basse-Egypte. L'inscription précise : « Haremheb vénère Horus, ce pourquoi Horus le récompense ».
Relief peint du tombeau de Haremheb, Vallée des Rois, XIXe dynastie

Trente ans après son accession au trône, le roi Djéser fait le tour d'une surface délimitée symbolisant l'Empire. Ce rituel démontrait la force physique du pharaon et le renouvellement magique de celle-ci par les dieux.
Relief mural du complexe funéraire de Djéser, IIIe dynastie

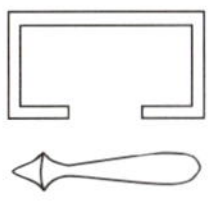

= maison

= grand

per-aa = la Grande Demeure/Pharaon

L'esthétique du pouvoir

Aujourd'hui encore, la fascination qu'exercent les pharaons reste entière, grâce aux artistes et aux artisans qui élaborèrent les formules picturales royales jusqu'à créer une véritable «esthétique» du pouvoir. En faisaient partie les attributs du souverain, ses vêtements, ses insignes et les divinités sous forme d'animaux qui l'accompagnaient. La première place revenait à Horus, le dieu faucon, «dont les yeux étaient le Soleil et la Lune et dont la pointe des ailes touchait les confins de la Terre». Horus était considéré comme le fils des dieux à l'instar de Pharaon, et celui-ci était donc identifié à Horus en tant qu'«Horus au palais». Le faucon renvoie à la divinité du roi et aussi à la protection céleste.

La déesse vautour Nekhbet, de Haute-Egypte, et la déesse serpent Ouadjyt de Basse-Egypte sont les protectrices du Roi. Elles personnifient les Deux-Terres et défendent ensemble le souverain. La déesse de Basse-Egypte se dresse sous la forme d'un cobra furieux et menaçant sur le diadème royal.

Dans ses mains, le pharaon tenait le fouet doré en forme de fléau et le sceptre en crochet, vestiges de l'époque où les Egyptiens étaient encore des nomades vivant dans le désert. Avec le fouet, ils rassemblaient leurs troupeaux, avec le bâton crocheté, ils attrapaient les bêtes par la patte arrière: le pharaon est le grand pasteur. La peau de bête faisant partie de la tenue d'apparat du souverain est, elle aussi, probablement originaire de cette époque légendaire. Le «Taureau Puissant», un des titres de Pharaon, est le plus souvent représenté avec un pagne court en lin blanc plissé et coiffé d'un linge empesé, le némès, dont l'extrémité était roulée sur la nuque pour former une sorte de tresse. Au cours des cérémonies, le pharaon portait une barbe postiche longue et étroite – même s'il était une femme, comme ce fut le cas d'Hatchepsout. Le souverain possédait six couronnes différentes formant les insignes majeurs de son pouvoir, chacune d'elles ayant sa valeur symbolique spécifique. Les deux plus importantes étaient la mitre blanche de Haute-Egypte et le bonnet rouge de Basse-Egypte, souvent combinés pour former le pschent, un des nombreux symboles de l'union des Deux-Terres.

Le peuple ne voyait le pharaon en vêtements d'apparat, tel qu'il est immortalisé sur les murs de nombreux temples, que durant les grandes processions solennelles, car il vivait retiré dans son palais. Ici, c'est d'une «fenêtre de l'apparition» conçue à cet effet qu'il se montrait en vêtements de cérémonie à ses dignitaires lorsqu'il décorait les fonctionnaires de «l'or honorifique».

Précisons que le mot «Pharaon» est d'origine égyptienne. Dérivé de «Per-aa» (Grande Demeure), il désigne à la fois le pharaon et le palais royal.

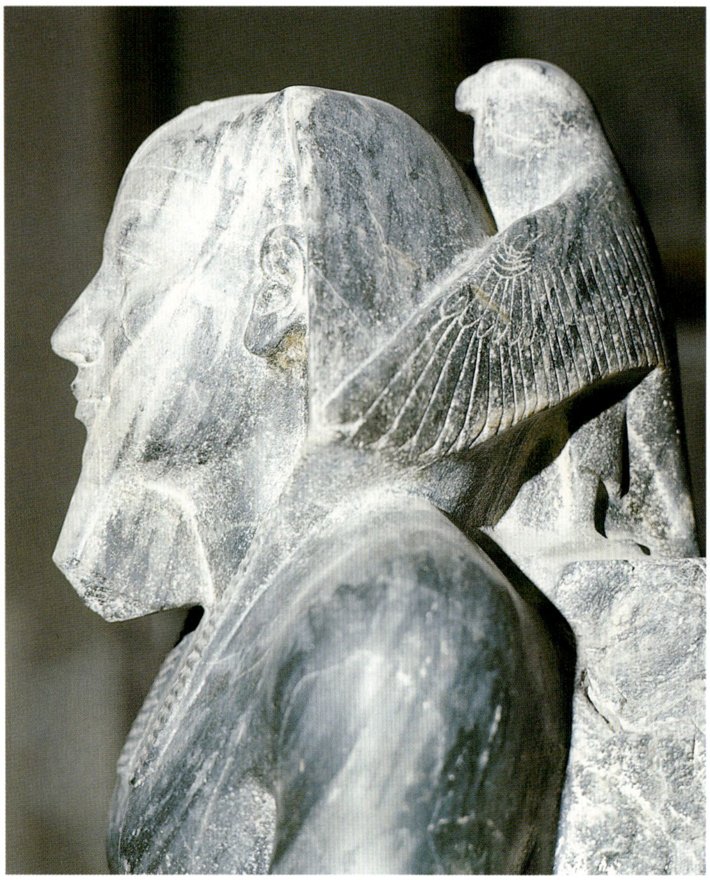

Une des représentations les plus impressionnantes d'une divinité protectrice: le faucon Horus déploie ses ailes au-dessus de la tête du roi Khéphren. Peut-être n'est-il pas seulement le protecteur de Khéphren mais identique à lui – les Egyptiens de l'Ancien Empire crurent longtemps que les dieux s'incarnaient dans les pharaons.
Détail d'une statue de diorite, IVe dynastie, hauteur totale 1,68 m, Le Caire, Musée Egyptien

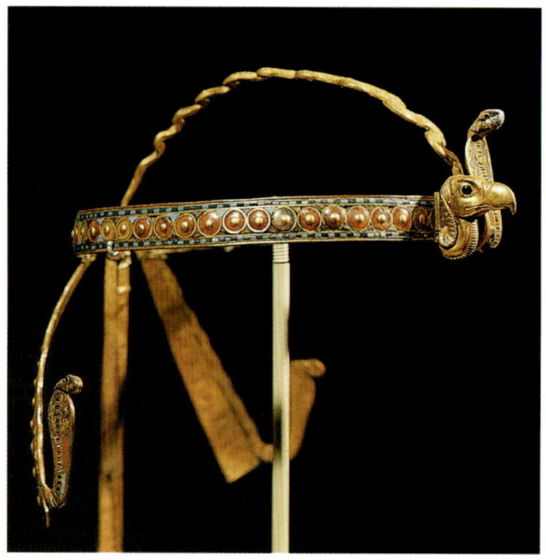

Le diadème d'or du roi Toutankhamon avec le vautour et le cobra dilaté qui symbolisent la Haute et la Basse-Egypte.
Le Caire, Musée Egyptien

Le couvercle d'un des quatre canopes qui contenaient les viscères de Toutankhamon. On y voit la tête et le buste du roi en tenue de grand apparat.
XVIIIe dynastie, Le Caire, Musée Egyptien

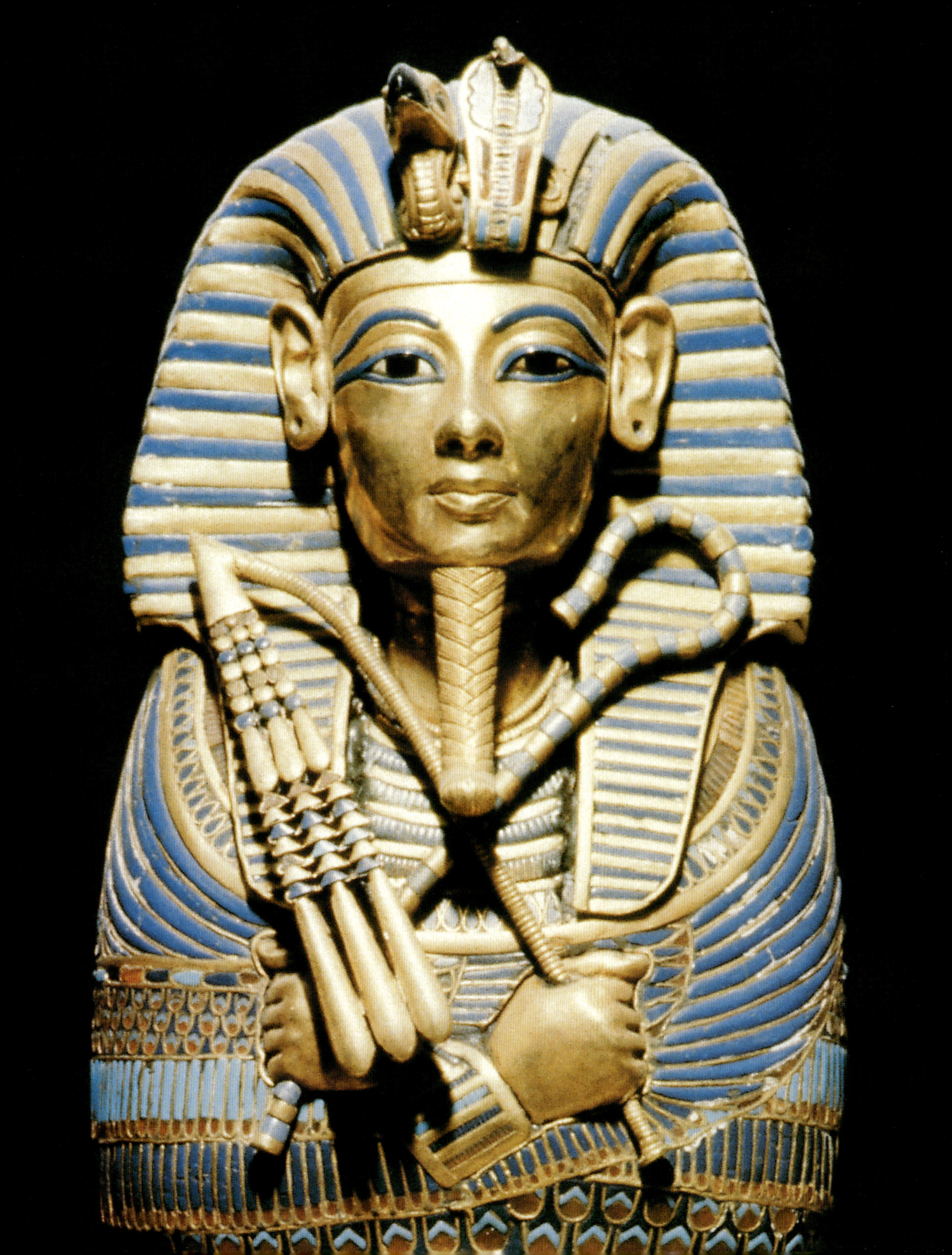

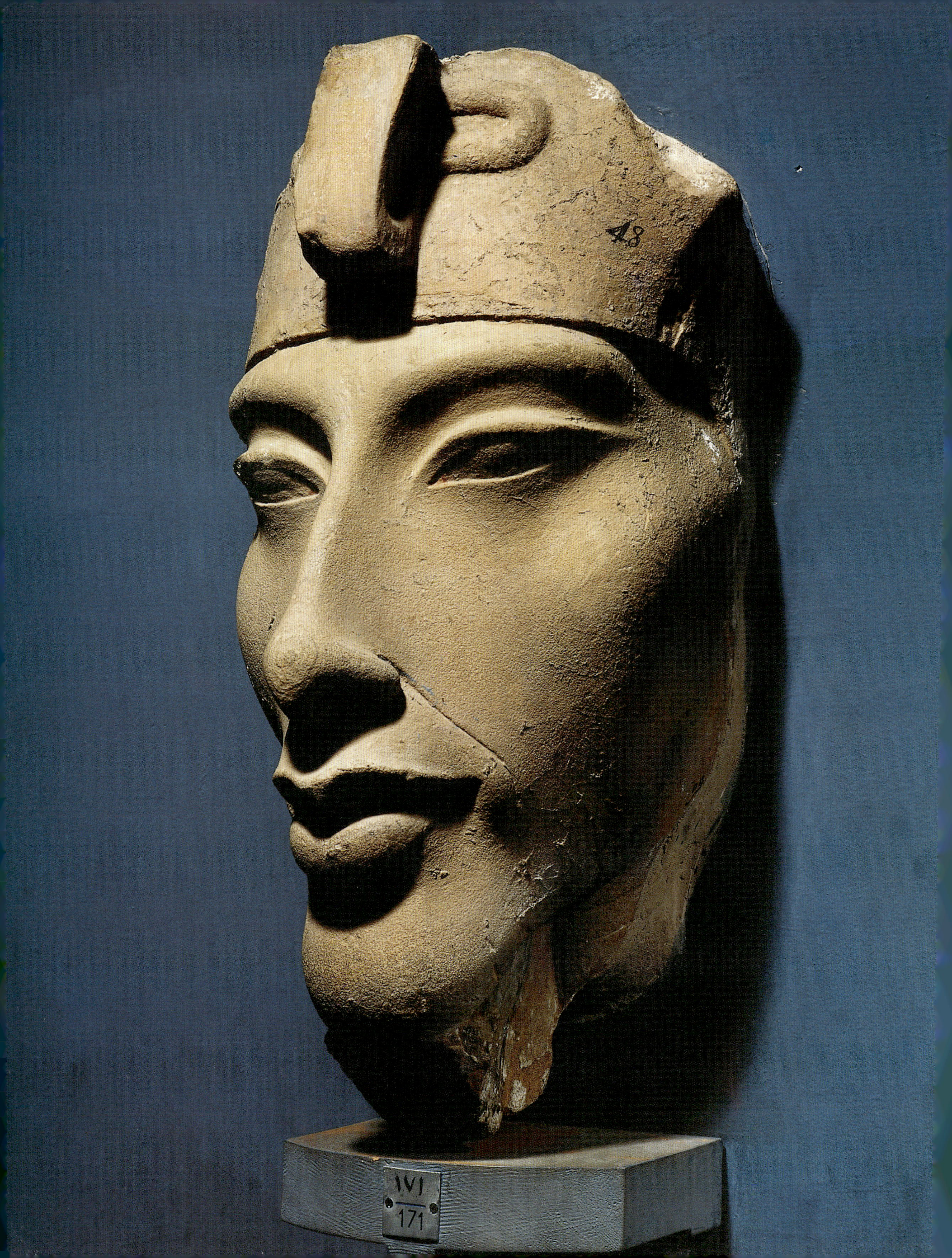
48
١٧١
171

Aménophis IV prit le nom d'Akhenaton et transforma radicalement le panthéon égyptien. Le roi ne fut plus représenté selon le canon des formes traditionnelles : les lèvres sont plus épaisses, les yeux plus étroits, la tête plus allongée, le corps présente des courbes féminines.
Nouvel Empire, XVIIIe dynastie, grès, hauteur 64,5 cm, Louqsor, Musée d'Art égyptien ancien

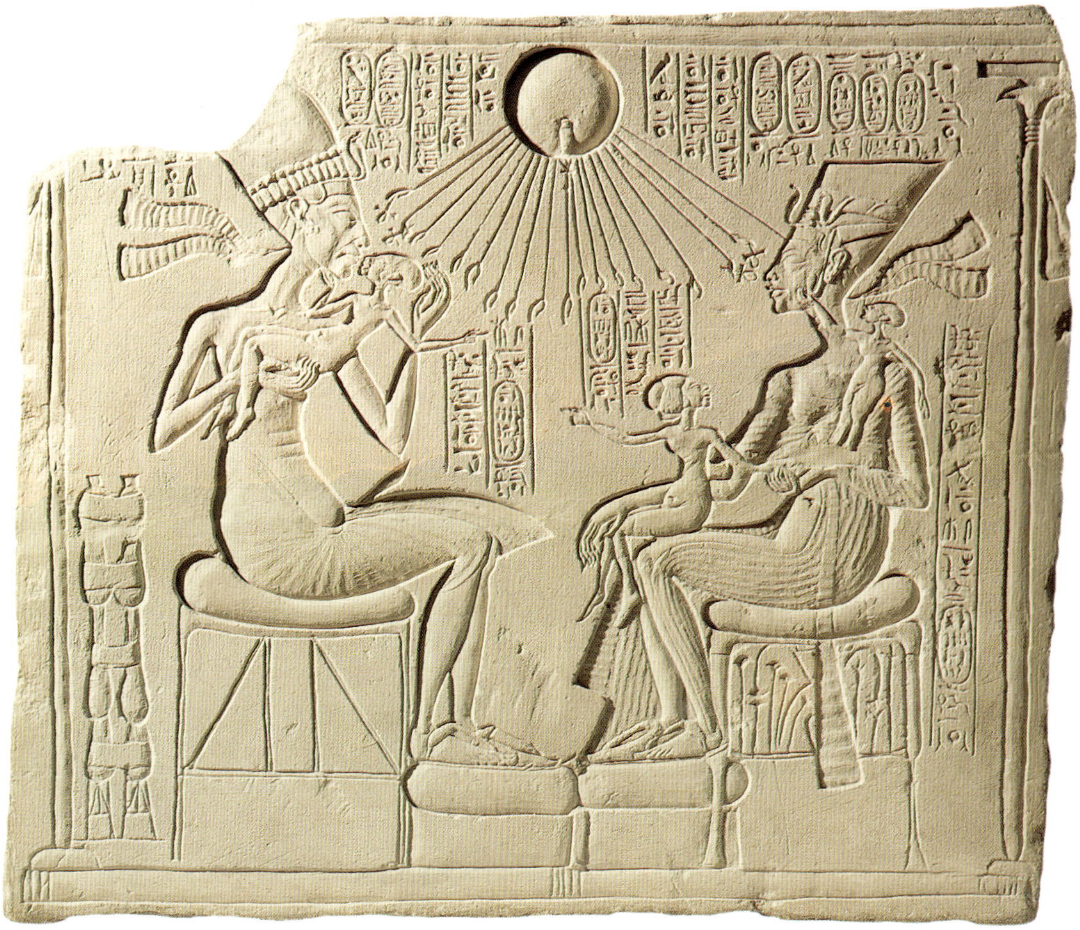

Inédites aussi, ces représentations de la famille royale en privé : ici Akhenaton et son épouse Néfertiti jouent avec leurs filles. Abandonnant le panthéon officiel, Akhenaton fit adorer le dieu unique Aton, symbolisé par le disque solaire qui envoie à l'humanité ses rayons aux mains bienfaisantes.
Plaque de calcaire, hauteur 32,5 cm, largeur 39 cm, Berlin, Ägyptisches Museum

Akhenaton le révolutionnaire

Nous ne connaissons guère que les noms et peut-être les dates du règne de la plupart des souverains égyptiens, surtout ceux de l'Ancien Empire, certains pharaons ne prenant vraiment figure qu'à partir de la XVIIIe dynastie. Aménophis IV, par exemple, qui régna dix-sept ans, probablement à partir de 1350 avant notre ère et que l'on reconnaît aisément sur les bas-reliefs à ses lèvres lippues, son long visage ingrat et son crâne déformé, ébranla le pays. Grand prêtre d'Egypte, il décida d'abandonner le panthéon officiel et d'adorer le dieu unique Aton symbolisé par le disque solaire. Il radia le nom d'Amon, le roi des dieux, partout où on pouvait le lire, détruisit ses statues, au profit d'Aton, prenant lui-même le nom d'Akhenaton. Tous les êtres humains pouvaient voir ce dieu unique de leurs yeux et sentir sa puissance. Aton est représenté sous la forme du disque solaire, orné le plus souvent de l'uraeus, signe de souveraineté, et de rayons se terminant par des mains qui offrent à l'humanité les bienfaits célestes. Les causes de cette révolution ne sont peut-être pas uniquement d'origine religieuse, il est possible que le roi ait voulu mettre un frein aux pratiques d'un clergé devenu trop puissant et renouveler l'administration proche de celui-ci. Non seulement il fit édifier à Karnak un grand temple dédié à Aton, mais aussi une nouvelle résidence en Moyenne-Egypte. En l'an 6 de son règne, il fit remplacer de nombreux fonctionnaires avant de quitter Thèbes, la vieille capitale et de s'installer à Akhetaton, l'actuelle Tell el-Armana.
Ne se contentant pas de changer la religion, il introduisit aussi de nouvelles formes plastiques. Avec son crâne allongé, il se distancie nettement de l'idéal cultivé jusqu'ici et sa silhouette efféminée est tout aussi insolite. On a tenté d'expliquer ces « irrégularités » par une malformation physique ou une maladie du roi, mais les preuves font défaut. Inédits aussi dans la chronique des pharaons ces aperçus de la vie familiale, les petites princesses jouant ensemble ou le couple royal avec trois de ses filles sur les genoux ou sur les bras, assis sous les rayons du globe solaire Aton.
Akhenaton disparu – on ne connaît ni les circonstances de sa mort ni l'endroit où il a été inhumé – les prêtres et disciples d'Amon retrouvèrent leur puissance. Son successeur et gendre Toutankhaton modifia son nom en Toutankhamon, hommage au dieu Amon, et retourna à Thèbes avec sa Cour. Tout comme Akhenaton avait tenté d'anéantir les anciens dieux, son successeur – et le clergé – tentèrent de le faire disparaître, lui et Aton. Sa résidence et les temples qu'il avait fait édifier furent détruits ou dédiés à d'autres dieux, les images et le nom du roi furent martelés. Il lui fut reproché d'avoir commis le crime le plus grave qui soit pour un pharaon : il aurait régné « sans Maât », donc contre l'ordre divin, ce qui faisait de lui une « maladie de l'Egypte ». Seuls quelques vestiges isolés représentant Akhenaton et sa

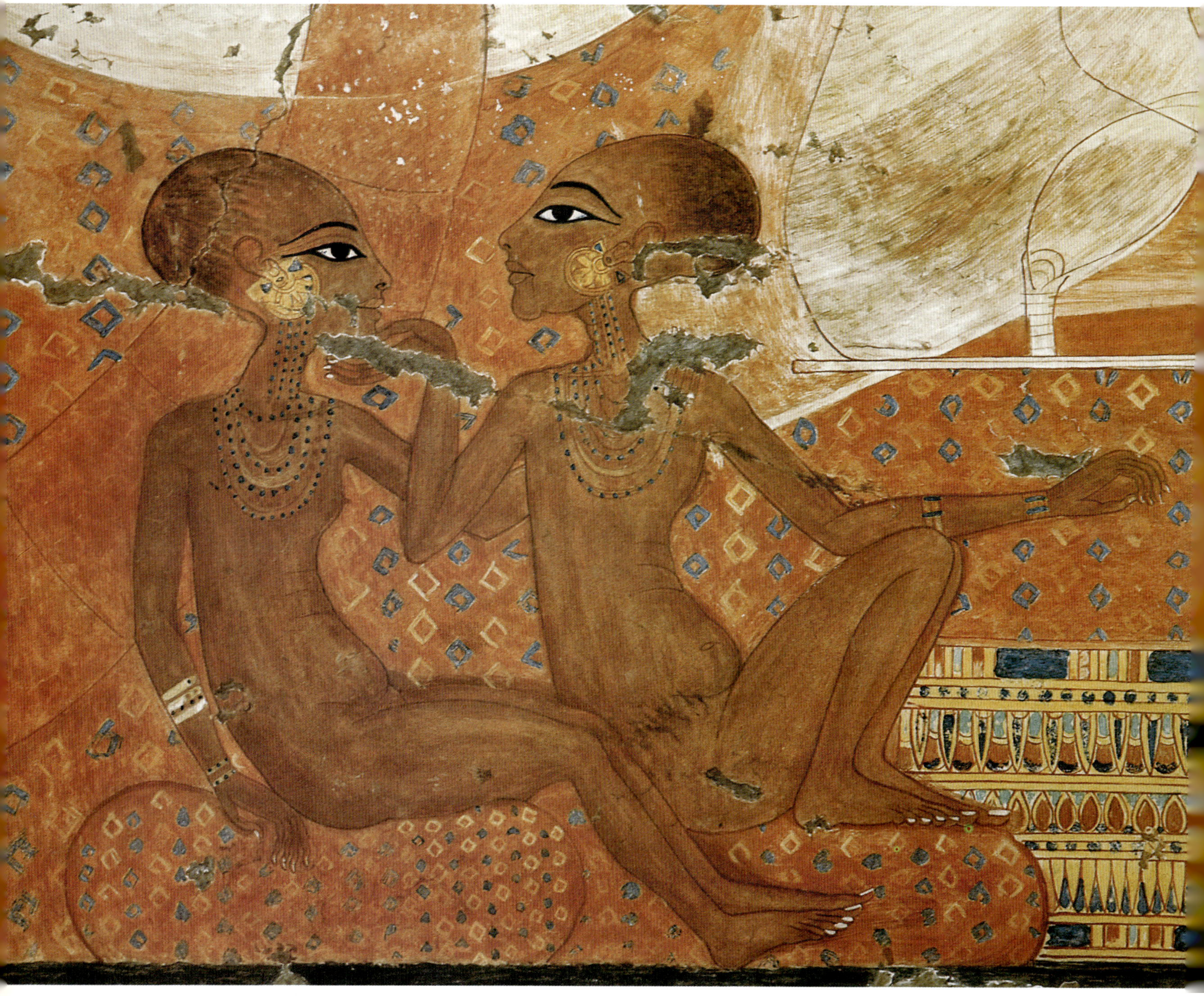

famille nous sont parvenus : peintures de tombeaux, bas-reliefs utilisés comme matériau de remplissage pour de nouveaux temples ou les déchets d'un atelier de sculpteur comme la célèbre tête de Néfertiti qui se trouve aujourd'hui à Berlin.

Il semble que cette tête ait servi de modèle aux sculpteurs, cela expliquerait en tout cas le fait que l'un des yeux soit resté blanc et que l'on n'ait jamais retrouvé l'incrustation de cristal de roche représentant l'iris. La reine porte un large pectoral et une couronne bleue ceinte d'un ruban. Au-dessus de son front se dressait l'uraeus, emblème de la puissance royale, cassée aujourd'hui. La seule chose que nous sachions de la personnalité et du destin de la reine – comment s'en étonner ? – est qu'elle a mis plusieurs filles au monde ; elle n'est plus mentionnée après la douzième année de règne d'Akhenaton, elle était probablement morte. Un hasard heureux a préservé ce buste dans les déchets d'un atelier de sculpteur ; grâce à lui, et surtout grâce à l'artiste qui transforma son visage en un idéal de beauté hors du temps, les égyptologues ne sont pas les seuls aujourd'hui à connaître le nom de Néfertiti, à l'admirer et la vénérer.

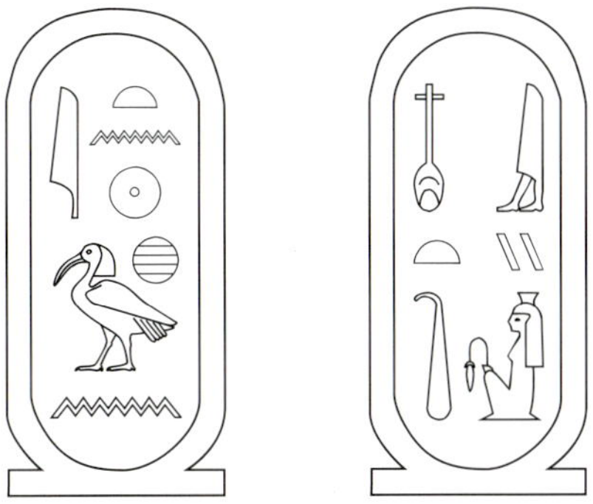

Akhenaton Néfertiti

Les noms royaux sont toujours entourés d'un lien stylisé, le cartouche.

Deux des filles d'Akhenaton et de Néfertiti. Leurs crânes allongés sont caractéristiques des représentations de la famille royale.
Fragment d'une peinture murale, Oxford, Ashmolean Museum

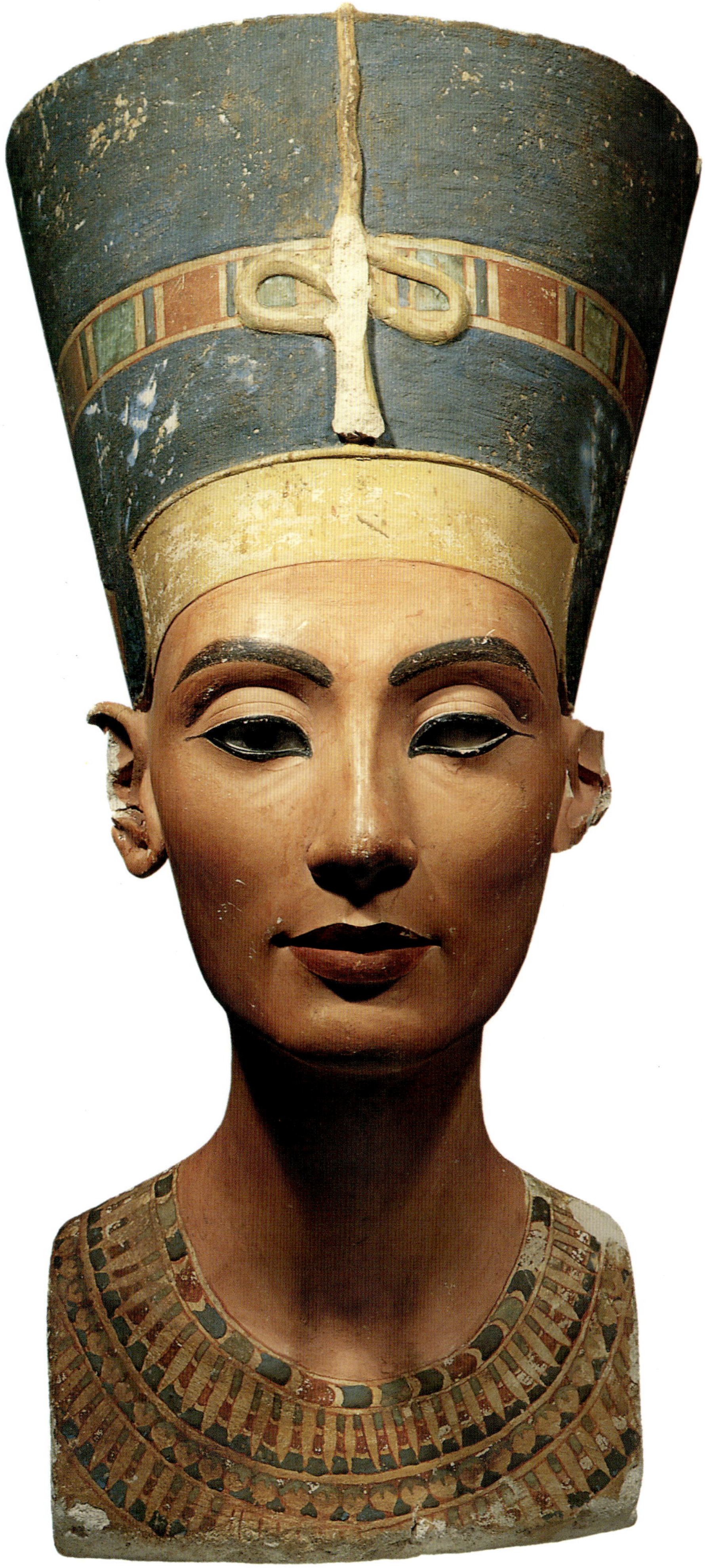

Le plus célèbre buste de l'art égyptien : Néfertiti, épouse d'Akhenaton, stylisée jusqu'à devenir un idéal de beauté défiant le temps. Le buste provient d'un atelier de sculpteur détruit et servait sans doute de modèle. Incruster une pierre dans l'œil gauche était donc superflu.
Vers 1340 av. J.-C., calcaire, hauteur 50 cm, Berlin, Ägyptisches Museum

Ramsès II, le grand bâtisseur

En revanche, Ramsès II nous a laissé de nombreux témoignages, des textes rédigés par lui ou composés à sa gloire et gravés dans la pierre, des statues, des vestiges du palais et du temple funéraire dits Ramesseum, à l'ouest de Thèbes, le temple d'Abou Simbel creusé dans le roc. Il a comme aucun autre roi avant lui essaimé des constructions dans tout le pays, du delta à la Nubie. Ramsès le Grand monta sur le trône en 1279 avant notre ère et régna soixante-six ans. Maître de la propagande, il sut à merveille se représenter sous son plus beau jour, dans les monuments mais aussi les textes. Ainsi, à la célèbre bataille de Quadesh, au sud de la Beyrouth actuelle, il tomba dans le piège du roi hittite. Son armée fut écrasée et lui même échappa de peu à la mort ou un emprisonnement dégradant. Sur les murs du temple de Louqsor, cette défaite imminente est devenue une action héroïque : « Sa Majesté massacra toute l'armée du pays hittite, avec ses grands seigneurs et tous ses frères ... Son infanterie et ses troupes en chars de guerre tombèrent face contre terre, l'un au-dessus de l'autre. Sa Majesté les tua ... et ils gisaient de tout leur long devant ses chevaux. Pourtant Sa Majesté était seule, nul ne l'accompagnait ... »
A l'encontre des traditions, les commandants qui ont donné au roi de fausses informations sur l'ennemi sont blâmés dans le rapport officiel, ce qui servit probablement à révoquer des officiers contestant sa ligne politique. En effet, Ramsès II voulait la paix, ses prédécesseurs avaient élargi le territoire de l'Egypte qui allait maintenant de la frontière turque actuelle à l'intérieur de la Nubie ; lui voulait renforcer les frontières et ensuite vivre en paix et réduire les dépenses causées par l'armée. Sous son règne, l'Egypte brilla de ses derniers feux, les bâtiments qu'il fit édifier servaient à la fois sa propre glorification et l'ordre intérieur : le roi était omniprésent dans le pays.
Nous connaissons les portraits que Ramsès fit faire de lui-même, mais sa momie nous renseigne aussi sur son anatomie et ses misères physiques. Etant fort dégradée, elle fut transportée par avion à Paris en 1976 pour y être sauvée ; les scientifiques profitèrent de l'occasion pour analyser et radiographier la dépouille mortelle du roi. Taille : un mètre soixante-treize, cheveux roux devenus gris. Age : environ quatre-vingts ans. Arthrite, abcès dentaires, dos voûté ...

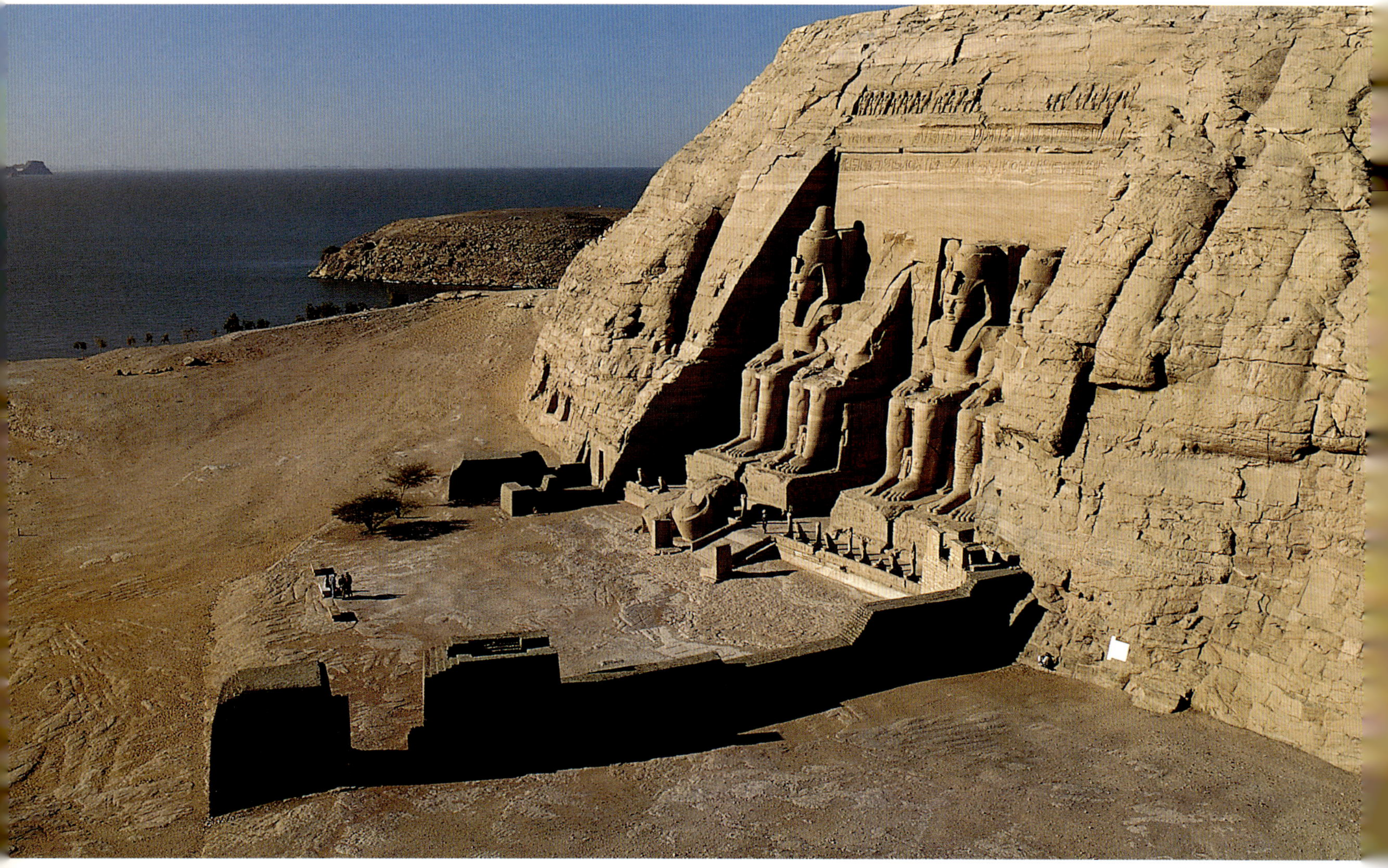

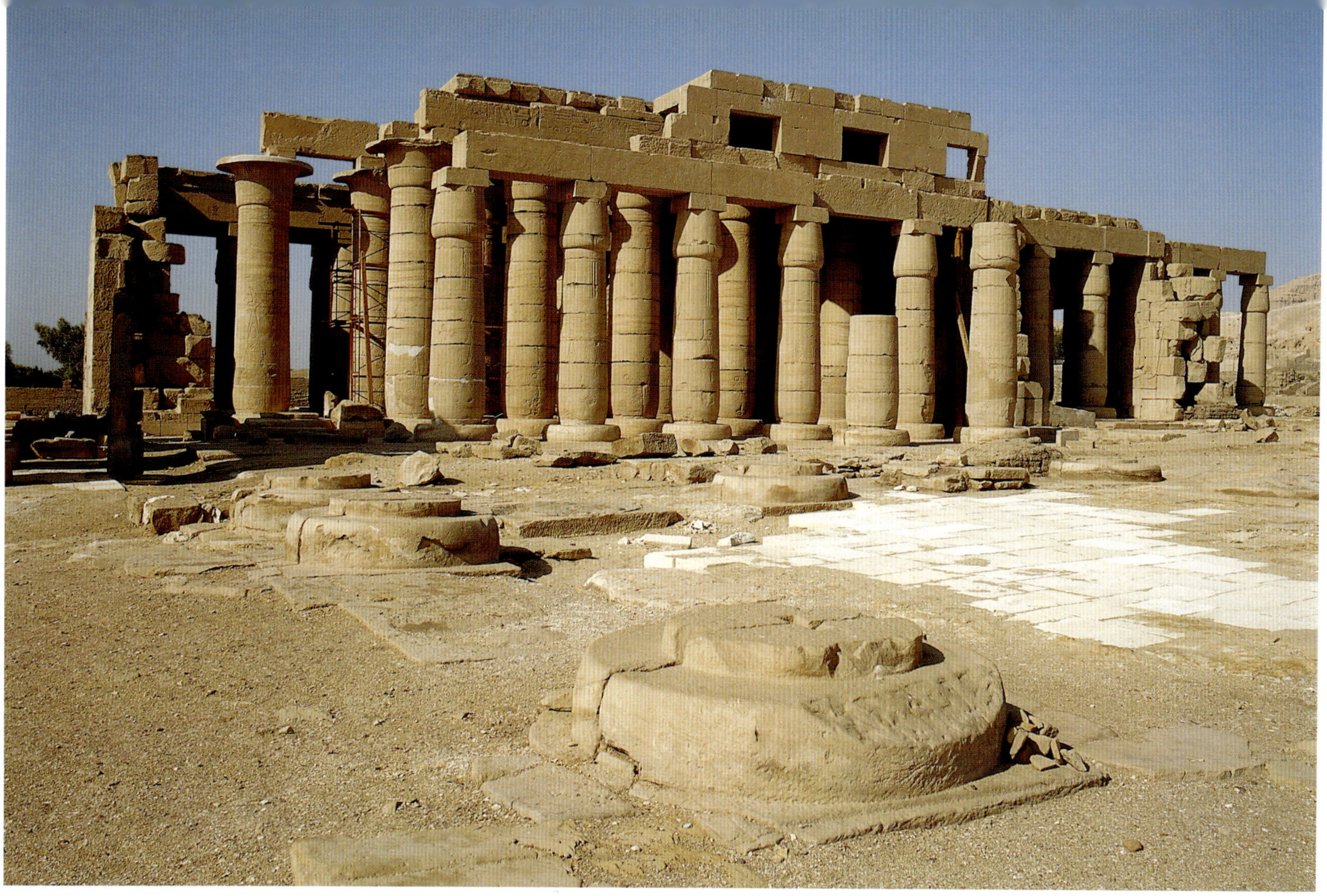

Le Ramesseum, temple funéraire de Ramsès II, est situé en face de Louqsor, à l'ouest de Thèbes. Le tombeau se trouve à quelques kilomètres, dans la Vallée des Rois ; la momie, qui fut aussi examinée en Europe, se trouve au Musée Egyptien du Caire.
Nouvel Empire, XIXe dynastie

L'entrée du temple d'Abou Simbel fut sans cesse ensevelie sous les sables du désert. Cette photo prise par Maxime Du Camp vers 1850 donne une idée des masses de sable mais aussi de la taille des statues colossales.

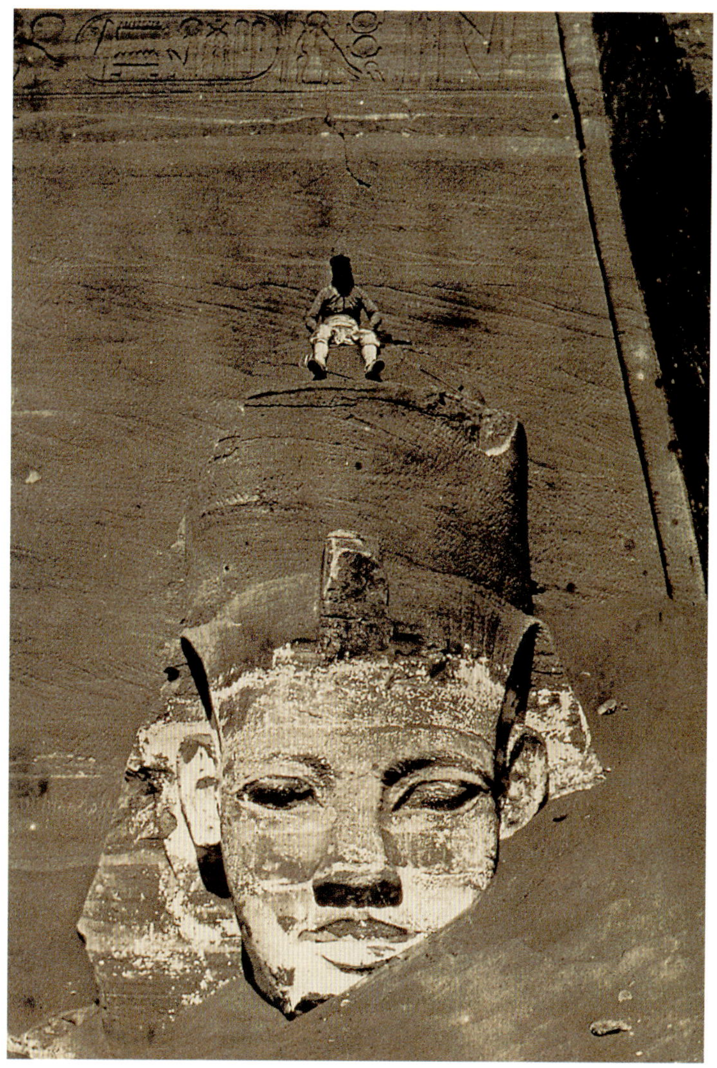

Pour établir ses droits sur la Nubie, voisine de l'Egypte au sud, Ramsès II y fit édifier plusieurs temples ou les fit creuser dans le roc. Le plus célèbre d'entre eux, le temple d'Abou Simbel, se trouve au nord d'Assouan. Quatre statues du roi assis, hautes de vingt mètres, encadrent l'entrée.

Le profil de Cléopâtre, aussi célèbre pour ses charmes que pour ses amours tumultueuses, ici en relief à Kom Ombo, un temple de la Basse Epoque.

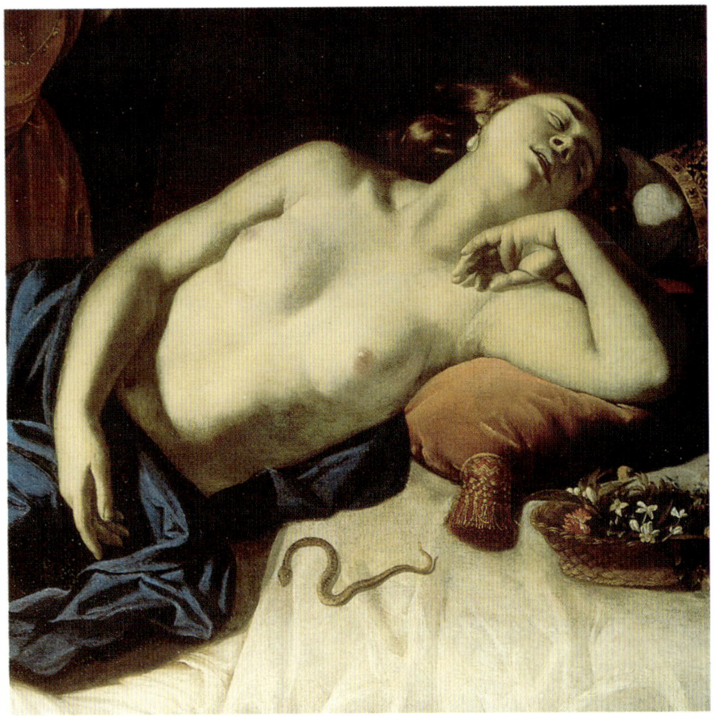

Cléopâtre VII, dernière reine d'Egypte, fut aimée de Jules César et de Marc-Antoine. Elle se donna la mort. Si Néfertiti continue de représenter la plus belle femme d'Egypte grâce à son buste, Cléopâtre est la plus aimée et la plus populaire. D'innombrables drames, opéras, tableaux, romans, films et bandes dessinées ne cessent de décrire son destin. *Détail d'un tableau d'Artemisia Gentileschi, vers 1640, Rome, collection particulière*

Cléopâtre, la dernière reine

Le dernier pharaon fut une femme et d'origine grecque de surcroît. Alexandre le Grand avait conquis l'Egypte en 332 avant notre ère et établi comme gouverneur Ptolémée, un de ses généraux, qui poursuivit la tradition en régnant comme pharaon. L'histoire de l'Egypte en tant qu'Etat autonome prend fin à la mort de Cléopâtre VII, la dernière souveraine ptolémaïque.

Née en 69 avant notre ère, elle monte sur le trône à l'âge de dix-sept ans avec son frère, qui veut l'évincer. Cléopâtre s'enfuit et s'allie à César – venu en Egypte pour faire rentrer l'argent dû – qui chasse son frère d'Alexandrie. Elle a vingt et un ans, l'homme d'Etat romain cinquante-quatre, mais ils s'aiment et Cléopâtre lui donnera un fils, Césarion. César doit rentrer à Rome, Cléopâtre le suit, à la fois courtisée et méprisée, n'a-t-elle pas séduit un vertueux Romain ? A sa mort, ayant perdu son amant et son protecteur, elle s'enfuit à Alexandrie. Mais elle ne peut se passer de Rome, dont son père dépendait déjà, et il lui faut trouver un autre protecteur romain. Elle a le choix entre Octave ou Marc-Antoine. Le « vertueux » Octave, futur empereur Auguste rejetant la reine et son mode de vie trop orientaux à son goût, elle se replie sur Antoine, le triumvir, maître des provinces romaines orientales. En 41 avant notre ère, Cléopâtre part à Tarse sur le littoral sud de l'Asie mineure, rend visite à Marc-Antoine dans une embarcation somptueusement équipée, et c'est le début d'une nouvelle histoire d'amour à dimension historique.

Les calculs politiques ont évidemment une grande part dans cette union – si Cléopâtre a besoin d'un protecteur, Marc-Antoine a besoin de l'or et du blé égyptiens. Mais si l'on en croit les documents, les amants – il a quarante-deux ans, elle vingt-huit – vivront des semaines de grande passion. Il la suit à Alexandrie et elle « inventait sans cesse de nouvelles formes de plaisirs des sens par lesquelles elle régnait sur Marc-Antoine ». Bien que marié à Rome, Marc-Antoine épouse la reine égyptienne, lui offre à elle et ses enfants de grands territoires à l'est de l'Empire romain, il se fait édifier un temple à Alexandrie, perdant manifestement de vue les objectifs de Rome. En 31 avant notre ère, son vieil adversaire Octave défait la flotte égyptienne dans la bataille navale d'Actium, l'année suivante les troupes de Marc-Antoine sont vaincues. Celui-ci met fin à ses jours, et Cléopâtre le suit dans la mort en pressant, dit-on, un serpent venimeux contre sa poitrine. L'Egypte devient une province romaine. Cléopâtre est morte à trente-neuf ans, les circonstances de sa mort sont controversées, mais le serpent, à la fois emblème de souveraineté égyptien et symbole du pouvoir de séduction féminin prête à sa mort un éclat mythique. L'Histoire est toujours écrite par les vainqueurs, ne l'oublions pas, et Cléopâtre en a fait les frais, mais c'est justement sa réputation de « royale putain » qui l'a rendue célèbre, faisant d'elle, l'étrangère, la personnalité la plus populaire de l'histoire égyptienne. Plus d'une centaine de pièces de théâtre et d'opéras lui ont été consacrés, des films et des bandes dessinées veillent à ce que les générations à venir ne l'oublient pas.

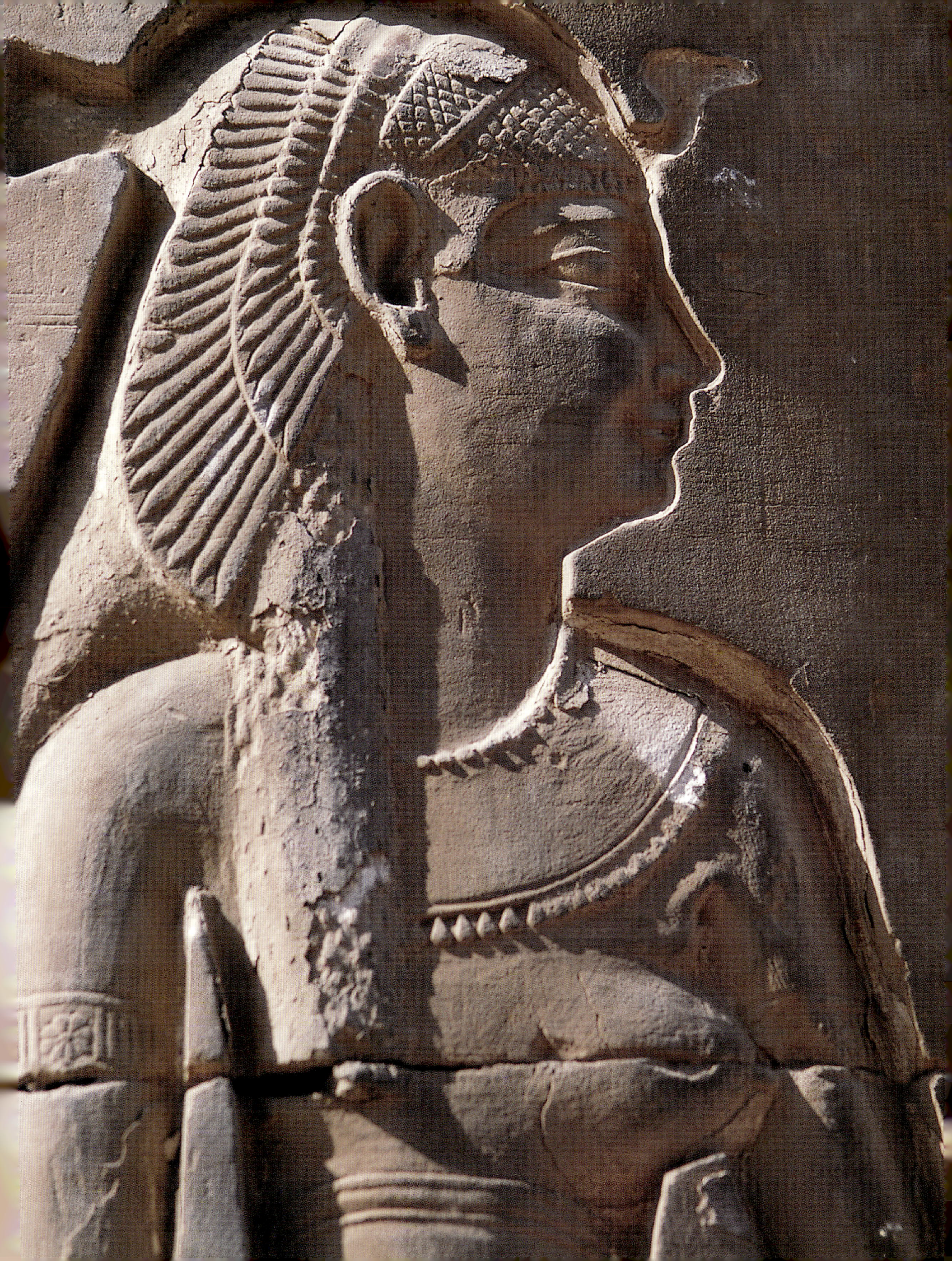

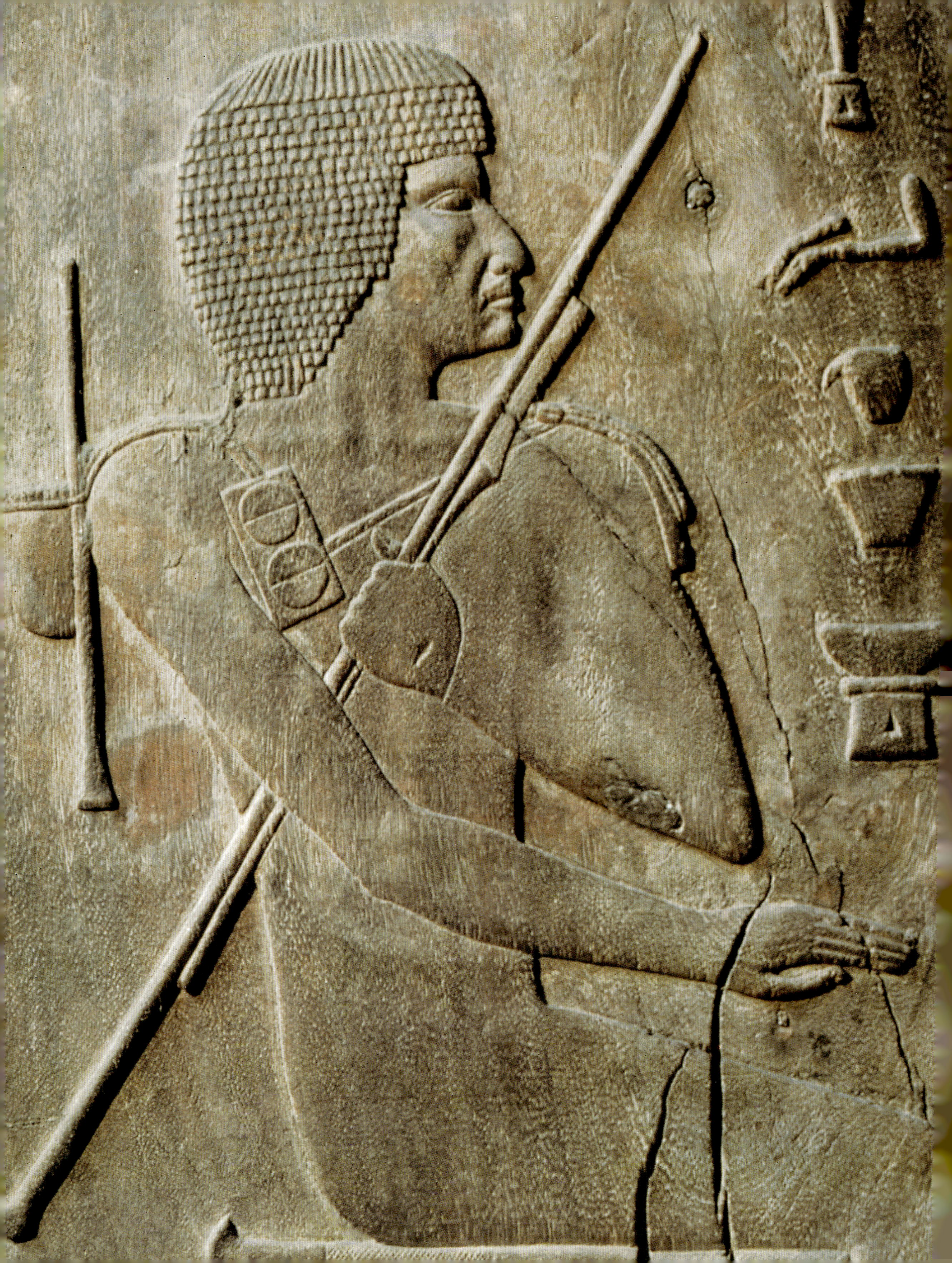

Hésiré, l'un des plus hauts fonctionnaires du roi Djéser, tient dans sa main gauche une canne et un sceptre, insignes de ses fonctions. Il porte sur son dos un étui à pinceaux et un petit sac contenant des fragments de pigments colorés, sur sa poitrine la palette pour les couleurs rouge et noire. Tous les fonctionnaires commençaient en effet leur carrière en tant que scribe, et l'écriture était considérée comme la base de l'administration.
Détail d'un relief en bois du mastaba d'Hésiré, Ancien Empire, IIIe dynastie, Le Caire, Musée Egyptien

... les écrits restent

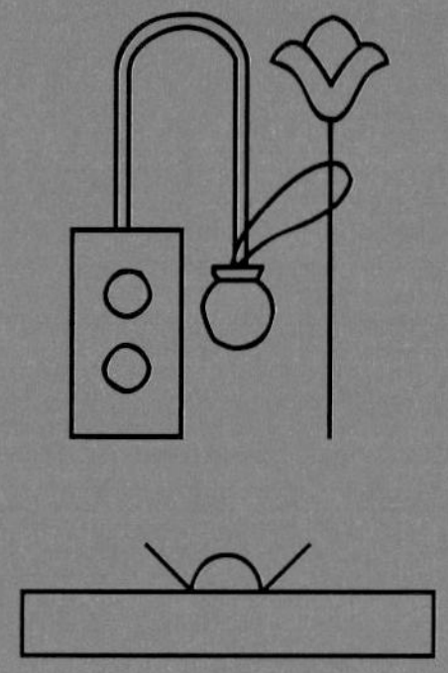

sech = écrire
(tablette, pot à eau, calame et rouleau de papyrus)

Deux fois par an, les scribes-fonctionnaires devaient mesurer les champs : après les crues du Nil pour marquer à nouveau les limites des terres, et avant la récolte afin de fixer les impôts à payer.
Peinture murale du tombeau du scribe Mennena, Thèbes n° 69, Nouvel Empire, XVIIIe dynastie

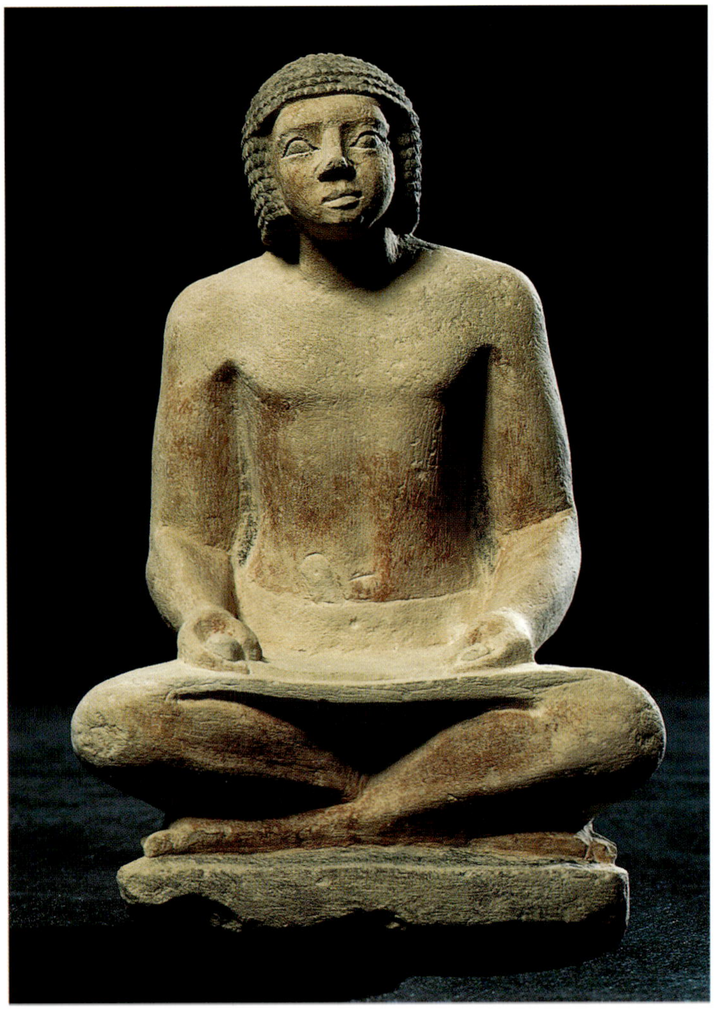

Les scribes et les fonctionnaires formaient un groupe si important au sein de la société égyptienne qu'un mode de représentation particulier fut développé pour eux. Une forme en est le scribe assis en tailleur, un rouleau de papyrus sur les genoux.
Statue du scribe Ptahchepsès, provenant de son tombeau à Gizeh, Ve dynastie, hauteur 32,5 cm, Hildesheim, Pelizaeus-Museum

Un père et son fils déambulent dans la capitale. Chéti et Pépi viennent des contrées lointaines du nord-est de l'Egypte, le père veut faire entrer son fils à l'école des fonctionnaires, à « l'endroit où l'on enseigne les écritures ». Chéti met à profit le long voyage pour expliquer à Pépi pourquoi celui-ci doit « donner son cœur aux livres », c'est-à-dire se donner le mal d'apprendre. C'est un malheur que d'être ouvrier et artisan, dit-il – le barbier doit encore chercher des clients tard le soir, le maçon travaille sans chemise quand il fait du vent, ses « bras sont enfoncés dans la glaise, ses vêtements sont souillés, il mange son pain sans s'être lavé les doigts ». En revanche, les scribes se portent bien, ils ne sont pas battus ni soumis aux corvées, le pharaon veille sur eux, ils peuvent faire carrière dans l'administration.
Les enseignements de Chéti qui datent de la XIIe dynastie nous ont été transmis par des documents de la XVIIIe ou de la XIXe dynastie. Manifestement copiés et recopiés dans les écoles et inculqués à chaque nouvelle génération, ils nous montrent la manière dont les scribes et les fonctionnaires concevaient leurs tâches. Même si Chéti décrit les métiers manuels en exagérant beaucoup leurs inconvénients, il juge avec réalisme la distance qui les sépare des carrières de ceux qui savent écrire. Il est dit qu'« un scribe ne connaît pas la misère », ses manuscrits « sont une barque sur la mer ».

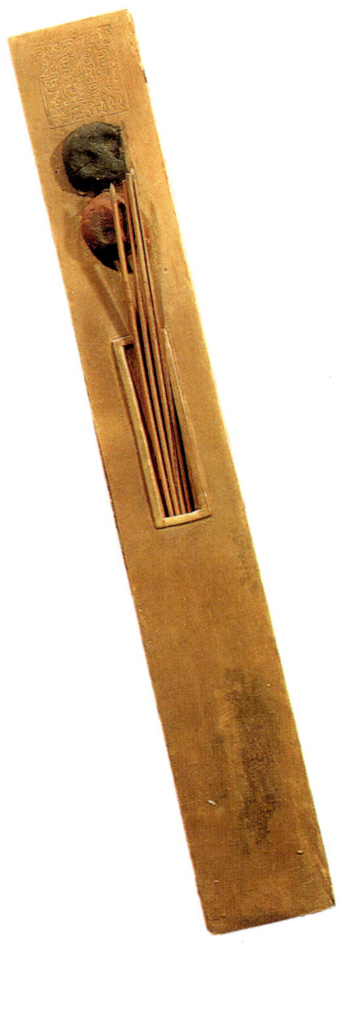

L'étui de bois d'un scribe contenant plusieurs calames, des joncs taillés utilisés comme pinceaux, et les deux cavités habituelles pour les couleurs rouge et noire.
Tombeau de Toutankhamon, Nouvel Empire, XVIIIe dynastie, Le Caire, Musée Egyptien

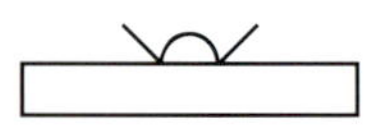

un rouleau de papyrus à la fin d'un mot = livre, écrit, abstraction

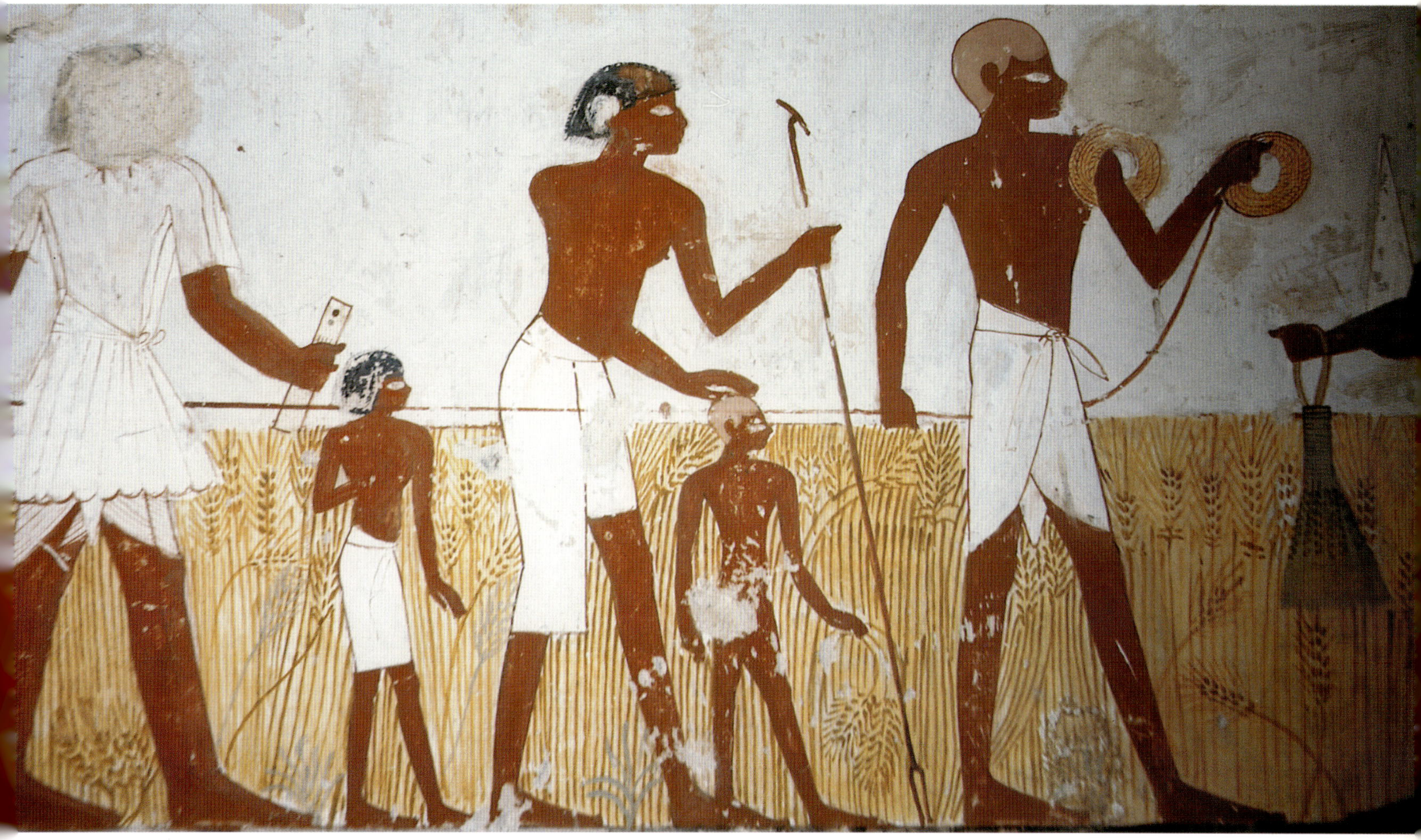

Serviteurs de l'Etat

Au programme du futur scribe, à côté de l'étude des hiéroglyphes et d'une écriture cursive plus rapide, on trouve toutes les connaissances que doit posséder un fonctionnaire de Pharaon : les noms des pays et régions, des plantes, des divinités, des fêtes, les fonctions et les titres à l'intérieur de la hiérarchie administrative. En outre, il devait connaître les principes de divers « enseignements de la sagesse », et aussi les mettre en œuvre, ce qui revient à dire qu'il apprenait les règles de la bonne conduite. Deux préceptes étaient particulièrement importants : se montrer juste envers les plus faibles et obéir à ses supérieurs, ce dernier point signifiant s'adapter aux règles et aux structures du pouvoir. « Imite tes pères et tes ancêtres. On ne peut travailler avec succès que dans le respect de la tradition. » Indispensable à l'adaptation, le contrôle de soi : « On n'éprouve du respect que pour l'homme réservé, et un homme de caractère, qui est en même temps riche, se fait sa place dans l'administration comme un crocodile au soleil. »
Une des tâches majeures des fonctionnaires était d'enregistrer et de distribuer les richesses du pays ou de fournir des travailleurs pour les grands chantiers, telle la construction d'une pyramide. Ils devaient apprendre à compter et certains exercices nous sont parvenus, par exemple : Comment

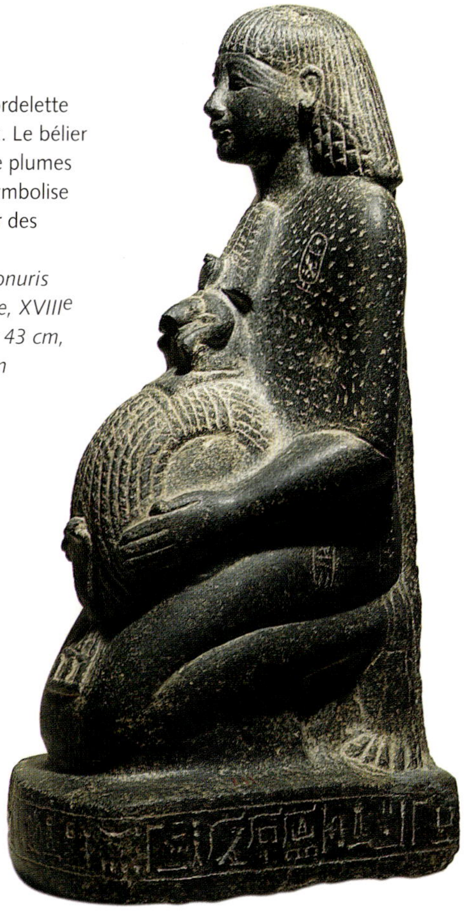

Un fonctionnaire, une cordelette à mesurer sur les genoux. Le bélier coiffé d'une couronne de plumes au-dessus de la pelote symbolise le dieu Amon, protecteur des arpenteurs.
Figure accroupie de Pénonuris d'Abydos, Nouvel Empire, XVIIIe dynastie, granit, hauteur 43 cm, Le Caire, Musée Egyptien

Les anciens Egyptiens portaient déjà leur calame coincé derrière l'oreille pour l'avoir toujours sous la main. *Relief du mastaba de Kaninisout, Gizeh, Ve dynastie*

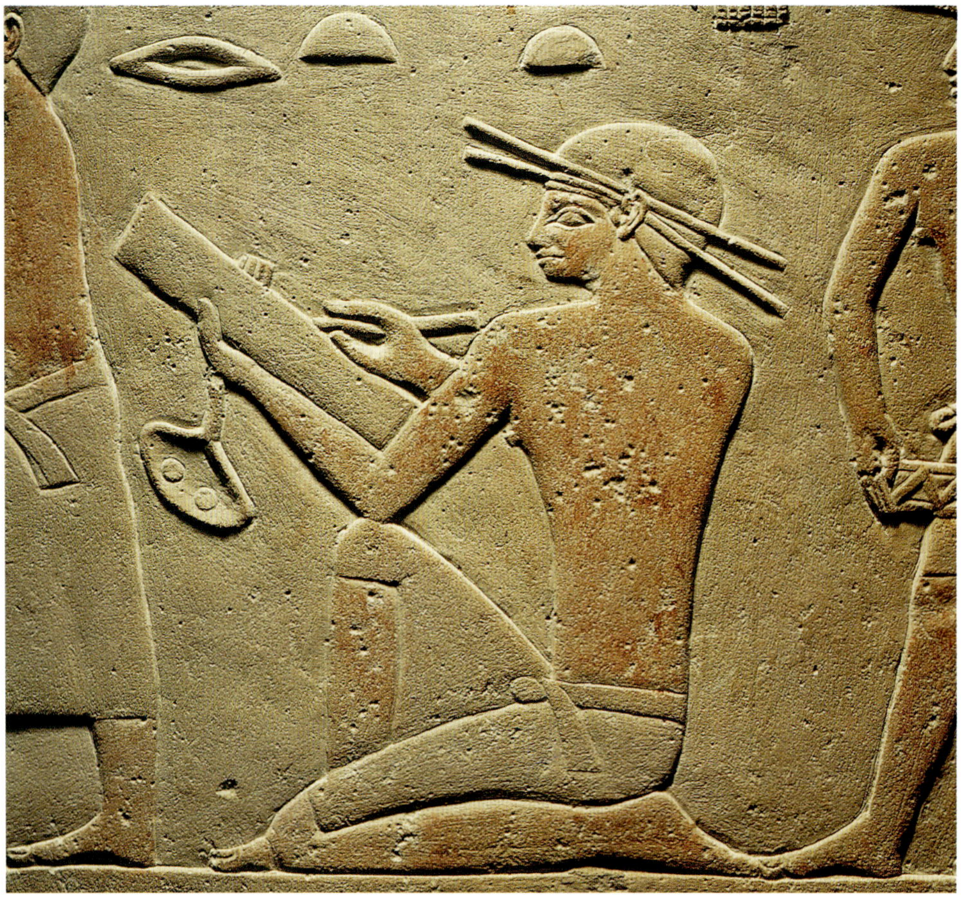

Imhotep dirigea la construction du premier grand tombeau de pierre de l'histoire égyptienne, la pyramide à degrés de Djéser (IIIe dynastie). Le maître-bâtisseur fut divinisé au cours des millénaires qui suivirent et devint un des protecteurs des scribes qui le vénéraient. *Statue assise d'Imhotep, Berlin, Ägyptisches Museum*

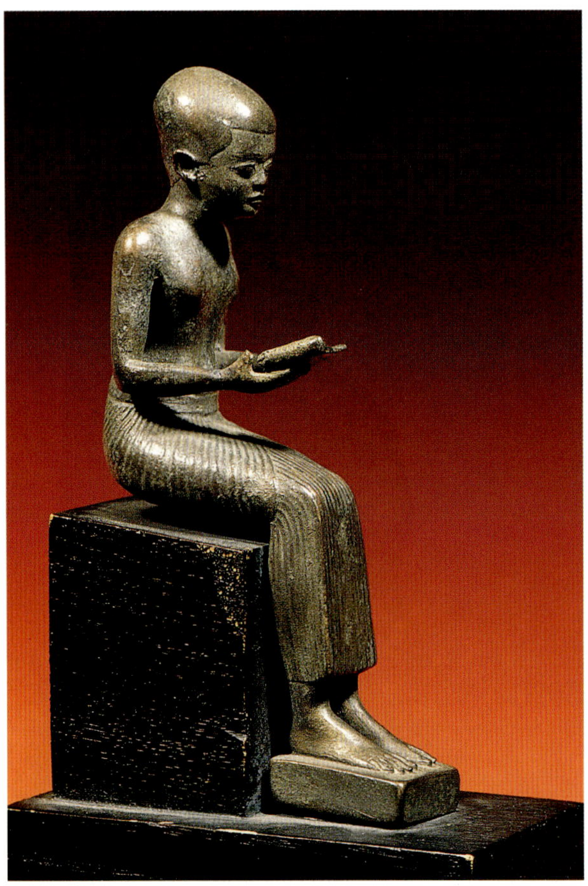

partager cent pains entre dix hommes, si trois d'entre eux – le batelier, le chef d'équipage et le gardien de la porte ont droit à une double ration ? « Tu considères que tu as treize hommes à nourrir; tu divises cent par treize, ce qui fait sept neuf treizièmes; tu dis alors » voici la ration des sept hommes «, les autres reçoivent le double. »
Evidemment, les écoliers ne suivaient pas toujours les préceptes enseignés ou les sages maximes qu'ils devaient copier. « On me dit que tu abandonnes l'écriture et t'étourdis de plaisirs ... tu es au bordel ... fais des pirouettes ... » Mais aux grands maux, les grands remèdes : « Les jeunes gens ont un dos et il écoute quand il a été battu ... car les enfants ont les oreilles dans le dos. »
Dans l'Ancien Empire, les fonctionnaires instruisaient eux-mêmes leurs élèves qui leur servaient d'assistants; les écoles, elles, apparurent au Moyen Empire. La plus réputée était l'école des princes, responsable de l'éducation des fils de Pharaon et de sa famille, de ceux des plus hauts fonctionnaires et aussi, à l'occasion, d'enfants munis de recommandations, comme Pépi peut-être. L'institution était placée sous le contrôle du vizir, le plus haut dignitaire et le représentant du Roi. L'un d'eux, Imhotep, vizir du roi Djéser et architecte de la pyramide à degrés qui abrite son tombeau, fut d'ailleurs l'objet d'une vénération particulière et même divinisé après sa mort. En son honneur, les scribes lançaient en l'air une goutte d'eau de leur godet avant de se mettre au travail.

Les bureaucrates

On peut expliquer l'importance qu'eurent de bonne heure en Egypte les caractères d'écriture, les chiffres et les fonctionnaires par la crue annuelle du Nil. Les champs inondés devaient être recensés et mesurés tous les ans, sinon les querelles étaient à l'ordre du jour. Vue sous cet angle, la bureaucratisation aurait été la suite logique d'un événement naturel récurrent. Pourtant il semble qu'une autre raison ait prédominé, le fait qu'au commencement de l'histoire égyptienne, le pays et ses habitants étaient la propriété de Pharaon. C'est à lui que les paysans devaient livrer les récoltes, il leur en laissait une petite partie pour subvenir à leurs propres besoins et donnait le reste aux artisans, aux fonctionnaires et aux prêtres. L'Egypte de l'Ancien Empire était un Etat centralisé sur le plan économique, et gouverner sans fonctionnaires qui écrivaient, calculaient et classaient dans les archives aurait été impossible. Ceci n'était bien sûr valable qu'à grande échelle et tant que le pouvoir central existait, à un niveau plus bas, on procédait aussi toujours à des échanges en nature. Les tessons de poteries originaires du Nouvel Empire et trouvées dans le village d'artisans de Deir el Medineh nous donnent des détails (voir p. 88) : il s'agit ici d'une cruche de miel, d'un âne et de peinture de cercueil. Mais les artisans recevaient leur salaire de l'administration sous forme de céréales. Il n'y avait pas de monnaie d'échange, les deben, des poids de cuivre, étaient l'unité de paiement utilisée pour payer les marchandises. Une cruche de miel valait un deben, un âne en valait trente et un. Si le pharaon n'était pas à la hauteur de sa tâche et que le système de distribution central s'effondrait, les prix grimpaient et les pauvres mangeaient peu. Mais dans l'ensemble, les prix restèrent étonnamment stables trois mille ans durant.

La crue du Nil de l'année à venir étant incertaine et le volume de la récolte impossible à prévoir, il fallait stocker des réserves qui d'ailleurs n'ont pas toujours été suffisantes. L'étude de corps momifiés a en effet révélé que trente pour cent des morts avaient souffert de malnutrition dans leur jeunesse.

L'Ancien Testament, et la célèbre histoire de Joseph dans la Genèse, mentionnent aussi les famines qui menaçaient le pays. L'adolescent juif vendu comme esclave aux Egyptiens devait interpréter un songe du pharaon qui avait vu sept belles vaches grasses mangées par sept vaches laides et maigres. Joseph dit alors : « Voici que viennent sept années de grande abondance dans tout le pays d'Egypte. Mais viendront après elles sept années de famine qui feront oublier cette abondance ... » Le pharaon nomma Joseph, le sage étranger, directeur de sa maison, et celui-ci fit emmagasiner dans les greniers les vivres de ces bonnes années. « Quand tout le pays d'Egypte eut faim aussi ... Joseph ouvrit tous les dépôts qui s'y trouvaient et vendit du blé aux Egyptiens. Cependant la famine s'aggravait ... et tous les pays venaient en Egypte pour acheter du blé auprès de Joseph. » Tout à la

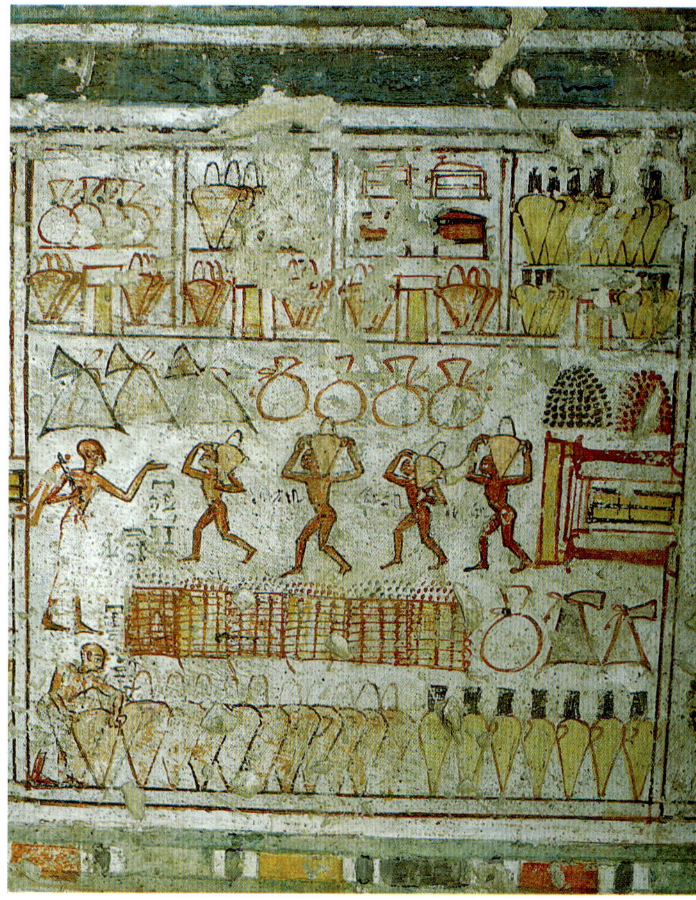

Les fonctionnaires du Trésor reçoivent des jarres contenant de l'huile et du vin. Le volume des récoltes était aléatoire car il dépendait des crues du Nil. Il était donc d'intérêt vital que l'Etat veille au stockage des réserves.
Peinture murale du tombeau du scribe Néferrenpet, Thèbes n° 178, XIXe dynastie

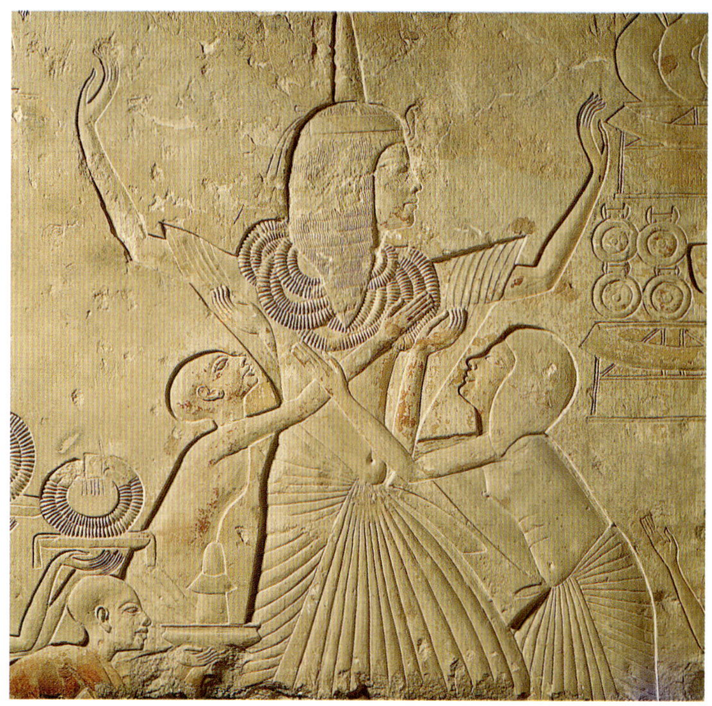

Si un pharaon voulait récompenser un fonctionnaire ou un officier, il lui donnait des terres en fief ou lui offrait de l'or. Ici, Toutankhamon fait parer le général vainqueur Haremhab de plusieurs chaînes d'or.
Détail d'un relief mural du tombeau d'Haremhab à Saqqarah, XVIIIe dynastie, Leyde, Rijksmuseum van Oudheden

louange de Joseph, le récit biblique omet de mentionner la légion de scribes et de fonctionnaires sans lesquels les réserves n'auraient pas pu être accumulées, enregistrées, contrôlées des années durant avant d'être finalement distribuées. Le plan de Joseph ne put réussir qu'avec l'assistance d'une administration centrale compétente et des fonctionnaires bien rodés.

Les rois égyptiens avaient très bien saisi l'importance que revêtaient les fonctionnaires pour eux-mêmes et la population, et ils surent toujours choyer leur élite. « Enrichis tes fonctionnaires afin qu'ils exécutent tes lois », conseille l'un des pharaons à son fils, « car celui dont la maison est riche n'a pas besoin de prendre parti », il ne sera donc pas facile à corrompre. Etre riche ne signifiait pas seulement posséder de l'or et des pierres précieuses, mais aussi des propriété foncières. Les rois commencèrent de bonne heure à récompenser leurs hauts fonctionnaires en leur octroyant des terres. Ils leur offraient des villages avec leurs habitants, se réservant le droit de tout reprendre si le fonctionnaire déméritait. La donation était ainsi à la fois une distinction et une mesure disciplinaire, du moins quand le pharaon était puissant. S'il était faible, le présent devenait une propriété familiale transmissible par héritage.

L'art nous donne aussi une idée de l'importance des fonctionnaires-scribes au sein de la société égyptienne. Ils sont en effet, à l'instar des prêtres, les seuls à être représentés selon des formules plastiques spécifiques. Sur les bas-reliefs, ils sont caractérisés par leurs instruments de travail – jonc taillé, récipient pour l'eau, palette – qu'ils portent sur l'épaule, attachés à un lien, même quand ils n'en ont plus besoin, étant assez haut placés pour faire écrire les autres. Les sculptures les représentent assis en tailleur, la tablette sur les genoux ou, à partir du Moyen Empire, sous la forme stylisée d'un bloc cubique surmonté d'une tête.

Ces statues-cubes symbolisent une force ramassée sur elle-même et démontrent en même temps par leurs sobres formes géométriques le besoin d'ordre auquel sont tenus les fonctionnaires.

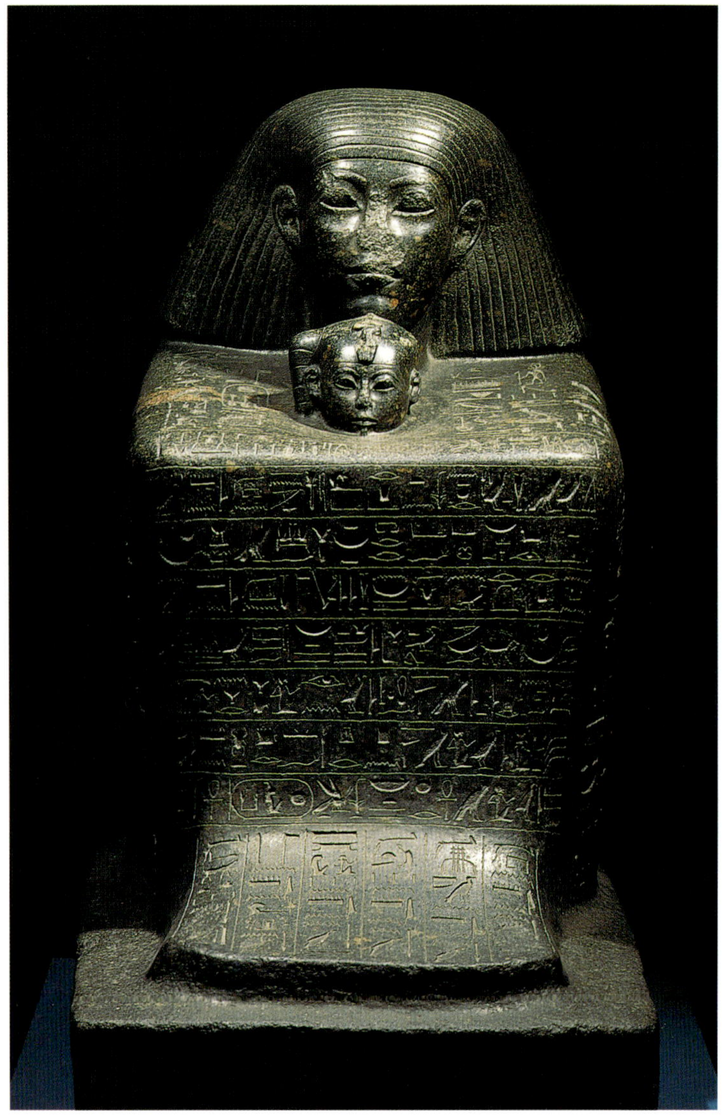

Les fonctionnaires les plus haut placés étaient souvent les précepteurs des enfants royaux. Il arrivait qu'on les représente ensemble – ici Senenmout avec la princesse Néfrouré, fille de la reine Hatchepsout.
Nouvel Empire, XVIIIe dynastie, granit, hauteur 100,5 cm, Berlin, Ägyptisches Museum

Un bureau avec des scribes et des archives de la Ve dynastie, il y a plus de 4 500 ans …
Dessin d'après un relief mural du tombeau du fonctionnaire Ti, Saqqarah

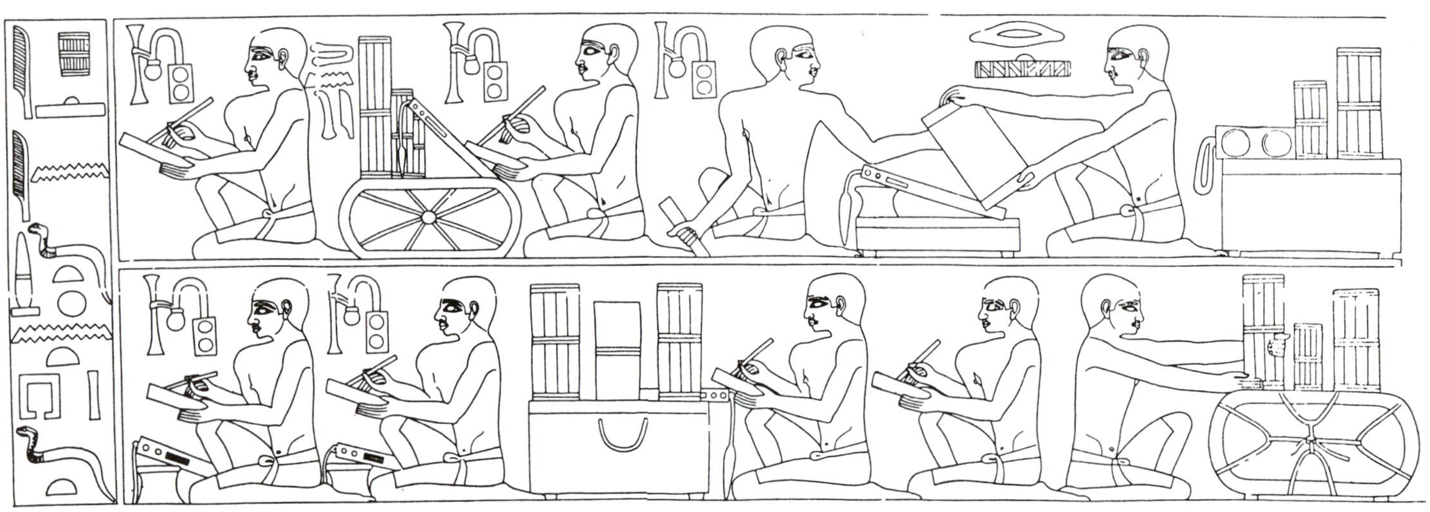

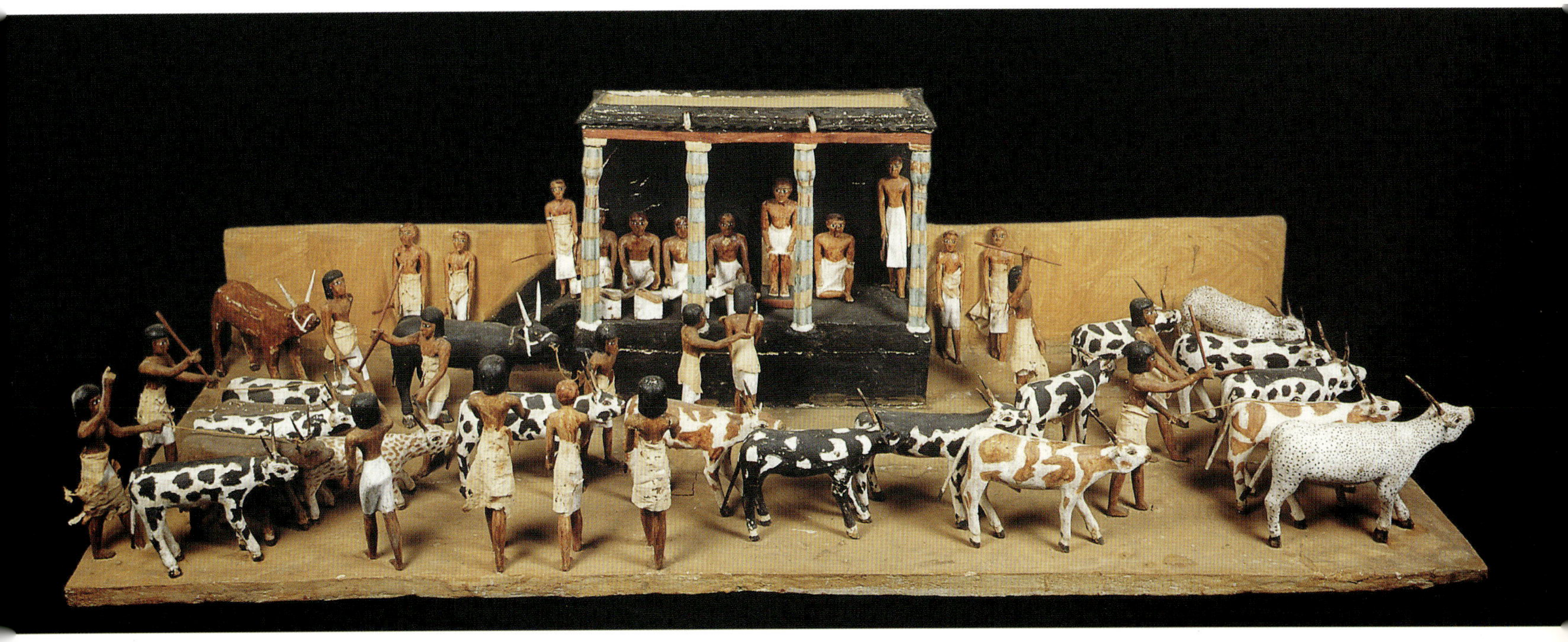

Prêtres à temps partiel

Des bergers font passer le bétail devant des gardiens, des fonctionnaires et sans doute le propriétaire assis sous un baldaquin. Cette inspection vise probablement à fixer le montant des impôts dus. *Tombeau de Meketré, Thèbes n° 280, bois peint, hauteur 55,5 cm, longueur 173 cm, largeur 72 cm, Le Caire, Musée Egyptien*

Les prêtres, que l'on reconnaît à leurs têtes rasées à partir du Nouvel Empire, représentent le second groupe influent à côté des fonctionnaires; ils cumulaient d'ailleurs souvent les deux activités. En effet, l'Eglise et l'Etat ne faisant qu'un, Pharaon était aussi le plus grand prêtre du pays, et il incombait à l'Etat de veiller au bien-être des divinités qui décidaient du sort de l'Egypte.

Il s'agissait concrètement de rituels toujours répétés que les prêtres accomplissaient au nom de Pharaon. Cela avait probablement peu de choses à voir avec la religiosité sentimentale moderne et l'idée de sacerdoce. Le pharaon instituait les grands prêtres et donnait aux temples des terres dont les produits pouvaient être sacrifiés aux divinités et nourrissaient le clergé. A l'instar des églises et monastères catholiques de l'Europe médiévale, les temples égyptiens étaient de grands propriétaires fonciers, ce qui faisait d'eux de puissantes institutions.

Ils pouvaient être aussi possesseurs de mines et carrières, de droits de pêche, de troupeaux, de ruches. En général, les propriétés lointaines n'étaient pas laissées aux soins des ouvriers du temple mais affermées, les contrats stipulant que l'indemnisation se faisait par la remise d'un pourcentage fixe des récoltes (environ trente pour cent), réglé le plus souvent en céréales et en lin. Un papyrus rapporte qu'une flotte de vingt et une embarcations appartenant au temple vont et viennent sur le Nil pour aller chercher chez les fermiers, donc de petits agriculteurs, des céréales et de l'huile et les apporter dans les greniers du temple.

Les réserves n'étaient pas seulement destinées à l'utilisation personnelle des prêtres, elles formaient un stock bien gardé à l'abri des hauts murs de l'enceinte et dont le Roi pouvait disposer. La capacité des greniers du Ramesseum à l'ouest

Modèles en argile de silos à céréales. Cette offrande funéraire à un inconnu du Moyen Empire montre l'importance accordée au stockage des réserves dans l'Ancienne Egypte. *Tombeau, Gebelen, Moyen Empire, XIe dynastie, largeur 21 cm, Turin, Museo Egizio*

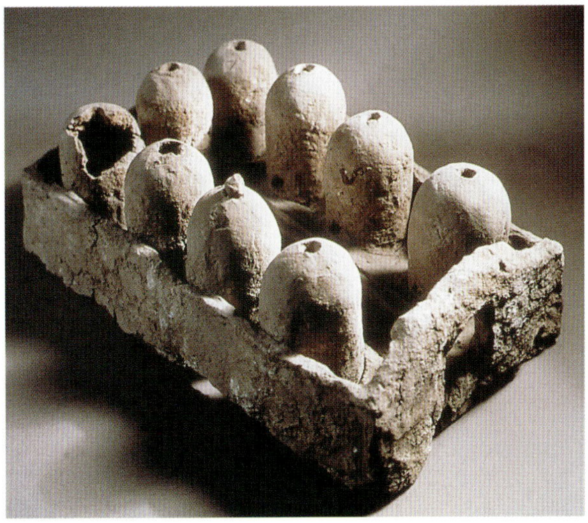

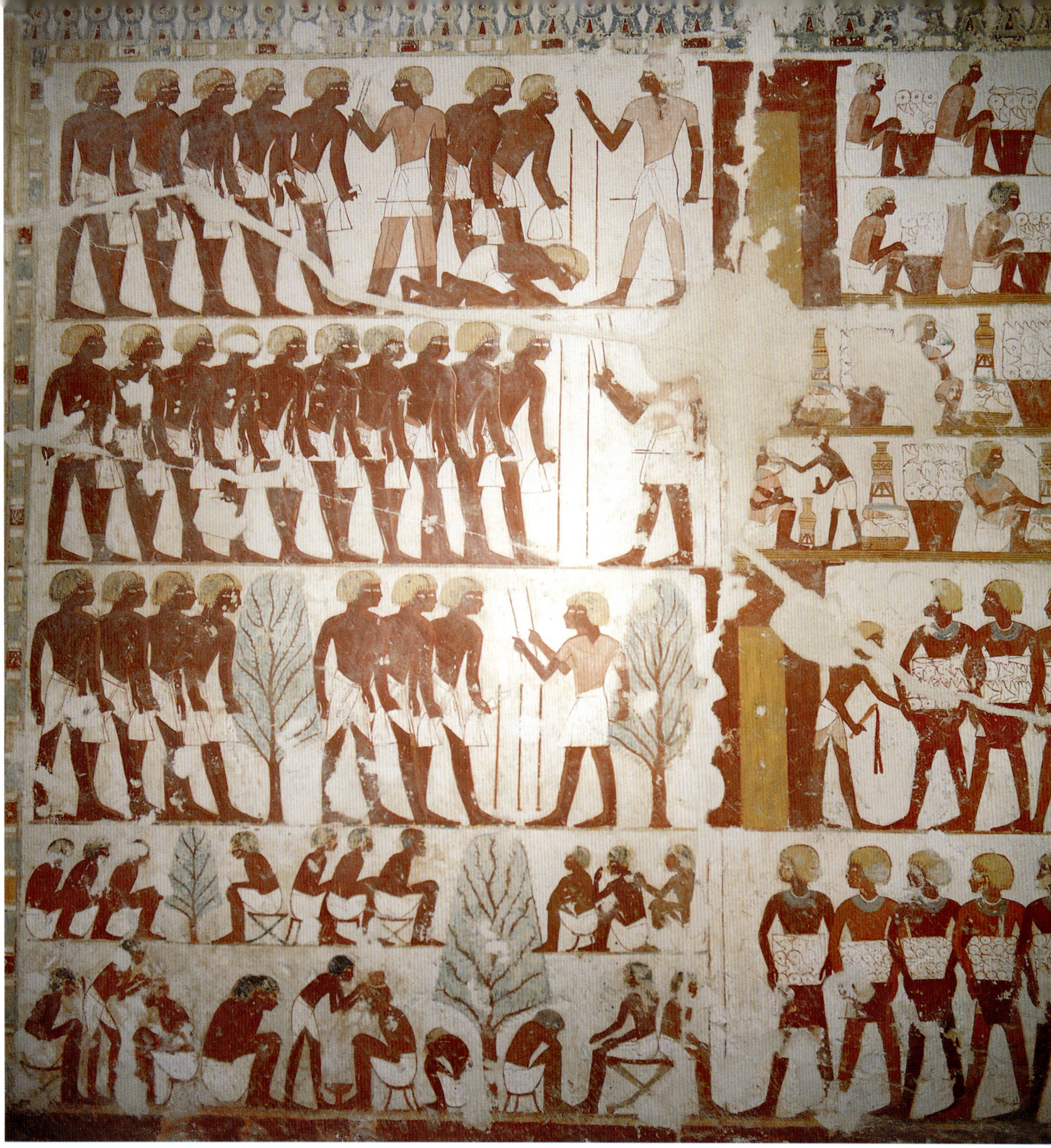

de Thèbes était telle qu'ils auraient pu nourrir jusqu'à vingt mille personnes une année durant. Il va de soi que ces grandes entreprises religieuses ne pouvaient se passer de scribes, d'administrateurs et de fonctionnaires.
La structure interne de ces institutions théocratiques ajoutait aussi à leur signification économique. Il semble en effet que seuls les fonctionnaires et les grands prêtres, qui disposaient aussi de connaissances religieuses particulières, aient eu un emploi stable. Des documents de la Ve dynastie rapportent que les autres, c'est-à-dire les nombreux veilleurs, gardiens des portes, magasiniers, prêtres purificateurs, ne travaillaient que tous les dix mois. Leur tâche était répartie selon un système de partage du travail et manifestement bien

A droite, une trésorerie avec des ouvriers et des gardiens ; à gauche, devant, des gens attendent. Ils viennent chercher leur salaire payé en nature et ont amené à cet effet un sac blanc. En bas, entre les arbres, les gens attendent aussi, cette fois-ci le coiffeur.
Peinture murale du tombeau de Ouserhet, Thèbes n° 56, Nouvel Empire, XVIIIe dynastie

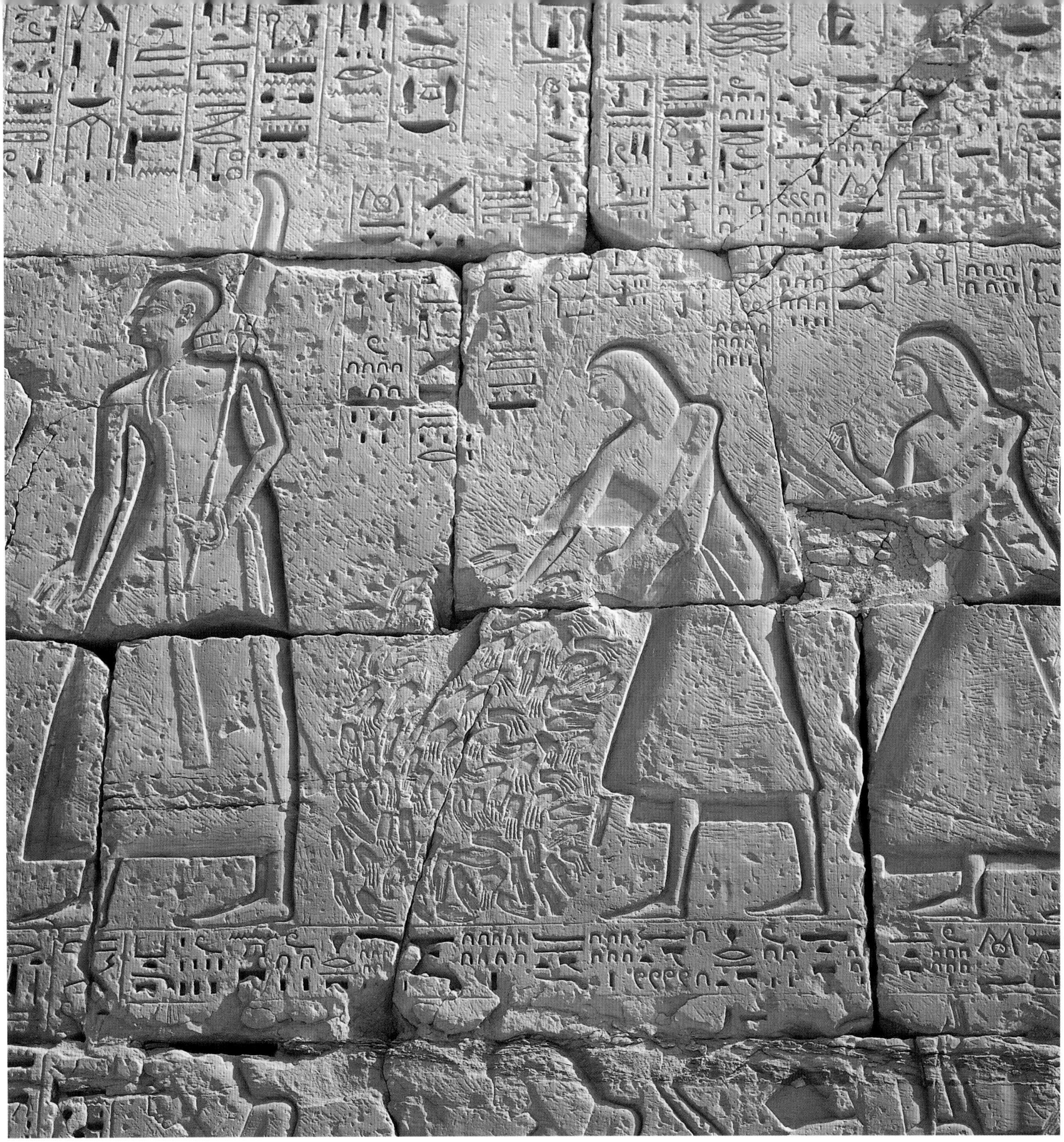

Les scribes étaient aussi nécessaires sur le champ de bataille : l'un deux compte les mains tranchées des ennemis vaincus, l'autre note les chiffres et les additionne.
Relief du temple funéraire de Ramsès III, Médinet Habou, Nouvel Empire, XXe dynastie

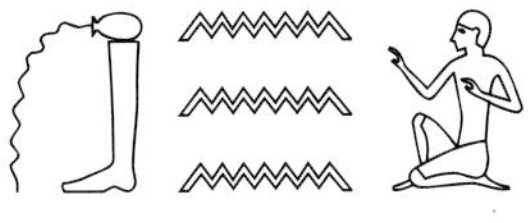

wab = un prêtre
(astreint à la pureté)

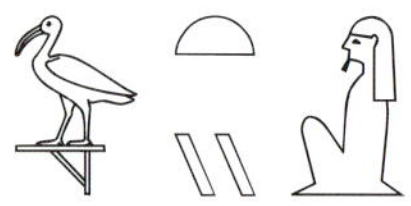

Djehouti = Thot

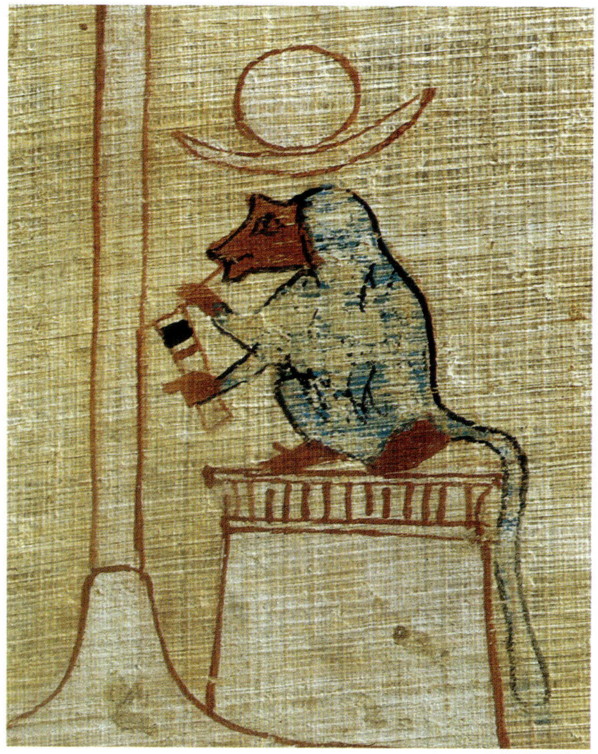

Le roseau était mâchonné pour l'attendrir à une de ses extrémités coupée en biais, ensuite il pouvait servir de pinceau pour écrire. Le dieu Thot, protecteur des scribes, s'apprête sous la forme d'un cynocéphale accroupi à remplir ses fonctions de secrétaire lors du jugement des morts.
Du Livre des Morts d'Hérihor, XXIe dynastie, Londres, British Museum

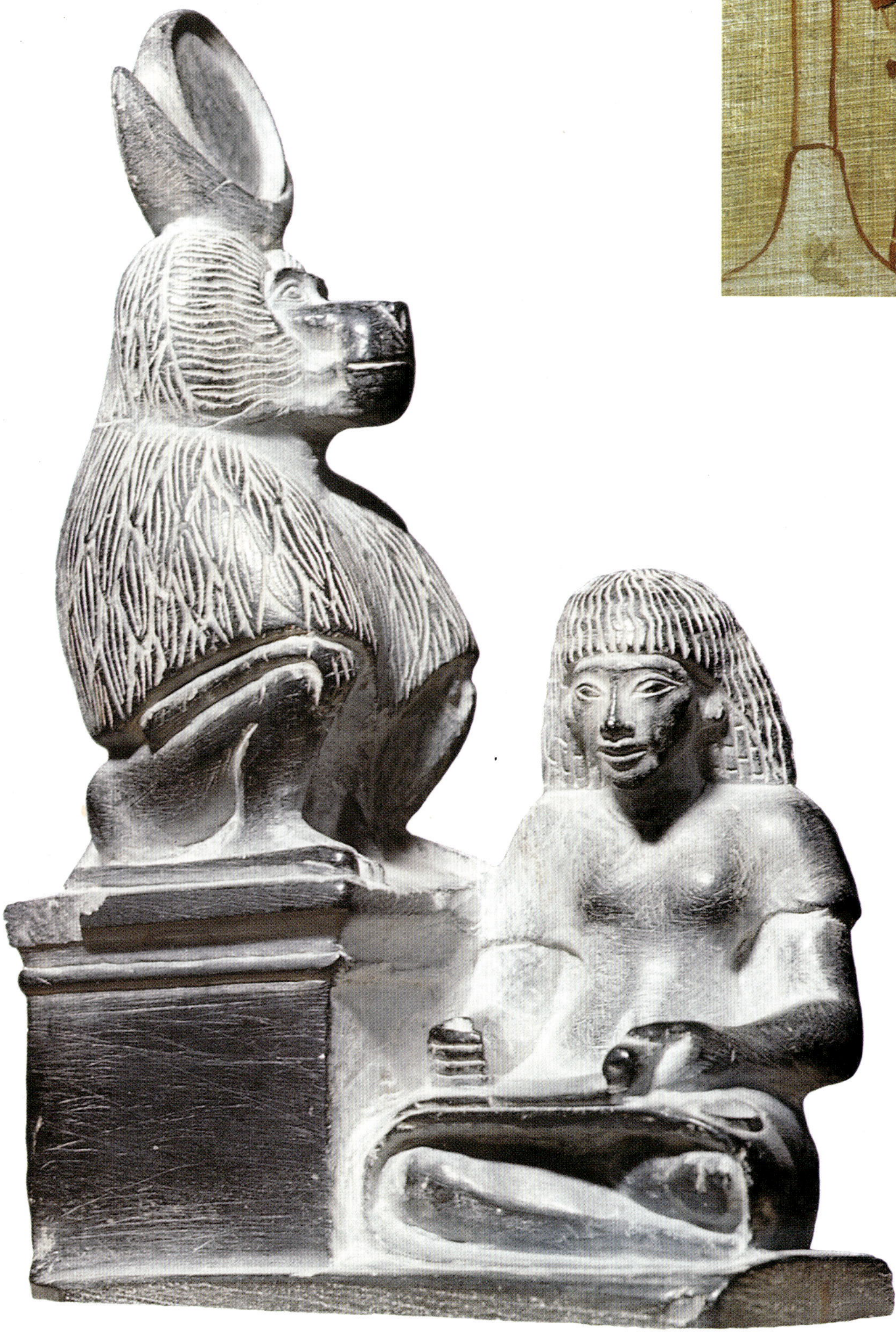

Un scribe, assis en tailleur de manière traditionnelle, déroule un papyrus; sur son genou gauche se trouve sa palette de couleurs. Au-dessus de lui, le cynocéphale de Toth est assis, coiffé du disque solaire encastré dans un croissant de lune. La petite statue illustre la dimension religieuse de l'écriture et de l'administration.
Tell el-Amarna, Nouvel Empire, XVIIIe dynastie, ardoise, hauteur 14 cm, Le Caire, Musée Egyptien

rétribuée : on sait que les prêtres à temps partiel recevaient aussi de la viande et des vêtements en plus de leur ration quotidienne de pain, bière et céréales. De cette manière, une partie des revenus du temple retournait à un groupe de population qui aurait été dix fois moindre si les prêtres avaient été employés ferme. Leur séjour au temple terminé, les prêtres retournaient dans leurs villages pour y vaquer aux travaux habituels.

On estime, qu'un pour cent seulement de la population savait écrire et veillait à l'ordre public en tant que fonctionnaires et prêtres. Mais les scribes avaient aussi une seconde tâche essentielle, ils devaient préserver pour l'éternité les noms et les actions des défunts. Tout jeunes, à l'école, ils s'exerçaient déjà à rédiger des biographies idéalisant les disparus à la manière des textes prononcés devant le Grand Juge : « J'ai donné du pain aux pauvres, des vêtements à ceux qui étaient nus, les ai amenés sans bateau sur la terre ferme. » Ces formules standard étaient parfois adaptées. Sous le Nouvel Empire, le vizir Aménophis, fils de Hapou, a fait graver fièrement sur sa statue : « Je fus remarqué dans la jeune équipe de mon maître (le Roi), mon jonc taillé a compté des millions et je les ai donnés aux compagnies ... J'ai compté les prises des victoires de Sa Majesté... J'ai fixé pour l'éternité le nom du Roi ... »

Ne pas sombrer dans l'oubli après leur mort – leur vie durant les Egyptiens ne perdaient jamais des yeux cet objectif qui ne pouvait être atteint, et ce n'est pas seulement l'avis du scribe, sans l'aide de l'écriture. C'est aussi pour ces raisons idéologiques, qui n'ont vraiment rien à voir avec l'administration, que la société égyptienne éprouvait une telle considération pour ceux qui savaient écrire :

« On leur avait construit des portes et des châteaux,
mais portes et châteaux sont anéantis.
Leurs prêtres du « double » ont disparu,
leurs stèles sont couvertes de poussière,
leurs tombes sont oubliées.
On proclame cependant leurs noms
à cause de l'excellence de leurs œuvres,
et le souvenir des auteurs est éternel ...
Plus utile est un livre qu'une stèle bien gravée
ou qu'un mur solide.
Il tient lieu de temple et de pyramide,
pour que le nom soit proclamé.«
(Extrait du papyrus Chester Beatty IV)

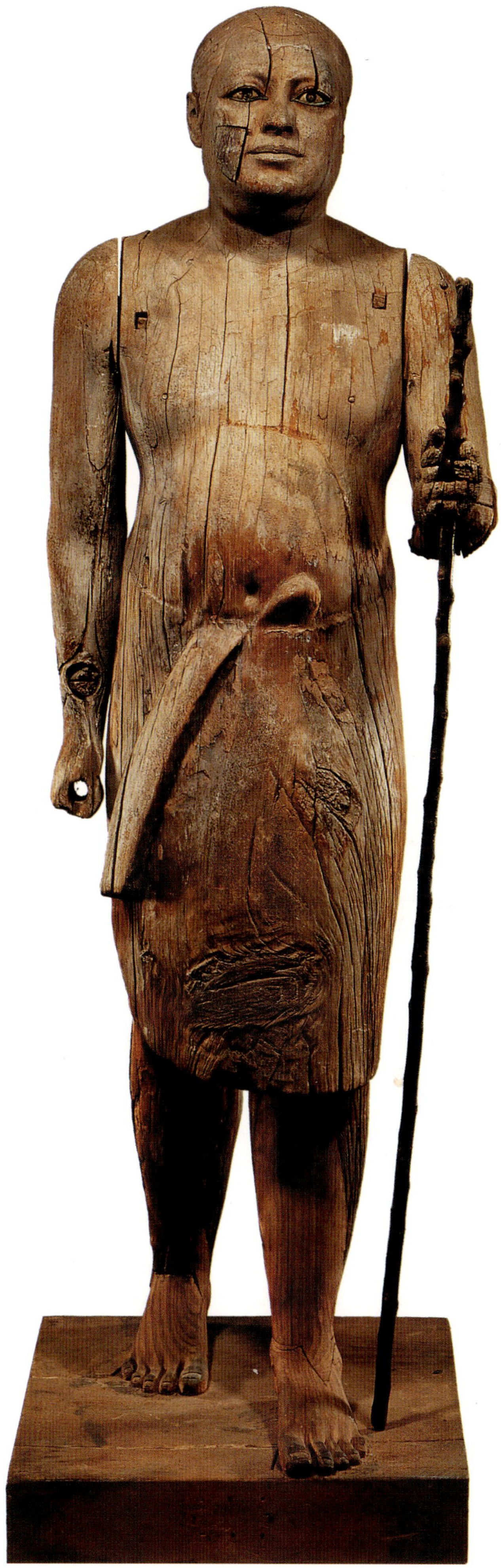

Les prêtres étaient reconnaissables à leur tête rasée. Celui-ci se nommait Ka-aper et était en même temps un haut fonctionnaire. Il porte la canne, signe de sa dignité. Les dieux décidant de la prospérité du pays, il n'était pas paradoxal de servir à la fois le temple et l'Etat.
Mastaba de Ka-aper près de Saqqarah, Ve dynastie, bois, hauteur 1,10 m, Le Caire, Musée Egyptien

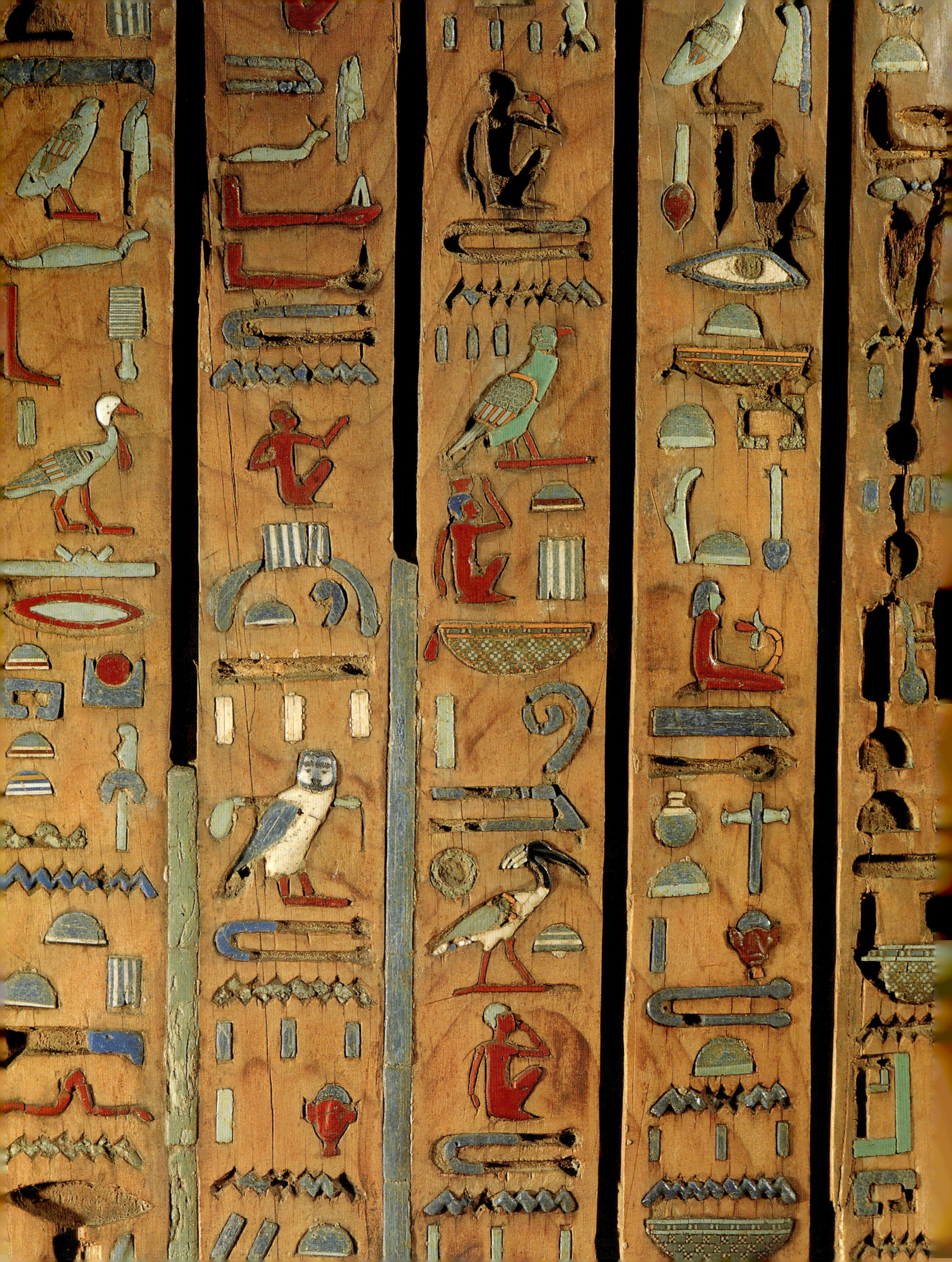

Il fallait que les hiéroglyphes soient beaux, cela était important pour les Egyptiens. Ce texte qui devait guider le défunt dans l'au-delà a été incrusté en pâte de verre colorée dans du bois de cèdre. Il décore un cercueil datant du IVe siècle av. J.-C. *Détail d'une inscription sur le sarcophage de Djeddjehoutiefankh d'Hermopolis, Turin, Museo Egizio*

De l'écriture

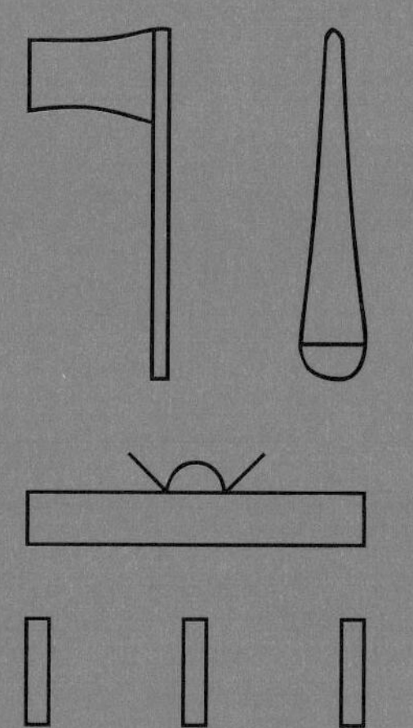

medou netjer = mots de dieu
I I I =
indique le pluriel

L'écriture égyptienne apparaît vers 3000 avant notre ère, avec l'unification de l'Empire de Haute et Basse-Egypte et l'avènement de l'Etat. Longtemps, elle fut composée d'un millier de signes, les hiéroglyphes, représentant des personnes, des animaux, des plantes, des objets stylisés etc. Leur nombre n'atteignit plusieurs milliers que vers la Basse Epoque.
Notre dénomination «hiéroglyphe» vient du grec hieros = «sacré» et glyphein = «graver».
Les Egyptiens eux-mêmes nommaient les hiéroglyphes «mots de Dieu», attribuant leur invention à Thot, dieu de la Sagesse; ils avaient aussi une déesse de l'Ecriture, Sechat. Les hiéroglyphes étaient surtout utilisés comme écriture monumentale, pour graver durablement des textes dans la pierre. Sur le papyrus et à l'aide d'un jonc taillé, les Egyptiens écrivaient une forme abrégée et cursive de l'écriture sculptée sur les monuments, elle fut appelée écriture hiératique. Une forme d'écriture populaire encore plus rapide apparut plus tard, connue sous le nom de démotique et couramment employée pour les documents et les listes. L'écriture, même si les Egyptiens lui attribuaient une origine divine, a été inventée pour des raisons pratiques : pour organiser un empire, il faut noter des faits, les conserver et les communiquer à des gens se trouvant dans des régions éloignées.

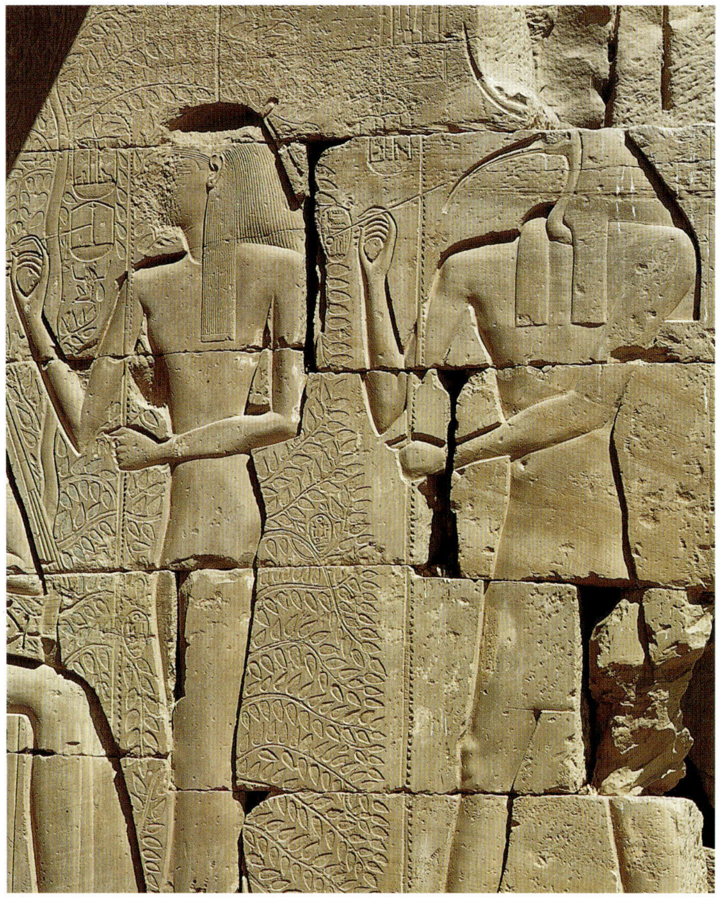

Les Egyptiens attribuaient à Thot, le dieu du Savoir à tête d'ibis, l'invention de l'écriture. Avec Sechat, la maîtresse des livres, il inscrit le nom de Ramsès II sur les feuilles d'un arbre.
Relief mural du temple funéraire de Ramsès II, Thèbes, XIXe dynastie

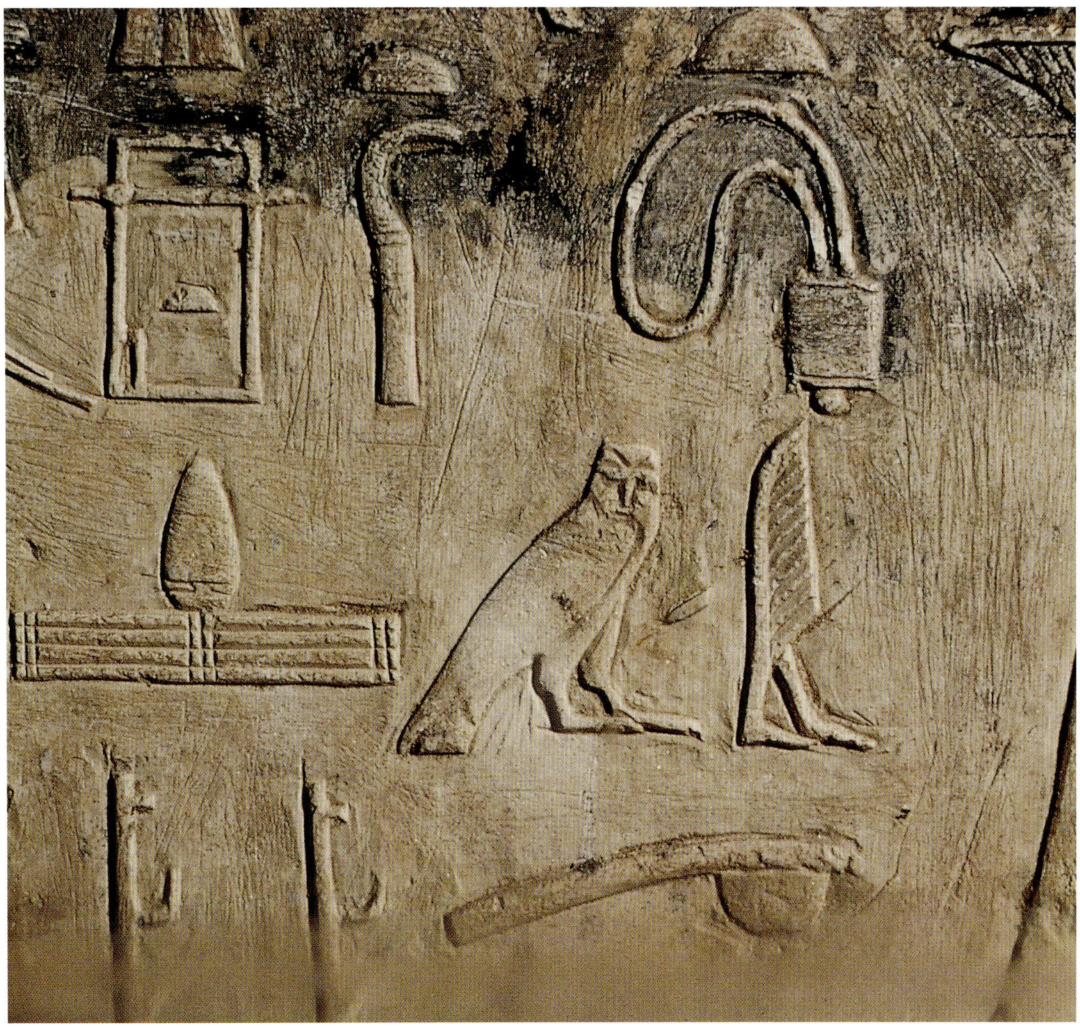

Les hiéroglyphes gravés dans la pierre devaient braver le temps. Aujourd'hui encore, on peut lire la signature d'Imhotep, le célèbre vizir et bâtisseur, sur le socle de la statue de son souverain, le roi Djéser.
Ancien Empire, IIIe dynastie, calcaire, Le Caire, Musée Egyptien

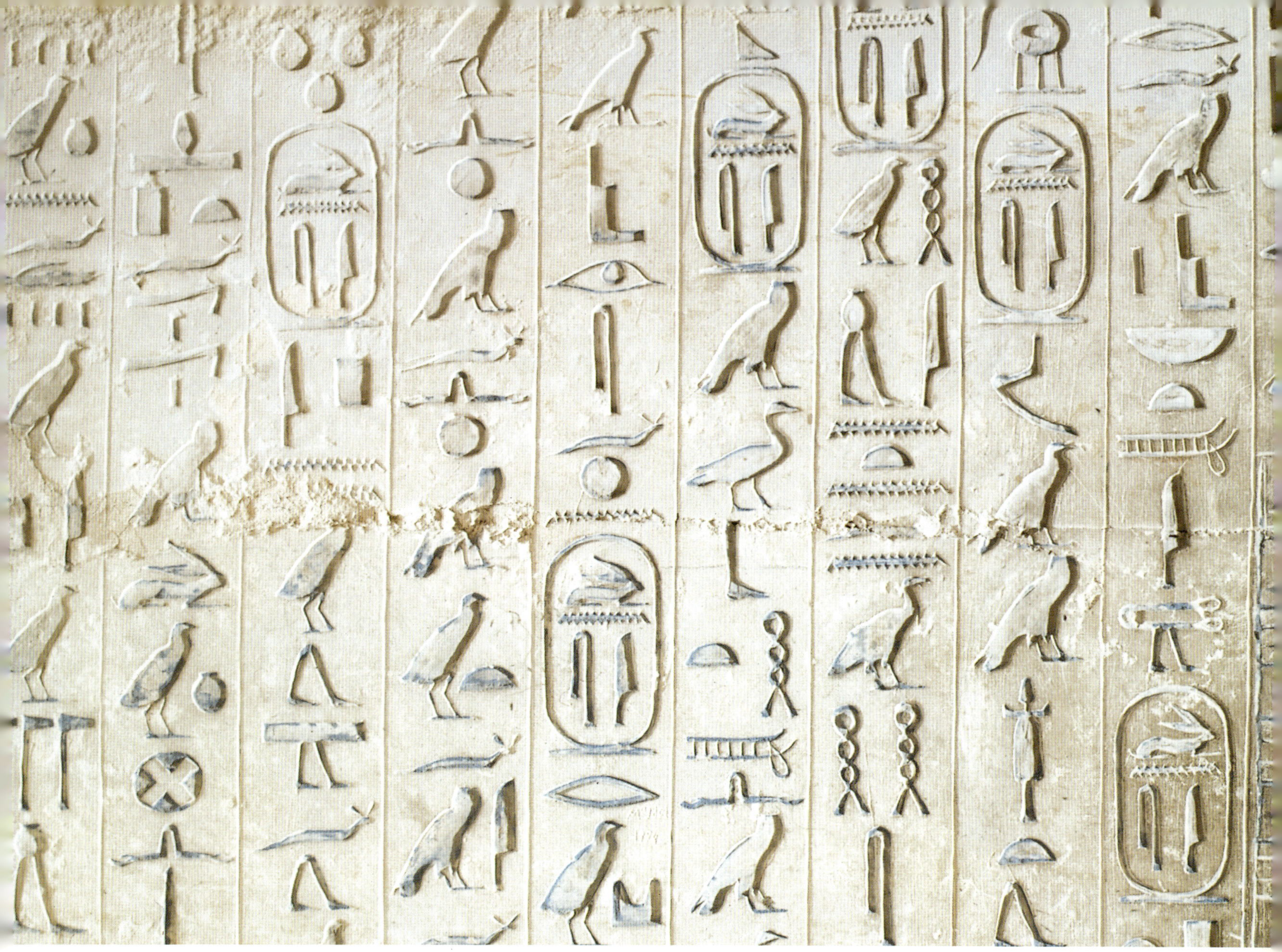

Les hiéroglyphes des Textes des Pyramides du roi Ounas sont bleus, la couleur du ciel, et gravés avec un art accompli. Ounas fut l'un des premiers à faire décorer les parois de sa chambre funéraire souterraine de formules qui l'aideraient à monter au ciel.
Saqqarah, Ancien Empire, Ve dynastie

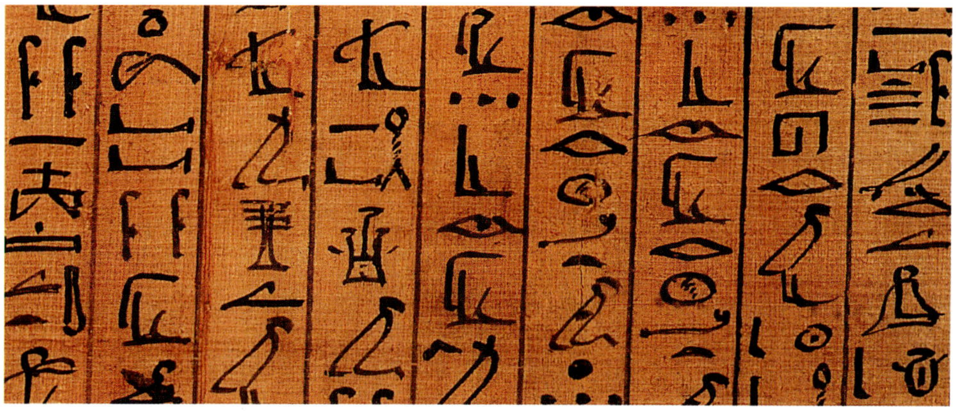

Les Egyptiens du Nouvel Empire rédigeaient leurs textes sur du papyrus, à l'aide d'un jonc taillé, d'une écriture élégante et fluide.
Détail du Livre des Morts de Maiherpéri, Thèbes, Vallée des Rois, Nouvel Empire, XVIIIe dynastie, longueur 117,5 cm, hauteur 35 cm, Le Caire, Musée Egyptien

Au commencement, les Egyptiens utilisaient des pictogrammes, des dessins représentant les objets qu'ils signifient. Puis vinrent les signes-mots ou idéogrammes qui figurent la forme de l'objet. Un dessin représentant trois jarres d'huile signifie une redevance de trois jarres d'huile au pharaon. Dix jarres d'huile pouvaient être représentées par dix traits à côté d'une jarre. Evidemment, représenter mille jarres d'huile frisait l'irrationnel, quant au nom de l'homme soumis à l'impôt et celui du pharaon, il était impossible de les représenter graphiquement.

Mais une invention géniale permit de passer le cap : les idées abstraites qu'on avait tant de peine à représenter furent indiquées en dessinant des objets dont le nom, dans la langue parlée, ressemblait aux mots servant à exprimer ces idées (c'est le principe du rébus graphique : en français, par exemple, le mot « chapon », serait représenté par un « chat » et un « pont »).

Le nombre mille et le lotus étant nommés tous deux « kha » en égyptien, on dessina un lotus pour figurer le nombre mille ; on pouvait ainsi représenter deux mille jarres d'huile par une jarre et deux tiges de lotus.

Le nom d'un des premiers rois, « Narmer » est représenté par un poisson (nar) et un burin (mer).

En égyptien, la bouche est « ra » dans la langue parlée, le dessin d'une bouche est donc utilisé pour représenter le son r. On peut composer un alphabet égyptien de vingt-quatre caractères à l'aide de tels signes phonétiques, ce qui permettait en principe d'écrire n'importe quel mot égyptien :

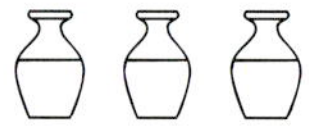

trois jarres d'huile

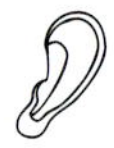

l'oreille

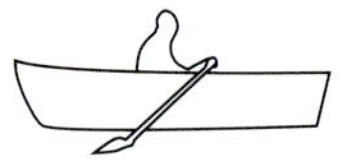

la barque

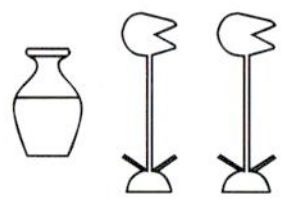

deux mille jarres d'huile

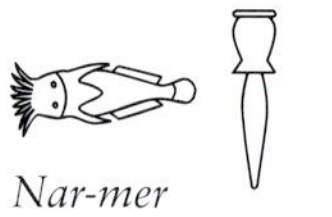

Nar-mer

Alphabet égyptien

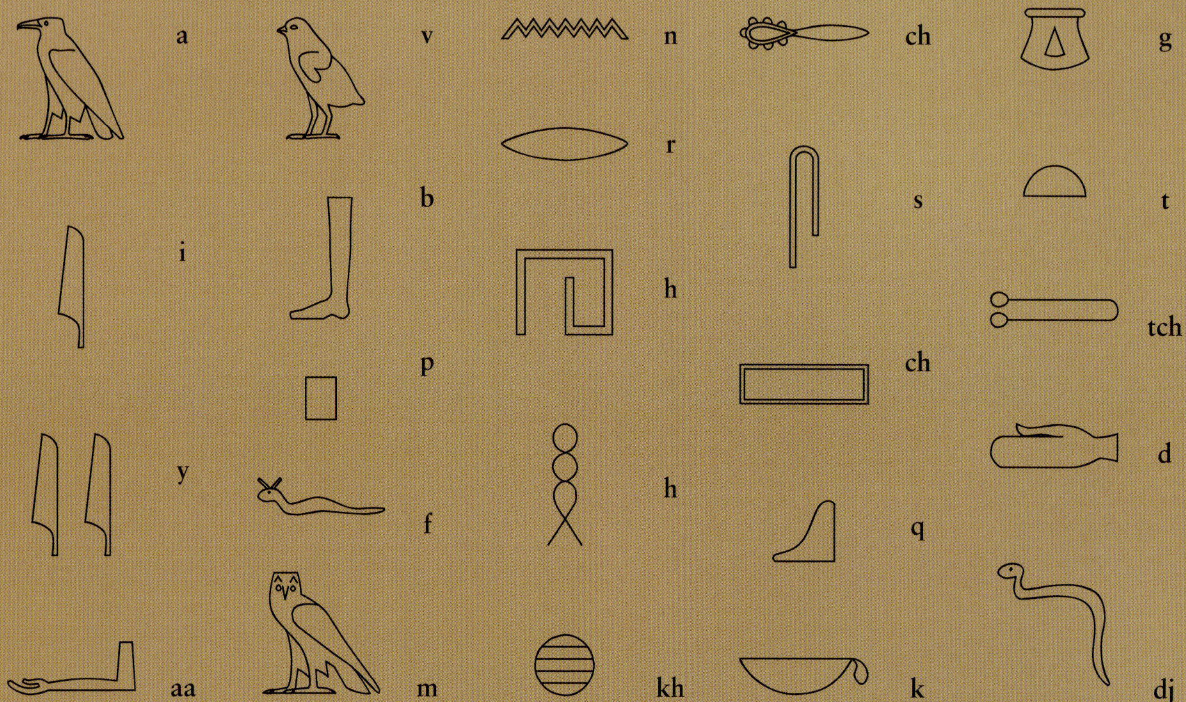

Un casse-tête égyptien

Hélas, les scribes égyptiens ne se sont pas contentés d'utiliser ces vingt-quatre phonogrammes. Accordant plus de valeur aux modulations du langage et à l'esthétique qu'à la méthode et la simplicité, ils inventèrent en outre des signes représentant plusieurs sons (correspondant à une combinaison de sons), et cela de plus en plus vers la Basse Epoque. La plupart du temps, l'égyptien écrit, comme l'hébreu et l'arabe, ne comporte pas de voyelles, l'hiéroglyphe Bouche peut donc signifier r, mais aussi ra, re, ri, ro, ar, er, ir ou or. Il nous est impossible de savoir comment la langue égyp-

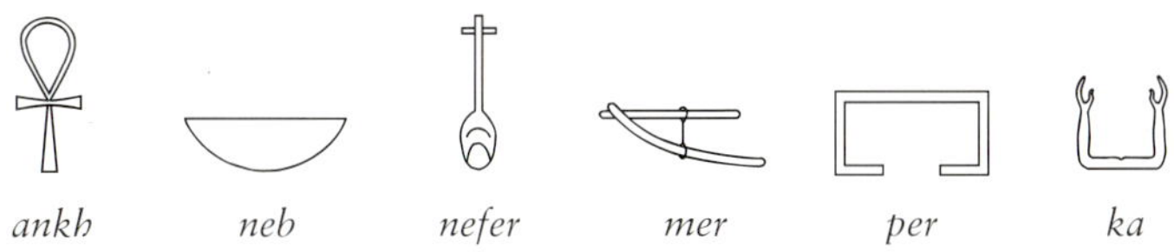

tienne était parlée, les égyptologues insèrent toujours un e entre les consonnes, afin que nous puissions prononcer les mots. Etant donné que de nombreux mots sont semblables sans voyelles (en français, par exemple « pale », « pôle », « poli », « pelé », et « pile »), les scribes inscrivent derrière eux des déterminatifs, des signes qui ne se lisent pas et indiquent à quelle catégorie générale les mots appartiennent.

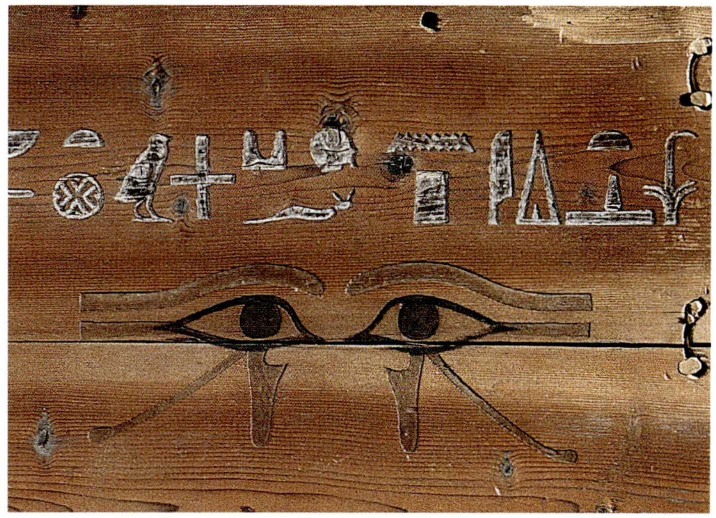

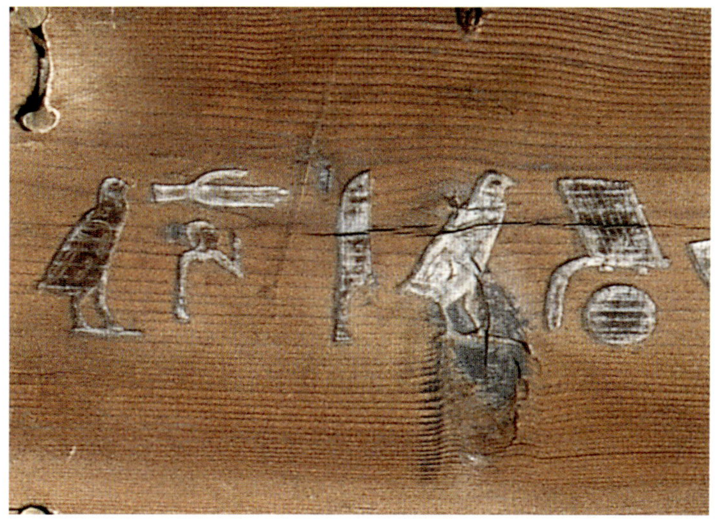

Comme toutes les images, les hiéroglyphes pouvaient aussi s'animer. Afin qu'ils ne causent pas de dégâts, ils étaient parfois représentés mutilés, comme c'est le cas de la silhouette masculine faisant partie du nom du défunt.
Cercueil d'Idou, bois de cèdre peint, Gizeh, Ancien Empire, fin de la VIe dynastie, Hildesheim, Pelizaeus-Museum

Par exemple, deux jambes pour les mots impliquant l'action d'aller,

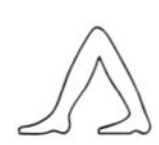

un rouleau de papyrus pour les mots abstraits,

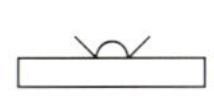

un homme pour tous les êtres masculins,

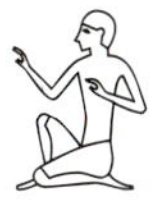

une femme pour tous les êtres féminins,

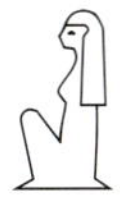

un homme barbu pour les divinités.

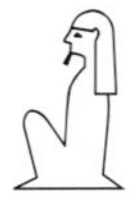

Déchiffrer les hiéroglyphes est rendu encore plus difficile par l'absence d'intervalles entre les mots et les phrases, l'absence de ponctuation et le fait qu'ils peuvent être tracés en lignes de droite à gauche ou de gauche à droite, ou en colonnes de haut en bas ou de bas en haut. La direction de lecture est donnée par les signes représentant des animaux ou des humains toujours tournés vers le lecteur.
Le pêle-mêle de signes phonétiques, de déterminatifs et des idéogrammes des débuts est déconcertant et a rendu longtemps impossible, entre autres raisons, le déchiffrement des hiéroglyphes.

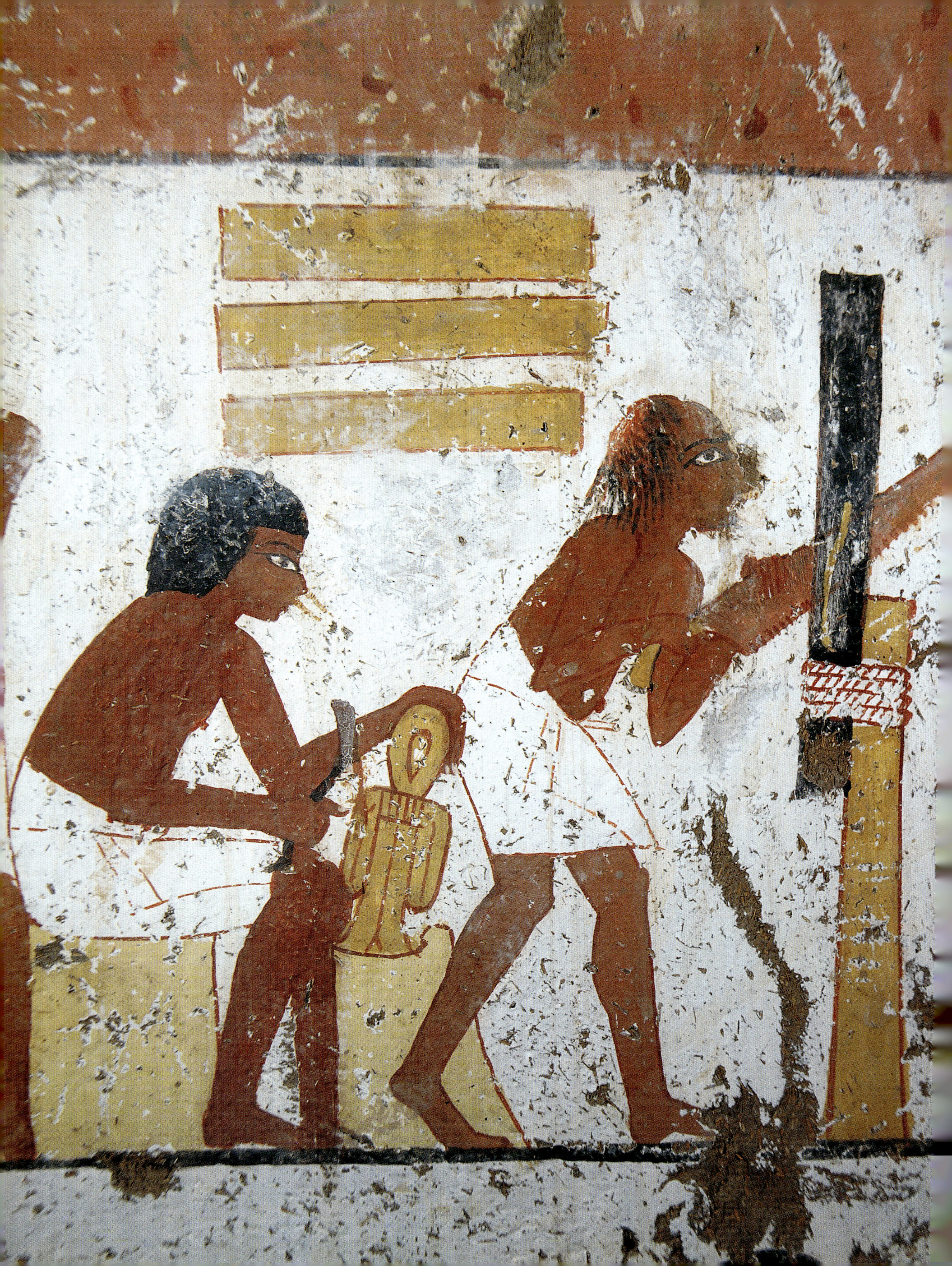

Les tombeaux royaux près de Thèbes ont été construits, aménagés et décorés par des artisans spécialisés : un vieux menuisier scie une planche, un autre fabrique une décoration de cercueil dorée. *Tombeau des sculpteurs royaux Nebamon et Ipouky, Thèbes, n° 181, XVIIIe dynastie*

Les ouvriers funéraires en grève

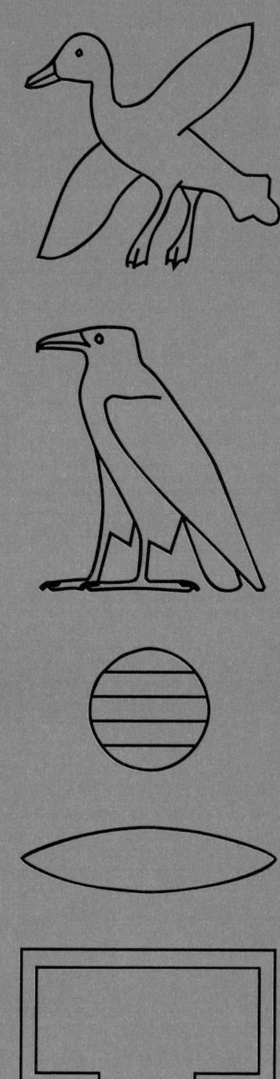

pa cher = tombeau
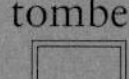 =
placé à la fin d'un mot, indique qu'il s'agit d'un bâtiment

La première grève dans l'histoire de l'humanité – en tout cas la première documentée – débuta le 14 novembre 1152 avant notre ère. En ce jour de la vingt-neuvième année du règne de Ramsès III, une soixantaine d'artisans se refusèrent à poursuivre le travail. Sous la conduite du scribe Patouéré et de deux contremaîtres, les tailleurs de pierre, charpentiers et dessinateurs quittèrent en rangs serrés leur chantier de la Vallée des Rois, sur la rive occidentale du Nil à proximité de Thèbes. Au lieu de continuer à décorer le tombeau de Pharaon qu'ils avaient creusé dans la falaise, ils franchirent la montagne pour retourner dans leur village, le traversèrent et descendirent dans les champs. Leur objectif était le Ramesseum, le temple funéraire de Ramsès II, siège du centre administratif dont ils dépendaient, avec ses greniers bien remplis. Ils s'assirent alors devant la porte du temple, prêts à occuper les locaux. « Nous avons faim et soif », se plaignaient-ils, et ils réclamaient avec insistance leur salaire, la nourriture qu'on leur devait et qu'ils attendaient maintenant depuis un mois. En vain. Ils revinrent le lendemain, et leurs cris et leurs paroles étaient si convaincants que Mentmosé, le capitaine de la police du district du temple se rendit personnellement à Thèbes pour informer le maire. Quand il rentra le soir, bredouille, les grévistes occupaient toujours la porte du temple, bien décidés cette fois à y passer la nuit, cinquante-cinq petits gâteaux sucrés rassemblés dans le temple par le scribe Patouéré leur ayant rendu quelque force.

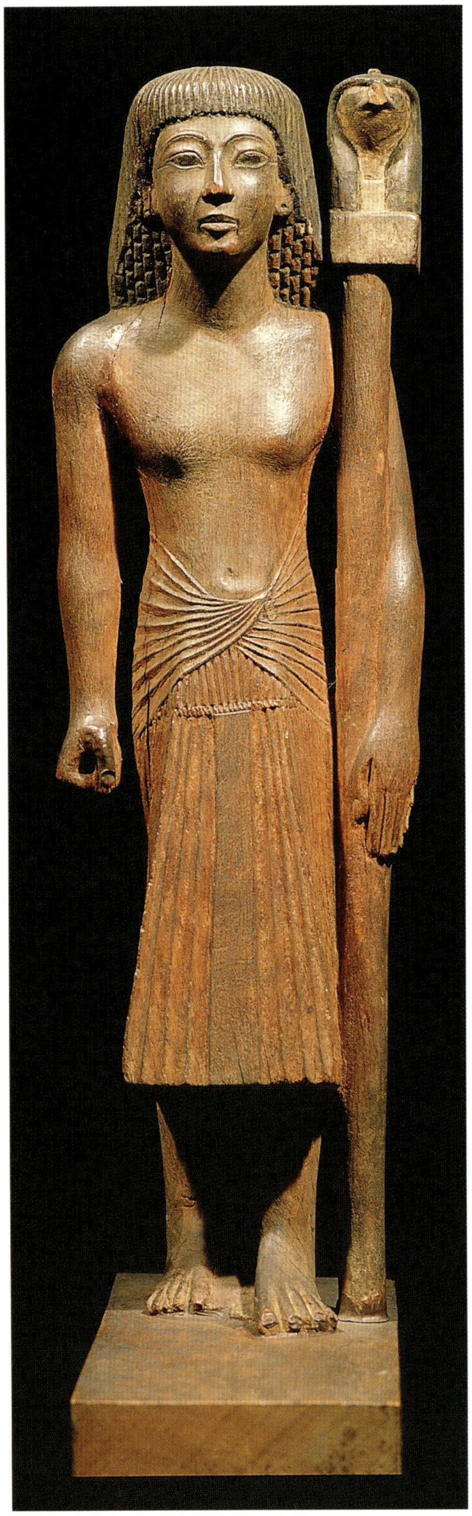

Les fonctionnaires qui veillaient à ce que l'ordre règne dans le royaume du pharaon se présentent avec une grande dignité.
Porte-enseigne, XIXe dynastie, bois, hauteur 27 cm, Turin, Museo Egizio

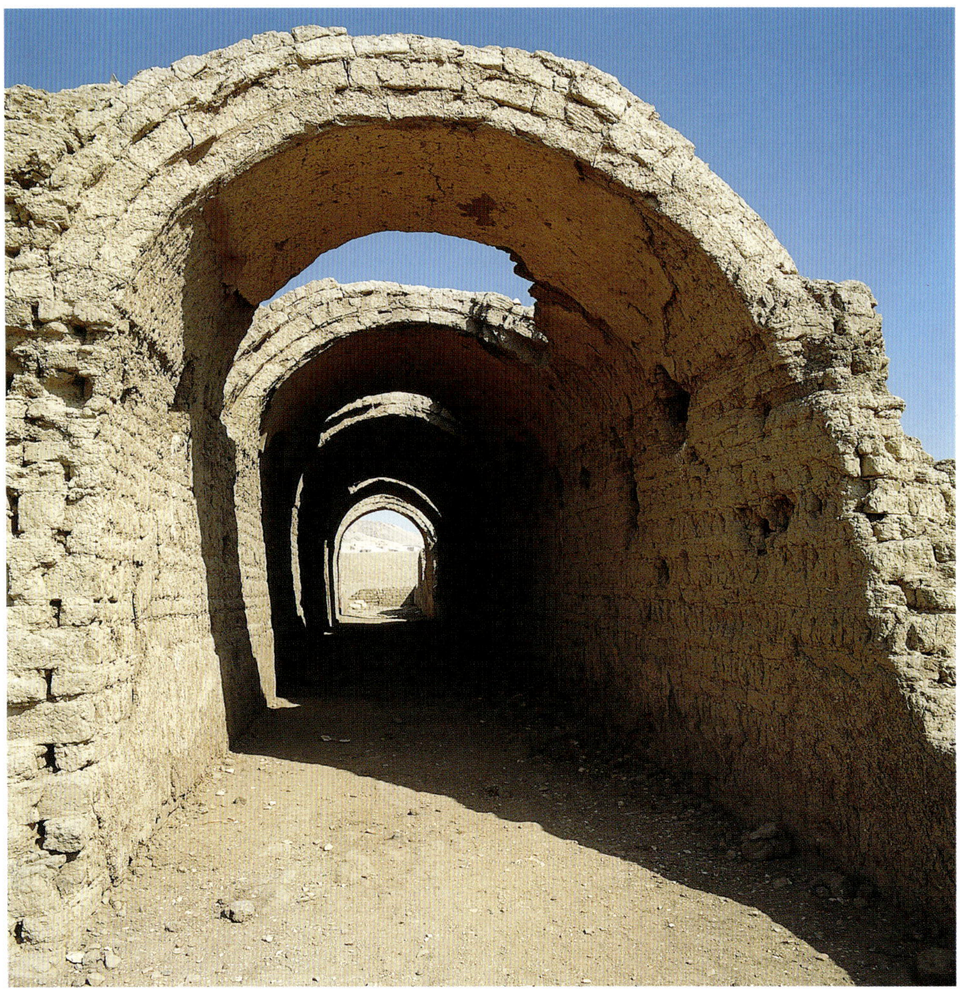

Les ouvriers funéraires mécontents se rendirent au temple de Ramsès, car c'est dans les magasins du temple qu'étaient stockées les réserves de nourriture qui constituaient leur salaire.

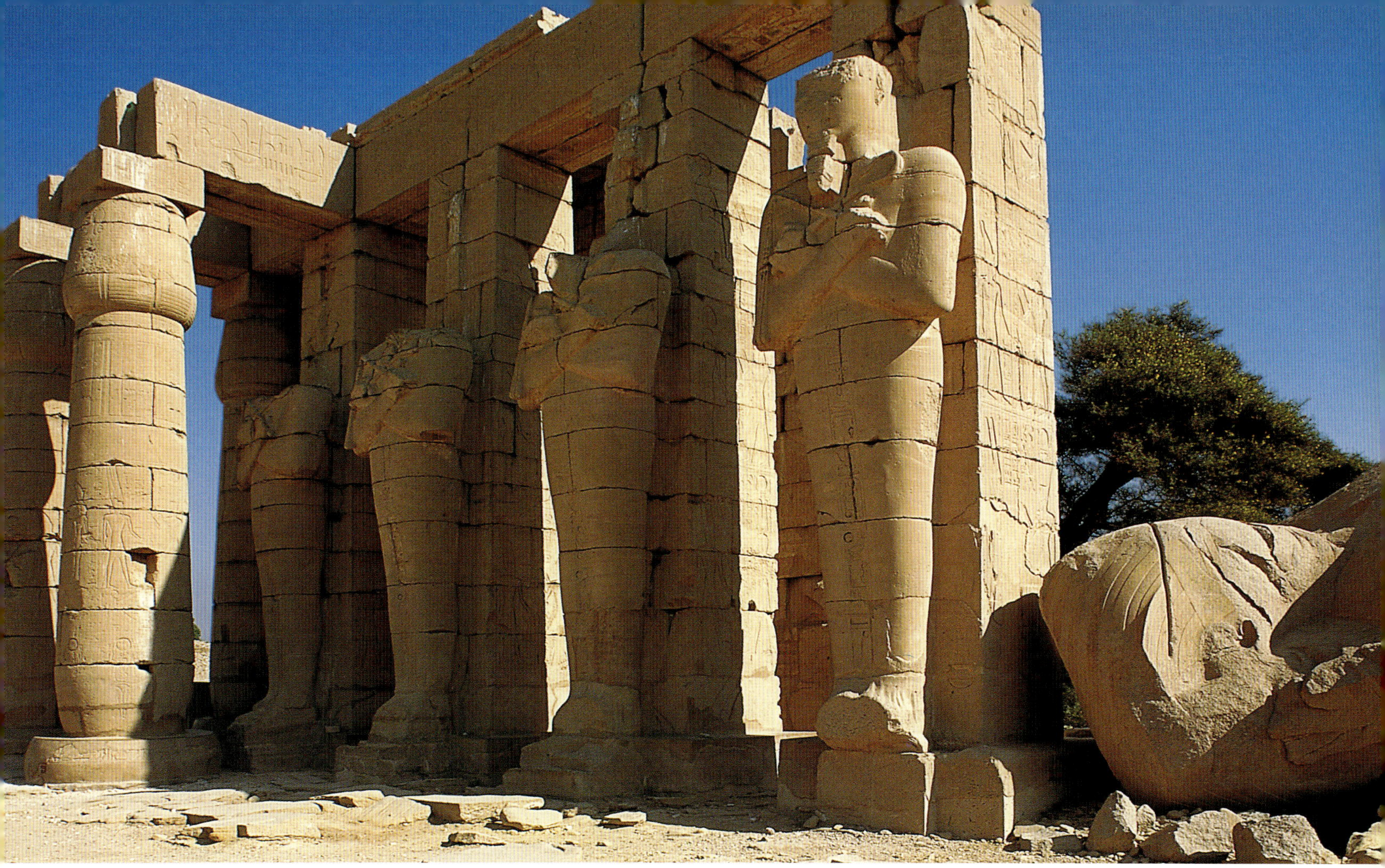

Le lendemain matin, ils n'en continuèrent pas moins à clamer haut et fort que la faim et la soif les avaient poussés à cette extrémité : « Nous n'avons pas de vêtements, nous n'avons pas d'huile, nous n'avons rien à manger. Ecris à notre seigneur le Pharaon à ce sujet ; écris aussi au gouverneur qui est notre supérieur, afin qu'ils nous fassent donner de quoi nous soutenir. »
Les crues du Nil avaient été propices, les entrepôts étaient pleins et les grévistes soupçonnaient qu'un fonctionnaire corrompu faisait traîner le paiement de leur salaire. Ils voulaient donc s'adresser directement au vizir, leur supérieur direct, et la menace fit son effet. Enfin les fonctionnaires du temple consignèrent leurs protestations et distribuèrent les aliments. Les artisans reçurent leur ration mensuelle comprenant environ quatre sacs de blé et un sac et demi d'orge. Ils quittèrent les lieux et reprirent le travail : la grève de trois jours avait porté ses fruits.

Le Ramesseum, le temple funéraire monumental de Ramsès II, était un centre économique important pour la région.

Le centre de Thèbes était situé là où s'étend aujourd'hui la ville de Louqsor. La nécropole et le village des artisans se trouvaient sur la rive occidentale du Nil.

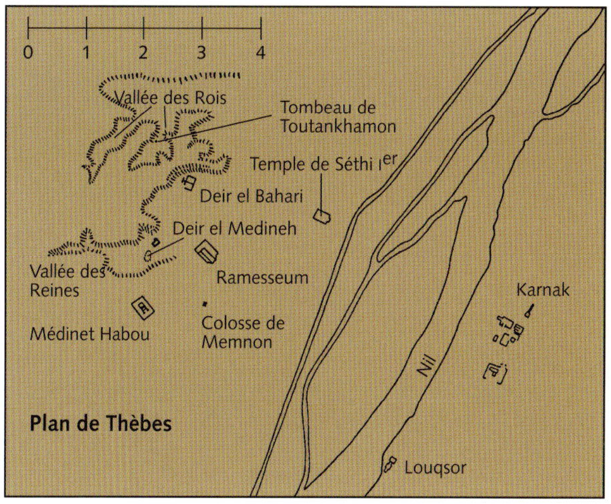

Dans le secret des grands

Les artisans funéraires firent encore grève plusieurs fois dans les siècles qui suivirent, temps troublés agités de guerres civiles. Seuls des hommes pleinement conscients de leur valeur pouvaient se permettre de telles actions revendicatives. Ce n'est pas que la faim les y ait réellement poussés, les caves de leur village renfermaient des quantités considérables de céréales, et les rations mensuelles attribuées par l'Etat étaient copieuses. La majorité des habitants de la vallée du Nil devait se contenter de moins. Non, les artisans avaient fait grève pour préserver leurs acquis, garder le niveau de vie auquel ils étaient habitués. Les ouvriers funéraires de Pharaon formaient une élite privilégiée : architectes, charpentiers, tailleurs de pierre, sculpteurs, « dessinateurs de contours » et peintres, tous maîtres en leur spécialité. On leur avait confié la mission importante d'aménager la « maison d'éternité » de leurs souverains et d'assurer la survie de ceux-ci outre-tombe. Ils travaillaient sur la rive occidentale dans la nécropole, le « lieu de la Vérité », la « Grande Place où les pécheurs ne doivent pas pénétrer ». Certaines légendes ont la vie dure, et celle qui dit que pour garder le secret, le tombeau du roi était construit par des prisonniers de guerre, que le pharaon était inhumé la nuit et que tous les ouvriers du chantier étaient ensuite tués, n'a aucun fondement. Au contraire, le successeur du pharaon défunt recherchait des spécialistes de la construction funéraire, car il voulait naturellement édifier son propre tombeau le plus rapidement possible après son entrée en fonction, celui-ci devant être terminé avant sa mort. Le pharaon était d'ailleurs parfois si pressé qu'il s'appropriait la sépulture achevée de son prédécesseur, n'hésitant pas à faire placer le corps du défunt dans une chambre d'appoint des plus modestes.

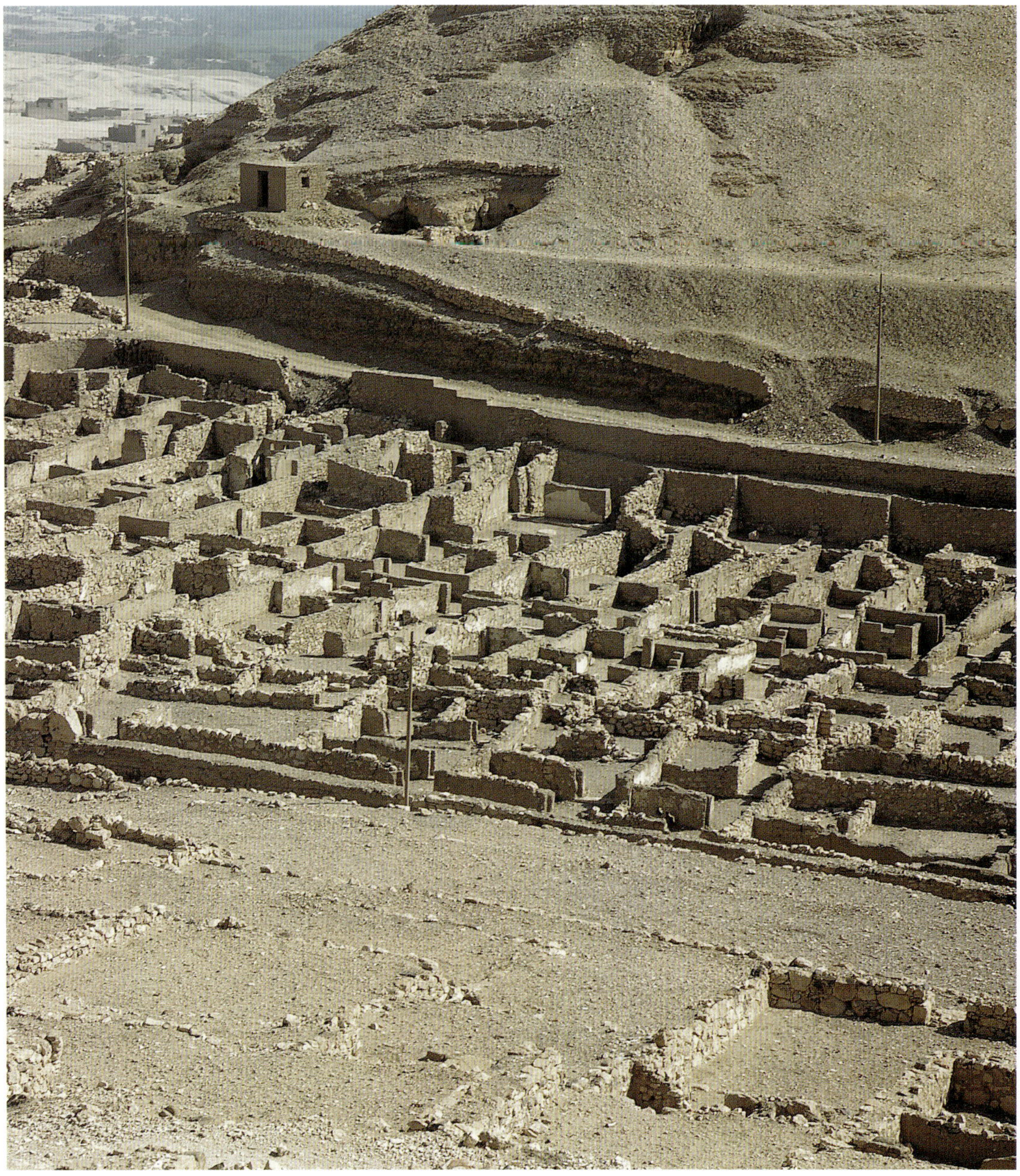

Le « ghetto » des artisans funéraires était situé dans une vallée du désert facile à surveiller. Les fouilles dans le village que les Arabes ont baptisé Deir el Medineh ont mis au jour des routes et les plans des habitations.

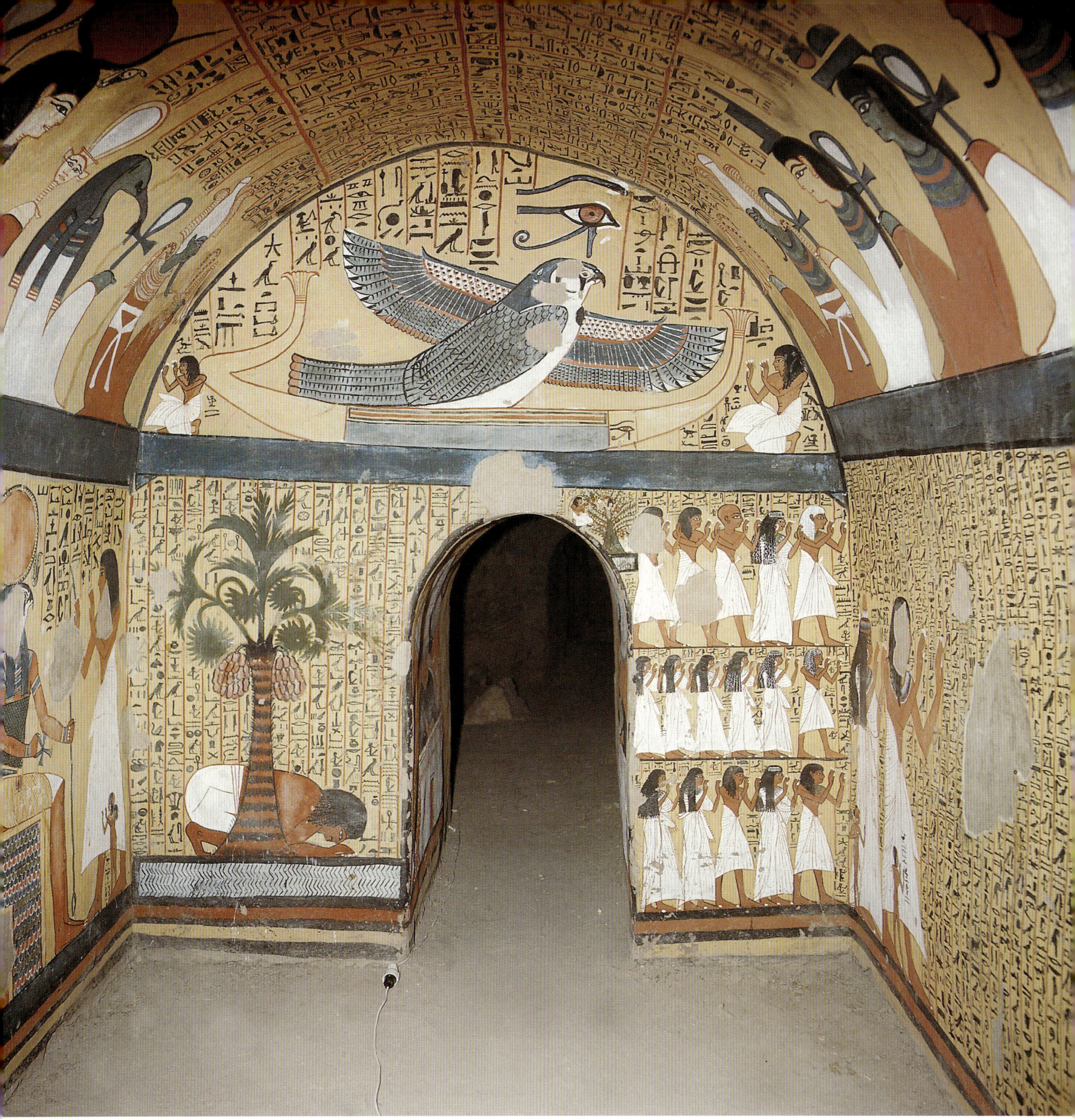

Les chambres funéraires creusées dans la falaise et décorées par les artisans eux-mêmes nous renseignent sur ces derniers. Ici, un faucon déploie ses ailes protectrices au-dessus de la porte ; sur la peinture murale, le propriétaire du tombeau boit l'eau d'un étang.
Tombeau de Pachédou, Thèbes n° 3, époque ramesside

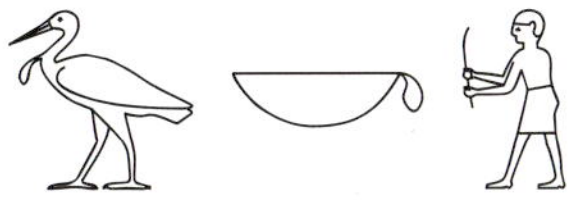

bak = travailler

En résidence surveillée

Les artisans funéraires ayant eu accès à des informations tenues secrètes – ils savaient où se trouvaient les tombes royales –, on les installa avec leurs familles dans une vallée étroite et bien visible des hauteurs, donc facile à contrôler. C'était une sorte de ghetto loin des champs, ceint de murs et dont les deux portes étaient surveillées par des gardes nubiens. Les artisans ne quittaient le village que pour se rendre au chantier en empruntant une sente abrupte de la montagne qui existe encore, « là où réside la reine des vautours qui aime le silence ». Leur marche protestataire en direction du temple de Ramsès violait toutes les règles – on n'avait jamais vu cela.

Les souverains de la XVIIe dynastie avaient quitté Memphis pour Thèbes, et c'est à partir de cette époque qu'ils se firent enterrer dans des caveaux bien dissimulés, creusés dans la falaise de la Vallée des Rois, au pied d'une montagne de forme pyramidale. Le village créé pour les ouvriers funéraires – il s'appelle aujourd'hui en arabe Deir el Medineh, le « couvent de la ville » – a existé environ cinq siècles, jusqu'à la fin du second millénaire (vers 1050 avant notre ère) et abritait des familles d'artisans et d'artistes, qui se transmettaient leurs talents et leur savoir de père en fils. Bizarrement, nous savons bien plus de choses sur eux que sur leurs maîtres, les grands pharaons de ce temps-là.

A l'intérieur de l'enceinte, on pense qu'environ soixante-dix maisons d'un étage, crépies de blanc et aux portes rouges, se serraient des deux côtés d'une étroite chaussée couverte. Elles abritaient cinq cents personnes : hommes, femmes et enfants. La plupart du temps, les femmes et les enfants étaient seuls au village, les hommes dormaient sur le chantier dans des huttes de fortune. Ils ne rentraient normalement chez eux que les jours de repos (tous les dix jours) ou de fête, qui étaient nombreux. Les archéologues ont mis au jour des montants de porte où sont encore tracés, en hiéroglyphes rouges, les noms de ceux qui vivaient dans les maisons : ici habitait l'artisan Sennedjem, en face le scribe Ramosé et sa famille. Nous connaissons bien aussi les visages de quelques habitants du village, car ils ont fait faire leur portrait et celui de leurs voisins sur les parois de leurs chambres sépulcrales, qu'ils creusaient eux-mêmes pendant leur temps libre dans

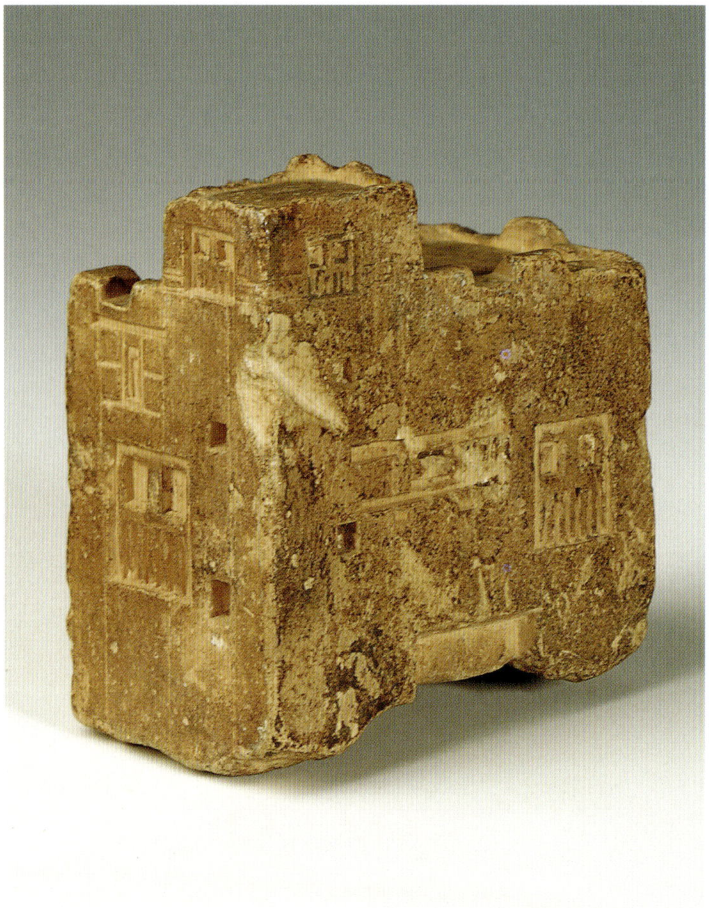

Les maisons à un étage avec un toit-terrasse de Deir el Medineh ont certainement ressemblé à ce modèle en pierre d'époque gréco-romaine.
Hanovre, Kestner-Museum

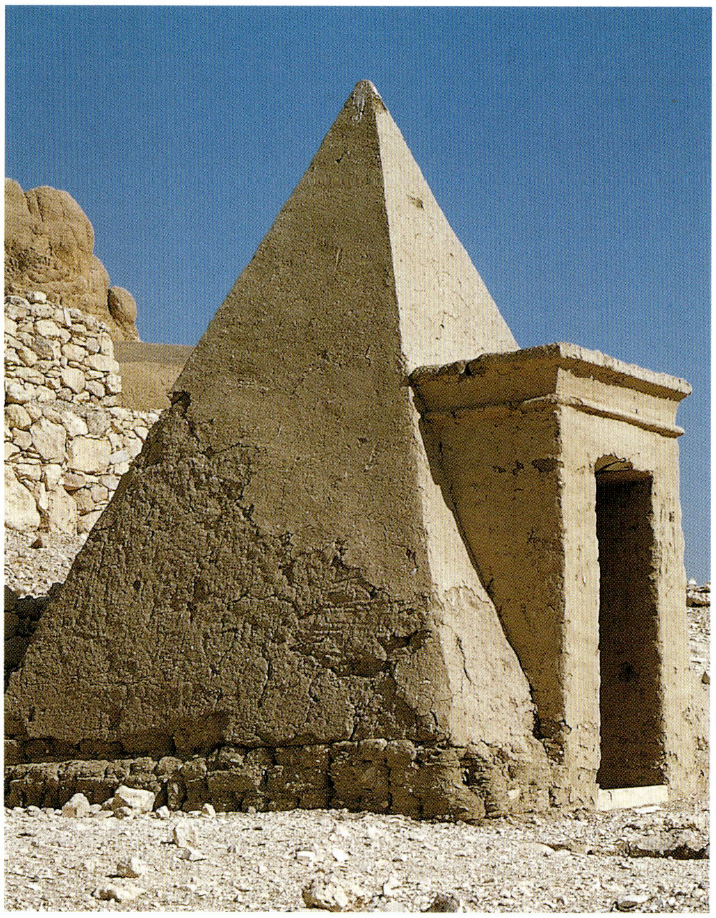

Souvent une petite pyramide couronnait l'entrée du tombeau – le symbole séculaire des tombeaux royaux était devenu un bien public.
Entrée restaurée du tombeau de Sennedjem

Le chantier de la Vallée des Rois se trouvait à une journée de marche du village des artisans funéraires. Ces derniers y passaient les nuits dans des huttes de fortune.

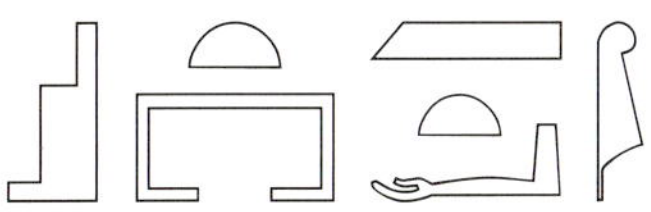

set-maat = la Vallée des Rois, ou plutôt la Place de la Vérité, Maât, symbolisée par une plume

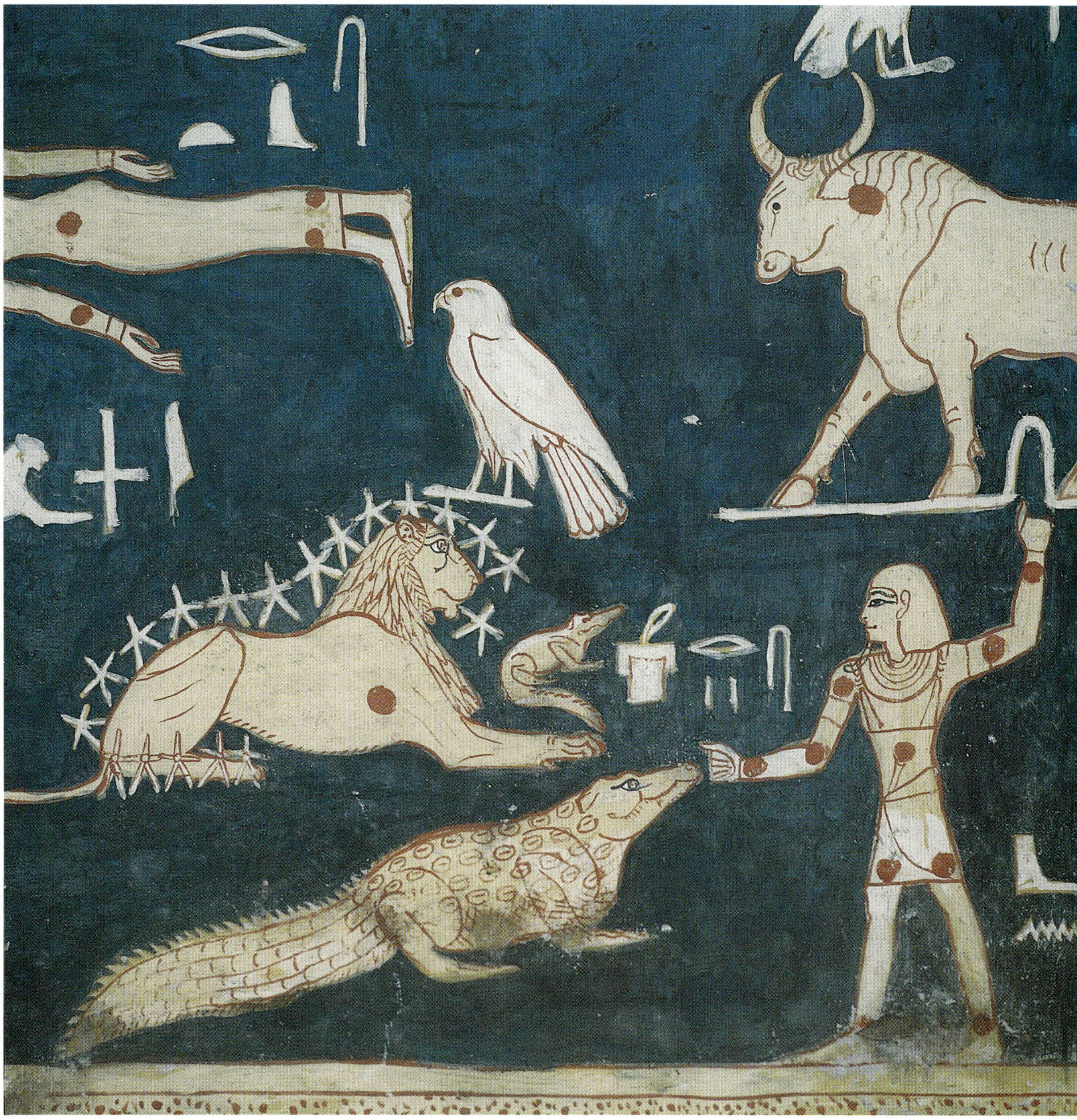

Afin que le roi défunt puisse directement monter au ciel, un firmament étoilé était représenté sur la voûte au-dessus du sarcophage. Le taureau, en haut à droite, correspond à notre Grande Ourse ; les autres constellations ne sont pas connues.
Plafond astronomique, détail du tombeau de Séthi Ier

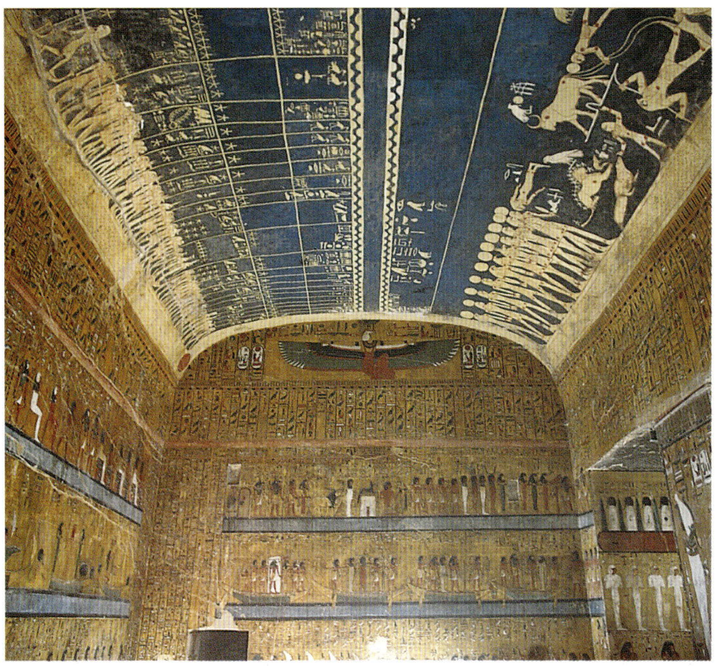

Un chef-d'œuvre des artisans de Deir el Medineh : le tombeau du pharaon Séthi Ier, de la XIXe dynastie, complètement décoré de hauts-reliefs peints et bien conservé.
Vallée des Rois, Thèbes n° 47

Ces grands yeux peints permettaient au défunt allongé sur le flanc dans son cercueil de contempler le monde extérieur.
Sarcophage de Senbi, Moyen Empire, bois peint, hauteur 63 cm, longueur 212 cm, Le Caire, Musée Egyptien

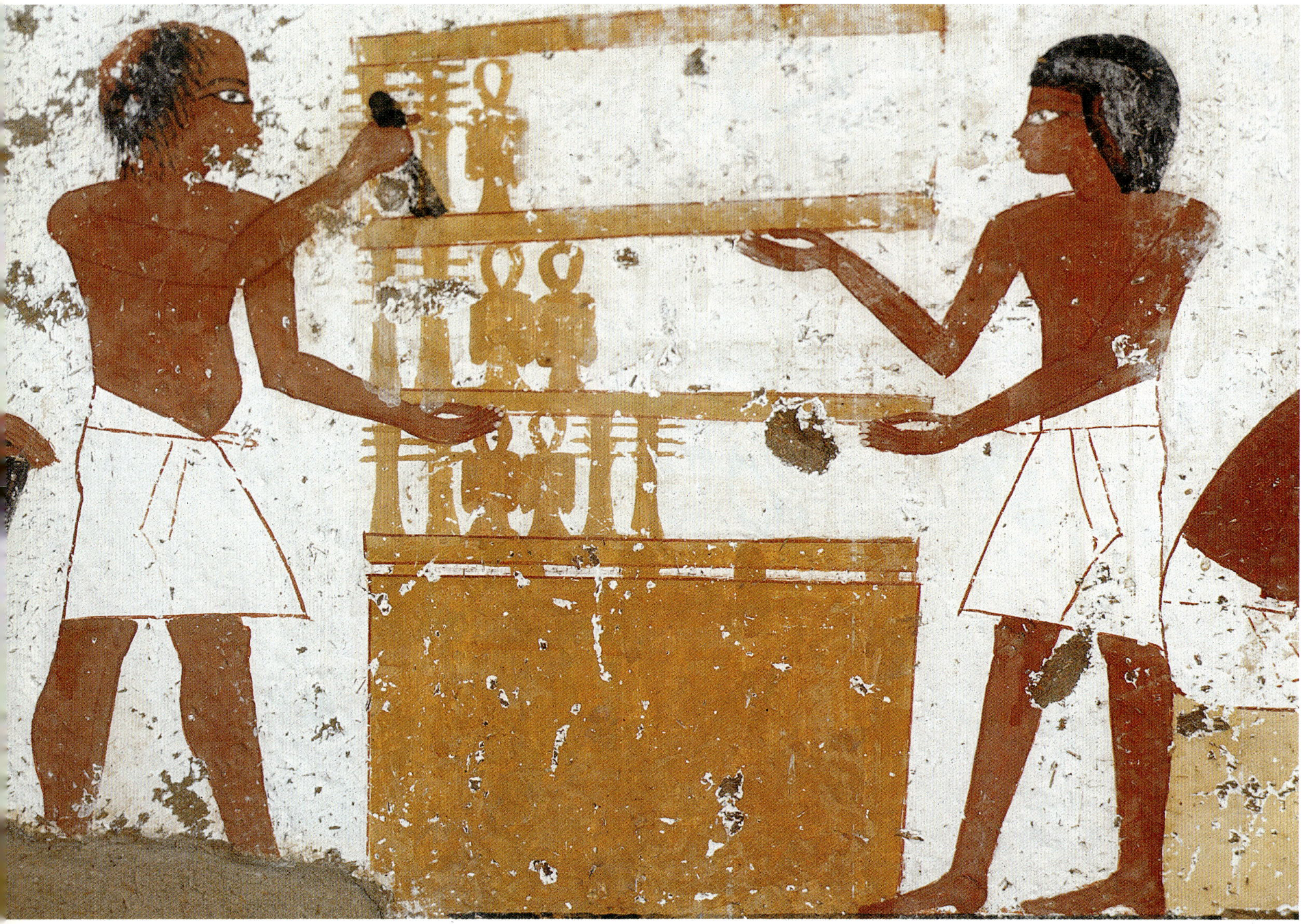

Menuisier fabriquant une décoration de cercueil dorée.
Tombeau de Nebamon et Ipouky, Thèbes n° 181, XVIIIe dynastie

Plan du tombeau de Ramsès IX. Ce dessin sur un ostracon permettait probablement aux surveillants de s'orienter sur le chantier.
XXe dynastie, Le Caire, Musée Egyptien

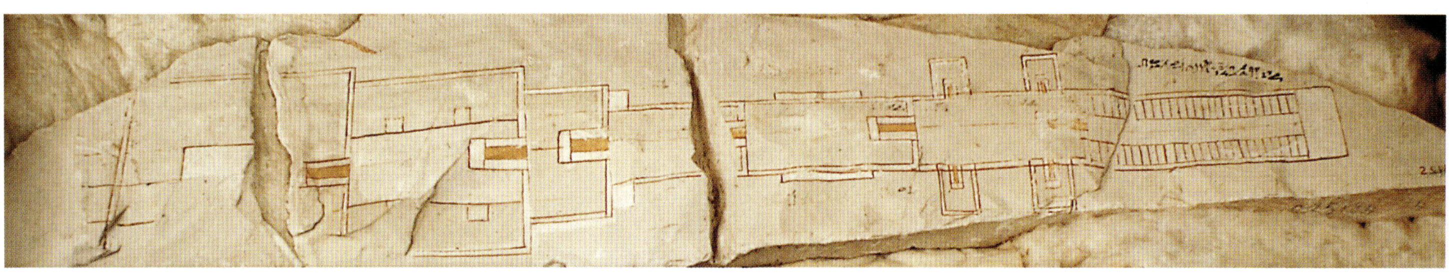

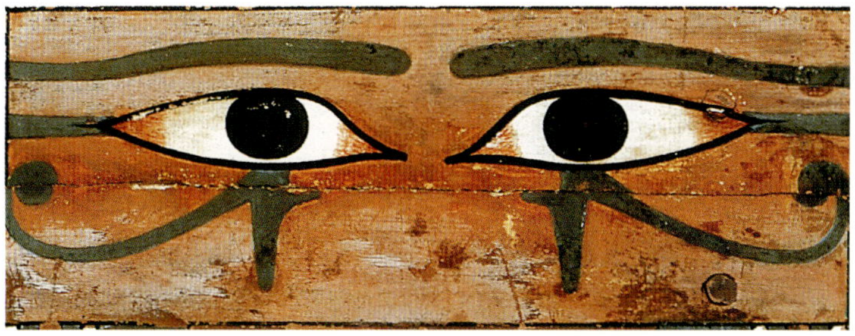

la chambre funéraire. Les dessinateurs traçaient les contours, écrivaient les formules, avant que les tailleurs de pierre ne les gravent sur les parois en bas-relief ou en haut-relief. Pour finir, les figures et les hiéroglyphes étaient coloriés par les peintres, dans le respect d'un programme pictural établi. Nulle trace chez les souverains de ces plaisirs terrestres que les artisans, les prêtres et les fonctionnaires voulaient emmener dans leurs tombeaux; ici n'est représenté que le périple nocturne mythique du pharaon défunt dans la barque du dieu du soleil: elle traverse le monde d'en-bas, affronte ses périls et réapparaît le matin saine et sauve à la lumière.
En plus des techniques du métier, les peintres et sculpteurs apprenaient à leurs fils les formules magiques destinées à animer les motifs peints et donner aux images leur puissance surnaturelle. Ils utilisaient aussi ce savoir pour leurs propres tombeaux. Le père adoptif du farouche Paneb, le dessinateur Neferhotep, raconte qu'il a «ouvert les yeux du cercueil pour Ramsès, le gardien de la porte», ce qui signifie que le cercueil qu'il a fabriqué durant son temps libre pour son collègue Ramsès est devenu un élément vivant du corps du défunt. Le mort pouvait voir avec les yeux que Neferhotep avait peints.
Les ouvriers funéraires de Deir el Medineh rendirent un ultime service à leurs rois au début du dernier millénaire avant notre ère. La plupart des tombes pharaoniques si artistement construites et décorées avaient été violées et pillées pendant les guerres civiles sous Ramsès XI (vers 1098–1069), et les habitants du village s'étaient réfugiés au temple fortifié de Médinet Habou. Quand l'ordre fut revenu, les artisans rescapés rassemblèrent avec les prêtres les momies dépouillées et les dissimulèrent dans deux cachettes où elles furent retrouvées au XIXe siècle.
Les rois de la XXIe dynastie quittèrent Thèbes, la capitale, pour s'installer à Tanis dans le delta, et y furent aussi inhumés. On n'avait plus besoin des ouvriers funéraires de Deir el Medineh, et la communauté se dispersa.

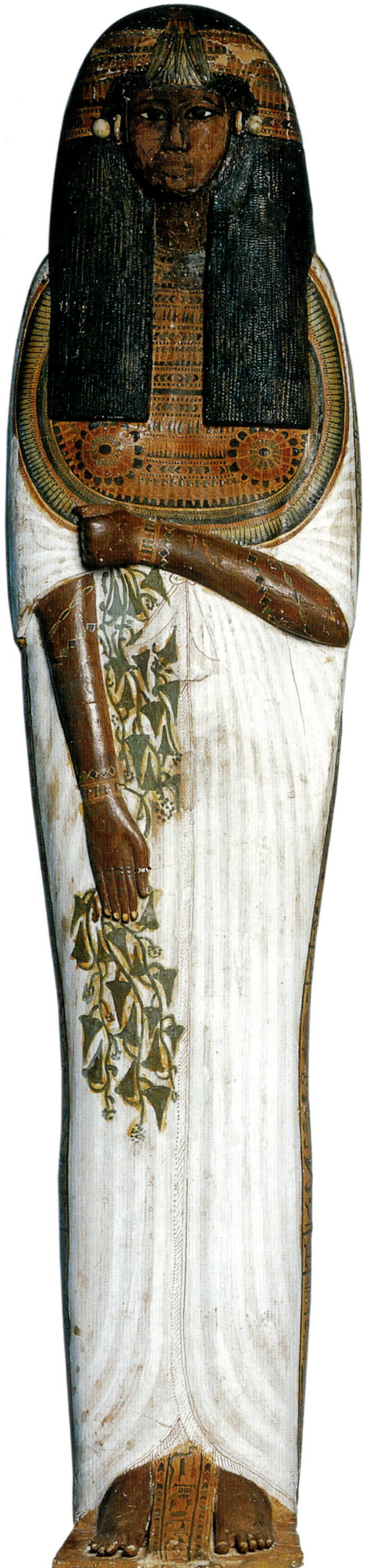

Dans le tombeau de Sennedjem se trouvait le cercueil de sa belle-fille Isis. Sur le couvercle, le portrait d'une jeune femme vêtue de blanc qui tient des brins de lierre dans ses mains.
Bois revêtu de stuc peint, Le Caire, Musée Egyptien

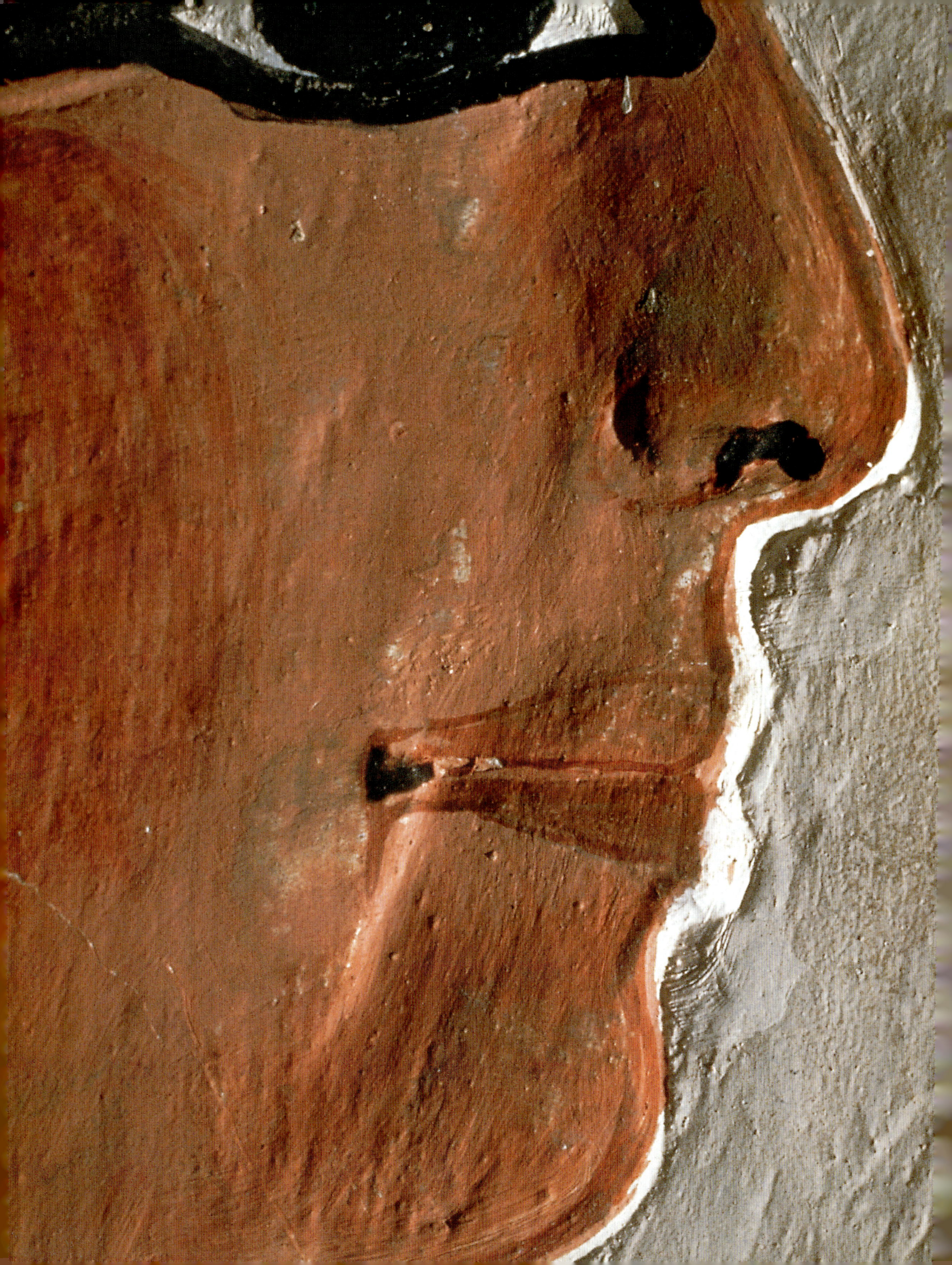

Ce gros plan met en évidence plusieurs opérations : les contours étaient dessinés sur un fond de stuc et retracés en couleur claire ; la couleur brun-rouge du visage n'était appliquée qu'ensuite – un travail en équipe d'artistes anonymes.
Peinture murale du tombeau de Néfertari, Grande Epouse royale de Ramsès II, XIXe dynastie, Vallée des Reines, Thèbes

De l'art

hemout = l'art, l'artisanat
(à gauche un vilebrequin)

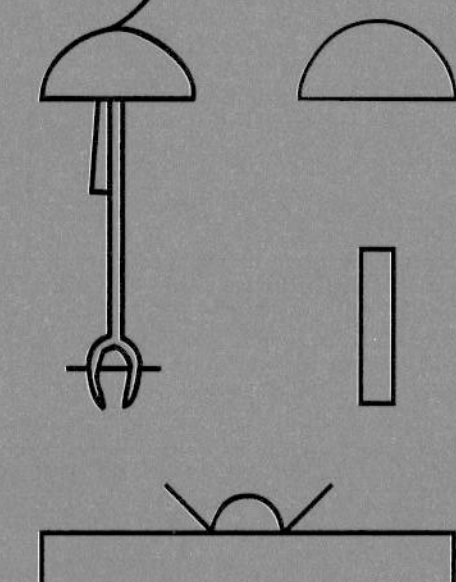

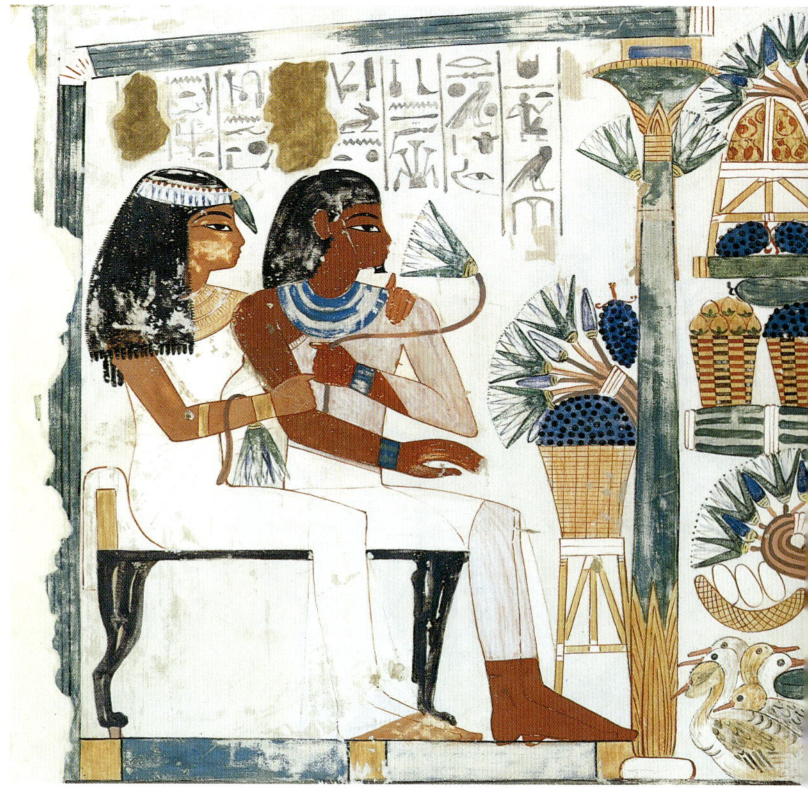

Comme dans une bande dessinée, les épisodes de l'action peuvent être représentés juxtaposés et superposés : en haut à droite, on assiste aux vendanges, ensuite les raisins sont foulés. Au-dessous, le poisson est pêché, la volaille plumée. La taille des personnes correspond à leur statut, les propriétaires des tombeaux sont plus grands que leurs serviteurs, et ces derniers plus grands que les ouvriers.
Tombeau du fonctionnaire Nakht, Thèbes, n° 52, XVIIIe dynastie, New York, The Metropolitan Museum of Art, Rogers Fund, 1915. (15.5.19e)

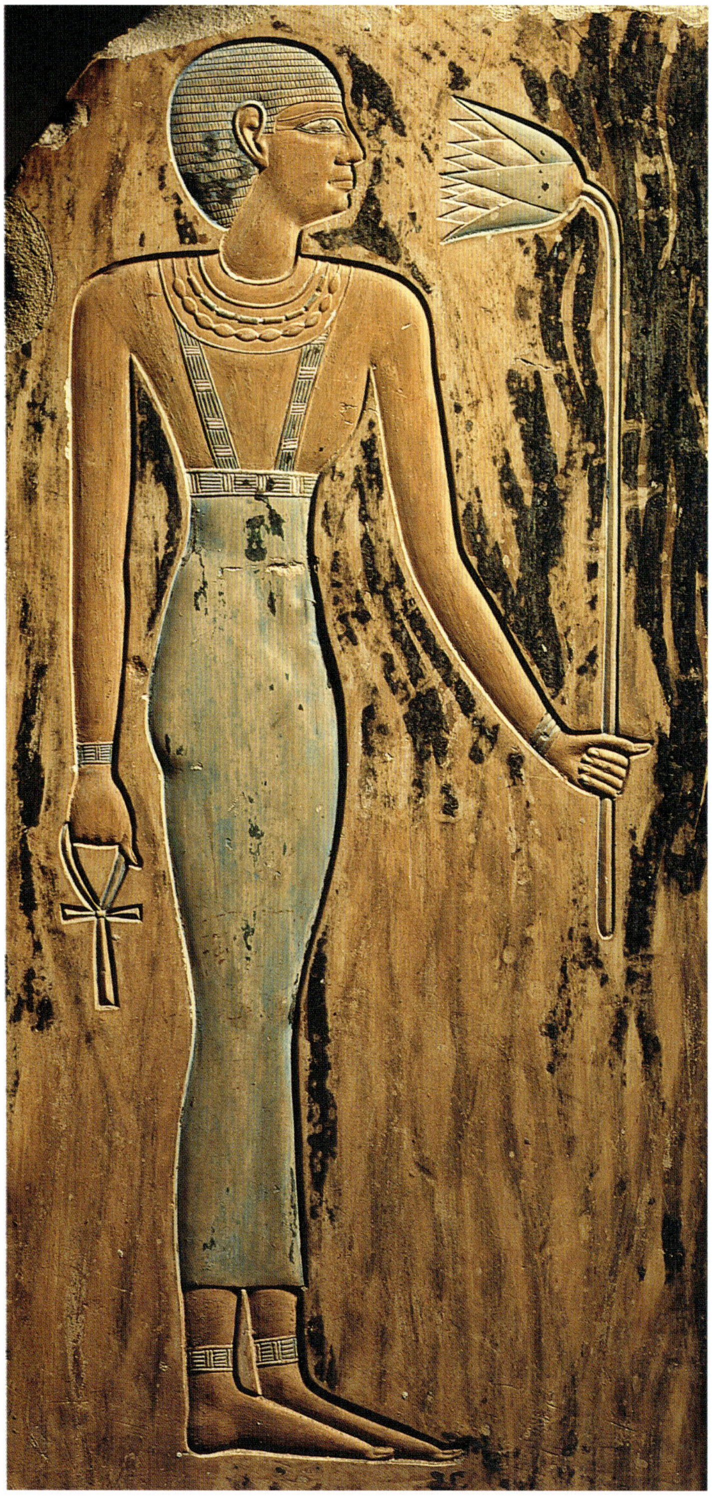

Les artistes égyptiens savaient créer une silhouette humaine harmonieuse avec deux perspectives (la tête, la bouche, le tronc et les jambes sont vus de profil alors que les yeux, les épaules et les mains sont vus de face).
Relief du tombeau d'Achaït, Thèbes, Moyen Empire, Musée Egyptien

Un réseau linéaire permettait d'obtenir les proportions correctes des personnages et des objets représentés ; il disparaissait ensuite progressivement sous la couleur.
Peinture murale inachevée du tombeau de Senenmout, Deir el Bahari, Thèbes, XVIIIe dynastie

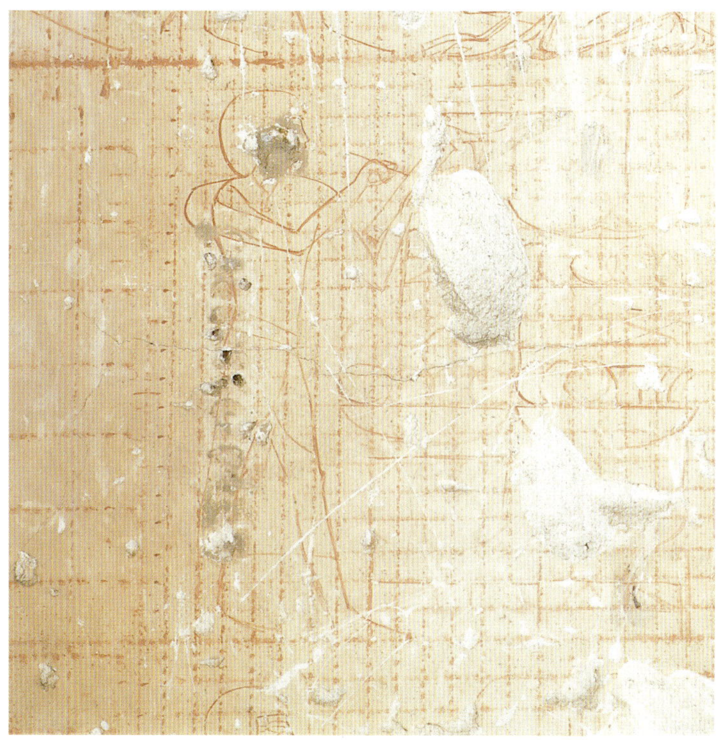

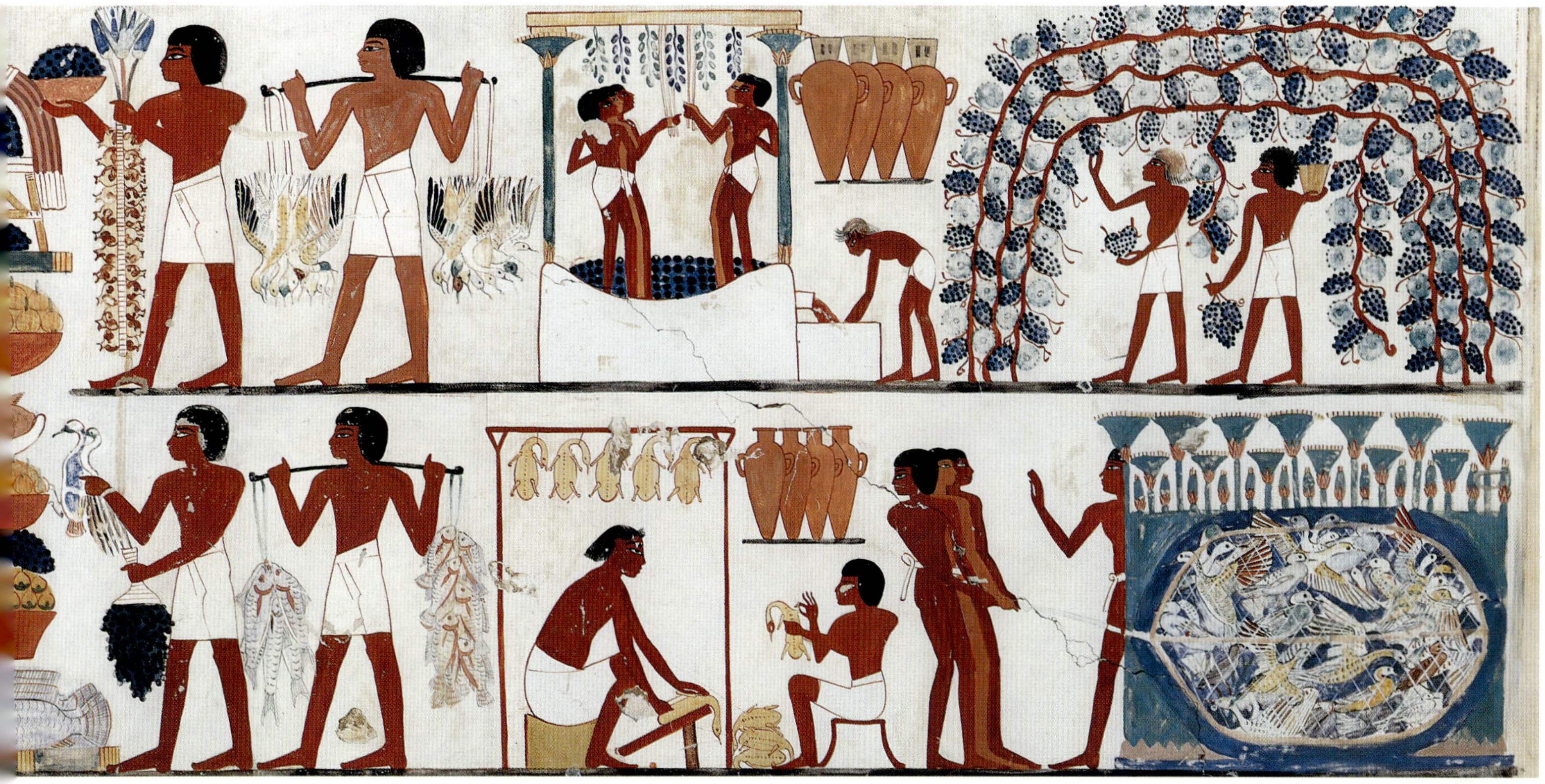

Un style spécifique

La **perspective** est inconnue en peinture et en sculpture, nulle trace d'espace tridimensionnel. Les personnages, les animeaux et les objets sont plats, placés à côté et au-dessus l'un de l'autre. La ligne est déterminante, la représentation de profil privilégiée ; pourtant la vue latérale est souvent combinée à la vue frontale : chez l'homme, par exemple, la tête, la bouche, le tronc, les jambes et les pieds sont vus de profil alors que les yeux, les épaules et les mains sont vus de face. Le dessin figuratif stylisé qui apparaît alors doit transmettre des informations visuelles nettement reconnaissables.

La **couleur** possède également un caractère informatif : les corps masculins sont rouge-brun, les corps féminins jaunes. Osiris, le dieux des morts, est noir ou vert.
La taille des personnes reflète les rapports hiérarchiques : le pharaon est plus grand que le fonctionnaire, le maître du tombeau plus grand que ses serviteurs.

Un **système de lignes** maîtresses divise la paroi à décorer, de manière à obtenir des surfaces délimitées réservées à des scènes différentes. À l'intérieur de ces registres, il est possible de répresenter, comme dans une bande dessinée moderne, des épisodes de l'action en les juxtaposant et en les superposant.

Un autre réseau linéaire (effacé ensuite) permet d'obtenir les **proportions** correctes des personnages et objets représentés. Cette grille partage le registre en carrés de taille égale dans lesquels on intègre les figures selon les normes canoniques : un homme debout, par exemple, compte toujours dix-huit carrés de la plante du pied au sommet du front, un homme assis quatorze. Cette règle permet de créer des figures plus petites, mais toujours bien proportionnées, en divisant les carrés en deux ou en quatre.

Les **statues** sont également réalisées selon ce système : le quadrillage est tracé sur les quatre côtés du bloc de pierre et sans cesse renouvelé en cours de travail.

Les statues doivent être contemplées de face, elles montrent des personnes au repos, un pas solennel vers l'avant est déjà le summum du mouvement. On doit aux Egyptiens une invention impressionnante : la **statue-cube**. Le scribe ou le grand prêtre est accroupi, enveloppé dans son suaire ; seule la tête émerge de ce bloc immobile de vigueur et de puissance concentrées.

Les artistes égyptiens ne cherchèrent pas à créer un portrait ressemblant de la reine Tiyi, la mère d'Akhenaton, mais une représentation idéalisée et intemporelle obéissant à un strict canon de formes.
Fragment de relief, Thèbes, XVIIIe dynastie, hauteur 35,5 cm, Berlin, Ägyptisches Museum

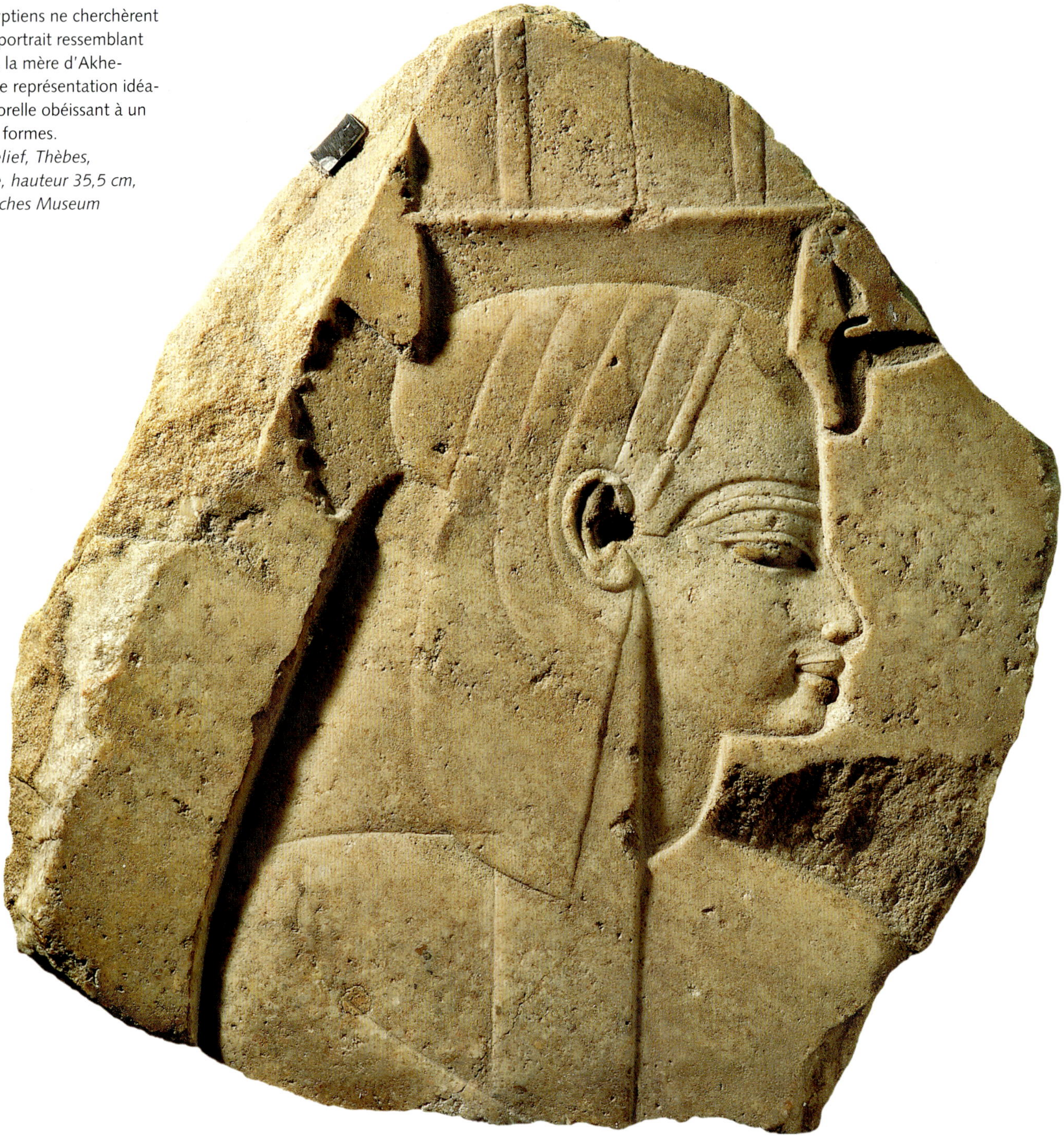

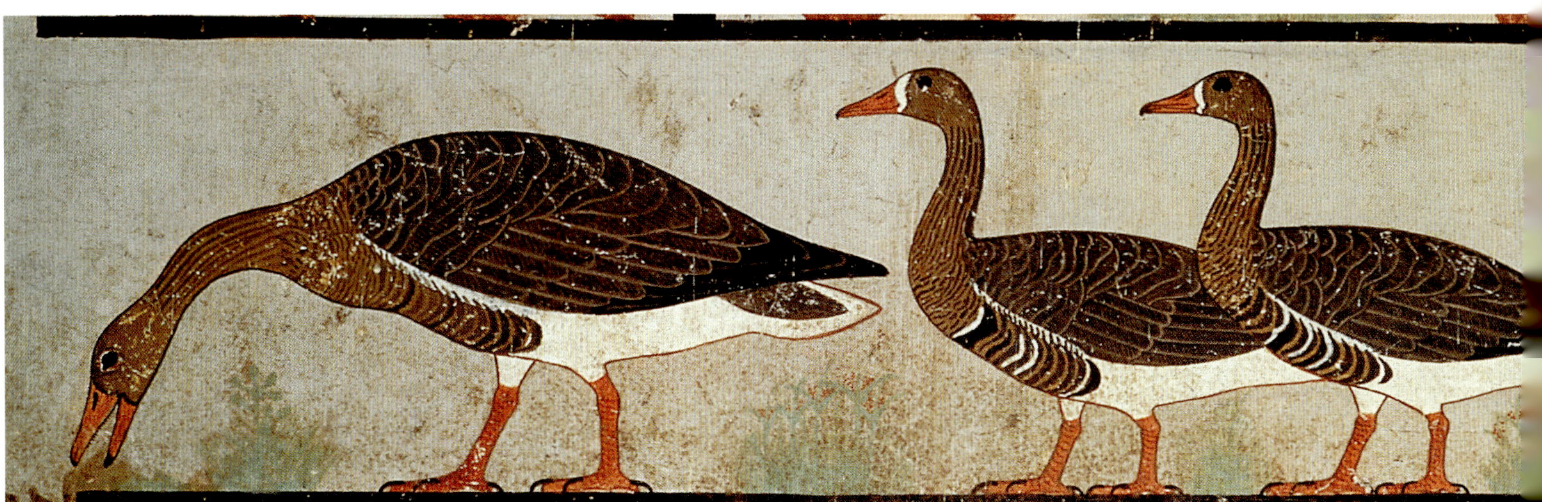

Durant plus de trois mille ans, l'art égyptien a obéi à des principes immuables qui veillaient à préserver cette simplicité des lignes, ce souci d'abstraction que nous jugeons si modernes aujourd'hui. Le registre des structures et le canon des formes ne tombaient dans l'oubli que lorsque l'ordre établi s'effondrait au cours des Périodes Intermédiaires. Le chaos se manifestait alors aussi dans l'art, les représentations devenaient malhabiles, l'ordre et l'harmonie disparaissaient. L'artiste tel que nous le concevons n'existait pas, on ne trouve des traces de cette originalité et de cette créativité si prisées aujourd'hui que sur les esquisses des fragments de poteries et des éclats de pierre. On jugeait les artisans/artistes à leur capacité à reproduire d'après des recueils de modèles « sacrés », les programmes picturaux traditionnels de manière harmonieuse sur les murs : « … Je connais … l'évaluation du calcul correct … de manière qu'un corps soit placé là où il faut », se vante Iriirousen sous le Moyen Empire, « d'ailleurs je suis un artiste excellent dans son art, un homme au-dessus du commun de par ses connaissances : je connais la démarche d'une statue d'homme, la pose de la femme … le maintien de qui frappe le harpon … » Les œuvres d'art étaient réalisées par des équipes de travail et n'étaient pas signées.

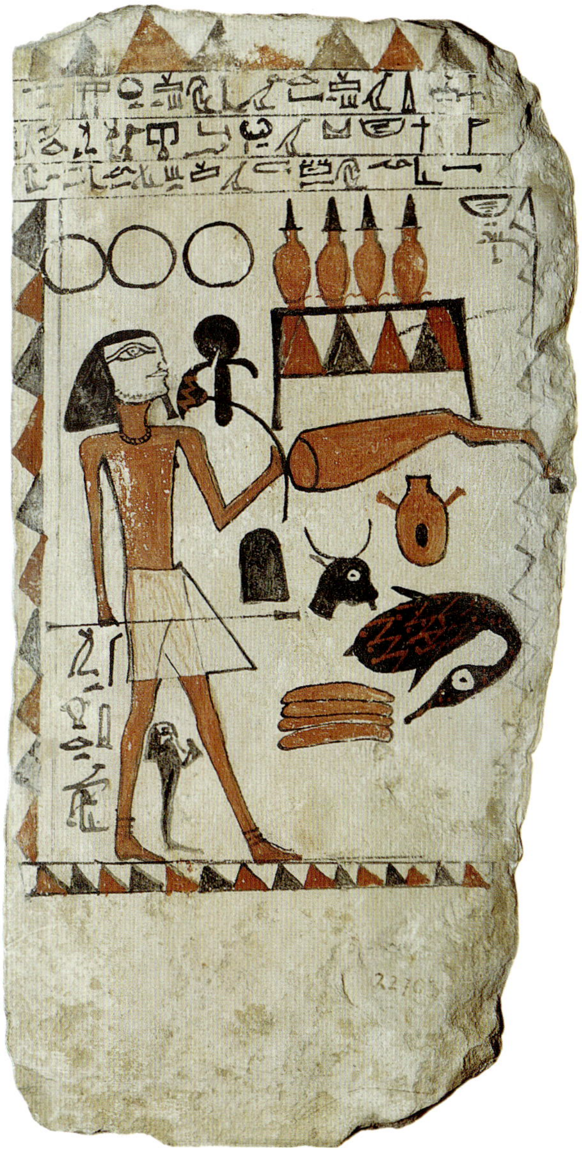

Chaque fois que l'ordre établi s'effondrait en Egypte, le canon des formes tombait dans l'oubli et les proportions n'étaient plus exactes. La stèle de Montouhotep qui date de la Période Intermédiaire entre le Moyen et le Nouvel Empire documente cette perte d'harmonie en des temps troublés.
Pierre calcaire sculptée, Berlin, Ägyptisches Museum

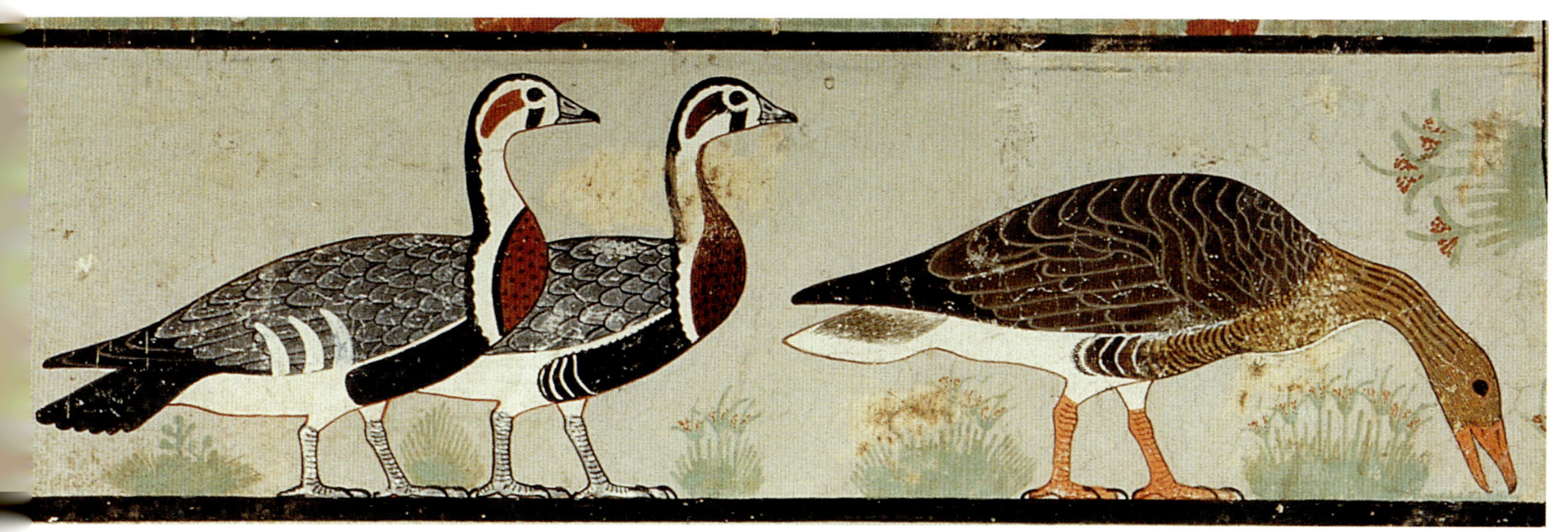

L'ordre et la symétrie règlent la composition de l'image : les trois paires d'oies ne semblent qu'au premier coup d'œil peintes de manière naturaliste ; en fait, elles sont très stylisées.
Peinture murale d'un tombeau de Meïdoum, Ancien Empire, IVe dynastie, Le Caire, Musée Egyptien

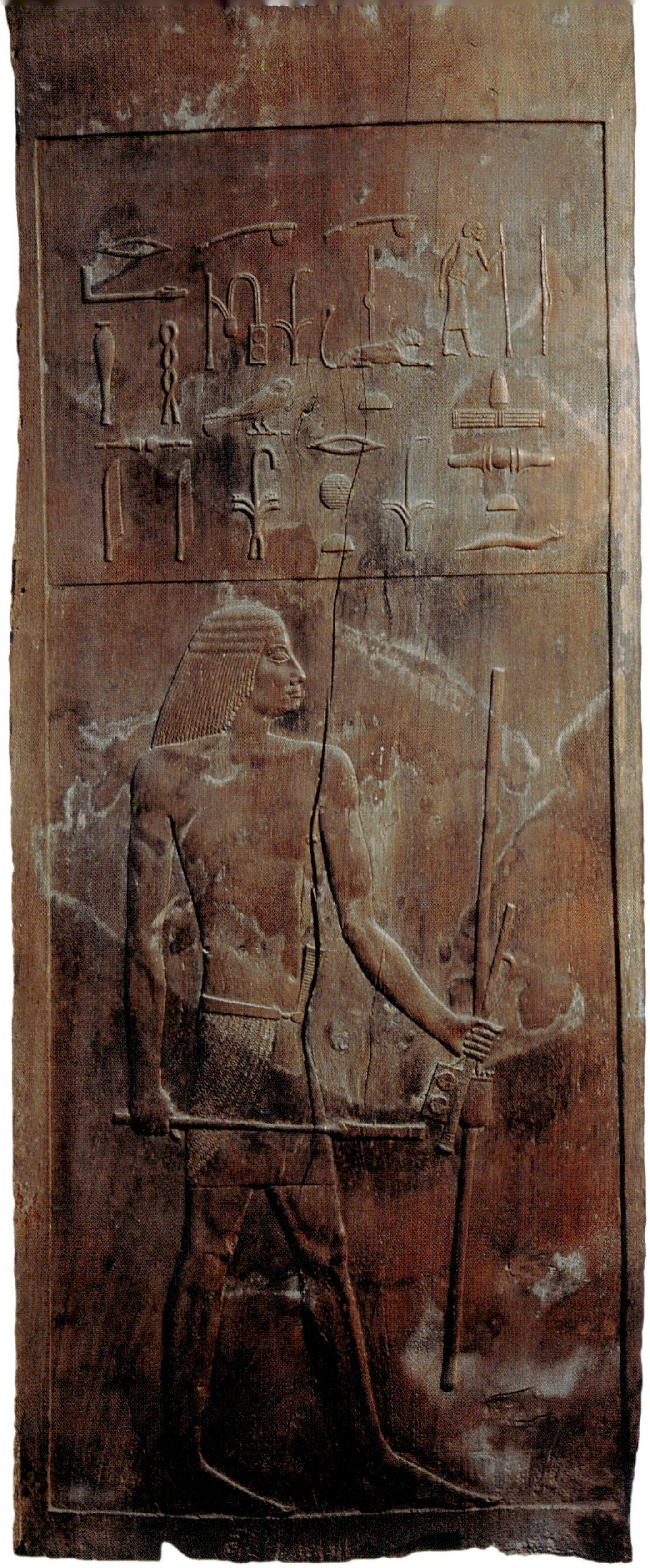

Le nom et les titres d'un individu faisaient partie de lui au même titre que son âme et son ombre. Ils devaient absolument être mentionnés sur sa représentation dans le tombeau ou le temple.
Le scribe Hésiré, Saqqarah, Ancien Empire, IIIe dynastie, bois, hauteur 114 cm, Le Caire, Musée Egyptien

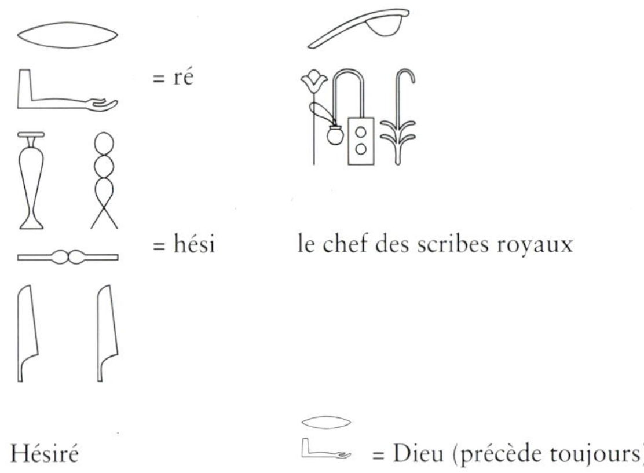

L'effet magique

Les palais et les habitations étaient construits en briques de terre crue faites avec le limon du Nil, ils ont disparu et avec eux toutes les décorations murales privées. Les œuvres de l'art égyptien qui nous sont parvenues proviennent presque toutes des temples et des tombes, elles étaient destinées aux dieux et aux morts et non aux amateurs d'art. Seules les statues devant les temples et les sculptures ornant les faces extérieures des pylônes, qui pouvaient aussi servir la propagande politique, étaient conçues pour le public.
Les statues et les peintures murales funéraires représentant le défunt avaient un objectif précis, car la vie éternelle n'était garantie que si l'âme pouvait se glisser dans son corps, dûment momifié, quand elle le voulait. La statue, ou la peinture murale, pourraient servir de corps de rechange au cas où il arriverait quelque chose à la momie. Le défunt disposait bien sûr de forces magiques qui pouvaient animer ces réceptacles.
Ces œuvres d'art étaient donc des supports matériels assurant la résurrection, des objets utilitaires magiques. Une représentation figurative du défunt n'était pas nécessaire, un portrait idéalisé suffisait. La vieillesse et la maladie n'apparaissent pas, les femmes sont toujours jeunes et belles, les hommes imposants dans leur maturité.
Le nom du défunt devait absolument être mentionné sur la statue ou au-dessus de son portrait. Considéré comme un élément de la personnalité, il servait à identifier le mort; sans lui pas d'individualité et pas d'animation magique.
Les forces surnaturelles peuplaient le cosmos, selon les Egyptiens, elles intervenaient évidemment aussi à leur demande dans le domaine de l'art. En travaillant, les artisans récitaient des formules magiques transmises de père en fils comme les techniques du métier. Leur œuvre achevée, ils procédaient au rite de l'« ouverture de la bouche », censé rendre au mort l'usage de ses différents organes. « Je suis chef du secret … », poursuit l'artiste Iriirousen déjà cité, « Toute magie, je l'ai pratiquée sans que rien ne m'échappe ». Pour les Egyptiens, elles « vivent » ces œuvres picturales soumises à des lois, Pharaon massacre ses ennemis éternellement, le scribe accroupi en son cube peut à tout moment quitter son coin de musée et « sortir au jour ».

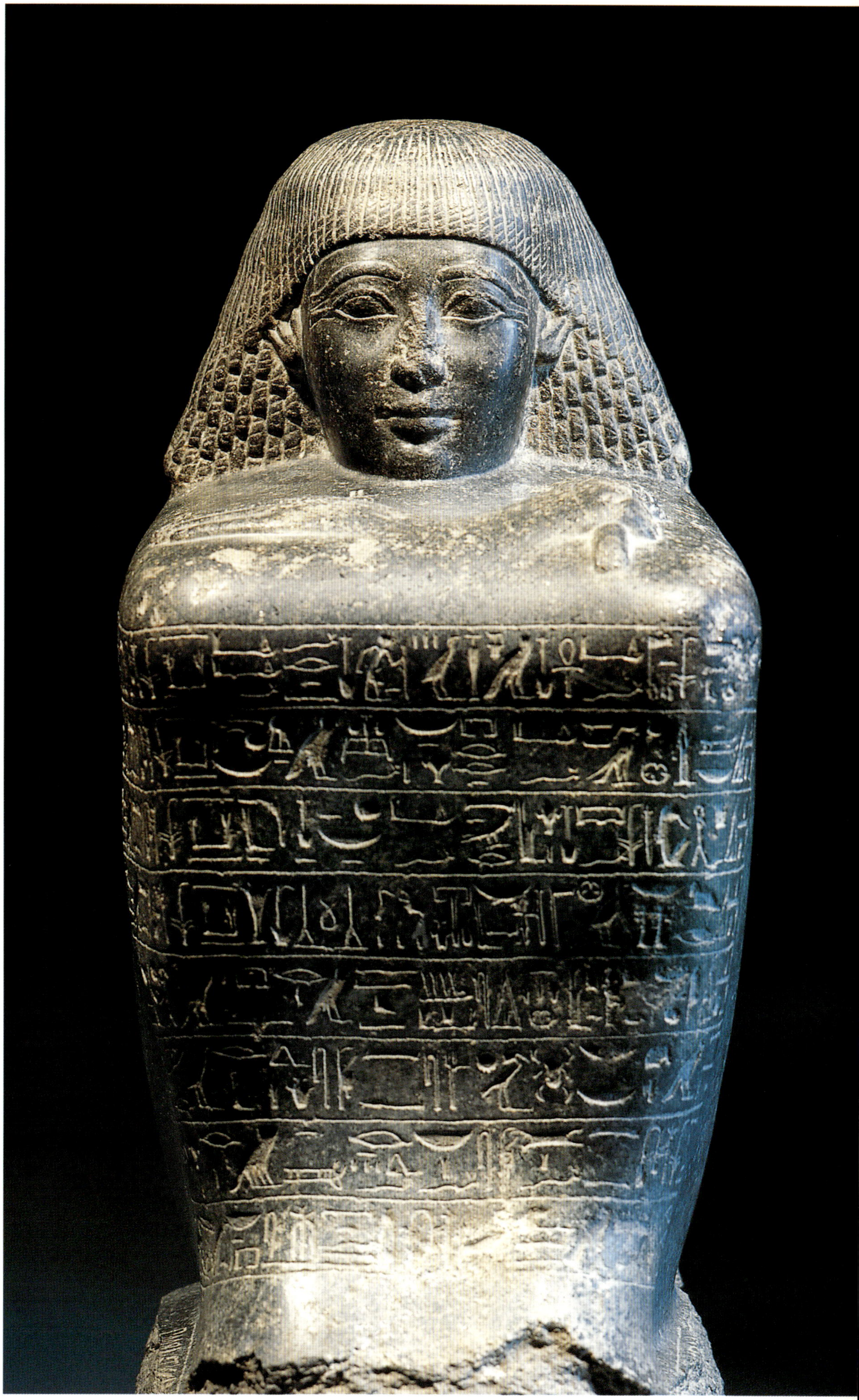

Une des inventions impressionnantes des artistes égyptiens est la réduction d'une personne à un bloc de puissance concentrée, la statue-cube, prête à se lever dès qu'elle entend son nom.
Statue d'Amenhemat, XVIIIe dynastie, granit, hauteur 80 cm, Le Caire, Musée Egyptien

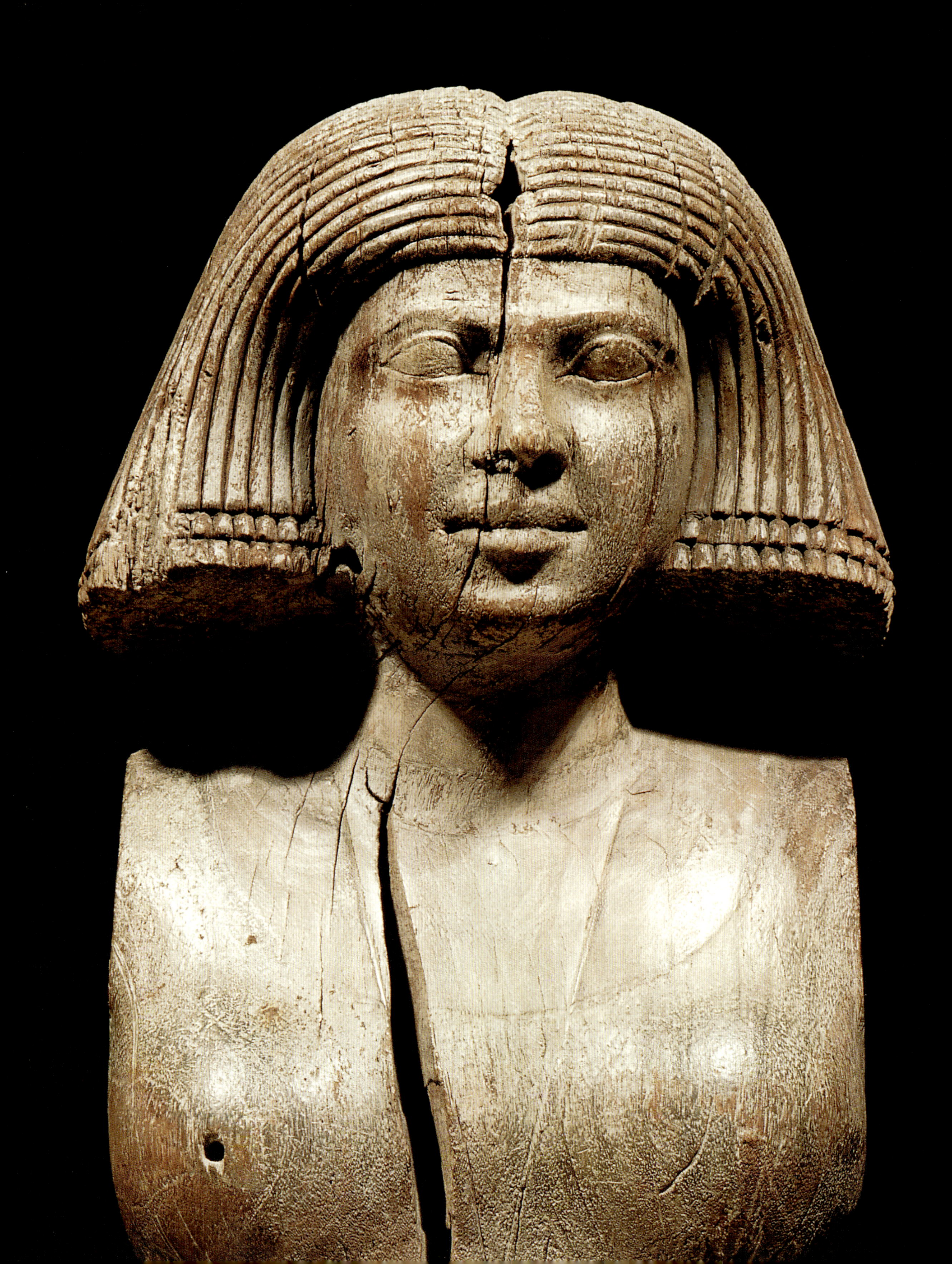

Cette statue de bois représentant une femme date de l'Ancien Empire, époque où furent construites les pyramides. Son visage est aussi artistement sculpté et peint que celui des hommes. Était-elle aussi leur égale dans la vie ?
Saqqarah, IVe dynastie, hauteur 61 cm, Le Caire, Musée Egyptien

Des femmes libres au pays de Pharaon ?

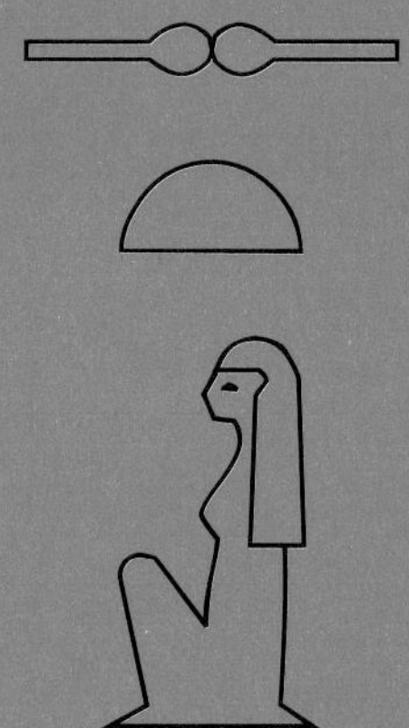

set = la femme
= t
est l'hiéroglyphe qui marque
la terminaison féminine

En Egypte, «les femmes vont au marché et s'adonnent au négoce, et les hommes restent à la maison et tissent.» Déconcerté et généralisant parfois de manière abusive, Hérodote nous rapporte certaines mœurs observées au pays du Nil. Dans sa patrie, la place de la femme était au foyer et l'homme s'occupait des affaires. Il en allait de même à Rome et dans la plupart des sociétés antiques où les femmes, éternelles mineures, devaient se plier à la tutelle d'un homme de leur famille. Ce dernier les représentait au tribunal et elles ne pouvaient disposer ni d'elles-mêmes ni de leur fortune. En revanche, des comptes rendus de procès prouvent que l'Egyptienne du Nouvel Empire pouvait se rendre en personne au tribunal et porter plainte, même contre son propre père. Elle était autonome sur le plan juridique et pouvait disposer librement de ses biens: «Je suis une femme libre au pays de Pharaon», déclare dans son testament une certaine Naunakhté du village d'artisans de Deir el Medineh, «j'ai élevé huit enfants,... mais maintenant je suis vieille et ils ne s'occupent pas de moi. Je veux donner ce qui m'appartient à celui qui m'a prêté assistance.» Naunakhté déshérite certains de ses enfants et lègue à son fils préféré un précieux vase de bronze.
Sur le plan juridique, les femmes égyptiennes avaient plus de droits que les femmes d'autres sociétés, c'est incontestable, mais les lois égyptiennes n'étant pas codifiées, on se demande dans quelle mesure elles pouvaient vraiment en faire usage. La question fait l'objet de débats chez les égyptologues, «l'égalité des sexes sur le plan social et civique» dans l'ancienne Egypte étant fondée pour les uns, pure fiction pour les autres.

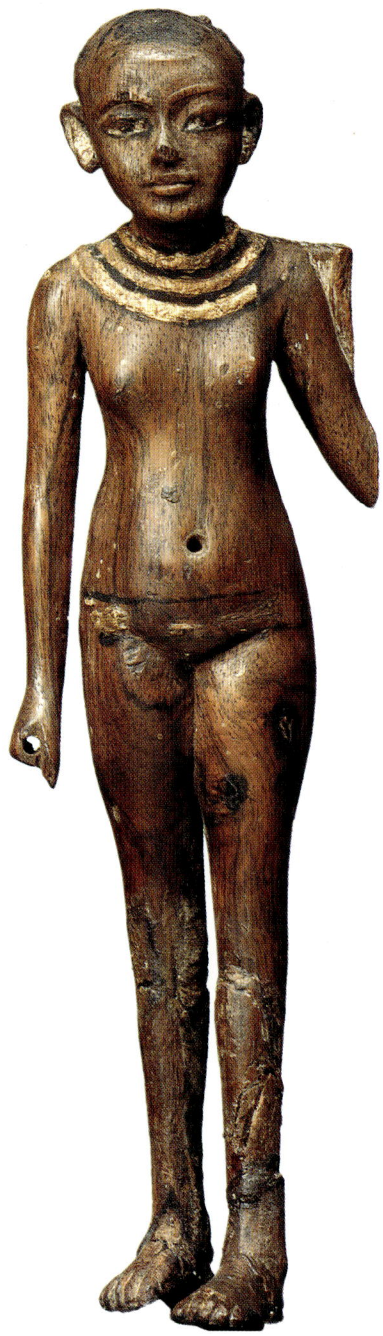

Les servantes étaient représentées jeunes, nues et gracieuses. Elles devaient servir leurs maîtres outre-tombe comme elles l'avaient fait durant leur vie.
Statuette, Thèbes, Nouvel Empire, bois avec dorures, hauteur 13,8 cm, Berlin, Ägyptisches Museum

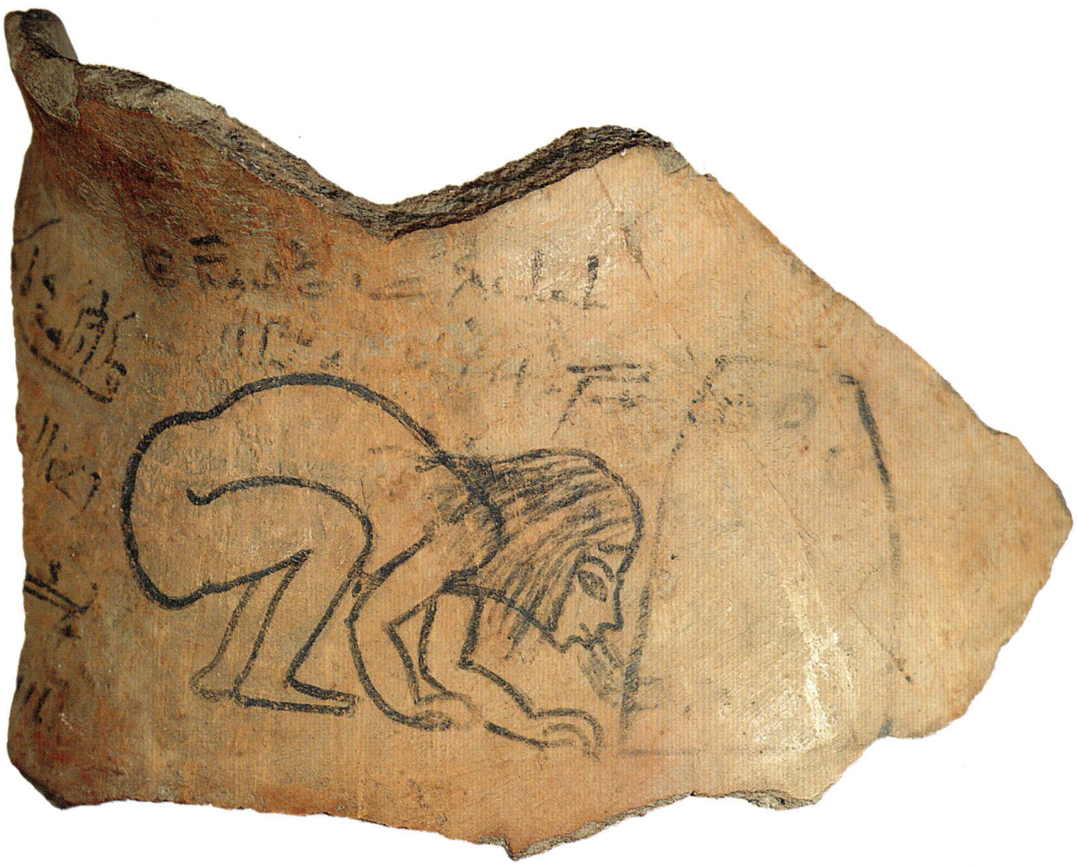

Une jeune fille attise le foyer, il s'agit probablement d'une esclave comme la plupart des servantes du Nouvel Empire. Si elle était belle et en bonne santé, elle pouvait valoir deux fois le prix d'un homme.
Ostracon en terre cuite, XXe dynastie, hauteur 13 cm, Leipzig, Ägyptisches Museum der Universität

Une jeune femme est assise sous un arbre, son enfant dans son fichu. C'est une jeune paysanne et nous ne savons pratiquement rien de la population rurale.
Peinture murale du tombeau de Mennena, Thèbes n° 69, XVIIIe dynastie

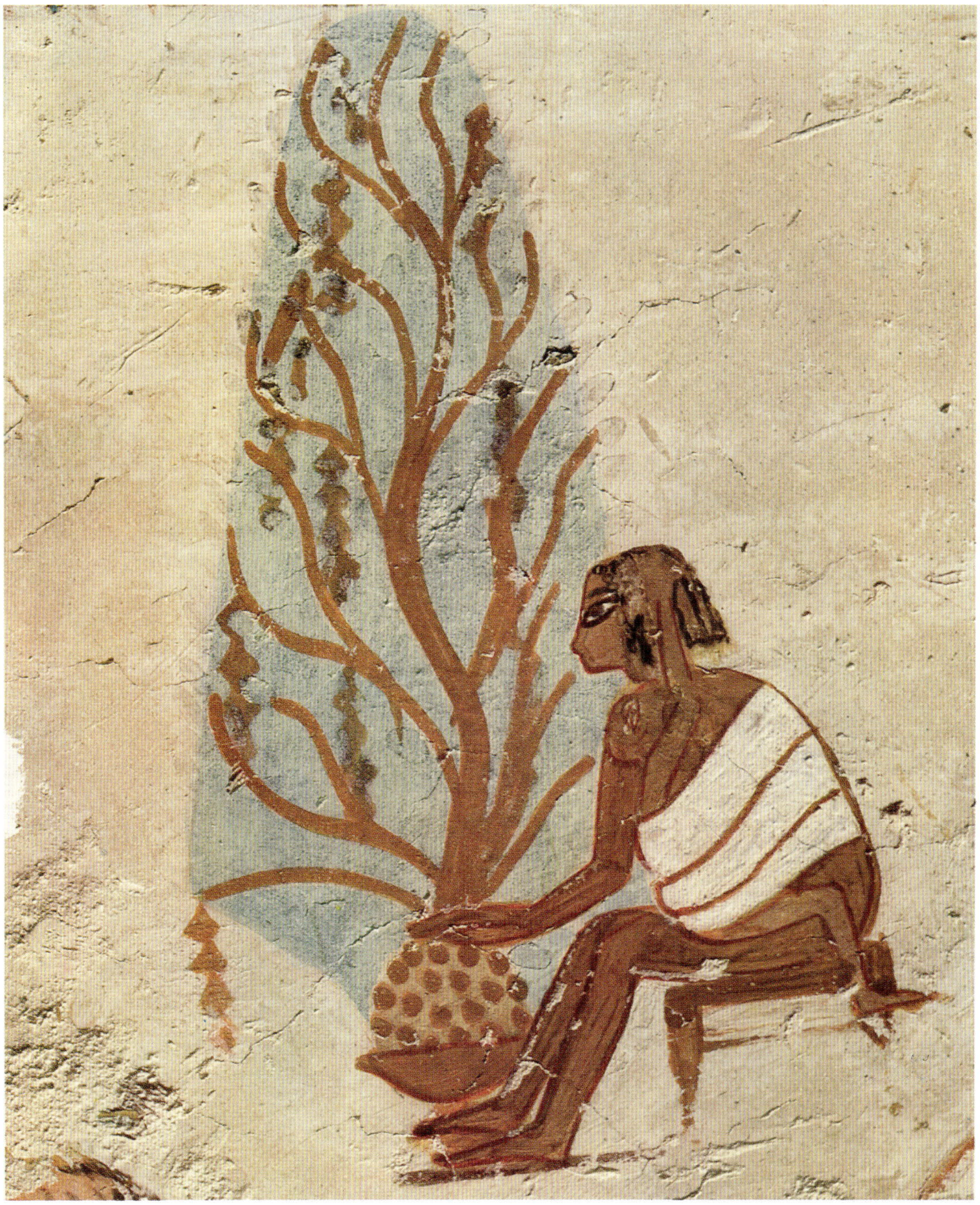

La question reste ouverte en ce qui concerne la majorité des femmes. Une peinture du caveau de Mennena montre une jeune paysanne portant un petit enfant ; elle a apporté à son mari qui travaille aux champs son repas dans une corbeille – mais de sa vie et de son statut nous ne savons rien, et plus de quatre-vingt-dix pour cent des femmes égyptiennes étaient des paysannes.

Et toutes ces servantes que l'on nous montre presque toujours jeunes, nues et séduisantes, qui aidaient les ménagères prospères à faire du feu ou servaient dans les banquets, que savons-nous d'elles ? Sous le Nouvel Empire, il s'agissait le plus souvent d'esclaves qui devaient se contenter d'un demi-sac de blé par mois à Deir el Medineh. Une maîtresse de maison du village d'artisans paya un bon prix pour une jeune esclave syrienne nommée Gemeni Herimentet (ce qui signifie « Je l'ai trouvée à l'Ouest ») : six assiettes de bronze, dix deben de cuivre, quinze tuniques de lin, un voile, une couverture et un pot de miel. Soit à peu près le double de ce que coûtait un esclave mâle – le papyrus qui documente cet achat ne mentionne pas les talents ou les attraits particuliers de la jeune fille qui justifieraient une telle somme.

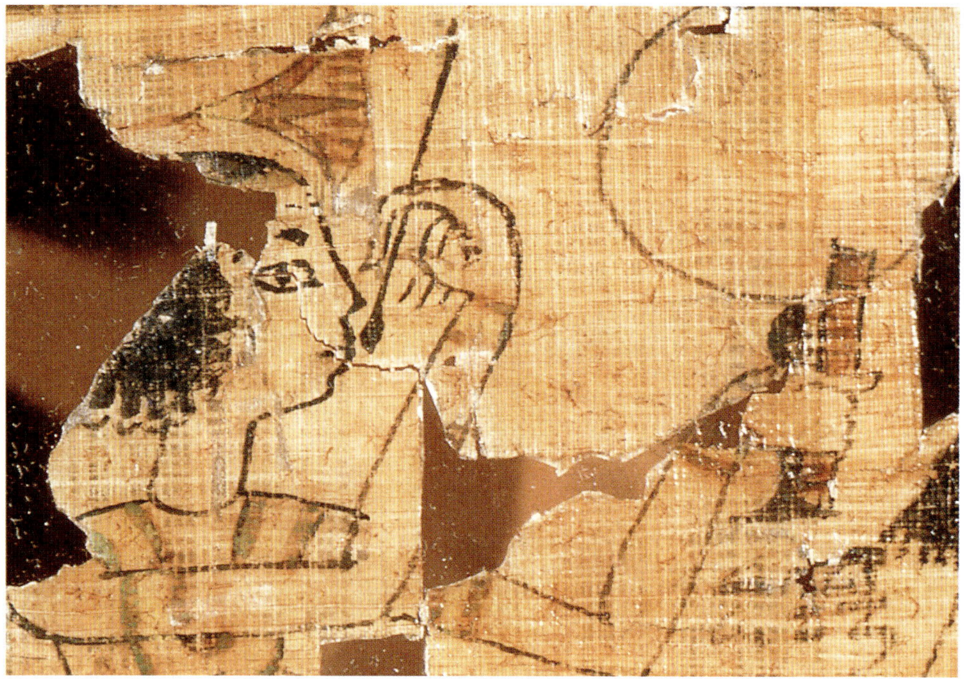

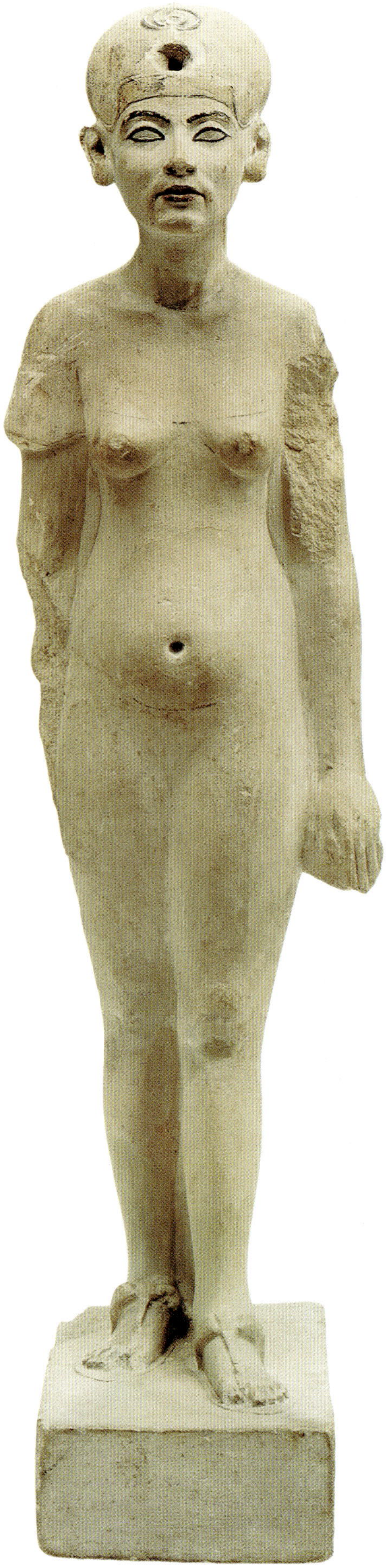

Belles et élégantes

Les femmes de la classe sociale supérieure, plus restreinte, nous sont mieux connues. Pourtant, elles ne suivaient pas l'exemple de leurs époux, les scribes et les fonctionnaires, qui faisaient graver sur leurs stèles funéraires les étapes de leur vie, de leur carrière, leurs réussites et leurs bonnes actions sous forme de biographie idéalisée. D'ailleurs elles n'avaient pas l'occasion de se distinguer sur le plan professionnel : il n'y eut jamais de scribes ou de fonctionnaires féminins.

Autant que nous le sachions, les fillettes n'apprenaient pas l'art de l'écriture, si important aux yeux des Egyptiens. Peut-être les dames de la maison princière faisaient-elles exception, mais nous n'en avons pas la preuve. Aucun document n'a été rédigé avec certitude par une femme et aucune peinture ni sculpture ne nous montre une femme en train d'écrire. Cela les condamnait à l'insignifiance politique, elles ne pouvaient exercer une influence que par le biais des hommes. Et s'il est vrai qu'elles pouvaient hériter de fortunes et en disposer, la plupart d'entre elles dépendaient financièrement de leurs époux, ce qui limitait leur autonomie. Nous ignorons à peu près tout de la condition des femmes seules. Les veuves n'ont pas dû souvent avoir la vie belle – sinon il n'y aurait pas autant d'hommes pour se vanter de les avoir aidées. Les épouses et les filles des hauts fonctionnaires furent tout de même sous l'Ancien Empire prêtresses d'Hathor, plus tard on les nomma « chanteuses d'Amon ». Les activités musicales qu'elles avaient au temple leur donnaient l'occasion de revêtir des fonctions honorables, même si on cherche vainement un prêtre-lecteur au féminin.

Les femmes n'écrivant pas, des Enseignements de la sagesse rédigés par ou pour des femmes n'existent pas. Aucun papyrus ne mentionne leurs pensées ou leurs idéaux,

Les femmes représentées avec un pinceau sur les peintures et bas-reliefs, s'en servaient pour se maquiller. Elles n'apprenaient pas à écrire et il leur était donc impossible de « faire carrière » au pays des scribes. Elles ne pouvaient exercer une influence que par le biais des hommes.
Papyrus, XXe dynastie, Turin, Museo Egizio

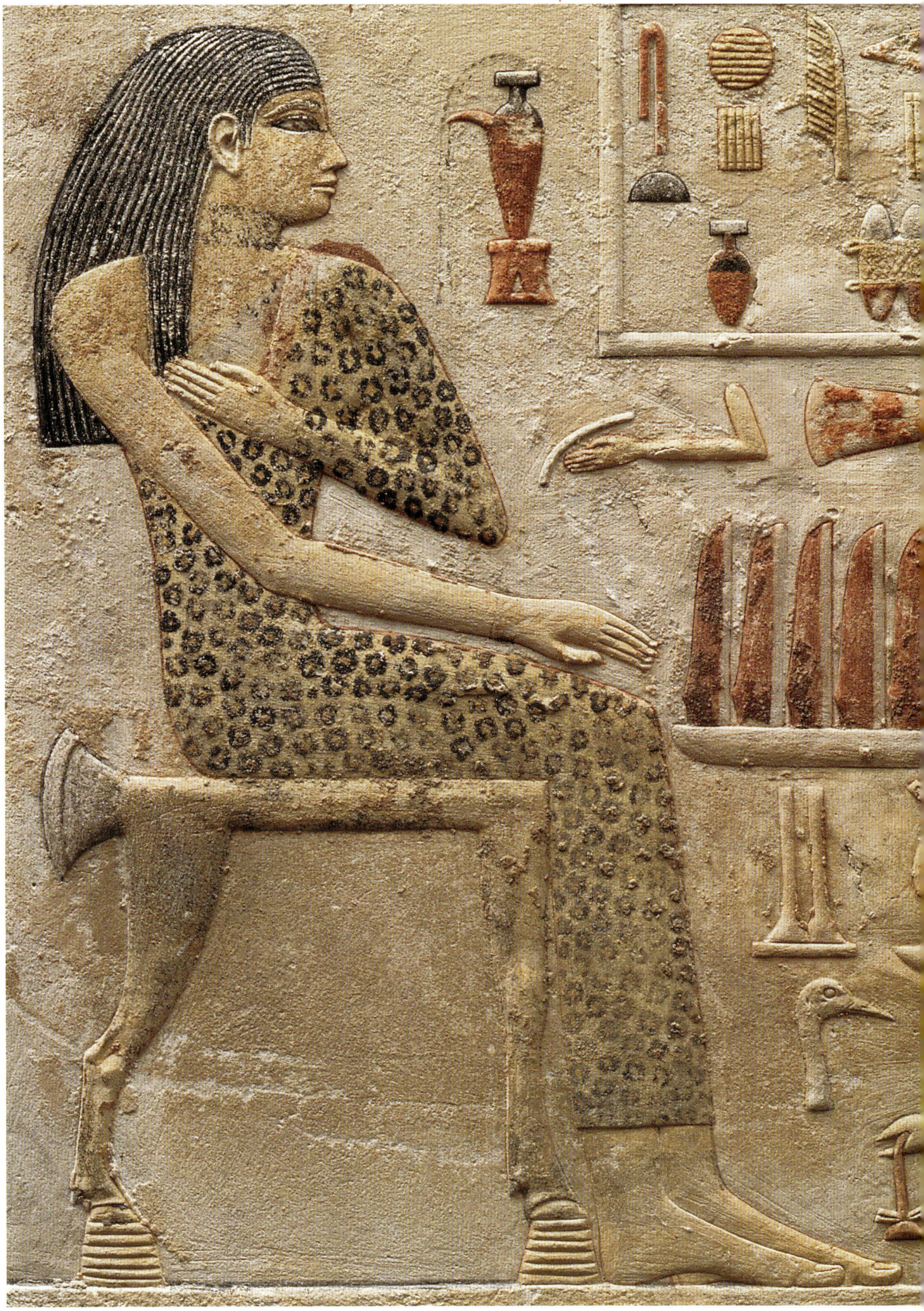

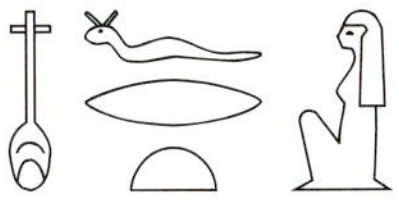

neferet = la belle

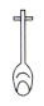 = hiéroglyphe pour « bon, beau » (cœur et trachée-artère)

Page de gauche : Néfertiti, la plus belle des reines.
Statuette restaurée, provenant d'un atelier de sculpteurs de Tell el-Amarna, VIIIe dynastie, hauteur 41 cm, Berlin, Ägyptisches Museum

La dame Néfertiabet de l'Ancien Empire porte un fourreau asymétrique en peau de léopard qui laisse une épaule et un bras nus.
Relief sur stèle, Gizeh, calcaire peint, IVe dynastie, hauteur 36 cm, Paris, Musée du Louvre

même des recettes de cuisine ne nous sont pas parvenues. Elles ont donc surtout utilisé le bâtonnet des scribes pour se maquiller, ainsi que nous le montrent les représentations des chambres funéraires où elles apparaissent toujours jeunes et belles, parfaites – c'est ainsi qu'elles voulaient être immortalisées. Fidèles aux canons égyptiens de la beauté, elles ont une peau claire (qui se distingue de la peau brun foncé-rouge des hommes), sont minces, gracieuses, elles ont de longues jambes, des hanches étroites, de petits seins attachés haut et une tête relativement volumineuse, encore soulignée par l'ample perruque. C'est dans les portraits et reliefs de style amarnien représentant Néfertiti, épouse du roi Akhenaton, que culmine cet idéal de beauté : « la Belle est venue » n'a jamais perdu de sa fascination.
Le vêtement était à la fois sobre et raffiné, en toile de lin de plus en plus fine et transparente au cours des millénaires, retroussé et plissé avec une sophistication croissante. Sous l'Ancien Empire, les femmes portaient une tunique étroite, moulante même, arrivant à la cheville et munie de bretelles ; au Moyen Empire et au début du Nouvel Empire, ce fourreau de gaze s'arrêtait sous la poitrine, laissant celle-ci découverte. Plus tard, un vêtement de dessus plissé fit son

Sous le Nouvel Empire, la tunique simple et transparente qui souligne les formes gracieuses des jeunes servantes n'est pas passée de mode. Les Egyptiens aimaient manifestement contempler des corps jeunes et beaux et ne songeaient pas à y renoncer outre-tombe.
Peinture du tombeau de Rekh-mi-rê, Thèbes n° 100, XVIIIe dynastie

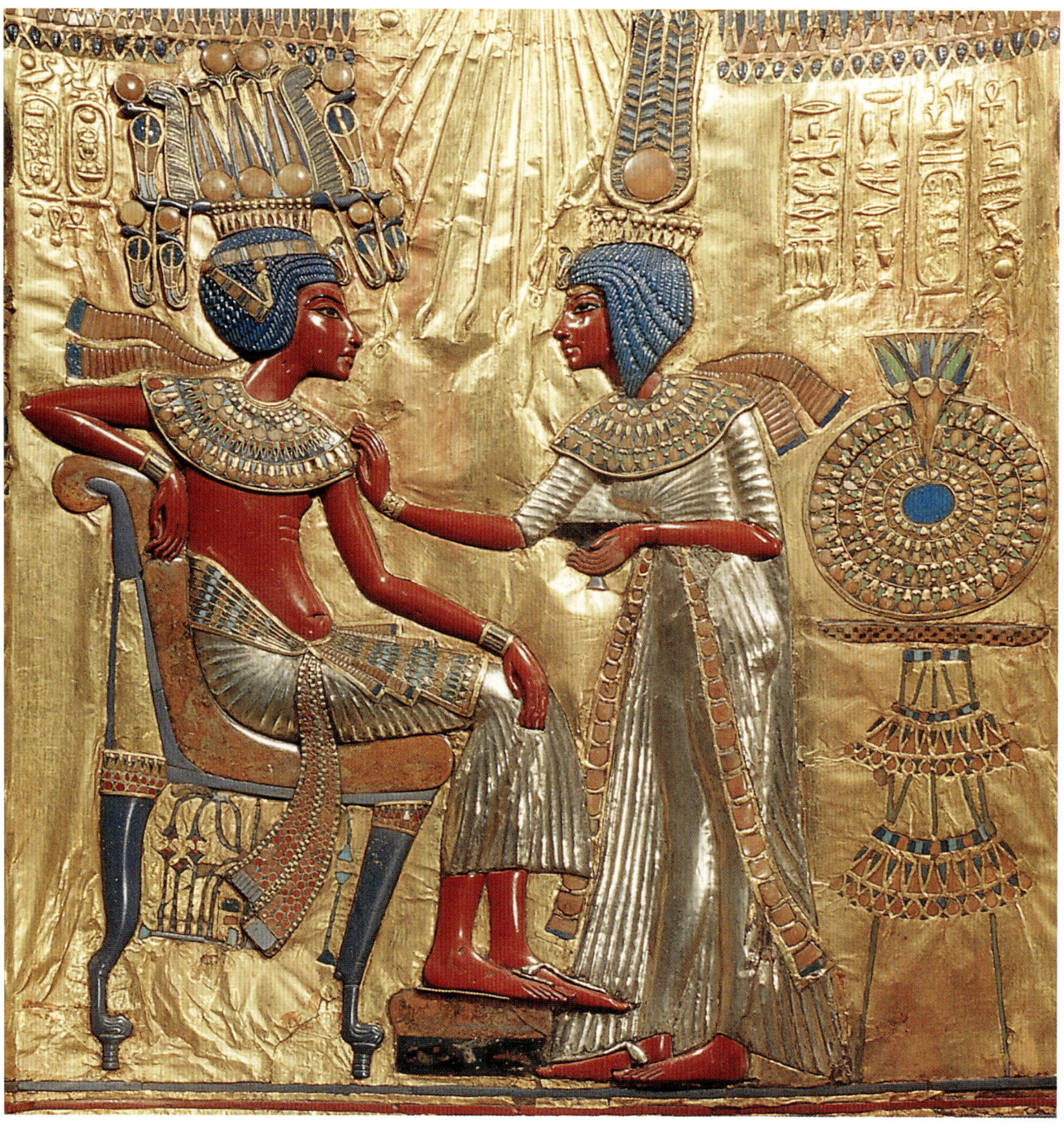

Les reines du Nouvel Empire sont vêtues de manière raffinée : face à son époux Toutankhamon, Ankhesenamon porte un vêtement de dessus plissé et des accessoires luxueux : col, ceinture, rubans, et sur sa perruque frisée la couronne à plumes.
Incrustations en or, argent et pierres semi-précieuses sur le trône de Toutankhamon, XVIIIe dynastie, Le Caire, Musée Egyptien

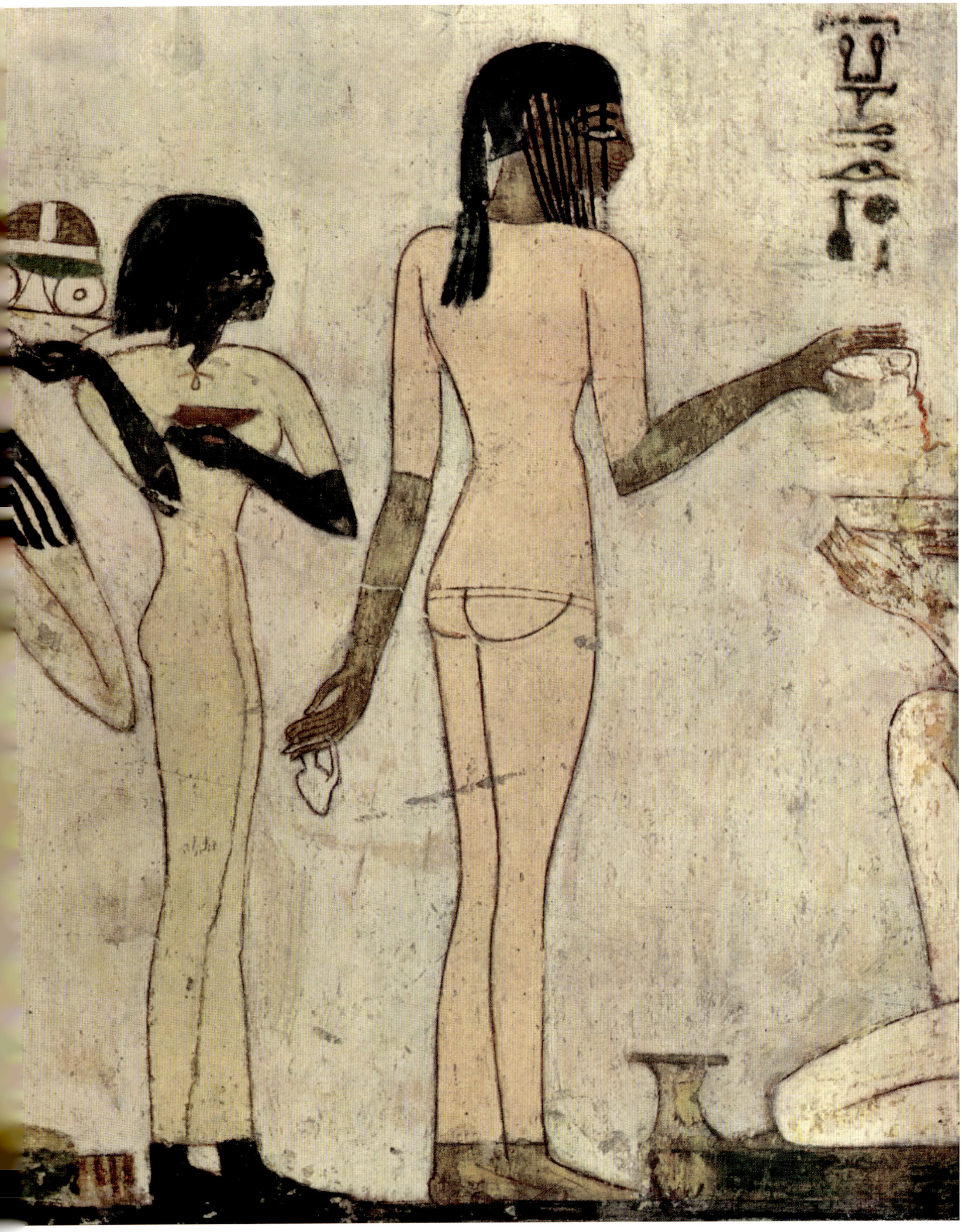

La jeune fille cueillant du lin porte de petites nattes, une coiffure courante chez les servantes.
Tombeau de Nakht, Thèbes n° 52, XVIIIe dynastie

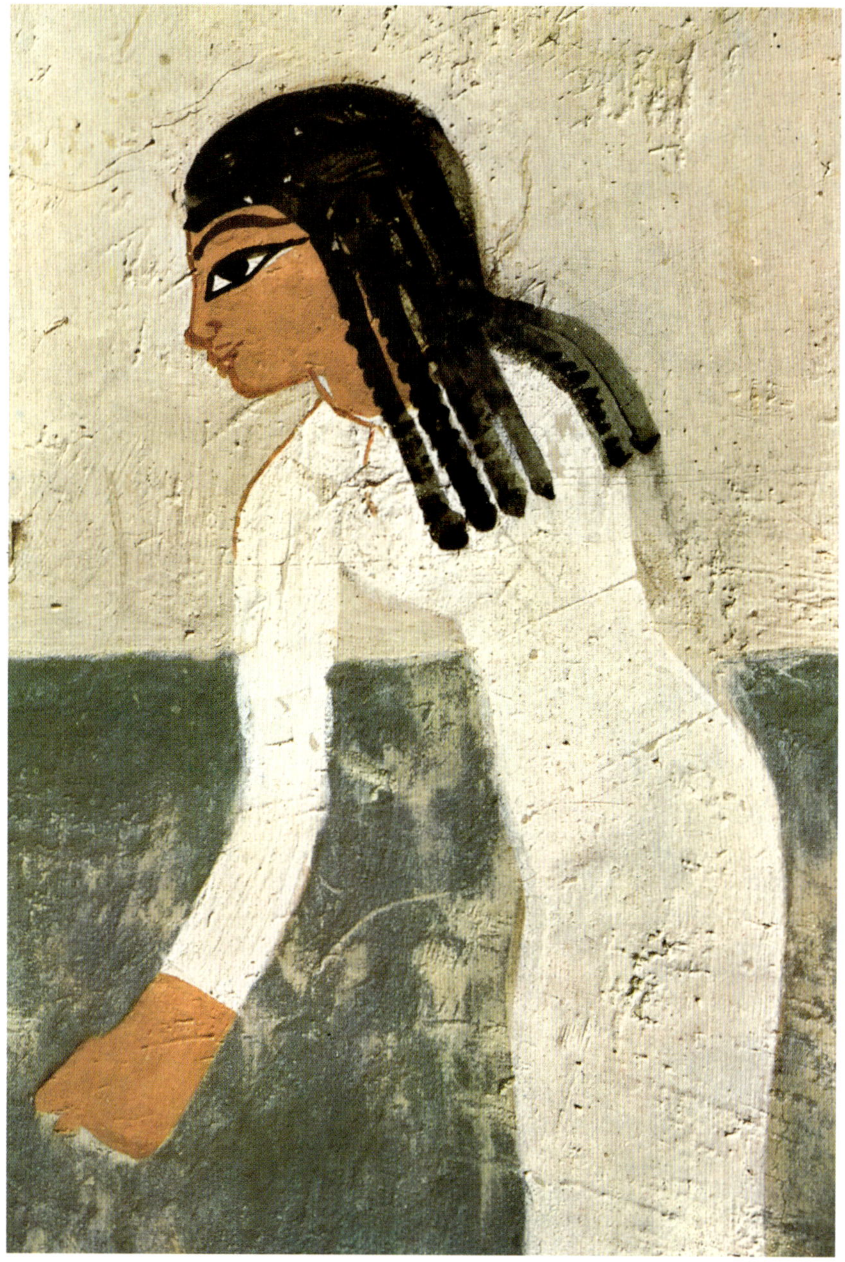

Hommes et femmes portaient de nombreux bijoux : le collier de la princesse Khnoumet avec des amulettes représentant les déesses de Haute et Basse-Egypte, le cobra dilaté et le vautour, l'œil oudjat.
Dahchour, XIIe dynastie, or, lapis-lazuli, cornaline, turquoise, hauteur des membres 18 cm, Le Caire, Musée Egyptien

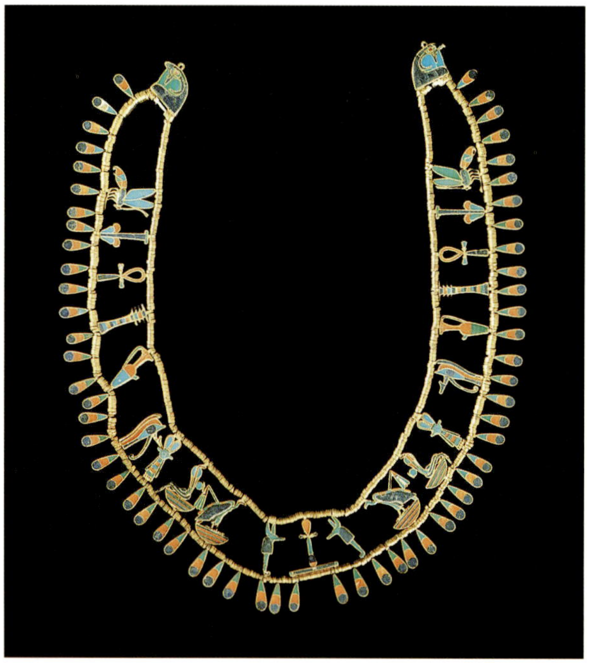

apparition, mais il mettait les formes en valeur plus qu'il ne les voilait. Une mode flatteuse et séduisante accompagnée d'accessoires peu nombreux et colorés, par exemple des filets de perles, des ceintures et des bijoux. La tunique en peau de léopard de la dame Néfertiabet sort de l'ordinaire.
Une grande importance était accordée à la coiffure, les longues mèches, les boucles, les crêpelures, les petites nattes ornées de rubans et de fleurs se succédant au gré de la mode. Difficile de juger en regardant les portraits, si les gens portent perruque ou vont tête nue, mais il semble que pour les occasions officielles, les femmes de la bonne société aient toujours porté une perruque noire sur leurs cheveux courts ou même leur crâne rasé. L'épouse de Mererouka, qui joue de la harpe au chevet de celui-ci, arbore une tête chauve. Les perruques étaient conservées dans des coffres fabriqués à cet effet et, bien sûr, leurs propriétaires les emportaient dans la tombe.

La chevelure était l'un des plus grands attraits féminins, et son incomparable séduction est prouvée par les nombreuses recettes magiques destinées à faire perdre ses cheveux à une rivale : « Cuire un ver dans de l'huile et traiter ainsi la tête de la personne exécrée ! » Dans un poème du Nouvel Empire, un jeune homme pense que la femme qu'il aime « jette des filets après lui avec ses cheveux ». Quant à la perruque, elle semble avoir été chargée d'une signification érotique pour de nombreux Egyptiens : « Il me trouva toute seule assise », nous confie l'héroïne d'un conte, « il me dit, viens, passons une heure ensemble. Couchons-nous, mets ta perruque. »

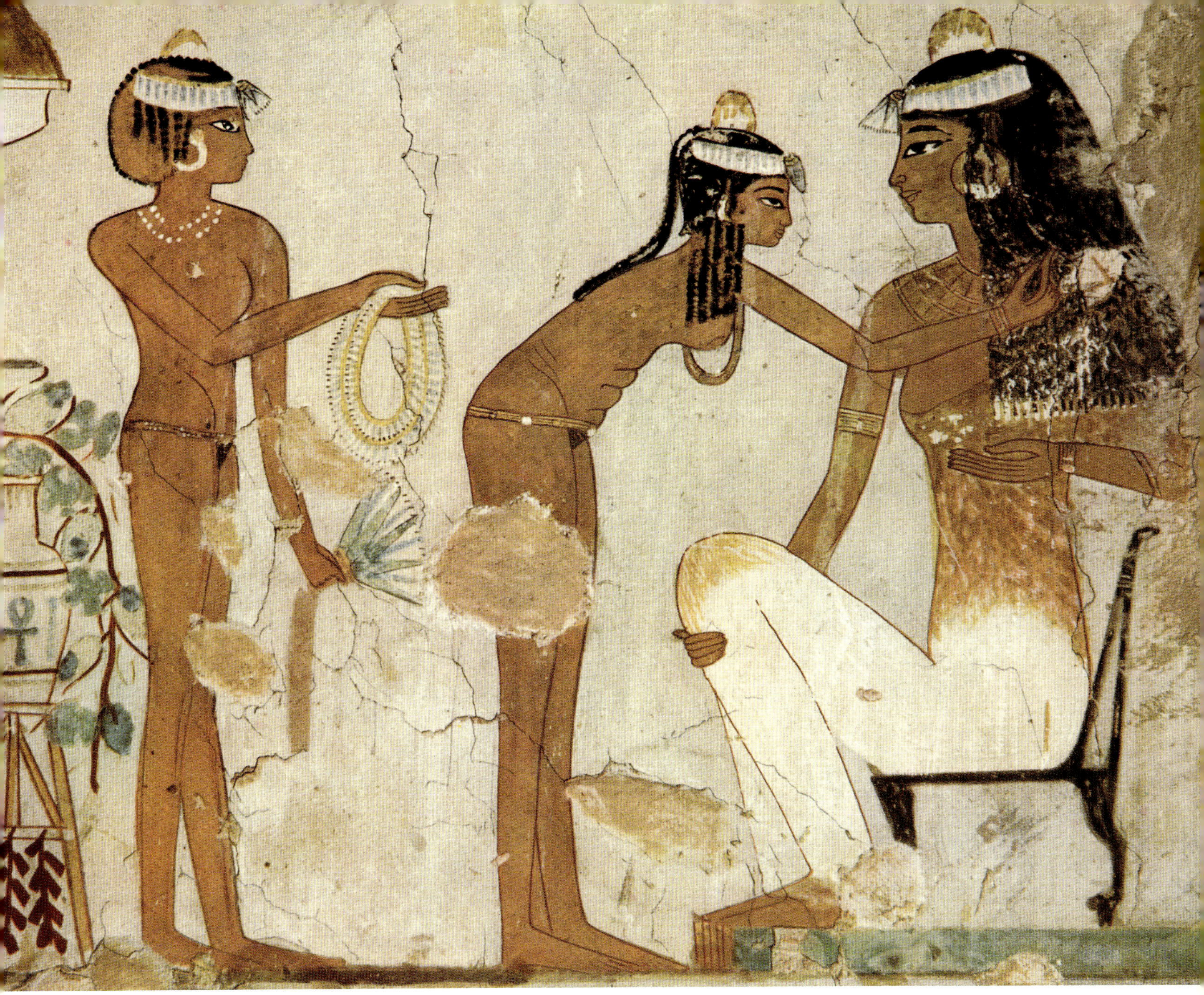

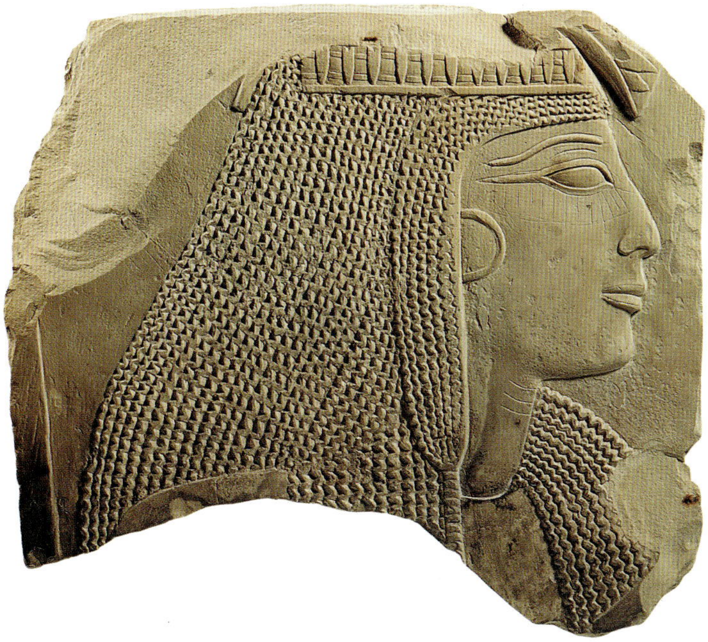

Une dame à sa toilette, servie par deux petites esclaves. L'une apporte une fleur de lotus et un collier qui ressemble à une guirlande de fleurs. L'autre lisse une boucle de la perruque. Les trois femmes portent des cônes de parfum sur la tête.
Tombeau de Djéserkaraseneb, Thèbes, n° 38, XVIIIe dynastie

Les femmes des classes supérieures portaient des perruques raffinées. Les poèmes et les contes documentent le pouvoir érotique de la chevelure, naturelle ou non.
Relief, modèle de sculpteur, Vienne, Kunsthistorisches Museum

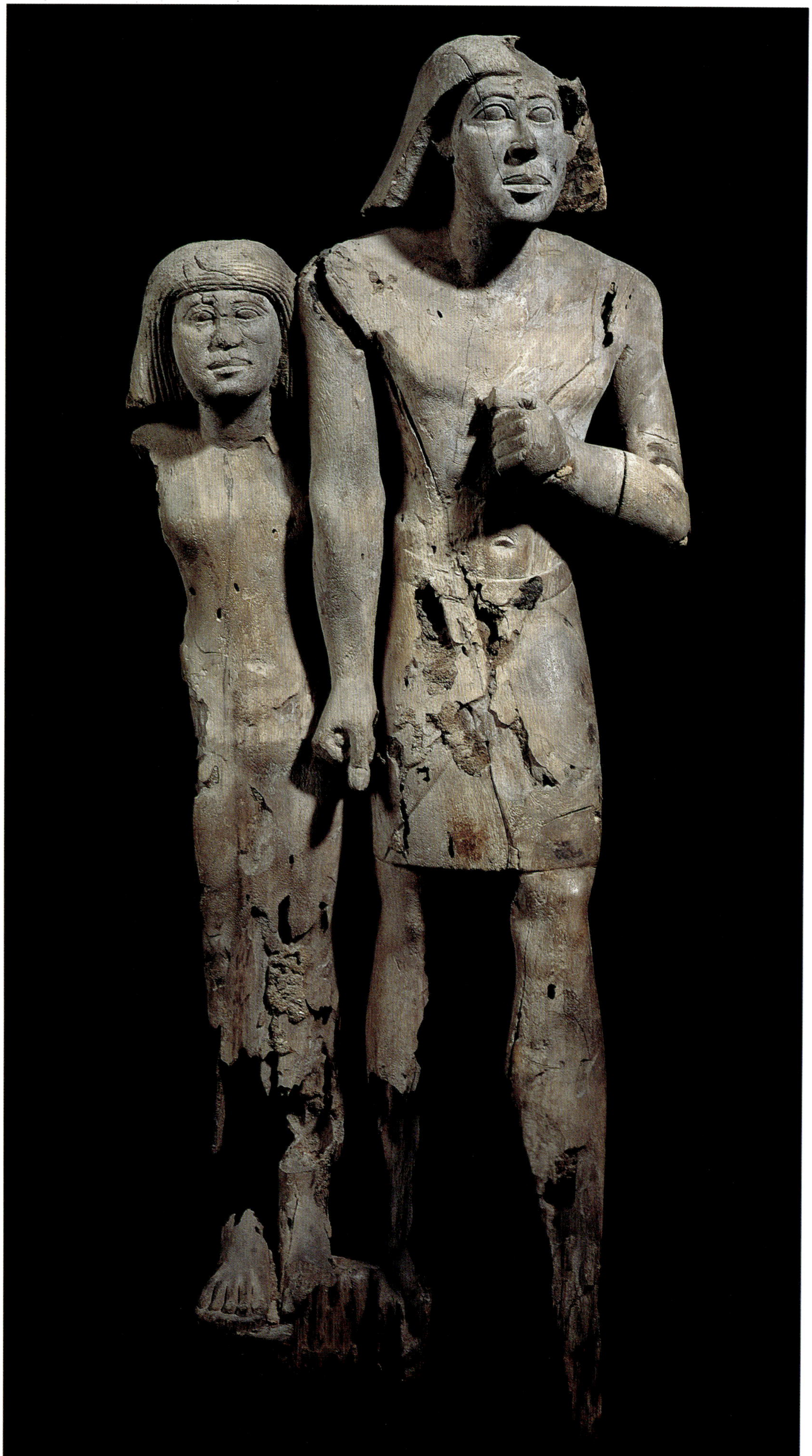

L'attitude de ce couple anonyme de l'Ancien Empire indique qui était le maître. Même si les pieds manquent l'homme marche, la femme est immobile. Ce mode de représentation traditionnel illustre de manière caractéristique la relation qui existait entre hommes et femmes.
Ancien Empire, bois d'acacia, hauteur 69,9 cm, Paris, Musée du Louvre

Ouhemka était « scribe de l'administration des documents » et intendant d'une maison princière. Son épouse Hétepibès le suit et pose affectueusement la main sur son épaule – nous retrouvons ce geste sur de nombreux bas-reliefs et peintures.
Détail d'un relief de la chambre cultuelle du mastaba d'Ouhemka, Gizeh, Ancien Empire, début de la Ve dynastie, Hildesheim, Pelizaeus-Museum

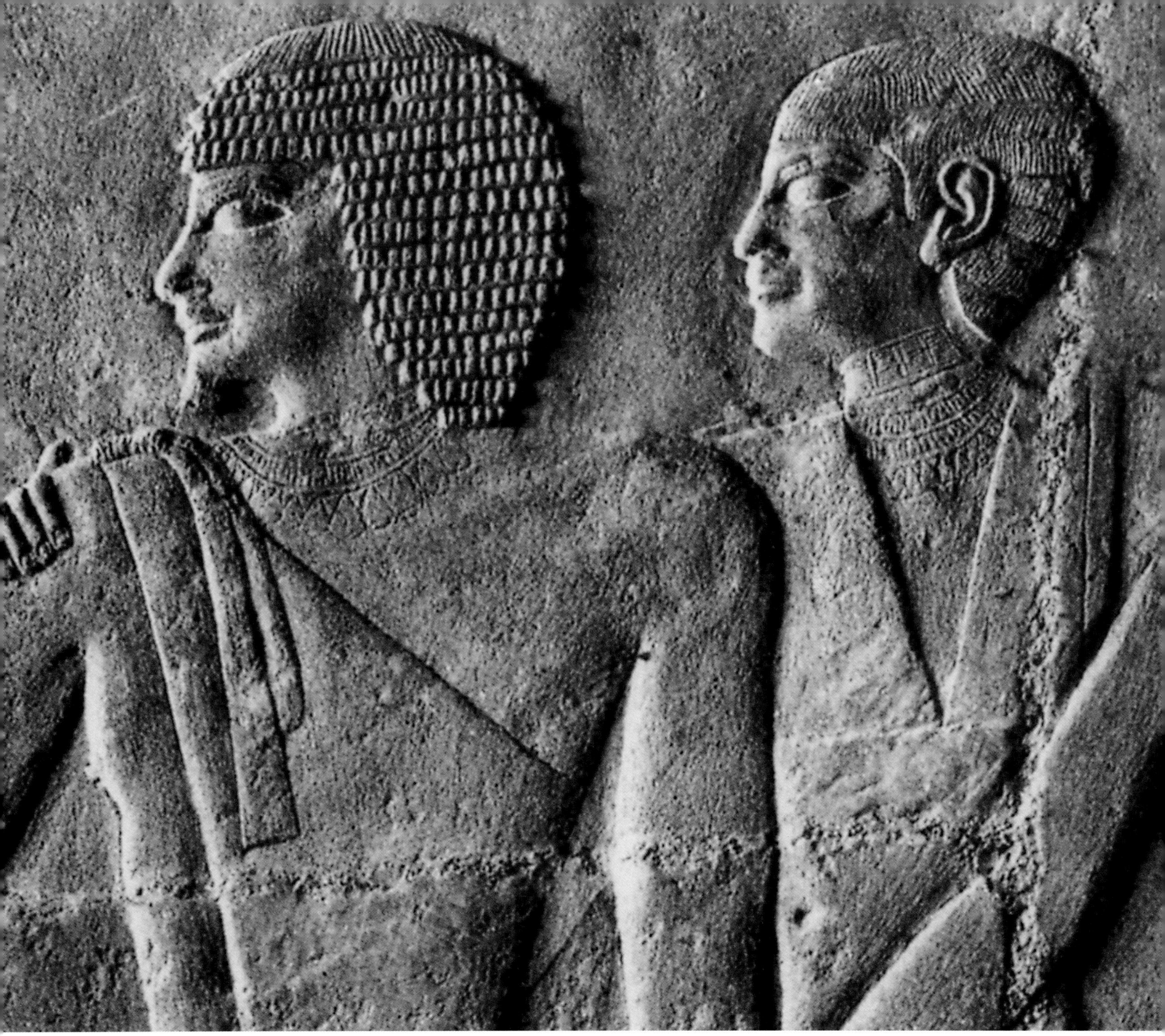

Le champ de son seigneur

Si la femme semble avoir été l'égale de l'homme sur le plan juridique, les textes qui nous sont parvenus – toujours écrits par des hommes – la présentent souvent comme un être déraisonnable, aux réactions imprévisibles. Elle serait « comme le tourbillon des eaux profondes, dont les remous sont insondables », peut-on lire chez le moraliste Ani. Et le sage Ptahhotep conseille à l'époux : « ... remplis son estomac et habille son dos ... car elle est un champ dont son propriétaire peut tirer profit ... Mais ne la laisse rien décider, éloigne-la du pouvoir et tiens-la en bride ! »
Sur une stèle de la Basse Epoque, on peut lire qu'une certaine Taïmhotep s'est mariée à quatorze ans et est morte à trente ans, après avoir mis quatre enfants au monde. C'est la seule biographie un peu « détaillée » d'une femme n'appartenant pas à la famille royale et elle semble représentative : on mariait les filles de douze-quinze ans à des hommes un peu plus âgés, et ce manifestement sans formalités ni cérémonie. « J'ai apporté un paquet à la maison de Payan », rapporte un jeune homme, « et j'ai épousé sa fille ». Le mariage reposait sur un simple arrangement entre le fiancé et le père qui s'efforçait de trouver un bon mari pour sa fille. La femme mariée est désignée sous le nom de « maîtresse de la maison », c'est en effet là qu'elle passait sa vie, s'occupait des enfants et du ménage, tissait, cuisait le pain, brassait la bière ou surveillait les serviteurs. Dans les chambres funéraires pourtant, l'épouse n'apparaît jamais comme la « maîtresse de la maison » veillant sur son ménage, le maître du tombeau se soucie lui-même de ces tâches. La

femme égyptienne n'était sûrement pas cloîtrée chez elle, elle allait au marché, pouvait aussi y vendre les légumes qu'elle cultivait ou les étoffes qu'elle fabriquait, mais la famille et les tâches ménagères étaient le centre de ses préoccupations. Avant toute chose, elle devait mettre des enfants au monde, car « un homme qui n'a pas d'enfant, est comme celui qui n'a pas été. Nul ne garde le souvenir de son nom ». Evidemment, elle devait donner un fils à son mari ; les nombreuses grossesses se succédaient, les enfants n'étaient pas sevrés avant l'âge de trois ans. La mortalité des mères et des enfants était élevée, malgré le savoir-faire des gynécologues et des médecins, célèbres au-delà des frontières de leur pays. A côté de toutes sortes de pratiques magiques, ils connaissaient des méthodes efficaces pour entretenir la fertilité féminine ou prévenir les grossesses, et pour reconnaître celles-ci très tôt.

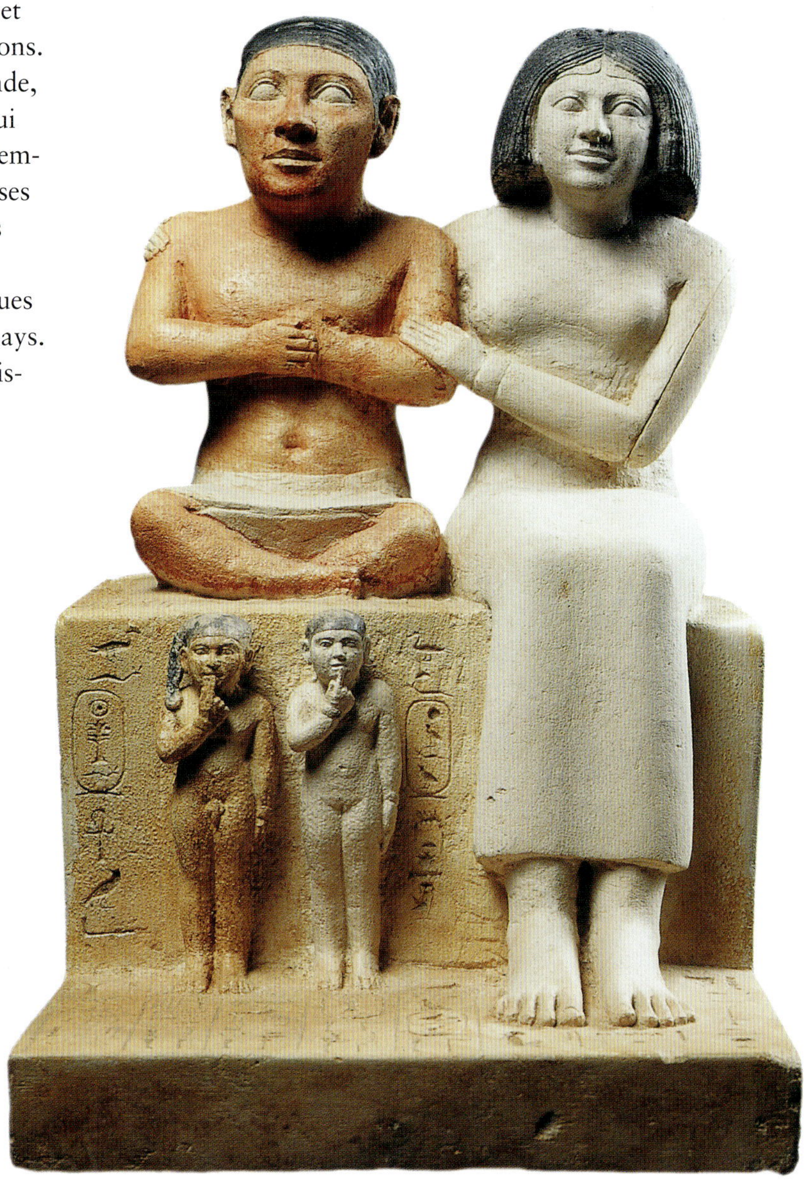

Le nain Seneb revêtait de hautes fonctions honorifiques et était chef de la garde-robe royale. Devant lui, ses deux enfants, à côté de lui son épouse, la dame Senetitès, qui l'étreint de manière caractéristique – le portrait d'une famille heureuse.
Groupe sculpté, Gizeh, mastaba de Seneb, Ancien Empire, IVe ou Ve dynastie, hauteur 34 cm, Le Caire, Musée Egyptien

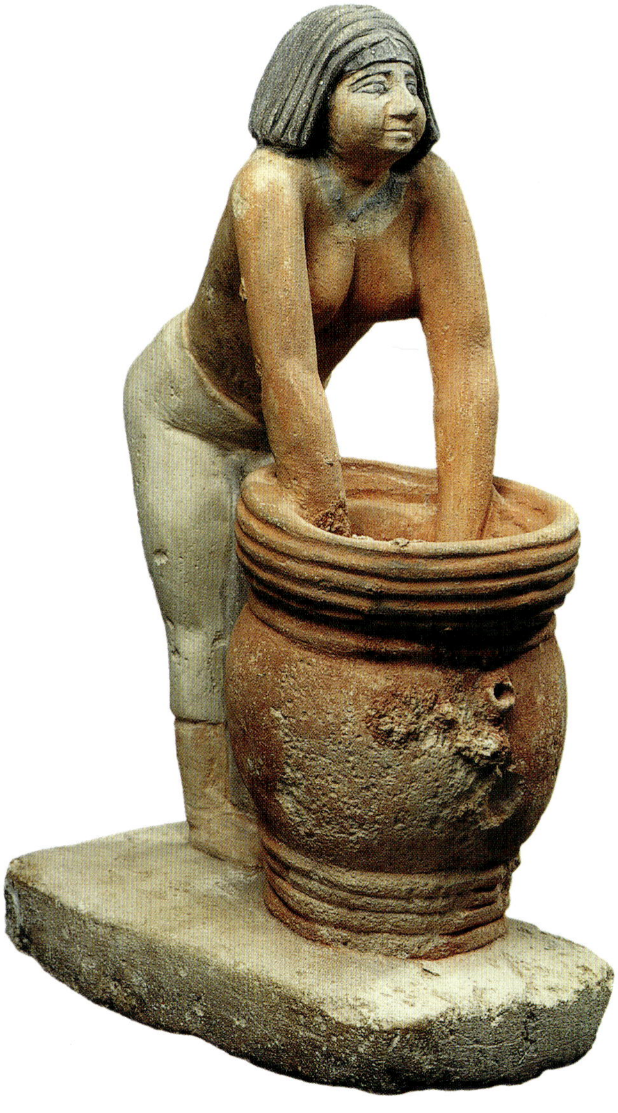

Une ménagère au travail ; elle semble robuste et satisfaite. Elle régnait sur le foyer et la famille.
Brasseuse du tombeau de Mersouankh, Gizeh, Ancien Empire, Ve dynastie, Le Caire, Musée Egyptien

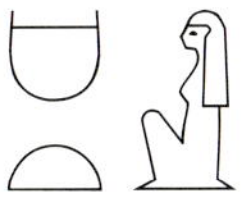

hemet = l'épouse
= la source, le vagin

« Autre moyen de reconnaître si une femme enfantera ou si elle n'enfantera pas : *(tu placeras)* de l'orge et du blé *(dans deux sacs de toile) que la femme arrosera de son urine chaque jour, parallèlement des dattes et du sable dans deux autres sacs. Si (l'orge et le blé) germent tous deux, elle enfantera. Si c'est l'orge qui germe (la première) ce sera un garçon, si c'est le blé, ce sera une fille. S'ils ne germent ni l'un ni l'autre, elle n'enfantera pas.* »
Remède anticonceptionnel : *« Faire qu'une femme cesse de devenir enceinte pendant un an, deux ans, trois ans : gousses (?) d'acacia, coloquintes, dattes, à broyer dans un demi-litre de miel, un tampon en sera imprégné. À placer dans le vagin. »*
(Citation d'après Christiane Desroches Noblecourt, *La Femme au temps des Pharaons*, Paris, 1986)

Cette paysanne portant son nourrisson rappelle le devoir primordial des femmes de toutes les classes sociales : donner des enfants à leur époux et les élever.
Relief du tombeau de Montouemhet, Thèbes n° 34, XXVe/XXVIe dynasties, calcaire, hauteur 23,9 cm, New York, The Brooklyn Museum, Charles Edwin Wilbour Fund 48.74

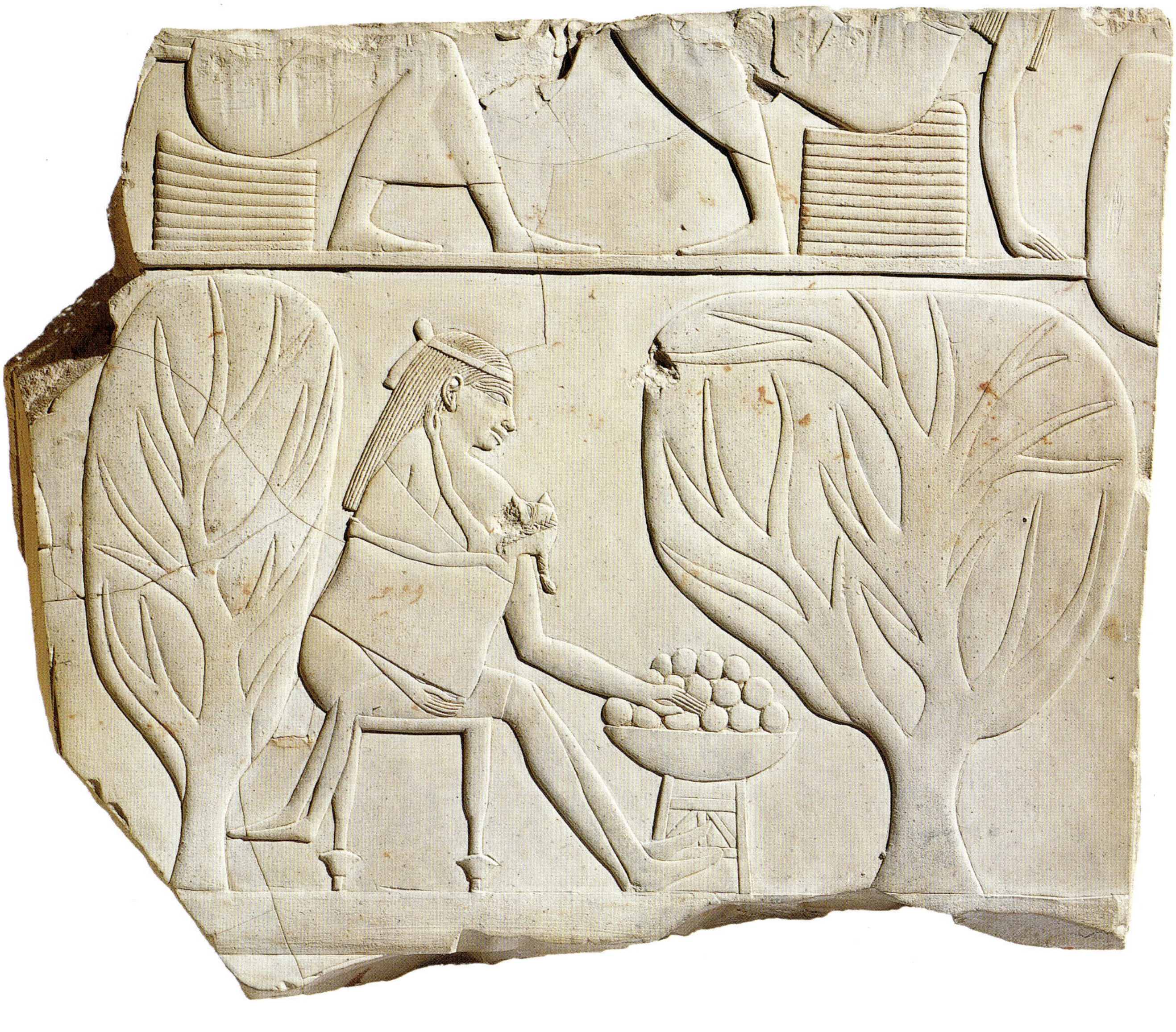

Divorce à l'égyptienne

Si une union restait stérile, l'homme pouvait prendre une concubine pour assurer sa descendance, mais ce n'était pas la règle, excepté à la Cour (Ramsès II eut plus de quatre-vingt-cinq enfants de femmes dont on ignore le nombre exact). Il pouvait aussi demander le divorce, c'était relativement facile mais onéreux : le mariage ne reposant que sur un arrangement – sans garantie juridique ou religieuse – il pouvait être dissout sans formalité. Une femme de Deir el Medineh fut répudiée au bout de vingt ans parce qu'elle était aveugle. « Je le suis depuis vingt ans, pourquoi as-tu attendu pour divorcer ? », demande-t-elle et porte plainte en justice contre son époux. Nous ne connaissons pas le dénouement de l'affaire.
Si la femme avait eu des enfants et qu'aucune faute ne pouvait lui être imputée, elle avait droit à un tiers de tous les biens acquis pendant la vie commune plus, naturellement, la dot qu'elle avait apportée. Des contrats de mariage du Nouvel Empire montrent que les pères prudents essayaient de garantir à l'avance les droits de leurs filles. Des preuves que les femmes pouvaient aussi demander le divorce n'existent qu'à partir de 500 avant notre ère.
Ce soutien était aussi valable dans l'au-delà, théoriquement du moins, la femme avait droit à une momification soignée et une place dans la tombe de son époux : sur de nombreuses peintures murales et stèles funéraires, elle est assise à côté de lui devant la table d'offrandes, contemplant avec satisfaction les dons qui garantissent la survie. Mais si l'on en croit une étude des tombes des résidences de l'Ancien Empire, situées sur la rive occidentale du Nil près de Memphis, ce n'était pas la règle générale. Sur les huit cents sept tombeaux recensés, soixante-huit seulement appartenaient à des femmes, qui plus est presque toutes épouses et filles de rois. Dans plus

Grand et imposant, Sennefer, le propriétaire du tombeau, est assis à la table d'offrandes. A ses pieds, toute petite, son épouse Mereti étreint tendrement sa jambe.
Tombeau de Sennefer, Maire de Thèbes et administrateur des jardins du temple d'Amon sous le roi Aménophis II, Thèbes n° 96, XVIIIe dynastie

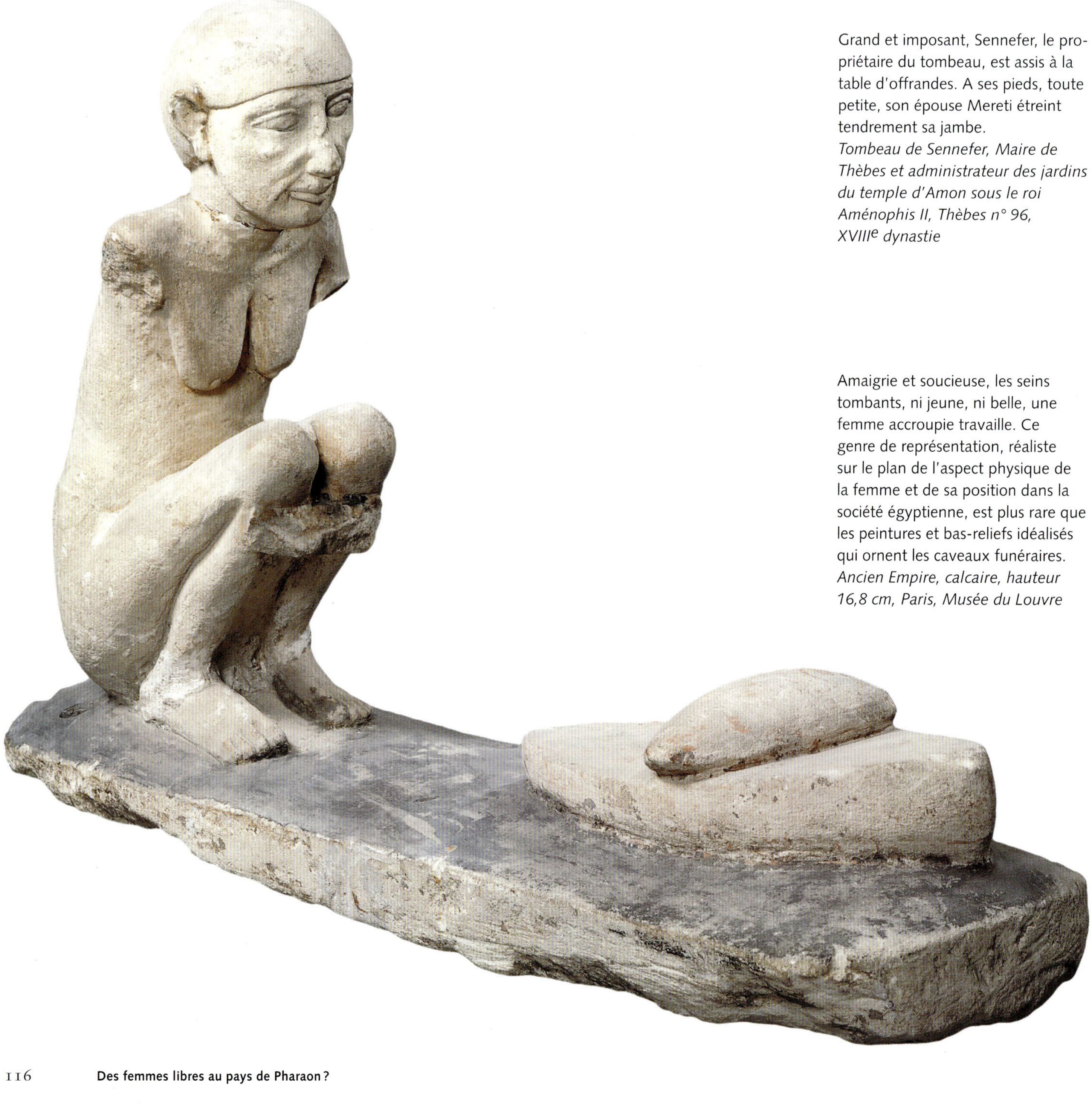

Amaigrie et soucieuse, les seins tombants, ni jeune, ni belle, une femme accroupie travaille. Ce genre de représentation, réaliste sur le plan de l'aspect physique de la femme et de sa position dans la société égyptienne, est plus rare que les peintures et bas-reliefs idéalisés qui ornent les caveaux funéraires.
Ancien Empire, calcaire, hauteur 16,8 cm, Paris, Musée du Louvre

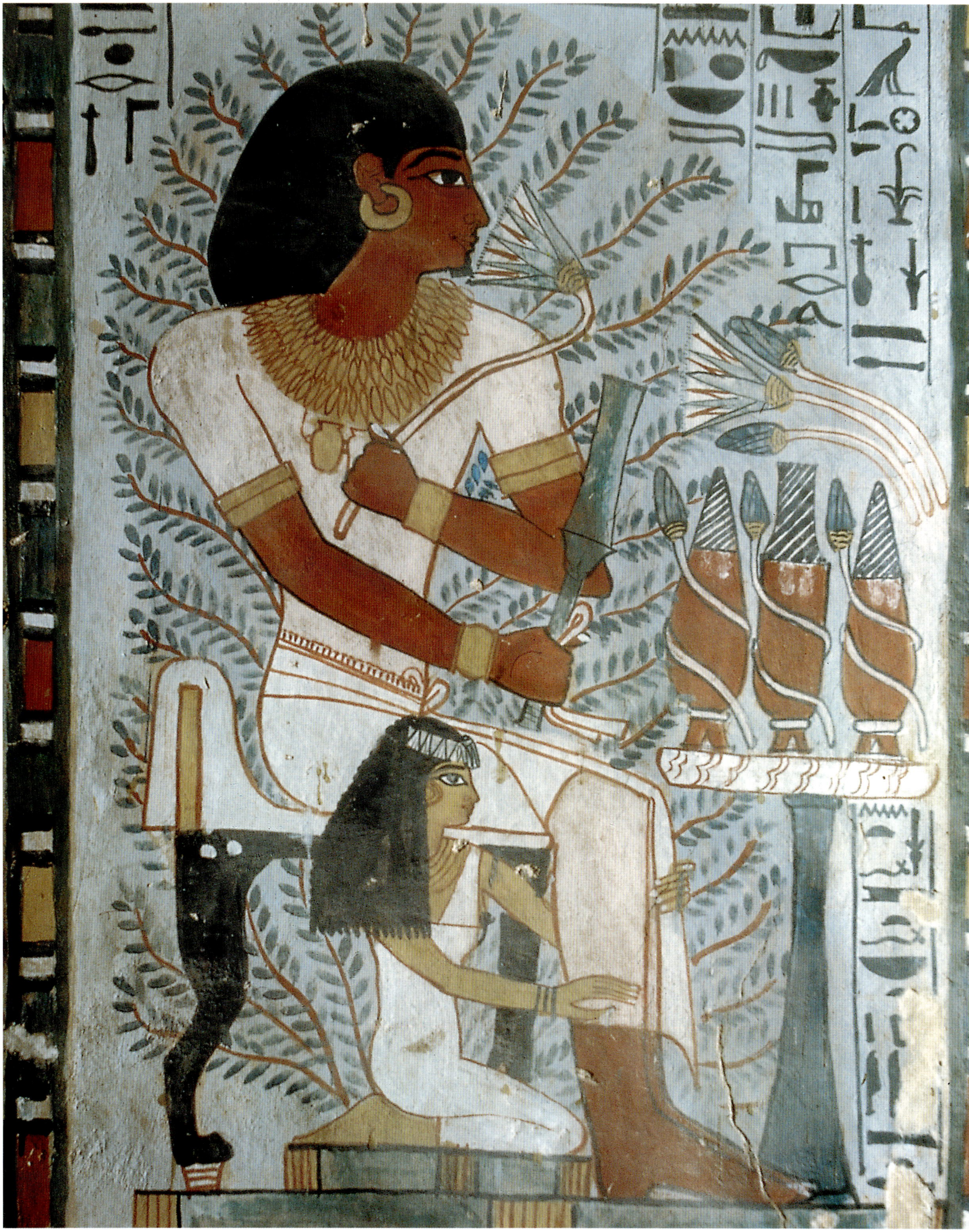

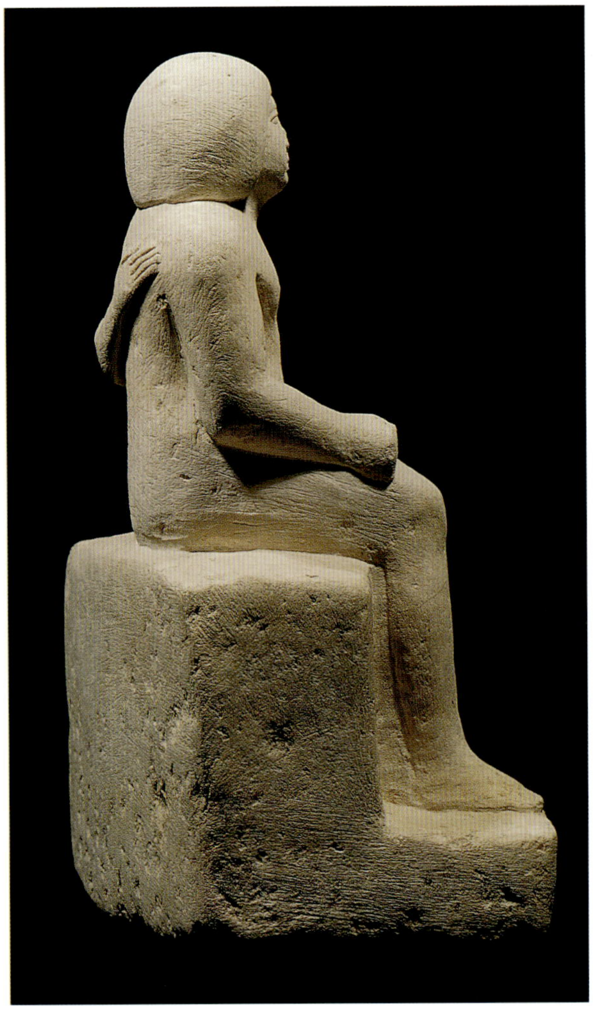

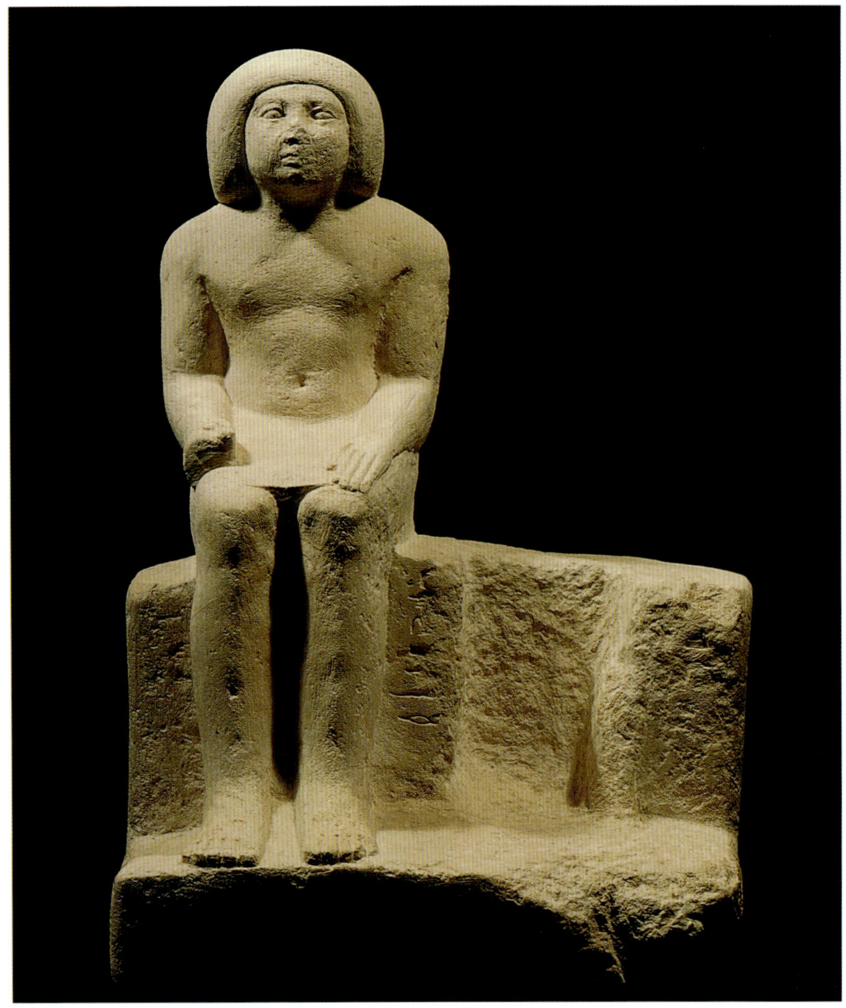

de la moitié des tombeaux appartenant à des hommes, aucun texte, aucune image ne fait mention d'une épouse, ce qui la condamne au pire des destins, l'oubli, qui est la mort véritable.

La négligence des hommes sur ce plan a peut-être été moins prononcée à d'autres époques. Pourtant même dans la tombe, le bon mari n'accorde pas toujours une place de choix à son épouse. C'est souvent sa mère qui est assise à côté de lui ; quant à son épouse, elle est accroupie en format miniature au pied de l'imposant maître des lieux et étreint humblement son genou. Celui qui disposait de moyens financiers nécessaires pour se construire un tombeau choisissait ceux qui lui tiendraient compagnie, et il pouvait aussi dénier ultérieurement sa place à son épouse. La preuve ? La statue du seigneur Sennefer, « sous-intendant du palais » dans l'Ancien Empire : il est assis seul, sur un banc trop long pour lui, on ne distingue de la personne qui était manifestement assise à son côté qu'un bras – probablement celui de son épouse – posé sur son dos. Il a fait gratter son nom et ôter son portrait du mieux qu'il le pouvait.

Sur une statue trouvée à Deir el Bahari, on peut lire ce que les femmes attendaient de la déesse Hathor : « Le bonheur et un bon époux ». Les Egyptiens ayant le sens de l'harmonie, du compromis et de la famille, les mariages étaient stables, et puis la plupart des hommes souhaitaient, eux aussi, un

Une séparation documentée : Sennefer, le propriétaire du tombeau, est assis seul sur un banc ; il a fait enlever la statue de femme assise à côté de lui, il ne reste d'elle qu'une main posée sur son épaule.
Mastaba de Sennefer, Gizeh, Ancien Empire, calcaire, hauteur 31,8 cm, Hildesheim, Pelizaeus-Museum

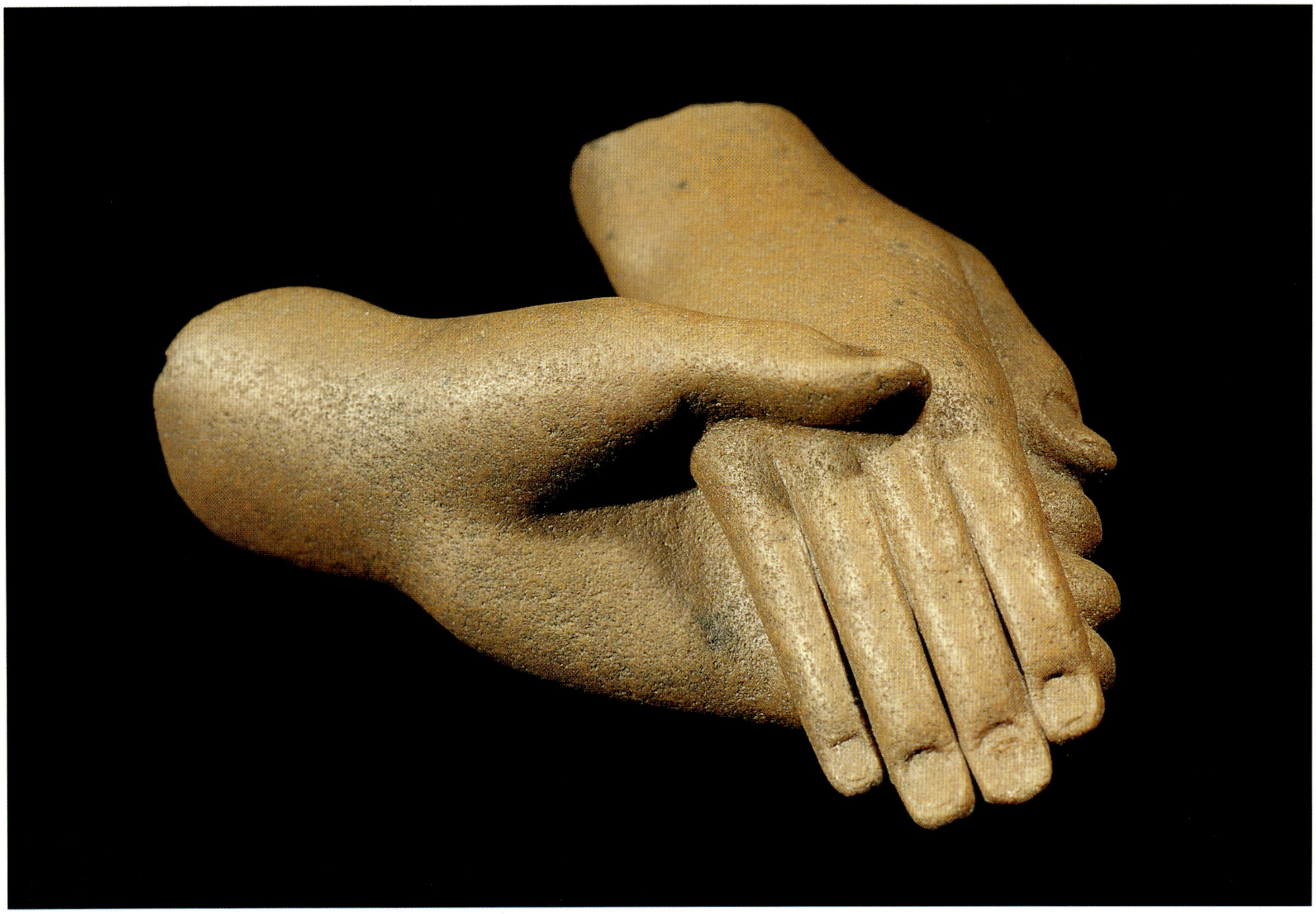

foyer, de nombreux enfants et une épouse aimante. « Apprécie la valeur de ta femme », dit Ani le moraliste, « la joie règne quand ta main est unie à la sienne ! » De nombreuses statues et peintures ont fixé cet idéal : la femme, debout, pieds joints, serrée contre son mari en marche. Il symbolise l'activité et l'énergie, elle, le calme et la sécurité. Souvent elle lui entoure les épaules d'un geste tendre et discret ; lui ne l'étreint jamais, mais parfois il lui tient la main.

Ces deux mains, fragments d'un ensemble sculpté disparu, témoignent d'une grande affection et de complicité conjugale. Elles appartiennent probablement au roi Akhenaton et à son épouse Néfertiti dont les portraits sont plus empreints de sentiments que les représentations traditionnelles.
Tell el-Amarna, XVIIIe dynastie, grès, hauteur 9 cm, Berlin, Musée Egyptien

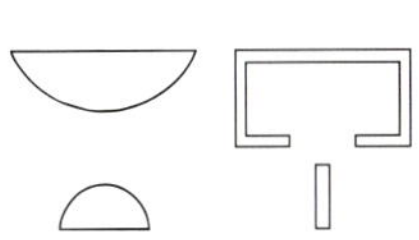

nebet-per = la maîtresse de maison

Les coulisses du pouvoir

Il arrive, rarement, qu'une femme soit représentée seule, faisant preuve de la même confiance en soi que les hommes. Il s'agit de membres de la maison royale ou de grandes prêtresses, par exemple la dame Imeretnébès au Moyen Empire. « Honorable chez le dieu Amon, épouse et main du dieu », elle portait une lourde responsabilité, la fertilité de l'Egypte, sa tâche consistant à masturber la divinité pour l'amener au plaisir afin qu'elle ensemence les champs. Dans le Nouvel Empire, l'« épouse du dieu » avait un rôle important. Elle disposait d'immenses richesses à Thèbes, où les prêtres d'Amon avaient fondé un Etat divin et régnaient en despotes. Elle était souvent une fille du pharaon qui résidait dans le lointain delta mais on ignore l'étendue de ses pouvoirs.
Le regard hautain de l'épouse et de la mère du Roi sous la coiffe en dépouille de vautour ne saurait dissimuler qu'elles ne se définissaient que par lui, dépendaient de ses faveurs et ne pouvaient exercer qu'une influence indirecte. Les bustes de Tiyi, la « Grande Epouse » d'Aménophis III, nous montrent sa force de caractère et sa volonté. Son fils Akhenaton le réformateur religieux, défiant la tradition, fit représenter son épouse Néfertiti, comme cela revient aux rois, en train de conduire un char ou d'abattre des adversaires. Ramsès II

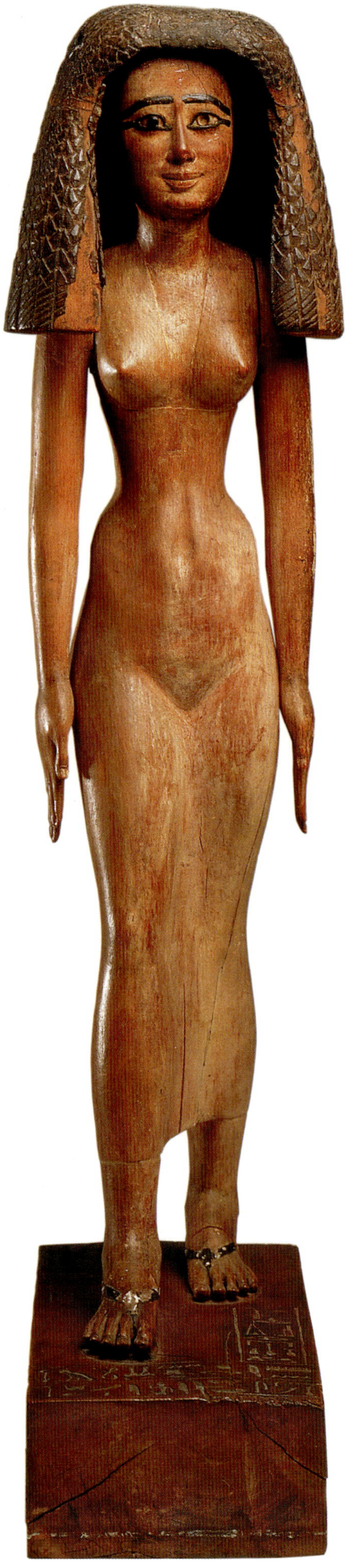

La dame Imeretnébès, grande prêtresse d'Amon, marche « comme un homme ».
Statue de bois, Thèbes, Moyen Empire, XIIe dynastie, hauteur 48 cm, Leyde, Rijksmuseum van Oudheden

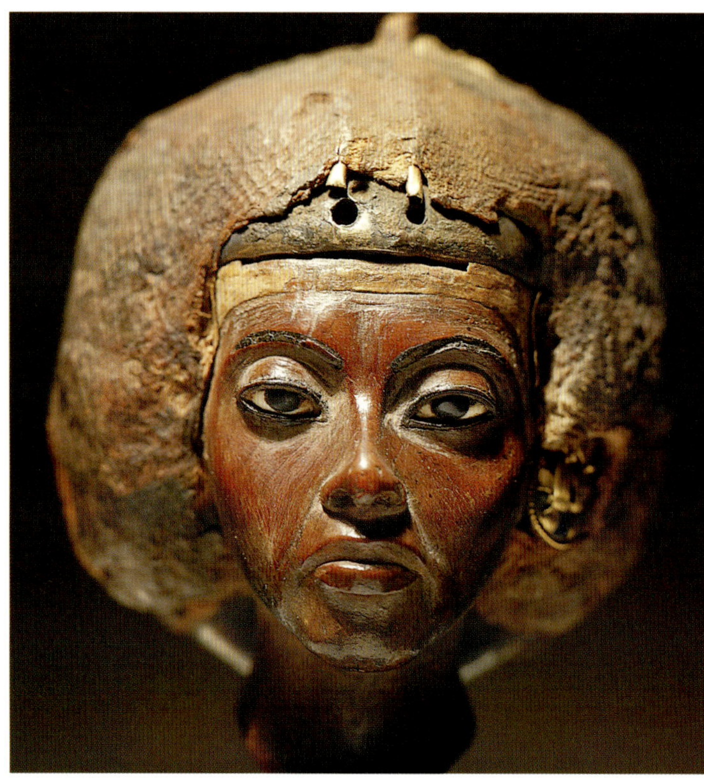

Grande Epouse royale d'Aménophis III et mère d'Akhenaton, Tiyi avait beaucoup d'influence. Sa tête montre – ce qui est inhabituel – les traits personnalisés d'une femme volontaire à sa maturité.
Bois d'ébène, XVIIIe dynastie, hauteur 5 cm, Berlin, Ägyptisches Museum

fit construire pour son épouse favorite Néfertari un temple rien que pour elle à Abou Simbel et un tombeau très richement décoré.
Mais Néfertiti et Néfertari n'étaient pas les seules épouses royales. Quand elles disparurent, elles furent immédiatement remplacées au côté de Pharaon, Akhenaton épousa même la fille qu'il avait eue de Néfertiti. Les trois pharaons cités ici épousèrent leurs propres filles, et rien ne prouve que le mariage soit resté blanc et qu'il n'ait été conclu que pour des raisons dynastiques. En tout cas, il est prouvé que le mariage était consommé entre frères et sœurs de la famille royale.

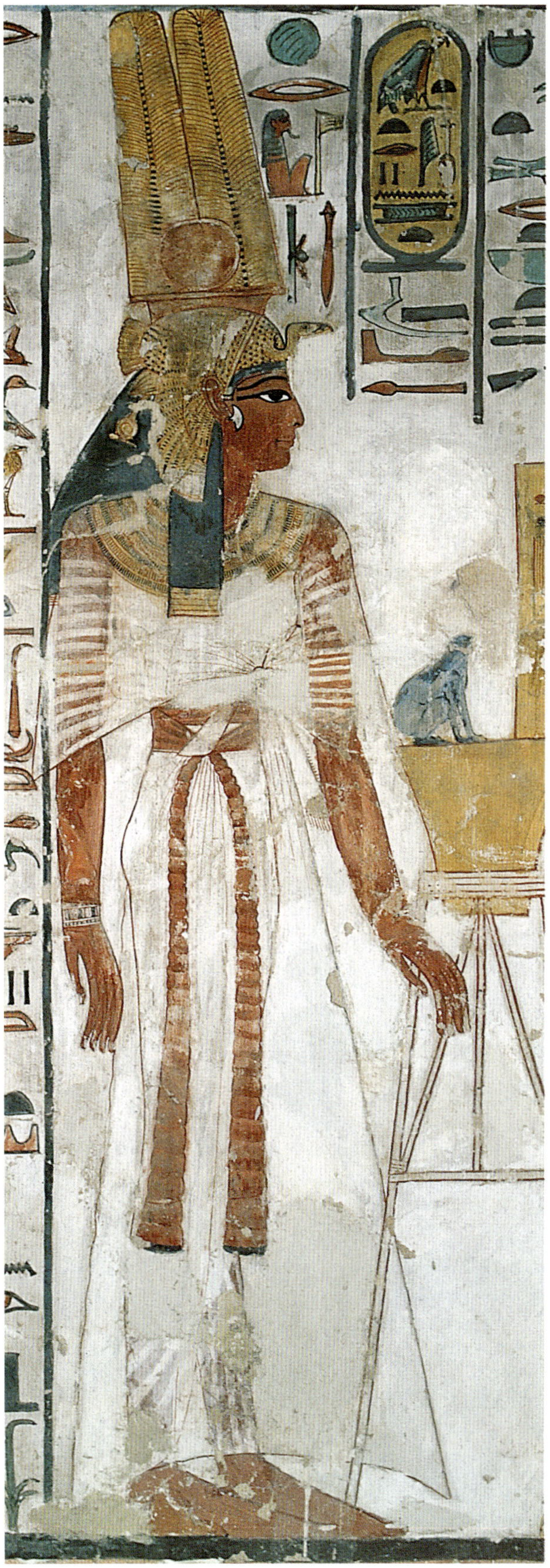

Ramsès II possédait un nombre impressionnant d'épouses et de concubines, mais il ne fit édifier un temple individuel à Abou Simbel qu'à son épouse principale, Néfertari. Celle-ci se présente avec une grande majesté dans son tombeau.
Peinture murale du tombeau de Néfertari, XIXe dynastie

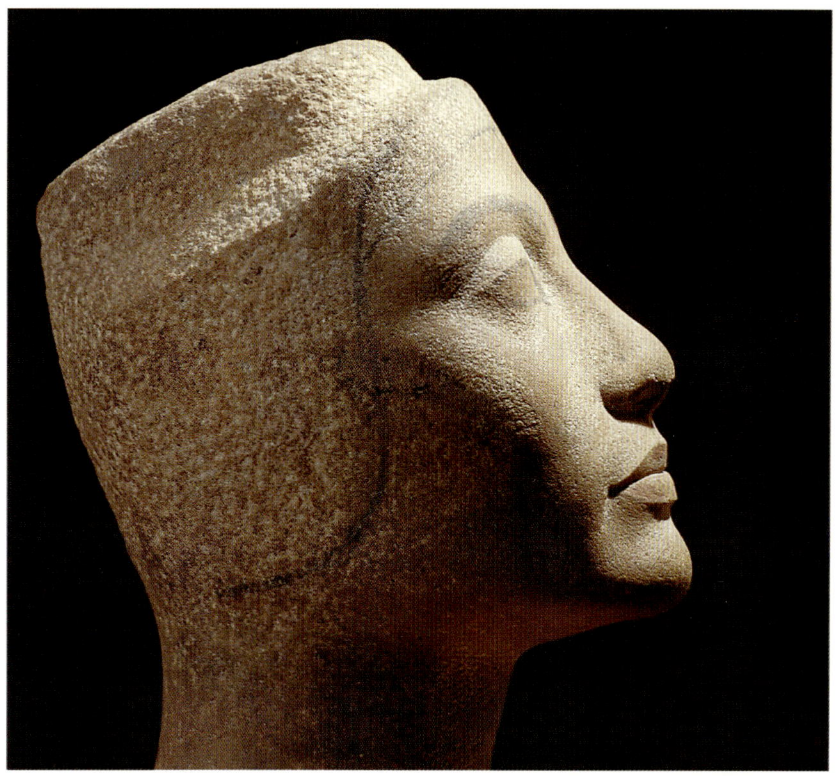

Plus que d'autres reines, Néfertiti joua un rôle de premier plan aux côtés de son époux Akhenaton. Ces têtes non achevées d'un atelier de sculpteur de Tell el-Amarna l'ont immortalisée en tant qu'idéal de beauté féminin.
XVIIIe dynastie, quartzite, hauteur 35,5 cm, Le Caire, Musée Egyptien

Hatchepsout, la reine-pharaon

L'Egypte a connu deux femmes d'exception, Hatchepsout et Cléopâtre VII. Mais alors que la reine Cléopâtre continua à jouer le rôle traditionnel de la femme soumise, qui ne peut exercer le pouvoir qu'à travers les hommes, Hatchepsout a régné comme un homme – « vingt et un an et neuf mois », note l'historien égyptien Manétho, et ses calculs semblent justes. Si Hatchepsout était née de sexe masculin, le pouvoir lui serait revenu automatiquement, car elle était la seule fille légitime de Thoutmosis Ier, second pharaon de la XVIIIe dynastie, et de la Grande Epouse royale. Mais en Egypte, les femmes étaient exclues de la succession au trône et Hatchepsout fut mariée, comme le voulait la coutume, à son demi-frère, un fils du Roi et d'une seconde épouse, qui monta sur le trône sous le nom de Thoutmosis II. Il mourut jeune et son fils, né lui aussi de l'union avec une seconde épouse, fut désigné comme successeur, Hatchepsout ne lui ayant donné qu'une fille, Néfrouré. La reine devait exercer la régence pour Thoutmosis III mais au lieu de rester à l'arrière-plan comme d'autres régentes avant elle et de se retirer quand il atteignit la majorité, elle l'écarta du pouvoir. En 1490 avant notre ère, dans la septième année du règne nominal de Thoutmosis III, elle se fit proclamer Pharaon et déclara : « Je suis moi-même un dieu qui décide de ce qui arrive. Aucun de mes jugements ne faillit ».

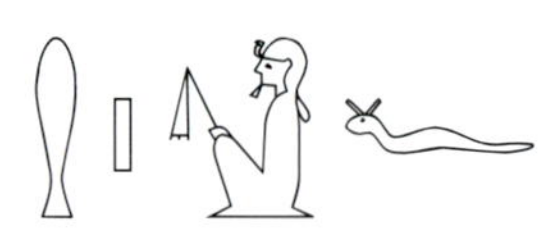

hemef = Sa Majesté

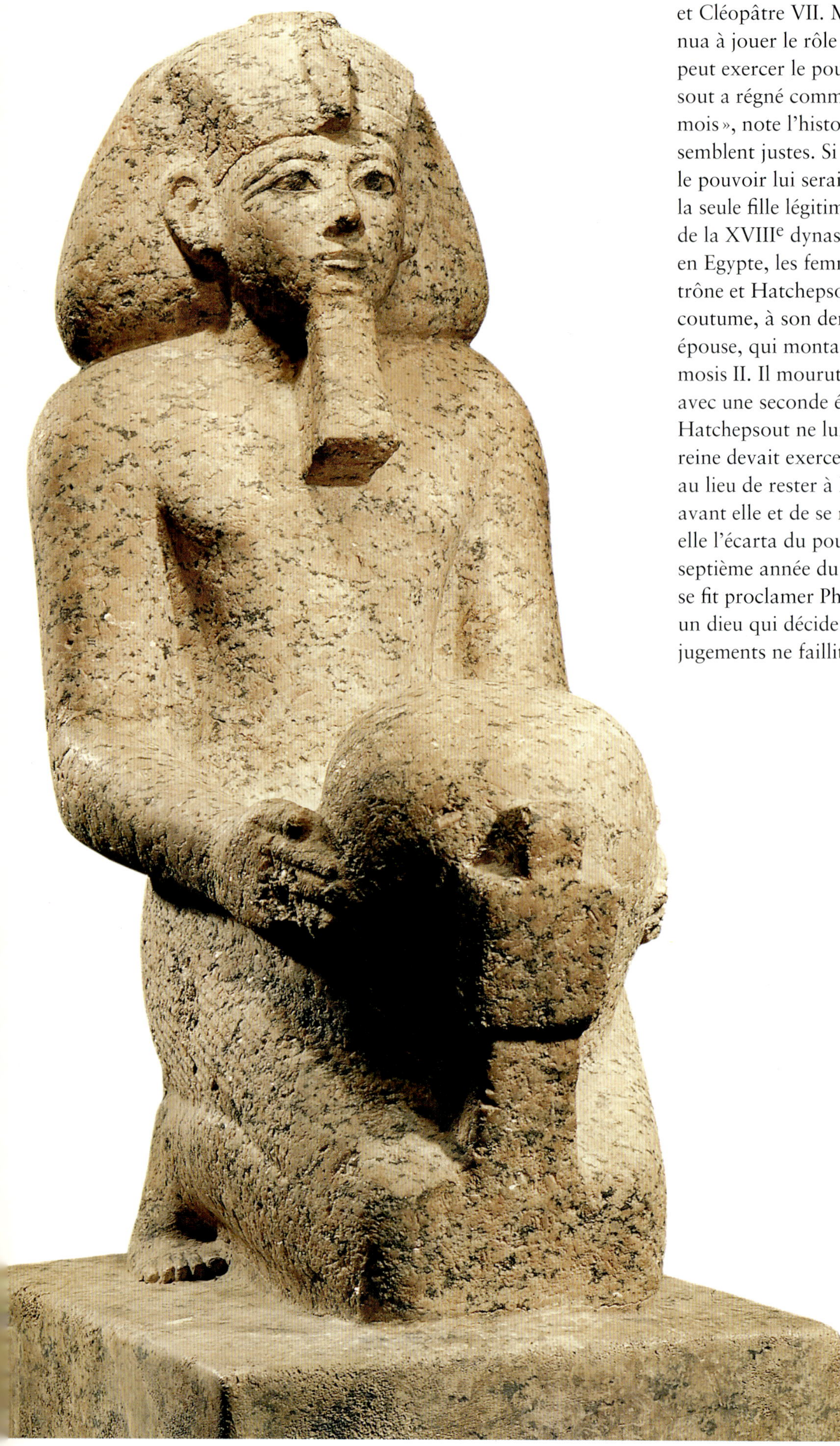

Représentée sous des traits masculins, la reine Hatchepsout offre une cruche d'eau au dieu Amon. Cette statue, qui se trouvait à l'origine sur la terrasse de son temple funéraire de Deir el Bahari, fut trouvée dans une marnière avoisinante.
Deir el Bahari, Thèbes, XVIIIe dynastie, granit rouge, hauteur 75 cm, Berlin, Ägyptisches Museum

Elle fut soutenue par de hauts fonctionnaires de la Cour qui menaient une lutte pour le pouvoir contre les militaires. L'armée avait acquis une grande influence sous Thoutmosis Ier depuis sa victoire contre les Hyksos, qui occupaient le nord de l'Egypte. Les militaires voulaient continuer à se battre, soutenaient une politique de conquête, les fonctionnaires en revanche voulaient rester à l'intérieur des frontières traditionnelles. Hatchepsout prit le parti des fonctionnaires et entreprit de reconstruire le pays dévasté. Elle régnait depuis vingt ans pratiquement seule quand le peuple ennemi des Mitanni apparut à l'horizon, c'est alors que Thoutmosis III réapparut (la Reine ne l'avait pas fait éliminer) à la tête de ses troupes et réclama le trône. La Reine disparut, peut-être assassinée. Sa tombe dans la Vallée des Rois resta vide, sa momie ne fut jamais retrouvée. Son successeur a fait rayer son nom de toutes les stèles et des murs des temples, marteler ses traits, détruire ses statues ou changer leur nom. Ce n'est pas qu'il ait poursuivi Hatchepsout de sa haine mais un pharaon féminin était contraire à l'ordre universel.

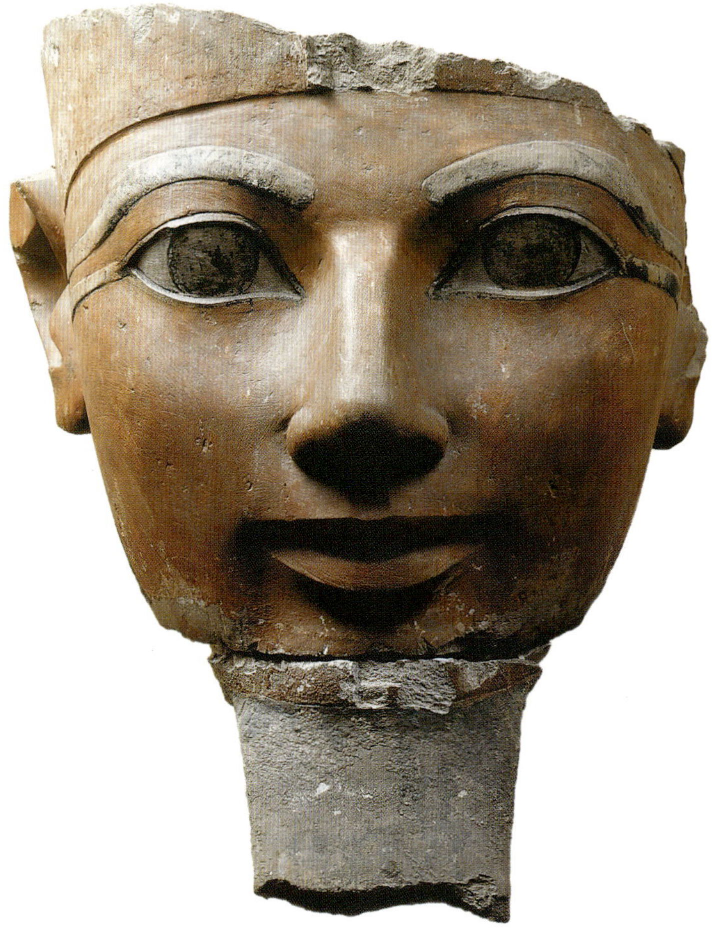

Ce fragment d'un dieu sculpté arborant la barbe royale nous montre le joli visage de la souveraine observé sur d'autres portraits. Cette statue se dressait elle aussi à l'origine sur la terrasse de son temple funéraire.
Tête d'Hatchepsout, Deir el Bahari, calcaire, hauteur 61 cm, Le Caire, Musée Egyptien

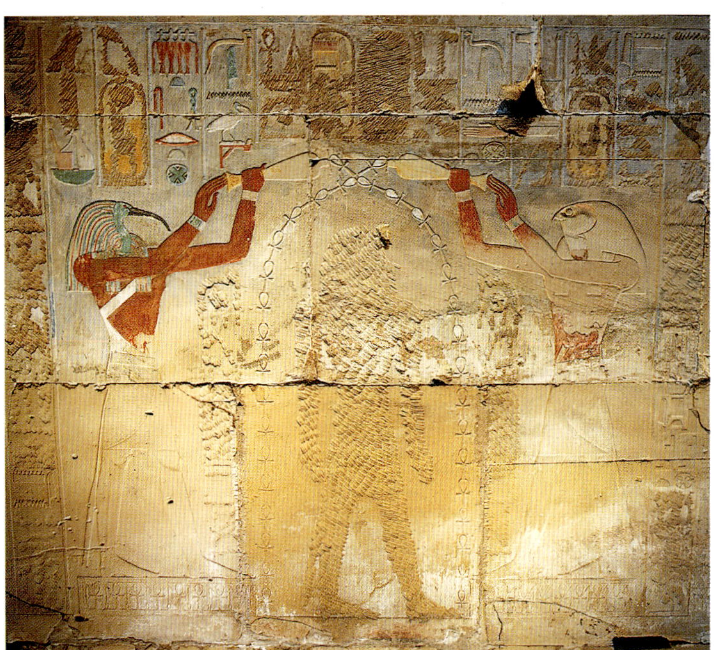

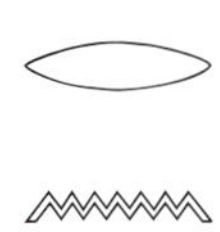

ren = le nom

La reine devait sombrer dans l'oubli : le successeur de Hatchepsout fit marteler et effacer son nom et ses portraits. L'eau vitale offerte par les dieux Thot et Horus ne lui serait d'aucun secours.
Relief du sanctuaire d'Hatchepsout, Karnak, XVIIIe dynastie

Interdits de mémoire

Dès sa prise de pouvoir, Hatchepsout se fit représenter comme un homme au buste plat, en pagne court et portant la barbe de cérémonie, mais toutes les statues montrent des traits féminins, un visage ovale au menton pointu, des lèvres pleines, des yeux en amande. Le visage séduisant de la souveraine servit de modèle aux sculpteurs de l'Empire, et la plupart des statues de l'époque lui ressemblent. Comme plus tard Akhenaton, la Reine marqua un style de son empreinte et utilisa l'art comme un outil de pouvoir pour souligner sa légitimité et son droit à la souveraineté.

Une série de bas-reliefs, malheureusement mal conservés, démontre qu'Amon lui-même s'était uni à sa mère, la Grande Epouse, sous les traits de l'époux de celle-ci. La reine ne reconnaît le dieu qu'à son odeur d'encens qui bientôt imprègne aussi son corps. L'acte en lui-même est discrètement indiqué par le fait que tous deux sont assis sur un lit. D'autres bas-reliefs louent les exploits de la souveraine : transport et élévation de deux obélisques à Karnak (l'un d'eux est couché aujourd'hui), ou une expédition d'exploration et de commerce partie en la huitième année de son règne au pays de Pount, sur la côte orientale de l'Afrique, peut-être l'Erythrée actuelle, pour y chercher le parfum préféré d'Amon, l'encens des pays lointains. Les arbres à encens étaient transportés dans des bacs, arrosés en cours de route et plantés devant le temple.

Aujourd'hui encore, le Temple des Millions d'Années construit par Hatchepsout à Deir el Bahari, sur la rive gauche de Thèbes, illustre l'importance et la puissance de la reine. Dans un vaste cirque rocheux ouvert sur l'Est, un désert impressionnant de sable et de pierre, l'édifice consacré aux dieux Amon, Hathor et Anubis se dresse, à moitié enfoncé dans la montagne. L'axe central du temple funéraire d'Hatchepsout est orienté sur le temple d'Amon à Karnak, une ligne idéale traverse la montagne et rejoint directement sa tombe de la Vallée des Rois. Mais il est surtout une démonstration pure et simple de la grandeur d'Hatchepsout. Avec sa triomphale Allée de Sphinges –

Le successeur d'Hatchepsout ne put détruire son Temple des Millions d'Années édifié à Deir el Bahari, sur la rive gauche de Thèbes, dans un vaste paysage désertique. Un souvenir austère et viril d'un pharaon féminin.

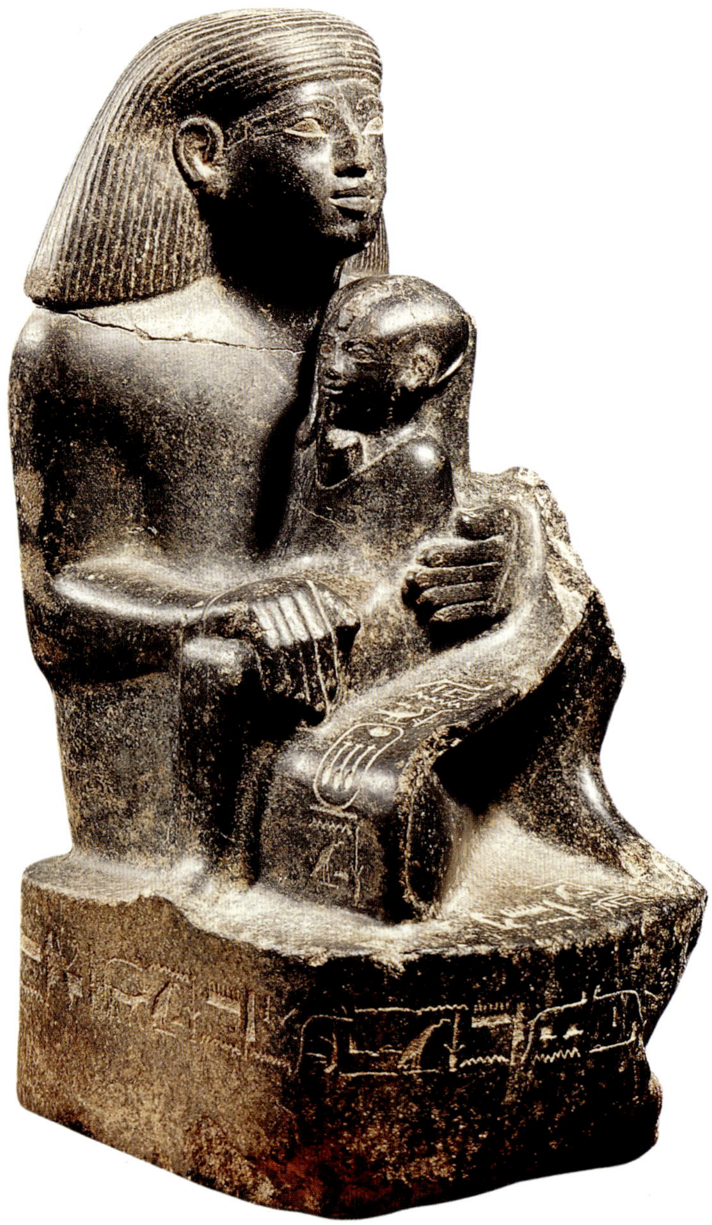

Seule la date inscrite sur les jarres de vin trouvées dans le tombeau de Senenmout, représenté ici avec la fille unique d'Hatchepsout, nous indique l'année de sa mort. Pendant des milliers d'années, cet homme puissant disparut avec sa reine de la mémoire des hommes.
Statue de Senenmout avec Néfrouré, granit noir, hauteur 60 cm, Le Caire, Musée Egyptien

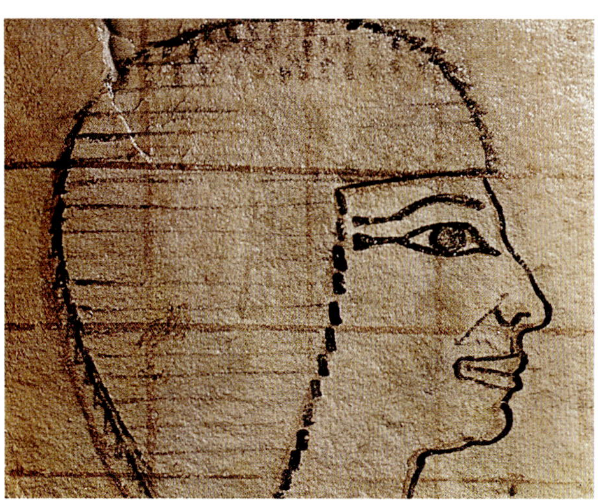

Senenmout était l'architecte et le ministre de la reine ; il fut probablement aussi son amant. Cette esquisse de portrait se trouvait dans le tombeau qu'elle l'autorisa à aménager pour lui sous son temple funéraire de Deir el Bahari.
Ostracon, Deir el Bahari, hauteur 9,5 cm, New York, Metropolitan Museum

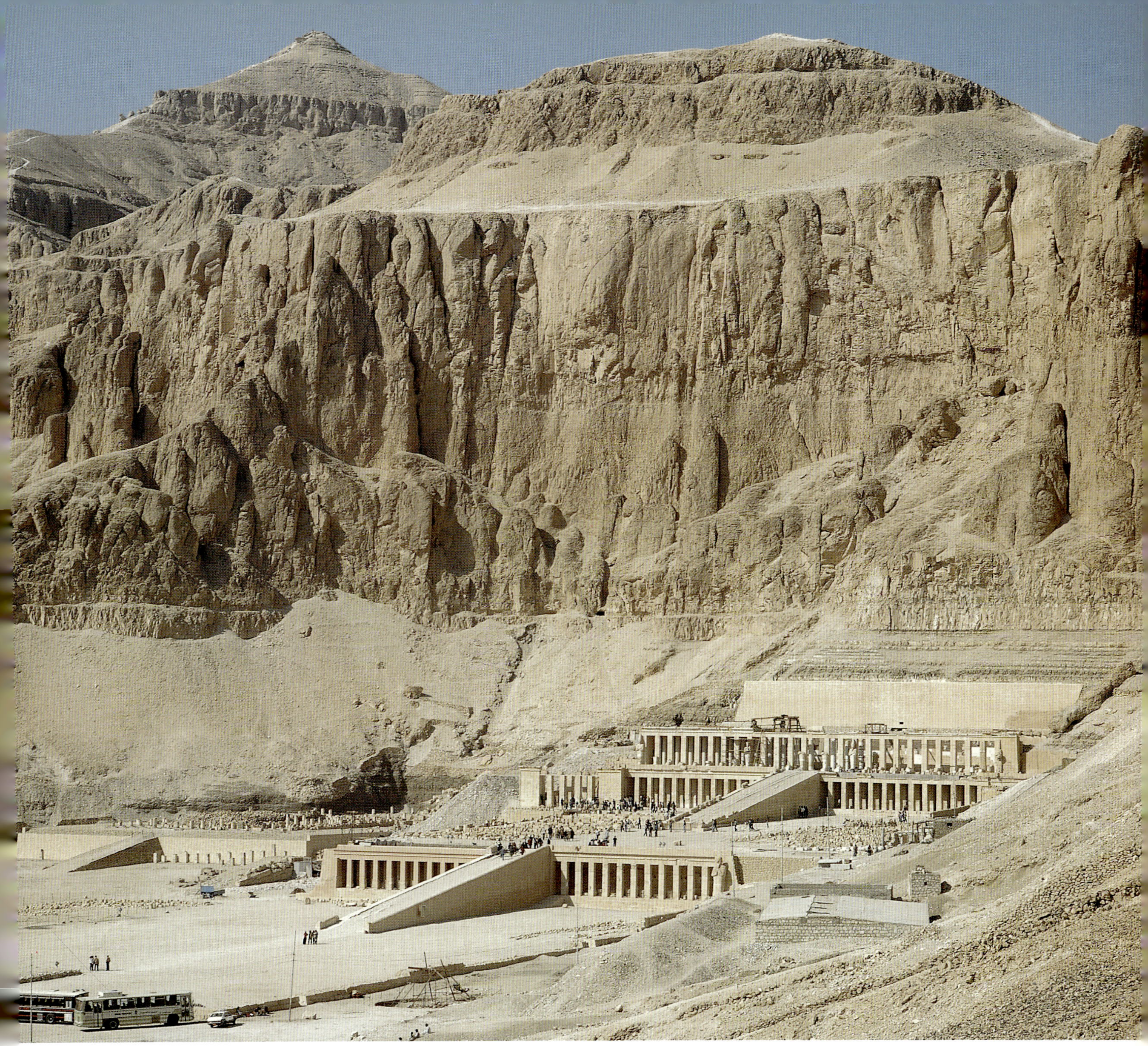

souvent imitée par la suite – le temple offrait un cadre idéal aux cérémonies d'une souveraine soucieuse de démontrer sa légitimité.
Hatchepsout commença à édifier le temple peu après son avènement. Son architecte Senenmout y a laissé de nombreuses traces cachées, des portraits, des statues, des inscriptions portant son nom. Senenmout était un bon ministre, dévoué à la reine dont il fut probablement l'amant. Signe particulier de faveur, elle l'autorisa à s'aménager un tombeau secret sous le temple de Deir el Bahari. Ensuite, le serviteur fidèle partagea le sort de sa Dame : leurs noms furent effacés, les traits de leurs visages martelés, morts ils ne devaient ni voir, ni entendre, ni sentir, ni respirer ni parler. Cette « damnatio memoriae » aura duré plus de trois mille ans. Il faudra attendre le XXe siècle pour que les égyptologues découvrent l'identité de ces figures tombées dans le néant de l'oubli.

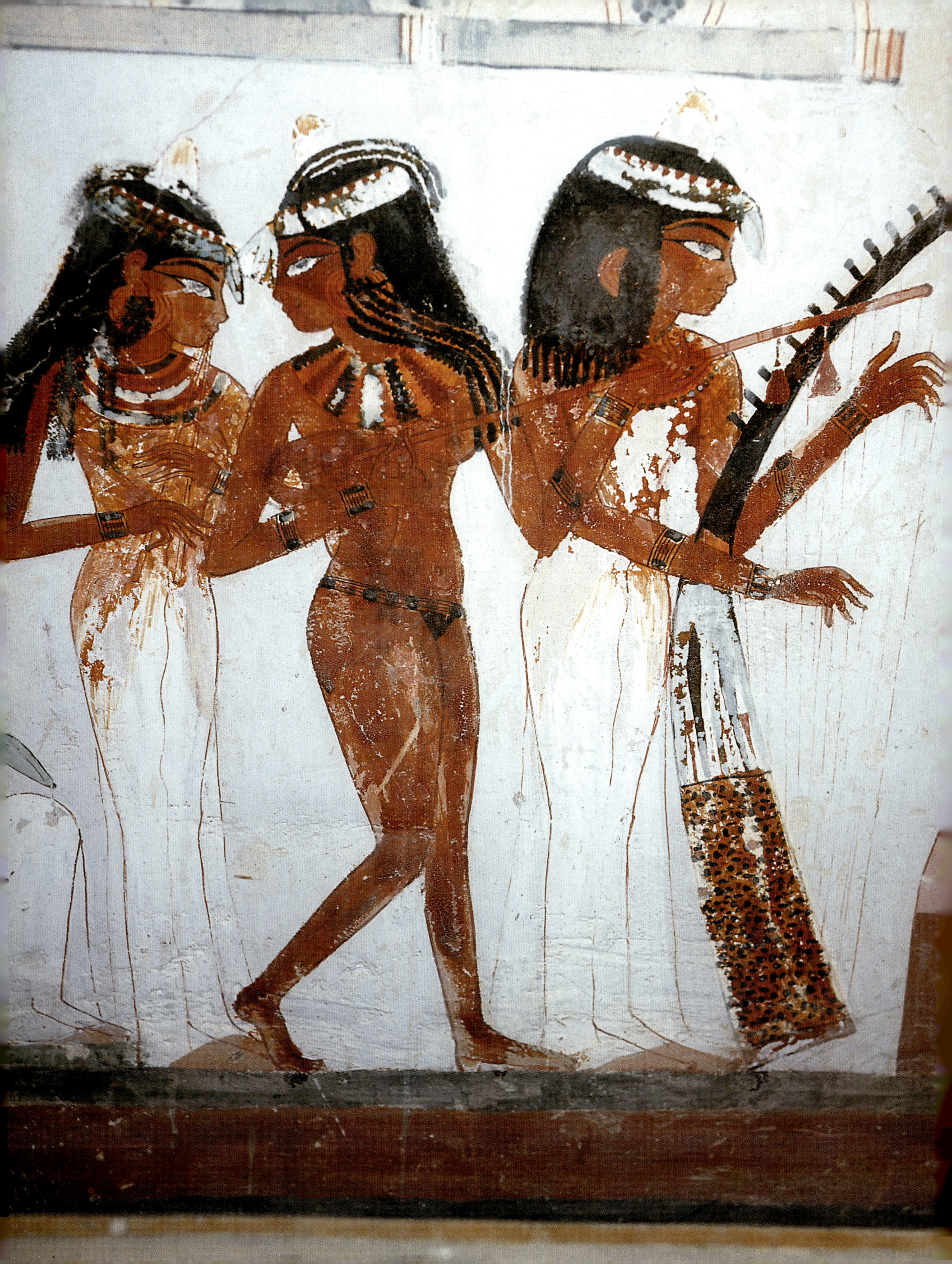

De très jeunes filles presque nues « avec un corps parfait, une jeune poitrine et des tresses » divertissaient les convives durant les banquets. Elles dansaient ou, comme ces trois musiciennes, jouaient de la flûte, de la harpe et du luth.
Tombeau du scribe Nakht, Thèbes n° 52, XVIIIe dynastie

Les joies du cœur

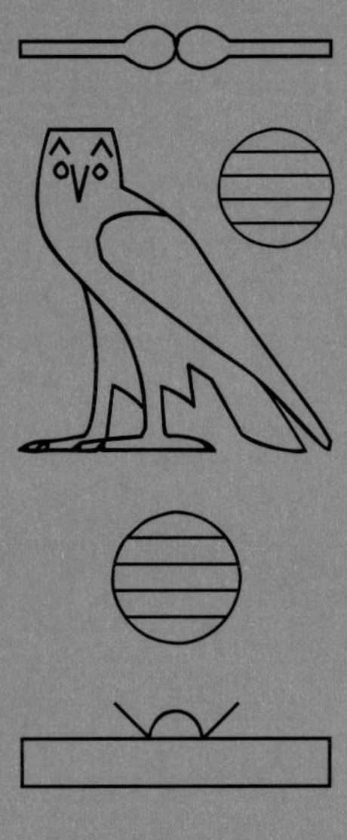

Sekhemekh-ib = la joie du cœur
ib = cœur = 

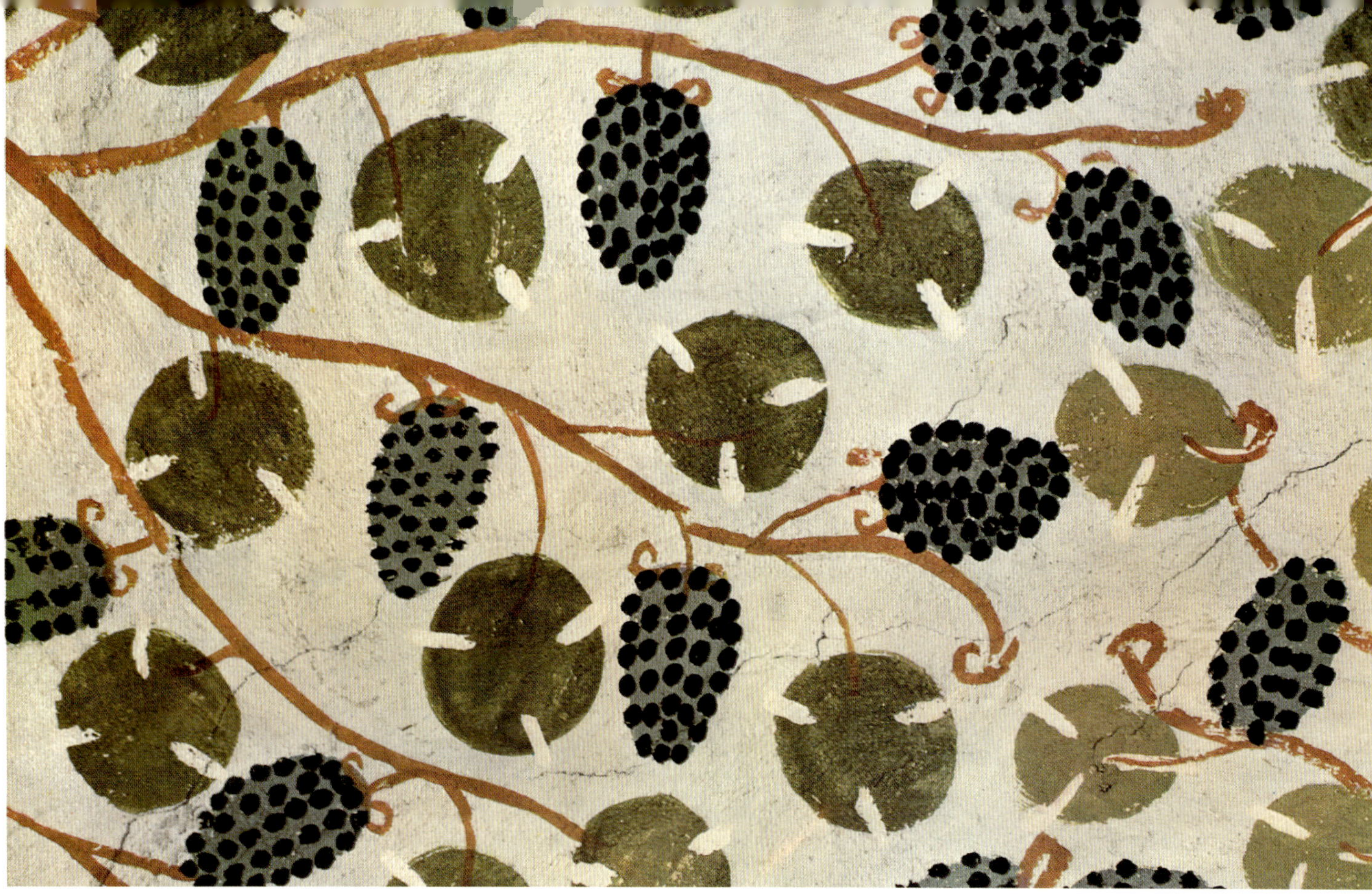

Une des chambres funéraires de Sennefer, maire de Thèbes durant la XVIIIe dynastie, ressemble à une treille. Le plafond est recouvert de rameaux bruns, de feuilles vert olive et de raisins mûrs presque noirs uniformément répartis et stylisés avec un goût très sûr. L'évocation de pampres ombragés et l'harmonie de la représentation réjouissent le spectateur.
Les parois d'autres tombeaux sont décorées de scènes de chasse ou de fêtes : on y voit fruits et légumes, volaille et cuisses de bœuf empilés sur des tables – ces lieux de mort nous content les joies de la vie. Ils montrent bien sûr aussi les rites funéraires, les dieux sont présents, mais à côté des images religieuses les artistes ont fixé ce que les morts ont apprécié leur vie durant et comptaient bien savourer encore dans l'au-delà.
Les plaisirs des sens ont ici une place de choix. Peut-être les Egyptiens avaient-ils plus que d'autres peuples le temps de s'y adonner, car le delta du Nil était extrêmement fertile quand les eaux du fleuve irriguaient bien les champs, et les guerres étaient relativement rares faute d'adversaires puissants. L'Egypte ancienne ne connaît pas l'ascèse et la mortification volontaire de la chair telles que la pratiqueront plus tard les ermites chrétiens dans le désert égyptien. Les scènes qui ornent les tombeaux des fonctionnaires, des prêtres, des artisans et quelques textes sur papyrus nous montrent combien ils savouraient les joies de l'existence.

Afin que le défunt n'ait pas à renoncer aux plaisirs de la table dans l'au-delà, des fruits, des légumes, de la volaille et des cuisses de bœufs s'empilent devant lui sur les peintures et bas-reliefs de son caveau.

Sous la table d'offrande, on distingue les amphores de vin rafraîchies par la verdure.
Tombeau de Nebamon, Thèbes n° 90, XVIIIe dynastie, Londres, British Museum

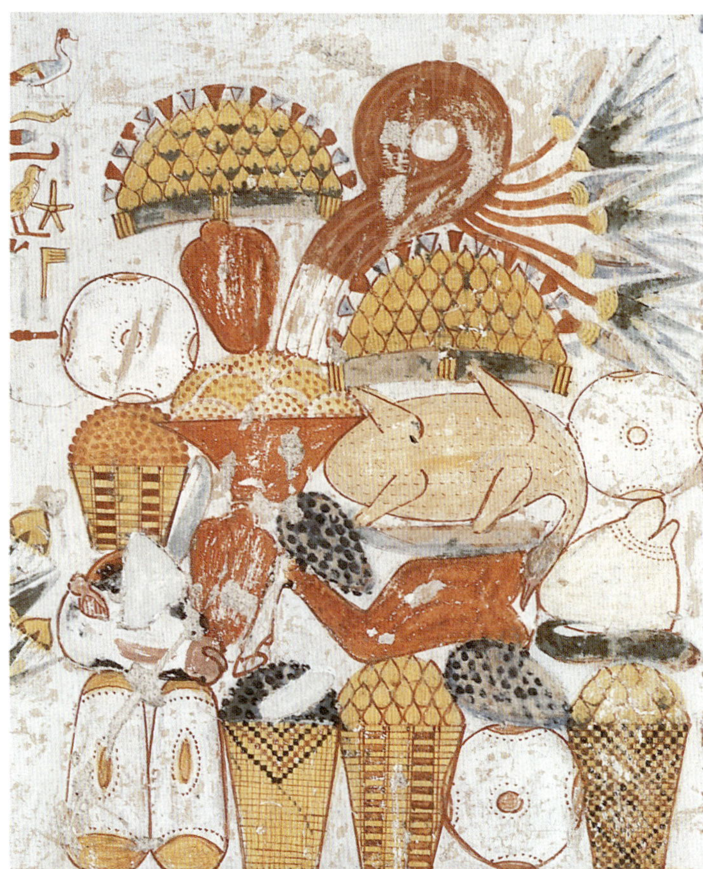

La vigne colorée au plafond du caveau évoque les fêtes sous les treilles ombragées et met l'observateur en joie.
Peinture de plafond, tombeau de Sennefer, Thèbes n° 96, XVIIIe dynastie

Le maître du nez

Chez les Egyptiens, la jouissance semble avoir été avant tout une affaire d'odorat, à tel point qu'un hiéroglyphe « nez » apparaît dans tous les mots qui caractérisent la joie et le fait d'être heureux. L'arrivée imminente des dieux est, elle aussi, annoncée par un parfum délicieux, la « sueur divine ». C'est par le nez que les Egyptiens recevaient des dieux le souffle de vie, symbolisé par une croix ansée. Dans les temples, on ne cesse de brûler la myrrhe et l'encens en l'honneur des dieux, « le ciel et la terre doivent être baignés de myrrhe et d'encens », ordonne le dieu Amon à la reine Hatchepsout, à la suite de quoi celle-ci organise une expédition pour aller chercher des arbres à encens.

D'ailleurs, le parfum avait même une divinité spécifique, Nefertem, le « maître du nez ». Il est représenté coiffé d'une fleur de lotus. Sur toutes les scènes de banquets égyptiens, cette fleur orne les tables et les têtes des convives, il semble que son parfum ait été extraordinairement apprécié. Peut-être qu'en savourant cette odeur, on ne perdait jamais de vue que le lotus est symbole de résurrection, car il s'épanouit

Des fleurs et des huiles embaumées étaient offertes aux invités durant les grandes chaleurs. La servante du seigneur Djehouty verse du parfum sur les mains d'un convive.
Tombeau de Djehouty, Thèbes n° 45, XVIIIe dynastie

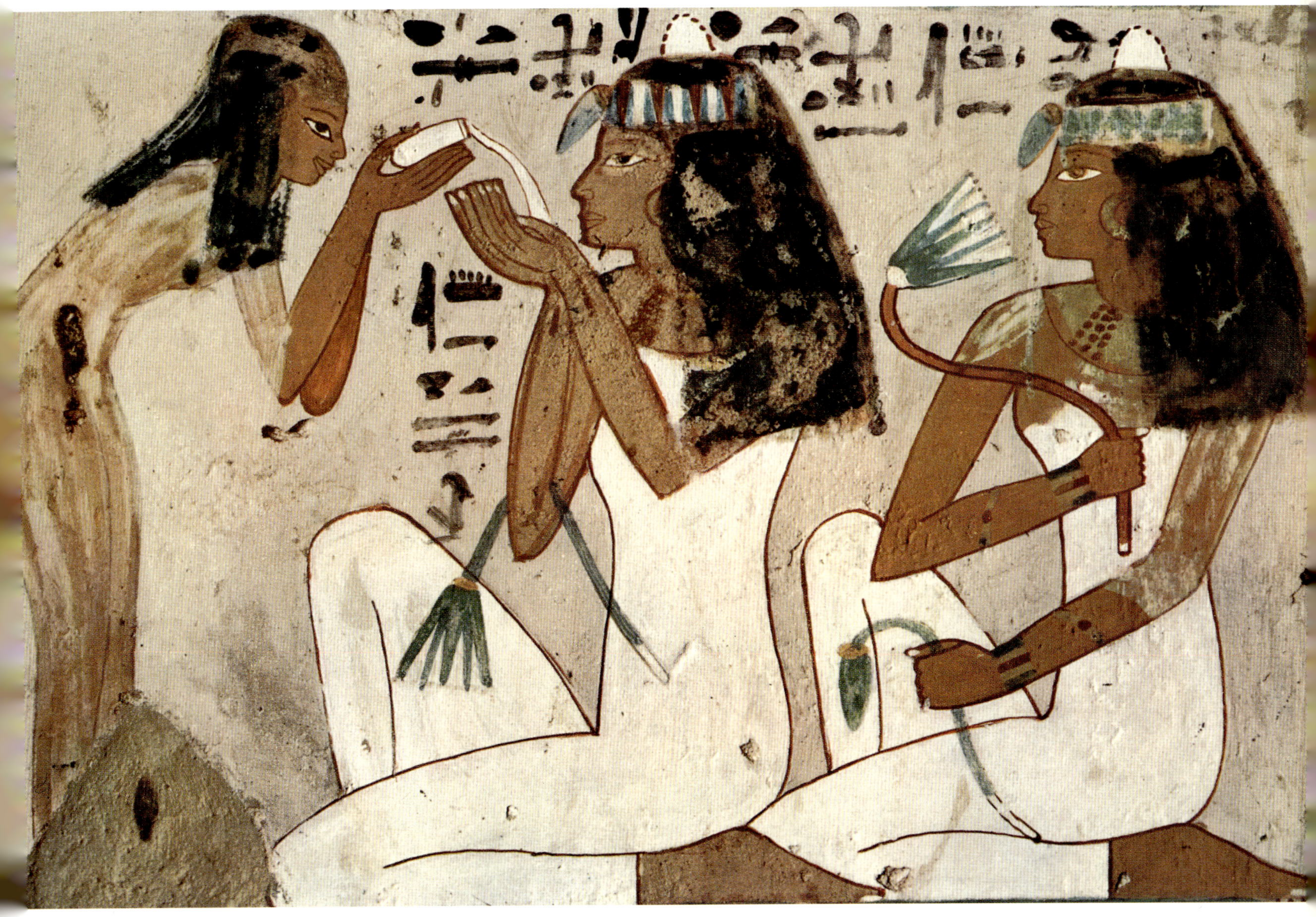

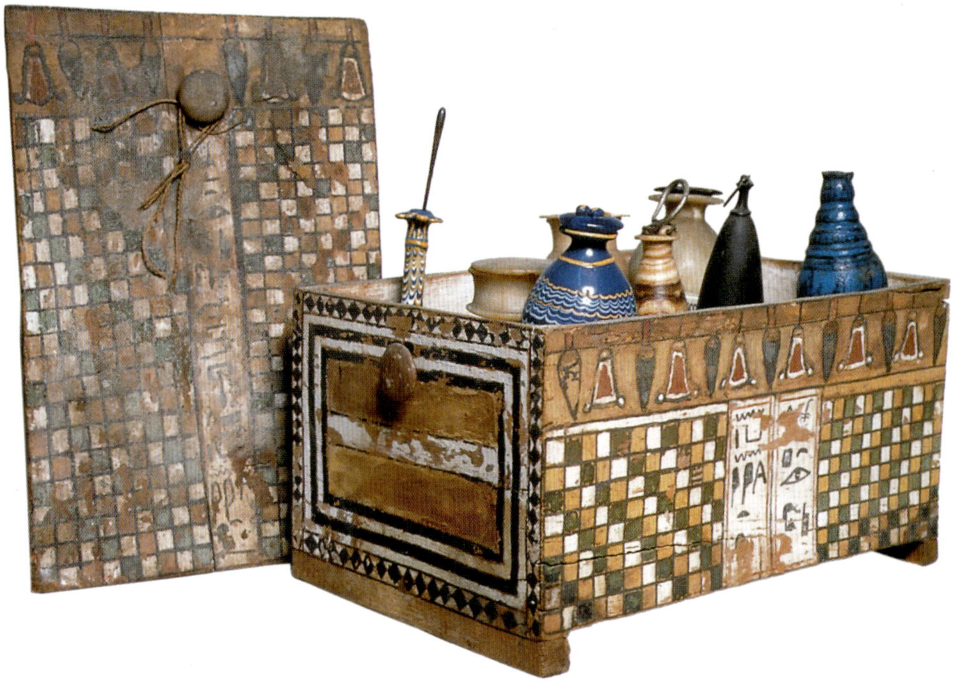

Dans le coffret de produits de beauté de l'épouse du bâtisseur Kha, diverses fioles précieuses contenaient des huiles parfumées. Mélangées avec raffinement et d'une très longue conservation, elles étaient très appréciées à l'étranger.
Tombeau du bâtisseur Kha, Thèbes n° 8, XVIIIe dynastie, Turin, Museo Egizio

Une cuiller à onguents artistement sculptée représentant une coupe en forme de canard, tendue par une nageuse nue. La nageuse tout autant que l'oiseau aquatique étaient considérés comme des symboles érotiques.
Fayoum, XVIIIe/XIXe dynasties, bois en partie peint avec incrustations, Le Caire, Musée Egyptien

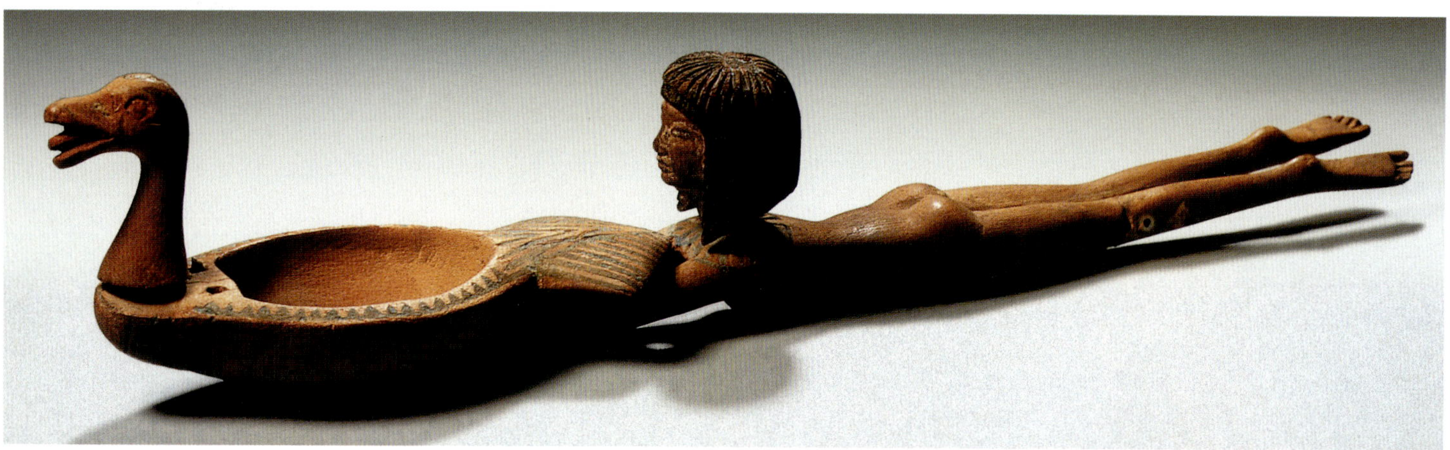

avec la course du soleil, se ferme le soir pour se rouvrir le matin. On suppose que l'odorat de l'homme a régressé au cours de son évolution, qu'il pouvait autrefois enregistrer beaucoup plus d'informations. Il est possible que les Egyptiens aient pu sentir avec plus d'intensité et de précision que nous. Les Grecs les considéraient comme des spécialistes des parfums, aussi bien en ce qui concerne les mélanges raffinés que la conservation. Le philosophe et savant grec Théophraste (vers 372-vers 287 av. J.-C.) nous rapporte : « Ce sont les égyptiens qui tiennent le mieux ... Un parfumeur disait qu'il avait eu du parfum égyptien huit ans durant dans son magasin ... et qu'il était encore en bon état, meilleur même que du parfum frais. »
La distillation à l'alcool étant encore inconnue, les parfums étaient fixés dans des baumes, des huiles, et conservés dans des boîtes et pots à onguents façonnés avec art. Dans les laboratoires de certains temples, les hiéroglyphes inscrits sur les murs nous donnent les recettes des parfums, mais les ingrédients n'ont pas encore été identifiés.

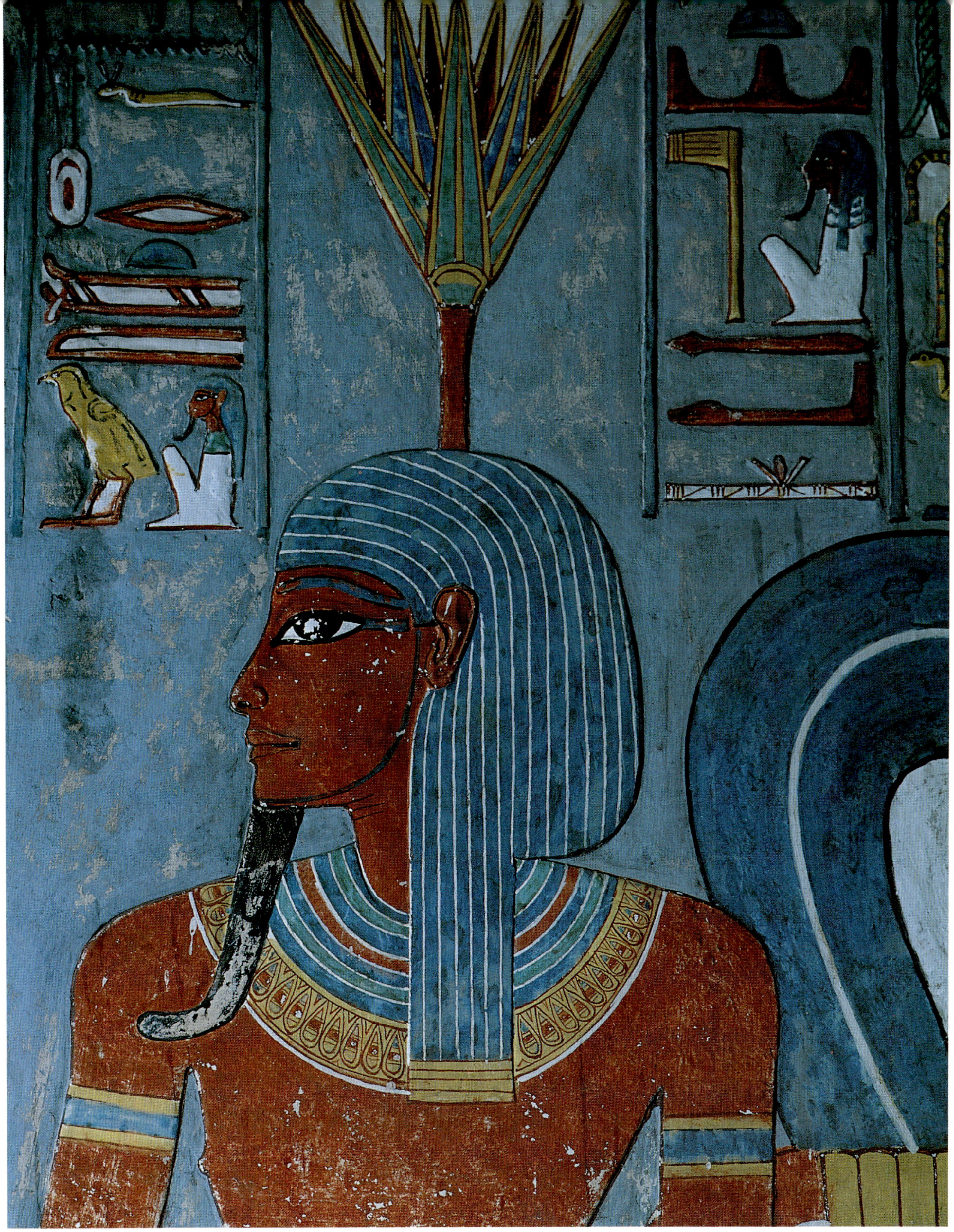

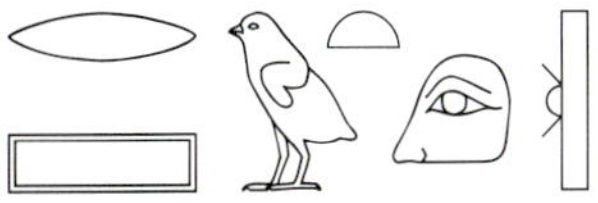

rechout = la joie

 = nez, odeur agréable, joie

Les senteurs agréables jouaient un rôle si important que les parfums et les onguents avaient un dieu spécifique, le « maître du nez ». Il était coiffé d'une fleur de lotus parfumée.

Tombeau d'Haremhab, Vallée des Rois, Thèbes, XVIIIe dynastie

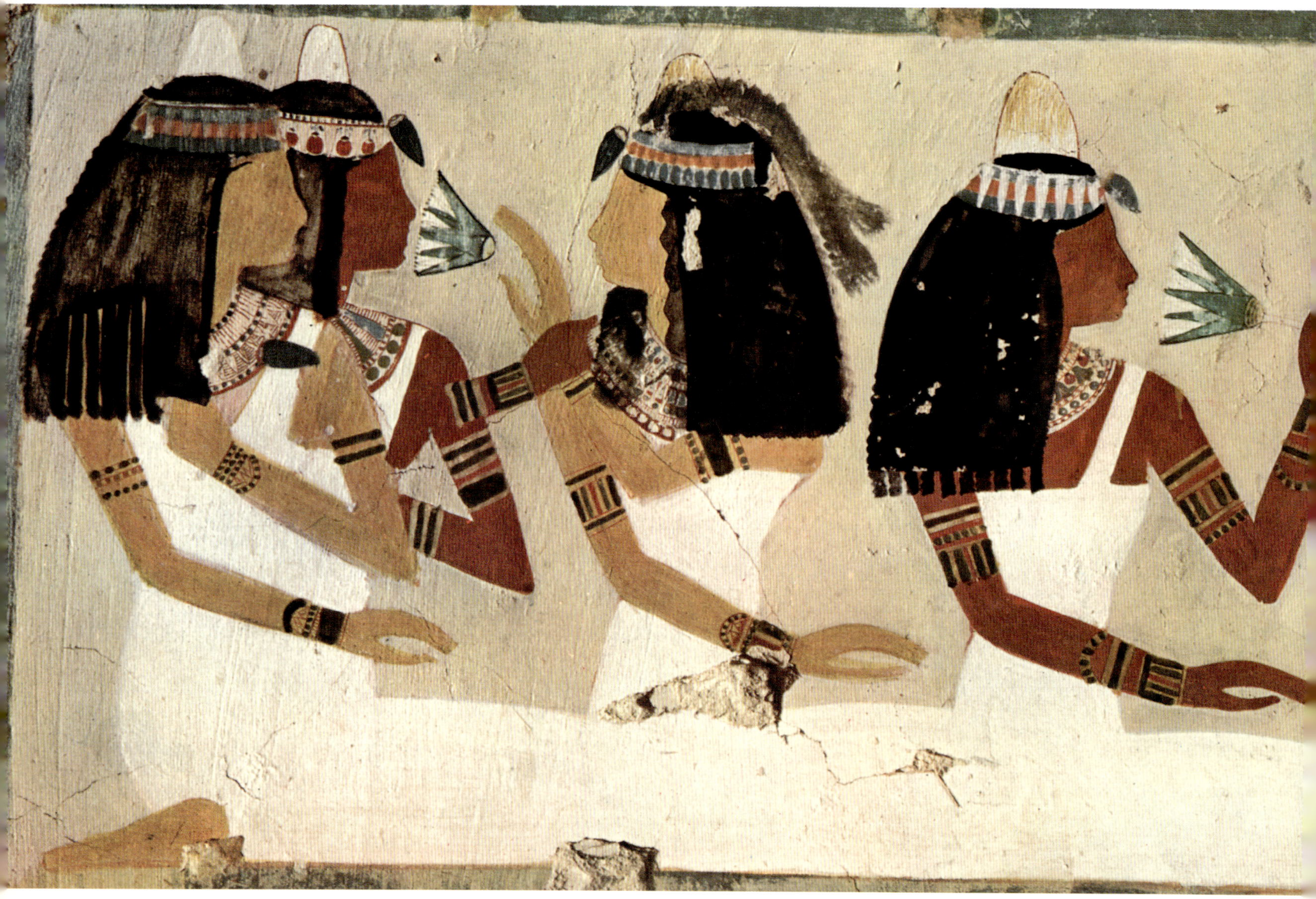

Hygiène et plaisir

Dans les banquets, les convives portaient des cônes d'onguent aromatisé sur leurs têtes. La chaleur les faisait fondre lentement, ils répandaient ainsi une odeur agréable tout en lustrant la chevelure et fixant la coiffure. *Peinture inachevée, tombeau de Néferoupet, Thèbes n° 43*

Le climat sec du désert dessèche la peau et les cheveux, rendant indispensable l'utilisation de baumes et de graisses. Considérés comme une nécessité absolue, ils venaient juste après la nourriture et la boisson et constituaient, par exemple, une partie du salaire des artisans du village de Deir el Medineh. Les pauvres utilisaient de l'huile de ricin, les riches des huiles parfumées dont la fabrication aurait duré jusqu'à six mois. Sept sortes d'onguents dotés de noms tels que « parfum de fête » ou « baume syrien » ou bien encore « la meilleure huile de cèdre libyque » ont connu une renommée particulière.
Facteur de santé d'un côté, plaisir sensuel de l'autre – le sage Ptahhotep (vers 1300 av. J.-C.) ne conseille pas seulement à l'époux « de remplir l'estomac de sa femme et d'habiller son dos », mais aussi de lui fournir des onguents : « un remède pour les membres … tâche ainsi de réjouir son cœur tant que tu la possèdes. » « L'encens frais sous ses aisselles » a sans doute fait office de déodorant. Les hommes et les femmes invités aux repas d'apparat plaçaient des cônes

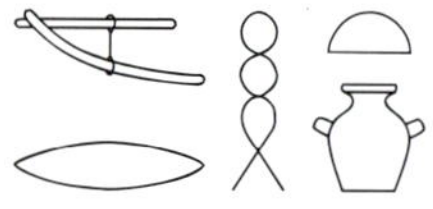

merehet = le baume

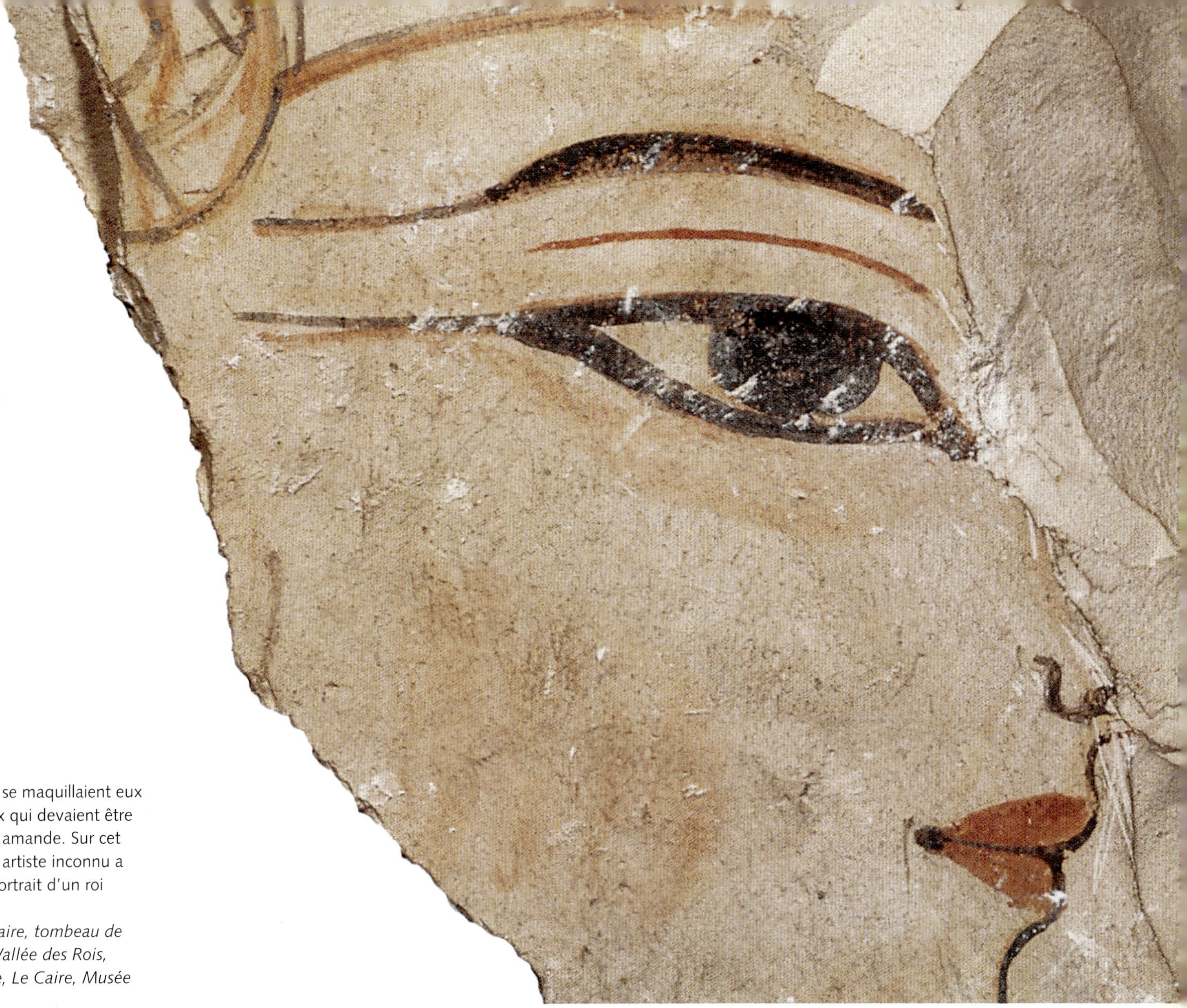

Les hommes se maquillaient eux aussi les yeux qui devaient être grands et en amande. Sur cet ostracon, un artiste inconnu a esquissé le portrait d'un roi vu de profil.
Éclat de calcaire, tombeau de Ramsès VI, Vallée des Rois, XXe dynastie, Le Caire, Musée Egyptien

Les baumes et huiles contenus dans des coupes originales ne servaient pas uniquement à l'esthétique, ils étaient indispensables à la peau et aux cheveux desséchés par le climat du désert.
Boîte à onguents en ivoire, XVIIIe dynastie, longueur 13 cm, Turin, Museo Egizio

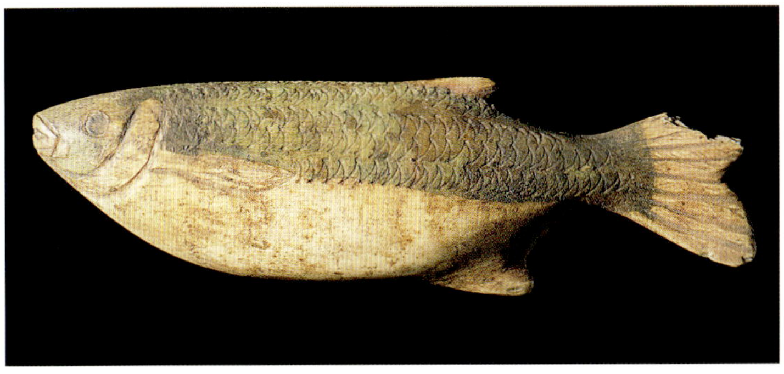

d'onguent aromatisé sur leur tête, une huile solidifiée parfumée qui, en fondant, lustrait la chevelure ou la perruque tout en répandant des odeurs agréables. « Si seulement je pouvais être son blanchisseur … alors mon bonheur serait de laver les huiles (qui imprègnent) son vêtement diaphane », rêve un adolescent.
Hommes et femmes se maquillent les yeux largement, en forme d'amande, et utilisent des fards de couleurs variées selon l'époque – vert dans l'Ancien Empire, noir dans le Nouvel Empire – et la saison. Dans les temples, les statues des dieux sont fardées elles aussi. L'importance de la décoration des yeux est mise en évidence dans « L'Hymne au Nil » qui mentionne expressément qu'en période de misère « ni fard pour les yeux ni onguent » ne sont disponibles. Pour beaucoup, les soins du corps semblent avoir été plus un plaisir qu'un acte d'hygiène. Dès la seconde dynastie, les membres des classes sociales supérieures possédaient des salles de bain équipées de douches et de miroirs. Après les repas, les invités pouvaient se rincer les mains dans des bassins d'eau fraîche que leur tendaient les serviteurs. A l'occasion, le plaisir physique a dû s'accompagner de la

fierté d'appartenir à une civilisation particulièrement évoluée. Les Egyptiens considéraient tous les autres peuples comme des « misérables », leur pays leur paraissait le seul où l'on puisse bien vivre. C'est ce que rapporte aussi un fonctionnaire égyptien à la fin du Moyen Empire. Sinouhé, c'est son nom, avait dû fuir l'Egypte et put rentrer après des années passées à l'étranger, souffrant du mal du pays : « Je fus logé dans la maison d'un des fils du roi, où il y avait tout ce qui est nécessaire à un noble et un bain ... Les années furent enlevées de mon corps ; je fus rasé et mes cheveux furent peignés ... Et je fus vêtu de belle toile et oint de la meilleure huile. »

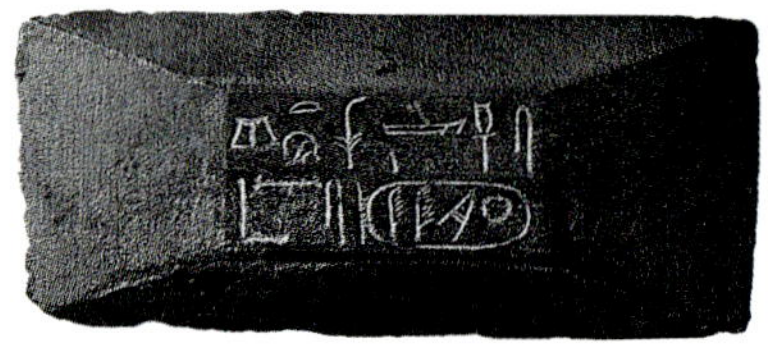

Cette lame de rasoir porte le nom et les titres de son propriétaire : « Confident et chambellan du Roi, Mérirseneb »
Ancien Empire, VIe dynastie, cuivre, 8 x 3,5 cm, Berlin, Ägyptisches Museum

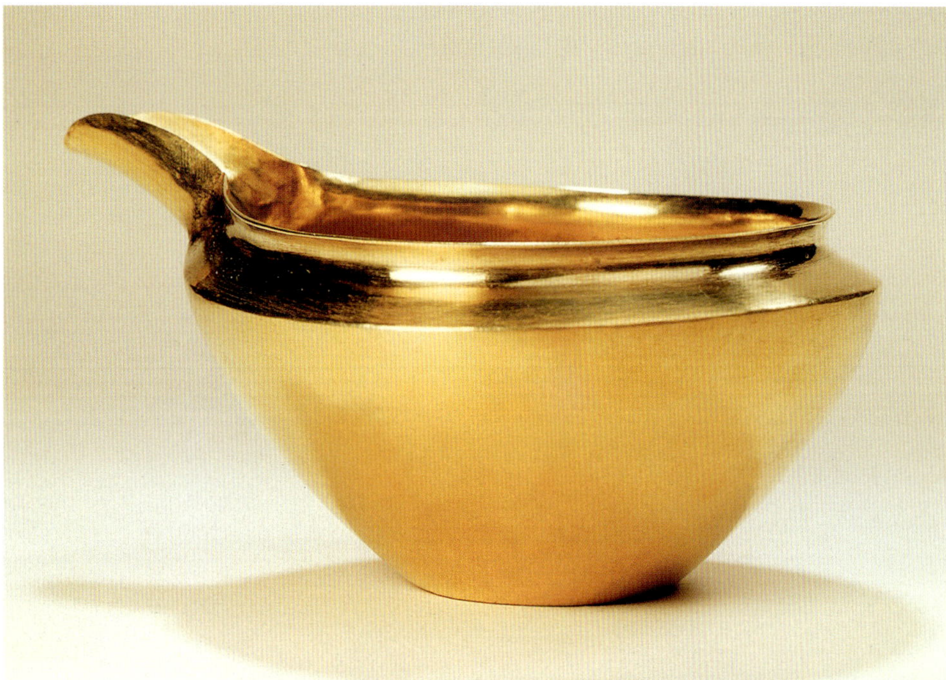

Reproduction en miniature d'une aiguière, utilisée avec une vasque pour se laver les mains.
Tombeau de la reine Hétépherès, Gizeh, Ancien Empire, IVe dynastie, or, hauteur 5,2 cm, Le Caire, Musée Egyptien

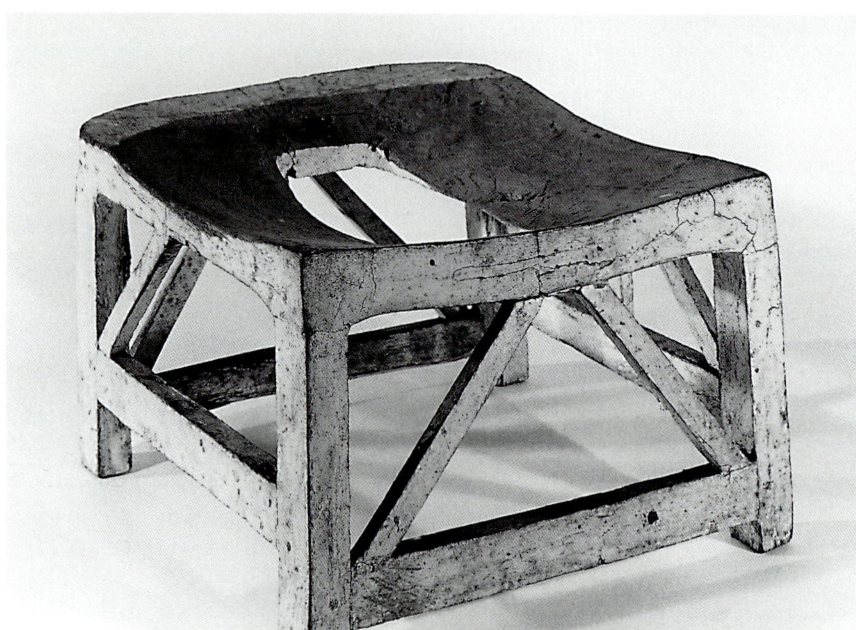

L'hygiène et les soins du corps étaient très évolués : les membres de la classe sociale supérieure possédaient des salles de bain équipées de douches et d'agréments divers, comme cette chaise percée en bois.
Tombeau de Kha, Deir el Bahari, Thèbes n° 8, XVIIIe dynastie, Turin, Museo Egizio

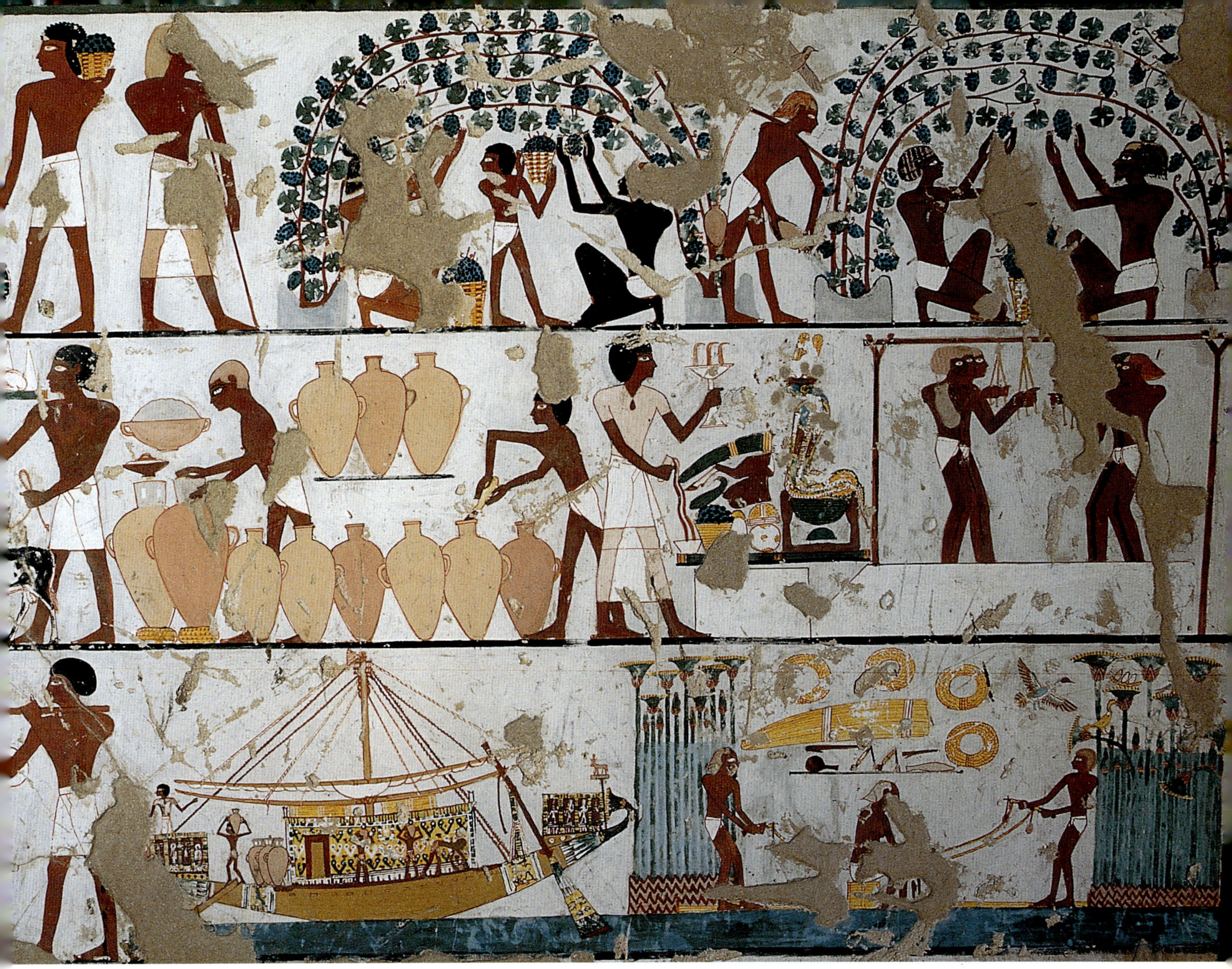

La vigne était cultivée en treilles, surtout dans le delta du Nil. Le vin était versé dans des jarres en terre cuite sur lesquelles son origine, le nom du vigneron et la date de remplissage étaient soigneusement inscrits. Les jarres étaient ensuite embarquées sur le Nil et traversaient le pays.
Peinture du tombeau de Khâemouaset, Thèbes n° 261, XVIIIe dynastie

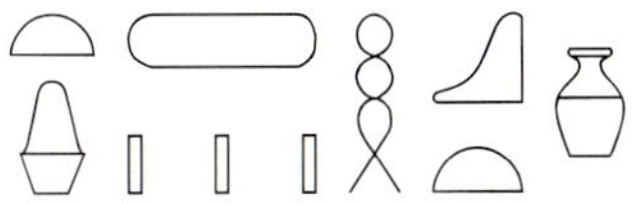

ta henket = le pain, la bière

Le pain et la bière

Le pain, accompagné d'une bière épaisse, la boisson nationale, constituait la base de l'alimentation des Egyptiens. La bière ne se conservant pas, il fallait sans cesse en brasser de la fraîche dans tous les ménages : pour ce faire, on humidifiait des céréales concassées et légèrement cuites au four, puis on les écrasait dans de grandes cuves et on laissait fermenter ; pour finir le tout était passé au tamis. Le houblon était inconnu.
Ceux qui en avaient les moyens buvaient du vin. La vigne poussait en treilles dans la plaine, particulièrement dans la région du delta. Les Egyptiens aimaient le vin sucré, « plus suave que le miel ». Dans un texte de la XIXe ou de la XXe dynastie, nous lisons l'histoire d'un homme qui s'embarque dans la capitale de Ramsès (dans le delta) avec quinze cents jarres de vin scellées et cent jarres de liqueurs diverses. On peut en conclure que le négoce du vin était bien établi. Les « appellations contrôlées » découvertes dans la tombe du

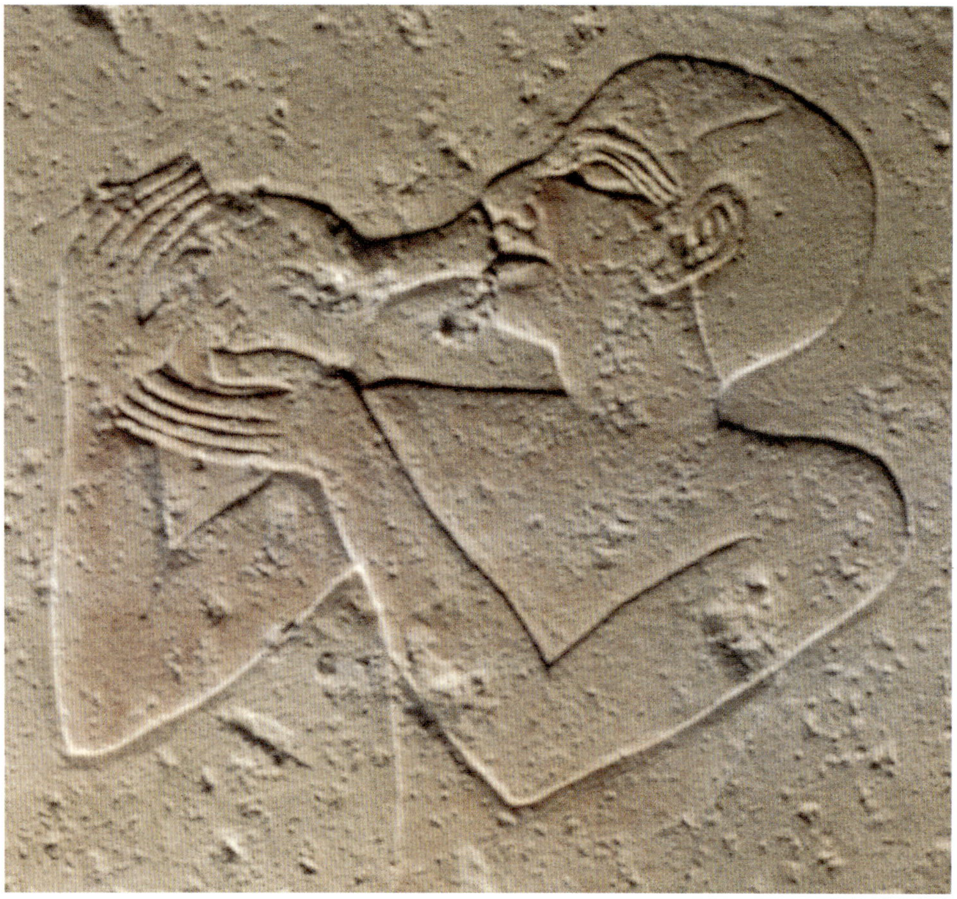

Il était rare qu'un simple ouvrier puisse s'offrir du vin. Ce travailleur des champs boit l'eau contenue dans une gourde en terre cuite. Mais sa boisson quotidienne était la bière épaisse et nourrissante.
Relief du mastaba de Hétépherakhti, Saqqarah, Ancien Empire, Ve dynastie, Leyde, Rijksmuseum van Oudheden

L'Egypte était un « don du Nil » et le fleuve offrait aussi ses poissons aux Egyptiens. On les observe plus souvent que la viande sur les assiettes.
Détail d'une peinture du tombeau de Mennena, « scribe militaire » de Thoutmosis III, Thèbes n° 69, XVIIIe dynastie

Ces pains découverts dans le caveau du maître bâtisseur Kha font partie des rares aliments qui ont résisté au temps.
Tombeau de Kha, Thèbes n° 8, XVIIIe dynastie, Turin, Museo Egizio

pharaon Toutankhamon montrent combien les exigences étaient variées dans les classes supérieures : vingt-six jarres de vin mentionnent l'année du remplissage, l'origine du vin et le nom du vigneron, ce qui se lit ainsi : « Année quatrième (du règne de Toutankhamon, c'est-à-dire 1329 avant notre ère), vin doux de la Maison (le temple) d'Aton – qu'il vive, reste sauf et en bonne santé ! – de la rive ouest, vigneron en chef Apereshop. » Le contenu des jarres est malheureusement complètement desséché.

Qu'aimaient manger les Egyptiens ? Les tables d'offrandes peintes sur les parois des caveaux sont couvertes de légumes et de fruits : oignons, aulx, ciboule, concombres, figues, dattes, melons, raisins, et quand la saison était avancée des pommes, des grenades, des olives. A côté gisent des oies, des pigeons, des grues. La viande rouge n'apparaît la plupart du temps que sous forme de cuisse de bœuf. Les Egyptiens ne pouvant pas conserver la viande, il fallait manger les bœufs en l'espace de quelques jours. Dans le village d'artisans de Deir el Medineh, une distribution de viande n'avait lieu que lors des fêtes les plus importantes, et c'était celle des animaux sacrifiés aux dieux dans les temples. Dans une tombe de Saqqarah, au lieu d'une peinture, les archéologues ont trouvé les restes desséchés d'un repas complet servi sur de la vaisselle en faïence. Le menu (excepté deux plats) reconstitué par les chimistes comprenait du pain, de la bouillie d'orge, un poisson cuit, une caille cuite (la tête sous l'aile), un ragoût de pigeon, deux rognons cuits, des côtes et des cuisses de bœuf, et puis des baies, des fruits cuits à l'étuvée

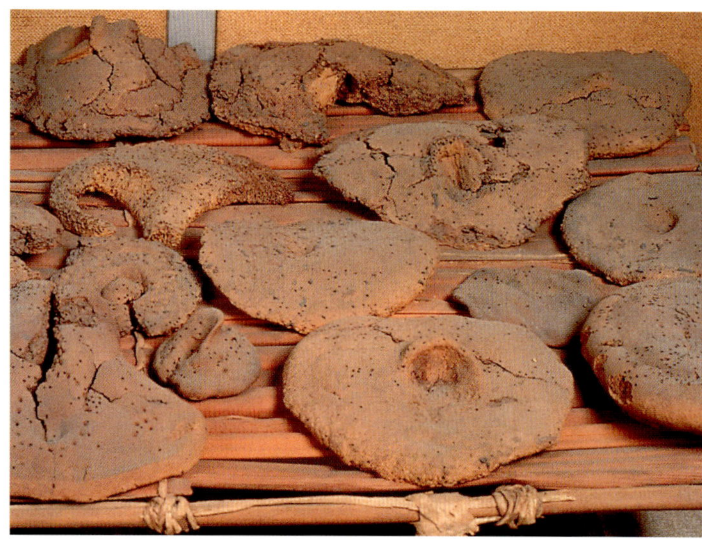

(des figues probablement), des petits gâteaux ronds au miel, plusieurs sortes de fromage. A côté, une grande jarre de vin. Ce repas d'outre-tombe était destiné à une femme de la IIe dynastie, il y a plus de cinq mille ans de cela. Les chimistes ne peuvent rien dire de précis au sujet de la préparation des mets, et les Egyptiens ne nous ont laissé aucune recette. Et si nous savons qu'ils cuisaient trente-cinq sortes de pains et de gâteaux et pouvons en déduire que les pâtisseries variées faisaient partie des petites joies quotidiennes, nous sommes incapables de dire quel goût elles avaient.

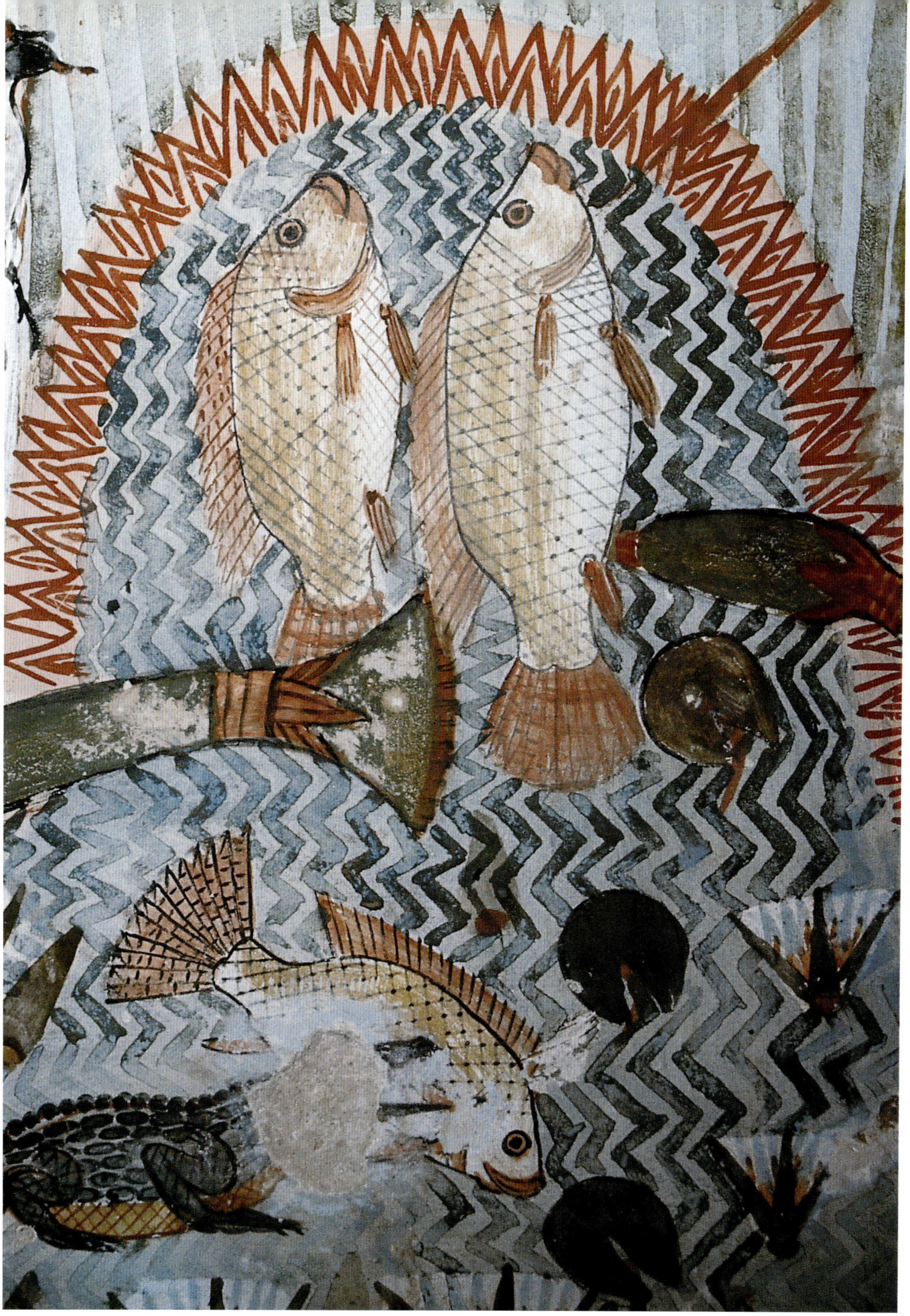

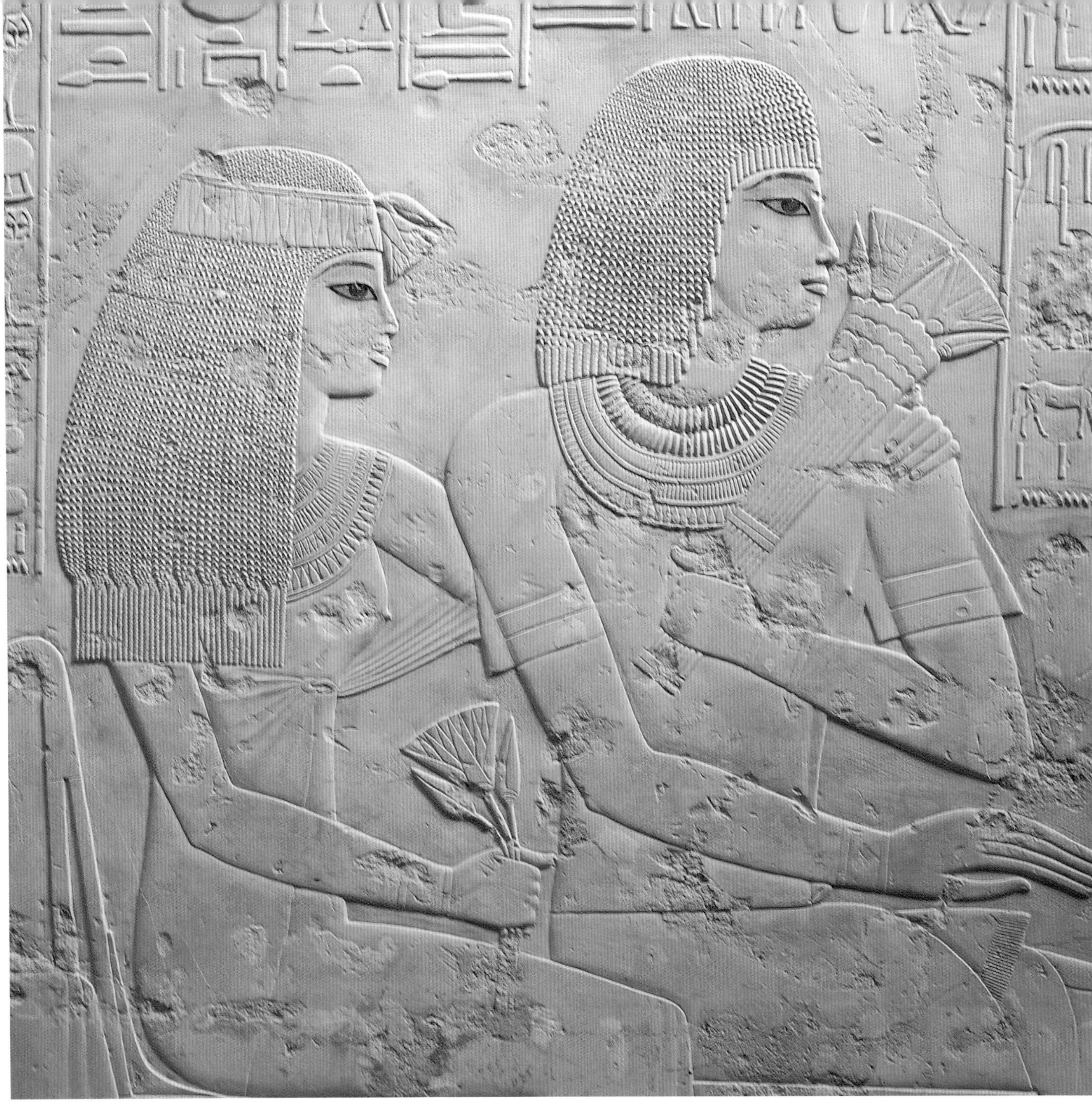

Les amis, les amours

Les Egyptiens mangeaient normalement trois fois par jour. Le matin, et le plus souvent chacun pour soi, ils prenaient un petit déjeuner dit «lavage de bouche». Le repas du midi et surtout le repas du soir, dit «lever des étoiles», étaient l'occasion de se retrouver en famille ou avec des amis. Une joyeuse convivialité faisait aussi partie des plaisirs de la vie, les scènes de banquets peintes sur les parois des tombeaux en sont la preuve. «Réjouir le cœur, exulter d'allégresse, participer au bien, une fleur de lotus sous les narines, et de la myrrhe en baume au sommet de la tête», peut-on lire sur la scène de fête qui orne la tombe du vizir Rekh-mi-rê. Les mets servis étaient abondants et on buvait beaucoup. «Célèbre la journée dans la joie», chantait le harpiste aveugle aux mangeurs «pendant que la femme de ton cœur est assise à tes côtés.»

Les artistes chargés de décorer les tombeaux font preuve d'une grande discrétion quand il s'agit de représenter l'amour et de l'érotisme : seul le bras de la femme qui enlace les épaules ou est posé sur le dos de l'homme (jamais le contraire) nous donne une indication. Peut-être le jeu de harpe des jeunes filles était-il considéré comme un prélude aux ébats amoureux. Les Egyptiens associaient probablement les plaisirs de la chair aux treilles peintes ou aux scènes de chasse dans les roseaux en compagnie de femmes. Les peintures et statues ornant les chambres funéraires ne nous éclairent pas nettement sur ce point. Il en allait autrement des images probablement créées pour le plaisir du peintre et de ses amis. Un papyrus conservé au musée de Turin, des fragments de poteries ornées de dessins ou des figurines en terre cuite montrent qu'à cette époque l'imagination pornographique allait bon train. Mais il s'agit

Une joyeuse convivialité faisait partie des plaisirs de la vie : la dame Maï passe tendrement son bras autour des épaules de son époux Amenhotep, haut fonctionnaire et frère de l'hôte, le vizir Ramosé.
Relief du tombeau de Ramosé, Thèbes n° 55, XVIIIe dynastie

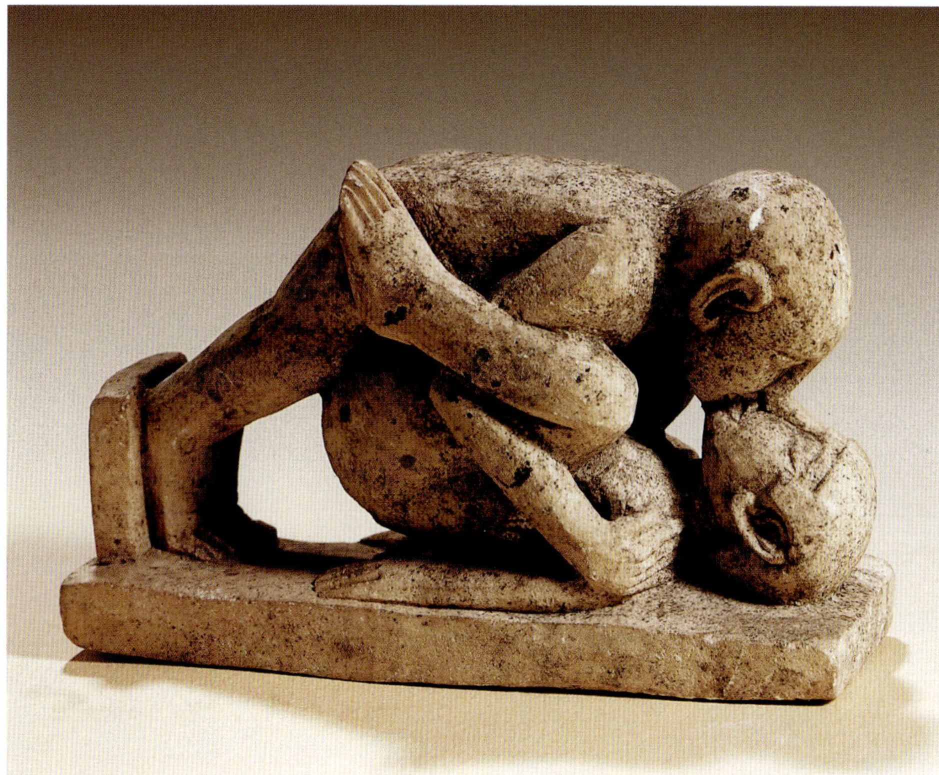

Les artistes modelaient probablement ces figurines si manifestement érotiques pour leur propre plaisir. Elles ne faisaient pas partie des offrandes aux défunts – la crainte qu'elles puissent s'animer et échapper à tout contrôle était sans doute trop vive.
Le Caire, Musée Egyptien

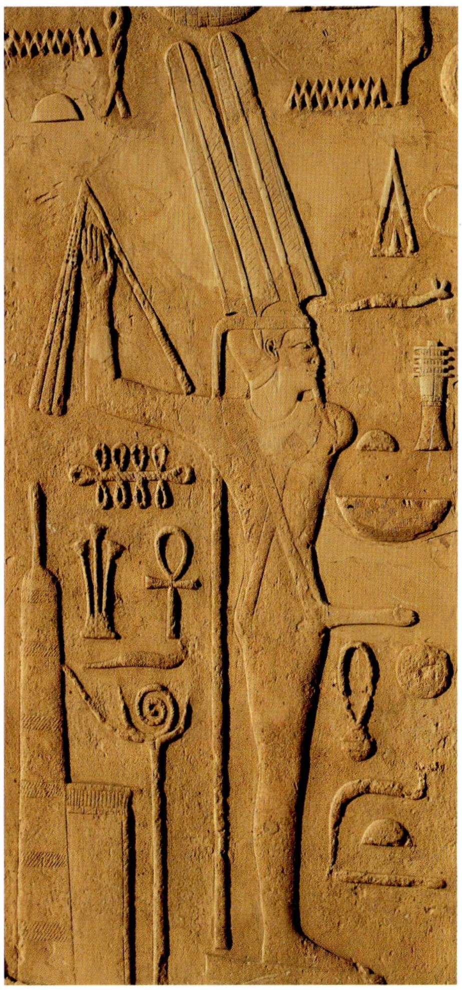

Dans les temples, l'art officiel, extrêmement stylisé, montre à peine les organes génitaux. Seuls le dieu de la fertilité Min et Osiris, ressuscité des morts, sont représentés avec un phallus.
Relief de la « Chapelle blanche » de Sésostris Ier, Karnak, XIIe dynastie

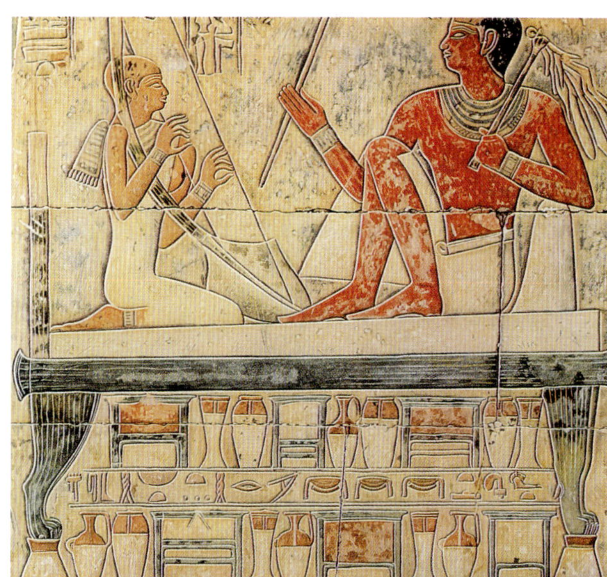

Une femme joue de la harpe, accroupie sur le lit à côté de son époux – une discrète allusion aux plaisirs à venir.
Tombeau de Mererouka, Saqqarah, Ancien Empire, VIe dynastie

de représentations n'ayant rien à voir avec l'art rituel et ses règles formelles strictes. On peut tout au plus contempler sur les parois des temples le sexe érigé de Min, dieu de la procréation.

La littérature accorde plus de place à l'amour et aux plaisirs de la chair. On connaît de nombreux chants d'amour n'évoquant pas seulement la douleur et la nostalgie, mais aussi le bonheur et la griserie. A côté de cela des descriptions comme celle-ci nous ont été transmises : « Assis dans la taverne, entouré de filles de joie, tu veux te montrer tendre et connaître le plaisir. Tu reposes près des filles, oint d'huile, un collier d'orge sauvage autour du cou, et tu tapes sur ton ventre ! »

Tambouriner sur son ventre était le signe d'une exubérance effrénée. Les plaisirs érotiques – l'Egypte ancienne ne fait pas exception – sont presque toujours représentés vus de la

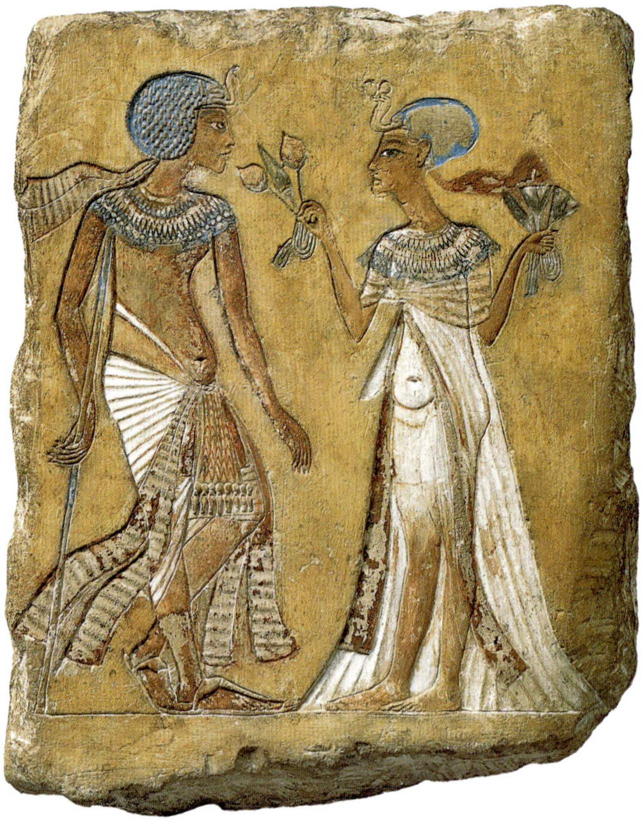

Deux enfants royaux se promènent dans un jardin : ils se regardent dans les yeux, elle lui offre des fleurs. On n'observe une représentation aussi directe de sentiments tendres que durant le règne bref d'Akhenaton.
Relief, esquisse de l'artiste sur pierre calcaire, Tell el-Amarna, XVIIIe dynastie, 25 x 20 cm, Berlin, Ägyptisches Museum

perspective masculine. Ainsi, dans un conte, un prêtre conseille au roi Snéfrou qui se languit : « Que ta Majesté veuille bien se rendre au lac du palais. Equipe un bateau avec toutes les beautés qu'abrite ton palais. Le cœur de ta Majesté sera réconforté quand tu les verras ramer en cadence, et quand tu regarderas les beaux nids d'oiseaux de ton lac, les champs environnants et les rives charmantes, ton cœur en sera tout égayé. » Le prêtre envoie alors chercher « vingt femmes qui n'ont pas encore enfanté, avec un corps parfait, une jeune poitrine et des tresses », il leur donne des « filets ornés de perles au lieu de vêtements ... Elles ramaient en cadence et le cœur de sa Majesté en était tout rasséréné. » Sur les scènes de banquet aussi, des jeunes filles nues « qui n'ont pas encore enfanté » servent les invités, et des musiciennes en tenue plus que légère accompagnent les exercices acrobatiques des jeunes danseuses. Les Egyptiens éprouvaient manifestement bien du plaisir à contempler de beaux corps nus. Lors des processions officielles, on voit aussi les acrobates et les danseuses de la belle Hathor, déesse de l'amour, vêtues seulement d'un pagne court, arrondi par devant.

« J'étais l'un de ceux qui aimaient l'ivresse, un maître du beau jour », peut-on lire sur le cercueil de Vennofer, prêtre d'Osiris ; il s'exalte pour les « danseuses,... pour les femmes vêtues de voiles, au corps parfait, aux longues boucles et aux seins fermes ... J'ai suivi mon cœur dans le jardin et

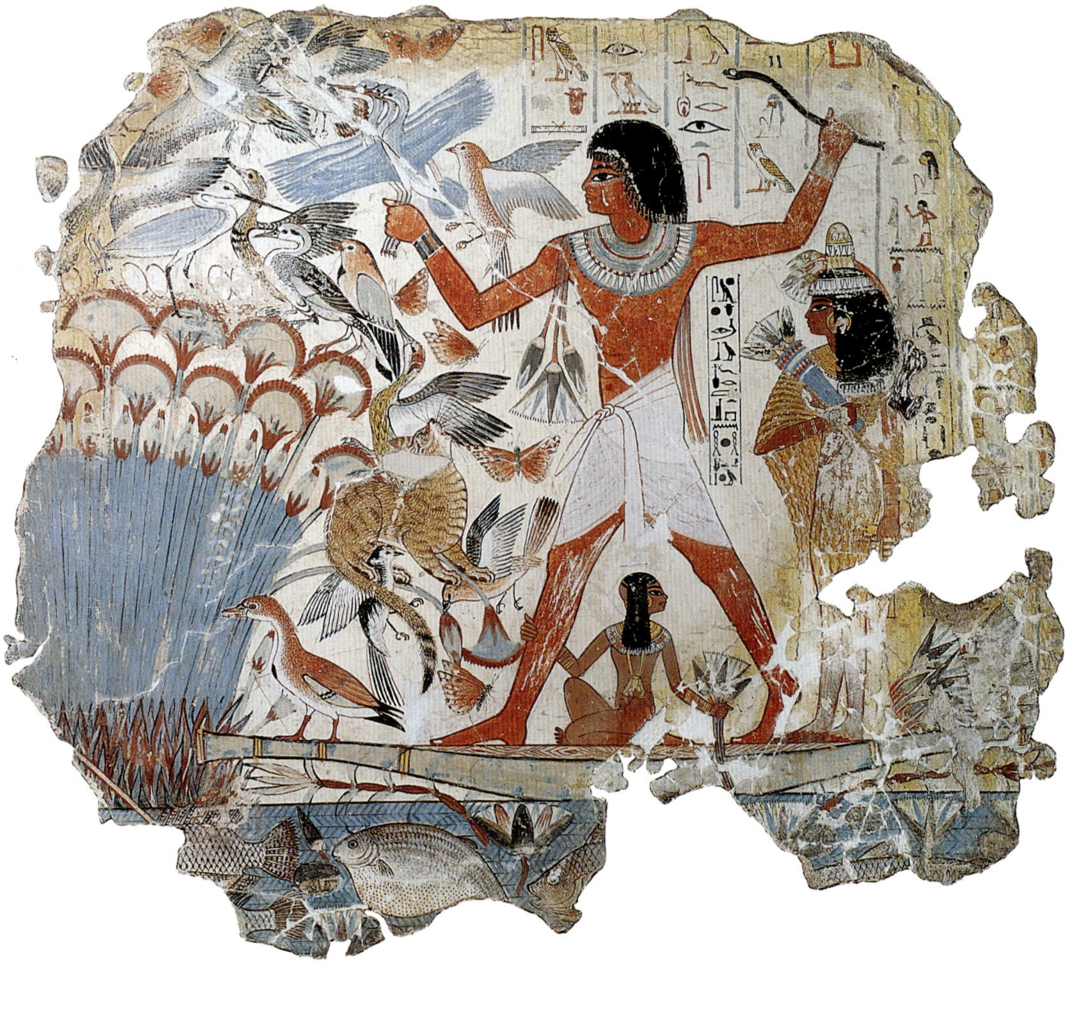

La scène de chasse dans un fourré de papyrus en compagnie de femmes est probablement une métaphore pour exprimer la relation érotique.
Peinture murale du tombeau de Nebamon, Thèbes n° 90, XVIIIe dynastie, Londres, British Museum

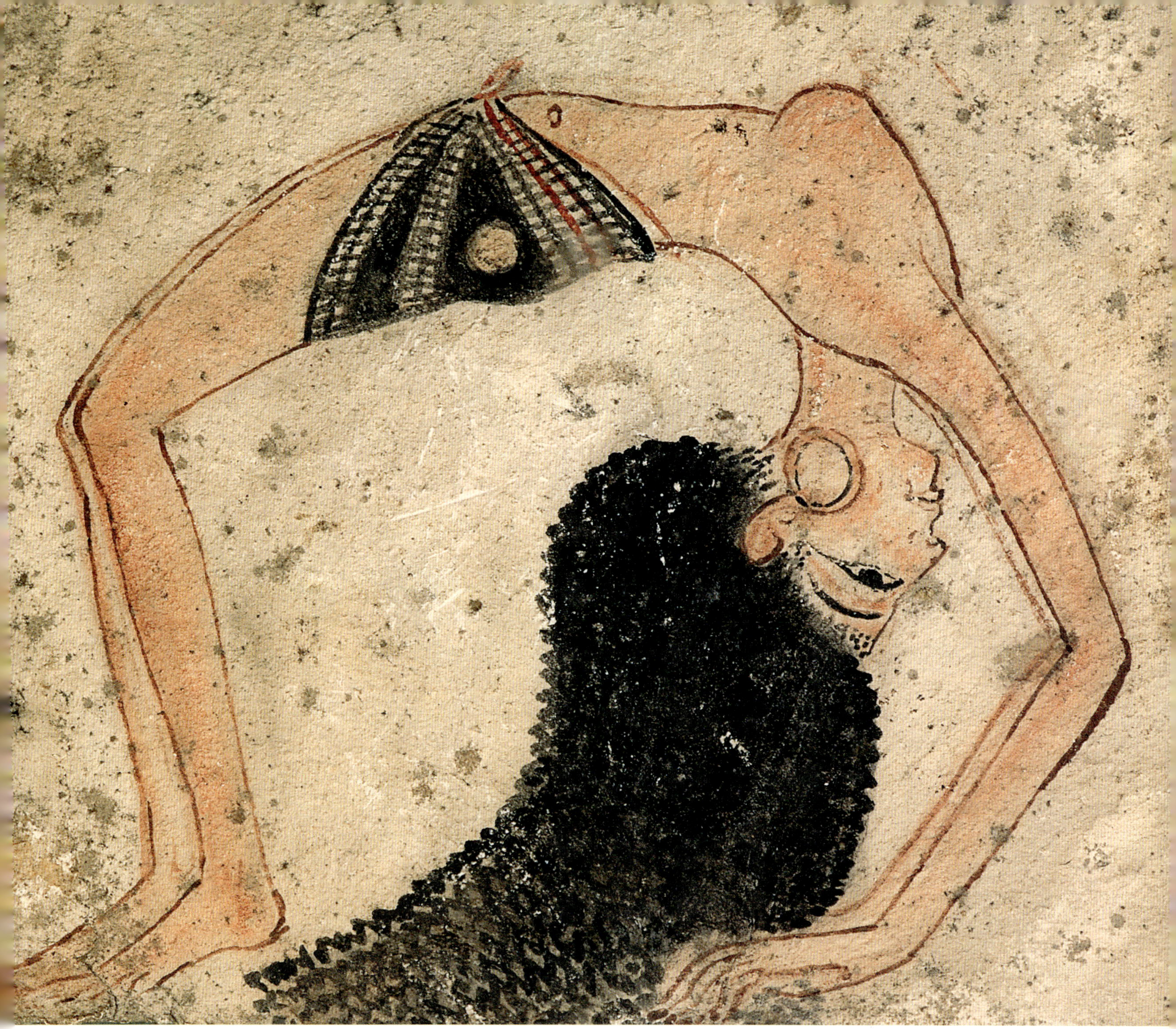

ai traversé les étangs aux oiseaux selon mon envie et mon humeur … » et il voudrait continuer ainsi.
Les Egyptiens, s'ils espéraient profiter des joies de la vie dans l'au-delà, ne perdaient manifestement jamais de vue ce qui les attendait ici-bas. C'est du moins ce que rapporte Hérodote qui, il faut le préciser, n'a visité l'Egypte qu'à la Basse Epoque : au cours des banquets « après le repas, un homme fait le tour de la salle, portant l'effigie en bois d'un cadavre dans son cercueil, on ne peut mieux formé et peint … Il le présente à chaque buveur et dit : « Regarde-le, bois et amuse-toi ! Quand tu seras mort, tu seras ce qu'il est ! »

Les danseuses et les acrobates presque nues aux corps élancés, qui « n'ont pas encore enfanté », divertissaient les convives. Un artiste anonyme a dessiné sur un ostracon une gracile jeune fille aux longs cheveux en train de faire une pirouette à l'envers.
Thèbes, XIXe dynastie, calcaire peint, 10,5 x 16,8 cm, Turin, Museo Egizio

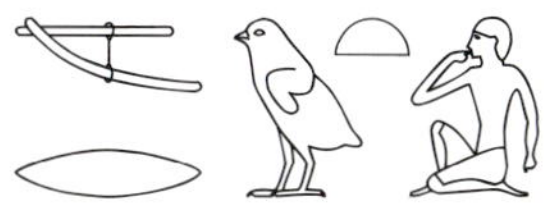

merout = l'amour

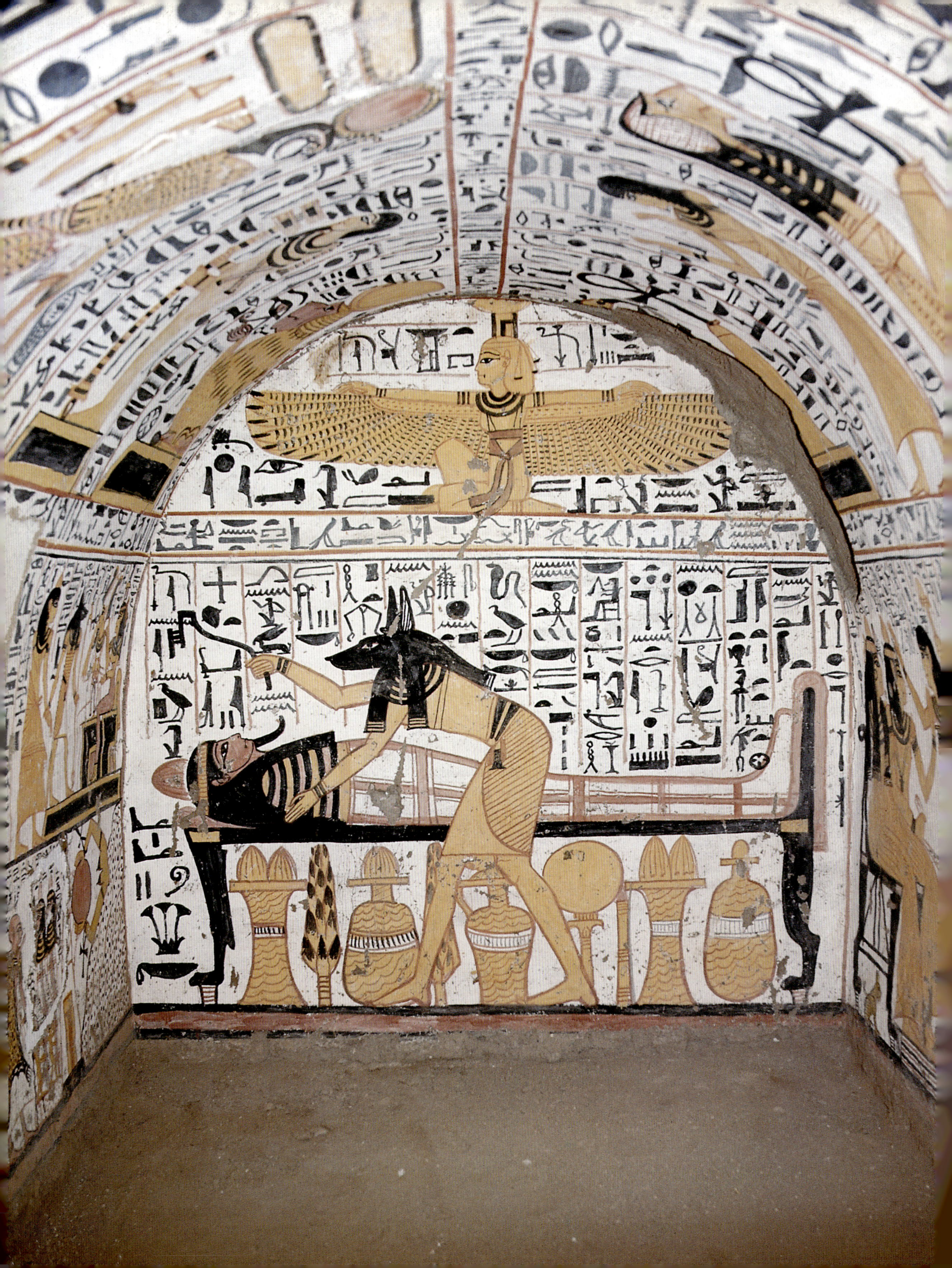

Anubis, le dieu de la nécropole à tête de chacal, se penche sur la momie. On retrouve cette représentation sur les parois de nombreux tombeaux. Dans la réalité, des prêtres formés à cet effet veillaient à la bonne conservation du cadavre et aux rites magiques qui accompagnaient l'embaumement.
Tombeau de Nebenmaat, ouvrier funéraire de Deir el Medineh, Thèbes n° 219, XXe dynastie

Les momies : techniques de survie

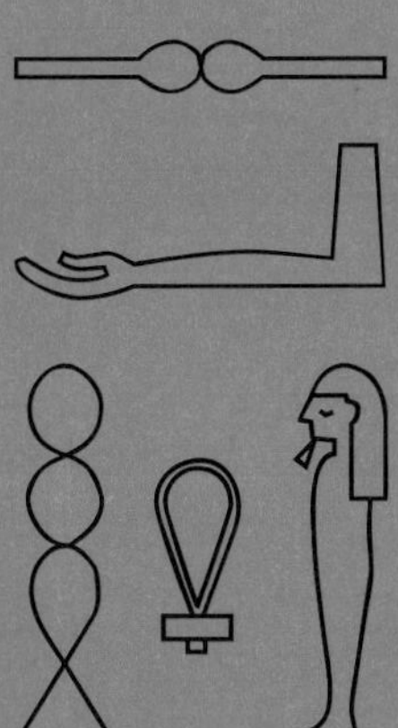

sah = la momie

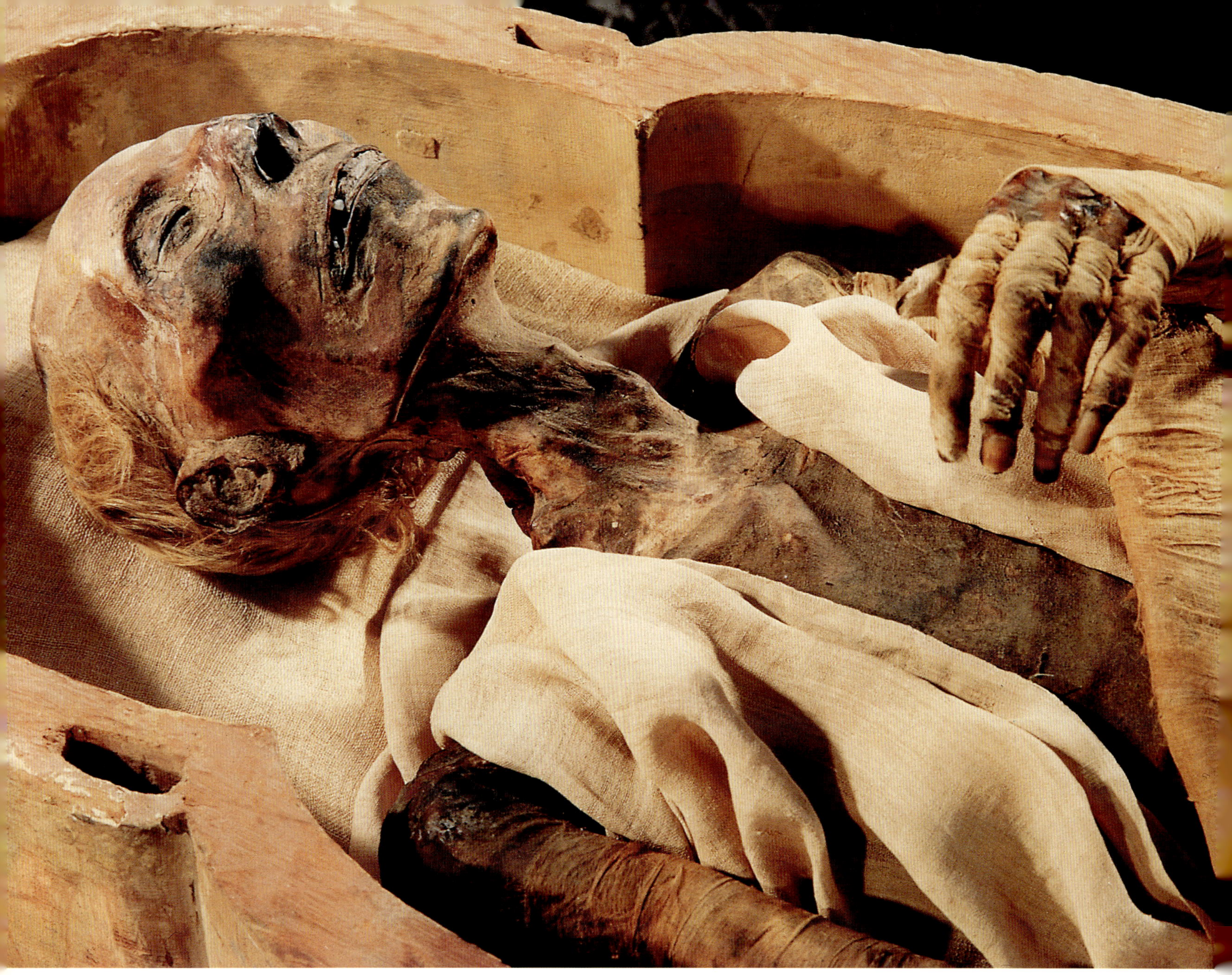

Les embaumeurs étaient passés maîtres dans leur art et presque trois mille ans dans sa tombe du désert n'avaient pas endommagé la momie de Ramsès II. En revanche, un séjour de quelques décennies au musée faillit lui être fatal. Les savants français réussirent à la sauver.
Le Caire, Musée Egyptien

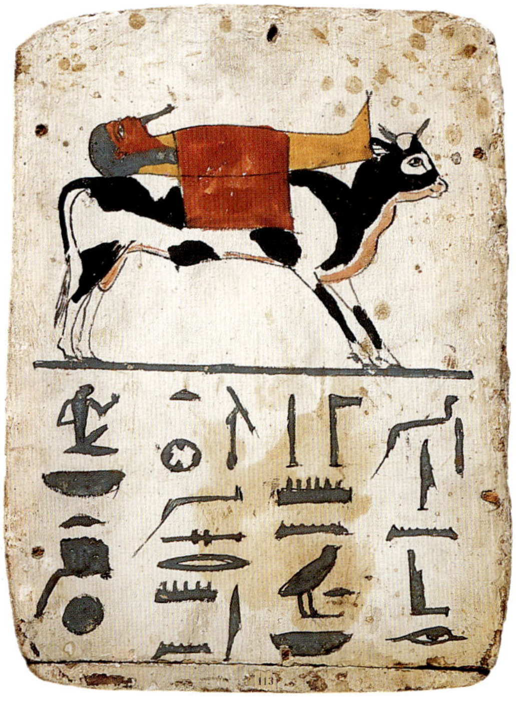

Tous les Egyptiens souhaitaient voir leur momie transportée par le taureau Apis vers le dieu des morts Osiris. Les hiéroglyphes mentionnent le nom du donateur de la stèle : Nesamon, prêtre du dieu Month à Thèbes.
Stèle funéraire, Vienne, Kunsthistorisches Museum

Légère comme une coquille d'œuf et dure comme une statue, voilà la momie parfaite aux yeux des spécialistes, le « corps d'éternité » créé pour durer des millions d'années. Aujourd'hui, ces vestiges physiques nous confrontent à la précarité de l'existence et au désir de la surmonter, aussi ancien que l'homme lui-même. Les Egyptiens croyant à une survie de l'âme après la mort, il fallait que celle-ci ait un endroit où retourner, et c'est pour cette raison qu'ils momifiaient les défunts. « Je ne m'altérerai pas », lit-on sur un cercueil, « mon corps ne sera pas la proie des vers ... il est durable, il ne sera pas anéanti dans ce pays pour l'éternité ». Que la momie du pharaon Ramsès II, célèbre entre toutes, ait failli se décomposer dans les années 70 du XXe siècle, est dû aux conditions climatiques régnant au Musée du Caire et non au manque de savoir-faire des embaumeurs. En effet, ceux qui ont traité le cadavre du roi vers 1212 avant notre ère avaient accumulé des millénaires d'expérience et en étaient au summum de leur art.

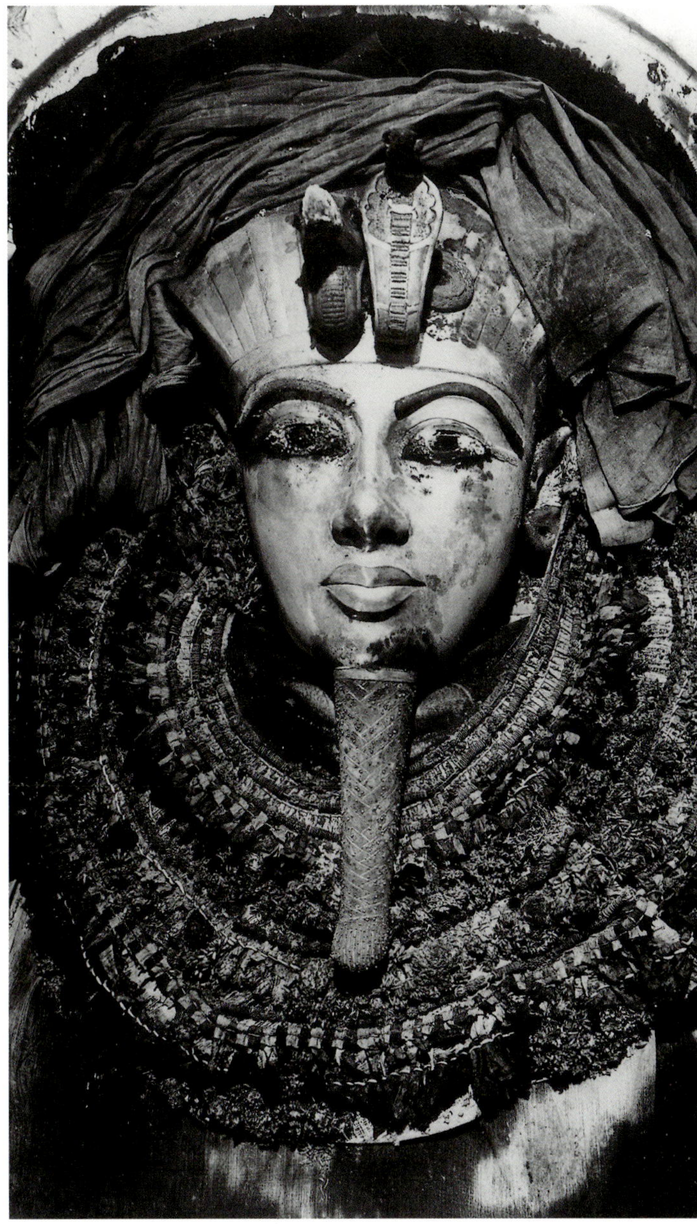

Un masque d'or protégeait la tête et la poitrine de la momie de Toutankhamon quand le cercueil intérieur fut ouvert pour la première fois et photographié. Le cou du jeune roi était paré de guirlandes de fleurs.
Photographie de 1923

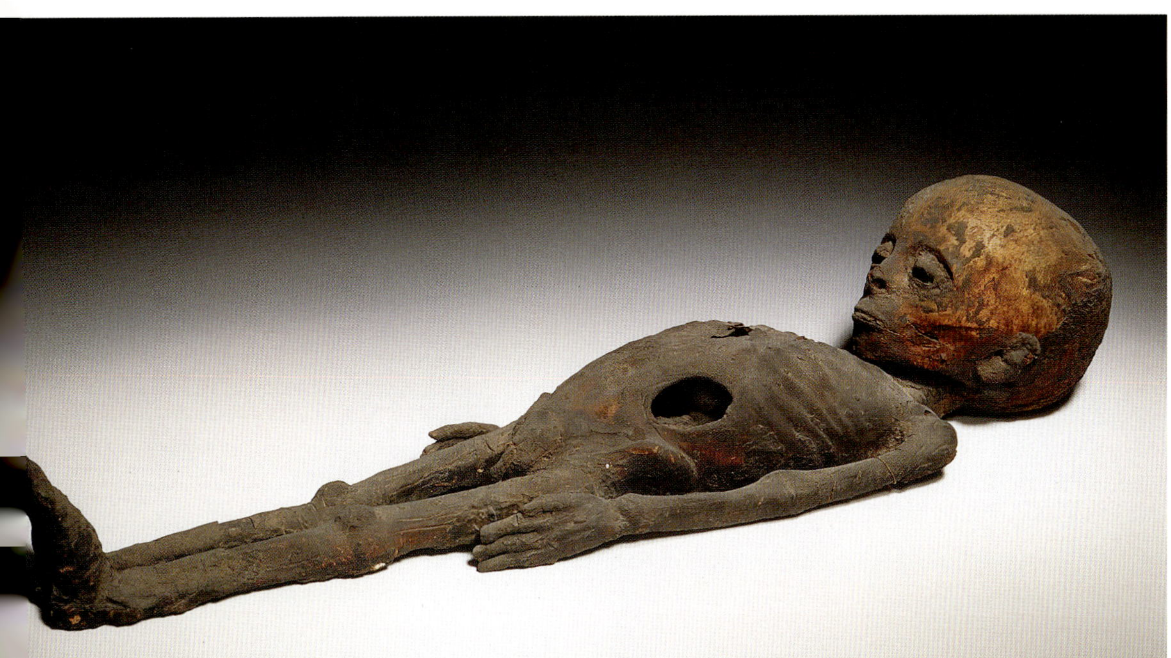

La momie parfaite doit être « légère comme une coquille d'œuf et dure comme une statue ».
Momie de jeune garçon dépouillée de ses bandelettes, Leyde, Rijksmuseum van Oudheden

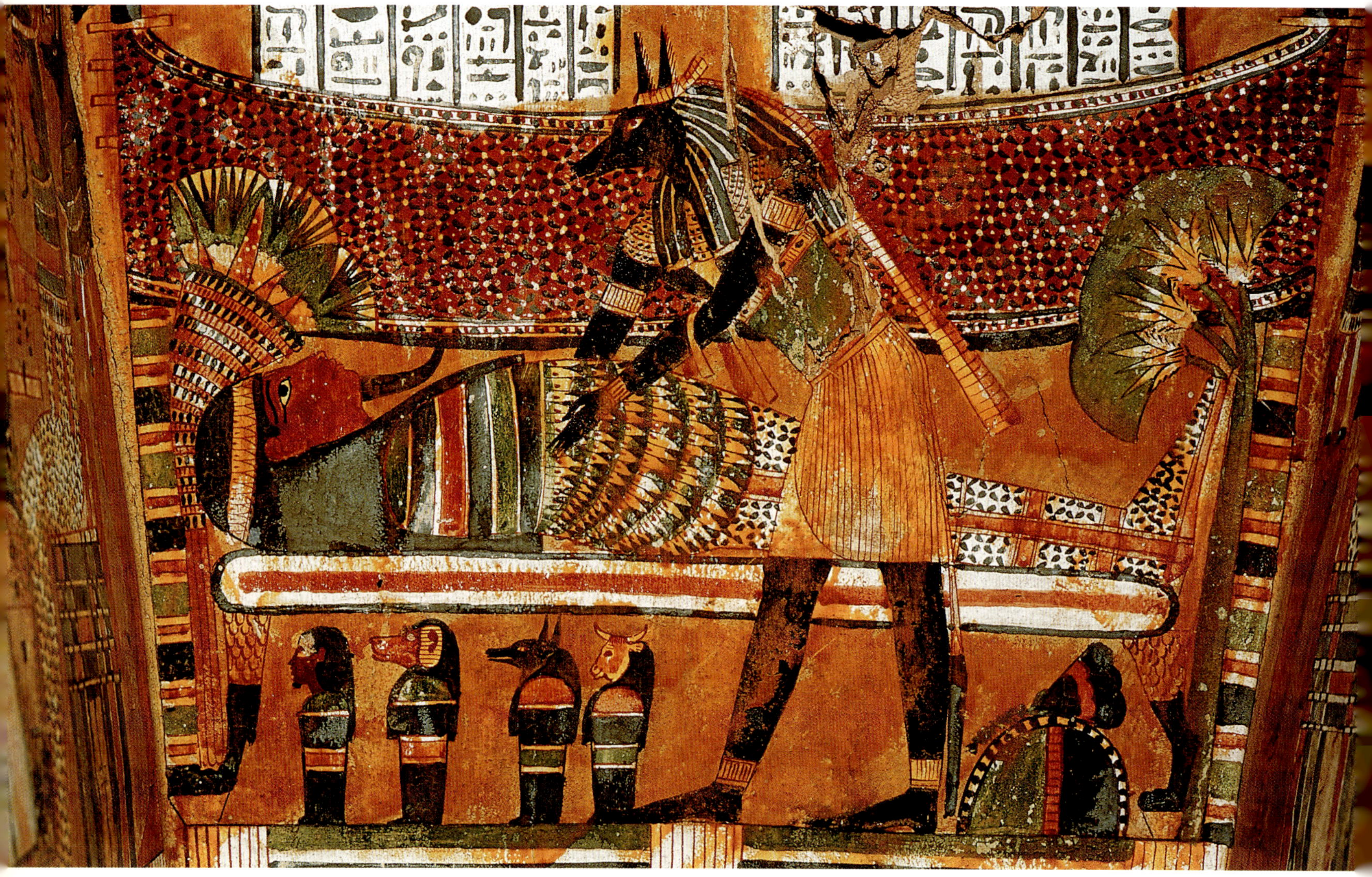

Soixante-dix jours étaient nécessaires pour obtenir une momie «de luxe». Les embaumeurs travaillaient dans de vastes salles à proximité du Nil.

Cuve funéraire de Djedhériouef-ankh, prêtre d'Amon, Thèbes, troisième période intermédiaire, Le Caire, Musée Egyptien

La Place de la Pureté

A l'origine, avant qu'ils élaborent leur méthode de conservation, les Egyptiens avaient coutume d'envelopper leurs morts dans une natte ou une peau de bête et de les enterrer dans le sable. La chaleur et le vent du désert desséchaient la plupart des cadavres avant qu'ils ne se décomposent. Les embaumeurs cherchèrent à obtenir artificiellement cette conservation naturelle et mirent au point un traitement de soixante-dix jours qu'ils exécutaient loin des habitations, sur la rive occidentale du Nil. Ils travaillèrent d'abord dans des tentes aérées près du rivage, car il fallait de l'eau pour laver les corps – on a retrouvé des restes de plantes aquatiques sur le dos de certaines momies – puis dans des salles réservées à cet usage, dites «Belle Maison» ou «Maison de la Pureté». Les travaux étaient surveillés par des prêtres qui accomplissaient des actes mystico-religieux en portant, si l'on en croit les peintures et bas-reliefs, des masques à l'effigie d'Anubis, le dieu des morts à tête de chacal ou de chien. Après mûre réflexion et espérant attirer ainsi sa bienveillance, ils avaient en effet choisi pour protéger les nécropoles un dieu portant les traits de l'animal qui y rôdait la nuit et menaçait de déterrer les cadavres. Le seul exemplaire conservé d'un masque d'Anubis est en terre cuite et doté de fentes pour les yeux, peut-être servait-il aussi à se protéger contre les odeurs. Les embaumeurs n'étaient pas toujours attentifs et oubliaient parfois des instruments dans la momie (on y a même retrouvé une souris), ce qui nous permet de connaître leurs outils de travail : crochets en cuivre, pincettes, spatules, cuillers, aiguilles et alênes à tête de fourche pour ouvrir, vider et refermer le corps ainsi qu'un vase muni d'un bec pour verser la gomme chaude sur le cadavre.

Les embaumeurs ont-ils porté ce masque pour se protéger des odeurs, se transformant ainsi en dieu des morts à tête de chacal ? Cet exemplaire unique pesant huit kilos ne servait peut-être que de modèle pour fabriquer des masques cartonnés plus légers.
Masque à l'effigie d'Anubis, terre cuite, origine inconnue, Basse Époque, hauteur 40 cm, Hildesheim, Pelizaeus-Museum

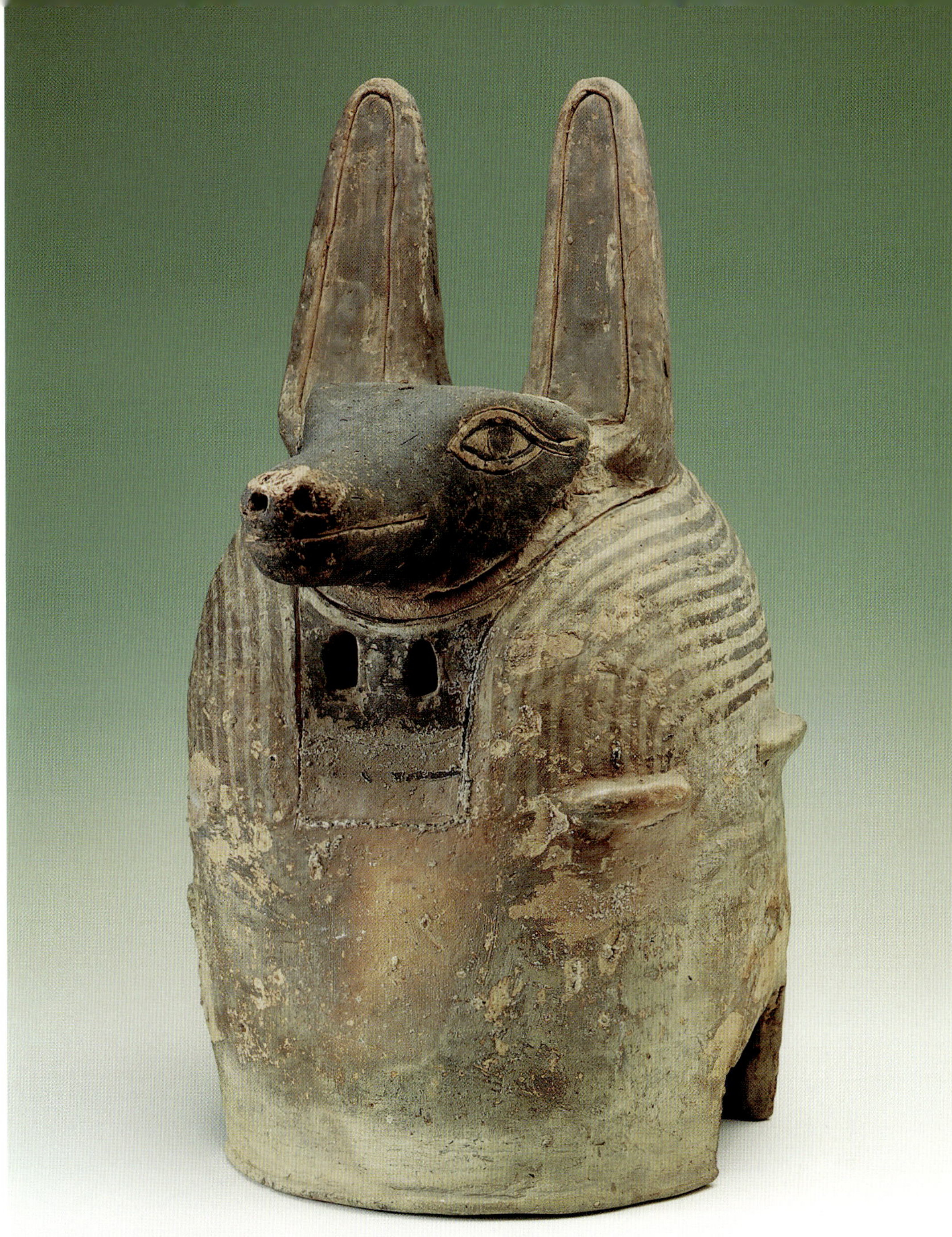

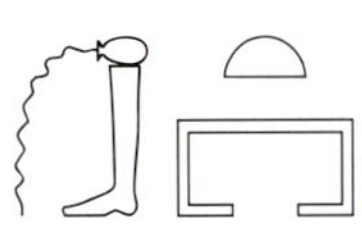

vabet = le lieu de la Pureté

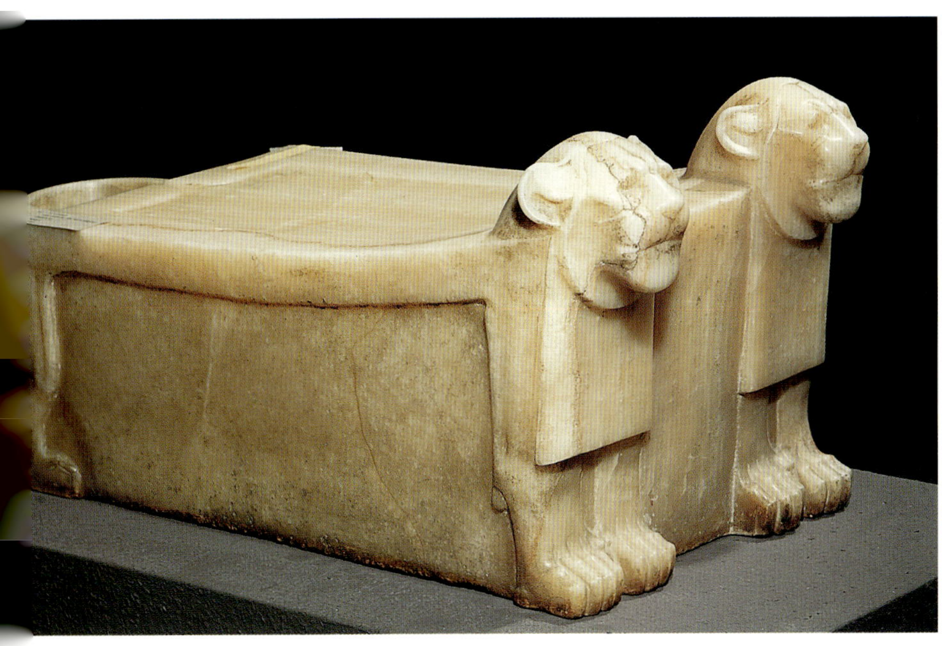

Table d'embaumement « aux deux lions », servant au traitement des viscères. Le sang et les liquides pouvaient s'écouler dans le récipient maintenu par les queues des lions.
Saqqarah, Ancien Empire, calcite, longueur 89 cm, hauteur 38 cm, Le Caire, Musée Egyptien

Un témoin raconte

Les Egyptiens ne nous ont laissé aucun document écrit sur la technique de l'embaumement, comme ils ne nous ont d'ailleurs transmis aucune notice sur la construction des pyramides et des tombeaux ou de recettes de cuisine. Nous devons nous en remettre aux informations de l'historien grec, Hérodote, toujours avide de s'instruire. Après avoir été pleuré rituellement par des pleureuses, rapporte-t-il, le cadavre est apporté à des embaumeurs professionnels qui « montrent une sélection d'effigies de cadavres en bois peintes de différentes manières », bon marché et plus chères. Dès que l'on a choisi un modèle et qu'on s'est entendu sur le prix, la famille retourne chez elle et les embaumeurs se mettent au travail.
« La manière la plus noble est la suivante : ils commencent par extraire le cerveau par les narines à l'aide d'un crochet de fer ... Ils font ensuite une incision avec un couteau de pierre éthiopienne dans les flancs du défunt par laquelle ils enlèvent les intestins ; ils nettoient soigneusement la cavité de l'abdomen et la lavent avec du vin de palme puis l'aspergent de parfums pilés. Puis ils remplissent le ventre d'un mélange composé de myrrhe pure, de cannelle et d'autres aromates et le recousent ». Ensuite le cadavre est trempé dans un bain de natron pendant soixante-dix jours. « A l'expiration des soixante-dix jours, ils lavent le corps et l'entourent de bandelettes de tissu enduites de cire et qu'ils barbouillent d'une sorte de résine que les Egyptiens emploient couramment en guise de colle. Une fois ce travail terminé, les parents du défunt reprennent possession du cadavre et l'enferment dans une boîte en bois ayant la forme d'un corps humain, et après avoir soigneusement ficelé ce cercueil, ils l'enferment dans une salle sépulcrale, dressé debout contre la muraille ... »

La technique des embaumeurs fut longtemps un secret bien gardé. Sur ce couvercle de cercueil de la Basse Epoque, on distingue différentes opérations qu'il faut lire de bas en haut. Le dessous du cercueil montre l'élégante silhouette d'Imentet, protectrice des tombeaux.
Couvercle et dessous du cercueil de Djedbastétiouefankh, époque ptolémaïque, bois de sycomore revêtu de lin stuqué, Hildesheim, Pelizaeus-Museum

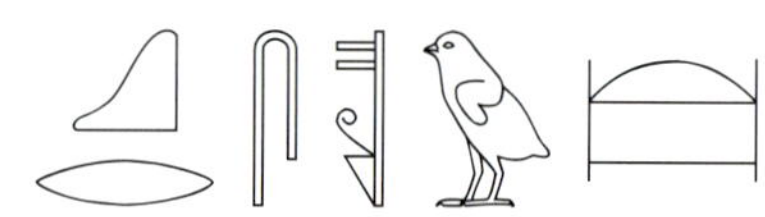

keres = le cercueil

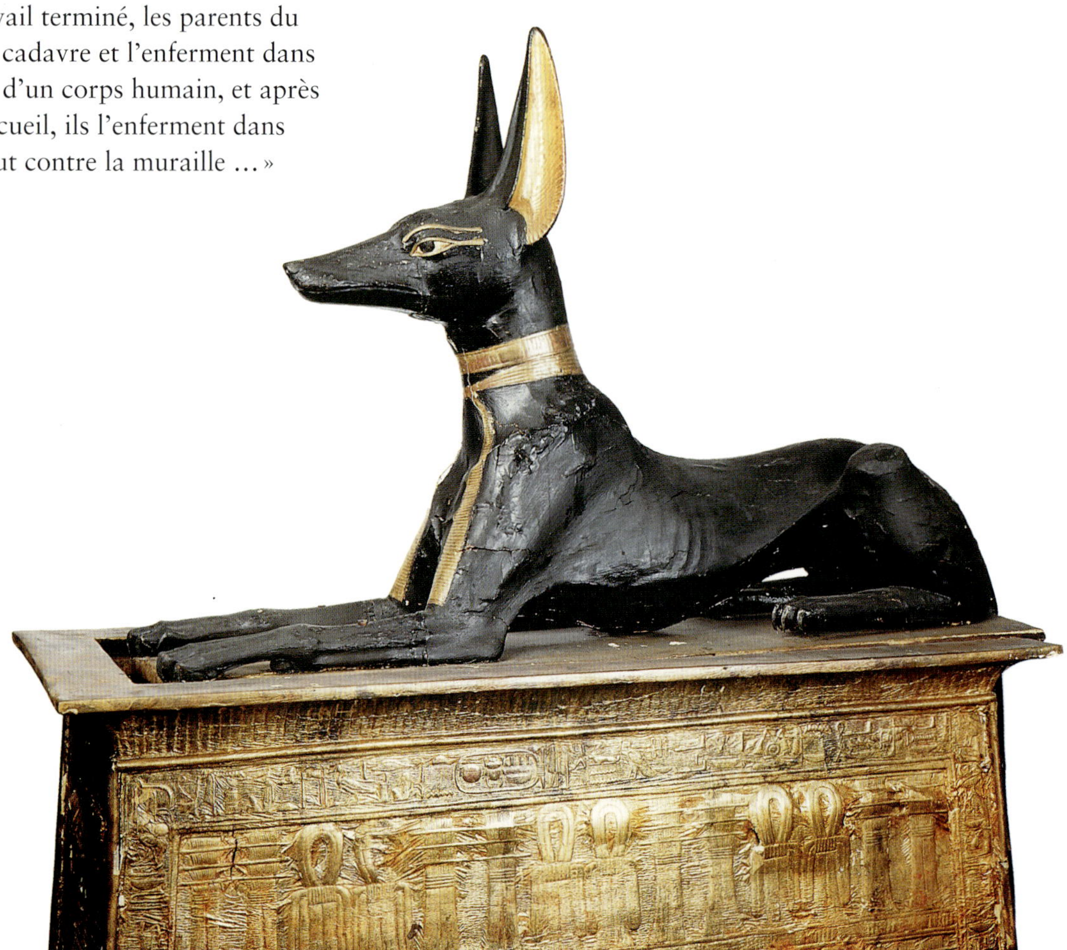

Anubis, le chien noir du désert, veillait aussi sur le sommeil éternel de Toutankhamon : il est couché sur une châsse dans une antichambre, enduit de laque noir et décoré d'or et de pierres précieuses.
Bois laqué noir, tombeau de Toutankhamon, Vallée des Rois, Thèbes, XVIIIe dynastie, hauteur 118 cm, Le Caire, Musée Egyptien

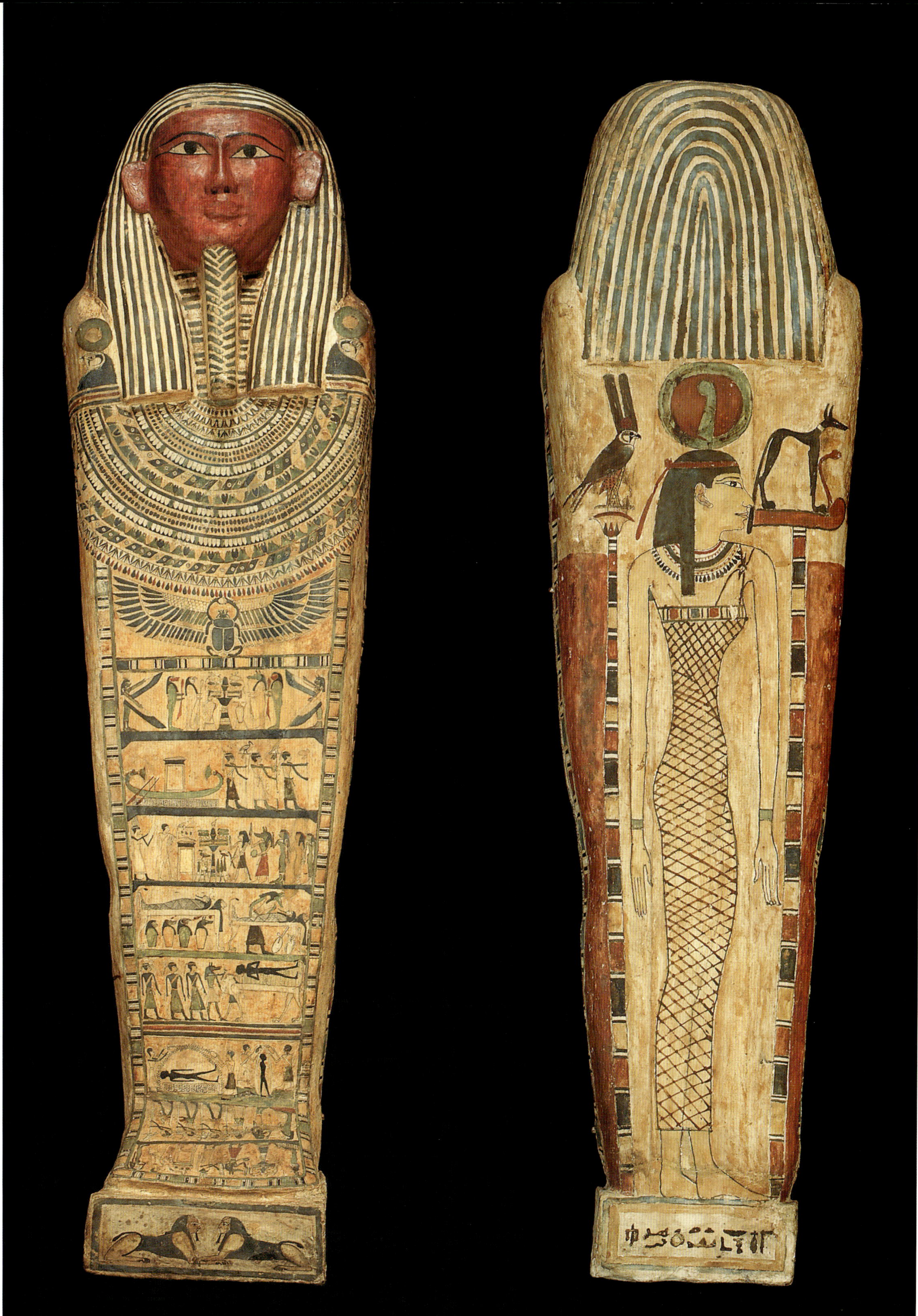

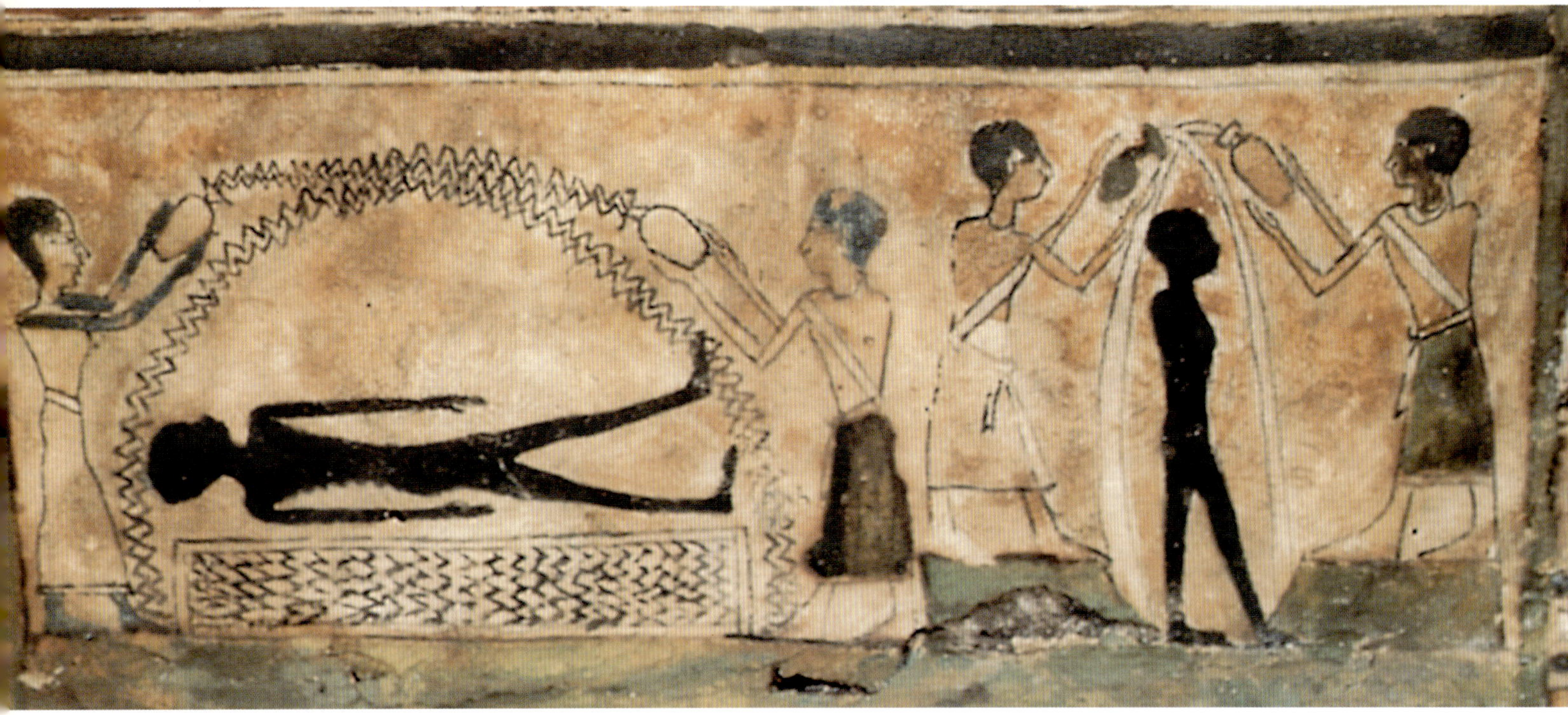

Hérodote décrit aussi une méthode plus simple : le corps n'est pas ouvert, mais le mort reçoit un lavement d'huile de cèdre qui dissout les intestins. Les scientifiques étudiant la question ont confirmé ces informations et concluent que les embaumeurs commençaient le travail quatre jours après la mort, la dessiccation par des moyens chimiques durait cinquante-deux jours et l'enroulement dans des bandelettes seize jours, ensuite la momie était déposée dans son cercueil et inhumée trois jours plus tard. Le bain de natron (silicate de soude et d'alumine) que mentionne Hérodote n'a été utilisé qu'à l'origine. A partir du Moyen Empire, les embaumeurs se servaient de poudre de natron, beaucoup plus efficace. En Egypte, ce carbonate hydraté de soude (Na_2CO_3 + $NaHCO_3$), se trouve en abondance dans le Ouadi Natroun, une vallée désertique, qui lui a donné son nom. Le cadavre était recouvert de plusieurs fois son volume de poudre – on pouvait l'utiliser plusieurs fois, mais elle perdait progressivement son efficacité. Des sacs de natron ont été découverts dans les chambres funéraires et on peut parfois les distinguer sur les peintures, sous la table d'embaumement.

On ignore encore la composition exacte de ce qu'Hérodote appelle la gomme, l'huile d'embaumement avec laquelle on fixait les bandelettes, car ses éléments ont formé de nouvelles

Première scène peinte sur le cercueil de Djedbastétiouefankh : les prêtres purificateurs versent divers liquides sur le corps nu avant de l'embaumer.

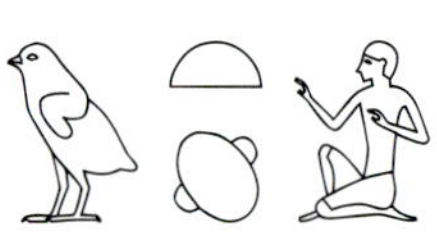

out = l'embaumeur

 = furoncle (exprime le dégoût)

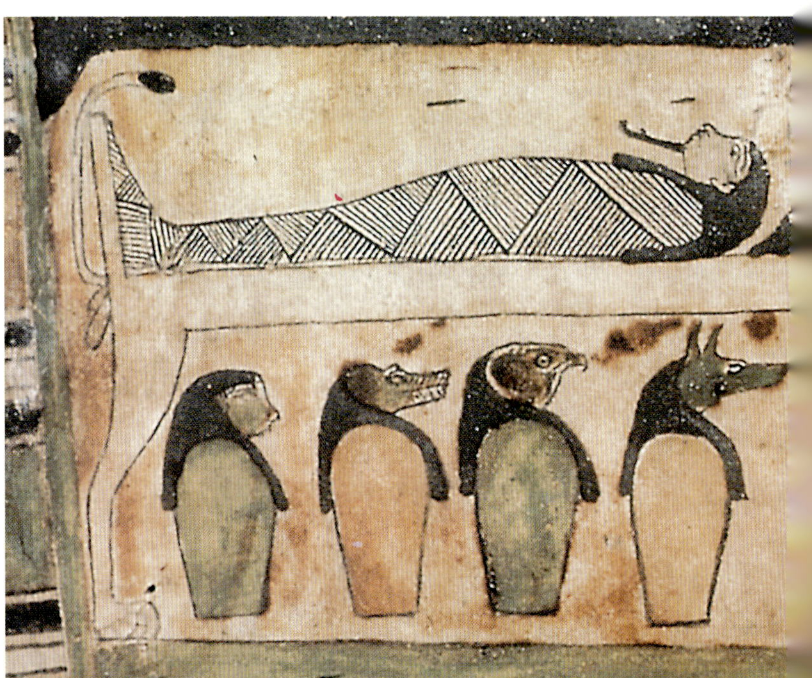

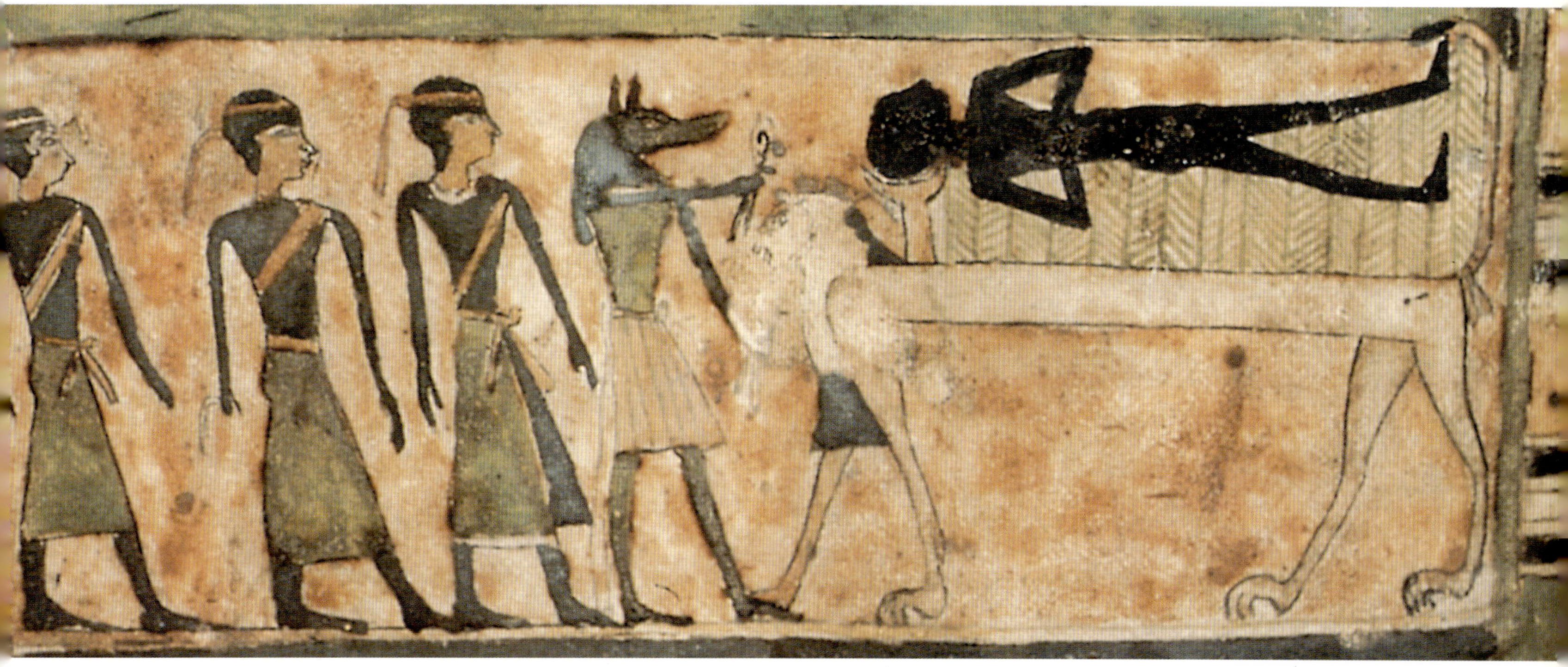

combinaisons chimiques au cours des millénaires. Il s'agit d'un mélange d'huiles végétales et de résines aromatiques (conifères du Liban, encens et myrrhe). Leurs vertus antimycosiques et antibactériennes protégeaient le corps vidé, desséché et léger et le durcissaient, le collant parfois au fond du cercueil. Ce fut le cas avec la momie de Toutankhamon qui se brisa à plusieurs endroits quand on voulut ôter le corps du cercueil en utilisant un burin.

Les bandelettes enroulées avec art ont été analysées par des spécialistes en textiles qui ont mesuré jusqu'à trois cents soixante-quinze mètres carrés de lin pour une momie, constaté une prédilection pour les couleurs rouge et rose et découvert que l'on n'utilisait pas toujours du lin neuf. Ils supposent que dans la plupart des foyers égyptiens se trouvait un coffre où l'on rangeait les vêtements que l'on ne mettait plus, en partie soigneusement reprisés, et dont on pouvait faire des bandelettes en cas de besoin. « Celui qui avait du lin si fin », dit un vieux chant de lamentation, « ... il dort maintenant dans des vêtements d'hier mis au rebut ».

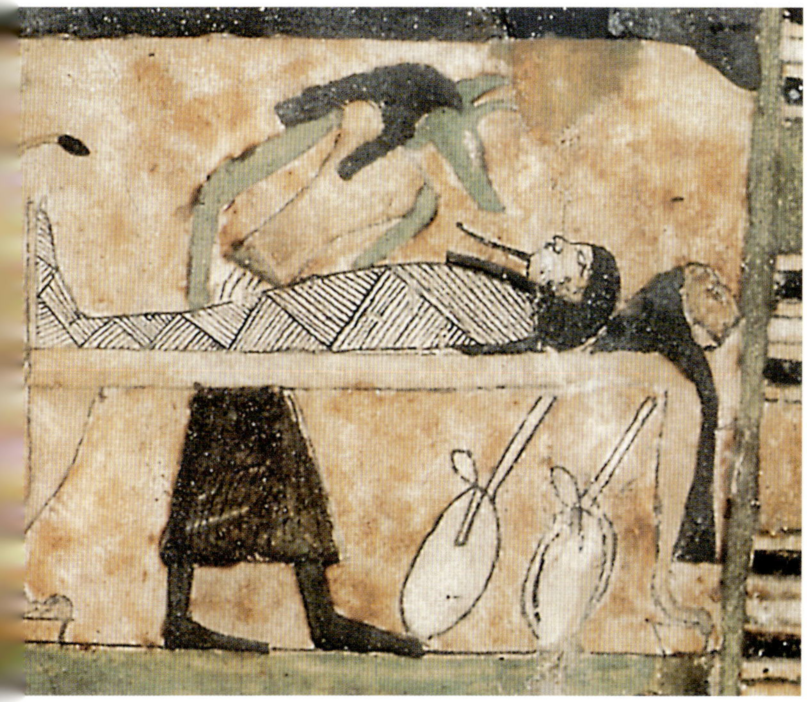

Deuxième scène : le corps nu repose sur la table d'embaumement aux pieds de lion, un prêtre portant un masque à l'effigie d'Anubis tient des bandelettes qu'il s'apprête à enrouler autour du cadavre. Derrière lui, ses assistants.

Troisième scène : sous la momie enroulée dans des bandelettes, les canopes contenant les viscères du défunt. Comme toujours, pour finir, le prêtre – ou Anubis lui-même – se penche sur son œuvre dans une attitude stéréotypée.

La magie au secours de la science

Les momies de l'Ancien et du Moyen Empire ne possèdent plus que très peu de tissus corporels et tombent plus ou moins en poussière quand on ôte leurs bandelettes. Les embaumeurs du Nouvel Empire surent élaborer les techniques d'embaumement à la perfection, le plus célèbre exemple connu en est la momie de Ramsès II. Il va de soi que seuls les riches en profitaient, les pauvres étaient encore enterrés dans le désert, enveloppés d'une peau de bœuf. A l'origine, on inhumait les personnes distinguées dans un cercueil rectangulaire placé dans un sarcophage de pierre, nommé « maître de la Vie », puis dans le Moyen Empire, on commença à fabriquer des cercueils anthropomorphes et à en augmenter le nombre. La momie elle-même fut dotée d'un masque en lin stuqué, sans ressemblance avec le défunt, cette tendance n'apparaissant qu'à l'époque romaine. La momie protégée ainsi de multiples manières, repose sur le flanc tournée vers l'Orient, le monde des vivants. Les yeux ouverts sur une face du cercueil extérieur lui permettent de voir, à condition que celui qui les a peints, comme le dessinateur Neferhotep de Deir el Medineh, ait récité ce faisant les formules adéquates.
En effet, même si les Egyptiens mettaient tout en œuvre pour conserver les corps, les vidant avec soin, les traitant avec des produits chimiques tels le natron, la résine, l'huile et utilisant une technique raffinée d'enroulement dans des bandelettes pour préserver la forme humaine, cet aspect matériel de la momification n'était qu'une partie de la procédure, parfaitement inefficace sans la protection magique.
Pendant soixante-dix jours, durée légale de l'embaumement aux raisons plus astronomiques que techniques, le grand prêtre veillait à ce que les formules correctes soient lues, les

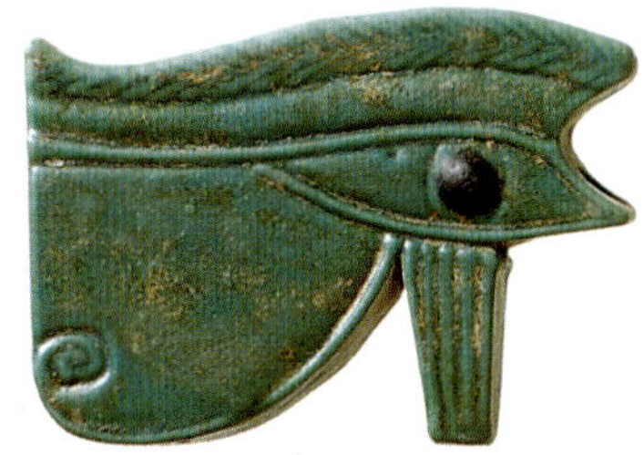

Les Egyptiens croyaient au pouvoir magique des amulettes déposées entre les bandelettes des momies. L'œil oudjat (oudjat= sauf) était censé écarter les forces maléfiques.
Basse Epoque, Hildesheim, Pelizaeus-Museum

Un œil oudjat quadruple.
Basse Epoque, Hildesheim, Pelizaeus-Museum

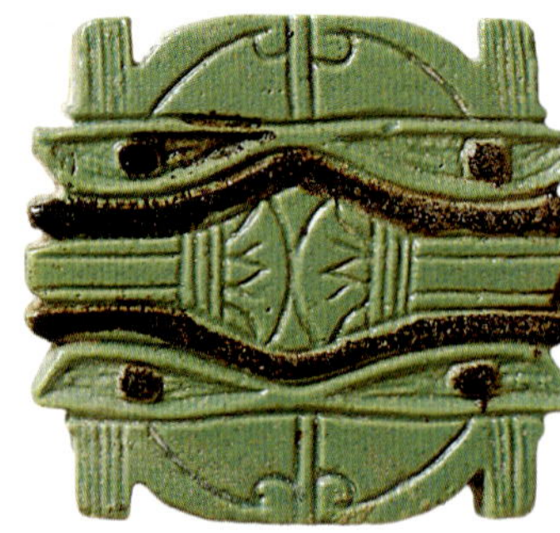

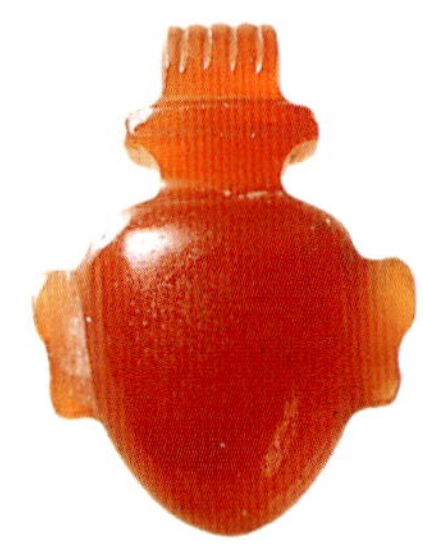

Le cœur, centre de la personnalité, siège de la volonté et de la raison, était pesé par les dieux dans l'au-delà. L'amulette rouge en forme de cœur devait aider le défunt à passer le jugement.
Basse Epoque, Hildesheim, Pelizaeus-Museum

L'amulette, dite nœud d'Isis, a la forme du hiéroglyphe ankh (la vie). C'est un des symboles les plus importants que les dieux tendent aux êtres humains sur de nombreux reliefs et peintures.

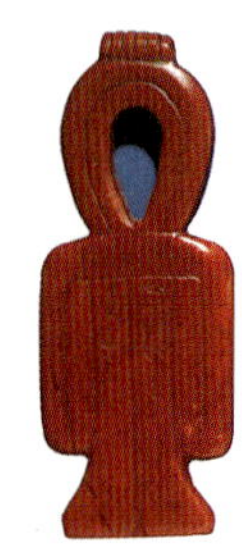

Au Moyen Empire, les cercueils prirent la forme de la momie et les artistes y peignirent les traits stylisés du défunt. Le cercueil de bois peint de Madia est originaire de Deir el Medineh, le village des ouvriers funéraires.
Nouvel Empire, longueur 184 cm, Paris, Musée du Louvre

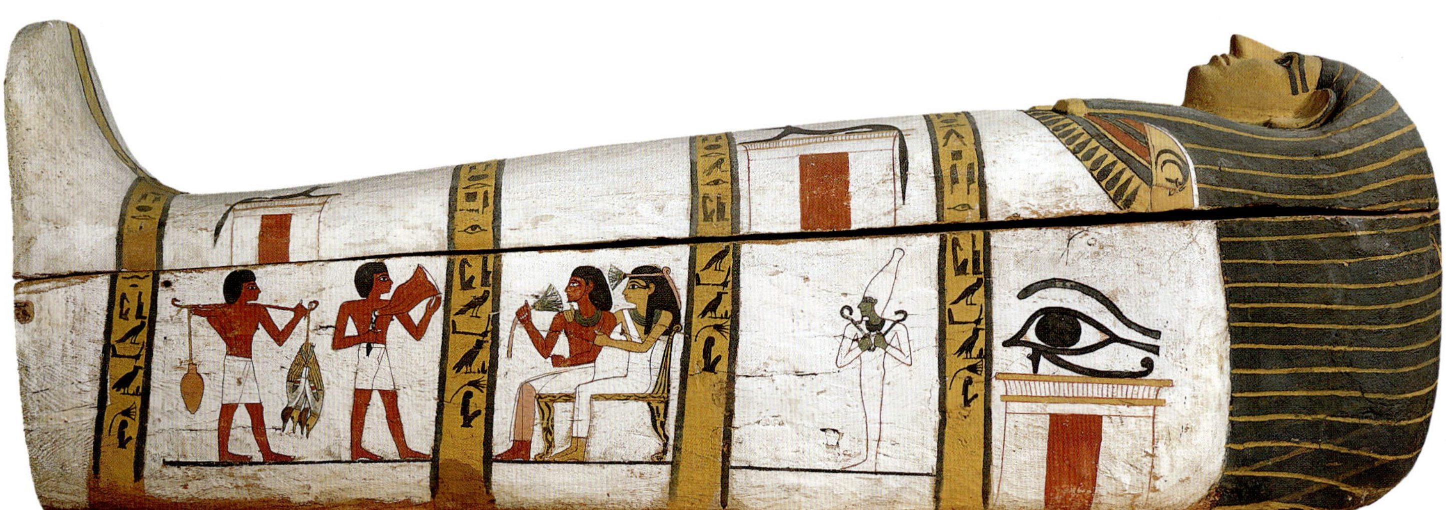

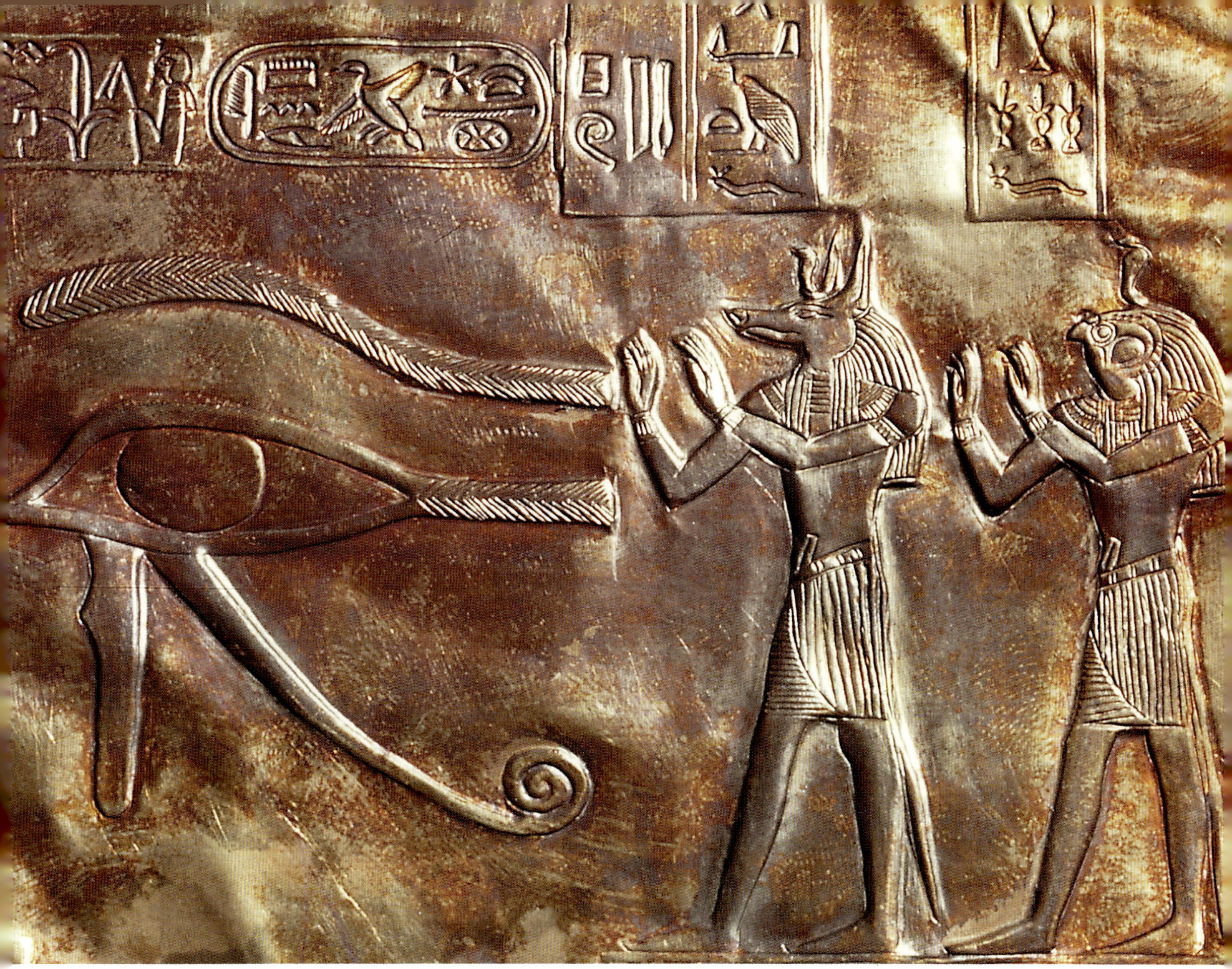

L'or étant la «chair des dieux», l'incision faite par les embaumeurs pour ôter les entrailles du mort était fermée par une plaque d'or ornée elle aussi de l'œil oudjat, signe d'intégrité.
Plaque d'or du tombeau du pharaon Psousennès, Tanis (delta du Nil), XXIe dynastie, largeur 16,6 cm, Le Caire, Musée Egyptien

rituels appropriés exécutés. Il prononçait les incantations, nommait les noms des dieux et plaçait les morts sous leur protection personnelle. «Tu es embelli par l'or …», disait-il au mort, «Tu vas sur tes pieds à la maison d'éternité», car «l'or est la chair des dieux» et rend incorruptible.
La longue procédure de l'enroulement dans des bandelettes s'accompagnait de formules sacrées. On déposait entre les couches de lin des amulettes prophylactiques – on en a découvert jusqu'à quatre-vingt-sept sur une seule momie. Une amulette particulièrement importante, l'œil oudjat, fermait en signe d'intégrité l'incision faite par les embaumeurs pour ôter les entrailles du mort. Ils avaient auparavant rempli la cavité abdominale de plantes aromatiques ou de sciure, mélangée à des grains de poivre ou de genièvre et des oignons. Les Egyptiens pensaient que ces derniers, tout comme l'ail, tiendraient éloignées les forces maléfiques.

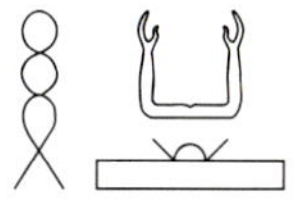

heqa = le sortilège

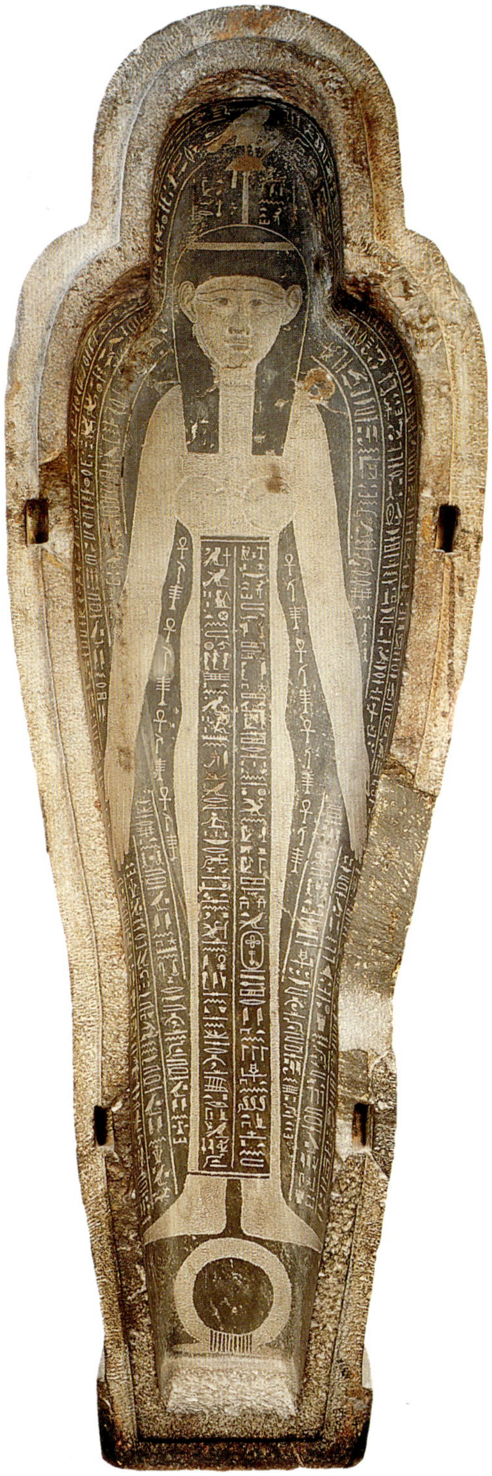

Nout, déesse de la voûte céleste, accueille le défunt et l'entoure de ses bras protecteurs. Il est en sûreté chez elle, il entre dans son corps pour naître à nouveau.
Fond d'un sarcophage de Saqqarah, époque ptolémaïque, Le Caire, Musée Egyptien

Le foie, les poumons, la rate, l'estomac et l'intestin étaient aussi confiés à quatre entités protectrices dont les têtes – d'homme, de babouin, de faucon et de chacal – décorent le couvercle des canopes les contenant.
Canopes, Basse Epoque, hauteur environ 30 cm, Hildesheim, Pelizaeus-Museum

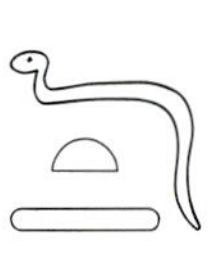

djed = l'éternité

Protégés des dieux

D'autres réceptacles étaient toujours placés dans les tombeaux, à côté des cercueils, le plus souvent des coffres de bois abritant quatre récipients, du pot de terre le plus modeste au vase d'albâtre artistement sculpté. Ces canopes, ainsi nommés d'après la ville Kanopos située à l'est d'Alexandrie, contenaient les viscères du défunt et étaient toujours inhumés avec lui, car il n'était pas complet sans eux.
Le plus ancien coffre à canopes, un bloc d'albâtre contenant des restes d'organes empaquetés, date de la IVe dynastie de l'Ancien Empire. Il appartenait à Hétéphérès, la mère de Khéops. Cette pratique, à l'origine réservée aux rois et aux reines, fut bientôt imitée par les fonctionnaires et, dans le Nouvel Empire, par tous les Egyptiens aisés : le foie, l'estomac, les poumons et les intestins étaient enveloppés séparément dans des toiles de lin, les paquets placés dans des canopes et arrosés de résine à embaumer, scellés et conservés pour l'« éternité ». En revanche, on jetait la cervelle, insignifiante aux yeux des Egyptiens, contrairement au cœur, siège de l'esprit, de la raison et des sentiments. Son importance était telle qu'après avoir subi un traitement visant à le conserver, il était toujours replacé dans le corps momifié, le défunt en ayant besoin pour paraître devant le tribunal de l'au-delà.
Les précieux viscères étaient confiés à quatre entités protectrices, les quatre fils d'Horus, dont les têtes décorent le plus souvent les couvercles des canopes : Amset, à tête d'homme (d'où le nom de l'aneth, une plante aromatique bien connue pour ses propriétés de conservation), veille sur l'estomac, Hapi à tête de babouin sur les intestins, Douamoutef ressemble à un chien et protège les poumons, Kebekhsenouf à tête de faucon, le foie. Dans le Nouvel Empire, les quatre arêtes des coffres à canopes représentent des déesses protectrices aux ailes déployées qui veillent sur leur contenu. Les mêmes déesses sont aussi agenouillées aux coins des grands sarcophages et peintes sur les cercueils momiformes. Souvent aussi, Nout la déesse de la nuit orne la face intérieure du couvercle du cercueil, son corps étoilé couvre et protège le défunt. En effet ce sont les dieux qui préservent les hommes – leurs corps et leurs viscères – de la disparition ultime ; sans leur protection, la meilleure technique de momification reste sans effets.

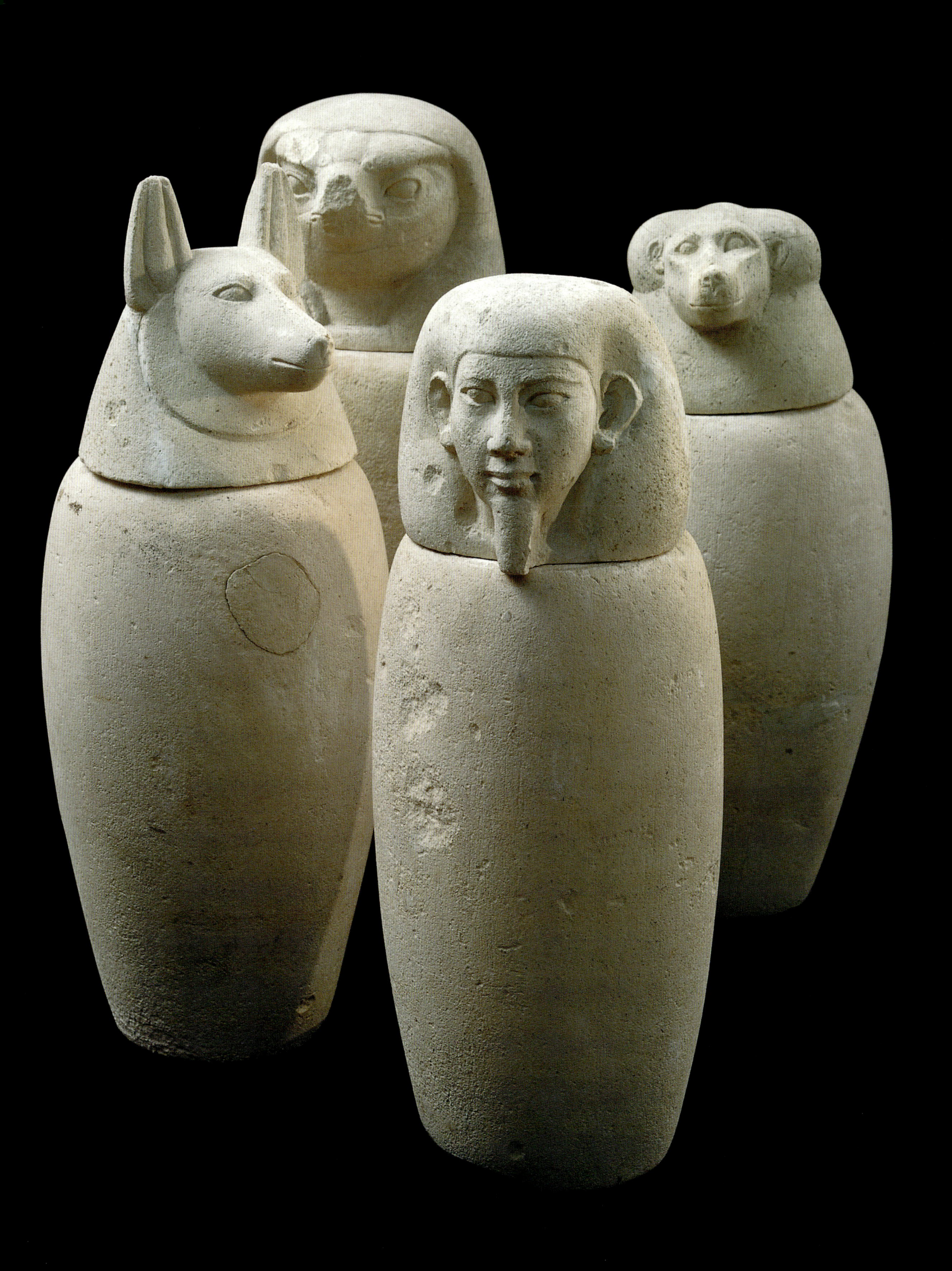

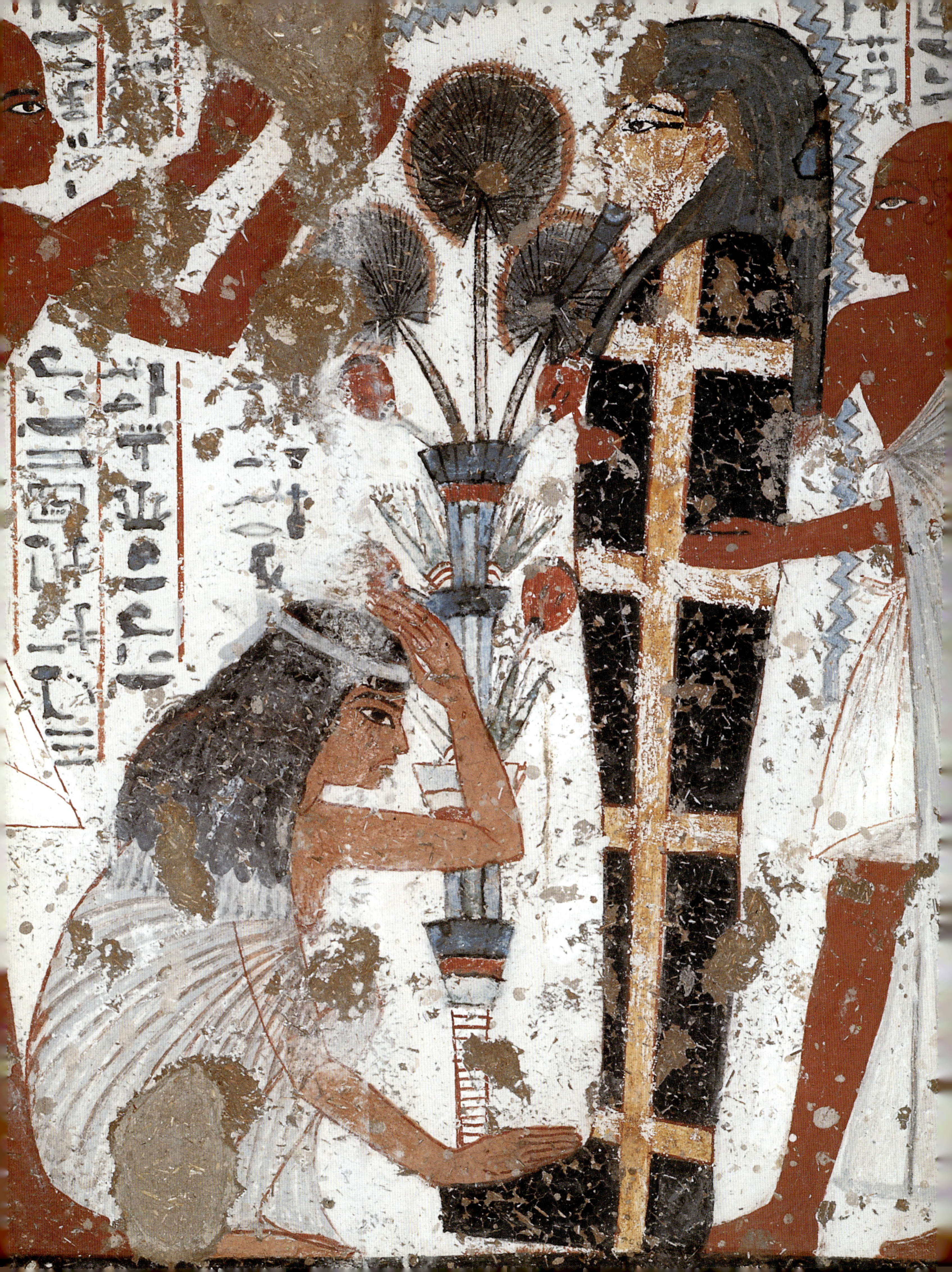

Agenouillée devant le défunt entre les couronnes de fleurs, sa veuve lui fait ses adieux en se lamentant. Les prêtres ont ôté une dernière fois la momie de son cercueil et l'ont dressée à l'entrée du tombeau, prête pour les derniers rituels.
Tombeau de Nebamon et Ipouky, Thèbes n° 181, XVIIIe dynastie

Guide pratique de l'au-delà

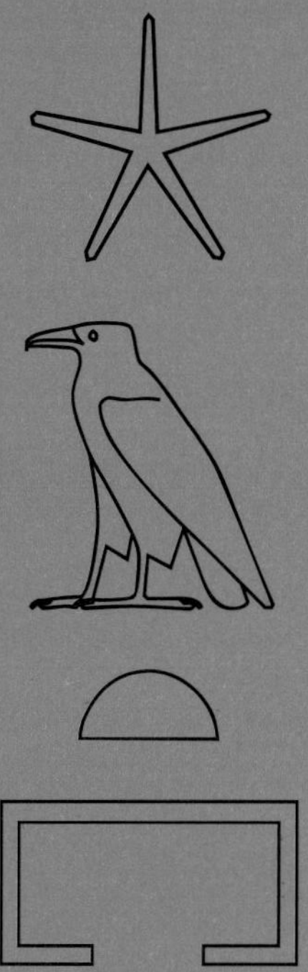

douat = le monde d'en-bas

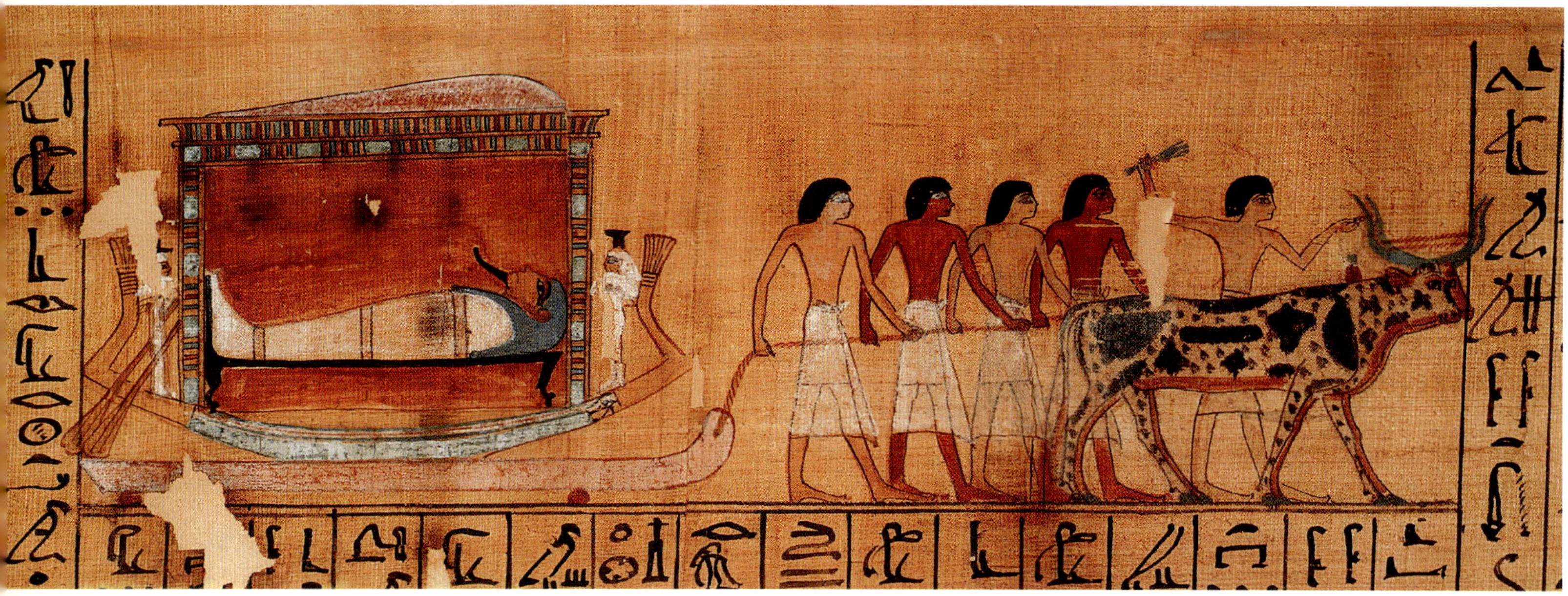

Les funérailles étaient une fête, le zénith de l'existence, un événement auquel l'Egyptien se préparait toute sa vie et pour lequel il faisait des économies. De bonne heure, il faisait construire et décorer son tombeau, commandait son cercueil et achetait des modèles luxueux des diverses choses de la vie courante qu'il voulait emporter dans son voyage posthume. Toute une branche de l'économie s'occupait de la fabrication de ces aménagements funéraires et une partie considérable du produit national brut disparaissait ainsi sous terre. Mais l'investissement semblait raisonnable, car pour que le défunt survive dans l'au-delà, il fallait que son corps continue d'exister et que ses besoins quotidiens tels manger, boire, avoir un toit, soient satisfaits.
Chez les peuples étrangers, les « misérables », qui ne prenaient pas ces précautions, la mort « définitive » était certaine. « Rentre en Egypte ! », écrit Pharaon à son sujet Sinouhé, qui vit en exil, « Il ne faut pas que tu meures en pays étranger !/ Il ne faut pas que les Asiatiques t'enterrent !/ Pense à ton cadavre et reviens ! » Sinouhé suit ce conseil, et sera après sa mort momifié dans toutes les règles de l'art et inhumé dans le « bel Occident » après de magnifiques funérailles.
A l'ouest des villes égyptiennes, là où le soleil se couche, se dressent à l'orée du désert, isolés mais bien visibles, les grands complexes funéraires, les nécropoles. Près de Memphis, ce sont Saqqarah, Gizeh, Abousir etc., au pied des Pyramides. A Thèbes, la nécropole se trouve sur la rive occidentale du Nil, sous un sommet montagneux de forme pyramidale. C'est ici que réside la déesse de l'Occident amoureuse du silence et que veille le dieu chacal Anubis.
Le cortège funèbre se dirige vers la nécropole. Après avoir passé soixante-dix jours chez les embaumeurs, la momie est maintenant étendue dans un cercueil ouvert, richement décoré, aussi tentant que Pharaon l'avait décrit à Sinouhé l'exilé : « Le ciel est au-dessus de toi pendant que tu gis sur une civière. Les bœufs te tirent, les musiciens te

Un superbe cortège funèbre : des bœufs tirent le traîneau dans le sable du désert, la momie repose sur une barque, dans une châsse ouverte, protégée par deux déesses.
Papyrus du Livre des Morts de Maiherpéri, XVIIIe dynastie, Le Caire, Musée Egyptien

Pas de funérailles « correctes » sans pleureuses débraillées aux cheveux défaits. Elles revenaient pourtant cher, une facture qui nous est parvenue en témoigne.
Tombeau de Ramosé, Thèbes n° 55, XVIIIe dynastie

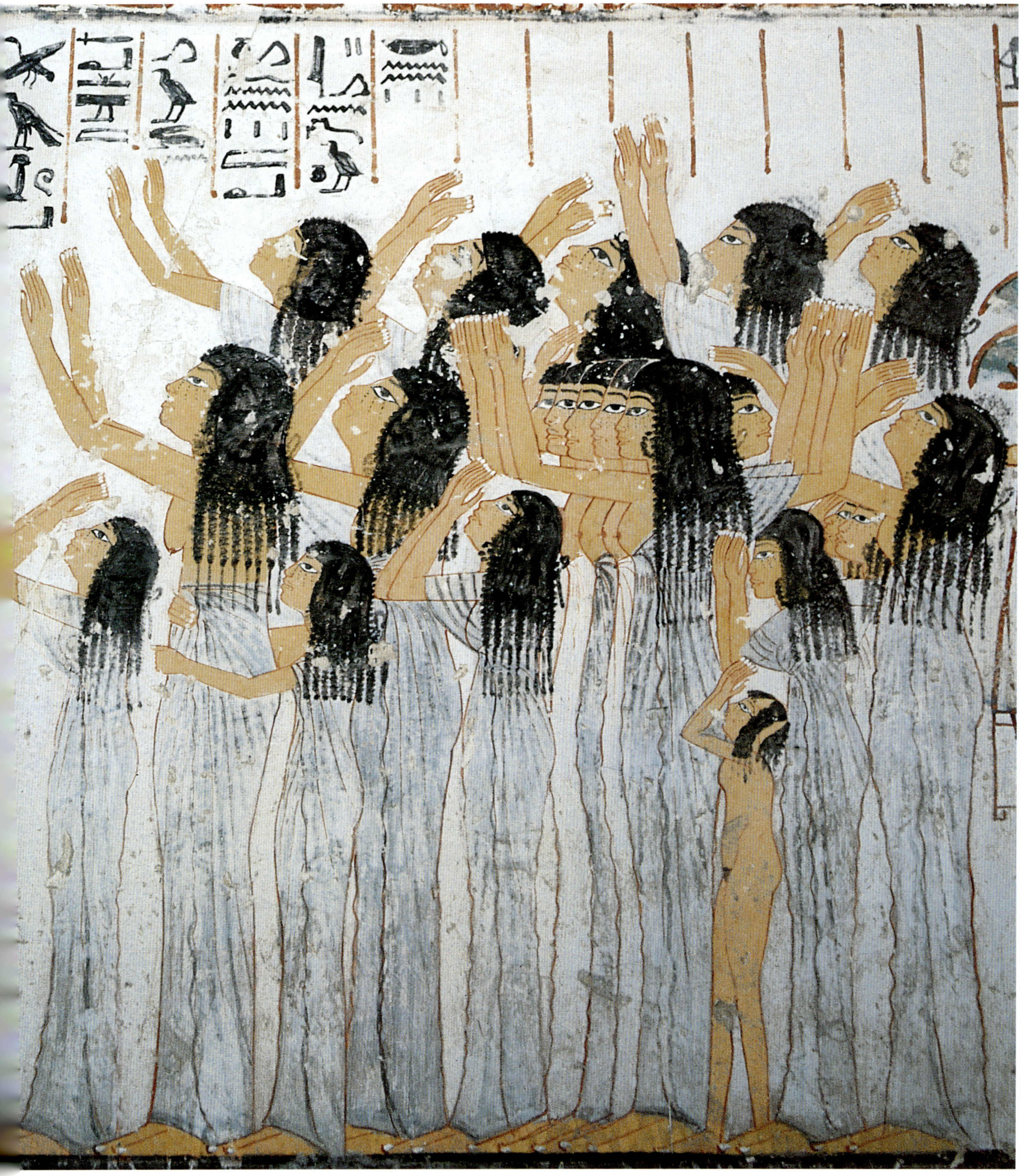

Apothéose des funérailles, l'« ouverture de la bouche » rend au mort l'usage de la parole, de la vue, de l'ouïe et de l'odorat. Vêtu d'une peau de léopard, le roi Eïé, successeur de Toutankhamon, procède ici au rituel sur la momie du roi défunt.
Chambre funéraire de Toutankhamon, Vallée des Rois, Thèbes, XVIIIe dynastie

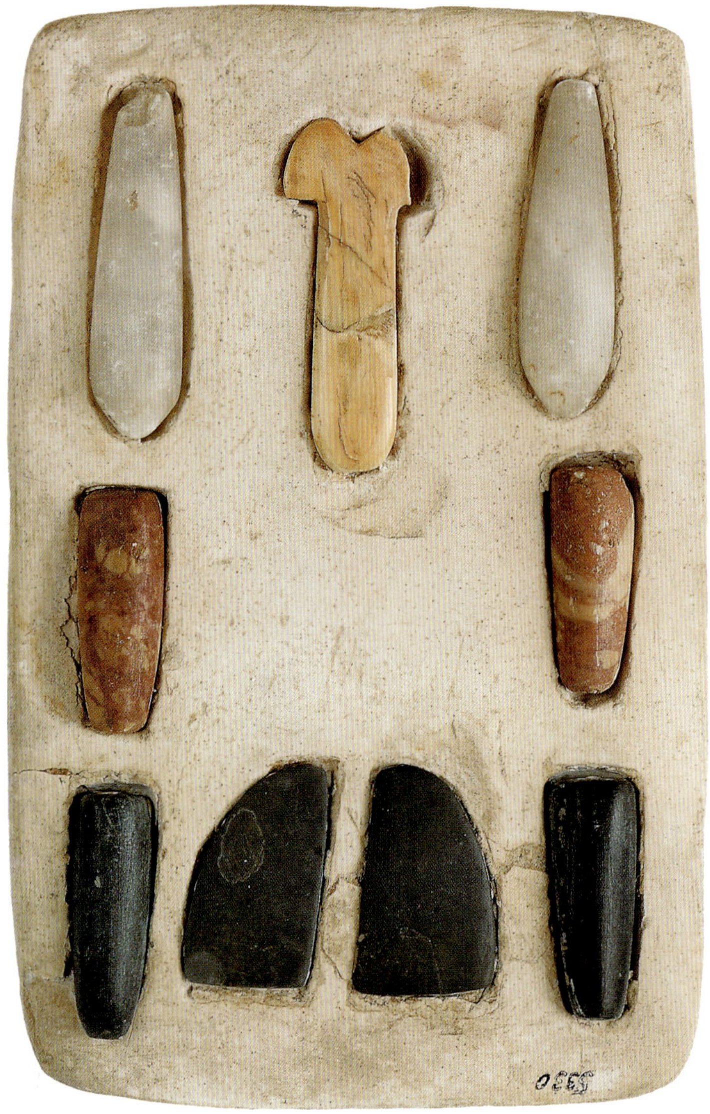

Ces instruments de l'Ancien Empire sont inspirés des outils des fabricants de cercueils et des embaumeurs. Les prêtres s'en servaient pour procéder à l'« ouverture de la bouche ». On les reconnaît aussi sur la table devant Toutankhamon.
Instruments pour procéder à l'ouverture de la bouche, 17,5 x 11,5 cm, Leipzig, Ägyptisches Museum der Universität

précèdent ... » Lentement, le cercueil posé sur un traîneau est tiré par un attelage de bœufs dans le sable du désert, suivi de la famille et des amis, de prêtres encensant le cercueil, de pleureuses se lamentant, les cheveux défaits, la poitrine nue. Les esclaves portent les meubles, les coffres à vêtements, les bijoux et cosmétiques dans la dernière demeure. Ils apportent aussi de la viande, de la volaille et des légumes pour le sacrifice funéraire. Si on dépensait peu pour les sucreries, les pains, les couronnes florales et les cônes de parfum – une facture pour un enterrement du IIe siècle après J.-C. en est la preuve –, les pleureuses revenaient cher, mais les bandelettes et les tissus, les huiles parfumées et la résine nécessaire à l'embaumement avaient coûté bien plus cher encore.
Devant le tombeau, la momie est ôtée du cercueil et dressée, soutenue par un prêtre-embaumeur portant un masque à l'effigie d'Anubis. Un prêtre novice, le plus souvent le fils aîné du défunt, brûle de l'encens pendant que le prêtre-lecteur récite des formules magiques qu'il lit sur un rouleau de papyrus. Avec les outils des fabricants de cercueils et des embaumeurs – herminette, couteau et un instrument bizarre en forme de queue de poisson – les prêtres procèdent au rituel magique de l'« ouverture de la bouche » censé rendre au mort l'usage de la parole, la vue, l'ouïe et l'odorat, ce qui lui permettra de goûter les offrandes alimentaires. Il est « réanimé » au cours d'une cérémonie mystérieuse et compliquée qui pouvait durer plusieurs jours chez des personnes de haut rang et dont faisaient aussi l'objet les statues et les peintures qui seraient placées dans le caveau.
La famille du défunt lui fait maintenant ses adieux, la momie est replacée dans le cercueil, elle a tout ce qu'il faut pour son voyage dans l'au-delà. Des offrandes funèbres sont apportées, par exemple des bœufs immolés rituellement et grillés que la famille mangera lors du banquet près du caveau. Près de Thèbes, ce rituel est célébré tous les ans dans le Nouvel Empire au cours de la « Fête de la vallée », une sorte de Toussaint égyptienne, pendant laquelle on procède à des sacrifices sur les tombeaux et à l'intérieur, tout en devisant gaiement.

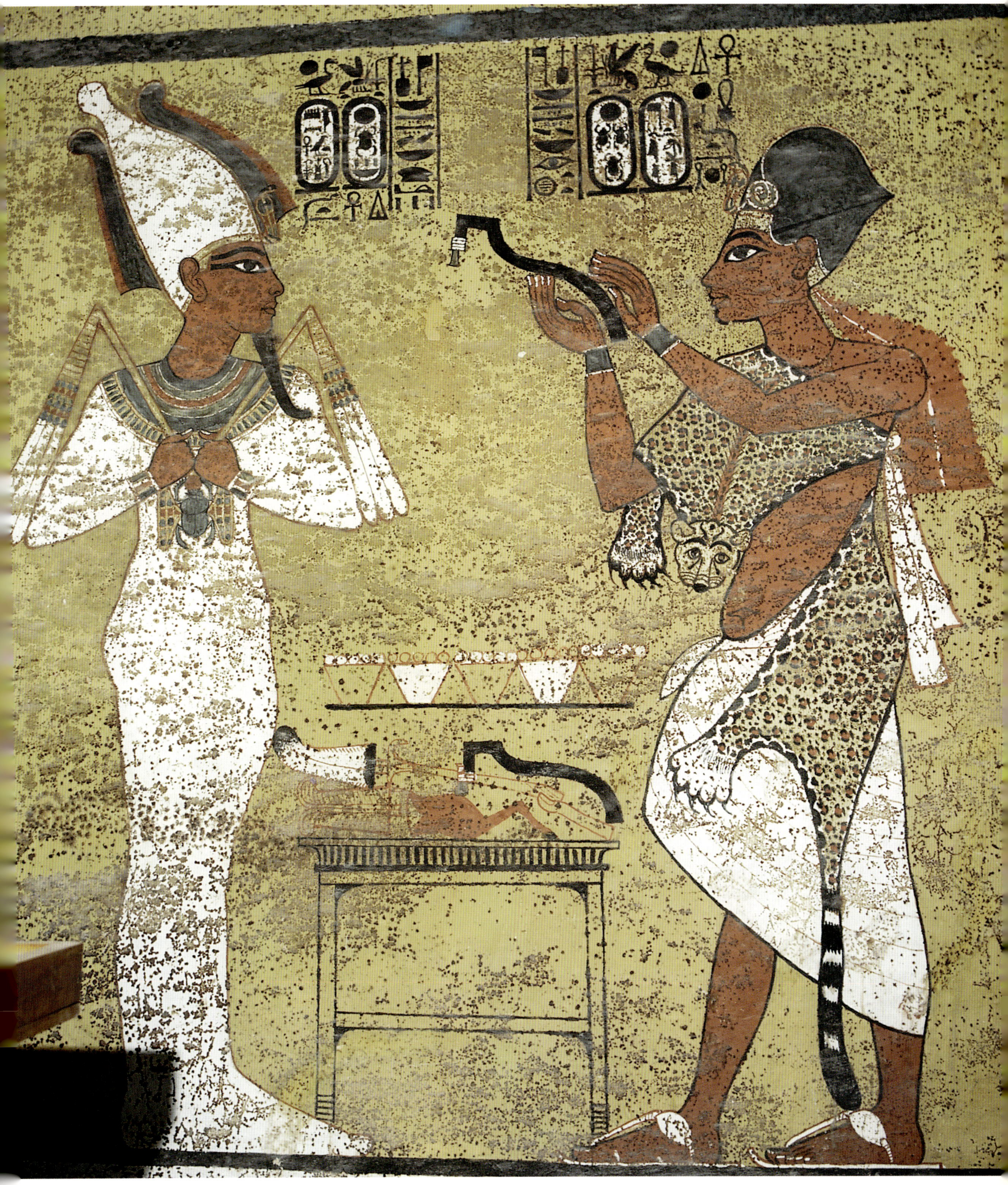

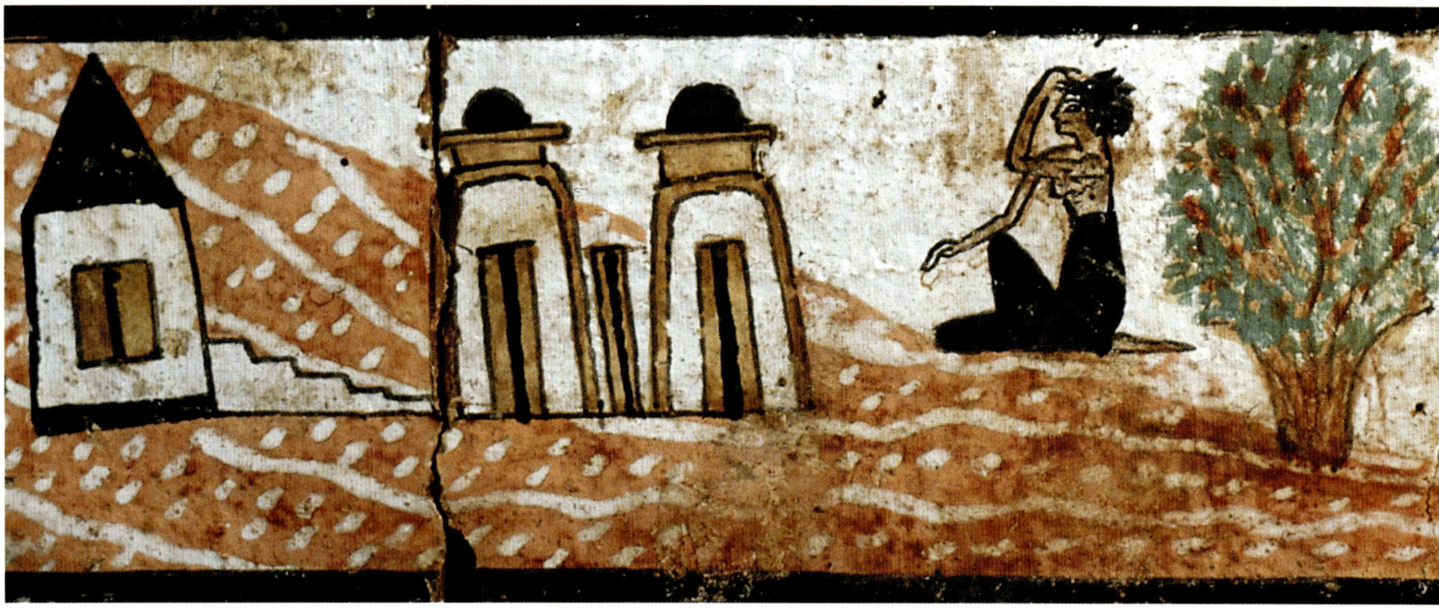

Du pain et de l'eau fraîche

Voilà le défunt maître de sa « belle maison d'éternité ». La forme de la tombe a évolué au cours de trois millénaires, la tombe creusée dans la falaise a remplacé la pyramide et le mastaba, mais le sarcophage reste dissimulé dans un puits funéraire souterrain ou le plus secret possible. Celui-ci est précédé d'une partie ouverte accessible de l'extérieur, la chapelle, dotée d'une stèle sur laquelle est gravé le nom ou éventuellement l'effigie du mort, et où se dresse la table d'offrandes. Une « porte virtuelle », imitation de pierre d'une porte véritable, relie spirituellement les deux salles, l'ici-bas et l'au-delà. Seul le mort peut la franchir pour prendre les offrandes qui lui sont apportées : du pain, des légumes, des fruits, de la volaille et de la viande rouge les jours de fête. Il apprécie particulièrement l'encens qui réjouit son odorat et la bière ou l'eau fraîche, vu qu'il habite à l'orée du désert. Ses enfants doivent lui en fournir régulièrement. Le défunt a souvent institué de son vivant une donation « pour l'éternité », et puis les prêtres funéraires veillent à l'entretien du culte, qui fait vivre le clergé du temple, vu que les offrandes atterrissent sur sa table.

Pourtant l'expérience a montré aux Egyptiens, surtout pendant les périodes intermédiaires de désordre, que rien ne dure en ce monde, pas même les donations « éternelles ». Faisant confiance à la magie de l'image et de l'écriture, à la puissance du mot, ils ont pris soin de représenter aussi les offrandes sur les murs ou de les inscrire en hiéroglyphes. Il suffit ainsi qu'un passant prononce le nom des dons pour que le défunt puisse les savourer. C'est la raison de cette prière inscrite sur tant de pierres commémoratives : « Ô vous qui vivez sur terre, et qui passerez devant cette stèle, en allant et venant, si vous aimez la vie et détestez la mort, dites ‹ qu'il y ait mille pains et mille pots de bière › ! »

Passant par la porte fictive de son tombeau, le mort peut venir se délecter des dons qui lui sont faits et se manifester

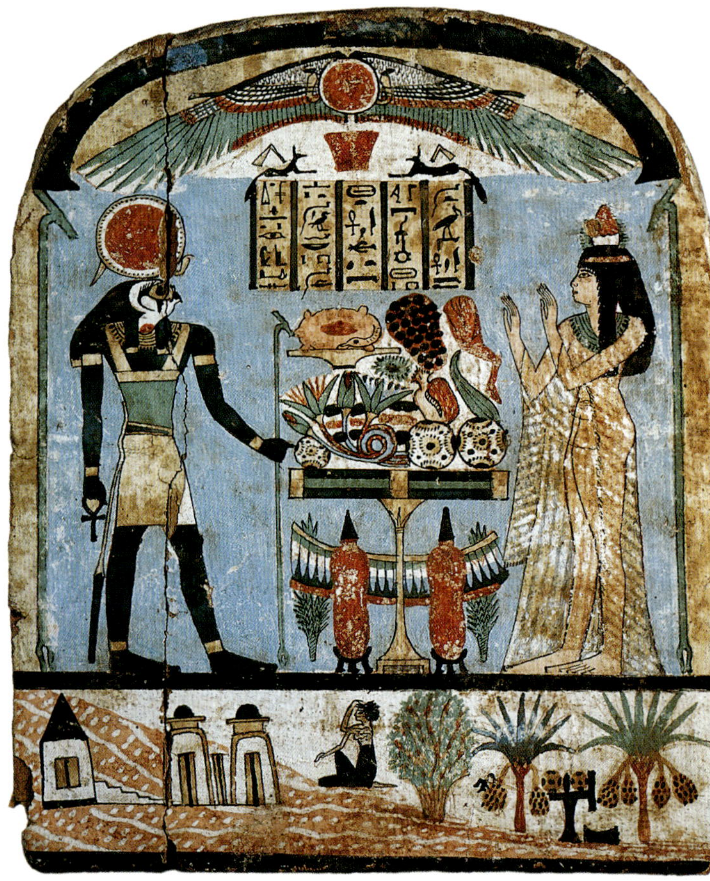

La fête est finie, les convives s'en sont allés. Devant le caveau du désert il ne reste qu'une femme assise qui se lamente et s'arrache les cheveux. Cette petite scène figure sur une stèle funéraire qui montre la donatrice devant une table d'offrandes et le dieu Rê-Harakhty.

Stèle de bois de Djedamouniouankh, Deir el Bahari, XXIIe dynastie, hauteur 27,6 cm, Le Caire, Musée Egyptien

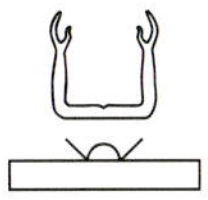

ka = l'esprit, l'énergie vitale

Le roi Auibré Hor : les bras levés que l'on voit sur sa tête, l'hiéroglyphe *ka*, indiquent que la statue est le *ka* du défunt, qui représente son énergie et sa force vitale. Si sa momie était détruite, le roi pouvait se réfugier dans cette statue. On lui apportait des aliments en offrande.
Statue de bois, Dahchour,
XIIIe dynastie, hauteur 170 cm,
Le Caire, Musée Egyptien

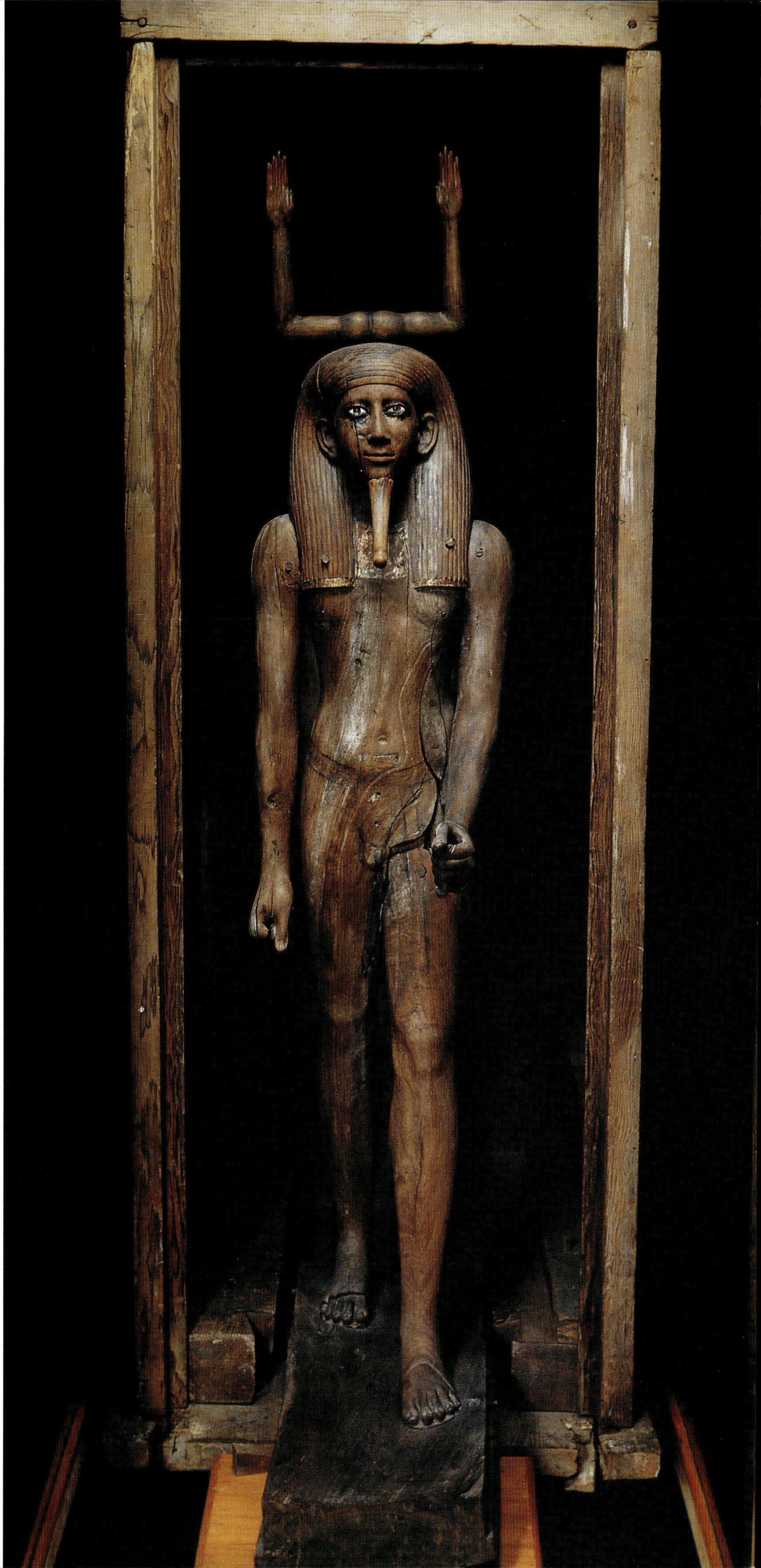

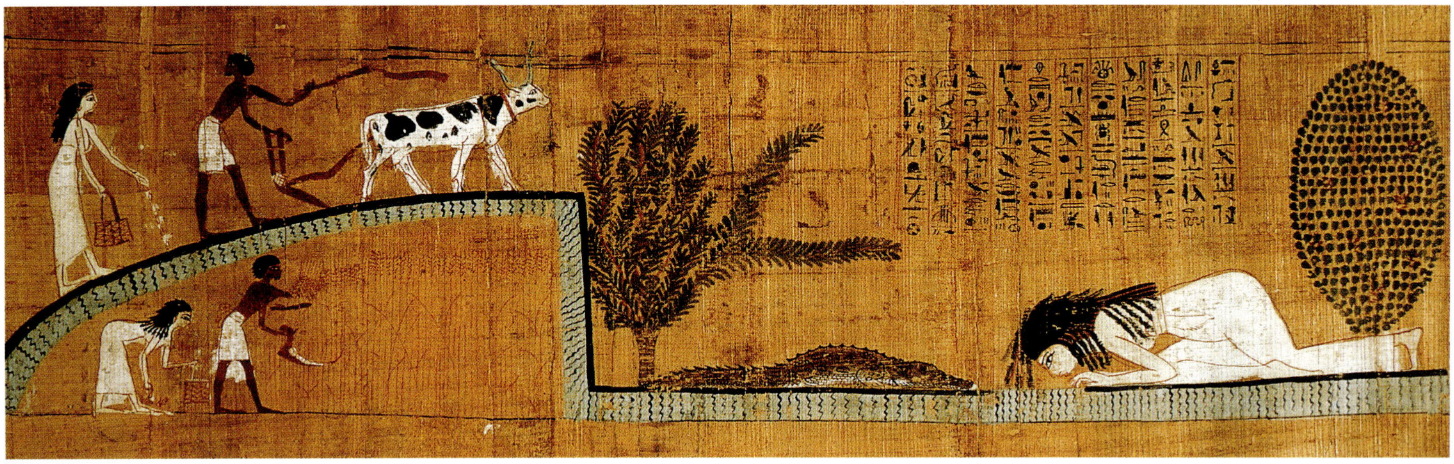

Les morts avaient besoin d'eau fraîche dans le désert. Sur cette vignette, Héréoubekhet, la « chanteuse d'Amon », se désaltère à la rivière, avant d'aller semer et récolter aux « champs bienheureux de la nourriture ».
Livre des Morts de Deir el Bahari, XXIe dynastie, Le Caire, Musée Egyptien

de diverses manières, car la simple dualité du corps et de l'esprit ne satisfait pas la pensée égyptienne. Pour elle, la personnalité humaine est composée d'un corps matériel associé à plusieurs principes spirituels. La momification préserve le corps, aussi bien que possible, de la décomposition mais s'il s'altère ou s'il est brûlé, les autres éléments auxquels il est relié sont détruits avec lui, à moins que l'on ait placé un « corps de rechange », une statue, dans le tombeau. Peut importe qu'elle lui ressemble, mais elle doit porter son nom, car celui-ci est un élément essentiel de l'homme qui n'a, sans lui, pas de personnalité et donc aucune chance de survie.

Ce que nous entendons par « âme », les Egyptiens le différencient en plusieurs principes spirituels, le ka, le ba et le akh, en outre la personnalité comporte aussi une ombre, le shouyt. Le ka, c'est l'énergie vitale, ce « qui entretient la vie ». C'est à lui que les offrandes alimentaires sont destinées, car il a besoin de nourriture. Quand un homme naît, son ka est modelé par le dieu créateur Khnoum sur son tour de potier, et ne le quitte plus. Il est représenté par deux bras levés.

Le ba correspond le mieux à l'idée que nous nous faisons de l'âme, il peut s'éloigner du corps mais doit y retourner. Il est symbolisé par un oiseau à tête humaine assis sur les branches d'un sycomore à côté du tombeau ou volant aux alentours : « Tu montes, tu descends .../Tu glisses, comme ton cœur le désire,/Tu sors de ton tombeau chaque matin/Tu y rentres chaque soir. »

Le fait que le mort puisse se déplacer, quitter son tombeau, présente aussi des dangers : un troisième principe spirituel est le akh, une sorte de fantôme qui peut hanter les vivants. Dans une lettre adressée à « l'esprit parfait Ankhiri », un veuf du Nouvel Empire conjure sa femme morte de le laisser en paix sinon il « portera plainte devant les dieux de l'Occident ». En effet, l'au-delà a aussi ses juges et le défunt doit comparaître devant eux – complet, avec tous ses éléments – avant d'y être admis.

Son ombre – ici une silhouette sombre – fait aussi partie de l'être humain. Comme le ka, elle est liée au défunt dans la tombe. En revanche, le ba – un autre élément de l'individu – est symbolisé par un oiseau à tête humaine.
Tombeau d'Irinefer, Thèbes n° 290, époque ramesside

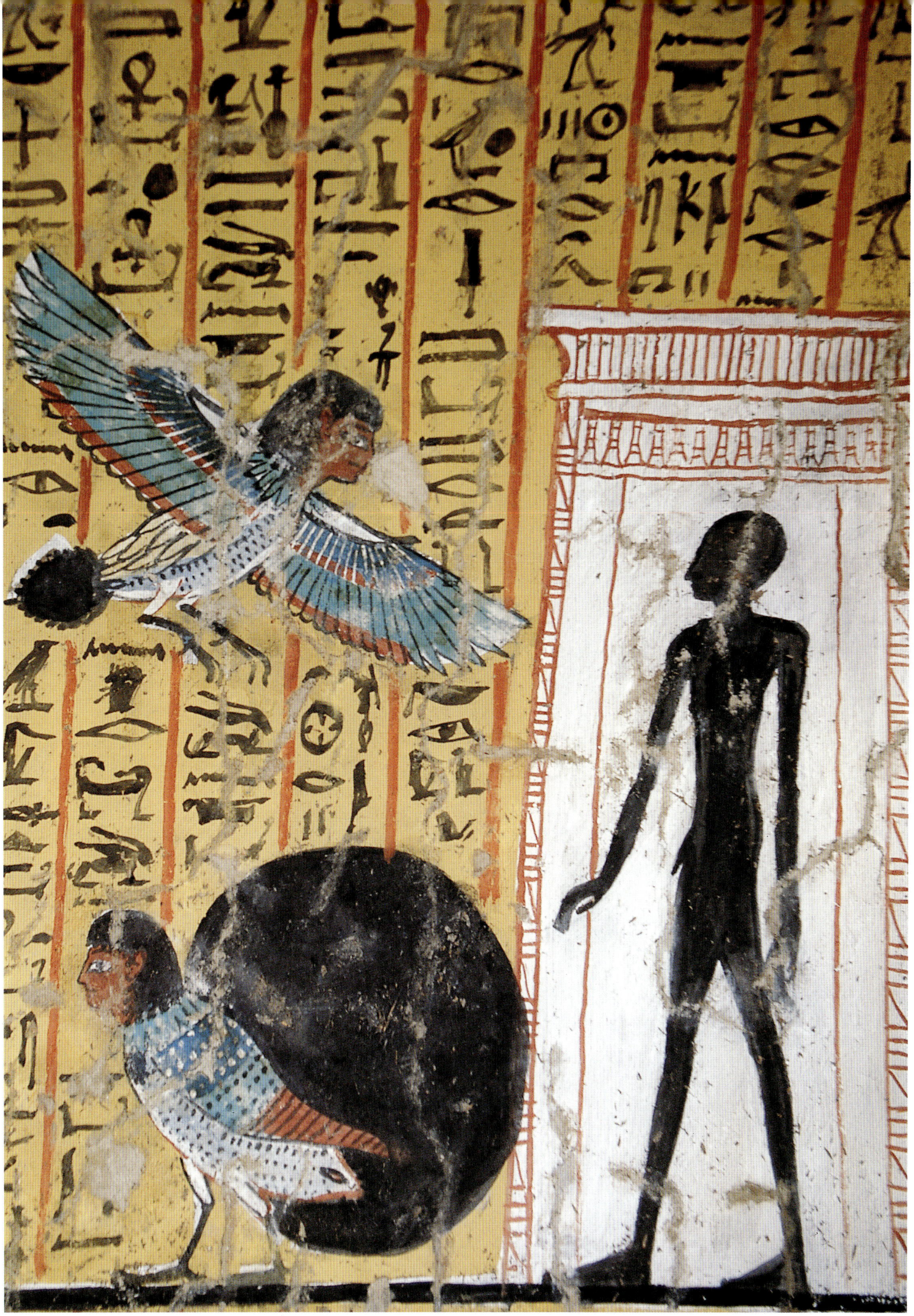

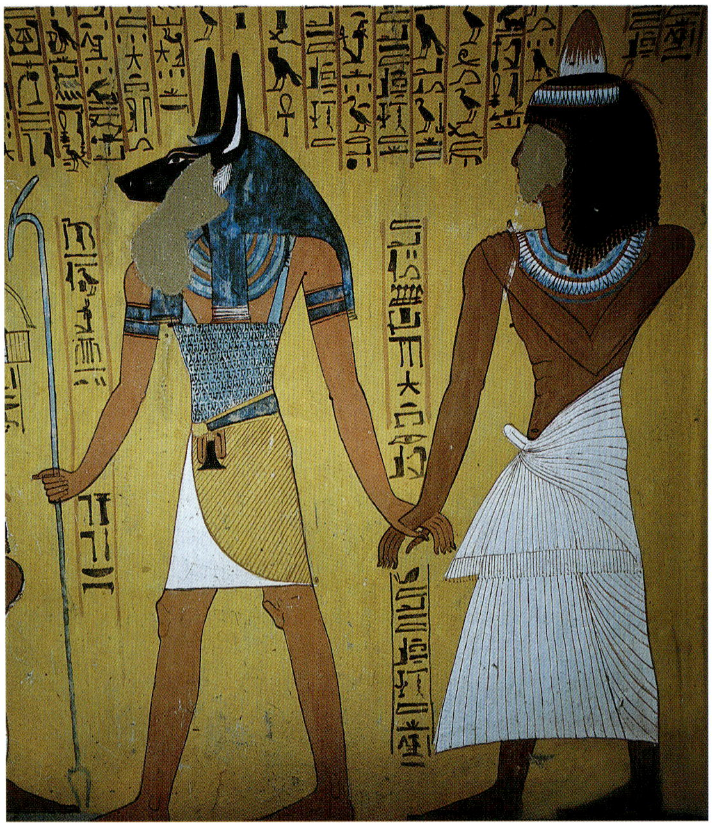

Guidé par Anubis, Sennedjem, l'artisan de Deir el Medineh, est en route vers l'Empire des morts où maints périls le guettent et où il sera jugé.
Tombeau de Sennedjem, Thèbes n° 1, XIXe dynastie

Les Livres des Morts servaient au défunt de guides outre-tombe. Il y trouvait les formules lui permettant de se justifier. Au tribunal divin, son cœur est placé sur le plateau d'une balance ; sur l'autre plateau se trouve une plume, symbole de l'ordre divin. Si son cœur s'avère trop lourd, le mort sera la proie de la « Grande Dévorante ».
Papyrus Ani, XVIIIe dynastie, Londres, British Museum

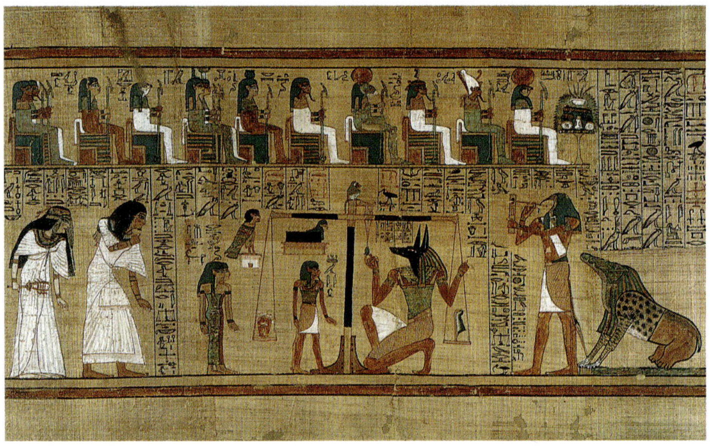

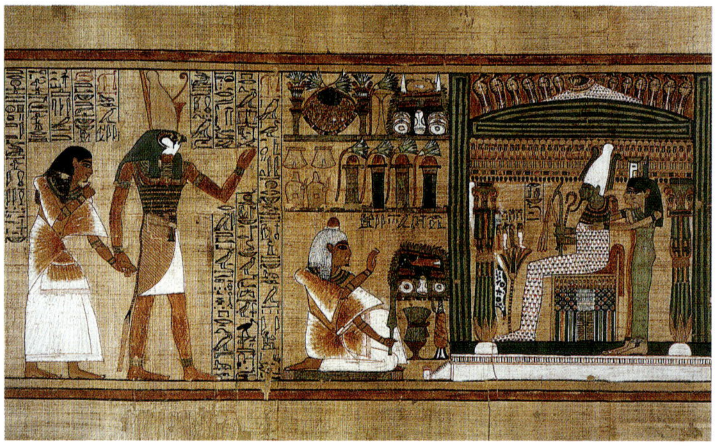

Le jugement des morts

Le tribunal divin siège dans la « Salle des Deux Justices », où l'ici-bas et l'au-delà se touchent et où se trouve une grande balance. Le cœur du mort est placé sur un plateau de la balance sous la surveillance d'Anubis et de Thot, le dieu-scribe. Pour les Egyptiens, le cœur est le centre réel de la personnalité, le siège de la raison, de la volonté et de la conscience morale. Sur l'autre plateau se trouve une plume, symbole de Maât, l'ordre divin. Si les deux plateaux s'équilibrent, le défunt est acquitté.
La vie terrestre du défunt est donc mesurée ici à l'idéal de justice divine, et bien rares sont ceux qui sont à la hauteur d'un tel jugement craint de tous, car à côté de la balance se tient la « Grande Dévorante », un monstre hybride de crocodile, panthère et hippopotame, prête à dévorer le défunt si son cœur s'avère trop lourd. Ce serait le pire des châtiments imaginables, l'anéantissement absolu, la mort ultime sans espoir de résurrection. Mais les Egyptiens sont avisés, et ils ont pris leurs précautions de leur vivant.
Entre les jambes de nombreuses momies, enveloppés dans les bandelettes de lin, des rouleaux de papyrus contenant des formules et des images servent de guide pour voyager dans l'empire des morts. A l'origine, dans l'Ancien Empire, elles étaient gravées sur les murs des chambres funéraires secrètes des pyramides, à l'usage exclusif des pharaons. Ces Textes des Pyramides font partie des plus anciens textes théologiques connus. Un certain « processus de démocratisation », du moins en ce qui concerne l'existence post portem, permit plus tard aux fonctionnaires et aux prêtres prospères d'emmener avec eux ces instructions dans l'empire des morts. Les invocations aidant le défunt étaient inscrites

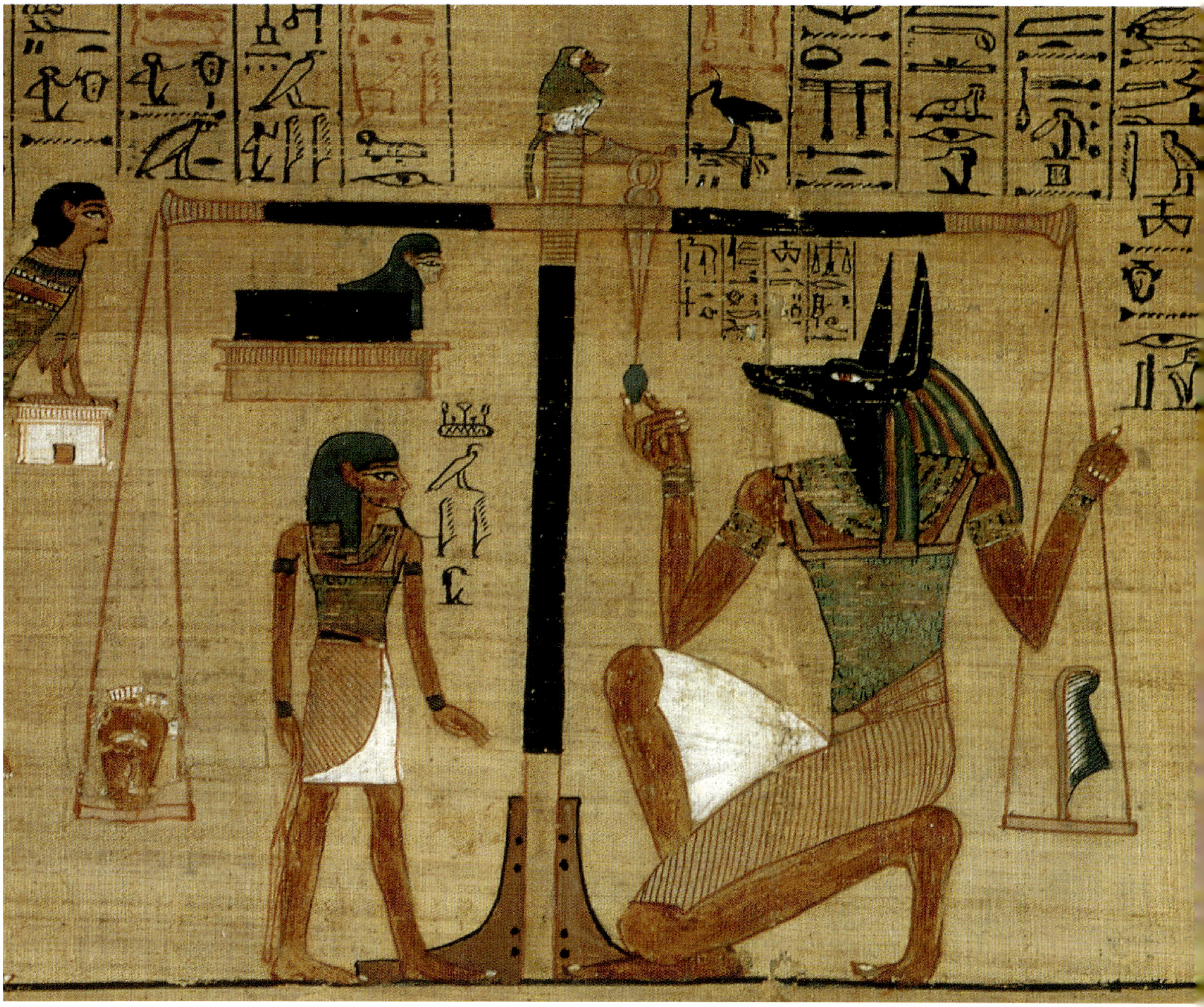

sur les cercueils et plus tard sur des papyrus. On pouvait acheter ce Livre des Morts tout prêt, il suffisait d'y insérer le nom du propriétaire. Il coûtait autant que deux vaches, un esclave ou six mois de salaire d'un ouvrier, restant donc inabordable aux classes sociales inférieures.

Ce guide à l'usage de l'au-delà – il aurait été rédigé par Thot, le dieu de la Sagesse, lui-même – ne nomme pas seulement les périls qui guettent le voyageur dans l'autre monde, il contient aussi des recettes magiques pour les atténuer, soit environ deux cents formules qui, prononcées au bon moment, tireront le voyageur des mauvais pas. Celle-ci, par exemple, la cent vingt-cinquième, à réciter lors de la parution devant le tribunal des morts et la pesée du cœur, commence ainsi « Je n'ai pas commis d'iniquité contre les hommes », et poursuit « je n'ai pas maltraité les animaux » et « je n'ai pas retenu les eaux d'inondation ». Cela ne correspond pas nécessairement à la vérité, et doit même souvent empêcher que celle-ci apparaisse toute nue. En fait, le texte est une conjuration : enchantés par les formules et les images magiques du papyrus, les plateaux de la balance s'équilibrent et les juges annoncent que le défunt est en harmonie avec l'ordre divin : « Il est juste. La Dévorante n'aura pas de droit sur lui ! »

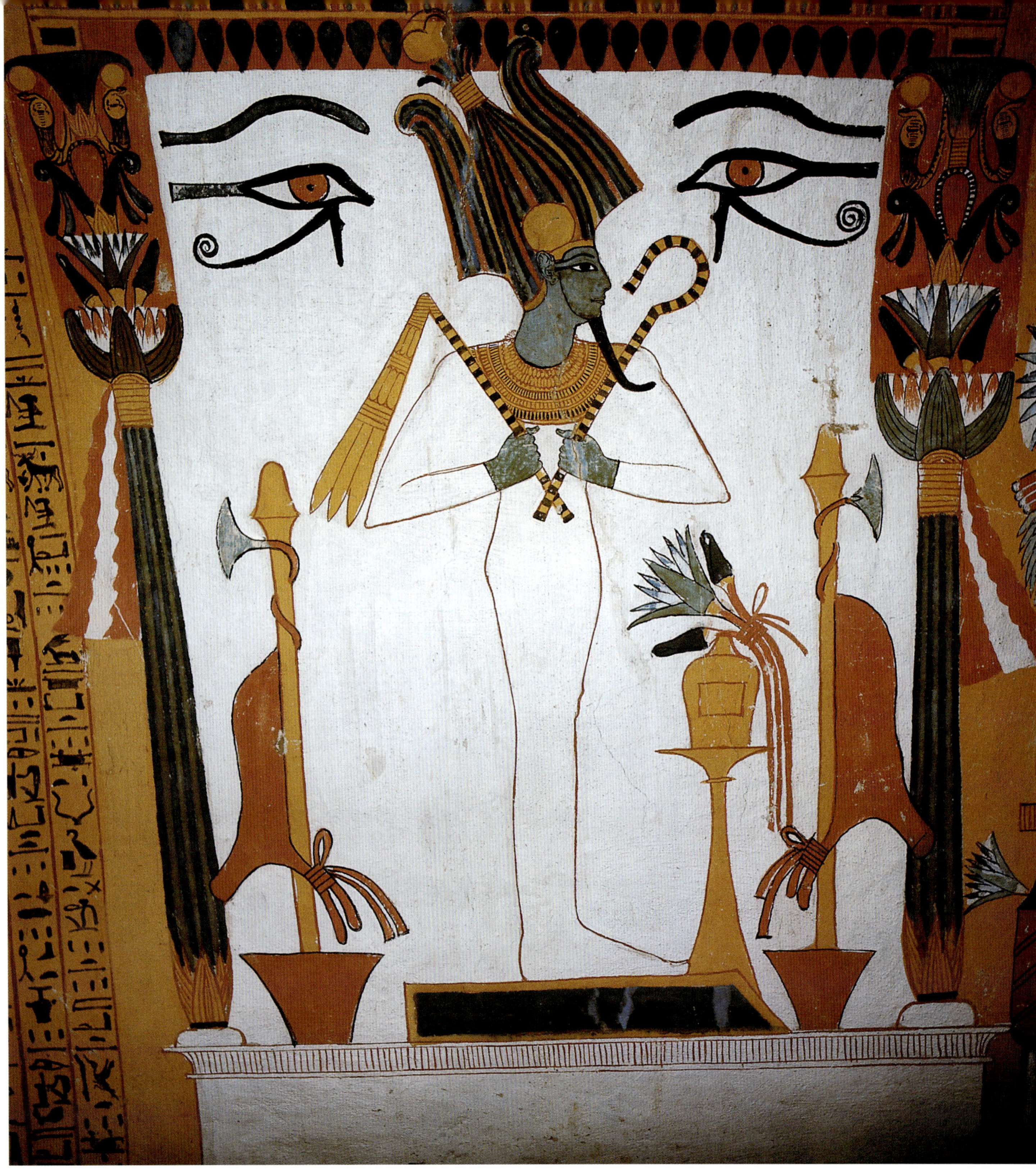

Au royaume d'Osiris

Osiris, le « seigneur de l'éternité », préside le tribunal des morts et règne sur l'empire d'en-bas. A l'origine, il était probablement un dieu de la fécondité, son visage est vert comme le limon qui génère la vie en Egypte, comme le Nil qui tous les ans rend le pays fertile en l'inondant. Il porte les insignes du pouvoir – couronne, sceptre en crochet et fouet en forme de fléau – mais son corps est rigide et immobile : c'est une momie en bandelettes, artistement peinte. En effet, bien que divin et puissant, Osiris reste assujetti à la destinée humaine et il a connu la mort. C'est sur ce destin qu'ils partagent avec lui que se fonde le plus grand espoir des hommes. Le bon roi Osiris, raconte la légende égyptienne, était d'ascendance divine et régnait avec sagesse sur le pays. Mais son frère Seth, qui le détestait, le tua et découpa son cadavre en morceaux qu'il jeta dans le Nil. Isis, sœur et épouse d'Osiris, se mit à leur recherche, « Remplie de chagrin, elle traversa le pays et ne s'établit pas avant de l'avoir trouvé ». Anubis réunit les quatorze morceaux du cadavre, les enroula dans des bandelettes, créant ainsi la première momie. Isis se transforma en un faucon femelle

Osiris préside au tribunal divin. Il règne sur le monde d'en-bas et porte les insignes du pouvoir, couronne, fouet-fléau et sceptre en crochet, mais son corps est celui d'une momie.
Tombeau de Sennedjem, Thèbes n° 1, XIXe dynastie

Osiris ressuscité des morts – assassiné par son frère, son épouse le fit revenir à la vie – symbolisait l'espoir d'une résurrection.
Statue d'Osiris, Saqqarah, Basse Epoque, hauteur 89,5 cm, Le Caire, Musée Egyptien

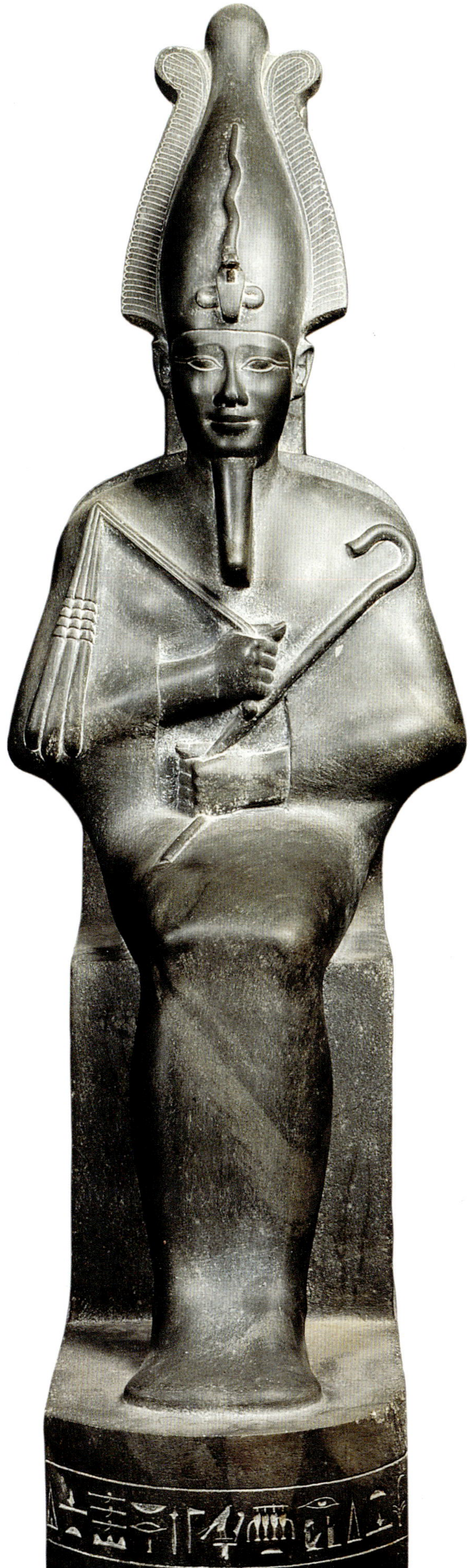

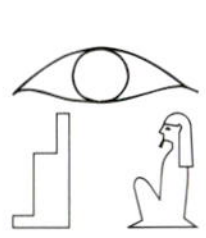

Ousir = Osiris

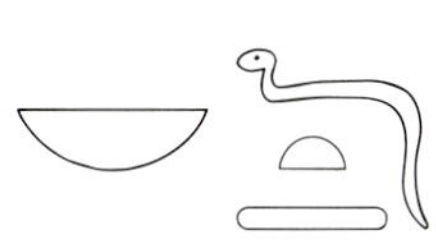

neb djed = le Seigneur de l'Eternité

et « fit de l'air avec ses ailes ». Le dieu mort revint alors à la vie et s'unit charnellement à Isis qui donna le jour à un fils, Horus, l'héritier du trône. Osiris ne put poursuivre sa vie terrestre, mais il devint le souverain des morts. « Maintenant le deuil est fini, le rire est de retour. »
Le culte d'Isis et d'Osiris devint extrêmement populaire dans le bassin méditerranéen à la Basse Epoque ; il influença aussi le christianisme avec son enseignement de la mort et de la résurrection Son centre se trouvait à Abydos, un des plus grands sanctuaires égyptiens où repose la tête d'Osiris et où on célèbre des « mystères », racontant la légende du dieu.

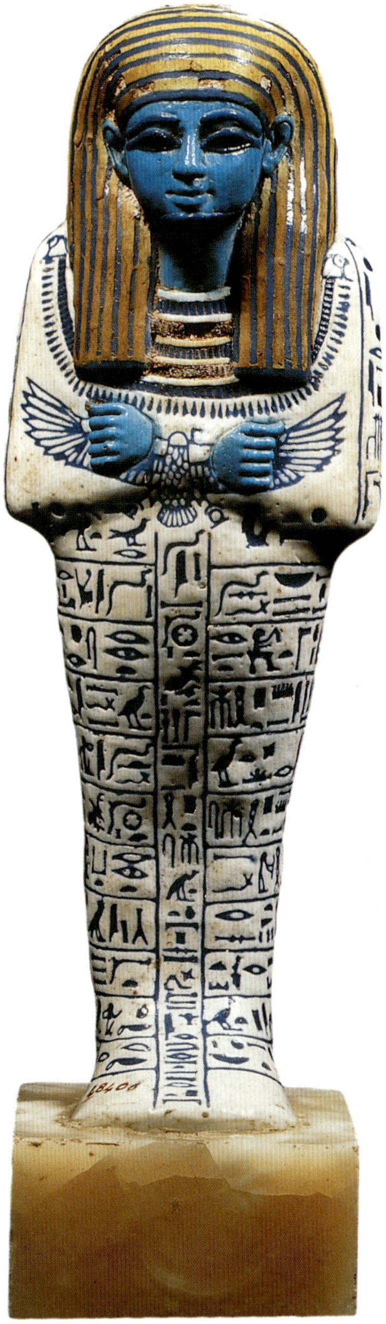

On disposait des figurines dans la tombe à côté du défunt. Si on lui demandait de travailler dans l'au-delà, elles devaient répondre à sa place : « Je suis ici » – « Chaouabti ». Ce nom leur est resté.
Chaouabti en faïence de Ptahmosé d'Abydos, Nouvel Empire, hauteur 20 cm, Le Caire, Musée Egyptien

Le paradis selon les Egyptiens : un champ de roseaux dans une campagne idyllique. Comme maître Sennedjem et son épouse, tous ceux qui ont réussi leur « examen de passage » peuvent y cultiver leurs champs en paix, sous la protection des dieux.
Tombeau de Sennedjem, Thèbes n° 1, XIXe dynastie

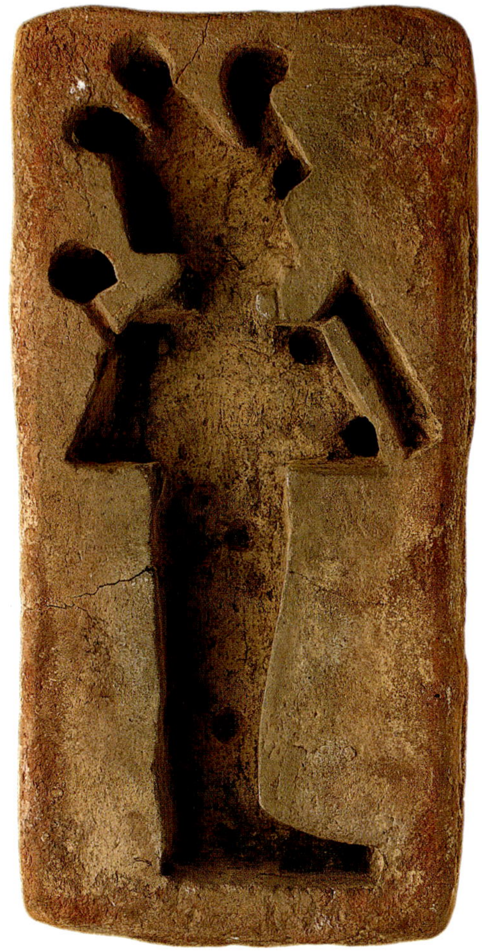

L'Osiris à blé – une brique portant l'image en creux du dieu des morts – était remplie de terre et de graines au cours des funérailles. La semence humidifiée germait, symbole de résurrection.
Basse Epoque, hauteur 6 cm, longueur 21,5 cm, largeur 10,5 cm, Hildesheim, Pelizaeus-Museum

Les Egyptiens croyaient que l'ordre divin faisait que tout se répétait, et donc que chacun pouvait connaître le destin du dieu Osiris, se fondre en lui par la magie. Tous les mortels espéraient se régénérer et s'éveiller à une vie nouvelle dans l'autre monde.
Le Livre des Morts guide le défunt dans le monde d'en-bas, l'avertit des abîmes où il pourrait tomber, des démons et des terreurs qui le guettent et représentent sans doute les angoisses archaïques de l'homme. Un hymne à Osiris nous donne une description lugubre de ce lieu, il parle de « ceux, dont le pays se trouve dans l'obscurité, dont les champs sont de sable, dont les tombeaux servent le silence, dont on n'entend pas l'appel, qui gisent là sans pouvoir se lever, dont les momies sont entourées de bandelettes, dont les membres ne sont pas mobiles ». L'empire des morts apparaît comme un lieu morne et humide, où les dormeurs sont purifiés et régénérés dans les eaux primitives, à l'image du grain de blé enfoui dans la terre et qui revient à la vie. Mais les prières et les conjurations du Livre des Morts ouvrent au défunt la voie du « champ bienheureux de la nourriture » où il pourra cultiver ses champs, boire une cruche de bière le soir ou accompagner les dieux dans leur périple quotidien et « sortir au jour » avec eux.

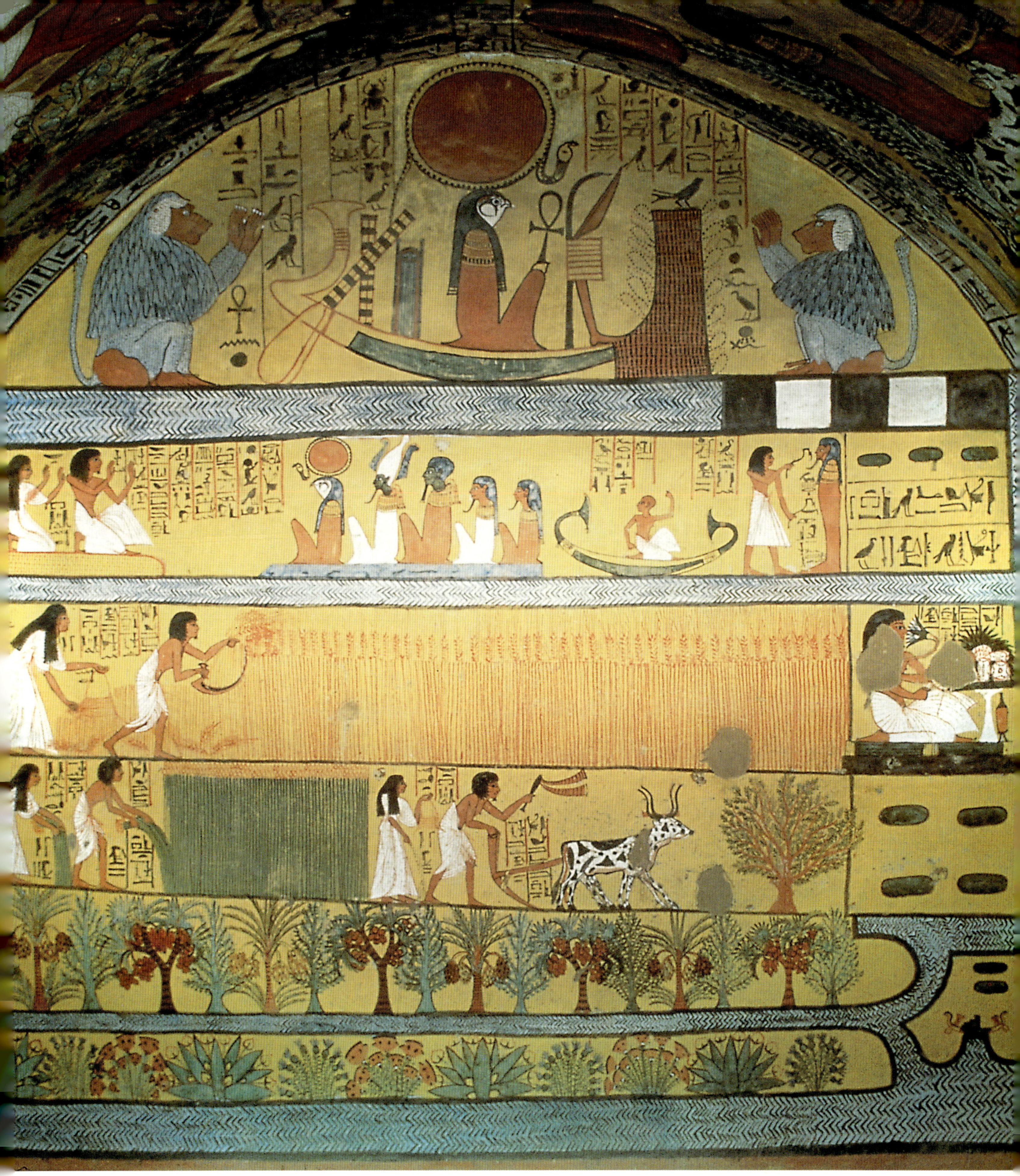

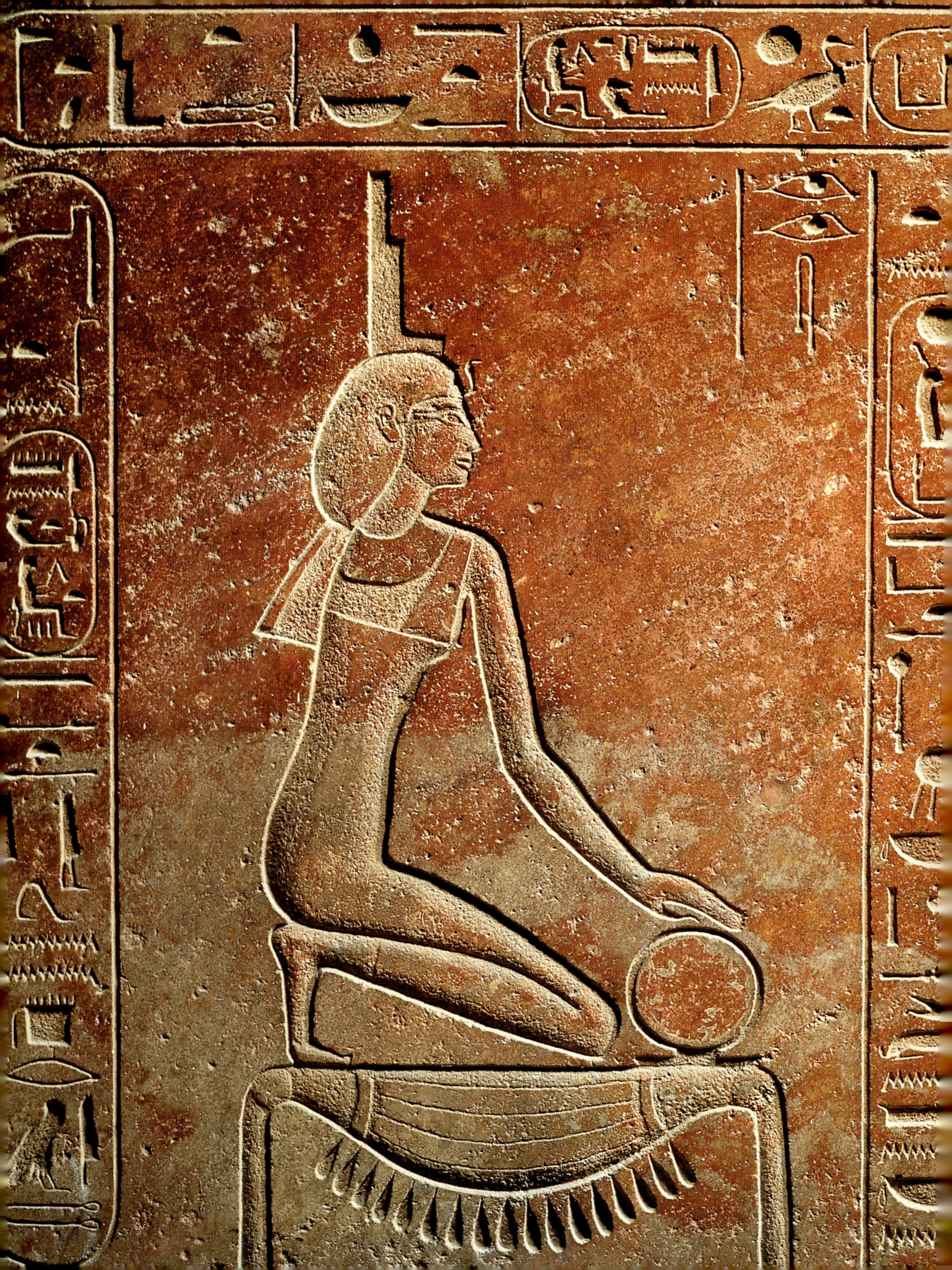

Isis la magicienne était une déesse mère dotée de grands pouvoirs. Ses attributs en témoignent : sur la tête, elle porte le trône, elle s'agenouille sur l'hiéroglyphe signifiant l'or et pose sa main sur l'anneau de l'éternité. Le relief décore le sarcophage de pierre de la reine Hatchepsout, dont la déesse emprunte les traits.
Tombeau d'Hatchepsout, Deir el Bahari, Thèbes, Nouvel Empire, XVIIIe dynastie

Dieux, déesses et magie

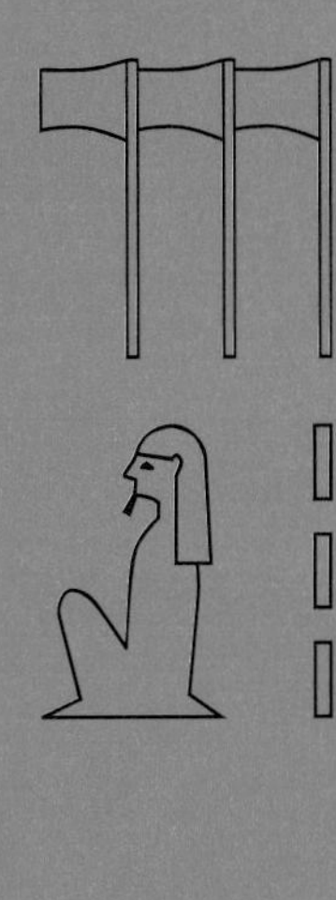

netcherou = les dieux

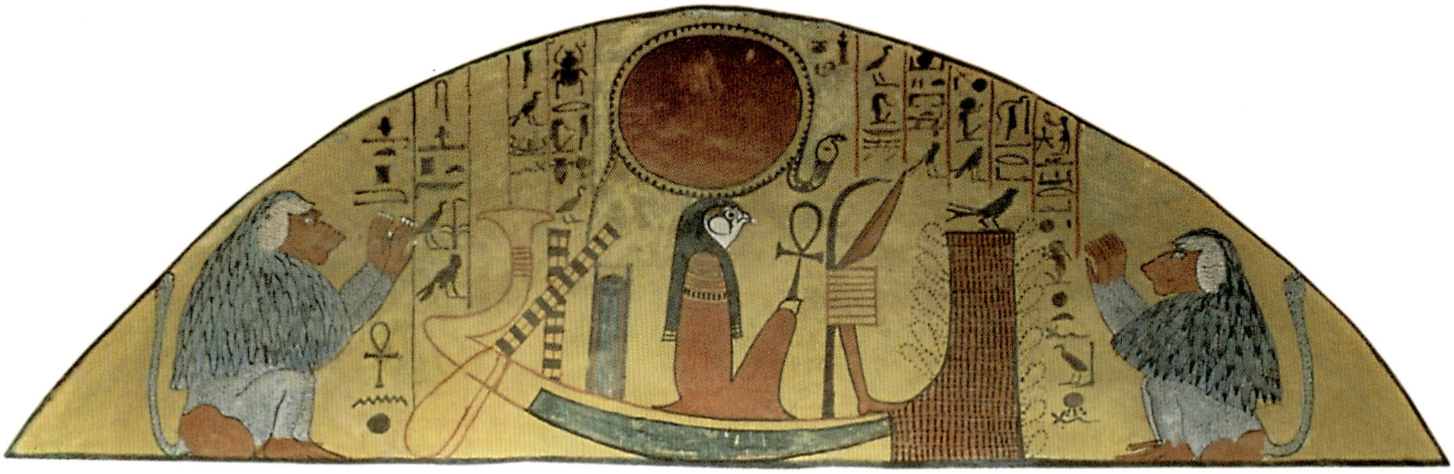

Deux babouins font fête au soleil levant, symbolisé par le dieu à tête de faucon Rê-Harakhty dans sa barque.
Détail de l'illustration de la page 171, peinture murale du tombeau de Sennedjem, Thèbes n° 1, XIXe dynastie

La nuit, la barque solaire est tirée par les planètes sur l'océan du monde d'en-bas : le soleil nocturne, Rê à tête de bélier, se dresse sur la barque dans un pavillon gardé par deux serpents.
Relief du temple d'Osiris d'Abydos, époque de Merenptah, XIXe dynastie

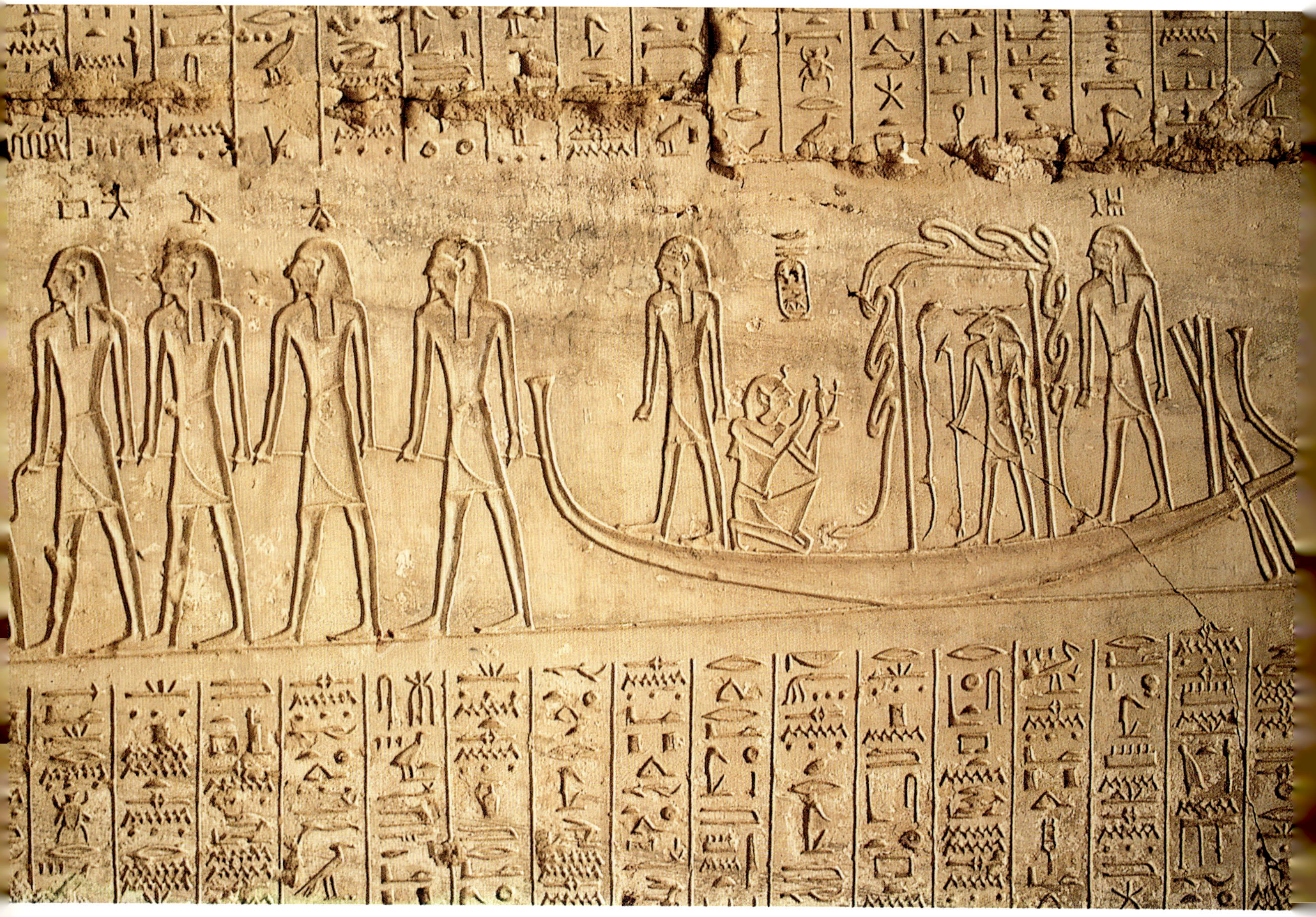

Jour après jour, une barque en or pur de sept cent soixante-dix aunes traverse le ciel au-dessus du Nil ; les étoiles sont ses rameurs, les dieux forment l'équipage. L'embarcation appartient à Rê, le dieu du Soleil, dont l'apparition quotidienne toute de clarté et de chaleur garantit la vie sur terre. Divinité officielle des Egyptiens pendant trois mille ans, le « Premier des dieux » règne sur son « bétail humain » : « Tu es le maître du Ciel et le maître de la Terre/ ... qui a créé les pays et engendré les peuples/ ... Le Ciel et la Terre saluent ta présence ! »

La nuit, Rê se rend dans le royaume des morts, les planètes lui servent alors de rameurs pour se déplacer sur l'océan primordial Noun qui traverse le monde d'en-bas. Quand la barque s'approche, la lumière apparaît, les morts s'éveillent et la saluent avec allégresse, car plus encore qu'Osiris, le dieu de la végétation, le soleil est promesse de régénération et de résurrection. Si Osiris, le dieu « fatigué » est l'hier, Rê est le matin. Tous espèrent monter dans sa barque et sortir du monde d'en-bas, participer à un voyage céleste.

Mais le divin équipage doit d'abord surmonter les dangers qui le guettent dans l'autre monde, car le gigantesque serpent-dragon Apophis, ennemi de Rê, essaie toujours de retourner la barque et d'anéantir les dieux. Les Livres de l'Au-delà égyptiens décrivent ces péripéties en mots et en images. Mais les efforts d'Apophis sont vains, les dieux rassemblés dans la barque sont les plus forts : chaque matin, Rê réapparaît vainqueur à l'horizon, et les babouins lui font fête.

L'équipage divin qui prête main-forte à Rê pendant son combat contre le serpent-dragon est composé de Thot à tête d'ibis, dieu de la Sagesse et de la Lune qui lui sert de héraut, d'Horus, le dieu faucon, de Seth, le dieu du désert querelleur, de Maât, fille de Rê, à la tête surmontée d'une plume, d'Isis « riche en ruses » et de Heqa, dieu de la Magie, sans lequel il serait impossible de vaincre Apophis. On ignore le nombre exact des compagnons de Rê et il est parfois difficile de les identifier, car pour les Egyptiens, l'aspect véritable d'un dieu est son secret.

Mais il était permis de s'en faire une image, de le doter d'attributs significatifs. Tout comme les Egyptiens ont inventé les hiéroglyphes pour désigner les objets, les noms et les sons, ils ont imaginé des signes illustrant les différentes fonctions des dieux invisibles – des signes, pas des portraits conformes des divinités insondables, dont certaines, issues du monde animal, sont des hybrides d'animal et d'homme.

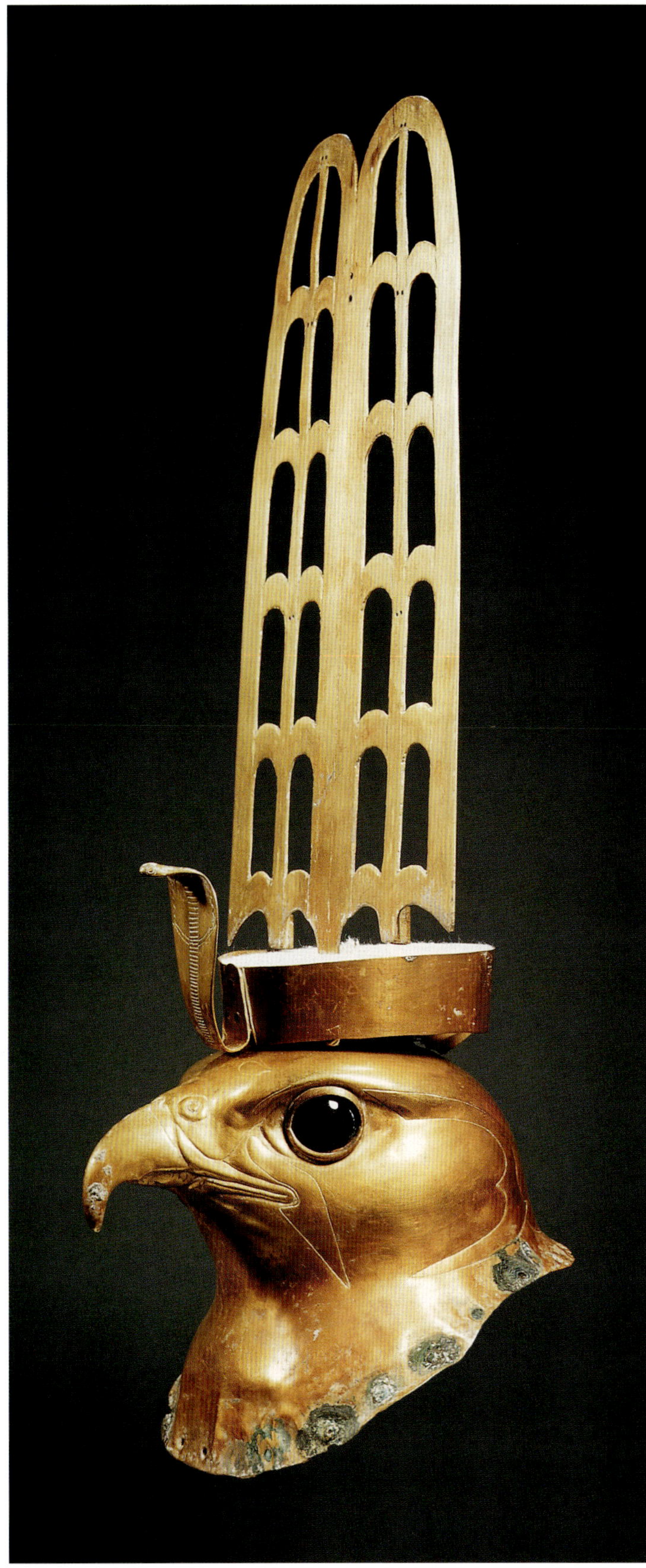

La tête de faucon en or repoussé porte l'uraeus et la couronne de plumes. Elle fait partie d'un bronze représentant le dieu Horus, protecteur d'Hiéraconpolis, l'ancienne capitale de la Haute-Egypte.

Ancien Empire, VIe dynastie, or repoussé et obsidienne, hauteur 37,5 cm, Le Caire, Musée Egyptien

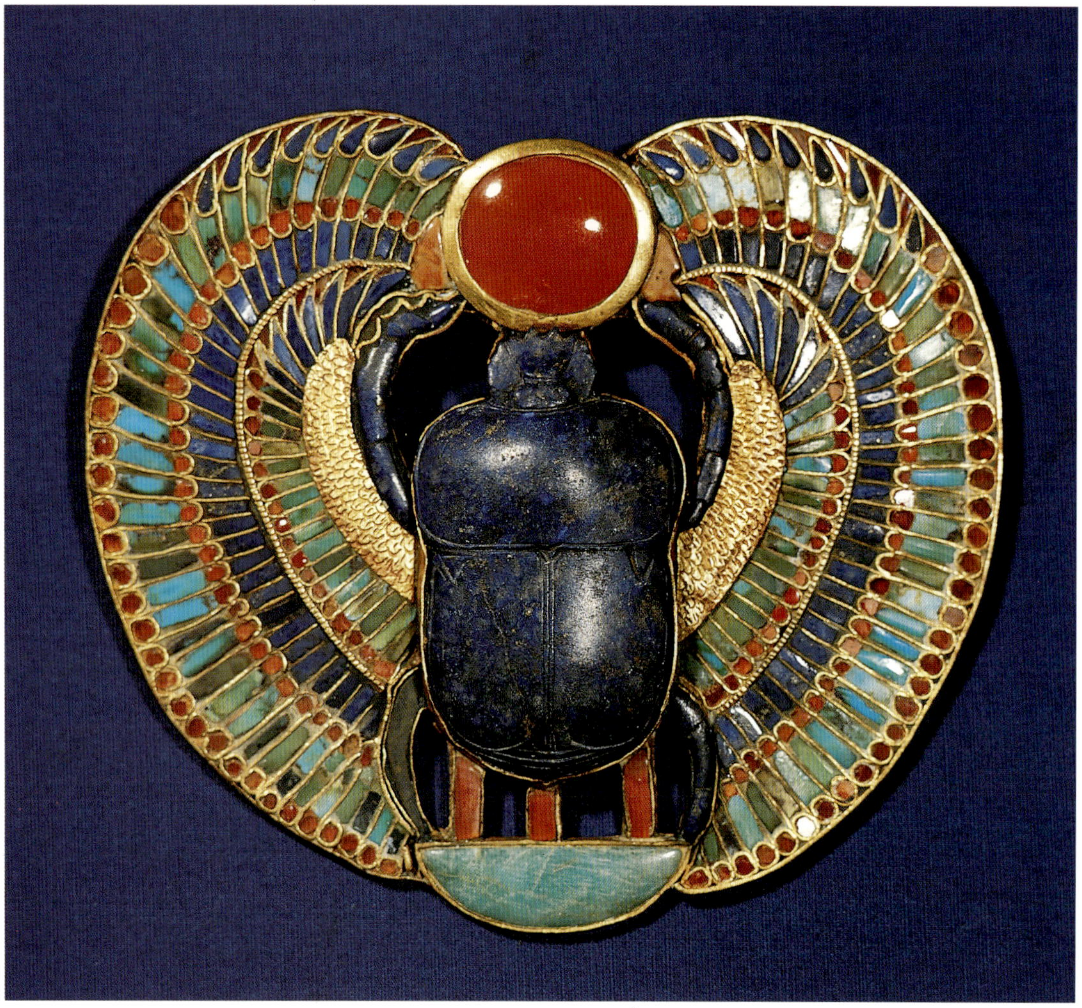

Rê-Harakhty à tête de faucon, dieu du soleil levant, est assis sur son trône. Il tient la croix ansée, clef de vie, et un sceptre ; le cobra dilaté protège le disque solaire sur sa tête. Sa fille Hathor, parée de l'hiéroglyphe signifiant « ouest », la nécropole, est assise derrière lui. Les trônes portent l'emblème de « l'unification des Deux-Terres ». *Peinture du tombeau de la reine Néfertari, Vallée des Reines, Thèbes, XIXe dynastie*

Le scarabée ailé est le symbole de la résurrection car, comme le bousier roule devant lui la boule contenant ses œufs, il pousse tous les matins le soleil au-dessus de l'horizon. Cette amulette était posée sur la poitrine de Toutankhamon. *Médaillon du tombeau de Toutankhamon, Thèbes, Vallée des Rois, XVIIIe dynastie, or et pierres précieuses, hauteur 9 cm, largeur 10,5 cm, Le Caire, Musée Egyptien*

Le Soleil dans tous ses états

Rê lui-même est le plus souvent représenté sous une forme humaine, mais son corps est en or, et le « seigneur des flammes » porte sur sa tête le disque solaire surmonté de l'uraeus qui crache du feu et le protège contre ses ennemis. Ses insignes comportent la coiffe de lin empesé et divers couronnes et sceptres royaux, car il est l'ancêtre mythique des pharaons. Les noms et les aspects de Rê sont multiples car plus un dieu a de puissance et de « responsabilités », plus les formes sous lesquelles il se manifeste sont nombreuses. Rê ne prend forme humaine que le matin et le soir. Il peut se montrer le matin sous l'aspect d'un scarabée, Khepri, le bousier dont on croyait qu'il créait lui-même la boule qu'il roule. Ou bien il est le Soleil levant Rê-Harakhty, rouge à tête de faucon. Dans le monde d'en-bas, en revanche, il est doté d'une tête de bélier ou dépèce sous la forme d'un gros chat armé d'un couteau son adversaire le serpent.

Tout au long de son règne de plus de trois mille ans en Egypte, le dieu du Soleil a adopté d'autres formes encore – pour préserver sa puissance ou la renforcer. Son nom est mentionné pour la première fois à l'époque du pharaon Djéser, celui qui fit bâtir la pyramide à degrés. Ensuite, les rois de la Ve dynastie en firent leur dieu principal et lui édifièrent des sanctuaires solaires, places ouvertes dotées d'un autel central avec une pierre et plus tard d'un obélisque, sorte de rayon de soleil pétrifié. Le plus ancien de ces sanctuaires se trouvait à Héliopolis, au nord-est du Caire ; il est aujourd'hui presque entièrement détruit. Cette ville avait déjà sa divinité locale, Amon, et Rê s'unit avec elle sans prendre sa place, ce qui est bien dans la ligne de pensée des Egyptiens, fidèles aux traditions et amis des compromis, même si cela nous semble difficile à concevoir : en fait, ils ne disaient jamais « c'est soit ceci, soit cela » mais « c'est ceci et cela aussi ». Les noms des dieux, aux allures de formules chimiques, documentent ces unions temporaires mais toujours avantageuses. Rê devint ainsi Atoum-Rê, le dieu créateur et le père de l'ennéade d'Héliopolis qui rassemble neuf puissantes divinités. Un mythe archaïque veut que cette famille divine soit apparue lors de la création du monde : une colline de limon émergea du chaos liquide inerte ou océan primitif Noun, et le soleil Atoum « Seigneur-Un au nom mystérieux » se posa sur la colline sous la forme d'un serpent ou d'un scarabée. En se masturbant, il créa de sa semence le premier couple divin Shou, l'Atmosphère et Tefnout, l'Humidité, qui procréèrent à leur tour Geb, la Terre et Nout, le Ciel. En une action spectaculaire, souvent représentée dans l'art égyptien, le ciel et la terre

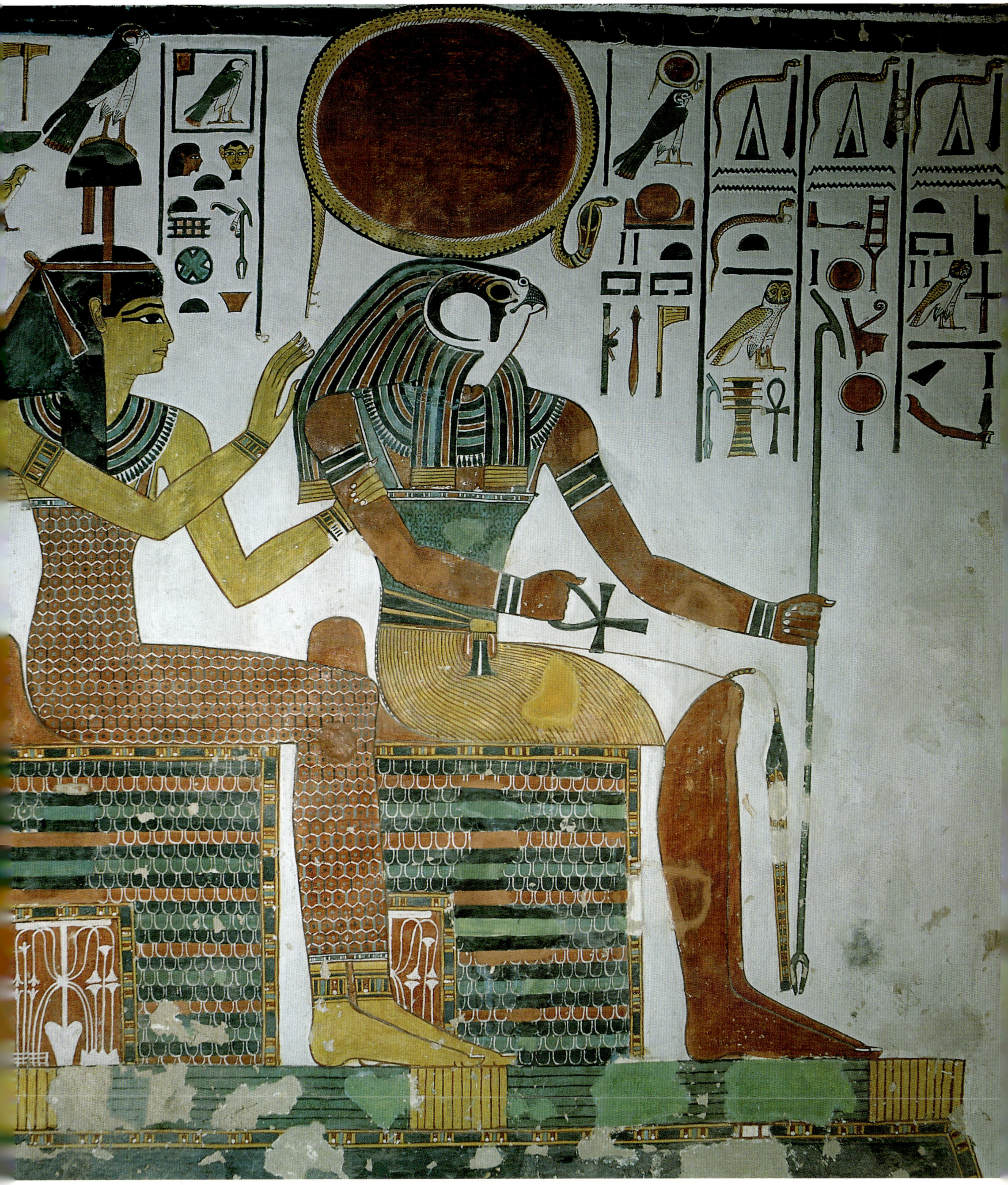

se séparèrent, et l'on voit au-dessus de Geb, sous l'aspect d'un homme nu allongé, le dieu des airs paré de plumes soulever de ses deux bras Nout au corps semé d'étoiles. L'ordre universel est établi. En fusionnant avec Atoum, Rê avait pris la place qui lui revenait en tant que dieu officiel dans cette ennéade très vénérée. Le processus se répéta quand l'Egypte fut à nouveau unifiée après l'effondrement de l'Ancien Empire, sous la XIe dynastie. On rêvait de renouveau, ce qui aboutit à la création d'une nouvelle capitale, Thèbes, où le clergé se forgea un dieu de l'Empire tout neuf, Amon ; ceci sans nuire à la continuité – tout comme on avait autrefois à Héliopolis uni Atoum et Rê, on unit maintenant le jeune Amon au vieux dieu Atoum-Rê qui devint Amon-Rê. Des temples lui furent édifiés à Karnak et il joua un rôle de tout premier plan jusqu'à la fin de l'histoire égyptienne. Cela n'empêcha pas le dieu solaire de rester en même temps actif sous sa forme originelle : en tant que Rê d'Héliopolis, il formait avec Amon de Thèbes et Ptah de Memphis la triade officielle égyptienne. Tenter de bouleverser cet équilibre divin au profit du dieu du Soleil était voué à l'échec et Akhenaton, pharaon de la XVIIIe dynastie, l'apprit à ses dépens. Il ordonna d'adorer le disque solaire Aton, bannissant l'équipage divin de la barque sacrée, fermant les temples des anciens dieux. Mais le peuple égyptien et surtout ses prêtres tenaient à leurs dieux multiples et leurs mythes. Akhenaton disparu, tout revint à l'« ordre divin », voulu par Rê à l'aube des temps et garanti par Maât.

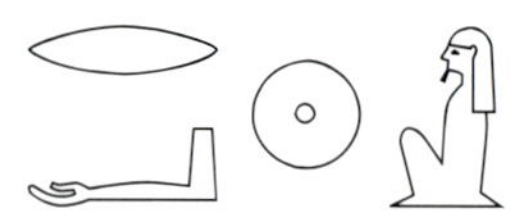

Ra/Rê = le nom du dieu du soleil

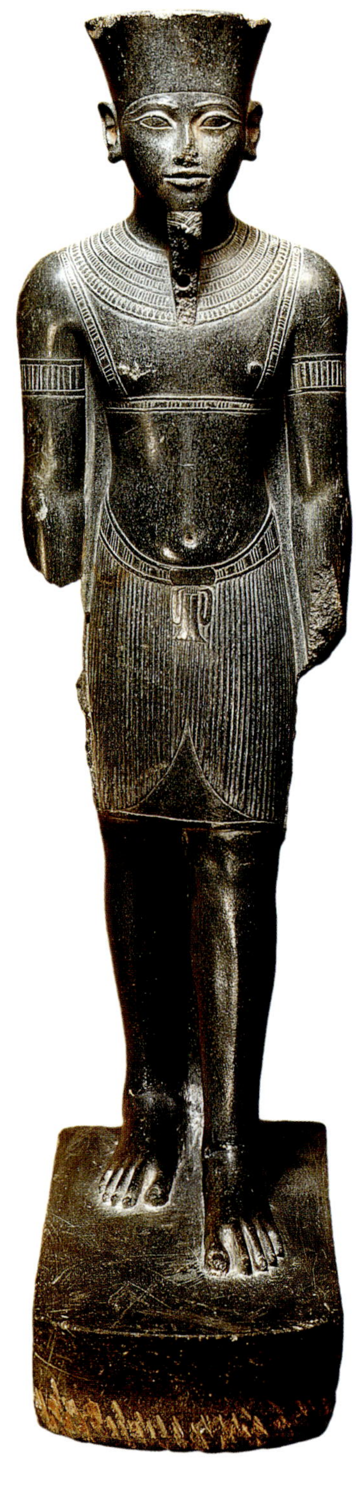

Pendant son séjour dans le monde d'en-bas, le dieu solaire Rê se manifeste sous diverses formes pour combattre le mal. Sous la forme d'un gros chat, il dépèce le serpent Apophis avec un couteau.
Peinture du tombeau de Nakht-amon, Thèbes n° 335, XIXe dynastie

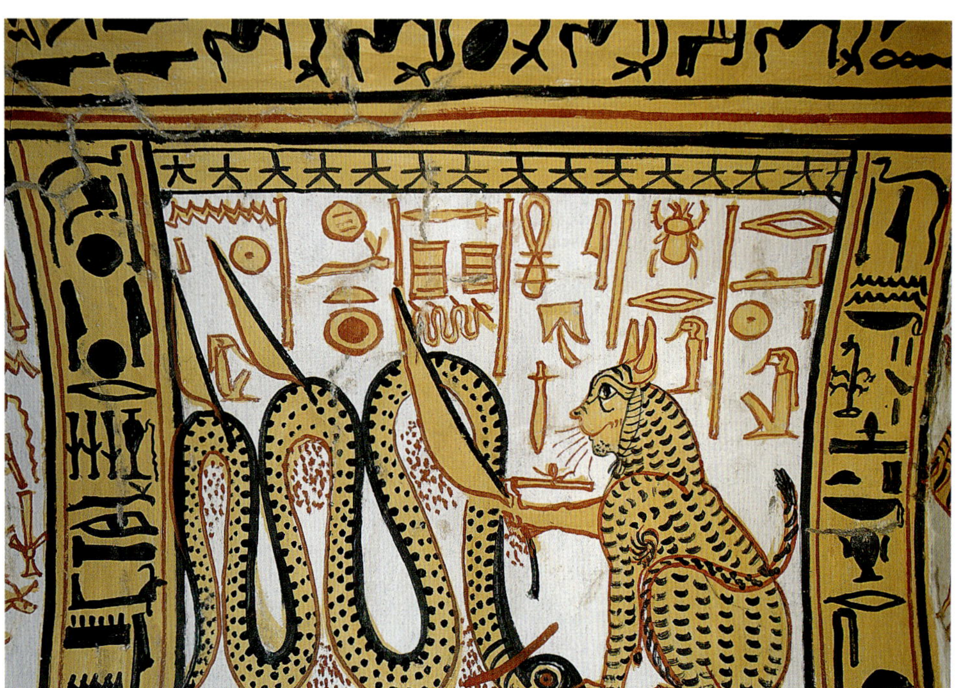

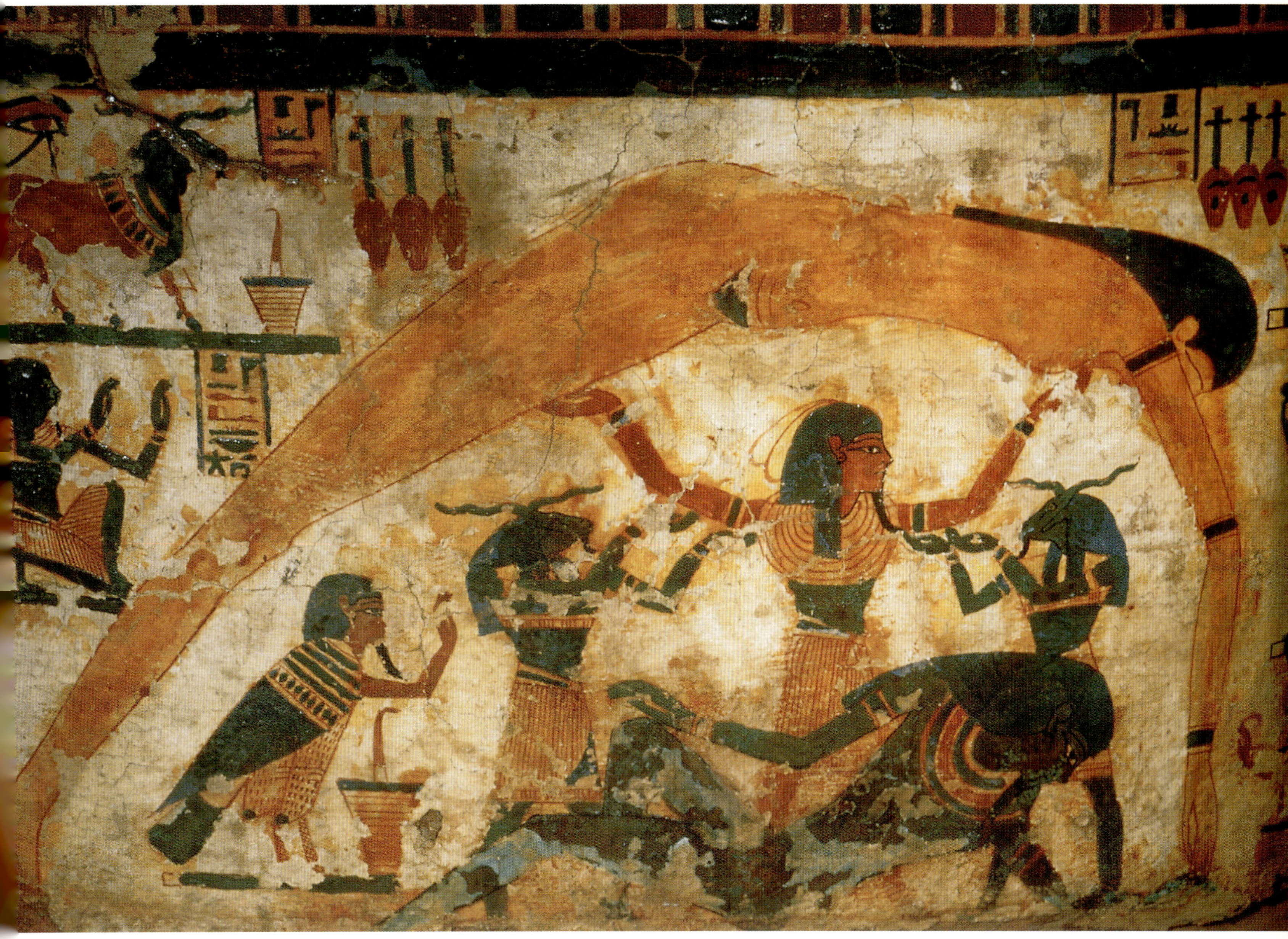

Le sarcophage de Boutehamon, scribe à la nécropole de Thèbes, décrit la création du cosmos, la séparation du ciel et de la terre : le dieu des airs soulève le corps semé d'étoiles de la déesse du ciel.
XXIe dynastie, Turin, Museo Egizio

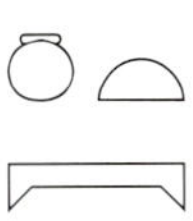

Nout = la déesse de la voûte céleste

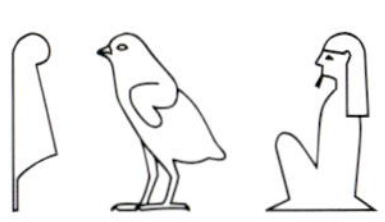

Shou = le dieu des airs (une plume se trouve dans son nom)

Amon « le caché », dieu de Thèbes, fut élevé au rang de dieu officiel sous le Moyen Empire. Il est le plus souvent représenté sous les traits d'un homme. Son élément est l'air, la brise, ce qu'illustre la couronne de plumes (les plumes ont disparu sur cette statuette).
Karnak, XVIIIe dynastie, ardoise, hauteur 58 cm, Le Caire, Musée Egyptien

Des filles farouches

Le dieu du Soleil fait l'objet de nombreuses histoires qui permettent de comprendre les événements cosmiques. Par exemple, le périple de Rê que le Ciel, sous l'aspect d'une femme, met au monde chaque matin avant de l'avaler à nouveau le soir – la nuit il traverse le monde d'en-bas et son corps constellé d'étoiles. Ou le mythe de l'œil solaire qui rapporte comment Hathor-Tefnout, «globe oculaire» et fille de Rê, s'enfuit dans le désert après une dispute, refusant de revenir, et comment le Soleil disparaît jusqu'à ce que la déesse soit ramenée par la ruse et la persuasion, à la joie générale. Cette légende expliquerait, semble-t-il, les changements de saison.

Rê envoie un jour sa fille Hathor, sous forme d'œil solaire flamboyant et de lionne sauvage, massacrer les hommes qui lui ont désobéi. Quand le dieu, effrayé par la tuerie sanguinaire, décide d'épargner quelques hommes, il a recours à un stratagème pour mettre fin au massacre. Il propose à Hathor de la bière couleur de sang: elle s'enivre et s'endort, oubliant son dessein – une fois de plus l'humanité l'a échappé belle.

Les filles de Rê possèdent une double nature. Les Egyptiens ont désiré des divinités féminines maternelles et douces, leur assurant protection et nourriture, mais elles sont d'humeur changeante et redoutables. Sekhmet, la déesse à tête de lionne, est la patronne des guérisseurs, ce qui ne l'empêche pas d'envoyer les guerres et les épidémies. Hathor peut être féroce, mais elle soulève aussi, en tant que vache céleste, le disque solaire au-dessus de l'horizon, nourrit les pharaons de son lait et offre aussi de la nourriture et dispense de l'ombre

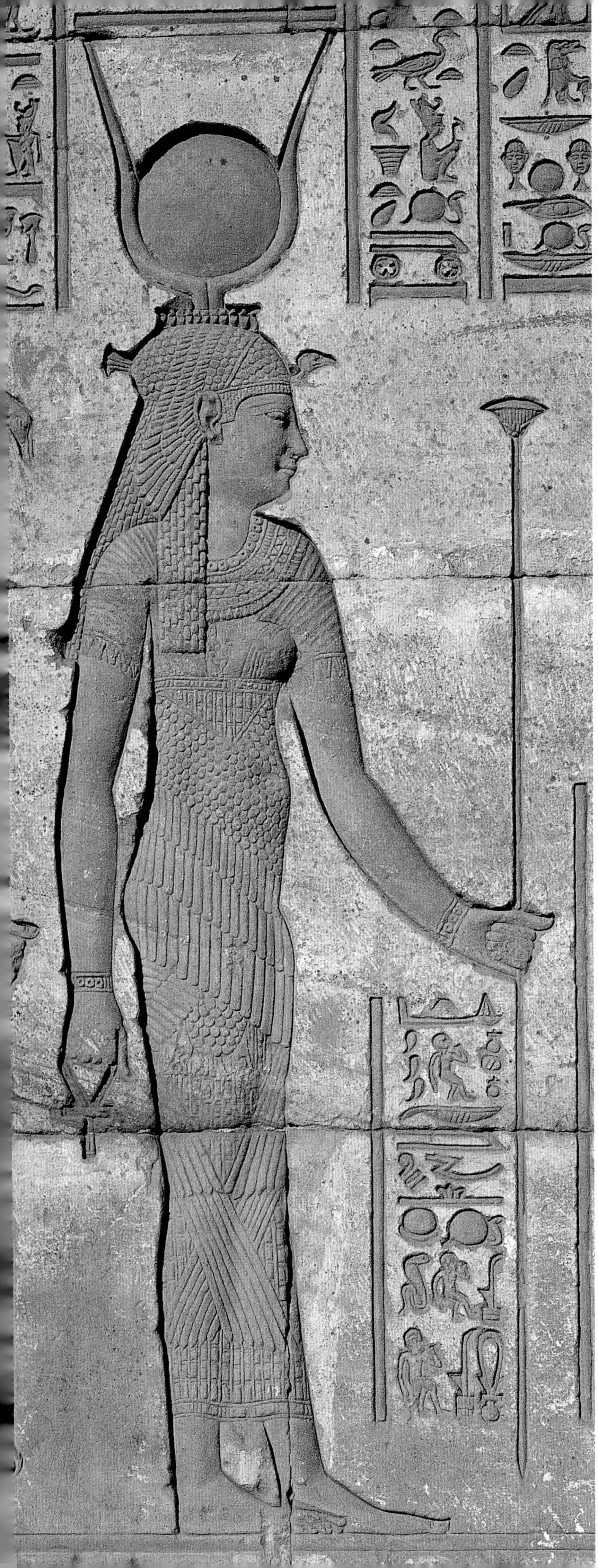

Hathor la belle, fille de Rê, est coiffée du disque solaire. A Denderah, on vénérait en elle la déesse de l'amour, de la musique et de la danse. Mais comme la plupart des autres divinités égyptiennes, elle pouvait se montrer farouche et redoutable.
Détail d'un bas-relief en pierre du mammisi (la maison de naissance du dieu) de Denderah, époque romaine, vers 100 av. J.-C.

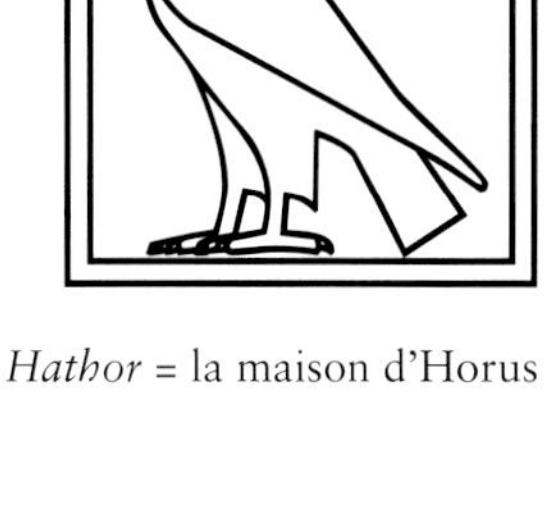

Hathor = la maison d'Horus

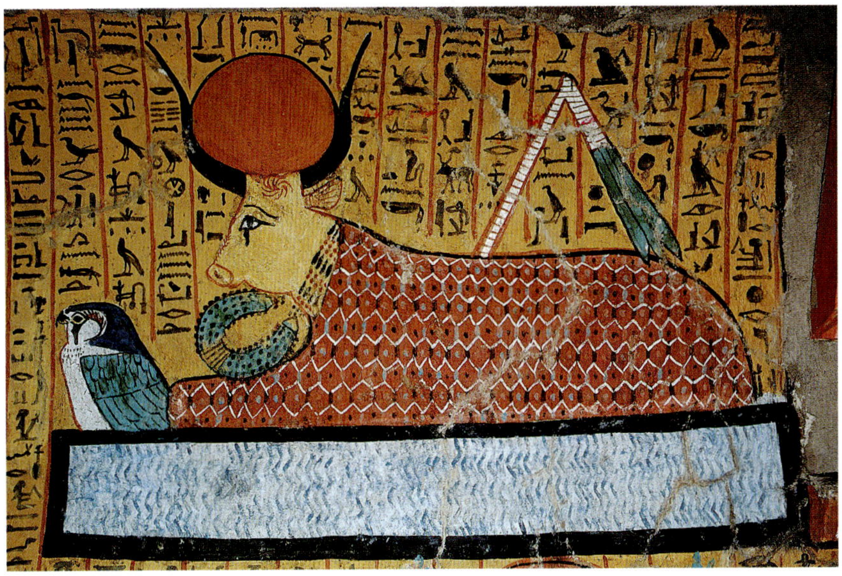

Hathor porte sur sa tête le disque solaire inscrit entre des cornes, car l'une de ses manifestations est la vache. « Vache céleste », elle soulève en effet le dieu-faucon Rê-Harakhty des eaux primordiales (illustrées par un bassin). Elle aide ainsi chaque matin le soleil à renaître et rend le pays fertile.
Peinture du tombeau d'Irinefer, Thèbes n° 290, époque ramesside

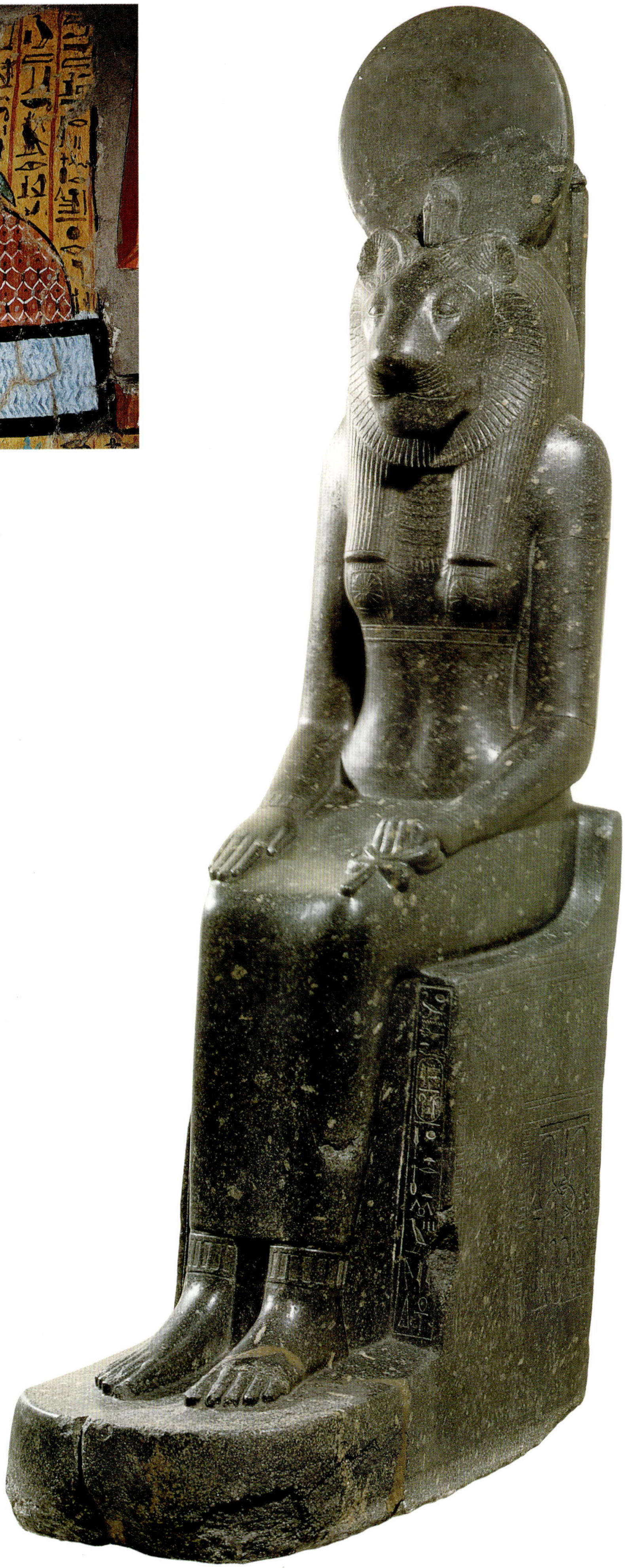

Sous la forme de la déesse à tête de lionne Sekhmet, Hathor est aussi coiffée du disque solaire. La puissante déesse envoie aux hommes les guerres et les épidémies, mais si on adoucit son humeur par des prières, elle les protège de ces mêmes maux. Le pharaon Aménophis III, de faible constitution, fit ériger à Karnak plus de 600 statues plus grandes que nature de la redoutable déesse.
Thèbes, XVIIIe dynastie, granit, hauteur 189 cm, Berlin, Ägyptisches Museum

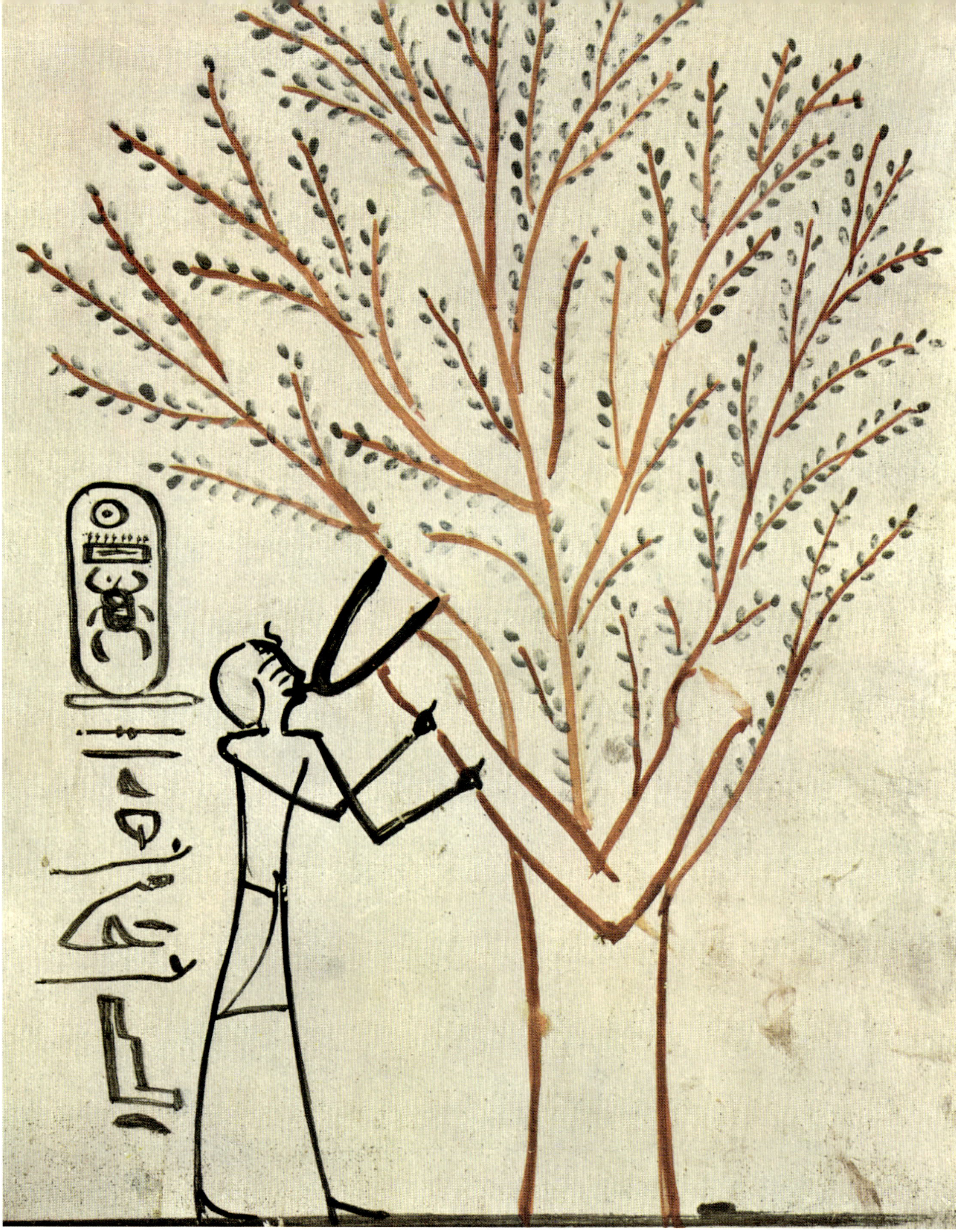

La déesse des arbres, «Hathor-du-sycomore-méridional», donne le sein au pharaon défunt. «Il est allaité par sa mère Isis», peut-on lire sous ce dessin qui orne un pilier de la chambre funéraire de Thoutmosis III. Isis et Hathor, les Grandes Mères, se fondirent au cours des siècles en une seule divinité.
Vallée des Rois, XVIIIe dynastie

en tant que déesse des arbres. Hathor aux oreilles de vache est vénérée en tant que déesse de la fécondité, de l'amour, de la musique et de la danse. Pourtant, quand elle quitte tous les ans son temple de Denderah et s'embarque sur le Nil pour se rendre à Edfou où elle épousera le dieu faucon Horus, mieux vaut l'enivrer pendant le voyage et adoucir son humeur en lui jouant de la musique.

A la Basse Epoque, Hathor se fond avec une déesse de plus en plus populaire, Isis, qui se dresse à la proue de la barque sacrée et réussira même à duper Rê, vieux et malade – en Egypte même les dieux sont soumis aux atteintes du temps. Faisant mordre Rê, un moment inattentif, par un serpent qu'elle a créé par magie, Isis déclare qu'elle ne le sauvera que si il lui révèle son nom secret, lui qui change si souvent de nom et d'aspect. Pour mettre fin à ses souffrances, Rê finit par céder, donnant ainsi à la magicienne un pouvoir sur le dieu solaire autrefois si puissant.

C'est à la Basse Epoque que le culte d'Isis, « mère de dieu, reine du ciel, souveraine des dieux », connut son apogée avec celui d'Osiris. Vénérée dans tout le bassin méditerranéen en tant qu'Isis-Aphrodite, elle est maintenant revêtue d'une tunique flottant au vent et sa coiffure était composée d'épis, de cornes de vache, du disque solaire et de plumes d'autruches.
Epoque ptolémaïque, terre cuite, hauteur 14,6 cm, Leipzig, Museum der Universität

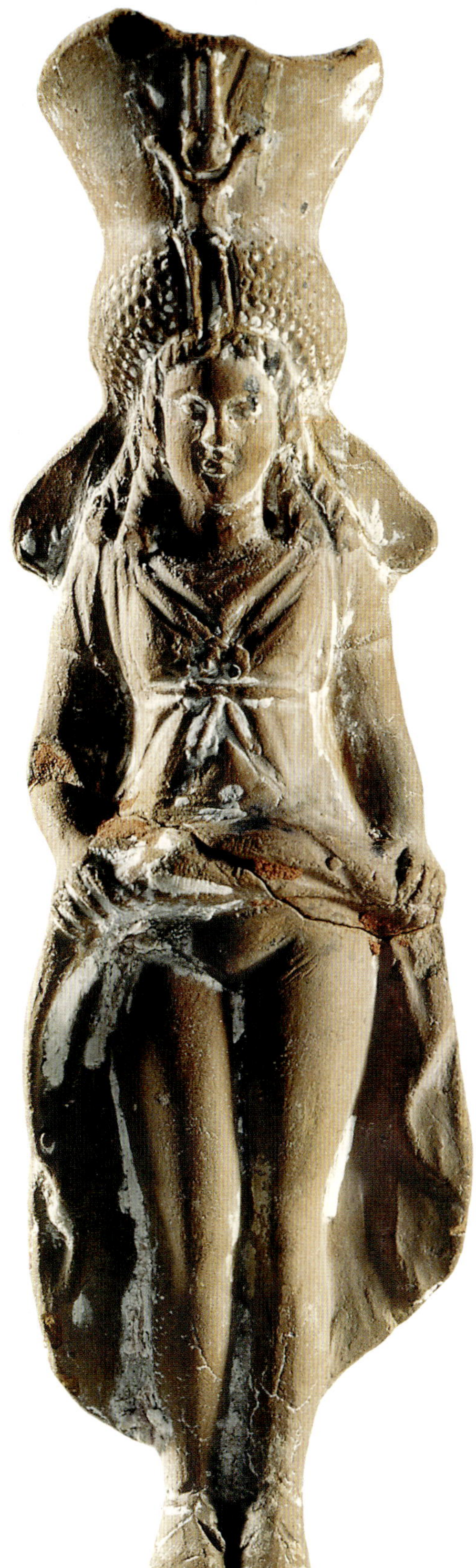

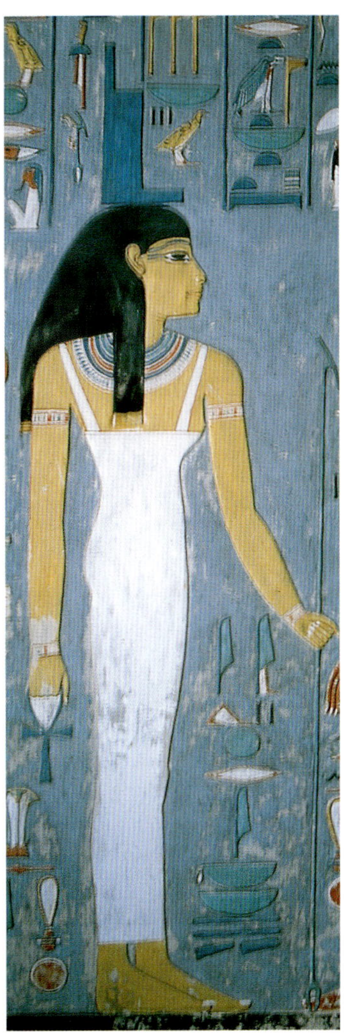

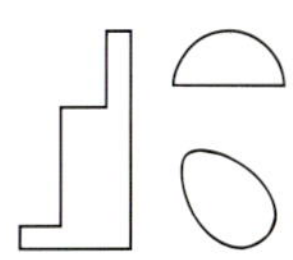

Isis

Isis est la sœur et l'épouse d'Osiris, qui règne sur l'Empire des morts, et la mère de son fils Horus, qu'elle a élevé en cachette et protégé contre ses ennemis. Isis, la mère protectrice, fut surtout vénérée au temple de Philae. On la reconnaît au trône qu'elle porte sur la tête.
Tombeau de Haremhab, Vallée des Rois, Thèbes, XVIIIe dynastie

Charmes et sortilèges

D'innombrables Egyptiens portaient une amulette représentant le dieu nain Bès, protecteur de la maison égyptienne. Il veillait sur les relations amoureuses, le mariage et la naissance, et sa laideur était censée écarter toutes les puissances maléfiques.
Denderah, époque gréco-romaine, grès, hauteur 96 cm, Le Caire, Musée Egyptien

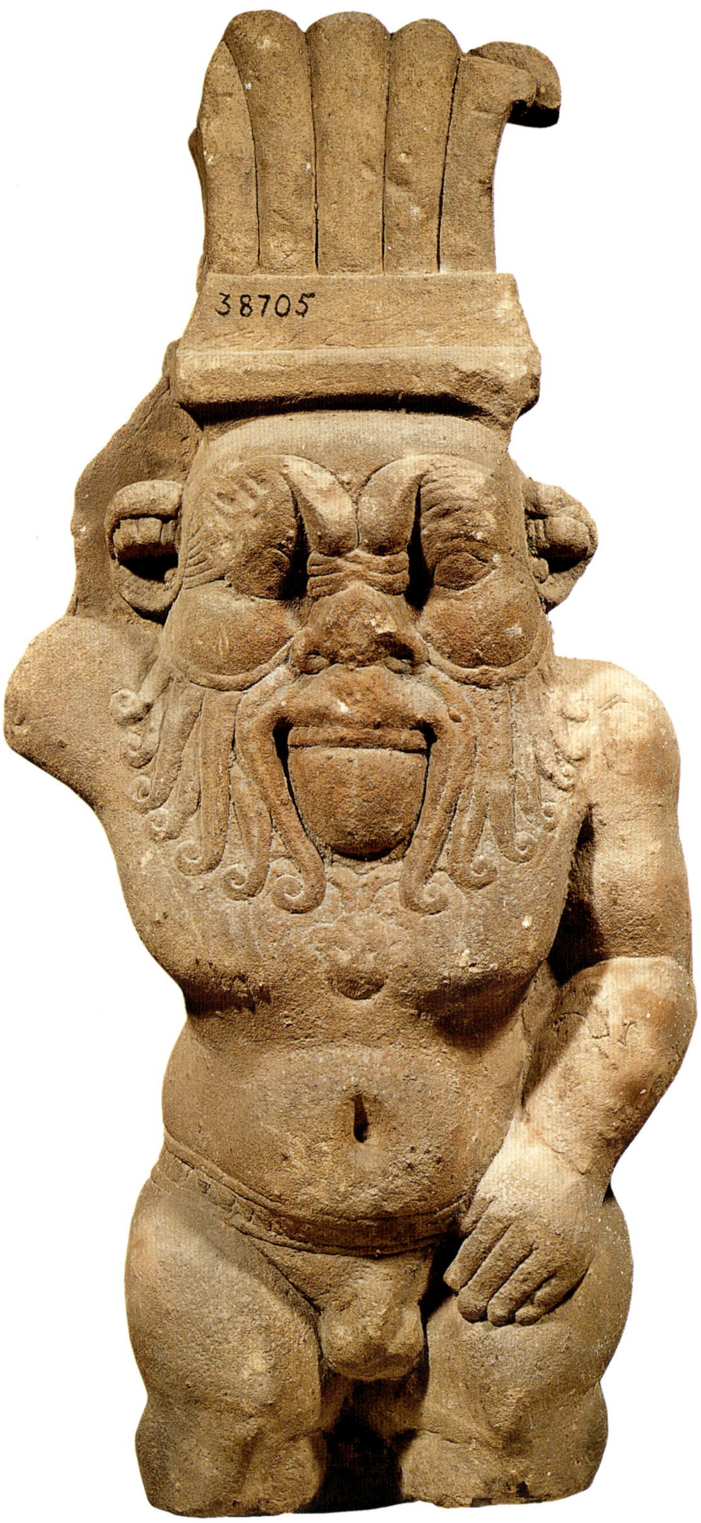

Heqa, le dieu de la magie, fait partie de l'équipage de la barque sacrée, car dans la pensée égyptienne l'enchantement est une énergie universelle, une force élémentaire. La magie ayant créé le monde, c'est elle qui le préserve et le protège : elle imprègne aussi bien la religion égyptienne que la médecine et régit la vie des hommes à un point que nous ne pouvons imaginer.

La magie n'est pas pratiquée dans l'ombre mais de manière tout à fait officielle par le clergé à la demande de l'Etat. Si les peuples de Nubie ou de Libye menacent le pays par exemple, les prêtres célèbrent un « rituel d'exécration » pour les anéantir en inscrivant les noms des souverains étrangers et « de tous ceux qui leur sont familiers, les héros, les coureurs et les alliés » sur des cruches en terre que l'on casse et foule aux pieds. On lit aussi sur un cercueil la formule de conjuration : « Puisses-tu briser tes ennemis, les vaincre et les placer sous tes semelles ! »

Dans la vie quotidienne, les Egyptiens ont aussi sans cesse recours à la magie, à des pratiques recommandées comme « ayant fait leurs preuves des millions de fois ». Sur un papyrus tardif, un certain Sarpamon fait appel au démon Antinous et lui demande de lui faire obtenir l'amour de Ptolémaïs, fille d'Aias (ici aussi la connaissance de la véritable identité est inéluctable) : « Attache-la, afin qu'elle n'ait de contact avec aucun autre homme ou n'ait de désir sinon avec moi. Ne la laisse ni manger, ni boire, ni aimer, ni sortir, ni trouver le sommeil, à part avec moi, Sarpamon !... Tire-la par les cheveux, les entrailles, jusqu'à ce que je la possède, soumise pour la vie, qu'elle m'aime, me désire, me dise tout ce qu'elle pense ! » Cette incantation magique était certainement accompagnée d'une figurine en cire à l'image de la femme convoitée ou d'un philtre d'amour, car le « mot » allait toujours de pair avec la pratique magique.

Plus de quatre-vingts pour cent des opérations magiques concernaient la vie quotidienne, par exemple pour guérir du rhume ou de la fièvre. Les femmes et les enfants pouvaient se protéger à l'aide d'amulettes et de formules magiques que l'on pouvait suspendre à son cou ou manger. Les stèles d'Horus étaient censées guérir les morsures de serpent et piqûres de scorpion fréquentes dans ces régions, elles montrent l'enfant Horus, fils d'Isis, debout victorieux sur des crocodiles et étranglant des serpents et des scorpions. Boire l'eau que l'on avait laissé couler sur la stèle, c'était bénéficier de la protection qu'Isis exerçait sur son fils et amenait la guérison.

Mais les pratiques magiques n'étaient pas toujours efficaces. Une légende de la Basse Epoque veut que Nectanébo II, le dernier pharaon de sang égyptien – après lui les Perses et les Grecs montèrent sur le trône –, ait été un magicien célèbre. Il n'avait pas besoin d'armée, quand les Perses menaçaient son pays il fabriquait des petits soldats et des bateaux en cire et les faisait flotter dans un bassin où, animés par un

Les démons comme la « Grande Dévorante » à tête de crocodile ne guettaient pas seulement les Egyptiens dans le monde d'en-bas. Pour s'en protéger dans la vie quotidienne, ceux-ci avaient recours à la magie et consultaient des livres de sortilèges dont Toth à tête d'ibis, dieu du Savoir et de l'Ecriture, était censé être l'auteur.
Détail du papyrus Ani, XVIIIe dynastie, Londres, British Museum

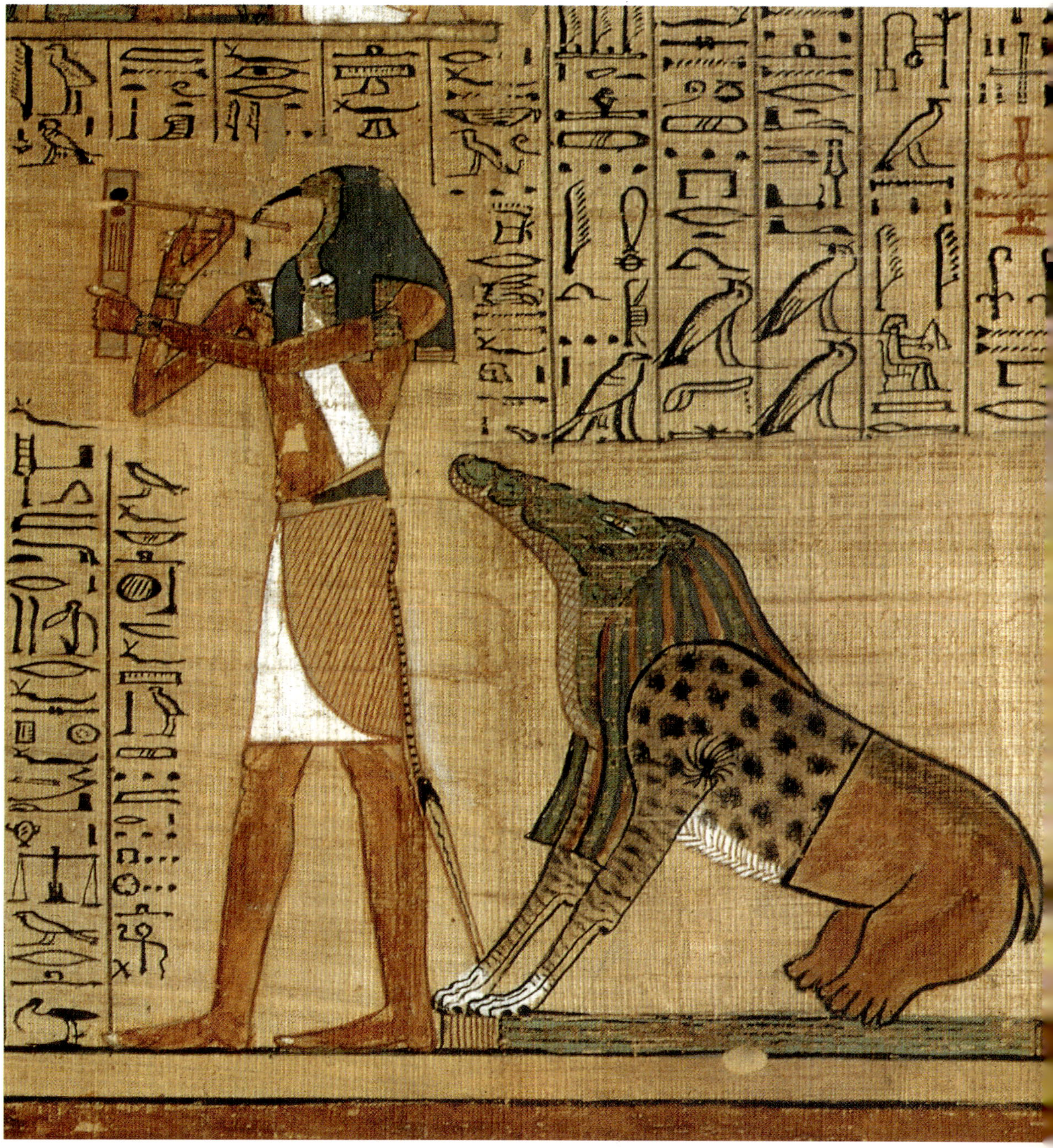

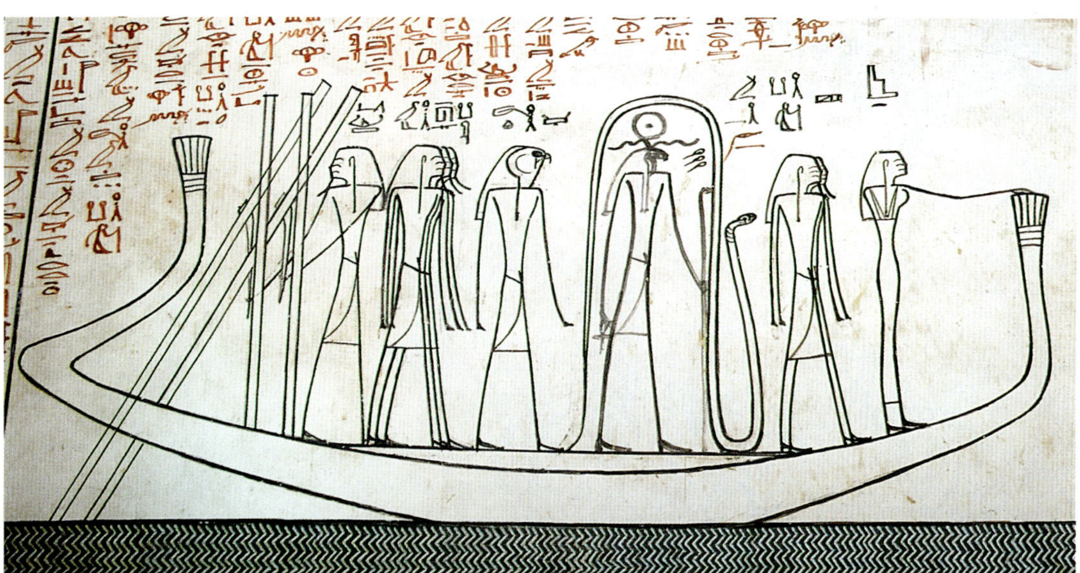

Isis la magicienne se tient à la proue de la barque sacrée durant la traversée nocturne du monde d'en-bas. Avec Heqa, le dieu de la magie, elle aide l'équipage à vaincre les démons.
Dessin du tombeau de Thoutmosis III, Thèbes, Vallée des Rois, XVIIIe dynastie

sortilège, ils chassaient l'ennemi. Un jour pourtant, le charme cessa d'opérer, les figurines restèrent inertes et les Perses occupèrent l'Egypte sans rencontrer de résistance. Nectanébo dut prendre la fuite : les dieux égyptiens étaient passés à l'ennemi, ils avaient quitté l'Egypte pour toujours.

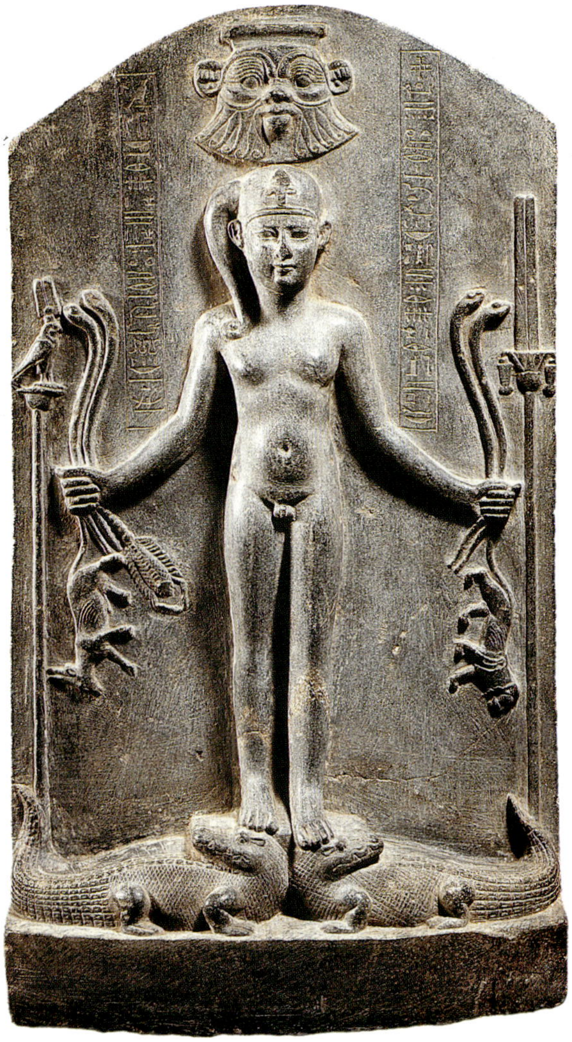

Les Egyptiens comptaient aussi sur l'assistance magique de l'enfant Horus, fils d'Isis. L'eau qui avait coulé sur sa statue de pierre guérissait les morsures de serpent et les piqûres de scorpion.
Stèle d'Horus, Alexandrie, époque ptolémaïque, ardoise, hauteur 14 cm

On invoquait les démons pour protéger les nouveaux-nés ; ils sont gravés sur cette « baguette magique » en ivoire : la grenouille, l'hippopotame et Aha qui étouffe les serpents dans ses poings.
Amulette en forme de baguette, Moyen Empire, XIIe dynastie, longueur 36 cm, Le Caire, Musée Egyptien

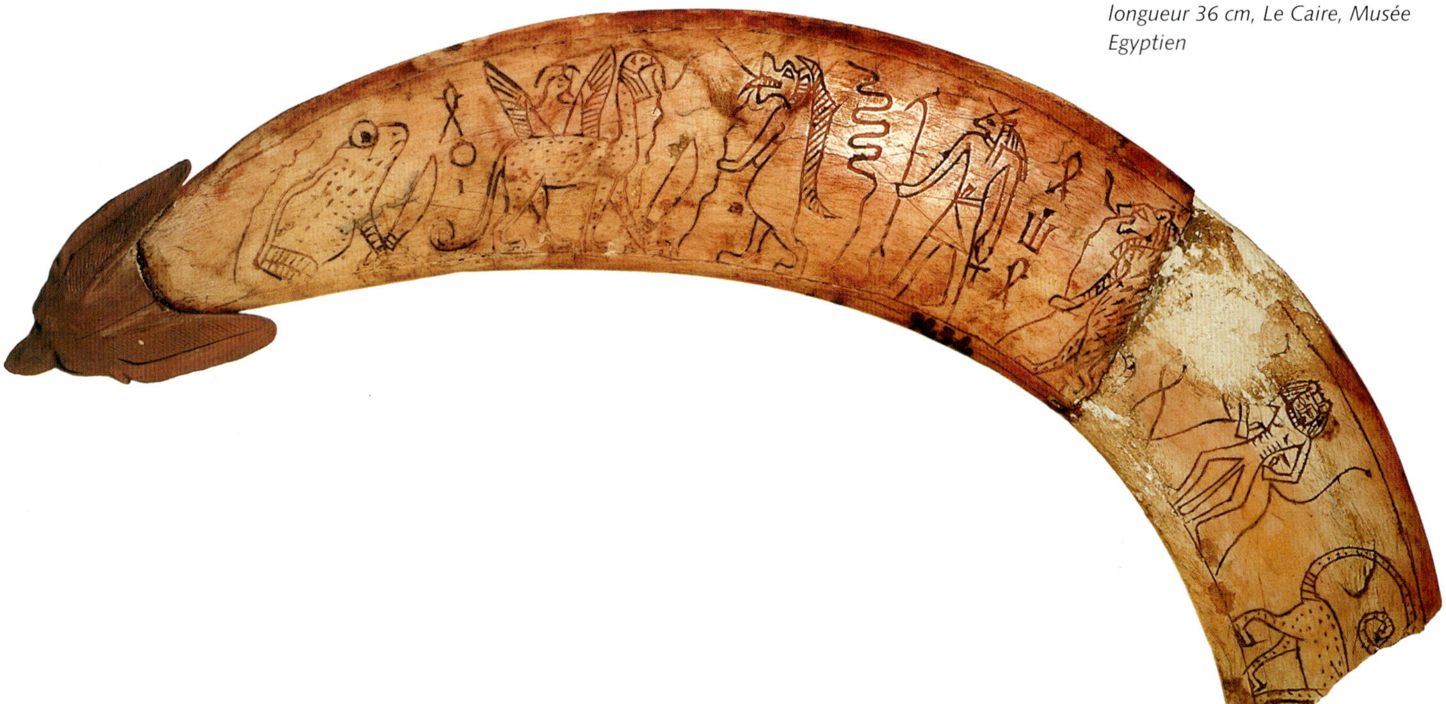

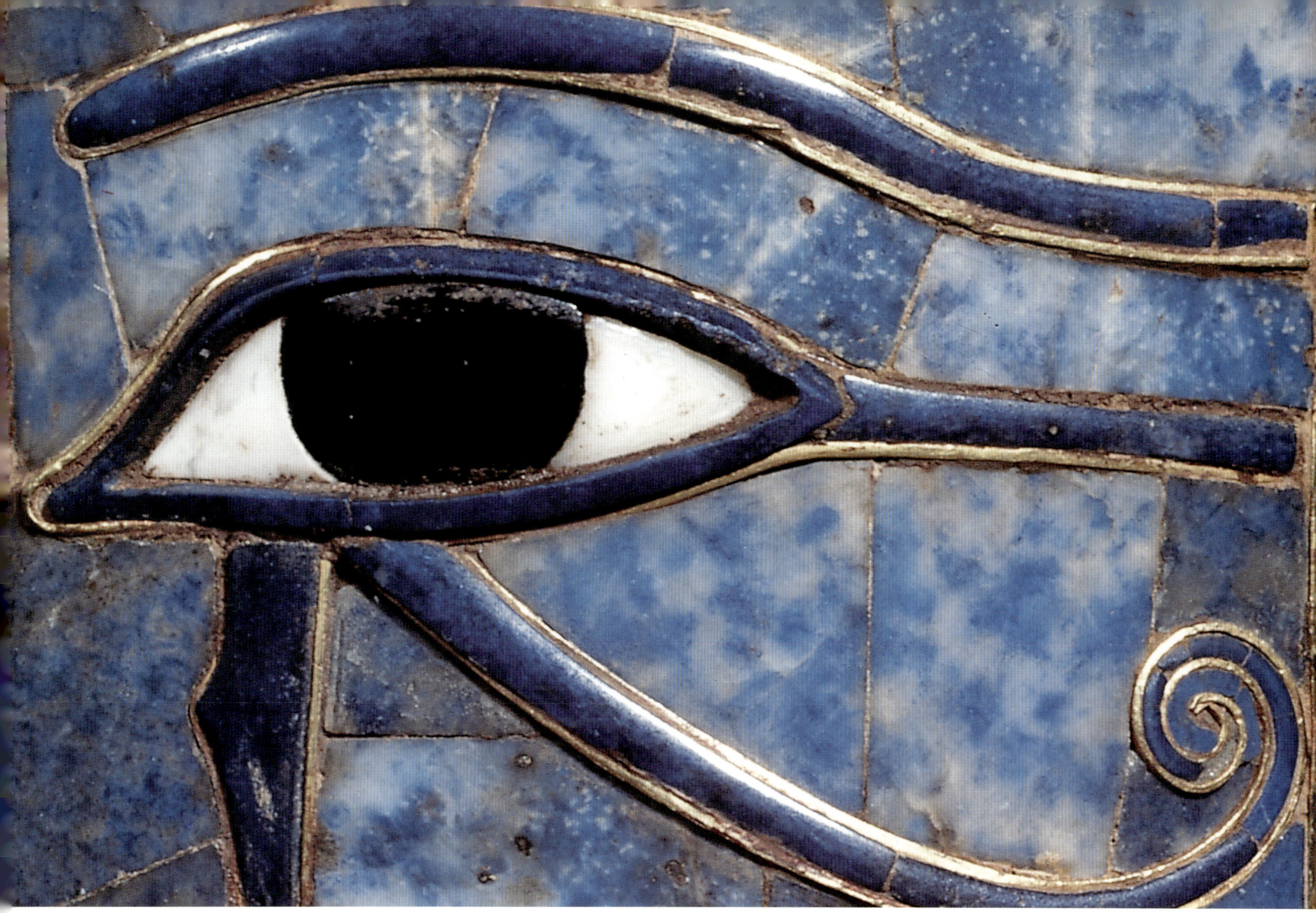

L'œil divin était omniprésent – salvateur ou menaçant il accompagnait les Egyptiens leur vie durant et après leur mort.
Bracelet du roi Chéchonq Ier, Tanis, 945–924 av. J.-C., cloisonné avec des éléments de lapis-lazuli, diamètre 6,5 cm, Le Caire, Musée Egyptien

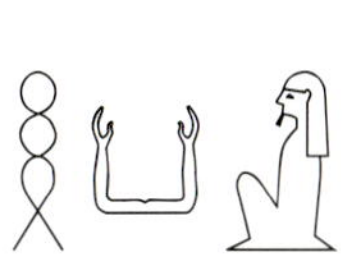

Heqa = le dieu de la magie

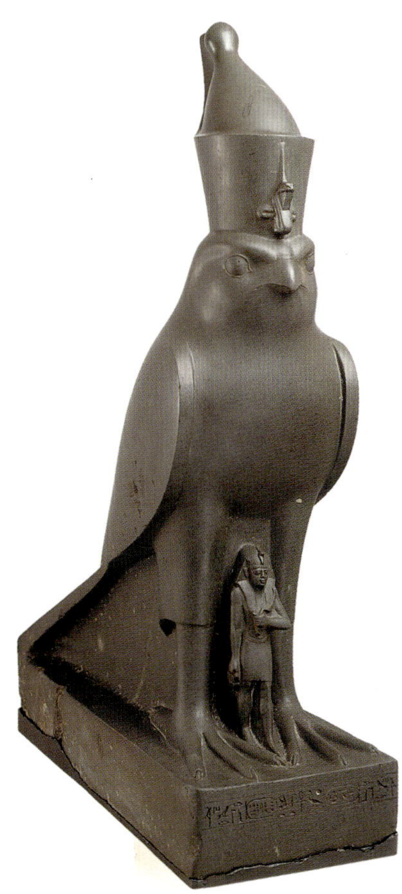

Ici, Horus protège encore Nectanébo II, le dernier pharaon de sang égyptien, avant la domination grecque. Les dieux s'étant détournés de lui, il dut quitter son pays.
Statue de Nectanébo II, probablement originaire d'Héliopolis, XXXe dynastie, 360–343 av. J.-C., hauteur 72 cm, New York, The Metropolitan Museum of Art, Rogers Fund, 1934. (34.2.1)

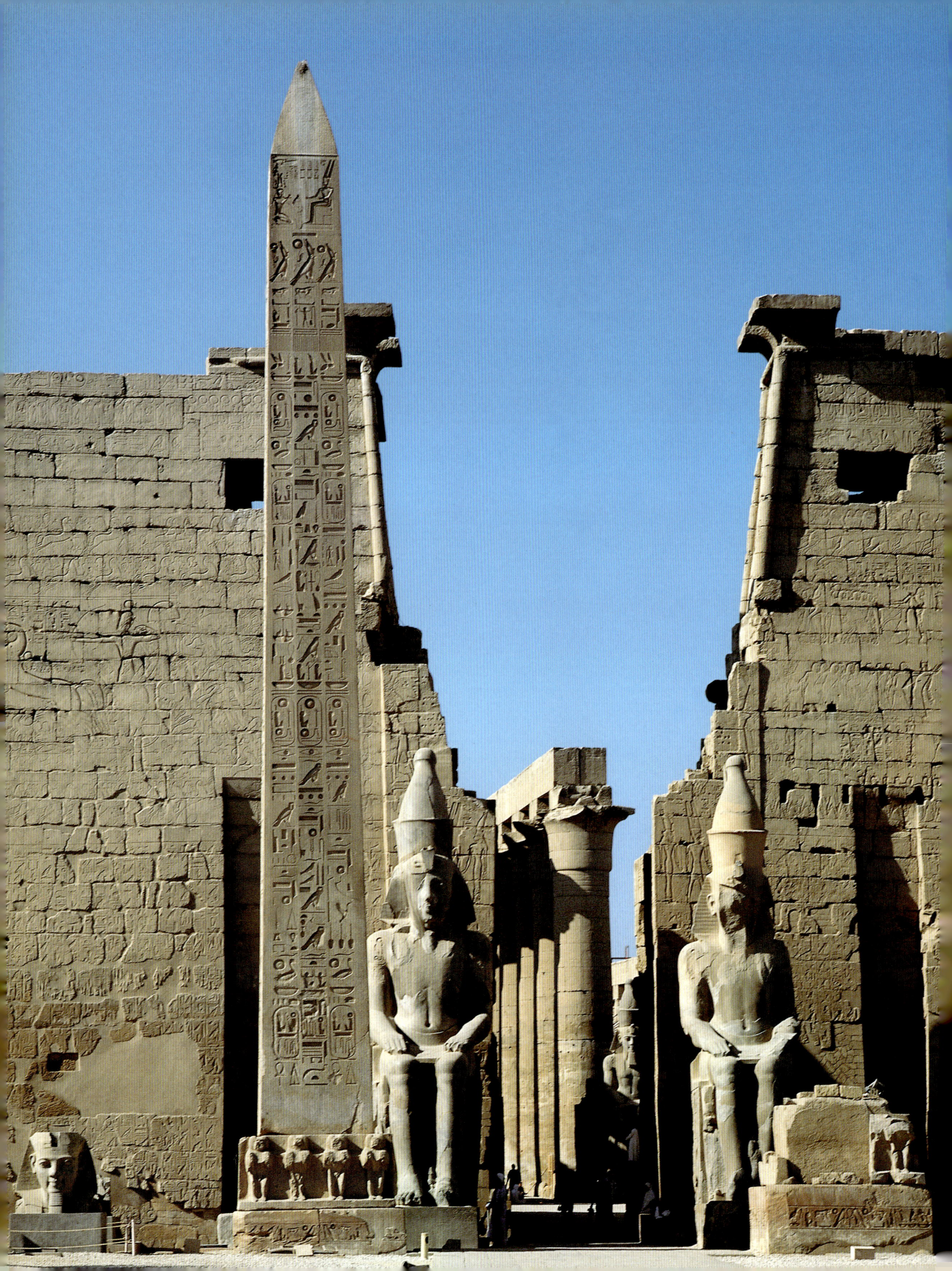

Les temples étaient les habitations des dieux. S'ils s'y installaient, l'ordre, le bonheur et la prospérité étaient assurés dans le pays. C'est pour cette raison que chaque pharaon faisait édifier des temples ou agrandir ceux de ses prédécesseurs. Une statue portant ses traits veillait à l'entrée.
Temple de Louqsor

Les temples : la Terre et le Ciel réunis

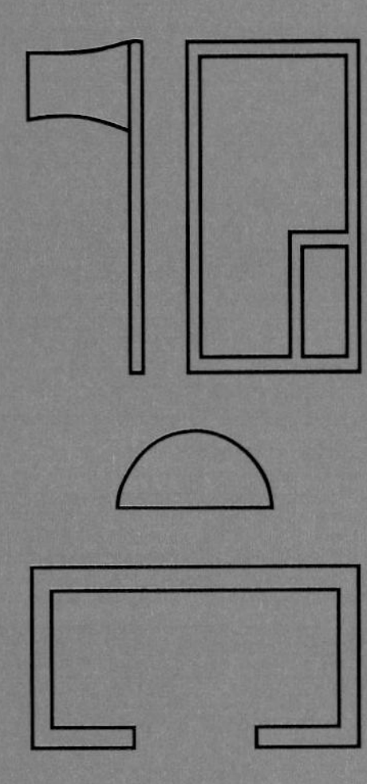

hout-netcher = la maison du dieu

Les dieux égyptiens ne résidaient pas dans des cieux lointains, mais sur la terre, dans de somptueux temples de pierre que le pharaon avait fait édifier dans tout le pays. Si les dieux daignaient s'installer dans le saint des saints et s'unissaient à leur statue d'or ou d'argent, le bonheur, l'ordre et la prospérité étaient assurés. Le pays était donc couvert d'« habitations divines », des complexes gigantesques qui surplombaient tous les autres bâtiments avec leurs doubles tours peintes en blanc, elles-mêmes dominées par des oriflammes suspendus à des mâts qui « atteignaient les étoiles ». Une haute enceinte cernait l'ensemble du sanctuaire qui comprenait aussi des entrepôts à blé, des logements pour les prêtres, une bibliothèque et une école de scribes, mais ces constructions utilitaires en briques crues ont disparu depuis longtemps. A l'entrée, un pylône monumental encadré de deux tours puissantes en forme de trapèze caractérise les temples égyptiens depuis la XIe dynastie. L'aspect colossal de ce pylône est impressionnant ainsi que les reliefs monumentaux sur lesquels Pharaon extermine ses adversaires à coup de massue pour les effrayer et détourner tous les dangers du temple et du pays.
Le plan d'élévation qui fit ses preuves pendant des milliers d'années était simple : de l'entrée principale, une chaussée droite suivant l'axe central passait à travers plusieurs salles et menait au cœur du temple, le sanctuaire où se dressait la statue du dieu, situé à l'extrémité de l'axe central imaginaire.

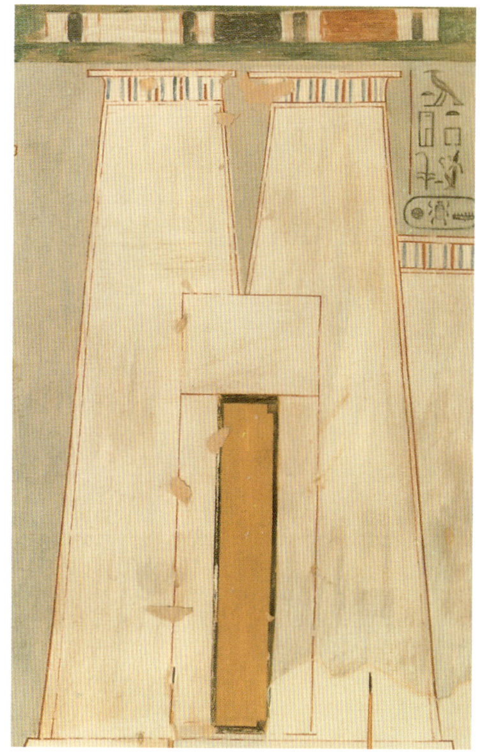

L'entrée du temple est formée par un pylône : un portail monumental encadré de deux tours puissantes en forme de trapèze.
Peinture murale, tombeau d'Amonmeson, Thèbes n° 19

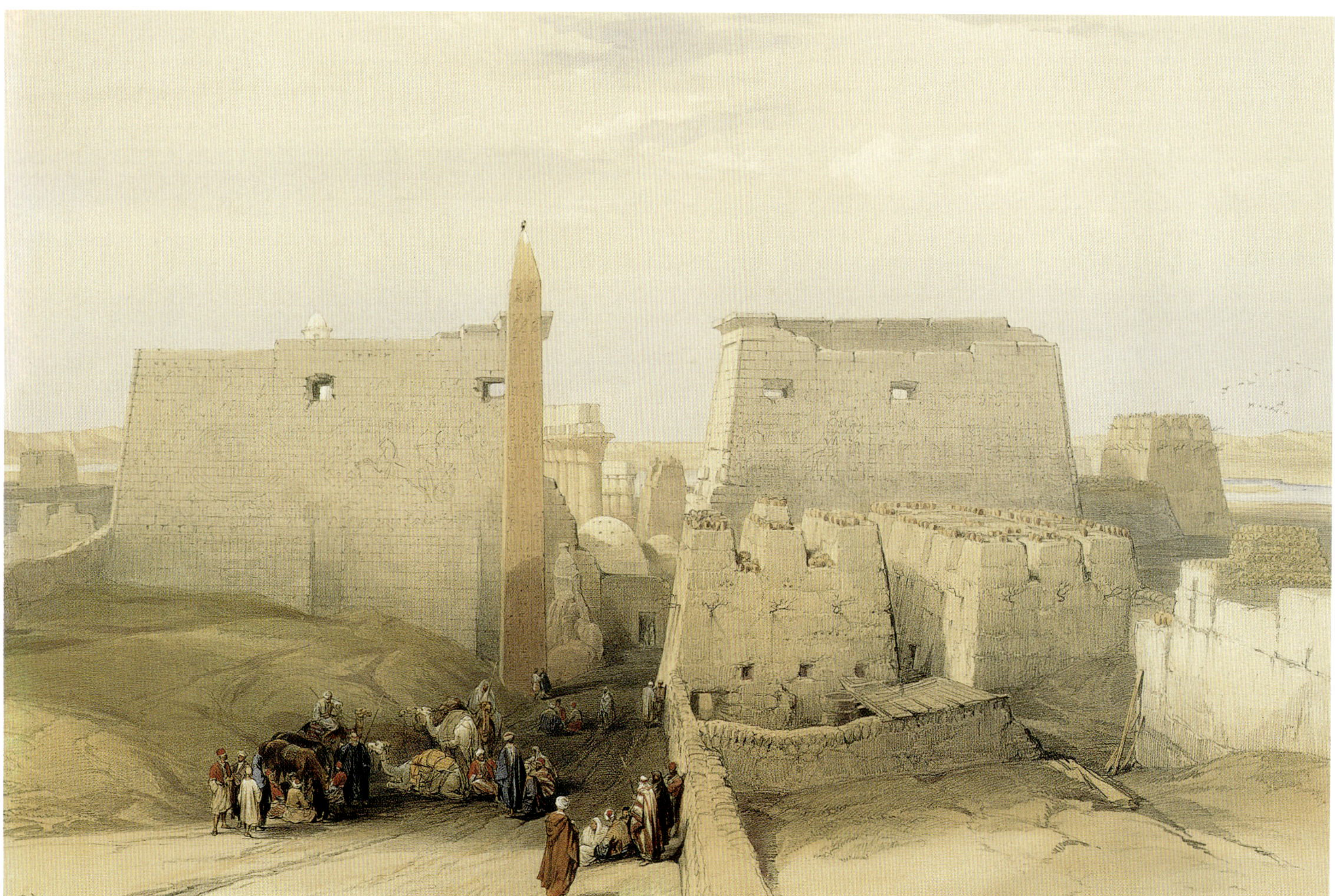

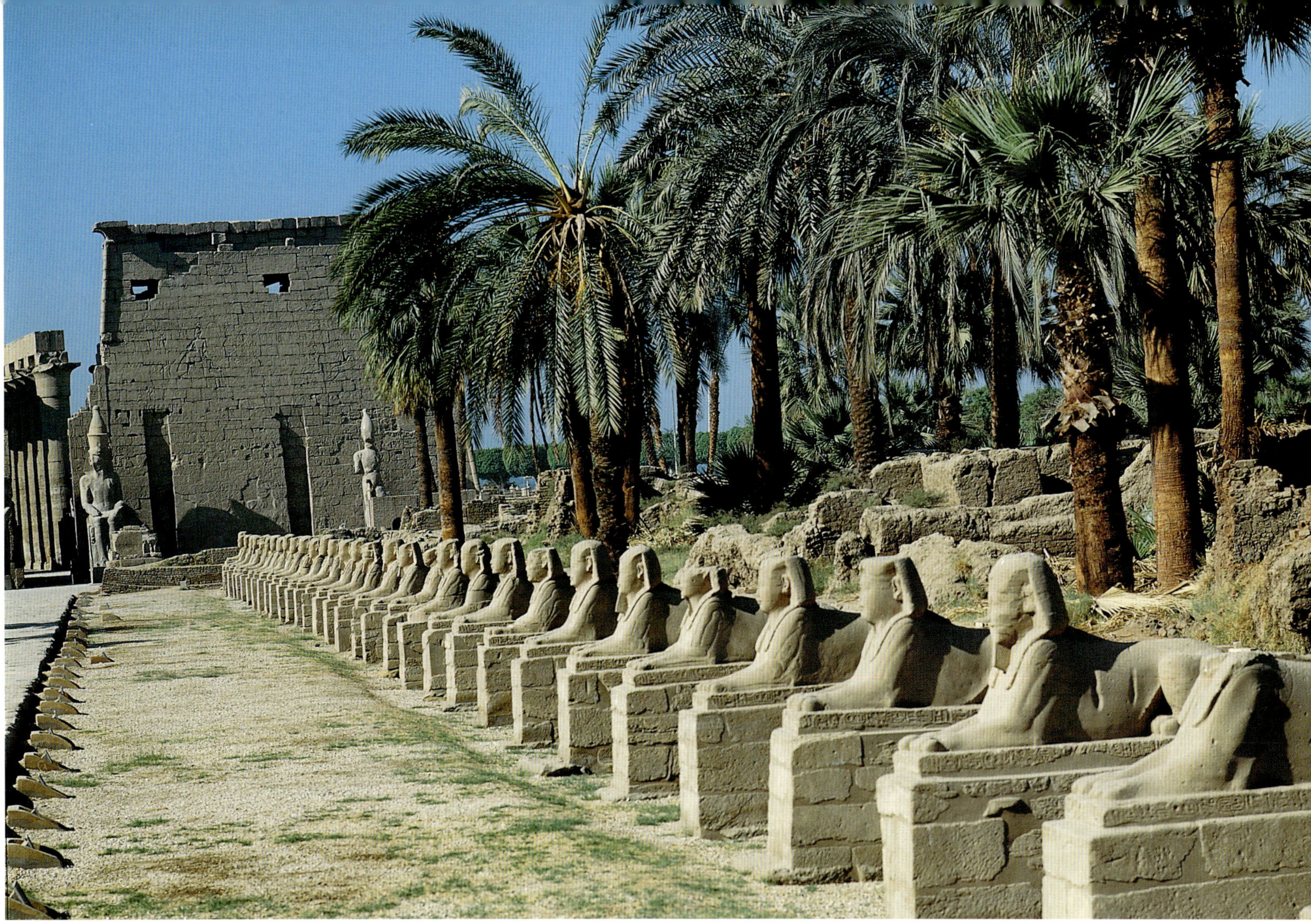

Des sphinges veillent sur l'allée que les processions empruntaient pour emmener les statues des dieux vers le Nil. En rangées parallèles, elles bordent l'axe qui menait au sanctuaire en passant par les portails, les cours et les salles hypostyles.
Allée des Sphinges devant le premier pylône du temple de Louqsor

Les temples se dressaient tels des forteresses impressionnantes. En 1838, l'Anglais David Roberts peignit le temple de Louqsor dans l'état où il se trouvait à l'époque.
Londres, Victoria and Albert Museum

Le portail franchi, derrière le pylône, une cour – seule partie accessible au public à l'occasion des fêtes – précédait une salle à colonnes monumentale plongée dans la pénombre et s'ouvrait respectivement sur la salle abritant la table à offrandes, la salle abritant la barque sacrée (durant les processions solennelles, la statue du dieu dans sa barque était portée par les prêtres) et enfin le sanctuaire fermé.
Les temples funéraires royaux étaient bâtis sur le même modèle et, depuis le Moyen Empire, un ou plusieurs dieux avaient aussi leur place à côté du pharaon mort. Malgré sa taille colossale, le temple égyptien dégage une impression harmonieuse d'ordre, de clarté et de symétrie qui nous submerge aujourd'hui encore dans les ensembles ptolémaïques d'Edfou, Philae et Denderah.
Si le pharaon désirait agrandir le temple construit par un de ses prédécesseurs, il faisait édifier devant l'ancienne grande cour – à moins qu'il ne fasse tout raser pour construire du neuf – une nouvelle salle hypostyle, encore une cour et un autre pylône. Dans le Nouvel Empire, on y ajouta, sans cesser de suivre exactement l'axe central, de longues allées bordées d'arbres et de sphinges (êtres hybrides au corps de lion dotés d'une tête de bélier ou d'homme) qu'empruntaient les processions pour se rendre à l'embarcadère du Nil. Le vaste complexe de Karnak vit ainsi le jour : le modeste temple d'Amon édifié par Sésostris Ier, et sans

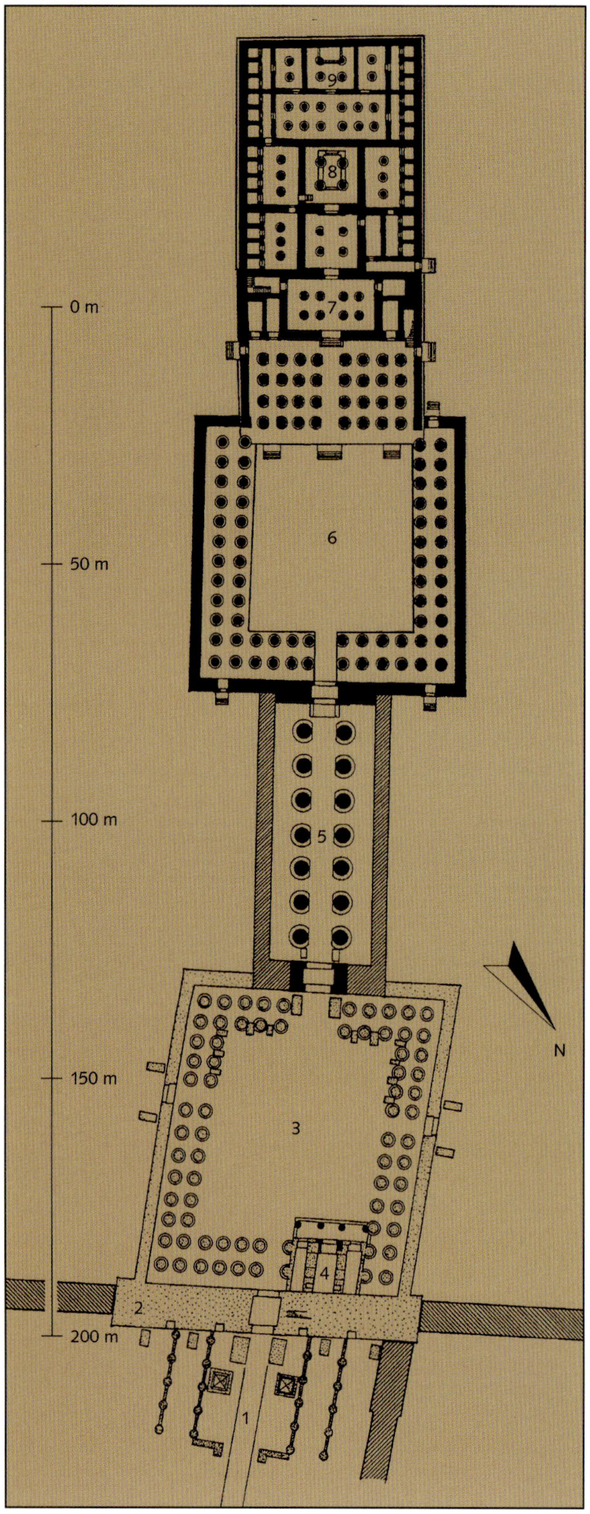

Le plan du temple de Louqsor permet de distinguer les différentes phases de construction. Aménophis III avait ouvert le chantier, Ramsès II le poursuivit.

1. Cour avec des obélisques et des colosses de pierre
2. Pylône
3. Cour de Ramsès II
4. Temple de Thoutmosis III
5. Colonnade d'Aménophis III
6. Cour d'Aménophis III
7. Salle hypostyle
8. Sanctuaire de la barque
9. Saint des Saints

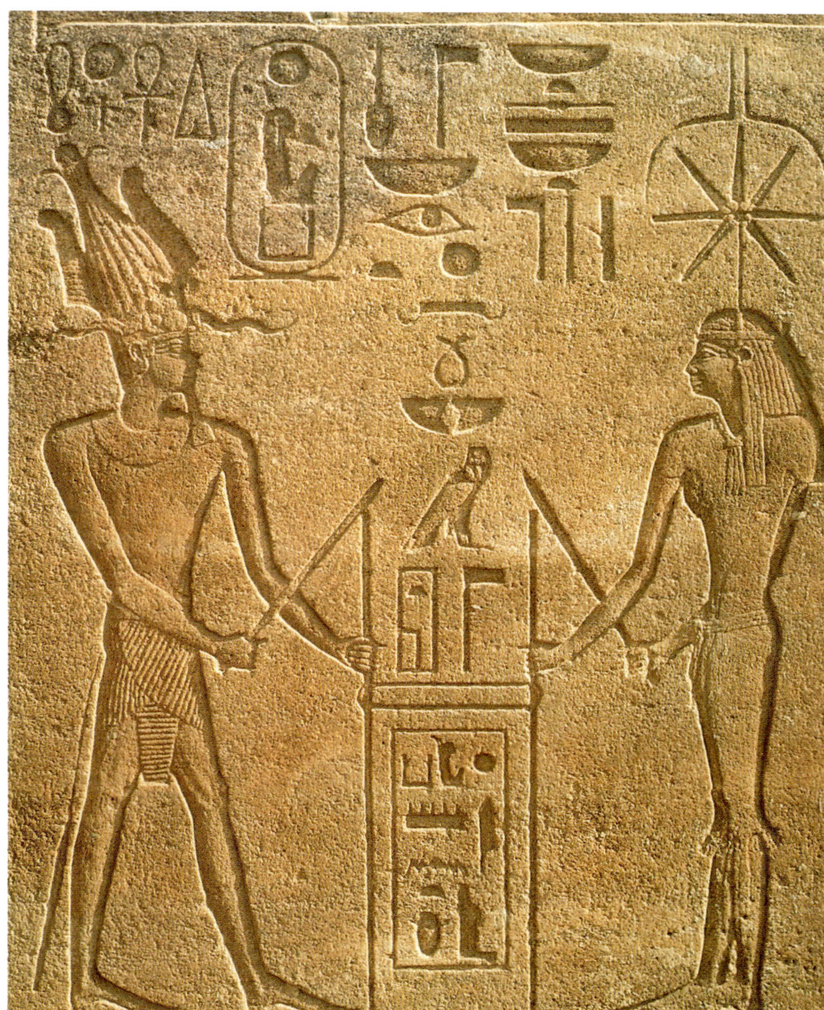

Le pharaon et Sechat, déesse de l'Ecriture et du Calcul, délimitent avec une corde le terrain où se dressera le nouveau temple. Cette cérémonie symbolique était nommée « tendre la corde ». Ici, la reine Hatchepsout, sous des traits masculins, assiste la déesse.
Relief sur un bloc de la « Chapelle rouge » de Hatchepsout, Karnak

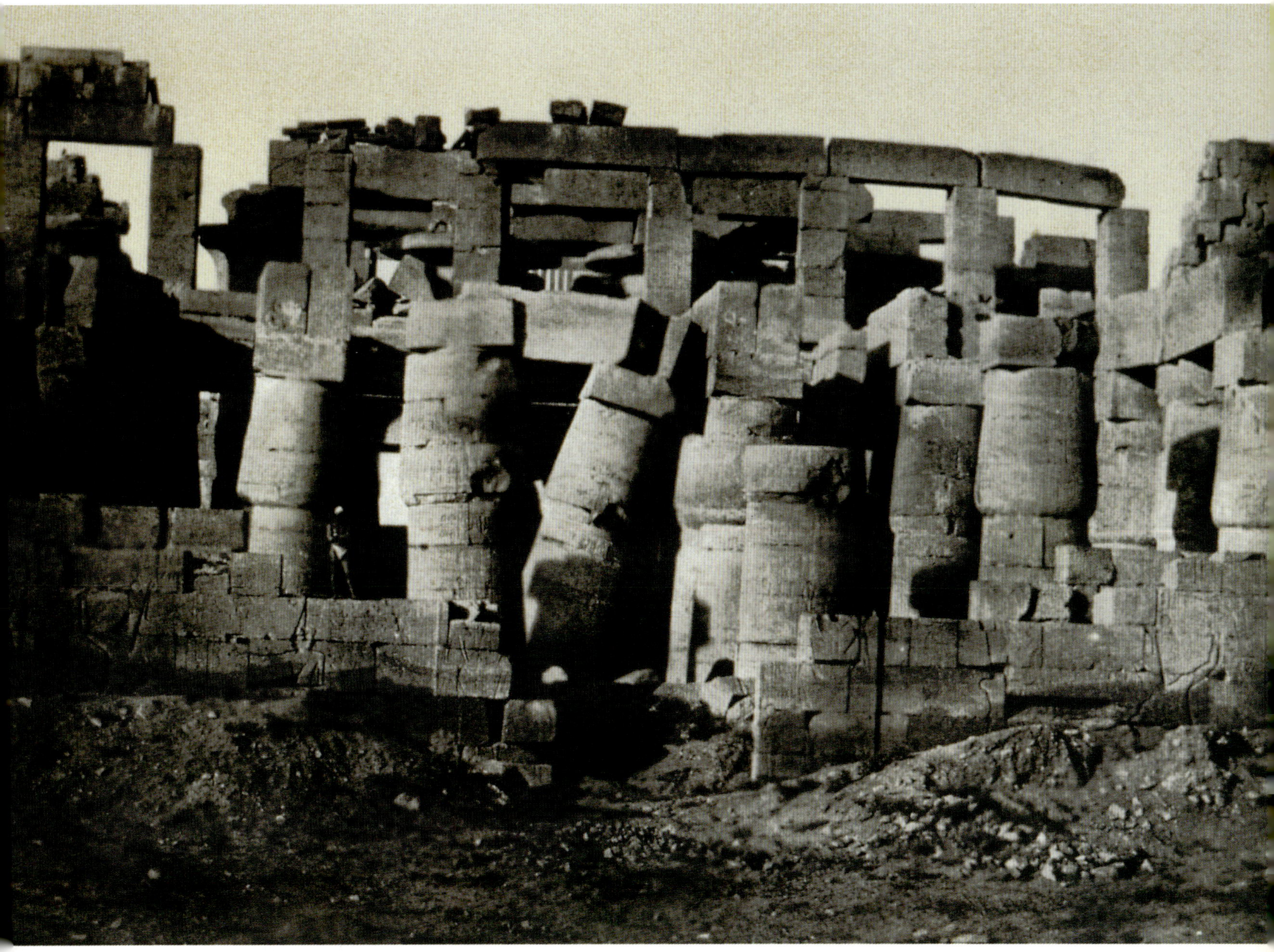

cesse élargi sous la XVIIIe dynastie, devint le temple cyclopéen du dieu solaire avec dix pylônes, une salle hypostyle, véritable forêt de cent trente-quatre colonnes, et plus de mille sphinges.

L'axe est-ouest était toujours prescrit, l'entrée principale du temple devait si possible être orientée vers le fleuve. Les proportions étaient codifiées, la mesure privilégiée étant l'aune (un peu plus de cinquante-deux centimètres) divisible par dix, la grande salle de Karnak, par exemple, mesure deux cents aunes sur cent. Lors du rite solennel de fondation, Pharaon fixait lui-même l'orientation et le plan du temple, il tendait les cordes avec Sechat, la déesse de la Mesure. Nous ignorons qui dessinait et exécutait les plans, le seul nom gravé dans les murs est celui du royal maître d'œuvre, et non celui de l'architecte.

La salle hypostyle du temple de Karnak, photographiée vers 1850 par le Français Maxime Du Camp, le premier à avoir fait preuve d'une ambition scientifique en ce qui concerne les monuments égyptiens. De nombreuses colonnes ont été redressées et restaurées depuis.

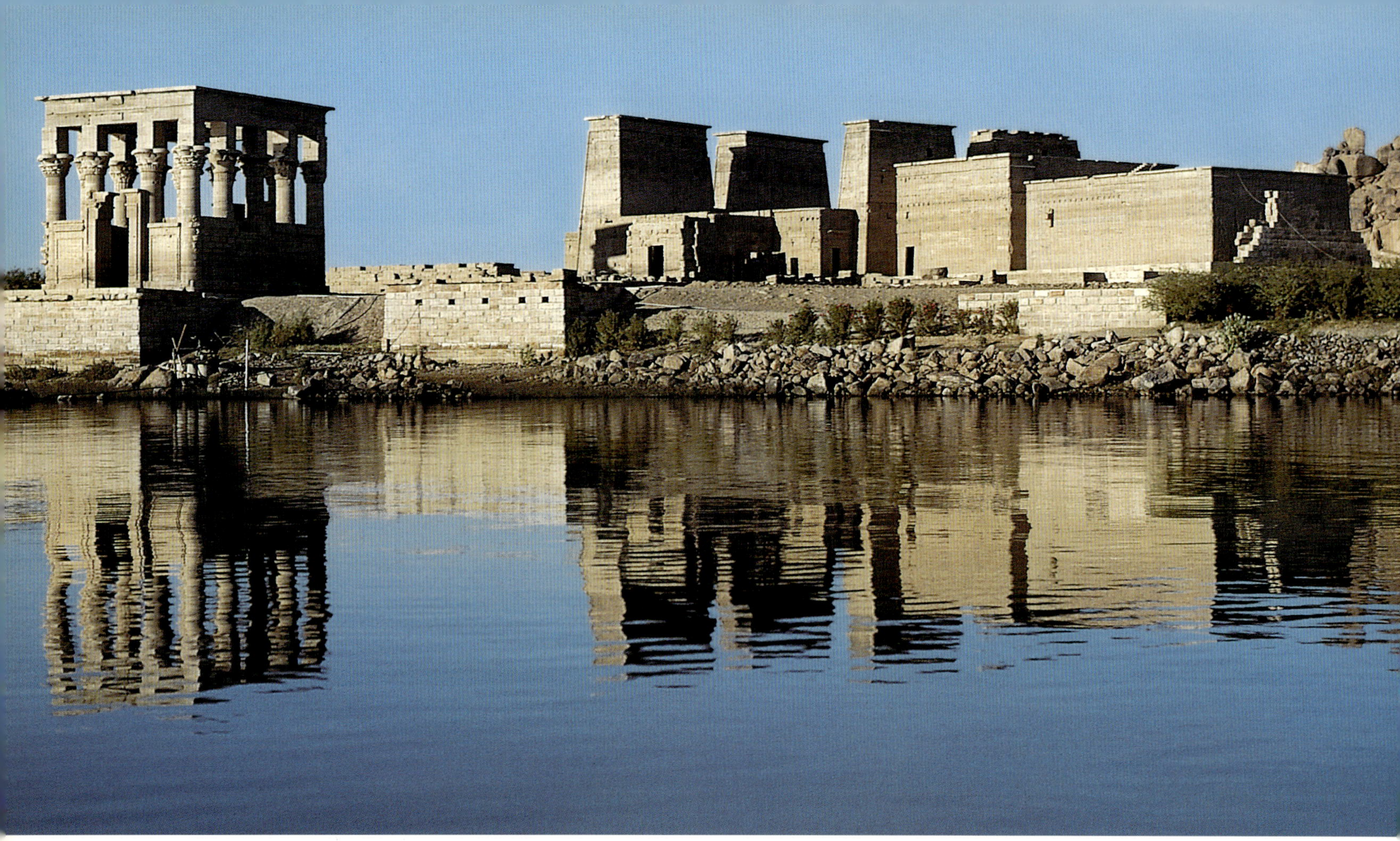

La colline émergée

Le mythe de la « colline primordiale » émergeant des flots n'a pas seulement joué un rôle dans la construction des pyramides, on le retrouve dans la configuration du temple. Des détails architecturaux et décoratifs montrent que l'édifice était conçu symboliquement comme une île sur l'océan primitif. Par exemple, sur le mur massif qui entoure le temple de Denderah, les joints des briques ne sont pas horizontaux mais « ondoyants », ils suivent les vagues de l'océan primitif censé se trouver sous le temple, son eau abreuvant le « lac sacré » et les puits dans lesquels les prêtres se lavaient avant de pénétrer dans le sanctuaire. Le sol du temple, le plus souvent noir comme le limon du Nil, s'élève de salle en salle ; les prêtres devaient emprunter des rampes pour transporter la statue du dieu. Elle se dressait là, au point le plus élevé, enfermée dans un tabernacle, le naos, dont le toit en forme de pyramide imitait la forme abstraite de la colline primordiale, un bloc massif travaillé dans une roche particulièrement dure de granit ou de basalte. Aujourd'hui, la plupart des statues divines en or et en argent ont disparu, mais les solides naos existent encore, se dressant parfois seuls au milieu d'un champ de ruines. Au cours des processions, ceux qui regardaient la statue du dieu dans sa barque traverser les salles hypostyles devaient penser qu'elle flottait sur les eaux de l'océan primitif. En effet, les colonnes décorées ressemblent à des touffes de papyrus ou de lotus, elles éclosent du « limon »

Une conception ancienne veut que les temples soient des collines émergées des flots. Au XXe siècle, la construction des barrages d'Assouan menaça de faire disparaître de nombreux temples sous les eaux. Pour sauver le complexe de Philae, l'UNESCO le fit déplacer sur une hauteur en 1980.
Temple d'Isis, île de Philae, époque ptolémaïque, frontière nubienne

Les joints des briques du mur d'enceinte du temple d'Hathor à Denderah sont « ondoyants » – ils évoquent les vagues de l'océan primitif censé se trouver sous tous les temples égyptiens.
Epoque romaine, Ier–IIe siècle av. J.-C.

Le sanctuaire des dieux est l'élément du temple qui a le mieux résisté au temps. Ici, il se dresse au milieu de ce qui fut le temple monumental de Mendès, dans le delta du Nil.
XXVIe dynastie, granit rouge, hauteur 8 m

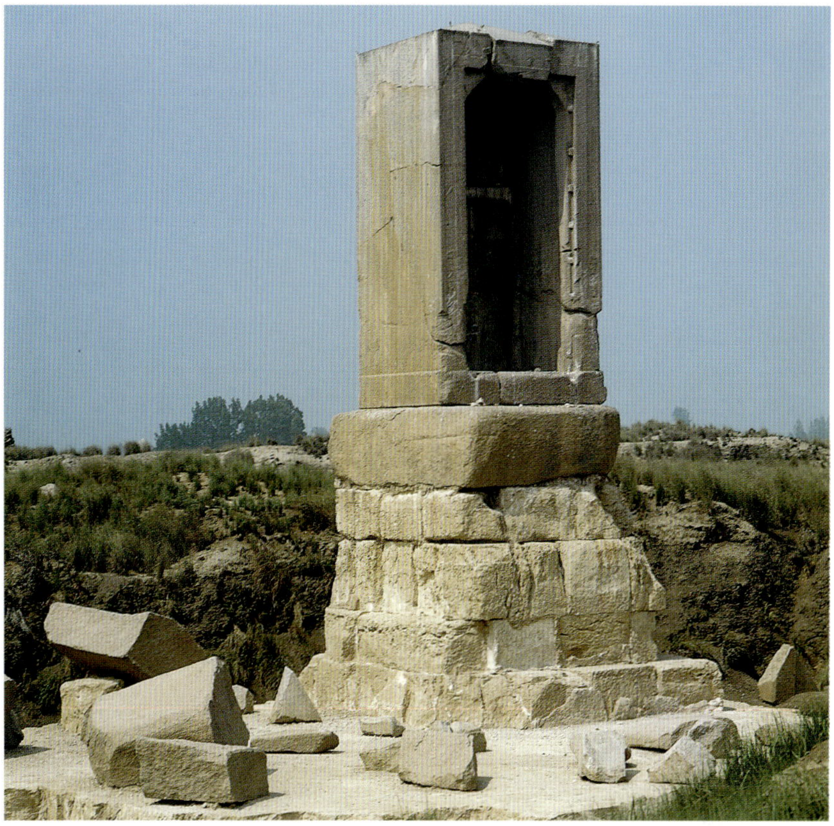

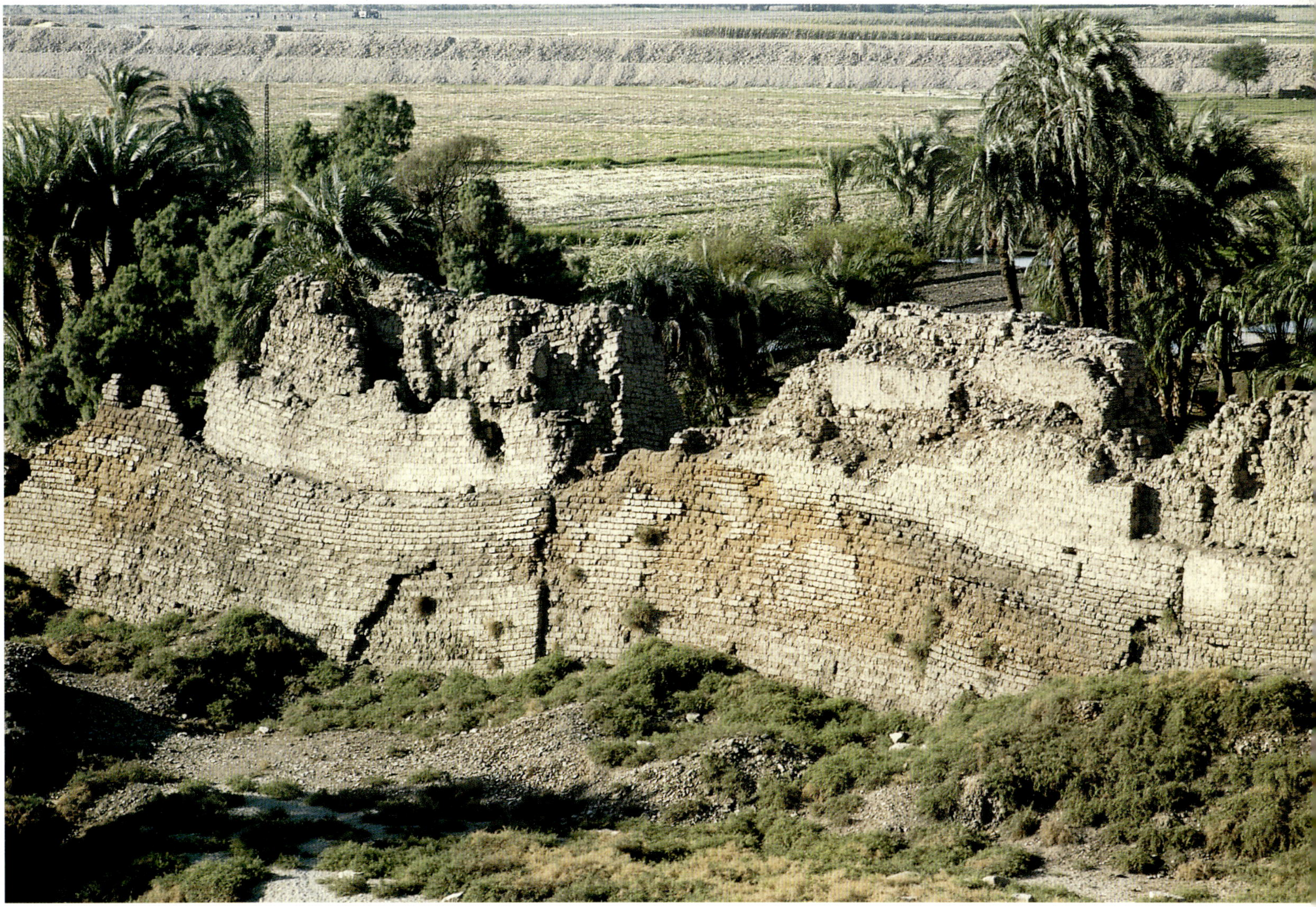

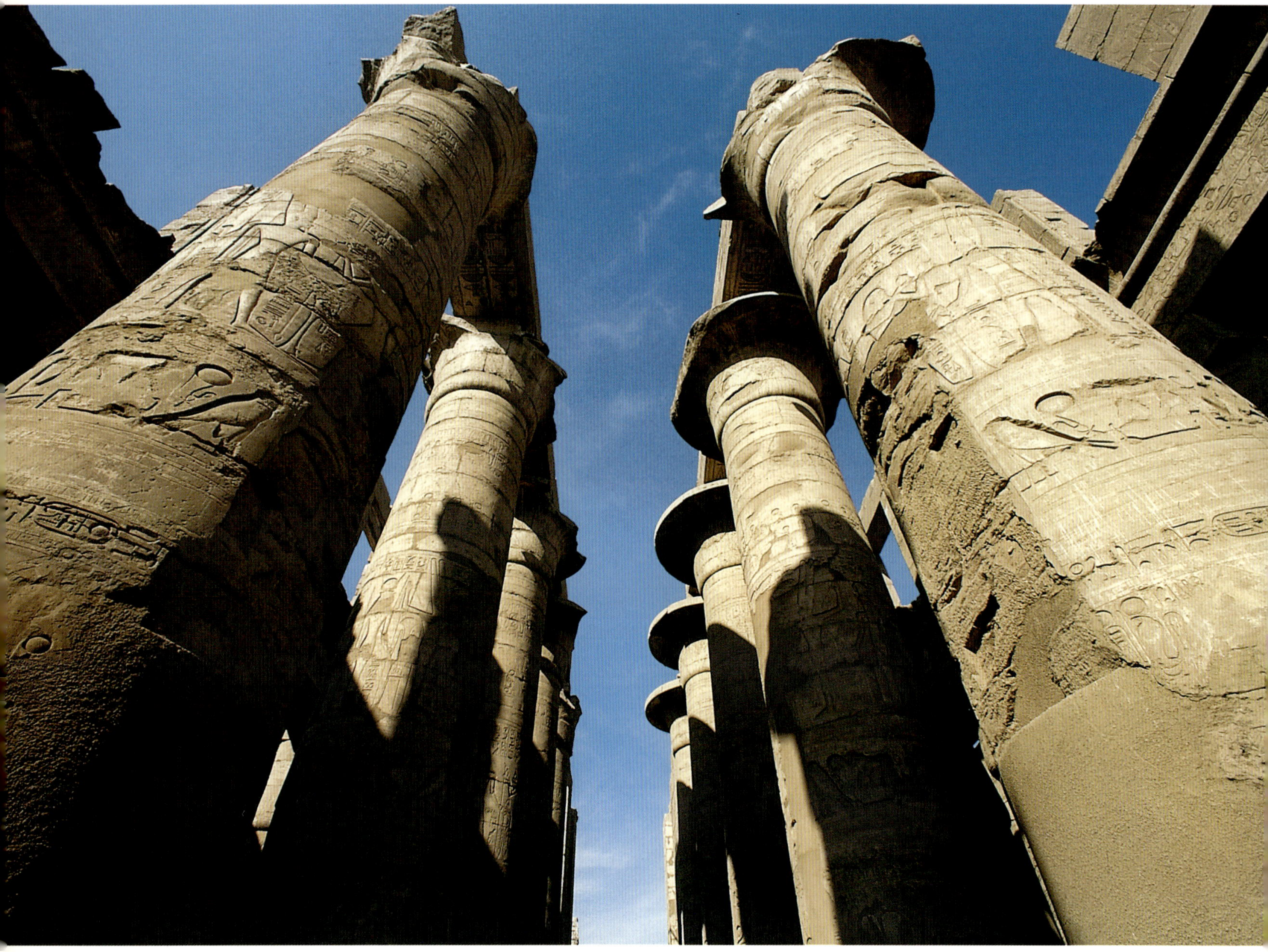

et transforment les salles en une forêt luxuriante. A Karnak, les deux plantes héraldiques de l'ancienne Egypte, le lotus et le papyrus, couronnent deux piliers de granit d'une grande beauté devant la salle où se trouvait la barque sacrée, aujourd'hui ils surplombent les ruines. Symboles de la Haute et de la Basse-Egypte, ils portaient autrefois le ciel au-dessus du pharaon quand il entrait dans le sanctuaire. Les plafonds en partie effondrés étaient peints en bleu et décorés d'étoiles, des faucons gigantesques déployaient leurs ailes au-dessus des portes et Nout, la déesse du Ciel, courbait son corps sinueux au-dessus de la Terre. Ainsi avec l'eau, la terre et le ciel, tout l'univers était représenté dans le temple. L'entrée du temple était flanquée de deux colosses assis à l'image du souverain et des obélisques se dressaient par paires. Mesurant jusqu'à trente-deux mètres de hauteur et pesant plus de quatre cent cinquante tonnes, ils étaient en granit rouge provenant des carrières d'Assouan. La lumière illuminait leur sommet pyramidal recouvert de

Le temple d'Amon à Karnak : 134 colonnes soutiennent des chapiteaux en forme de lotus en bouton ou épanouis évoquant les plantes écloses du limon originel.
Salle hypostyle, XIXe dynastie

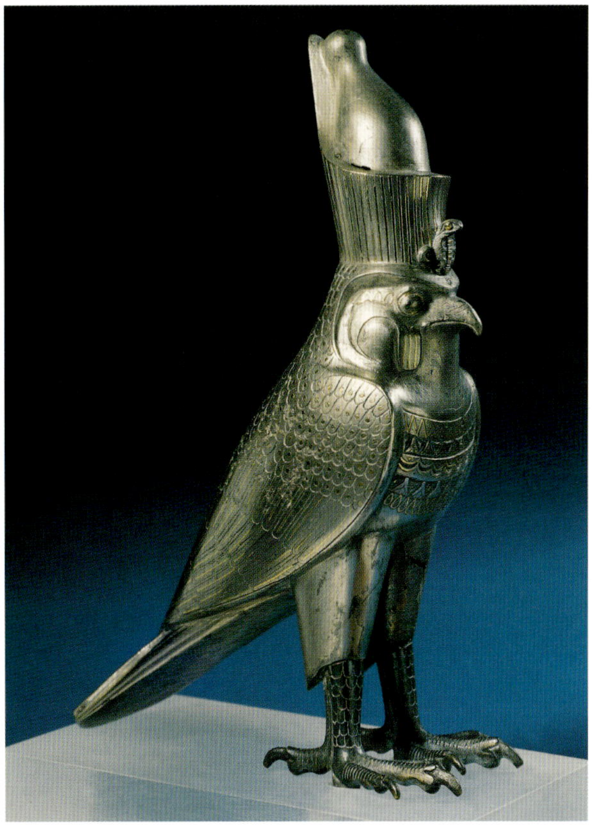

Nettoyée, ointe d'huiles parfumées et encensée tous les jours, la statuette d'argent à l'effigie d'Horus était l'objet de soins constants. Tout était fait pour que le dieu daigne l'habiter.
Origine inconnue, XXVIIe dynastie, hauteur 26,9 cm, Munich, Staatliche Sammlung Ägyptischer Kunst

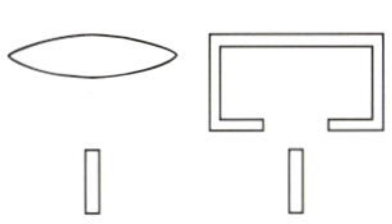

raper = le sanctuaire

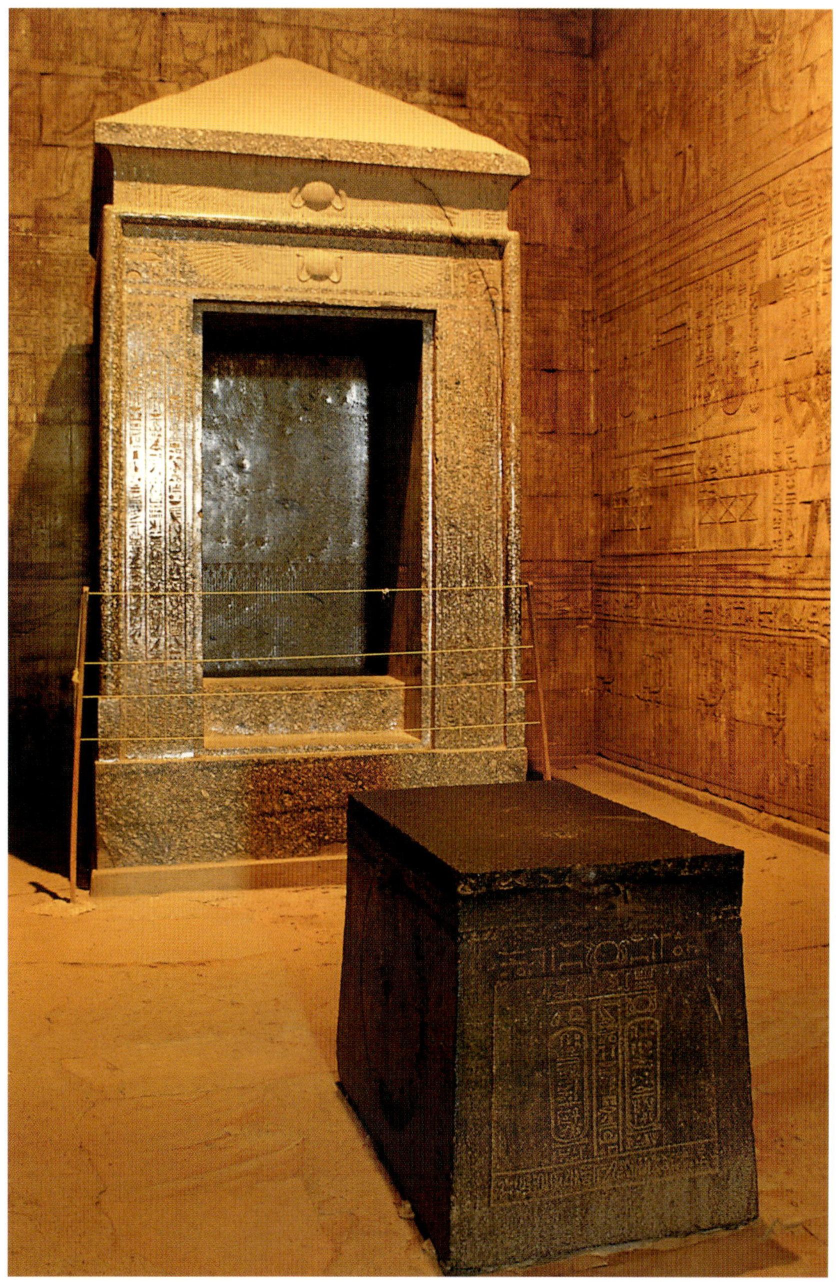

Le toit pyramidal du sanctuaire divin du temple d'Horus à Edfou évoque lui aussi la colline des origines. Le naos se trouve au bout de la longue chaussée ascendante qui traverse le temple, dans une pièce obscure, toujours scellée, le Saint des Saints.
XXXe dynastie

bronze doré – ils sont considérés comme des symboles solaires, des rayons de soleil pétrifiés. Même si leur forme élancée et élégante ne l'indique pas, il est probable qu'une pierre archaïque et irrégulière, le Benben, pierre sacrée d'Héliopolis et représentant elle aussi la colline primordiale, leur a servi de modèle.

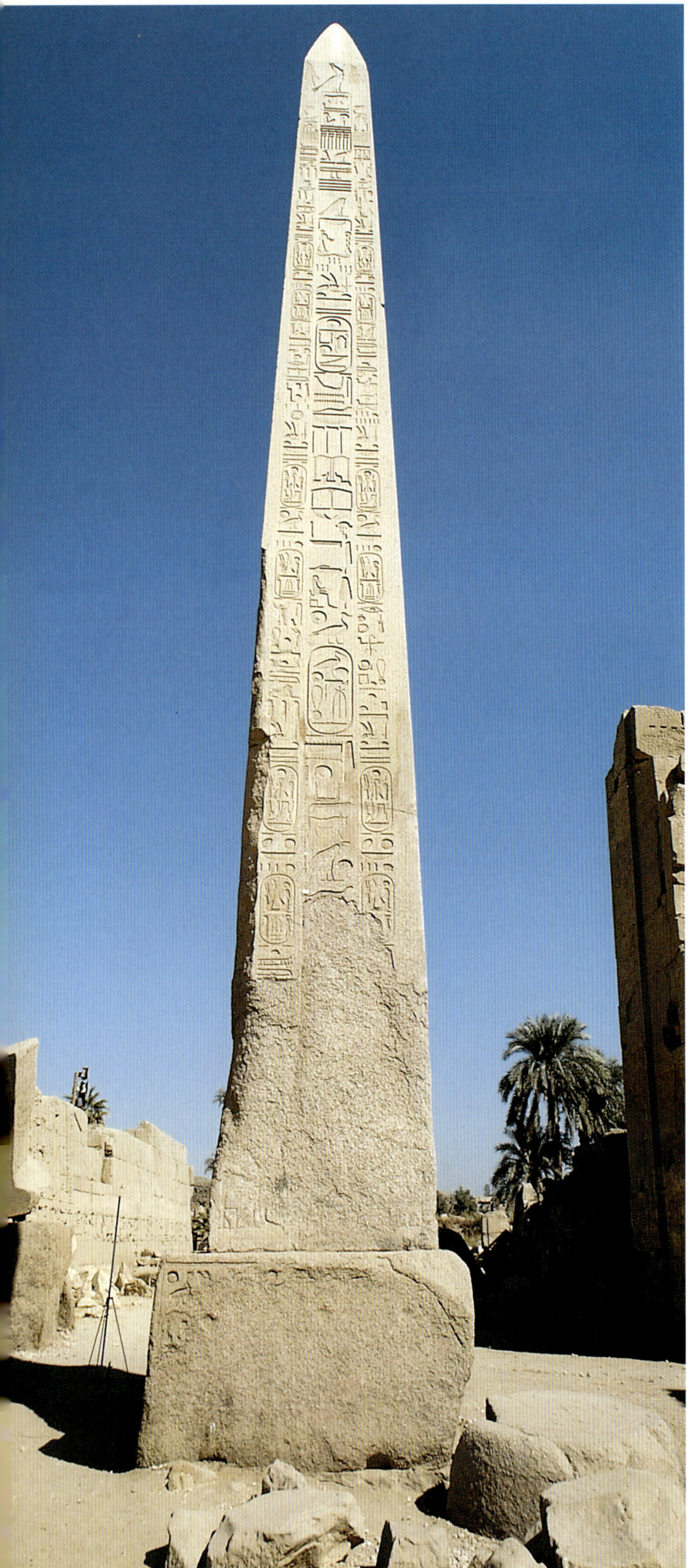

Les obélisques – une invention égyptienne à l'instar des pyramides – étaient en granit rouge et pouvaient atteindre jusqu'à 32 mètres. Ils furent souvent exportés et imités. Avec leurs pointes dorées, ils étaient considérés comme des rayons de soleil pétrifiés.
Obélisque de Thoutmosis Ier, Karnak, XVIIIe dynastie

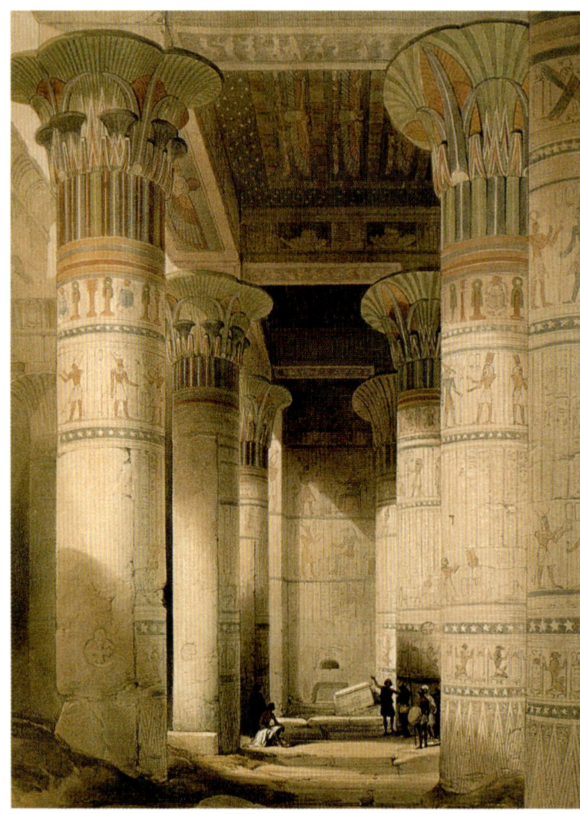

L'intérieur du temple était peint de couleurs vives, dont il ne reste que des traces. Les peintres du XIXe siècle ont tenté de rendre l'état originel des lieux.
Salle hypostyle du temple d'Isis à Philae

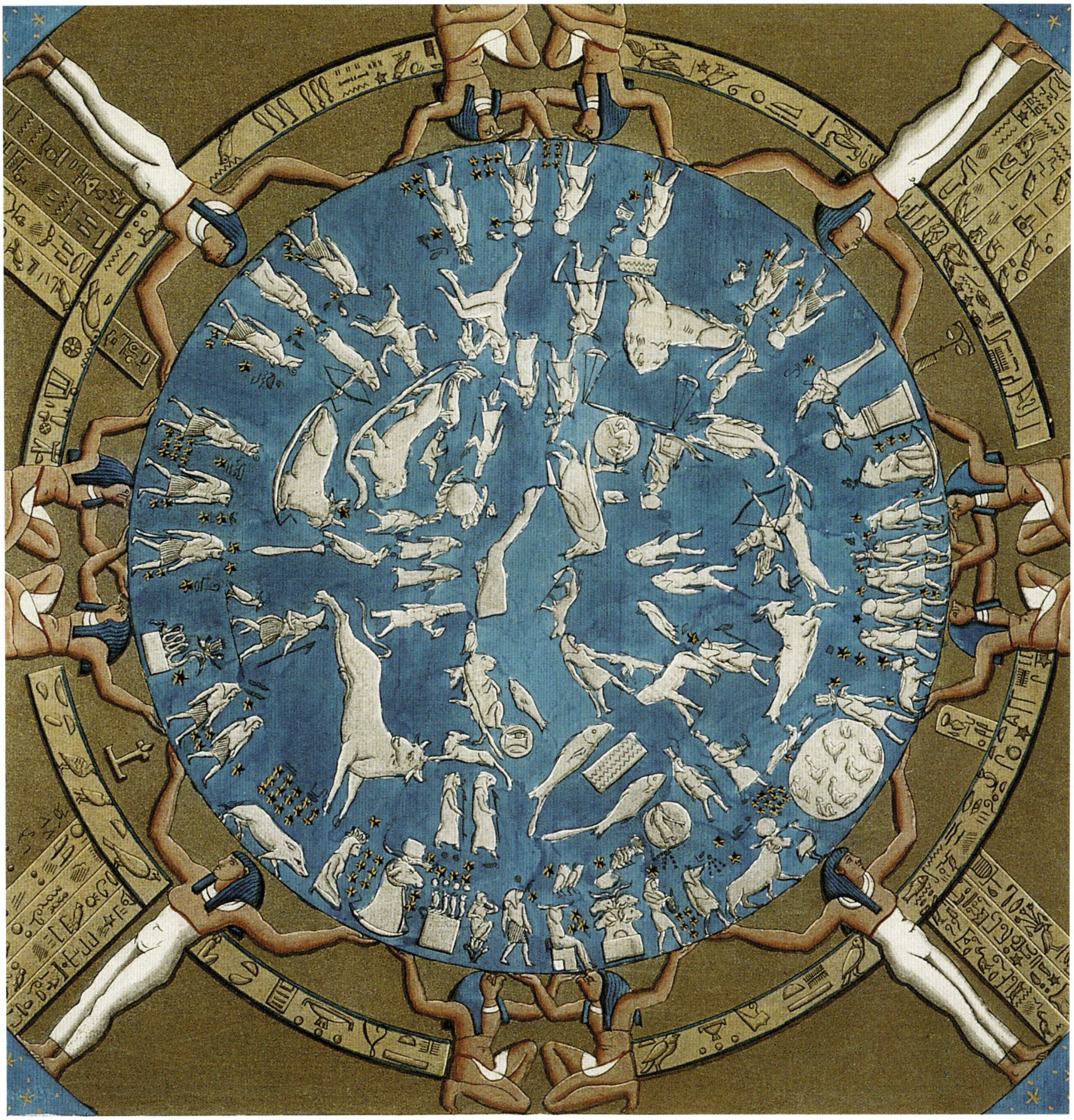

Le temple est à l'imitation de l'univers. Au plafond, le ciel étoilé est soutenu par des dieux. Certaines constellations représentées nous sont encore inconnues.
Carte du ciel du temple d'Hathor à Denderah, l'original se trouve aujourd'hui au Louvre, reproduction de Domenico Valeriano, 1835

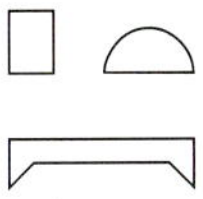

pet = le ciel

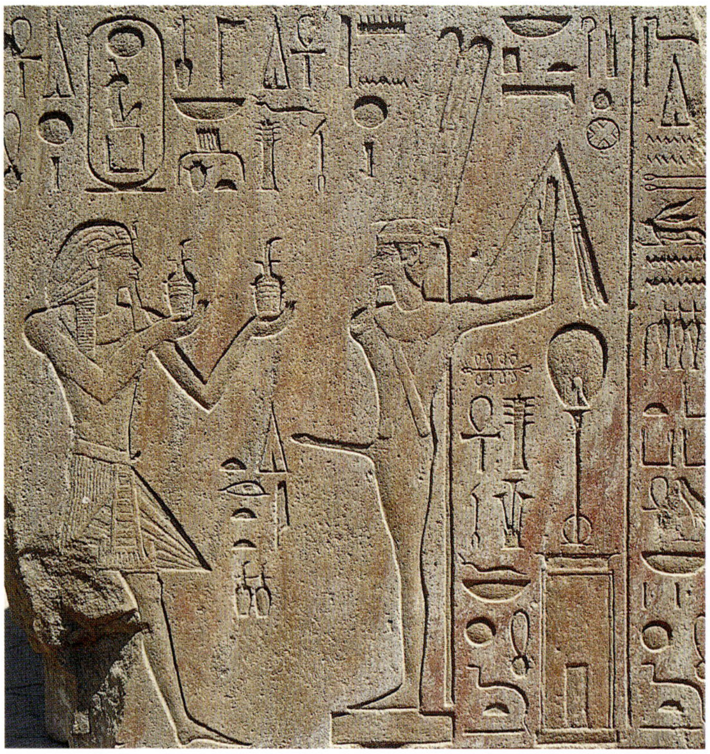

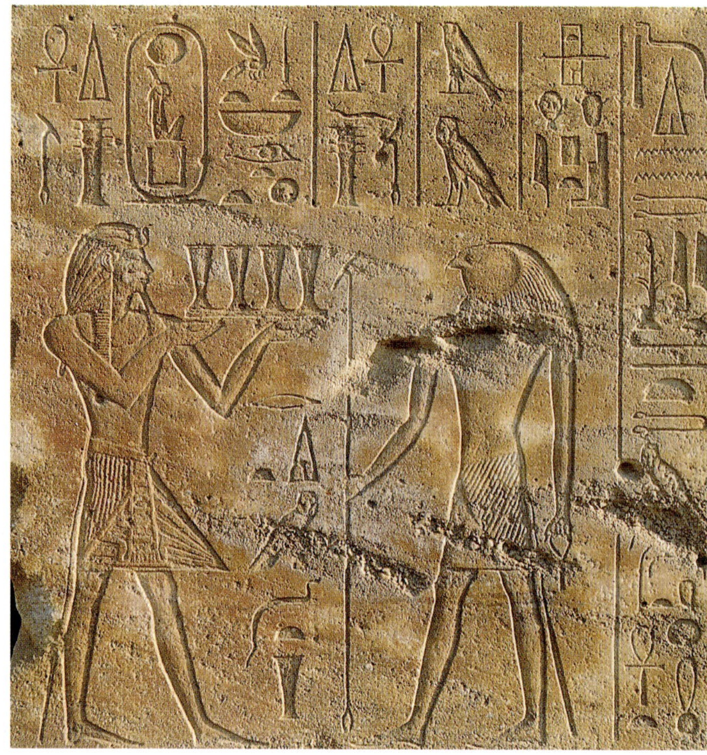

Rituel et soins à domicile

Une grande partie des murs du temple est décorée de scènes d'offrandes, comme ici dans la «Chapelle rouge» d'Hatchepsout. L'édifice a été détruit par son successeur, mais on a retrouvé les blocs de pierre, utilisés pour construire d'autres bâtiments. A gauche, une scène montre Amon-Rê à qui on apporte du lait; la scène de droite représente Hatchepsout offrant un onguent à Horus.

«Puisses-tu t'éveiller en paix!», c'est avec ces mots que le prêtre salue la statue d'Amon le matin. Ce «Chant matinal pour les jours de fête», inscrit sur un vieux papyrus de la bibliothèque du temple de Karnak, fut acquis en 1845 par l'égyptologue allemand Richard Lepsius chez un antiquaire égyptien. Ces paroles implorantes doivent adoucir l'humeur du «dieu de la Terreur», car les dieux peuvent être redoutables: l'uraeus dressée sur leur front menace sans cesse les hommes. Le destin de l'Egypte dépendant d'Amon, il faut être aux petits soins avec lui – et les autres divinités importantes – et c'est ainsi que chaque matin un rituel compliqué se déroule dans tous les temples du pays.

En entrant dans le sanctuaire, une salle sans fenêtre située au fond du temple, le prêtre de service allume un flambeau, il brise ensuite le sceau qui ferme la porte du naos et se présente à la statue du dieu: «Par vrai, je suis un serviteur du dieu ... c'est le roi qui m'envoie voir le dieu. Je suis venu faire ce qui doit être fait.» Et il ne reste pas oisif, devant brûler de l'encens pour apaiser le cobra dilaté qui orne la couronne du dieu, nettoyer le tabernacle, démaquiller la statue, la nettoyer à l'eau et à l'encens, l'habiller de neuf, la couronner, l'oindre de dix huiles différentes et la maquiller. Pour terminer, le prêtre procède au rite magique de «l'ouverture de la bouche» qui doit éveiller la statue à la vie; ensuite il l'enfermera dans son naos en verrouillant puis scellant la porte. Après avoir soigneusement effacé ses traces de pas et éteint le flambeau, le prêtre quitte le saint des saints jusqu'au lendemain. En fait, seul le pharaon était en droit de procéder à ces actes rituels, mais il ne venait qu'à l'occasion des fêtes importantes, se faisant représenter par des prêtres dans les

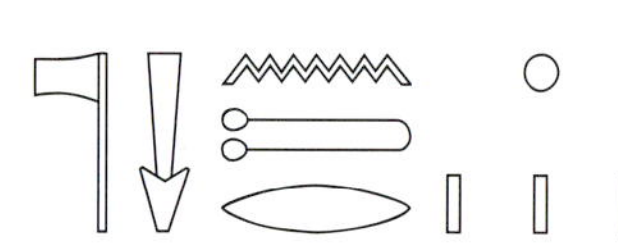

senetcher = l'encens

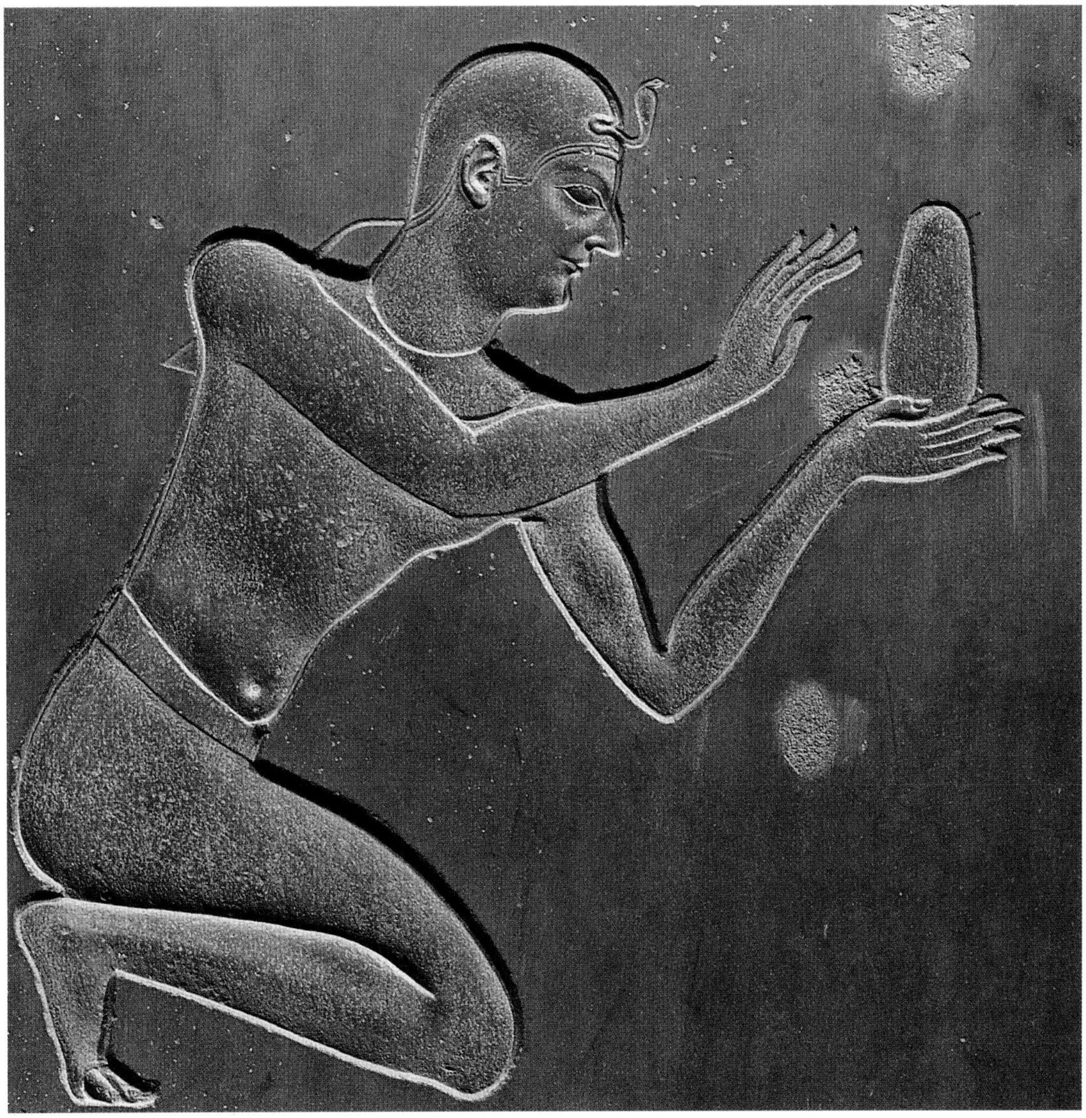

Les dieux ont eux aussi besoin de nourriture. Nectanébo agenouillé offre au dieu un pain conique. En réalité, ce n'est évidemment pas le pharaon lui-même, mais les prêtres qui procédaient à ce rituel quotidien dans les innombrables temples.
Détail d'un relief, temple de Nectanébo Ier, Alexandrie, XXXe dynastie, Londres, British Museum

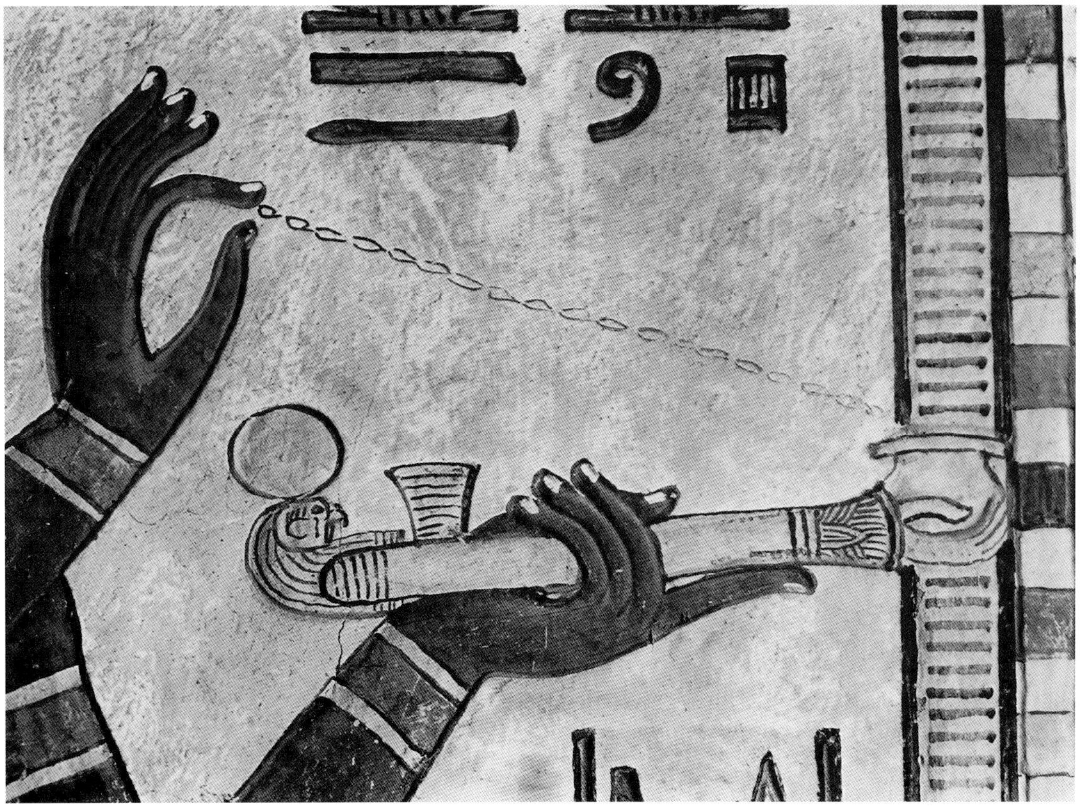

Les dieux des Egyptiens, à l'instar de leurs créatures, aimaient par-dessus tout l'odeur de l'encens. Du bout des doigts, le prince Amonher-chepechef, fils de Ramsès III, jette des boulettes d'encens dans la cassolette d'un brûle-parfum artistement travaillé.
Peinture murale, tombeau du prince Amon-herchepechef, XXe dynastie, Thèbes, Vallée des Reines

nombreux temples du pays. Il n'empêche que sur les bas-reliefs coloriés qui représentent le rituel, c'est le roi qui agit seul, priant, brûlant de l'encens, procédant aux sacrifices, apportant des offrandes, de l'eau, du lait ou du vin, car les divinités aussi ont besoin de se nourrir. En échange, les dieux tendent au roi le ankh, clé de vie, ou le sceptre « guérisseur » : « Je te donne à jamais la Vie, le Salut et la Santé », disent les hiéroglyphes.
Une autre scène montre le pharaon présentant au dieu une figurine de femme dont la tête est surmontée d'une plume, et qui, si elle est minuscule, n'en joue pas moins un rôle éminent : Maât, c'est son nom, symbolise la Justice et l'Ordre et écarte le désordre et le chaos de l'Egypte. Si le rituel est oublié, si le pharaon et les prêtres négligent leurs devoirs, alors les dieux courroucés quittent le pays qui n'est pas plus longtemps « plein de temples » mais « plein de tombes et de cadavres ». Et « Le pays tourne sur lui-même comme un tour à potier ... le fleuve est rempli de sang ... le deuil traverse le pays, mêlé aux lamentations. Petits et grands disent ‹ Ah, si seulement j'étais mort ! ›. »

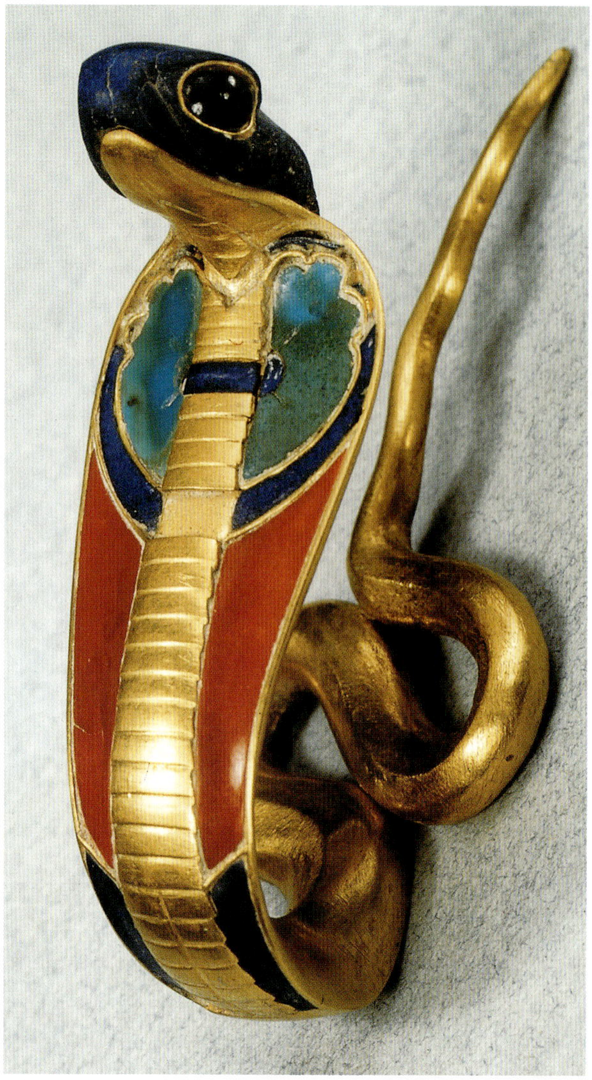

Le cobra furieux anéantit tous les ennemis. L'uraeus crachant du feu protège le pharaon et menace les êtres humains du haut de la couronne. Un culte journalier lui est voué pour adoucir son humeur.
Vraisemblablement élément d'une couronne de Sésostris II, Moyen Empire, XIIe dynastie, or massif, tête en lapis-lazuli, œil de grenat, hauteur 6,7 cm, Le Caire, Musée Egyptien

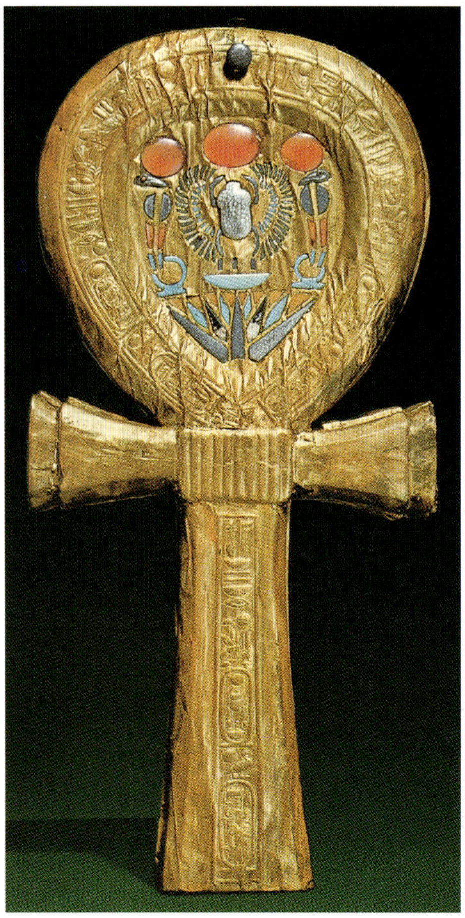

En échange des offrandes, les dieux donnent aux hommes la croix ansée, à la fois symbole et hiéroglyphe du mot « vie ». « Ankh » signifiant aussi « miroir », un précieux coffret à miroir appartenant à Toutankhamon a la forme de la « clé de vie ». Le miroir qu'il contenait a sans doute été volé.
Coffret à miroir, XVIIIe dynastie, bois et or, tôle d'argent, pierres semi-précieuses et verre, hauteur 27 cm, Le Caire, Musée Egyptien

Dans sa main gauche, la déesse tient la « clé de vie », dans la droite une longue canne montrant la tête d'un animal mythique, le sceptre d'Ouas, insigne de sa puissance. Le roi Haremhab lui offre du vin dans des récipients ventrus.
Bas-relief, tombeau de Haremhab, Thèbes, Vallée des Rois, XVIIIe dynastie

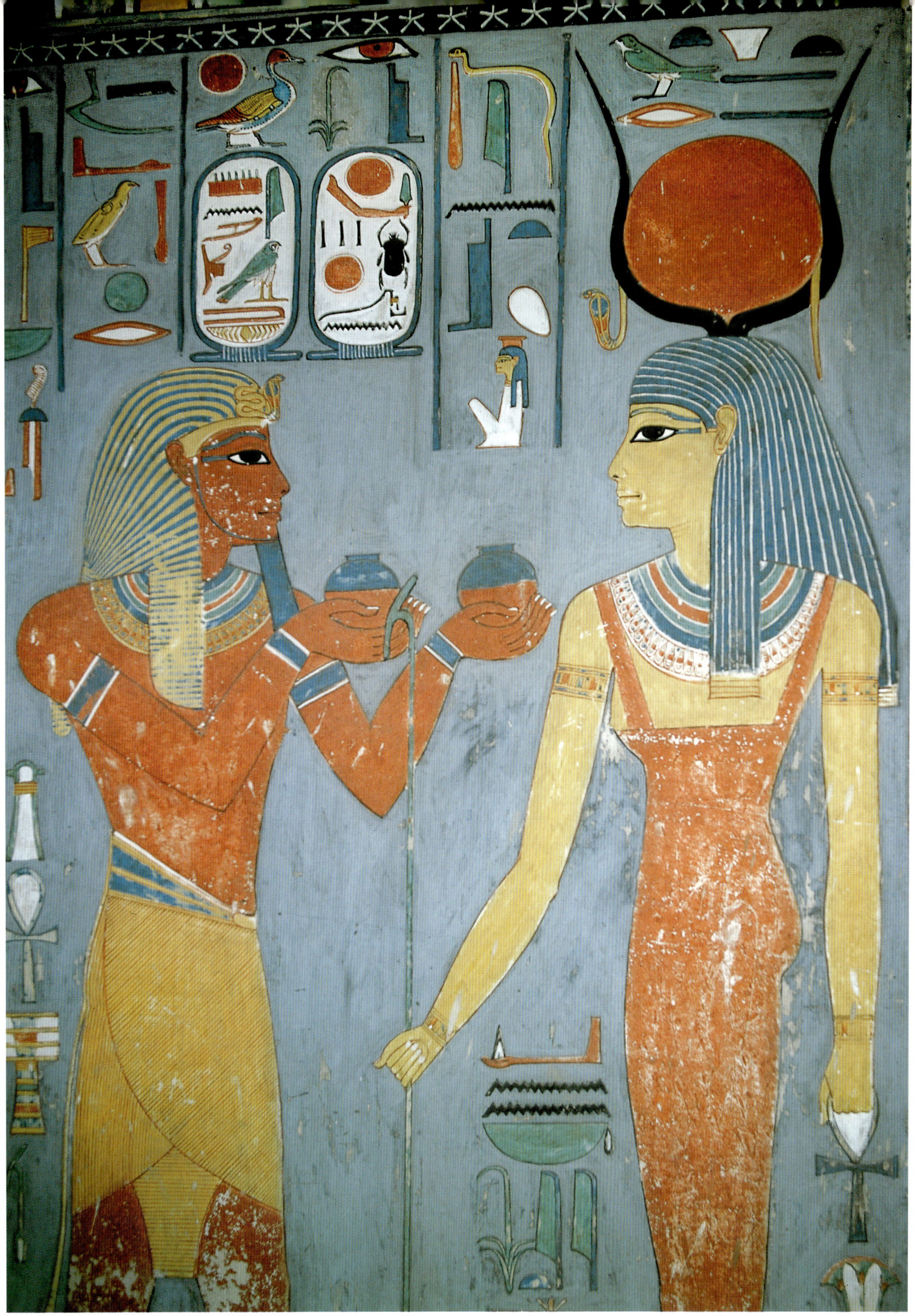

L'oreille du dieu

Des égyptologues ont décrit le temple comme sur une sorte de « machine » magique destinée à garantir l'ordre cosmique, les Egyptiens quant à eux le nommaient l'« horizon », ce qui ne caractérise pas seulement l'aspect géographique mais aussi religieux de l'endroit, car c'est là que se touchent le Ciel et la Terre, l'ici-bas et l'au-delà. Il semblait au scribe Iahmès « que le Ciel lui-même était dans le temple, quand le Soleil s'y lève ».
Ces mots ont été inscrits sur les murs extérieurs du temple funéraire du roi Djéser durant la XVIIIe dynastie, Iahmès admirait donc un complexe religieux qui datait alors de plus d'un millénaire. On ignore s'il y a pénétré, l'enceinte sacrée n'étant pas accessible au commun des mortels. Les temples égyptiens n'étaient pas, comme les cathédrales médiévales, destinés à accueillir la foule en prière; les croyants ne pouvaient entrer que dans la grande cour, et encore pour des occasions particulières. Les artisans de Deir el Medineh – ceux qui ont construit les tombes royales thébaines –, et les seuls gens du peuple sur lesquels nous soyons bien documentés, préféraient s'adresser à de modestes divinités locales plutôt qu'aux dieux des grandes capitales. Dans un petit sanctuaire du village ou sur les autels privés, chez eux, ils vénéraient la déesse serpent Mereseger, l'« amie du silence », qui habitait le sommet montagneux tout proche, la priant de leur accorder aide et protection. Des hommes un peu mieux placés dans la hiérarchie sociale pouvaient accéder aux bâtiments extérieurs du temple en tant que novices. Contrairement aux grands prêtres nommés directement par Pharaon ou qui héritaient de leur charge, les prêtres novices de rang inférieur étaient de service à tour de rôle pour quelques semaines ou quelques mois, ce qui faisait qu'un nombre considérable d'hommes participaient aux fastes de ces institutions et profitaient de leurs richesses. Sur les représentations, on reconnaît les prêtres à leur long pagne discret et à leur crâne rasé. Hérodote rapporte qu'« ils se rasent le corps tout entier tous les trois jours, afin qu'on ne puisse trouver sur eux ni poux, ni aucune impureté... Ils se lavent à l'eau froide deux fois par jour et deux fois par nuit ». Les Purs, c'est le nom qu'on leur donnait, pouvaient par exemple porter la statue du dieu quand elle sortait de la pénombre du sanctuaire à l'occasion des jours de fête. Sur les épaules de trente prêtres, Amon dans sa barque sacrée de quatre-vingts mètres de long, partait en procession vers Louqsor ou vers l'embarcadère du Nil, et s'arrêtait en cours de route dans des pavillons, les « stations de la barque », donnant ainsi au peuple l'occasion de l'accueillir de loin avec des cris de joie.
Les gens du peuple qui souhaitaient être entendus du dieu pouvaient s'adresser à des intermédiaires : « Venez vers moi ! J'annonce ce qui m'est dit à Amon de Thèbes ... car je suis le héraut que le roi a établi pour écouter les petites gens », dit l'inscription gravée sur le socle d'une statue à l'entrée du temple d'Amon édifié par Aménophis III. Ils pouvaient aussi écrire des prières ou des remerciements, toujours accompagnés de leur nom, sur des statuettes ou des tablettes de pierre. Ces dernières sont souvent ornées de l'oreille divine que l'on espérait atteindre. Les fidèles les déposaient sur le parvis du temple; on a trouvé plus de dix-sept mille de ces stèles dans une fosse près de Karnak. Ces modestes supports sont les seuls à documenter la piété des petites gens, que les bas-reliefs ornant les espaces intérieurs des temples ne mentionnent pas. Les murs postérieurs

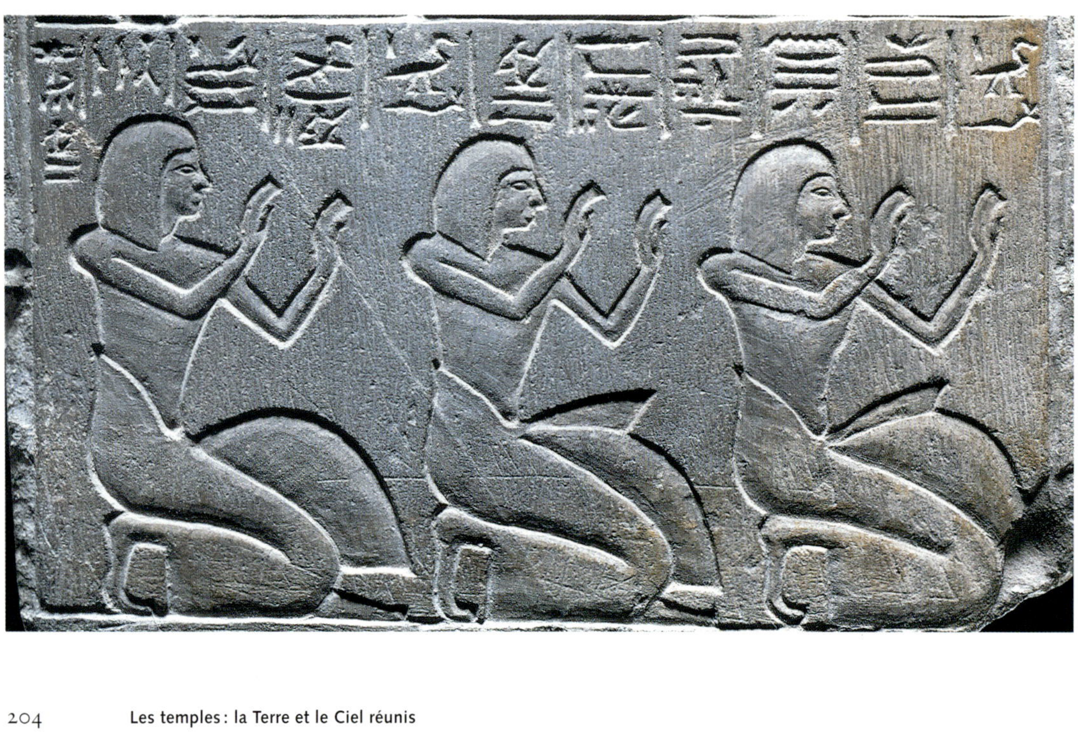

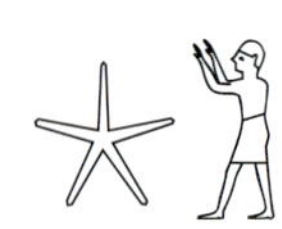

doua = adorer

Si les dieux de l'Empire veillaient sur les rois, les petites gens confiaient leurs soucis quotidiens aux dieux locaux. Les habitants de Deir el Medineh vénéraient une déesse-serpent. C'est à elle que les trois fils du contremaître Paneb adressent ici leurs prières.
Stèle de Paneb, XIXe dynastie, Londres, British Museum

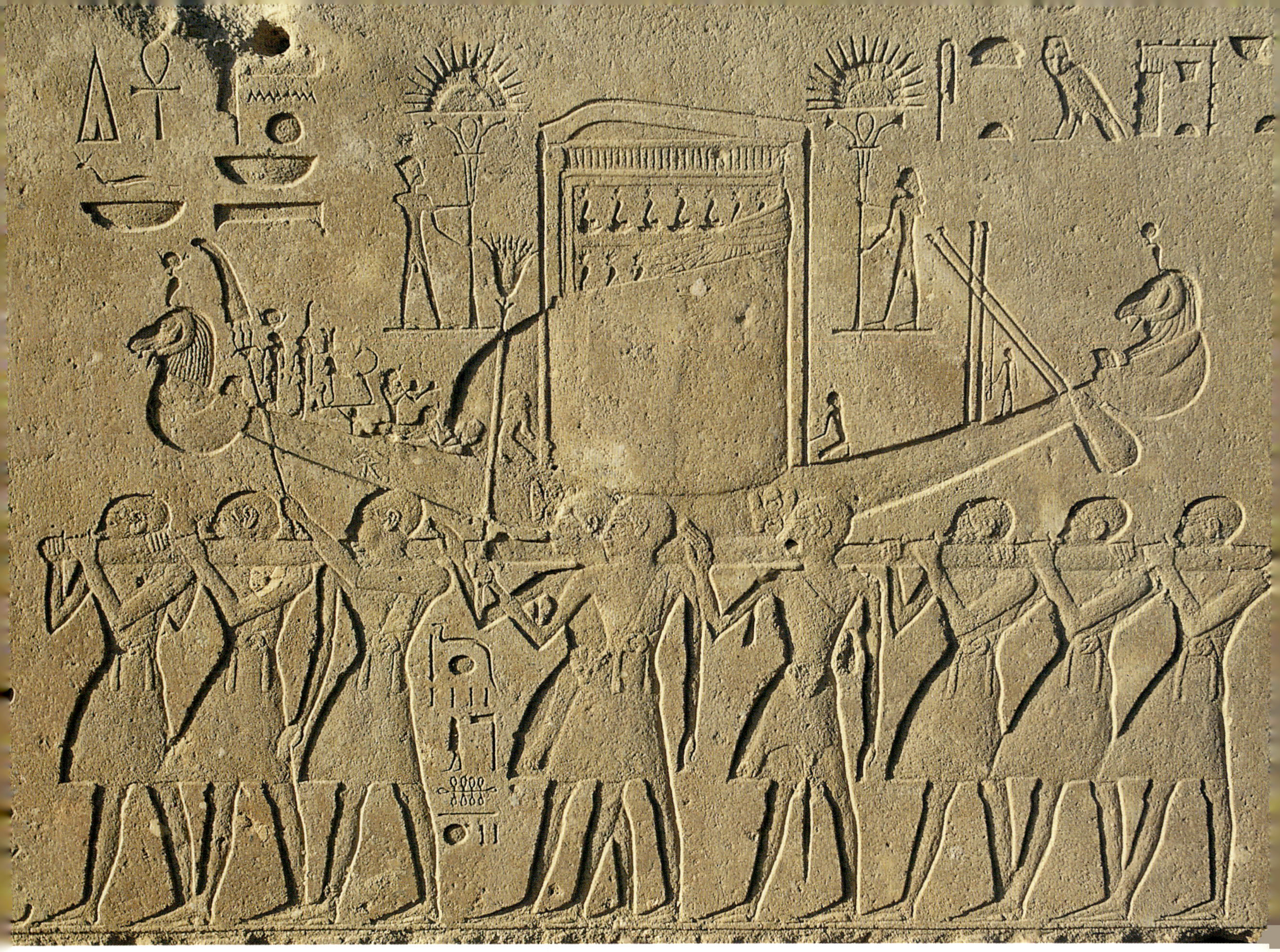

Les grands jours de fête, les dieux quittaient le sanctuaire dans des châsses fermées transportées dans des barques. Des prêtres à la tête rasée portaient celles-ci sur leurs épaules à travers le district du temple.
Relief, « Chapelle rouge » d'Hatchepsout, Karnak

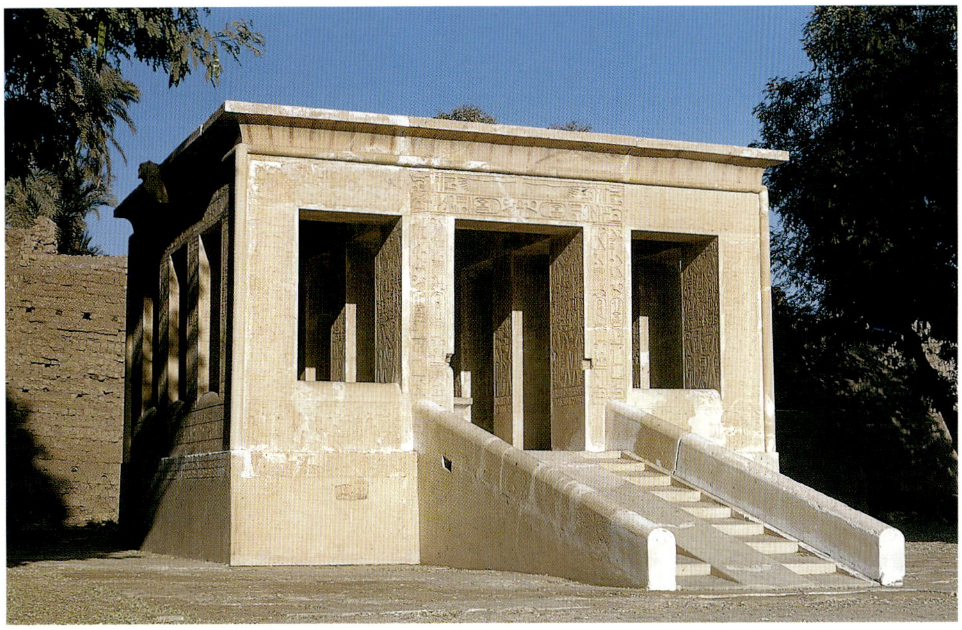

Durant les processions à Karnak, la barque sacrée s'arrêtait plusieurs fois, par exemple à la « Chapelle blanche », édifiée par Sésostris Ier durant la XIIe dynastie. Elle fut détruite, mais les pierres ayant été toutes conservées, on la reconstruisit.

cependant, situés directement derrière le saint des saints, portent quelquefois la trace d'oreilles gravées. Ici aussi le commun des mortels pouvait espérer communiquer avec leur dieu, ou inscrivait, comme le pieux Iahmès, des souhaits en graffiti sur les murailles: «Que la myrrhe fraîche pleuve du Ciel, et que l'encens tombe goutte à goutte!»

Les temples bien conservés de la Basse Epoque donnent une idée de la manière dont on construisait les édifices religieux il y a 3000 ans. Devant la façade principale du temple d'Edfou, en Haute-Egypte, le dieu Horus continue à monter la garde, coiffé de la double couronne du pharaon.
Epoque ptolémaïque

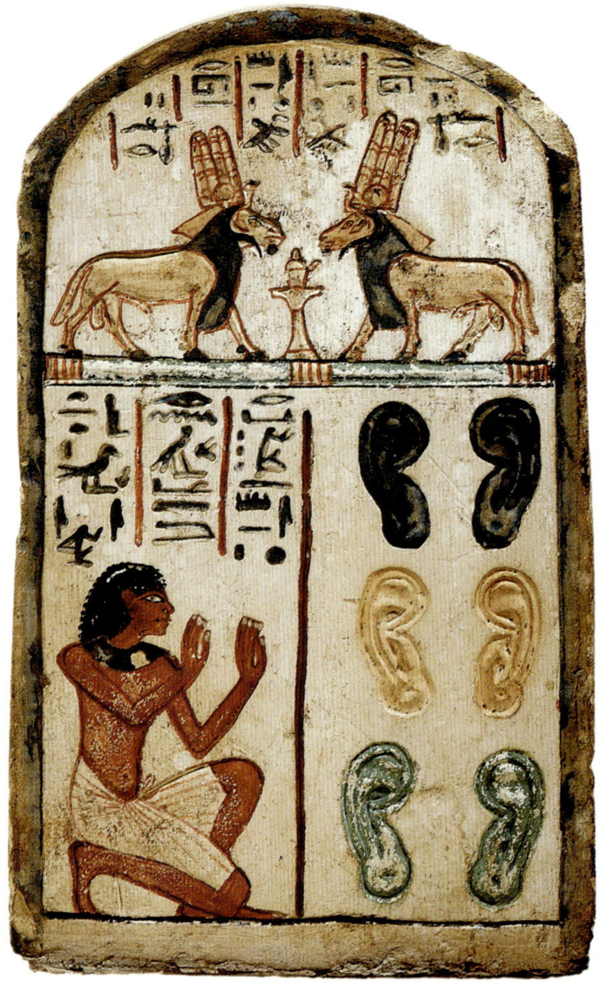

L'artisan Bay de Deir el Medineh s'adresse directement à Amon-qui-écoute-les prières, faisant représenter trois paires d'oreilles sur sa stèle – l'hymne ne dit-il pas que «le dieu vient à celui qui l'appelle»? «Il est rayonnant dans ses manifestations, riche en oreilles.»
Stèle consacrée au bélier Amon, Deir el Medineh, trouvée à l'intérieur de l'enceinte du temple d'Hathor, XIXe–XXe dynasties, calcaire, hauteur 24,5 cm

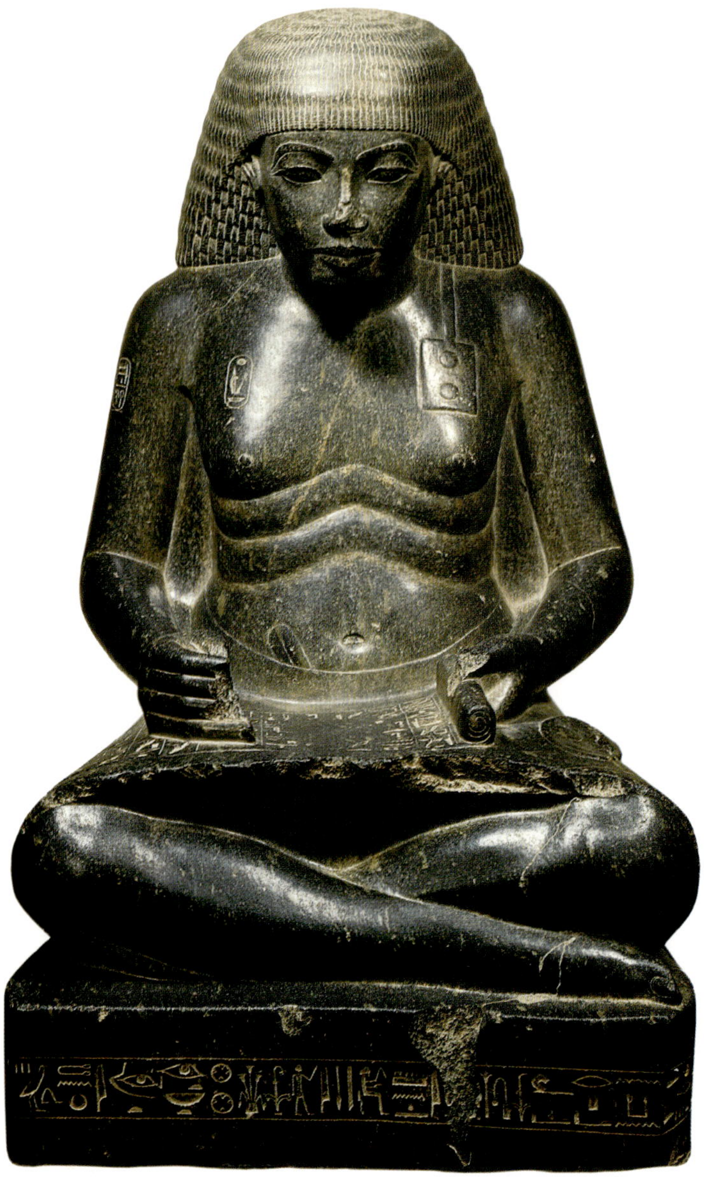

La statue d'Amenophis, fils d'Hapou, architecte royal, se dressait devant le portique du dixième pylône du temple de Karnak. Le texte gravé sur le socle rapporte ses actions et offre aux visiteurs de transmettre leurs prières à Amon-Rê.
Karnak, XVIIIe dynastie, granit, hauteur 128 cm

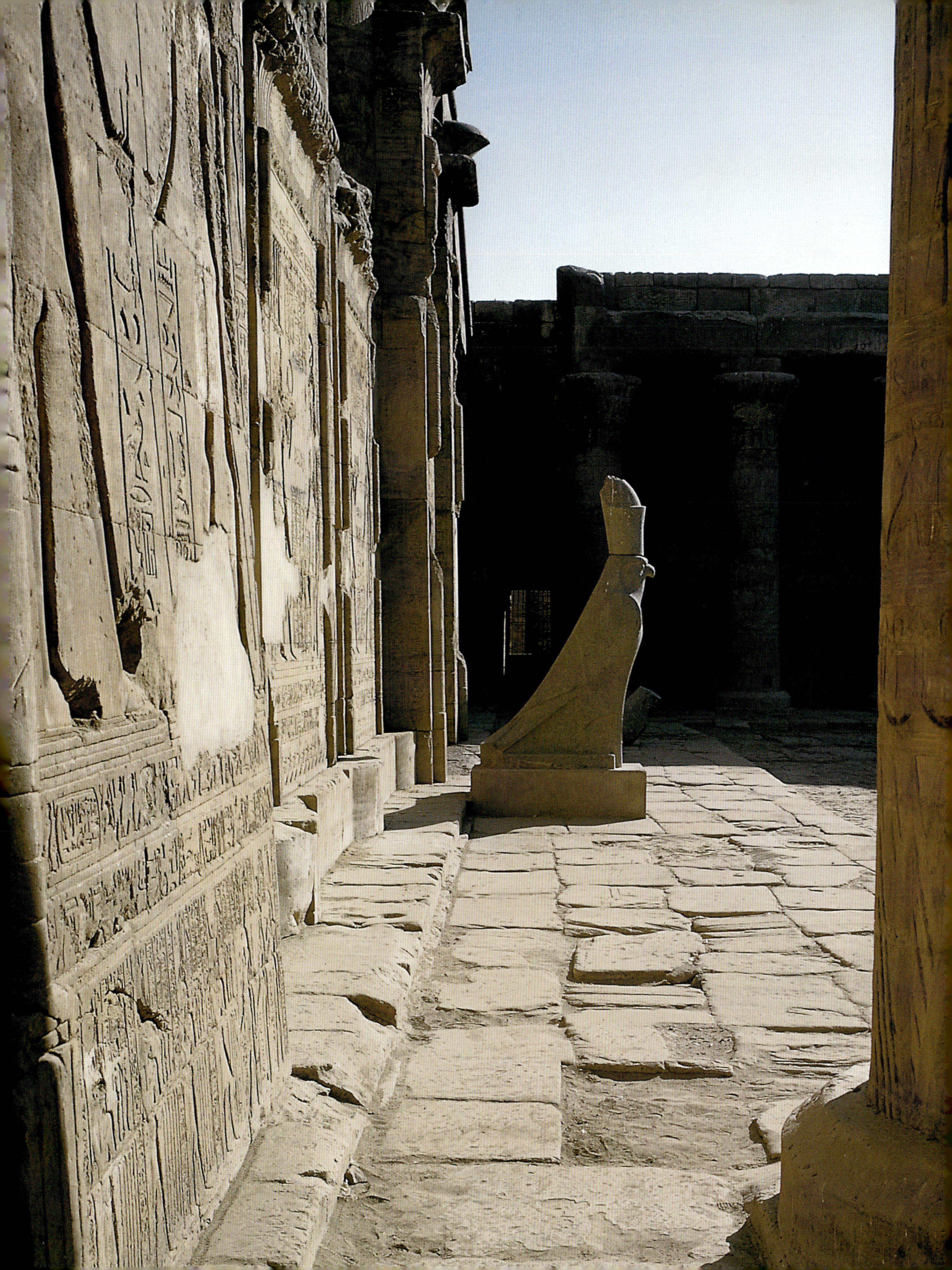

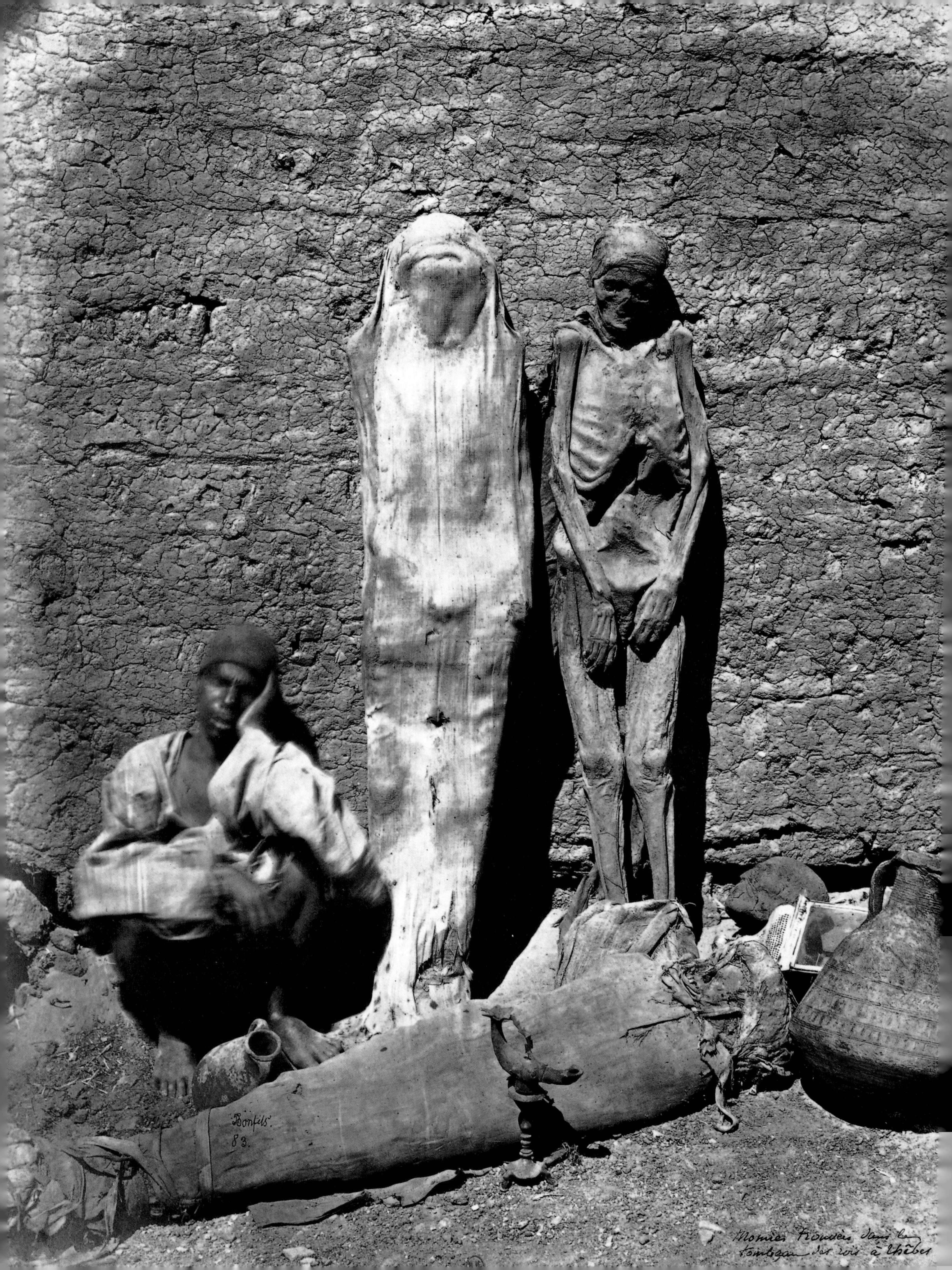
Bonfils
83.
Momies trouvées dans les
tombeaux des rois à Thèbes

Ils rêvaient de repos éternel sous la protection des dieux … la réalité triviale, photographiée par Félix Bonfils en 1860 : à côté d'un gardien (ou d'un vendeur) apathique, trois momies – l'une dans ses bandelettes, la seconde démaillotée, la troisième détériorée gisant sur le sol.

Les pilleurs de tombeaux

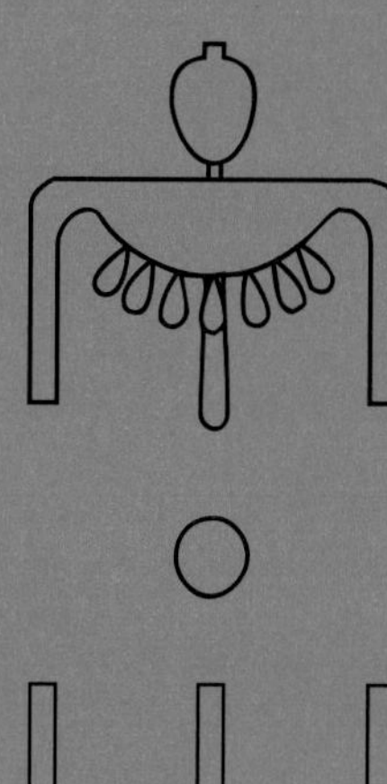

hedch = l'argent (le métal et la monnaie)

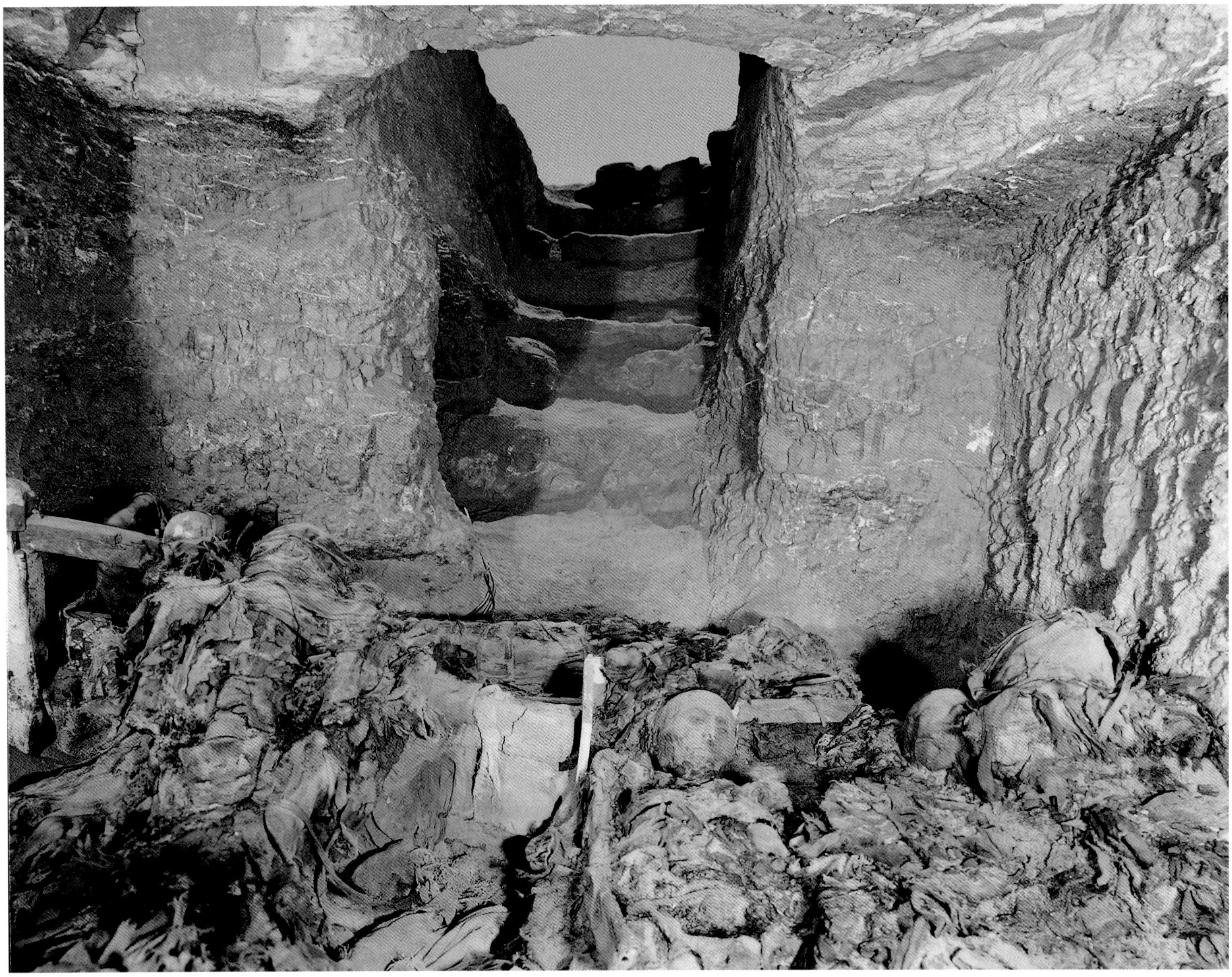

Le repos éternel dont rêvaient les Egyptiens prospères fut parfois de courte durée, les chambres funéraires furent violées et les voleurs s'emparèrent de tout ce qui pouvait avoir une valeur quelconque. Cela se passait le plus souvent quand le pouvoir central était affaibli, au cours de ce qu'on appelle les «périodes intermédiaires». Le plus ancien viol de tombeau documenté date des années qui ont suivi la chute de l'Ancien Empire, le roi Mérikaré (vers 2100) avoue à son fils: «Il y eut des combats dans les cimetières et les tombeaux furent pillés. Je l'ai fait moi-même.»

Quelque mille ans plus tard (1121), Ramsès IX fit contrôler les nécropoles situées à l'ouest de Thèbes et ses fonctionnaires constatèrent qu'un tombeau royal et de nombreuses tombes privées avaient été violés. Les aveux des voleurs nous sont parvenus: «Nous prîmes nos outils de cuivre et creusèrent un couloir dans la pyramide-tombeau du roi ... nous découvrîmes sa chambre souterraine et y descendirent, nos flambeaux à la main ... et nous trouvâmes la sépulture de la reine ... Nous ouvrîmes les sarcophages (extérieurs) et les cercueils (intérieurs) dans lesquels ils reposaient et trouvâmes la vénérable momie du roi, armée d'un glaive en forme de faucille. De nombreuses amulettes et des bijoux en or se trouvaient autour de son cou. Son masque d'or le recouvrait. La vénérable momie du roi était entièrement recouverte d'or. Ses cercueils étaient décorés d'argent et d'or à l'intérieur et à l'extérieur et couverts de toutes sortes de pierres précieuses. Nous avons arraché l'or ... Nous avons trouvé la reine tout à fait dans le même état et tout arraché aussi ... et nous avons mis le feu à leurs cercueils.»

La majorité des tombeaux furent violés et pillés au cours des millénaires. Les archéologues trouvaient alors des caveaux funéraires dans cet état: celui-ci (à gauche) se trouve dans la nécropole de Douch, dans l'oasis de Charga.

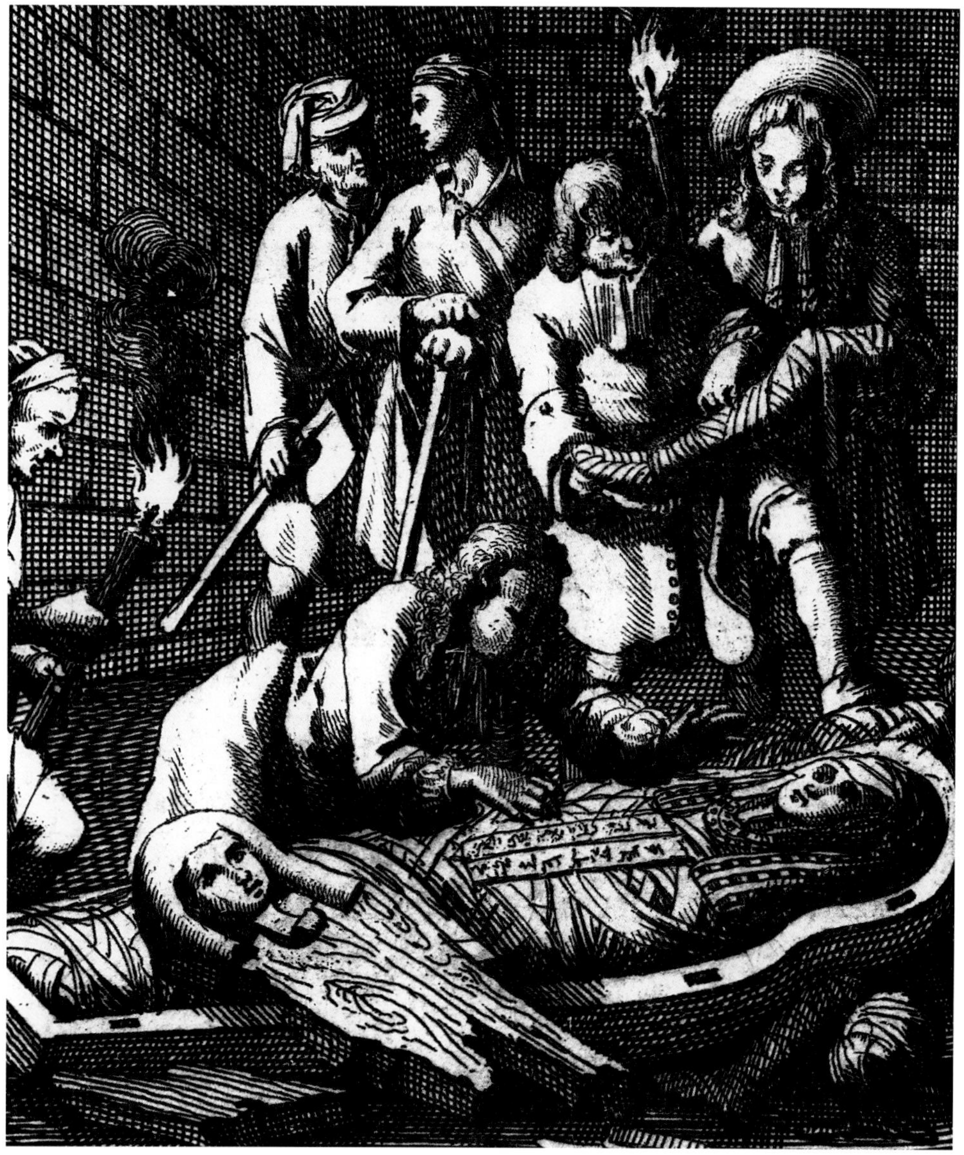

Qu'ils aient été Egyptiens au temps des pharaons, musulmans ou chrétiens, tous ont ouvert et pillé les tombeaux. Le Français Jean de Thévenot fut l'un des premiers à faire ouvrir les cercueils et à rapporter ses découvertes. Son ouvrage illustré de gravures, *Voyage au Levant*, parut en 1664.

Un facteur économique

Le pillage des tombeaux prit une telle ampleur dans les siècles qui suivirent que, vers 950, le roi Siamon fit rassembler toutes les momies royales et les fit transporter dans un tombeau collectif près de Deir el Bahari pour les protéger des voleurs. En 1871, la célèbre Cachette royale fut découverte et pillée, dix ans plus tard le Service des Antiquités Egyptiennes mit les vestiges royaux en sûreté au Musée du Caire récemment fondé. On suppose qu'en période de crise, les gens fouillaient les nécropoles, ce qui rapportait gros et influait sur l'économie du pays. Normalement, les planificateurs royaux distribuaient les aliments de base, mais en période de « vaches maigres », quand le pouvoir central était affaibli, le système de distribution s'effondrait, et les artisans et les ouvriers devaient se procurer eux-mêmes du pain, de l'huile et de la bière – quelques-uns se servaient alors dans les tombeaux. Les voleurs et les receleurs réalisaient des bénéfices bien supérieurs aux sommes requises pour calmer leur faim, ceux-ci correspondant à l'occasion à plusieurs années de revenus, mais ils ne pouvaient pas placer cet argent de manière profitable. En effet, les banques n'existaient pas et le terrain appartenait le plus souvent au roi, à ses fonctionnaires ou au temple. Ne restait que la consommation : les artisans achetaient eux aussi des esclaves, mangeaient du bœuf gras et buvaient du vin sucré. Cette richesse ponctuelle faisait grimper les prix des produits de base qui devenaient inabordables pour nombre des personnes n'ayant pas pris part au viol des tombeaux.
Si le pillage renforçait le chaos économique, ses retombées étaient extrêmement positives selon certains égyptologues. En effet, conséquence du culte d'outre-tombe très prononcé des Egyptiens, une partie importante du capital national était enterrée et restait inutilisée – les voleurs le faisaient rentrer dans le cycle économique, se muant ainsi malgré eux en bienfaiteurs de l'économie publique.

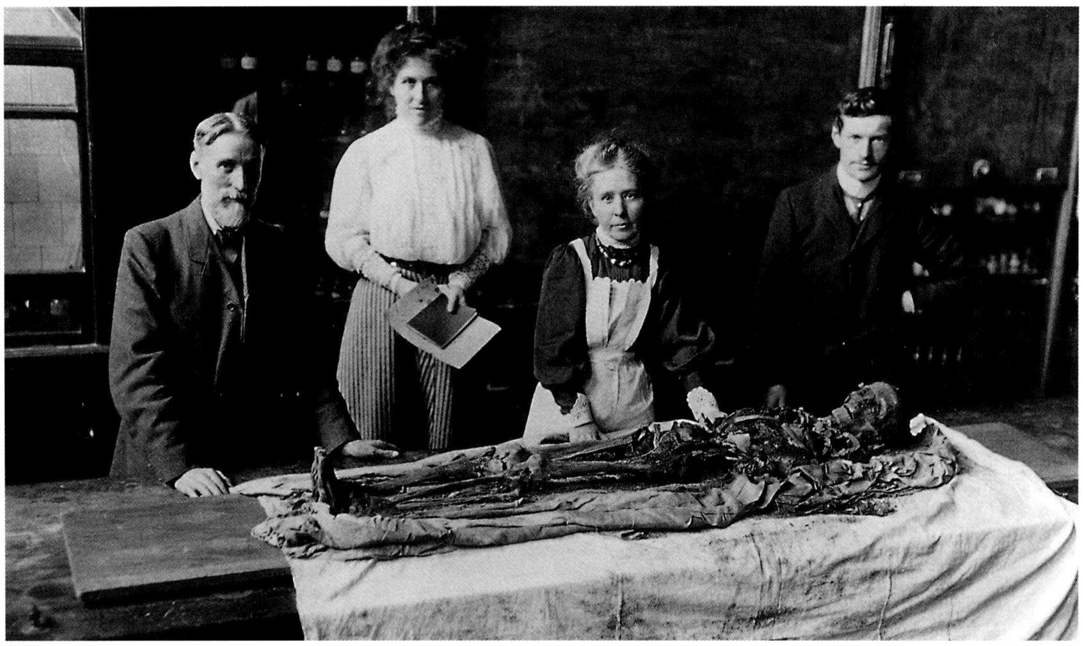

Margaret Murray fut l'une des premières égyptologues. Elle était employée au Musée de Manchester. Cette photographie de 1907 la montre en tablier, démaillotant une momie.

C'est dans ce récipient que les apothicaires du XVIIIe siècle conservaient la « moumia », une poudre connue en Europe dès le Moyen Age et très appréciée pour les vertus thérapeutiques qu'on lui prêtait.

La momie médecine

Les Arabes qui régnèrent sur l'Egypte à partir de 640 de notre ère n'éprouvaient aucun respect pour le culte funéraire des anciens. Les pilleurs de tombeaux arabes possédaient des instructions écrites, par exemple le « Livre des perles enterrées » : « Va vers le Nord-Ouest et tu arrives à une montagne blanche, à ses pieds un chemin mène à une dépression au sol mou. Allume un brasier enfumant à l'aide de poix, de styrax liquide et de laine de moutons noirs » et la fumée magique indique la voie qui mène à l'or.
Le commerce des momies se développa relativement tard; les premières ont dû arriver en Europe vers 1600 de notre ère, deux furent transportées en 1615 de Saqqarah à Rome avant d'arriver, en 1728, dans le cabinet de curiosités d'Auguste le Fort à Dresde.
Depuis bien plus longtemps, on s'intéressait à une poudre, la « moumia » – le nom vient du persan –, une substance bitumineuse naturelle noirâtre à laquelle on attribuait de grandes propriétés thérapeutiques. Les rois de Perse avaient l'habitude d'en offrir de petites quantités aux souverains européens, éveillant ainsi la curiosité et des besoins qu'il fallait satisfaire. Au XIIe siècle, un médecin arabe proposa d'utiliser pour la remplacer des résines de conifère ayant servi à embaumer les cadavres et ayant absorbé leurs sucs. Les morts que les Egyptiens avaient préparés pour l'éternité prirent alors le nom de momies et, dès la fin du Moyen Age, des commerçants avisés veillèrent à ce que celles-ci soient réduites en poudre et transportées par bateau d'Alexandrie aux ports européens. François Ier (mort en 1547) aurait toujours porté sur lui un sachet de moumia pour soigner les blessures et, jusqu'au XIXe siècle, tout pharmacien digne de ce nom avait un pot de moumia dans son officine. En 1924, la « Moumia vera Aegyptica » est encore mentionnée dans la liste de la firme pharmaceutique Merck de Darmstadt au prix de douze marks d'or le kilo.
Avec l'expédition de Bonaparte et son équipe scientifique en 1798, l'Egypte devint populaire et l'intérêt porté aux momies en bon état évolua – elles devinrent un souvenir de voyage apprécié qu'on exposait dans des cabinets de curiosités privés, on en faisait aussi don aux musées ou on ôtait leurs bandelettes. Ce « déshabillage » devint même un événement dans la bonne société. Un carte imprimée au nom d'un certain Lord Londesborough invite dans sa demeure londonienne le 10 juin 1850 : « A Mummy from Thebes to be unrolled at half-past Two. » En 1883, le prince prussien Friedrich-Karl amena à Berlin une momie acquise en Egypte et la fit démailloter sur sa table de billard. Des personnes intéressées mais moins aisées, de Hamm, en Allemagne, fondèrent une association et se firent expédier une momie. Théophile Gautier, l'écrivain romantique, décrit ce qu'ont ressenti les âmes sensibles assistant au déshabillage d'une momie : « ... les paupières ... faisaient briller entre leurs lignes d'antimoine des yeux d'émail lustrés des humides lueurs de la vie; on eût dit qu'elles allaient secouer comme un rêve léger un sommeil de trente siècles ... Quelle sensation étrange ! Se trouver en face d'un être humain qui vivait aux époques où l'Histoire bégayait à peine ... »
En comparaison, le rapport de Giovanni Belzoni, un aventurier italien qui fouilla en 1817 les tombes de la Vallée des Rois à la demande du consul anglais Henry Salt, semble beaucoup plus terre à terre. Dans un des caveaux mal éclairés par la lueur des flambeaux, il cherche un endroit où s'asseoir : « Quand mon poids chut sur le corps d'un Egyptien, il l'aplatit comme un carton à chapeau. Evidemment je me servis de mes mains pour soutenir mon poids mais elles ne trouvèrent pas de meilleur appui ; je m'enfonçai ainsi entre les momies brisées dans un pêle-mêle d'os, de chiffons, de caisses de bois, qui firent voler

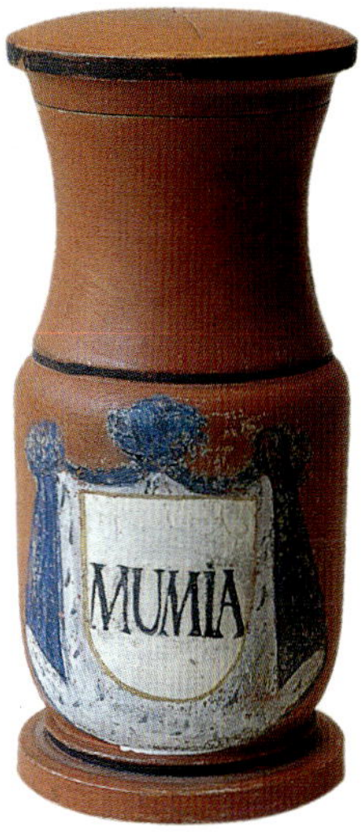

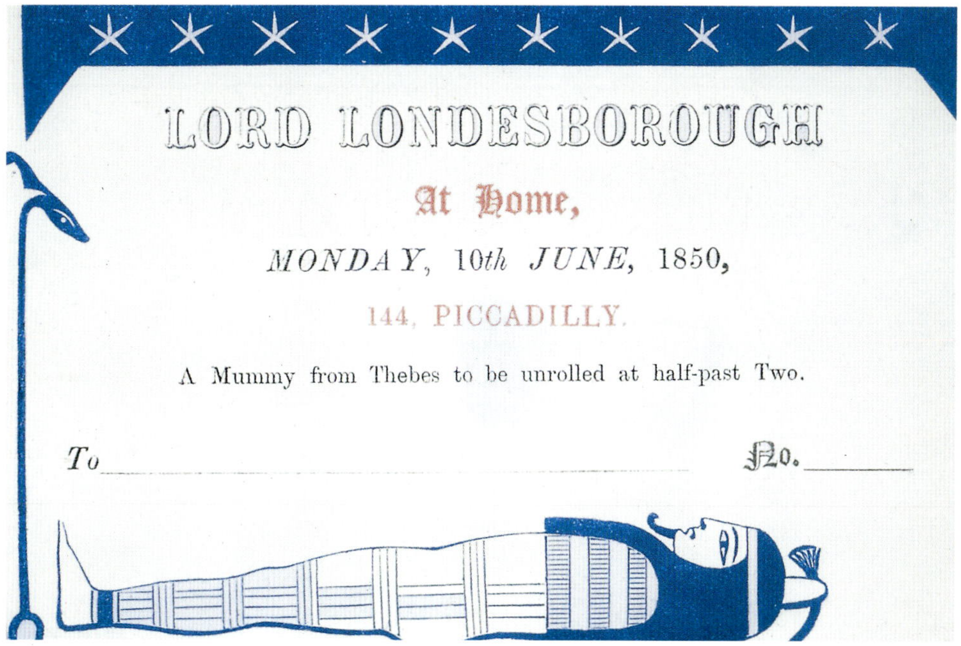

tellement de poussière que je dus rester sans bouger pendant un quart d'heure. »

L'histoire des momies regorge de détails macabres : en 1881, quand les pharaons défunts découverts dans la Cachette royale arrivèrent en bateau au Caire, ils durent passer par la douane, comme tous les produits importés. Leurs listes ne mentionnant pas de momies, les douaniers choisirent la taxe qui leur sembla la plus appropriée, celle sur le poisson séché.

Un événement mondain : une momie sera démaillotée dans la résidence de Lord Londesborough. Ce qui nous frappe est la mention précise de la date et du lieu, si dérisoire si l'on songe au repos millénaire de la momie.

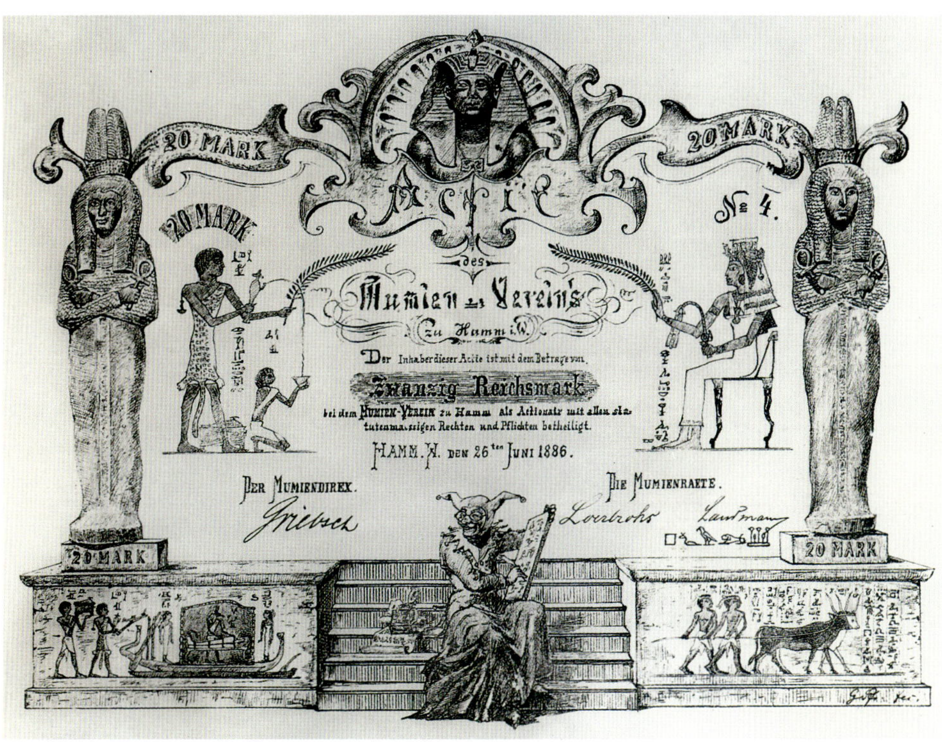

Se procurer des momies intactes était compliqué et onéreux ; ceux qui n'en avaient pas les moyens seuls fondaient une association. C'est du moins ce que firent quelques habitants de Hamm en Allemagne. Le montant de la cotisation s'élevait à 20 marks et, en 1886, la momie put être exposée dans un restaurant et contemplée moyennant un billet d'entrée.

Science et conscience

Une question reste ouverte : la dignité d'un mort, qu'il soit roi ou le plus humble des hommes, est-elle conciliable avec le fait qu'on le montre en public ? Dans la pratique, on décide la plupart du temps suivant les intérêts en jeu. Ceci s'observe très bien au Musée du Caire où les rois célèbres sont exposés depuis la fin du XIXe siècle. Le Président Sadate fit fermer la salle des momies royales, pour lui il était hors de question que les Egyptiens, en hommes ayant reconquis leur identité nationale, exhibent leurs anciens souverains. Mais en 1994, les actes terroristes des intégristes musulmans tarirent pour la première fois le flot des touristes, et quelques momies royales furent à nouveau présentées au public. Les devises avaient eu le dernier mot.
L'accueil que reçut la momie de Ramsès II à Paris en 1976 fut à la mesure de son rang. Salué à l'aéroport comme un chef d'Etat, il fut ensuite « soigné » au Musée de l'Homme par une équipe de cent dix scientifiques soucieux de sa santé. Les vestiges du souverain se dégradaient de plus en plus, et on en détermina l'origine : un champignon, le Daedela Biennis. Après de nombreuses expériences sur de minuscules fragments de tissus physiques et sur d'autres momies, on se décida pour l'irradiation gamma au cobalt 60 qui tuerait le champignon sans agresser la momie. Ramsès resta sept mois à Paris, il fut mesuré, radiographié, découpé en tranches optiques grâce au scanner avant d'être rassemblé en images tridimensionnelles. Cela permit de découvrir une blessure de guerre à l'épaule et un petit os d'animal dans son nez, un support utilisé par les embaumeurs. Sa colonne vertébrale était si déformée qu'il avait fallu briser ses vertèbres cervicales pour placer sa tête correctement dans le cercueil. Les soins achevés, le roi fut enveloppé dans un drap de lin antique offert par le Louvre. Un journaliste écrivit que les médecins avaient fait la même chose que les embaumeurs, conserver le corps afin que l'âme puisse s'unir à lui.

La malédiction des pharaons

Tous ceux qui ont étudié le corps de Ramsès II portaient des masques de protection, les médecins savaient en effet déjà que les champignons proliférant sur les momies sont dangereux pour la santé, surtout chez les personnes faibles des poumons. Est-ce cela la malédiction des pharaons ?
Dans la pensée égyptienne, la malédiction repose sur l'idée que les morts survivent et peuvent intervenir chez les vivants. « Je vais le saisir à la nuque comme s'il était une oie », peut-on lire sur une inscription funéraire. Le défunt menace celui qui veut profaner sa tombe ; il lui tordra le cou et « exterminera ceux qui lui ont survécu, je veillerai à ce que leurs fermes dépérissent ».
Les pilleurs de tombeaux ne prenaient pas garde à ces menaces, mais celles-ci restaient vivaces dans les croyances populaires. Un document du Xe siècle de notre ère, datant donc de la période de souveraineté islamique, raconte ce qui arriva à de jeunes gens entrés dans la pyramide de Khéops : « Ils descendirent dans le couloir glissant où ils virent des chauve-souris semblables à des aigles qui fonçaient vers leurs visages. » Un d'eux, attaché à des cordes, descend dans un puits. Soudain le sol se ferme au-dessus de lui. « Ils s'efforcèrent de le remonter, leurs forces diminuaient … ils entendirent un son à glacer le sang et perdirent connaissance. » Ayant retrouvé leurs esprits, ils quittent la pyramide, et soudain « leur compagnon sortit vivant de la terre devant eux, leur dit quelques mots incompréhensibles avant de s'écrouler, mort. » Un habitant de Haute-Egypte traduisit les mots étrangers : « Ainsi est châtié celui qui aspire à posséder ce qui n'est pas à lui. »
C'est ce qui serait arrivé à Lord Carnarvon qui habitait en Egypte pour des raisons de santé et qui finança la découverte de la tombe de Toutankhamon. Présent lors de son ouverture en 1923, il mourut quatre mois plus tard. Et ce n'est pas tout : un cobra dévora son canari le jour où la tombe fut ouverte, et les lumières s'éteignirent au Caire quand il trépassa. Il n'est pas rare que les serpents mangent les animaux domestiques en Egypte, ni d'ailleurs que les centrales électriques tombent en panne, mais le souvenir de la « malédiction des pharaons » eut vite fait de teinter ces événements fortuits. Cet héritage bien particulier de l'Egypte antique survit dans les livres et les films destinés aux amateurs de sensations fortes.

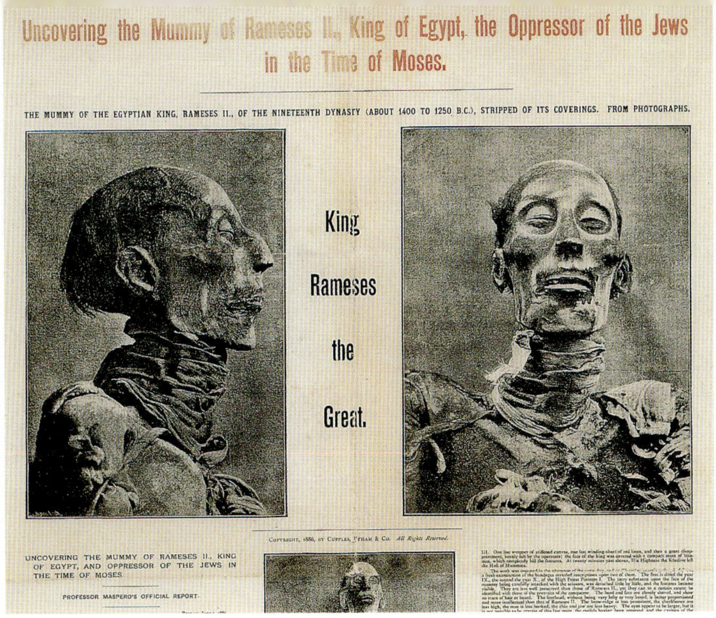

Uncovering the Mummy of Rameses II., King of Egypt, the Oppressor of the Jews in the Time of Moses.

THE MUMMY OF THE EGYPTIAN KING, RAMESES II., OF THE NINETEENTH DYNASTY (ABOUT 1400 TO 1250 B.C.), STRIPPED OF ITS COVERINGS. FROM PHOTOGRAPHS.

King Rameses the Great.

Copyright, 1886, by Cupples, Upham & Co. All Rights Reserved.

UNCOVERING THE MUMMY OF RAMESES II., KING OF EGYPT, AND OPPRESSOR OF THE JEWS IN THE TIME OF MOSES.

PROFESSOR MASPERO'S OFFICIAL REPORT.

Plusieurs momies royales, dont celle de Ramsès II, furent découvertes en 1881 dans la Cachette de Deir el Bahari et transportées au Caire. On a dit que Ramsès II aurait été le pharaon qui a opprimé le peuple d'Israël au temps de Moïse, mais ce n'est que pure spéculation. En 1887, une librairie de Boston accrédita la légende pour les besoins de la publicité.

Aucune momie égyptienne n'aura été analysée aussi minutieusement, radiographiée et photographiée sous tous ses angles que celle de Ramsès le Grand. De plus en plus détériorée, elle fut transportée en 1976 à Paris, où des scientifiques identifièrent et détruisirent le champignon responsable de sa dégradation. A côté des blessures, des maladies osseuses et dentaires du roi, ils découvrirent qu'un petit os avait été placé dans son nez par les embaumeurs et que ses cheveux blancs, roux à l'origine, avaient été teints au henné.

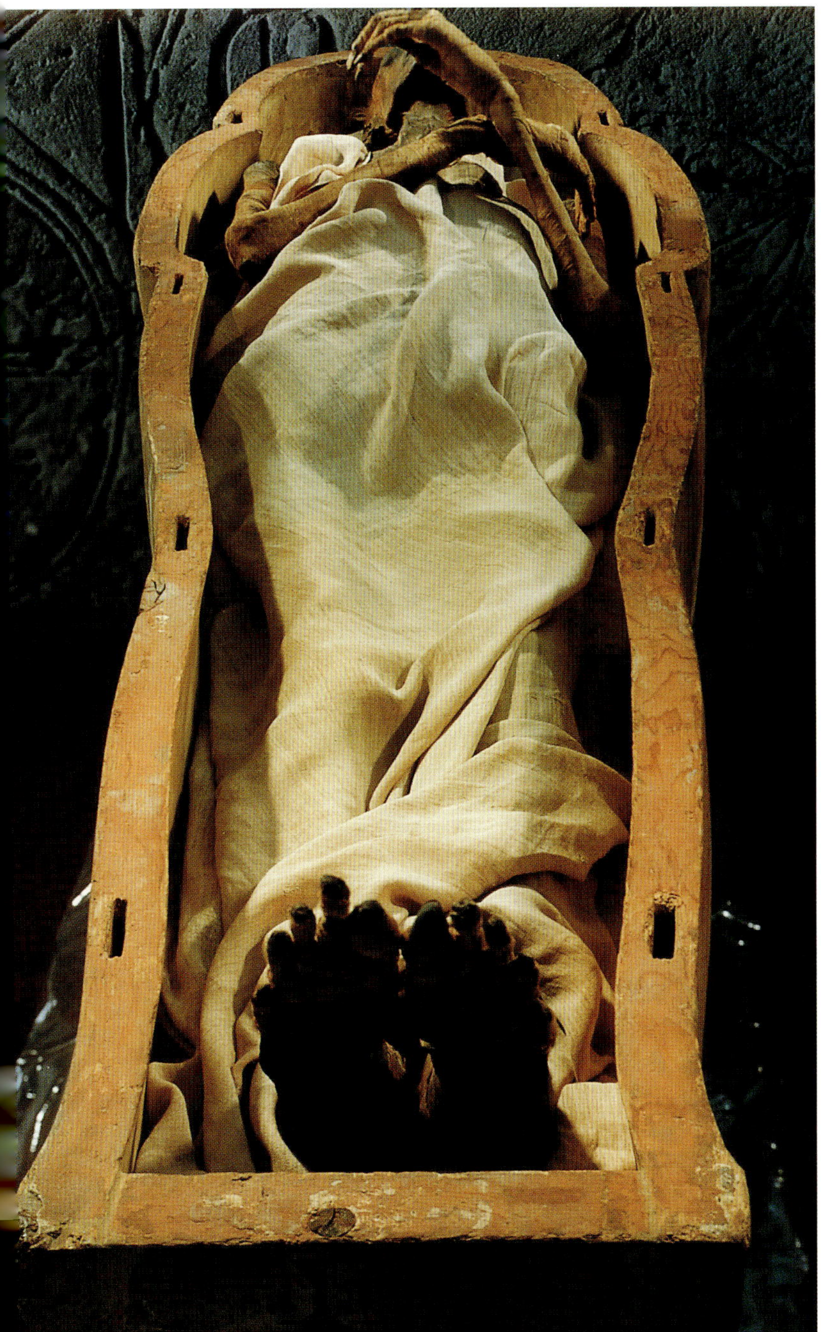

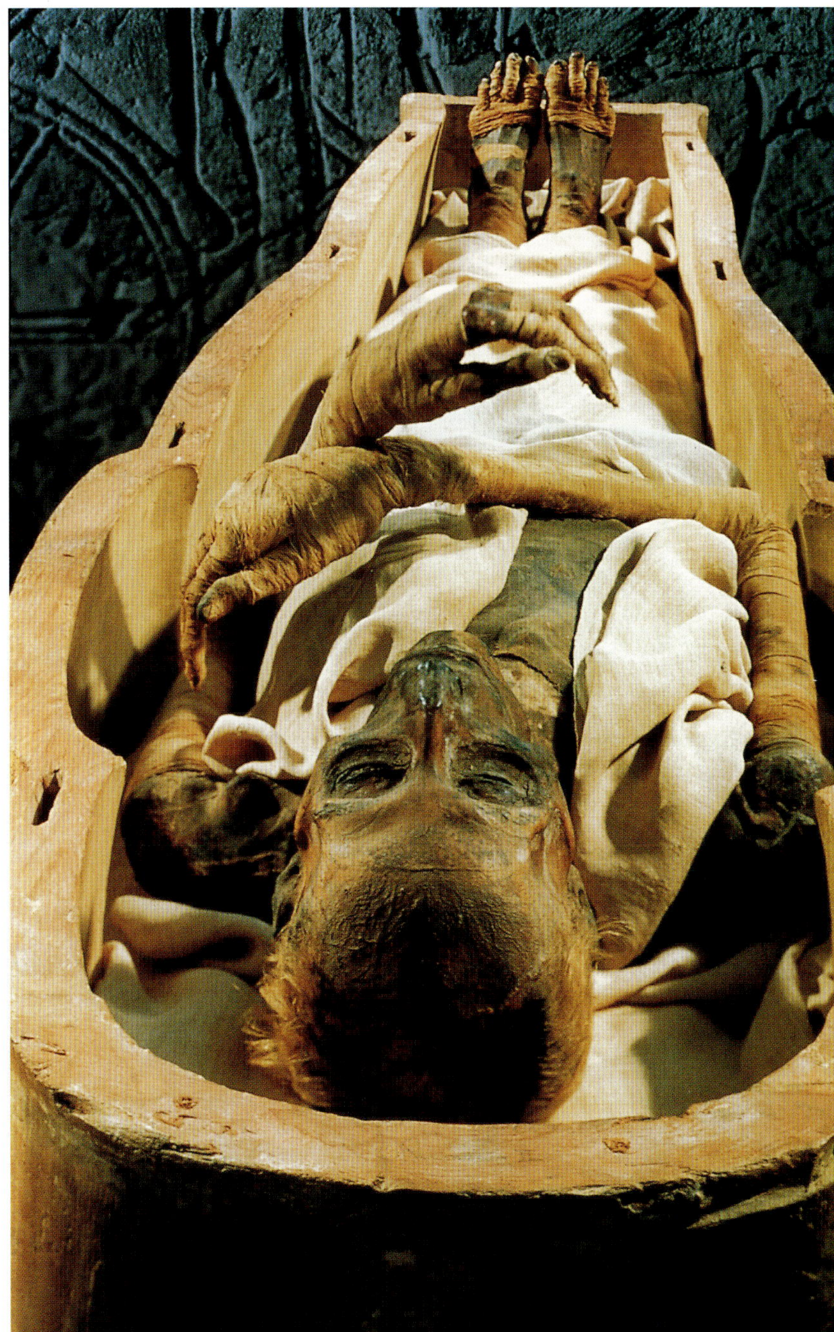

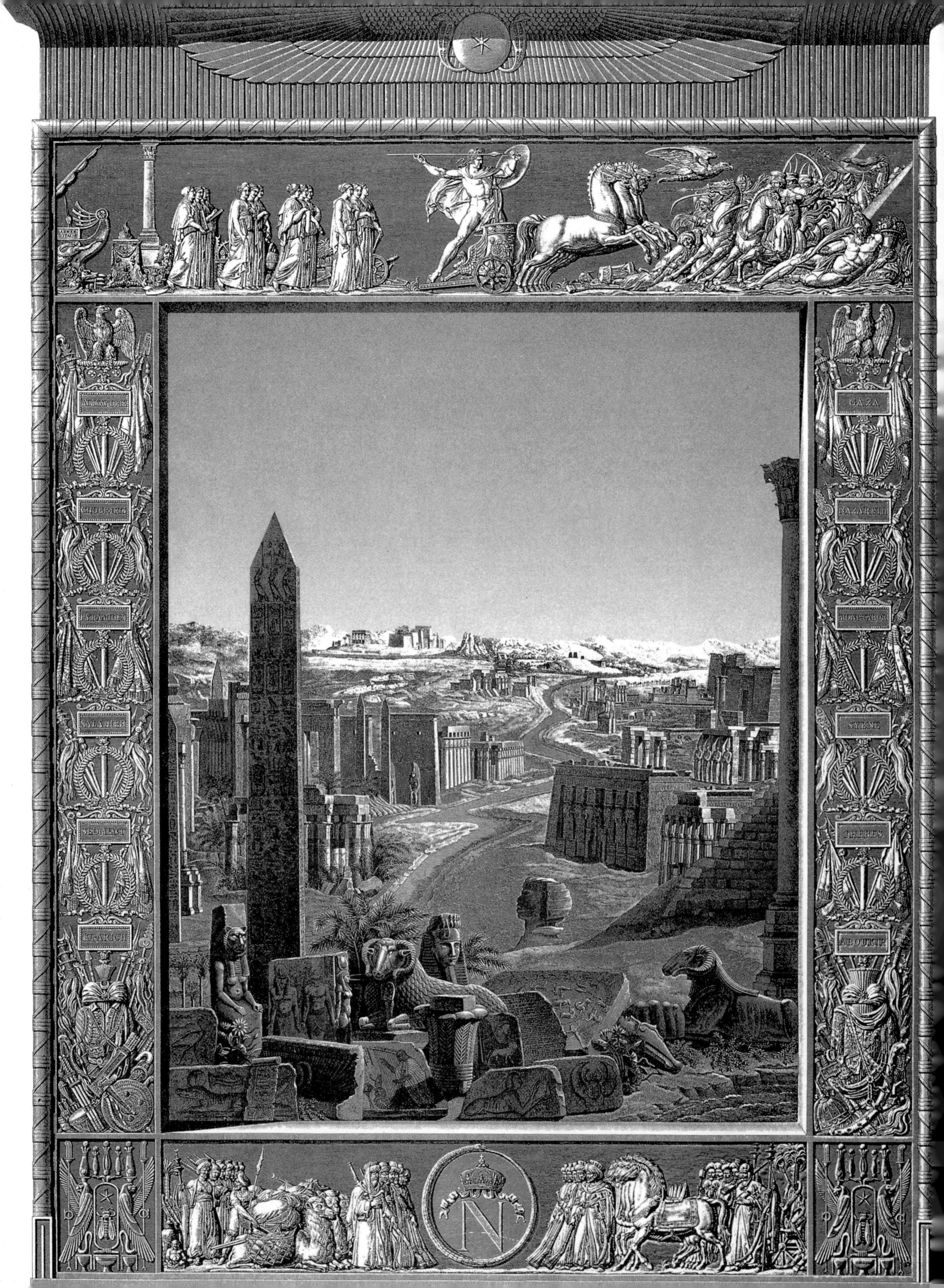
ALEXANDRIE
CHOBRAKIS
PYRAMIDES
SALAHIEH
SEDIMENT
EL-ARICH
GAZA
NAZARETH
MONT-TABOR
SYENE
THEBES
ABOUKIR
N

La carte de l'Egypte, dans un cadre indiquant la perspective européenne. En bas, au centre, le « N » napoléonien sous la couronne impériale. Cette gravure ouvre la « Description de l'Egypte », le premier ouvrage à présenter les monuments, la population et le paysage égyptiens de manière scientifique. Les vingt volumes parurent de 1809 à 1828, résultat heureux d'une expédition militaire qui se solda par un échec.

L'Egypte et l'Occident

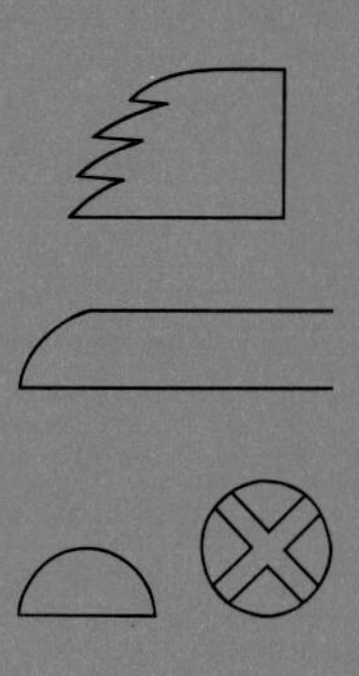

Kemet = la terre noire, l'Egypte

L'incendie de la bibliothèque d'Alexandrie aurait détruit 700.000 documents se rapportant à la civilisation pharaonique ; s'y trouvait entre autres le seul exemplaire complet de la liste des rois rédigée par le prêtre Manétho.
On considère que cette catastrophe a mis un terme à la tradition antique égyptienne, même si on ignore sa date exacte. En 48 avant notre ère, quand César fit incendier la flotte égyptienne et les arsenaux, ce qui aurait communiqué le feu au célèbre temple-bibliothèque ? En 391, quand l'empereur romain Théodose Ier voulant imposer le christianisme comme religion officielle fit piller les temples « païens » ? Selon une troisième version, les manuscrits – ou ce qu'il en restait – furent brûlés au VIIe siècle sur ordre du calife Omar.
Peut-être la bibliothèque fut-elle trois fois la proie des flammes, les manuscrits sont un matériau si combustible qu'on peut l'imaginer sans peine. Mais rien n'interdit de penser non plus que cet incendie fut plus fictif que réel, les générations suivantes ne voulant s'imaginer la fin d'une grande et mystérieuse tradition que de manière spectaculaire et non pas comme une évolution qui aurait traîné pendant des siècles.
En fait, les idées religieuses des anciens Egyptiens étaient en train de mourir et l'expansion agressive du christianisme, puis celle de l'islam accélérèrent ce processus. Dans l'ancienne Egypte, la vie spirituelle était liée au temple, si le clergé n'était plus légitimé par Pharaon ou soutenu par les souverains locaux et la population, sa base matérielle disparaissait. Les prêtres se firent de plus en plus rares et la connaissance des hiéroglyphes et des autres écritures égyptiennes s'éteignit avec eux. C'est le déclin de la religion, et non les flammes, qui a causé la fin de cet univers.

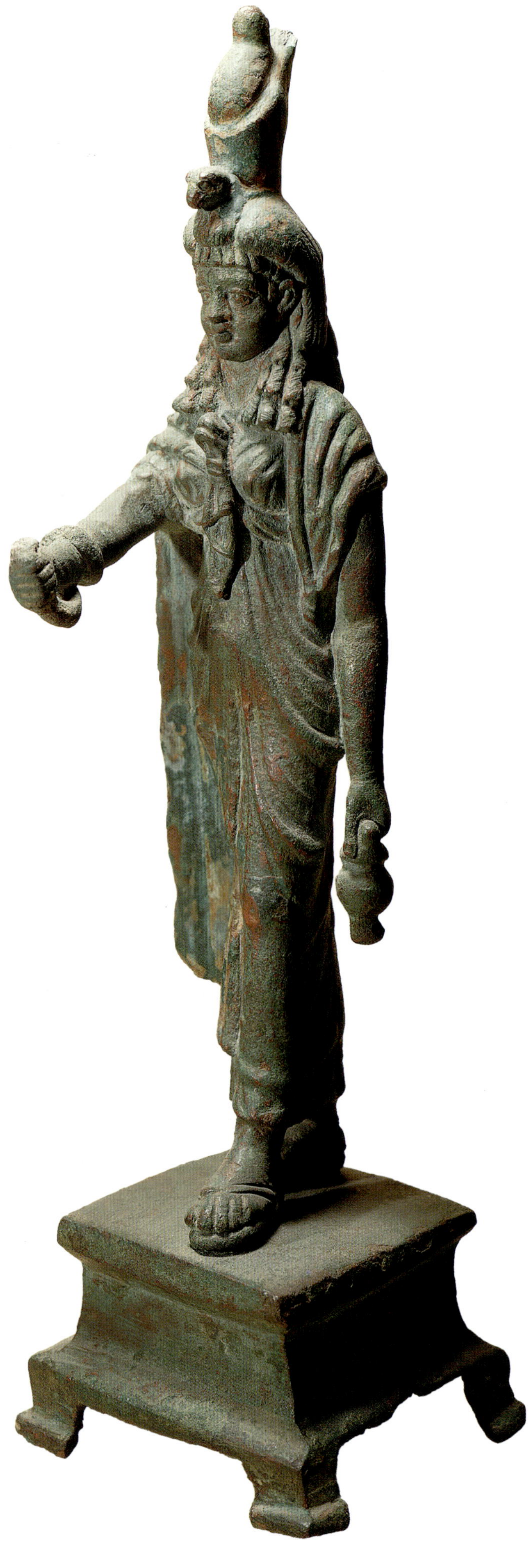

Après la mort de Cléopâtre, l'Egypte devint une province romaine. L'ancienne religion d'Etat perdit sa fonction et les dieux disparurent avec leurs prêtres. Une des rares exceptions est Isis dont le culte se répandit dans tout le bassin méditerranéen. Cette statuette créée vers 150 apr. J.-C. tient dans la main gauche une cruche contenant l'eau sacrée du Nil. Chaque semaine, un bateau aurait transporté de l'eau du Nil d'Alexandrie à Rome.

Les obélisques pouvaient atteindre une trentaine de mètres de hauteur, ce qui n'empêcha pas d'en faire transporter plusieurs en Europe au cours des siècles. Rayon du dieu solaire pour les Egyptiens, l'obélisque fut récupéré à Rome par l'Eglise chrétienne et coiffé d'une croix.
Eau-forte de Piranèse, 1759

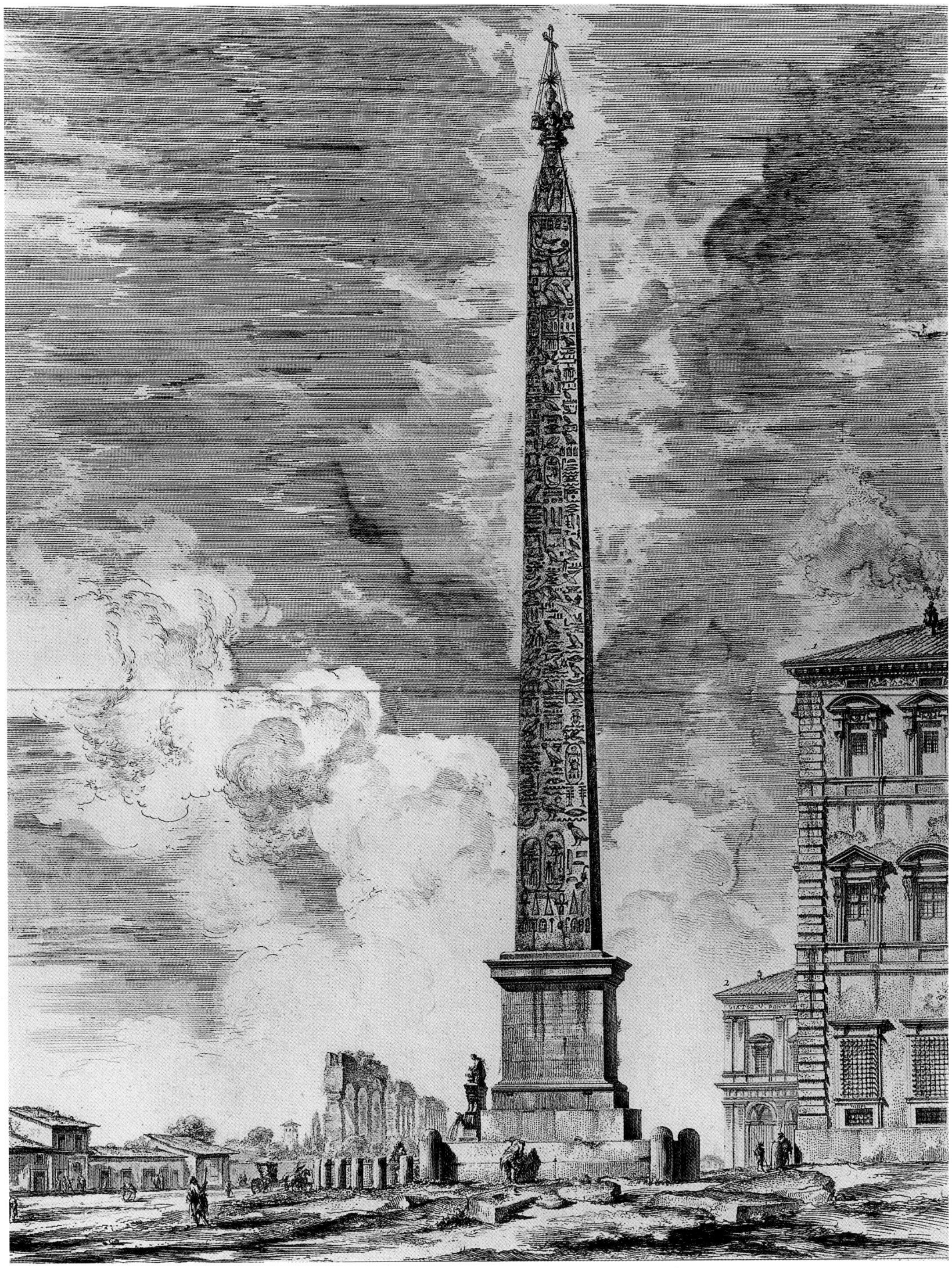

Un héritage mystérieux

En Italie, et à Rome en particulier, le culte d'Isis originaire d'Egypte resta longtemps populaire et les monuments égyptiens continuèrent à fasciner les voyageurs. Les souverains furent inhumés sous des pyramides et l'empereur Auguste fit transporter le premier obélisque à Rome en l'an 10 avant notre ère, il se trouve aujourd'hui sur la Piazza del Popolo. Un autre se dresse devant Saint-Pierre et la croix qui orne son sommet signale de loin que le christianisme domine toutes les autres religions, même si on peut l'interpréter autrement, car l'enseignement chrétien s'appuie sur la sagesse égyptienne : de nombreuses images et histoires bibliques sont originaires du Nil. Les Egyptiens pensaient que Dieu a formé l'homme avec de la glaise, conception que l'on retrouve dans l'Ancien Testament, l'enfer chrétien ressemble au monde d'en-bas égyptien avec les périls et les châtiments qui guettent les défunts, les pharaons sont montés au ciel avant le Christ. Le principe de la Résurrection était bien connu des Egyptiens grâce à l'exemple d'Osiris dépecé, dont les morceaux étaient rassemblés par Isis, la Grande Mère, à l'instar de Marie vénérée par les catholiques. Les similarités dans la conception de Dieu sont frappantes : le Christ agneau pascal, la colombe du Saint-Esprit correspondent à la tradition égyptienne selon laquelle les dieux apparaissent sous forme animale, quant à la Sainte-Trinité – le

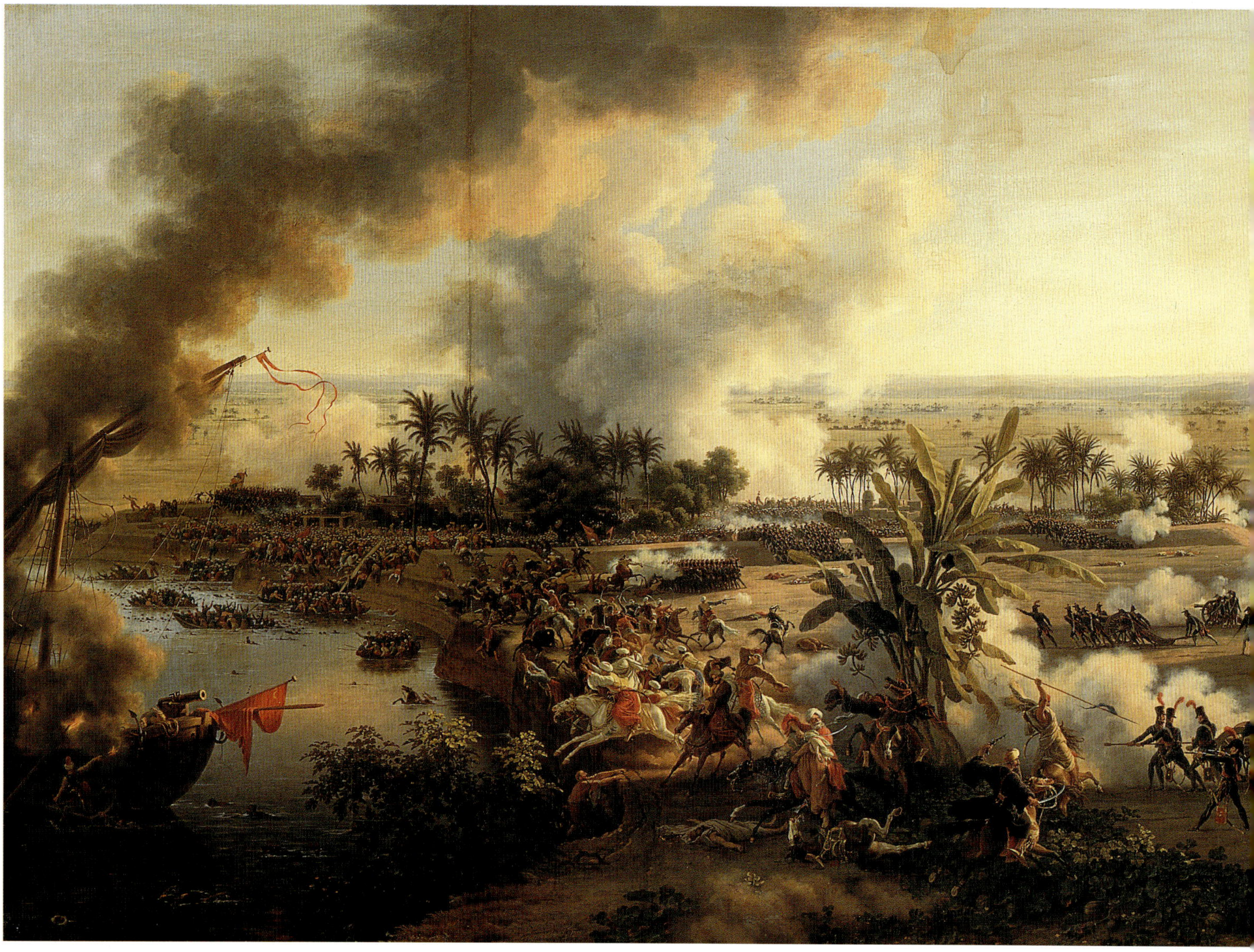

Père, le Fils et le Saint-Esprit – elle est tout simplement typiquement égyptienne – les divinités se manifestent sous différentes formes, sont contenues l'une dans l'autre et se regroupent avec prédilection en triades.
Les Egyptiens racontaient aussi déjà des histoires qui nous semblent inséparables de la Nativité biblique, par exemple celle de la déesse Isis enceinte qui cherche une auberge, est rejetée par plusieurs grandes dames et met son enfant au monde dans la pauvre hutte d'une « fille du marécage ». Ou bien celle de Khéops qui, comme le roi Hérode, veut faire tuer trois jeunes garçons parce qu'une prédiction a annoncé qu'ils régneraient. En ce qui concerne les symboles visuels, la croix copte, celle des chrétiens égyptiens, est directement issue de la croix ansée, la clé de vie des Egyptiens.
On pourrait poursuivre indéfiniment sur cette lancée. Si ces exemples ne remettent pas en question la substance de l'enseignement chrétien, ils ébranlent la conception des Eglises selon laquelle tous les textes bibliques auraient pour ainsi dire été dictés par Dieu lui-même. Les historiens des religions savent depuis longtemps que ces textes sont emplis de la pensée égyptienne et, sans que les croyants en aient conscience, des idées héritées de la civilisation pharaonique y restent vivaces.
Les Egyptiens ont aussi inventé le calendrier, divisé la journée en vingt-quatre heures et l'année en 365 jours, ils ont résolu certains problèmes mathématiques, rédigé des listes de maladies avec les thérapies adaptées. Leurs connaissances ont été transmises et ont évolué par l'intermédiaire des Grecs et des Romains. Mais leur idéal d'équité et de rectitude, exemplaire sur le plan de la vie sociale, est au moins aussi important. Maât symbolise la justice à laquelle tous les hommes – et les rois en particulier – sont soumis, elle enseigne que la justice doit être exercée indépendamment du pouvoir. En Europe, la déesse continua d'exister sous les traits de Justitia. Dans les démocraties occidentales la justice est devenue, à côté du gouvernement et du parlement, la troisième puissance indépendante au sein de l'Etat – les Egyptiens nous ont montré la voie. Un autre héritage de l'Egypte pharaonique est l'alchimie, qui vise entre autres à fabriquer un élixir d'immortalité, ce souhait dissimulant la conception égyptienne de la préservation du corps défunt, qui sera réanimé par l'âme dans l'au-delà. Plusieurs symboles

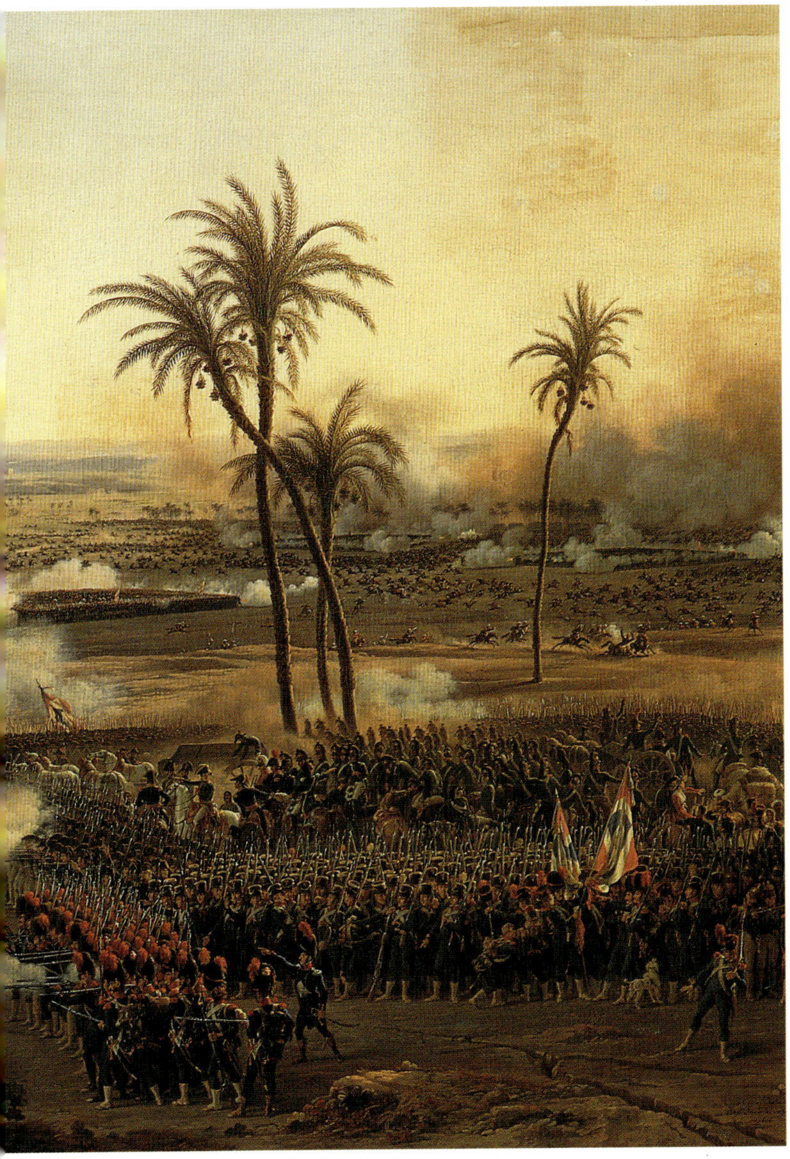

Le 21 juillet 1798, Bonaparte, bien visible sur son cheval blanc, conduit les troupes françaises contre la cavalerie mamelouke. Le Français Louis-François Lejeune, officier et peintre, était présent et a glorifié la rencontre dans une scène de bataille monumentale. Les Français gagnèrent quelques batailles dont celle des Pyramides, mais le sort de l'expédition tourna quand les Anglais incendièrent leur flotte.
1806, huile sur toile, 180 x 258 cm, château de Versailles

alchimiques sont aussi égyptiens : le serpent ouroboros qui se mord la queue symbolise l'éternité, l'oiseau phœnix qui renaît toujours de ses cendres, la résurrection. Alexandrie était considérée comme le berceau de l'alchimie, son père étant le dieu grec Hermès Trismégiste identifié à Thot, dieu égyptien de la Sagesse et de l'Ecriture, celui qui guide les âmes dans le monde d'en-bas. La chimie telle que nous la connaissons s'est développée à partir des expériences et des techniques des alchimistes, son nom évoque d'ailleurs encore son origine : « Kemy » signifie en vieil égyptien « Terre noire », « Kemet » c'est le limon noir des champs du Nil et le nom que ses habitants ont donné à l'Egypte.

Napoléon, Denon et les autres

Pendant des siècles et des siècles, les connaissances des Européens sur l'Egypte se résumèrent à ce qu'ils en lisaient dans la Bible : l'histoire de Joseph, le gestionnaire rigoureux qui réussit à triompher des années noires dues aux mauvaises récoltes, ou celle de Moïse, qui guida le peuple d'Israël hors d'Egypte, ou celle encore de la Sainte-Famille poursuivie par les troupes d'Hérode et fuyant en Egypte.
L'intérêt des chercheurs pour cette civilisation lointaine ne s'éveilla qu'à la Renaissance, suscitant au XVIIIe siècle un engouement dans les couches sociales cultivées. Il atteint son apogée quand le général Bonaparte débarqua à Alexandrie le 1er juillet 1798, à la tête de trente-cinq mille hommes pour mettre fin à la suprématie anglaise au Proche-Orient. Sur ce plan, l'expédition fut un échec lamentable, mais Napoléon avait aussi amené avec lui plus de cent dessinateurs, techniciens, géographes et architectes âgés en moyenne de vingt-cinq ans. Leur mission consistait à aider à organiser des colonies françaises et aussi à étudier dans la mesure de leurs moyens le pays et ses monuments. Sous la protection des soldats, ils mesurèrent les pyramides, les temples, les obélisques et les dessinèrent. L'un d'eux, le baron Vivant Denon, publia en 1802 un compte rendu de voyage qui fut réédité quarante fois, traduit en anglais et en allemand ; il est un des pionniers de cette science que nous appelons l'égyptologie. Après que Napoléon lui eût confié la direction des arts, monnaies et médailles des musées nationaux, Denon fonda le Musée Napoléon, le Louvre actuel dont une aile porte son nom.
L'expédition généra aussi un ouvrage collectif en vingt volumes, la « Description de l'Egypte », dont l'ampleur et l'exactitude sont absolument uniques pour cette époque, et qui présente et décrit aussi bien les habitants, la flore, la faune et les paysages que les monuments antiques. Le fait que les dessinateurs aient à l'occasion « restauré » un temple sur le papier, le montrant dans son état originel supposé, ou qu'ils aient inventé un pont sur le Nil ne porte pas préjudice à la valeur scientifique de l'œuvre. Publiée de 1809 à 1828, elle est restée une source de premier ordre surtout en ce qui concerne les monuments détruits depuis.

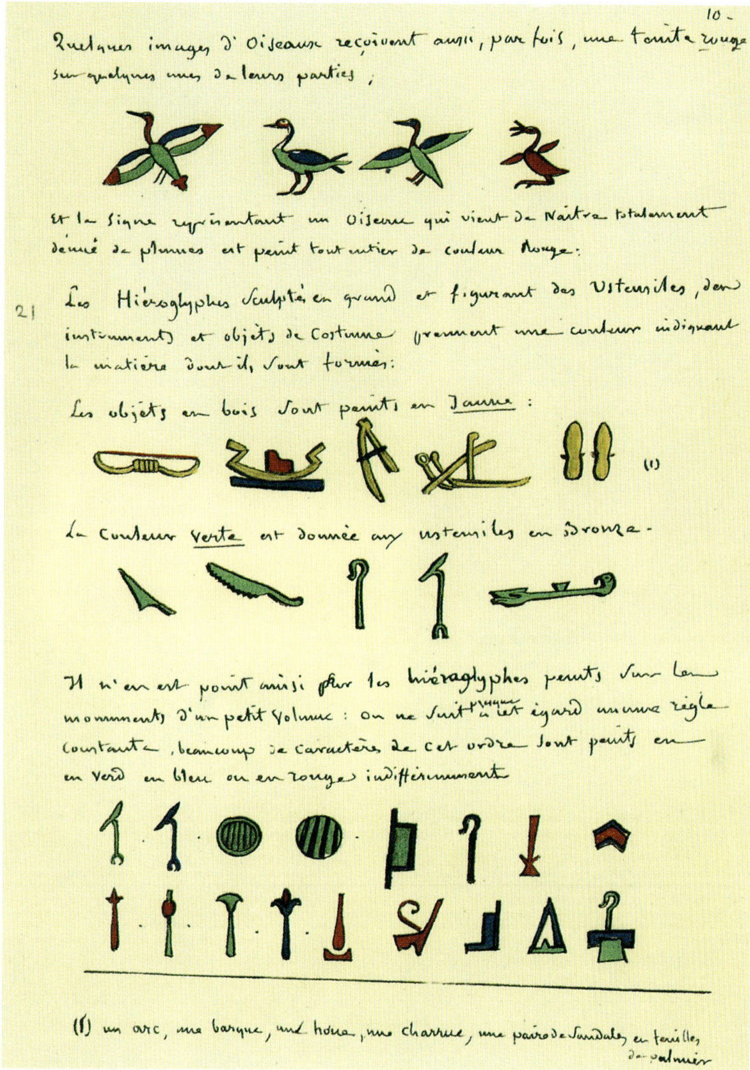

10.

Quelques images d'Oiseaux reçoivent aussi, parfois, une teinte rouge sur quelques unes de leurs parties;

et le signe représentant un Oiseau qui vient de naître totalement dénué de plumes est peint tout entier de couleur rouge.

21 Les Hiéroglyphes sculptés en grand et figurant des ustensiles, des instruments et objets de costume prennent une couleur indiquant la matière dont ils sont formés:

Les objets en bois sont peints en Jaune: (1)

La couleur verte est donnée aux ustensiles en bronze.

Il n'en est point ainsi pour les hiéroglyphes peints sur les monuments d'un petit volume: on ne suit presque à cet égard aucune règle constante, beaucoup de caractères de cet ordre sont peints en en vert en bleu ou en rouge indifféremment

(1) un arc, une barque, une houe, une charrue, une paire de sandales en feuilles de palmier

Jean-François Champollion réussit à déchiffrer les inscriptions égyptiennes; dans sa *Grammaire*, il mentionne aussi les couleurs utilisées pour tracer des textes sur les sarcophages ou les murs des tombeaux et des temples, par exemple le jaune pour les objets en bois et le vert pour le bronze.

La pierre de Rosette

La découverte la plus importante des troupes napoléoniennes en Egypte fut une dalle de granit contenant trois inscriptions superposées, la première en hiéroglyphes, la seconde en langue démotique et la dernière en grec. En 1779, des soldats l'avait trouvée en exécutant des travaux de fortification à Rosette, près de l'embouchure du bras occidental du Nil. Le texte grec s'avéra être un décret des prêtres en hommage à un roi. Les érudits français espéraient que les autres textes auraient le même contenu, ce qui leur permettrait de déchiffrer les deux écritures égyptiennes. Mais les troupes françaises furent défaites et ils durent quitter l'Egypte, et abandonner tous les objets trouvés, dont la pierre de Rosette, aux Anglais qui exigeaient aussi la remise de toutes les notes prises et des copies des inscriptions qu'ils avaient eu la sagesse de faire. Les Français menacèrent alors de brûler les résultats de leurs travaux, leurs dessins, leurs copies, leurs notices, et leur porte-parole dressa aux vainqueurs un tableau dramatique: « Songez à la mémoire de l'Histoire ! », dit-il, « Vous aussi vous brûleriez une bibliothèque d'Alexandrie ! » Les Français furent autorisés à garder leurs notes, mais il fallut attendre plus de vingt ans avant que l'alphabet égyptien soit reconstitué grâce à la pierre de Rosette. Ils furent nombreux à tenter de déchiffrer les inscriptions, mais ce fut un Français, au demeurant âgé de neuf ans quand on trouva la pierre, qui fit les découvertes décisives. Jean-François Champollion, véritable génie sur le plan linguistique, maîtrisait à douze ans les bases de l'hébreu et de l'arabe, étudia à Grenoble le copte et l'histoire ancienne et fut nommé professeur à dix-huit ans. En 1822, dans une lettre devenue célèbre, Champollion présente les premiers résultats de son travail avec la pierre de Rosette, et cette année-là marque le point de départ de l'égyptologie en tant que discipline scientifique.

Les spécialistes ne furent par les seuls à saluer avec ferveur les découvertes de Champollion. Un public de plus en plus vaste, surtout en France, s'intéressait à l'Egypte, à l'Orient, peut-être parce que les évolutions économiques révolutionnaires, l'industrialisation et le prolétariat urbain éveillaient une nostalgie de repos teinté d'exotisme – qu'il serait doux d'être allongé sur des coussins moelleux dans les bras de femmes attentionnées par exemple, ou de contempler des temples archaïques évoquant l'ordre, la sagesse et l'éternité. En France, la gloire de l'Egypte se mêlait à celle de Napoléon, et c'est justement cette expédition, catastrophique sur le plan militaire, qui dota le général Bonaparte, futur empereur, d'une auréole dont ne fut paré aucun autre militaire ou politicien de son temps. Vivant Denon, écrivain et directeur de musée, a largement collaboré à cette glorification. En pensée, Napoléon était associé aux Pyramides et vice versa. D'innombrables fauteuils, lits de repos, assiettes, tasses, bijoux furent dessinés dans le style Empire aux réminiscences égyptiennes. On vit des mausolées en forme de pyramides, des vêtements décorés d'après des modèles égyptiens et des peintures représentant des scènes égyptiennes, s'inspirant souvent des motifs de l'inépuisable « Description de l'Egypte ».

Un tourisme d'un genre nouveau vit le jour. De jeunes aristocrates et fils de riches bourgeois complétaient leur voyage éducatif en Europe en faisant un crochet sur le Nil. En 1842, un groupe de voyageurs prussiens se fit peindre, pavillon déployé, au sommet de la pyramide de Khéops. L'impératrice Eugénie vint en 1869 assister à l'inauguration du canal de Suez et à la première de l'« Aïda » de Verdi, d'anciennes photographies montrent des fellahs hissant les Européens en haut des Pyramides. Et tous, ils ramenaient chez eux des souvenirs acquis de manière plus ou moins légale.

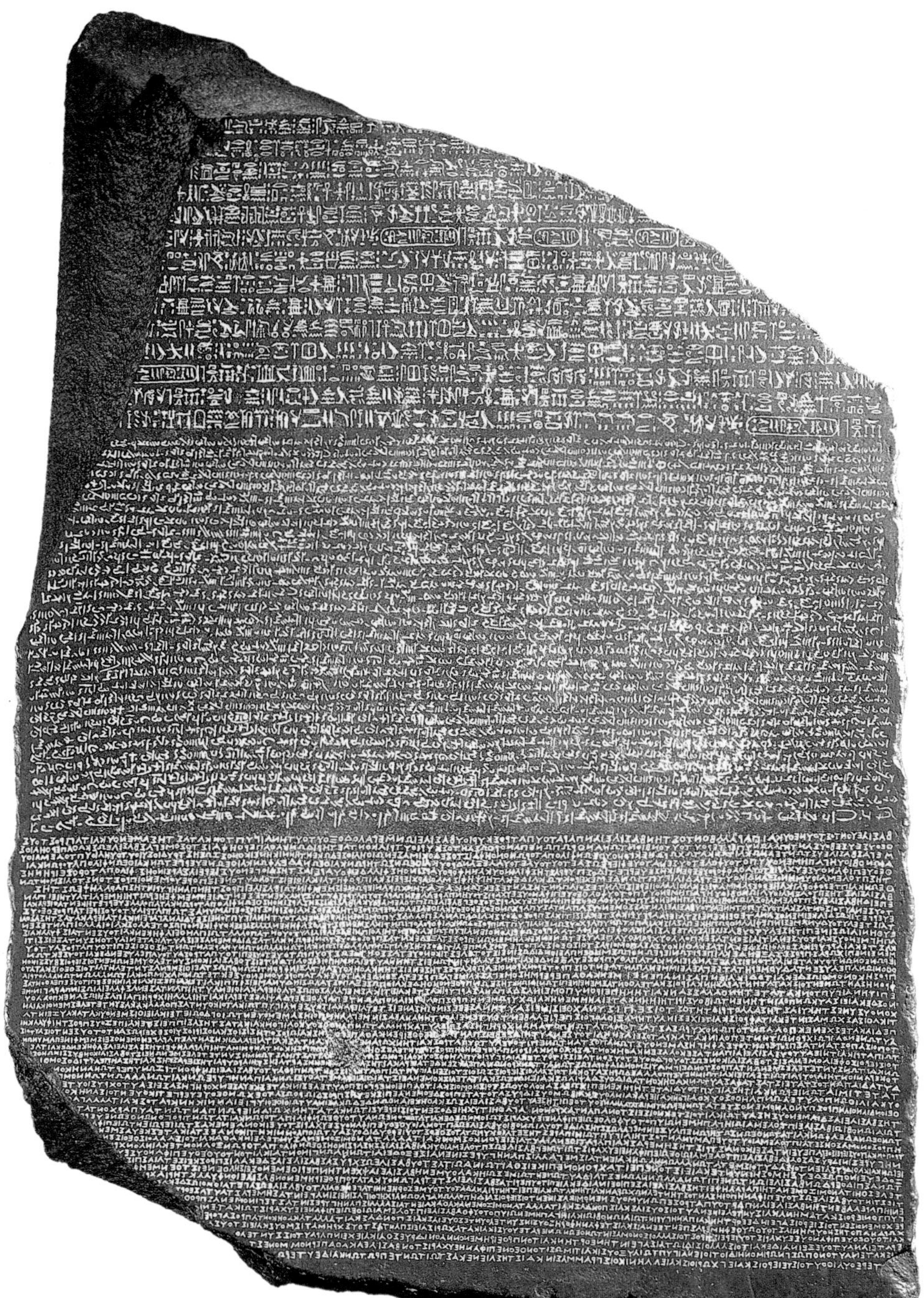

En 1799, des officiers français découvrirent à proximité de Rosette une stèle portant trois inscriptions: une en grec et deux en hiéroglyphes. Les Anglais victorieux confisquèrent la pierre, mais les Français en avaient fait une copie sur laquelle Champollion travailla, partant du principe que les textes avaient le même contenu et en s'appuyant sur la version grecque.
Londres, British Museum

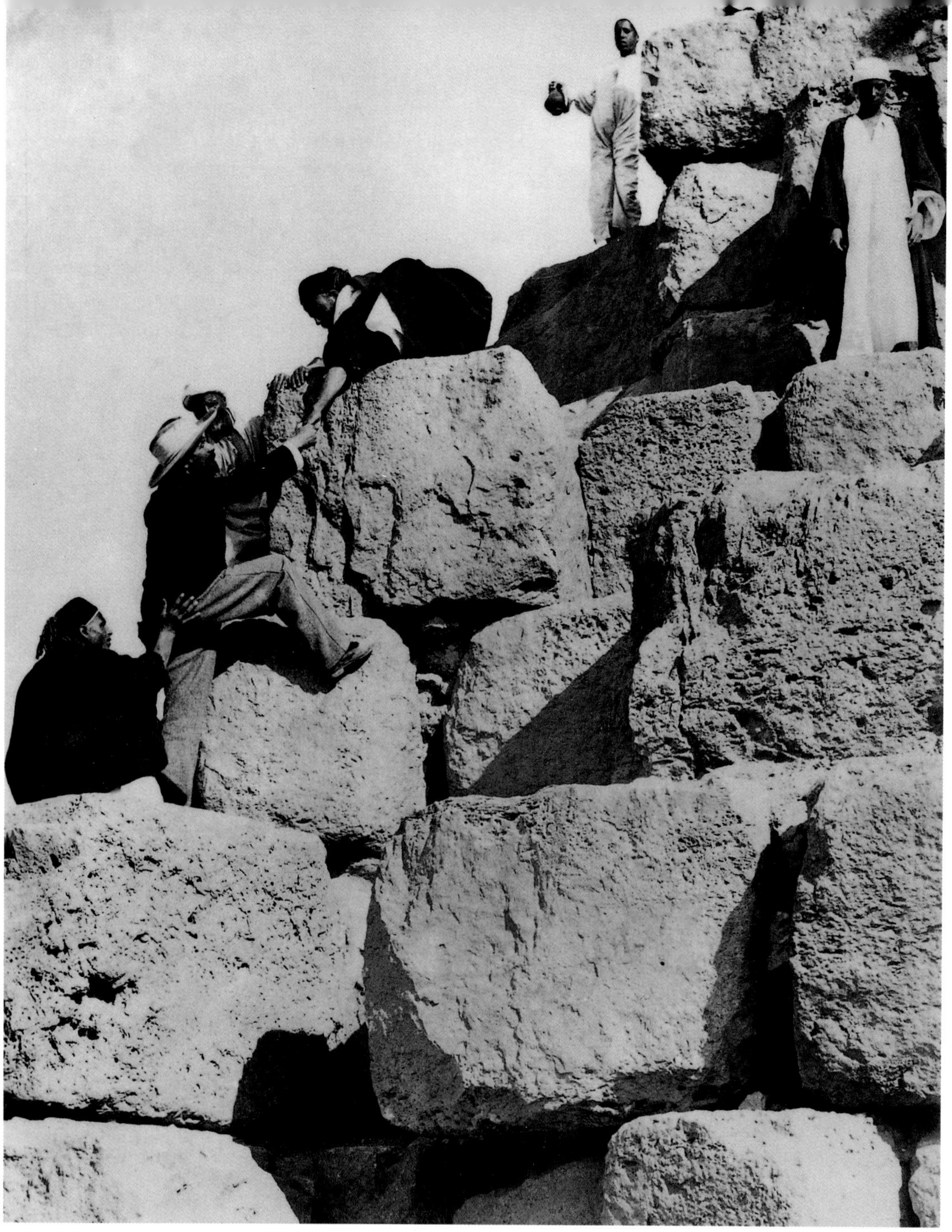

Au XIXe siècle, l'Egypte devint la destination favorite des jeunes aristocrates européens. Il n'était pas encore interdit de grimper sur les Pyramides et les habitants n'hésitaient pas à prêter main-forte. *Photographie de Henri Béchard, vers 1880*

L'Europe prend

C'est en particulier à deux «consuls», Bernardino Drovetti et Henry Salt, que les voyageurs cultivés du XIXe siècle devaient d'avoir déjà pu se familiariser en Europe avec des témoignages de la culture égyptienne. Drovetti s'était d'abord rendu en Egypte comme officier de Napoléon, l'Anglais Salt avait accompagné des touristes aisés. Protégés par l'immunité diplomatique, favorisés par le manque d'intérêt du gouverneur turc, ils cherchaient avec l'aide d'agents sans scrupules des sarcophages, des statues, des papyrus, des fragments de peintures murales issus des temples et des tombeaux. Le matériel était conservé dans l'enceinte du consulat et vendu au musée le plus offrant ; les grandes collections de Londres, Paris, Berlin et Turin sont fondées sur ce que ces deux hommes envoyèrent par bateau en Europe. Des milliers d'œuvres de la civilisation pharaonique, des pièces parfois monumentales quittèrent ainsi le pays, processus souvent stimulé par la cupidité de bien des participants. S'agit-il d'un crime envers l'Egypte, un vol de portée internationale ? On peut argumenter, au contraire, que ces trésors furent mieux préservés dans les musées européens, où ils reçurent un traitement adapté, qu'en Egypte où la population n'aurait que trop souvent utilisé ces œuvres inestimables pour construire ou les auraient vendues à des étrangers après les avoir réduites en fragments maniables. Et de fait, c'est un Européen, le Français Auguste Mariette qui veilla, à la demande du vice-roi turc, à ce que des pièces importantes restent en Egypte. Nommé directeur des antiquités à Boulaq en 1858, il créa ce qui deviendra le grand Musée Egyptien du Caire.

L'Europe donne

Si les Européens s'étaient servis copieusement au XIXe siècle dans la salle aux trésors de l'Egypte, ils remboursèrent leur dette au XXe siècle : jamais un tel enjeu scientifique et financier ne fut mis en place pour aider un pays à étudier et préserver son passé. Il est certain que cette aide n'était pas désintéressée, car les racines de la civilisation européenne mènent aux pharaons, mais ce sont les Egyptiens qui en profitent directement. Et la conscience que l'Etat moderne a de lui-même repose en grande partie sur le patrimoine mis en lumière par des étrangers et protégé par la communauté internationale.

C'est à deux Anglais que le monde doit la découverte la plus exceptionnelle du XXe siècle – la tombe de Toutankhamon. L'un d'eux, Howard Carter, était un peintre désargenté qui se fit engager à dix-sept ans en Egypte pour copier des images et des inscriptions pour les touristes, mais l'idée que la Vallée des Rois recelait encore des tombeaux intacts ne cessait de l'obséder. Au départ, un Américain finança ses fouilles, remplacé à partir de 1912 par Lord Carnarvon. A vrai dire, celui-ci était plutôt un passionné de voitures et de chevaux, mais suite à un accident, les médecins lui avaient conseillé un climat chaud et sec, et c'est ainsi qu'il partit en Egypte. Carter fouilla pendant dix ans pour Carnarvon et la chance lui sourit enfin le 4 novembre 1922. Il raconte que se rendant sur le chantier des fouilles il ne trouva aucun des ouvriers égyptiens au travail. Ils attendaient sa venue et lui montrèrent solennellement une marche d'escalier qu'ils avaient mise au jour. Carter fit dégager les autres marches taillées dans le roc et qui conduisaient à une porte murée. Celle-ci montrait les traces d'une destruction ancienne mais avait été refermée avec du limon du Nil et un sceau de la XVIIIe dynastie, apposé 3500 ans auparavant. Jusque-là, les archéologues n'avaient jamais trouvé de caveau scellé aussi ancien dans la vallée, les pilleurs de tombes les ayant toujours précédés. Derrière la porte de pierre, ils trouvèrent un couloir rempli de gravats que Carter fit déblayer, découvrant ainsi une seconde porte scellée où il fit percer une ouverture et y passa la tête en s'éclairant d'une bougie tenue à bout de bras : « … Puis mes yeux s'accoutumant à l'obscurité, je vis émerger de la pénombre d'étranges animaux, des statues et de l'or. Partout resplendissait le scintillement de l'or. » Il s'agissait d'une antichambre où s'entassaient les offrandes funéraires qui devaient faciliter la vie du roi dans l'au-delà : des lits, des chaises, des armes, des vases, des corbeilles, des coffres, deux statues de gardiens se dressaient devant le passage muré menant à la chambre sépulcrale. Carter et Carnarvon travaillèrent avec une extrême minutie, recensant et photographiant tous les objets et les faisant conserver si nécessaire. Ils furent aidés dans leur tâche par des collaborateurs du Metropolitan Museum de New York, de passage à Thèbes. Près de trois mois plus tard, le travail dans l'antichambre était terminé, les assistants de Carnarvon et de Carter percèrent le mur donnant sur la chambre funéraire.

La Vallée des Rois en 1923 : le grand corridor mène au tombeau de Ramsès VI, le nouveau mur construit au premier plan protège l'entrée du caveau de Toutankhamon mis au jour l'année précédente. Sa découverte est due à deux hommes, les Anglais Howard Carter et Lord Carnarvon. Ce dernier finançait les travaux. Carter fouillait le sol égyptien depuis dix ans quand il trouva le trésor de Toutankhamon.

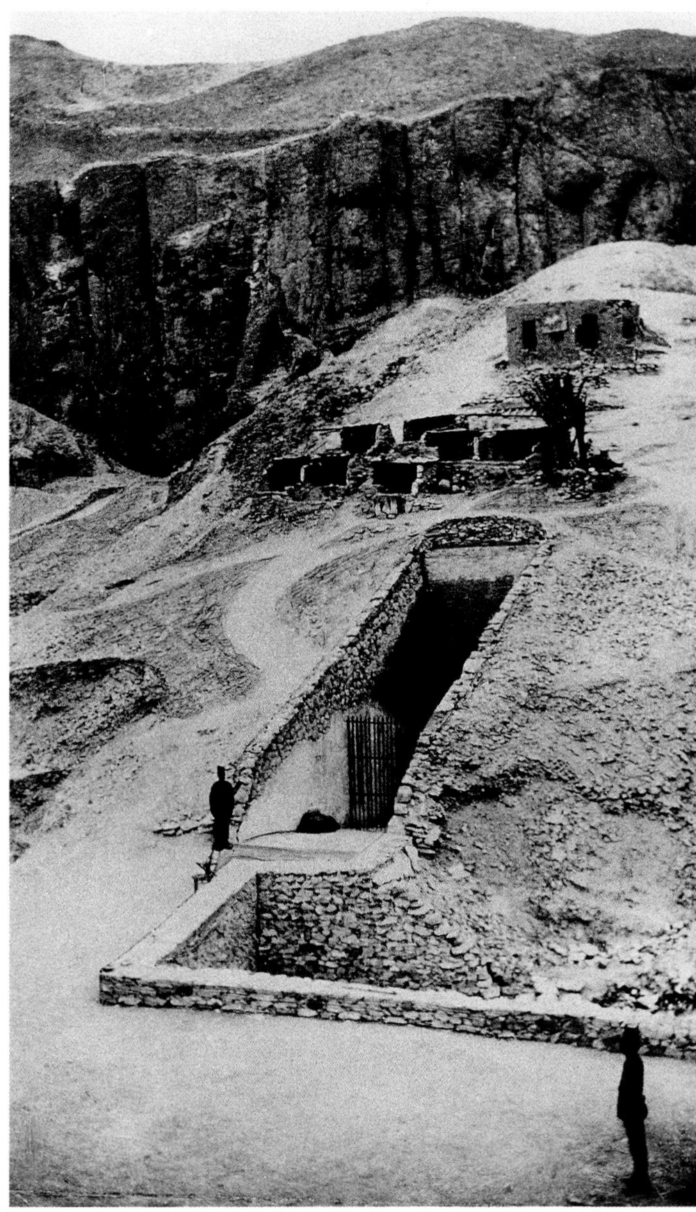

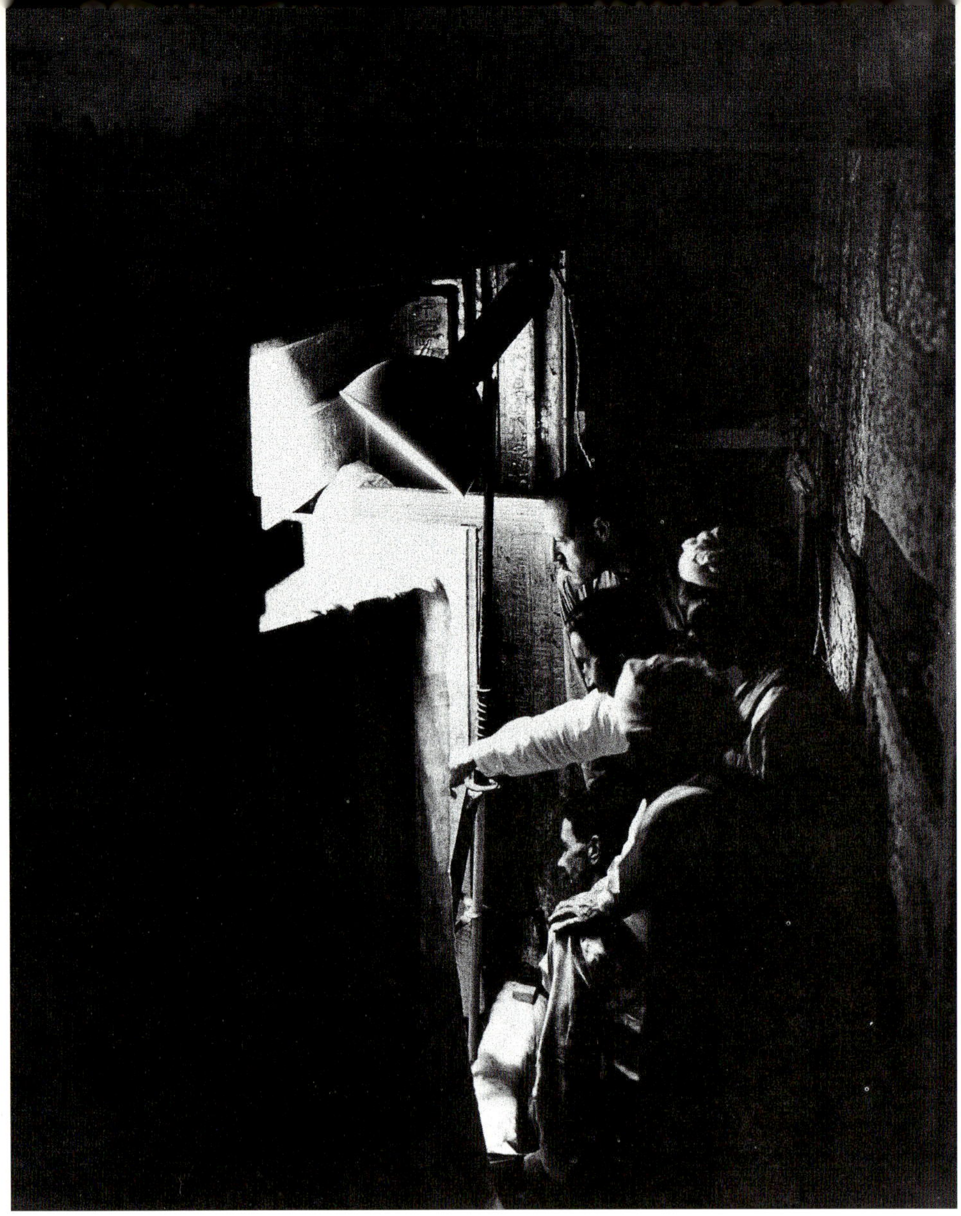

La chambre funéraire de Toutankhamon était close depuis plus de 3 000 ans, et – fait exceptionnel – plus personne n'y avait pénétré depuis les funérailles du roi. Seule l'antichambre avait vu le passage des voleurs. Carter ne fit ouvrir la chambre funéraire qu'après avoir recensé et fait transporter tous les objets de l'antichambre, mettant au jour le plus beau tombeau jamais découvert en Egypte. Howard Carter entre deux collaborateurs, le 17 février 1923.

Aucun égyptologue à ce jour n'avait vu ce qui s'offrit à leurs yeux : une «chapelle» dorée presque aussi grande que le caveau lui-même, et qui renfermait trois autres sarcophages et cercueils dans lesquels reposait la momie du roi Toutankhamon, dont la tête et le tronc étaient recouverts d'un masque d'or. On peut admirer aujourd'hui cette découverte sensationnelle au Musée du Caire. Comme les Pyramides, elle laisse une impression subjuguante du culte funéraire royal. Le caveau fut ouvert en février 1923, Lord Carnarvon mourut en avril de la même année. Il fallut six ans à Carter pour vider la tombeau avec toute la prudence nécessaire à la conservation des objets.

La presse internationale rapporta immédiatement la découverte de la tombe de Toutankhamon en 1923, en revanche une découverte d'importance similaire resta sans écho, éclipsée par la guerre. L'égyptologue français Pierre Montet trouva dans le delta oriental du Nil, près de Tanis, la tombe du roi Psousennès et les tombeaux d'autres personnalités de la XXIe et la XXIIe dynastie – ils étaient tous intacts. Mais en 1939, les gens avaient d'autres choses en tête que les pharaons.

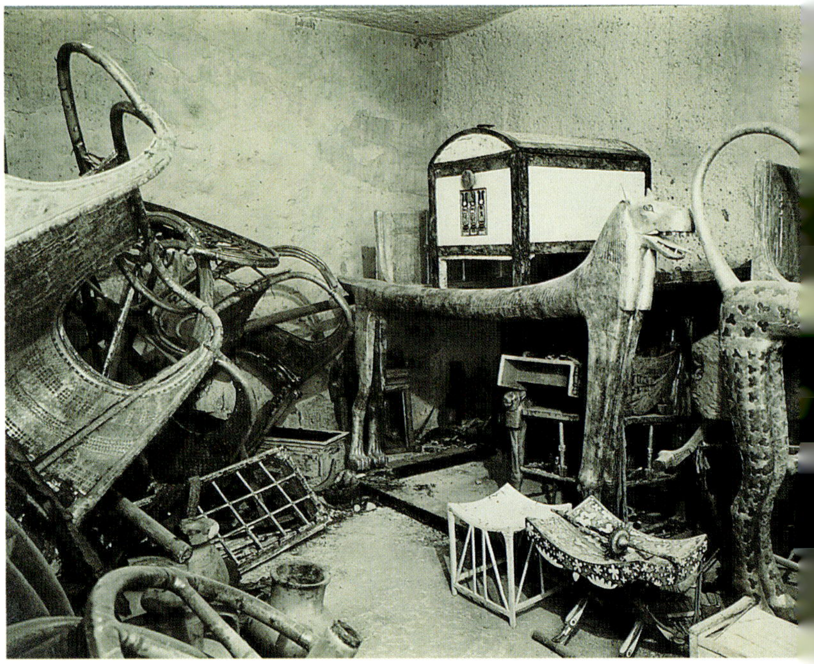

Peu de temps après les funérailles de Toutankhamon, des voleurs avaient fouillé l'antichambre, laissant le désordre trouvé par Howard Carter en novembre 1922.

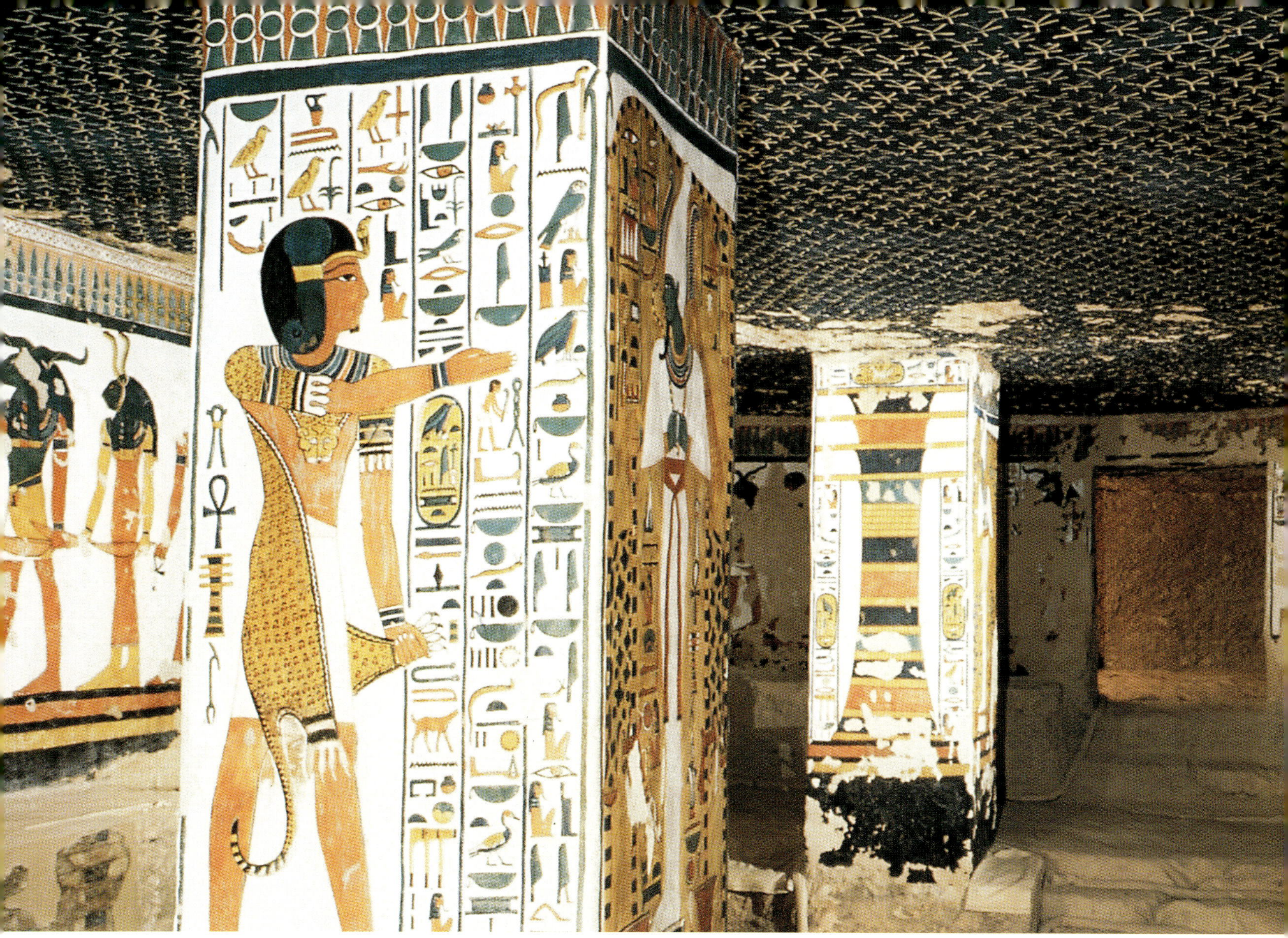

Sauvés des eaux : Philae, Abou Simbel et le tombeau de Néfertari

Comment préserver sur place les peintures murales menacées par l'eau et le sel, tout en les rendant accessibles au monde entier? La Fondation Getty en Californie a résolu le problème. Elle a fait restaurer minutieusement le tombeau de Néfertari avant de faire photographier les parois de chaque salle : les salles principales pouvaient ainsi être recréees grandeur nature.

La seconde moitié du XXe siècle fut moins marquée par les découvertes que par le déplacement des temples d'Abou Simbel et de Philae. La construction du haut barrage d'Assouan rendait cette opération nécessaire, sinon les monuments auraient été immergés par les eaux du lac de retenue, comme d'ailleurs plusieurs douzaines de villages nubiens. Les habitants furent déplacés par le gouvernement égyptien, l'UNESCO quant à elle finança et organisa le transfert des temples, et ce de manière inédite.
Sur la petite île de Philae, un temple de la Basse Epoque et ses annexes intacts se dressaient entre les palmiers-dattiers à côté de deux églises coptes construites en partie avec d'anciennes pierres du temple. La coexistence harmonieuse des monuments et de la végétation a certainement impressionné plus d'un étranger, du moins jusqu'en 1902, époque à laquelle fut construit le premier barrage d'Assouan. Ensuite, les eaux de retenue atteignirent presque le plafond

du temple, l'île n'émergeait qu'en été pour quelques semaines avant que la nouvelle crue ne commence. Le nouveau haut barrage terminé en 1971 aurait fait disparaître l'île sous les eaux, et les édifices les plus importants (sans les fondations et les églises coptes) furent transférés sur un îlot aménagé situé trois cents mètres au Nord et treize mètres plus haut.
A la différence de Philae, Abou Simbel est composé de deux temples colossaux creusés dans la falaise – le plus grand s'enfonce soixante-trois mètres dans la roche. Adossé au mur du fond du sanctuaire, Ramsès est assis entre trois dieux. Les salles et les corridors menant à ce sanctuaire sont orientés de telle manière que deux fois l'an, à l'époque des solstices d'été et d'hiver, le soleil éclaire les statues des dieux. Quatre statues de Ramsès II assis, taillées dans la falaise et hautes de vingt et un mètres, encadrent l'entrée; les six statues de Ramsès et de son épouse qui flanquent le temple plus petit consacré à la reine Néfertari mesurent encore dix mètres de haut. Ces chiffres montrent quelles masses de rochers durent être déplacées soixante-quatre mètres plus haut et cent quatre-vingts mètres à l'intérieur des terres. Les statues et les murs furent séparés à la scie de la falaise, découpés et rassemblés sur le nouveau site, et orientés exactement dans la même direction. Des barrages massifs devaient protéger le chantier des eaux qui montaient déjà. La nouvelle montagne artificielle à laquelle furent adossés les deux temples est composée de coupoles de béton creuses dissimulées derrière des plaques de rocher. En 1980, la restauration de Philae et d'Abou Simbel était achevée et fut fêtée comme il se doit. L'opération de sauvetage avait coûté soixante-douze millions de dollars.
Bien sûr l'eau détruit les monuments mais, à petite cause grands effets, les touristes ne sont pas en reste, si l'on songe en particulier aux scènes peintes sur les murs des tombeaux. Les gens se pressent, trop nombreux, ils touchent et « décapent » les parois; la vapeur d'eau qu'ils rejettent en respirant se dépose sur les murs où elle se lie au sel naturel, générant des cristaux de sel qui écaillent la couleur. C'est ce qui est arrivé dans le temple de Néfertari que le département des Antiquités égyptiennes a dû fermer. Ici aussi l'aide est venue de l'étranger : la fondation californienne J. Paul Getty a élaboré et financé avec ce service des stratégies pour conserver le mieux possible les peintures murales qui existent encore, faisant également photographier les parois de chaque salle, de manière à pouvoir recréer le complexe grandeur nature. Le tombeau devenu transportable – il ne s'agit pas d'une copie pirate, mais d'une réplique – peut ainsi théoriquement être exposé dans le monde entier. Il n'est donc plus besoin de se rendre sur place pour contempler les trésors que la civilisation de l'ancienne Egypte nous a transmis.

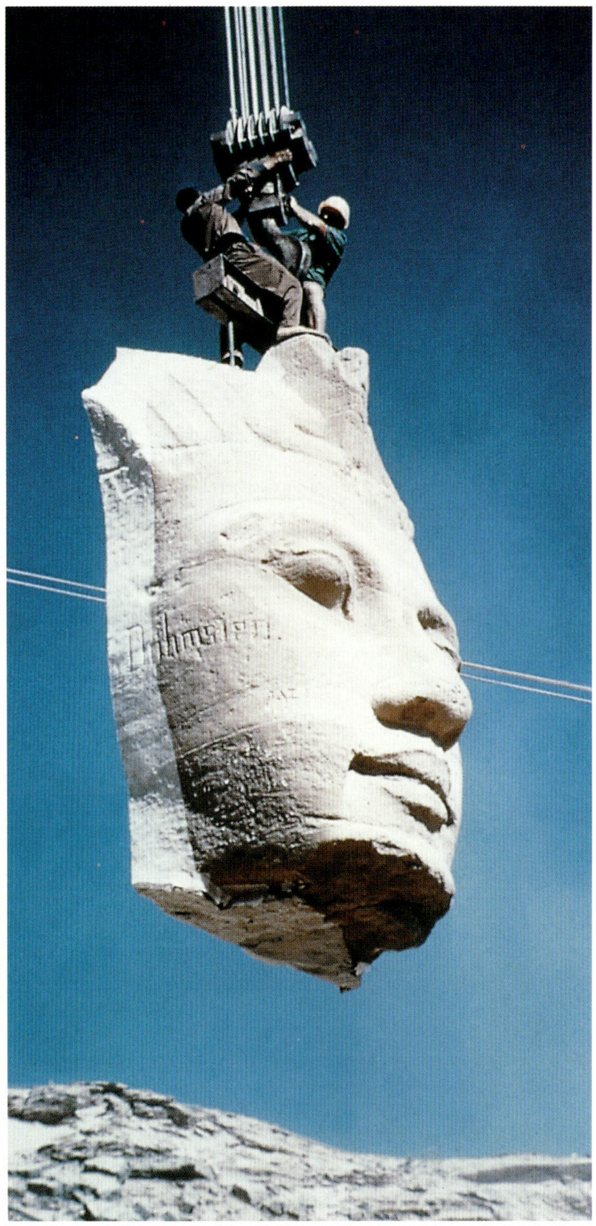

La tête d'un colosse de Ramsès II se balance au bout des filins d'une grue, en route vers le nouveau temple d'Abou Simbel.

Les eaux de retenue du nouveau barrage d'Assouan, dont le gouvernement égyptien avait décidé la construction, menaçaient d'inonder deux des ensembles architecturaux les plus importants de l'Égypte antique: le temple d'Isis, sur l'île de Philae, et les deux temples rupestres d'Abou Simbel. Leur sauvetage compliqué, achevé en 1980, fut financé par l'UNESCO: les statues d'Abou Simbel furent transférées 64 mètres plus haut et 180 mètres à l'intérieur des terres sur un socle de béton, les édifices majeurs de l'île de Philae furent transportés sur des rails d'acier dans l'îlot d'Agilkia, situé 13 mètres plus haut.

Double page suivante:
La nouvelle Philae-Agilkia avec le temple d'Isis, qui sut garder si longtemps vivace l'antique religion égyptienne. Le temple ne fut fermé qu'au VIe siècle et investi par les chrétiens coptes. Les derniers chrétiens cédèrent la place aux musulmans vers le XIIe siècle.
A Philae, les disciples de communautés religieuses diverses ont vénéré leurs dieux respectifs dans l'harmonie pendant de longues périodes.

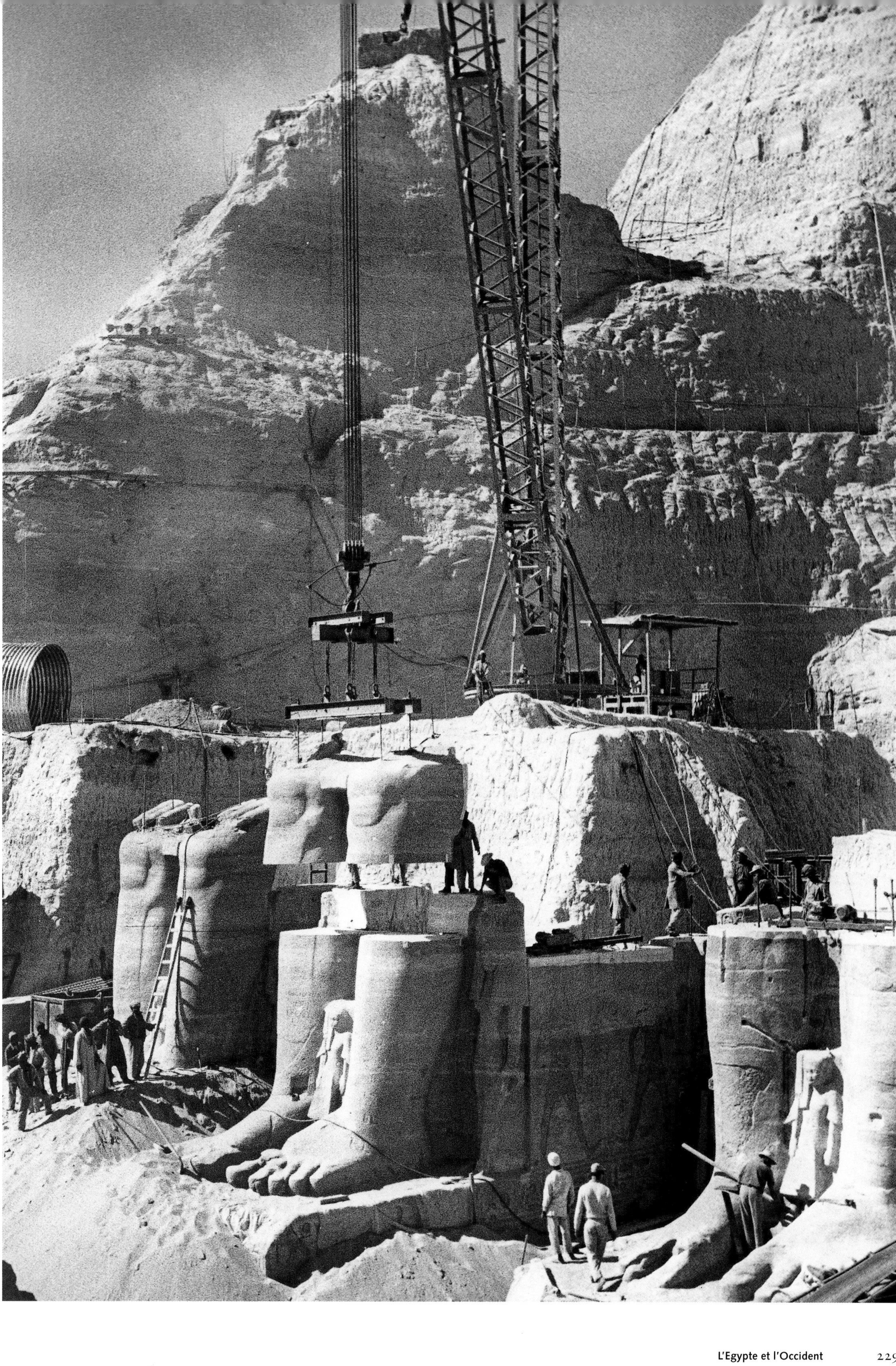

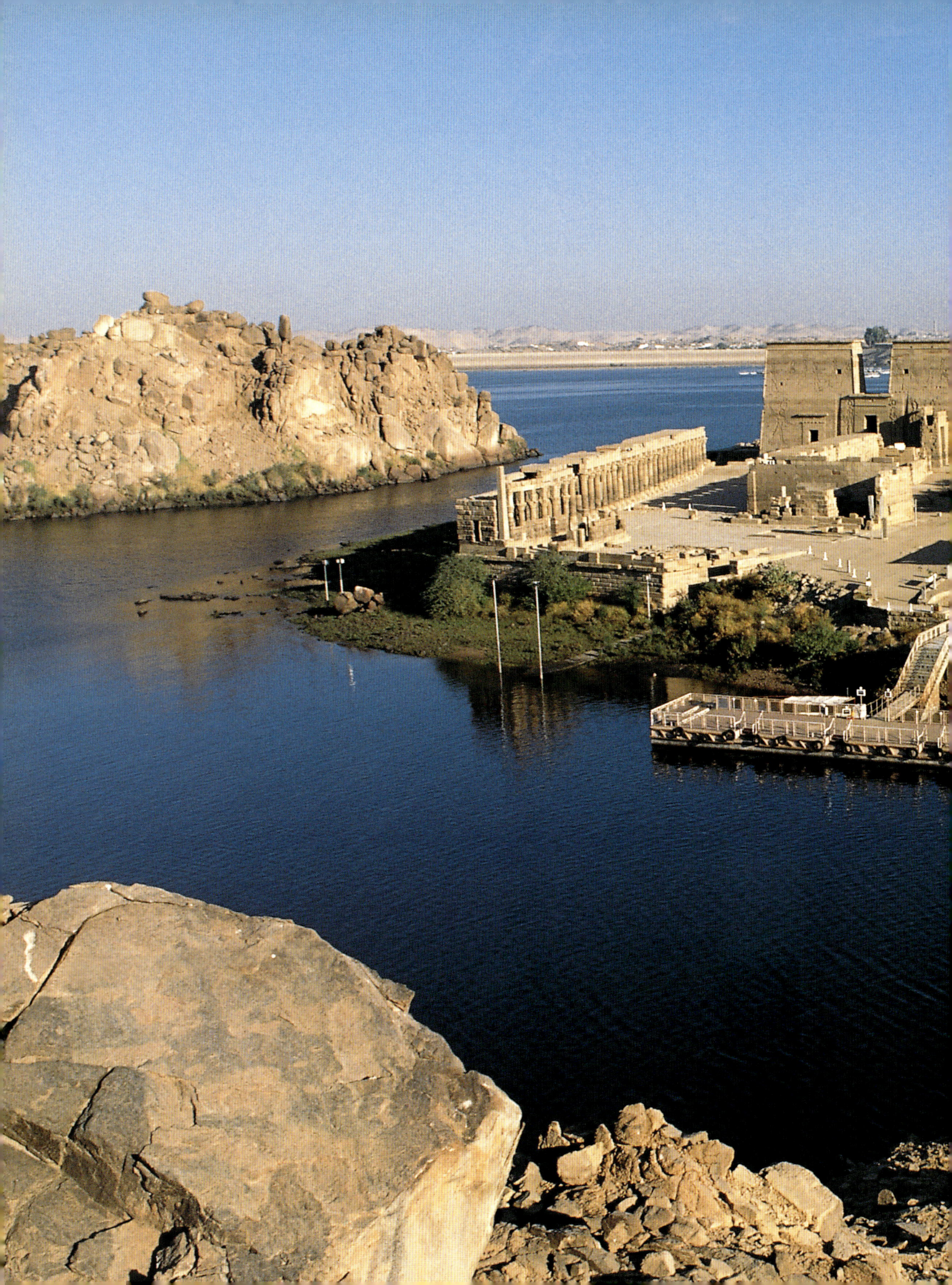

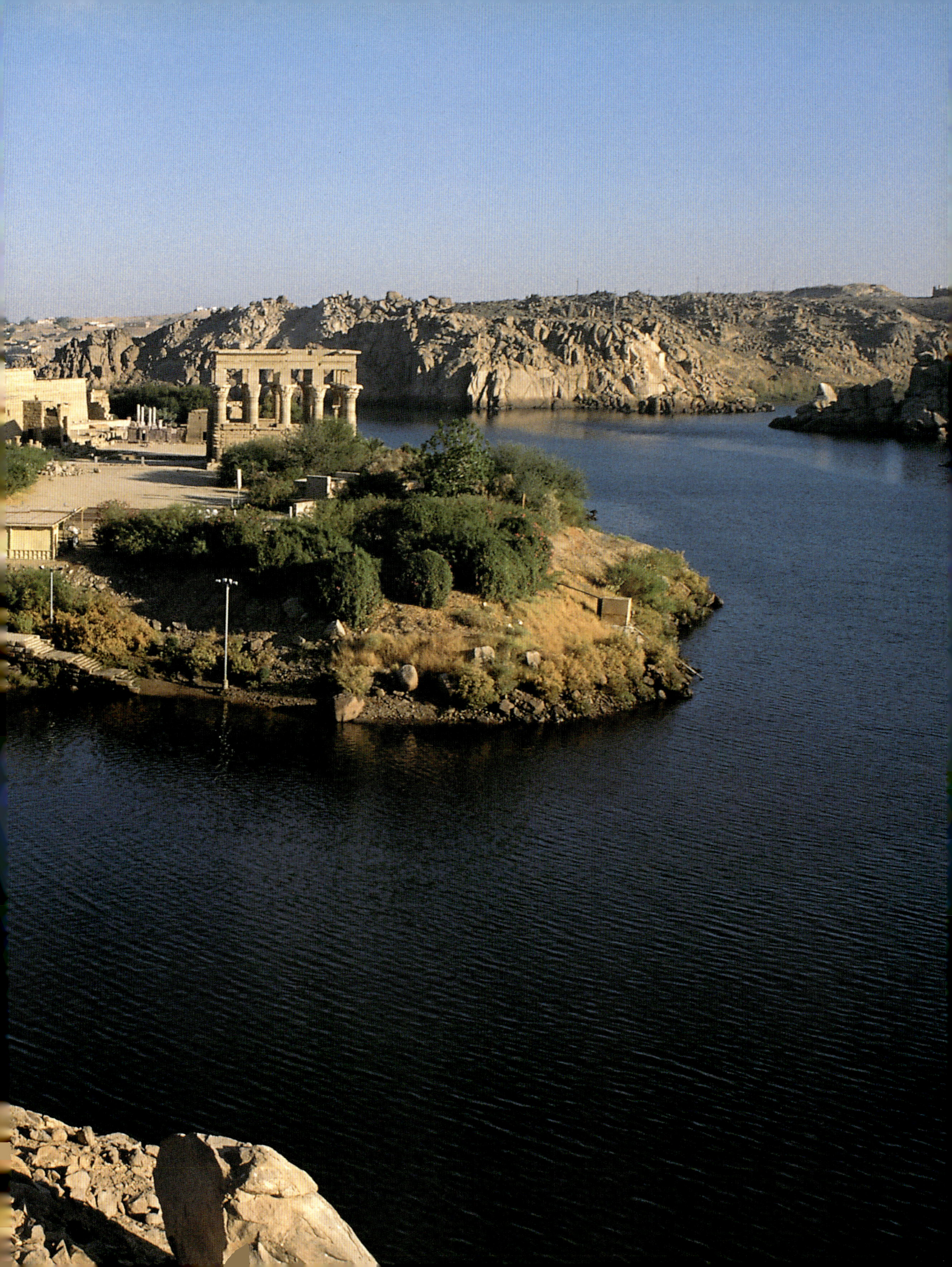

L'histoire de l'Egypte est ordonnée d'après les dates des règnes des souverains (les pharaons), en fonction des dynasties (rois de la même famille) et selon les « empires ». Les époques de décadence sont considérées comme des « périodes intermédiaires ». Les dates sont en partie controversées et nous les donnons sous toutes réserves. Nous ne mentionnons pas tous les rois. Toutes les dates sont antérieures à l'ère chrétienne sauf indication.

Tableau chronologique

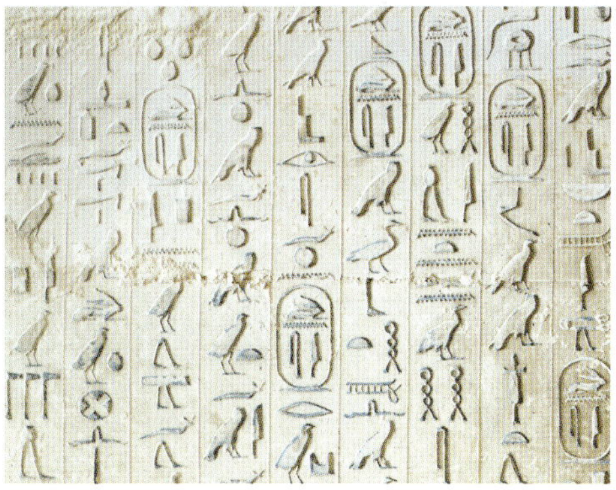
Texte des Pyramides d'Ounas

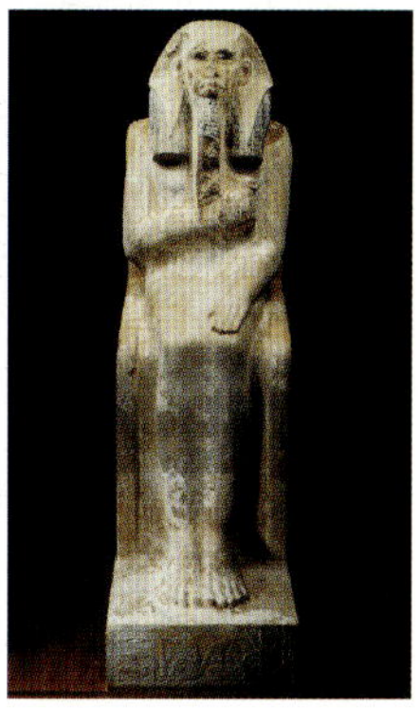
Djéser

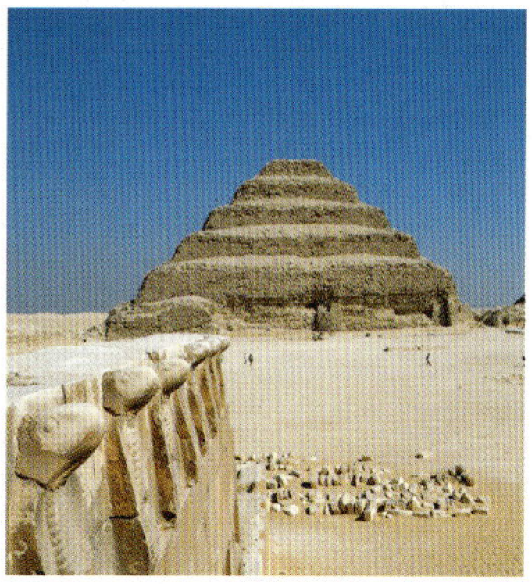
Pyramide à degres de Saqqarah

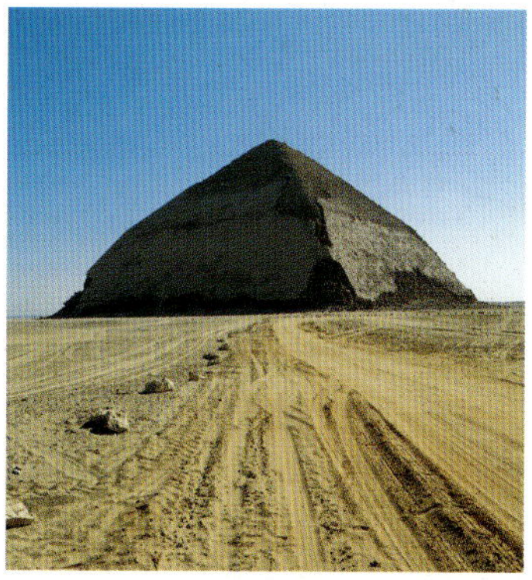
Pyramide rhomboïdale de Dahchour

La Préhistoire

7000–3000 avant J. C.
A la suite de bouleversements climatiques, des tribus nomades, de plus en plus nombreuses, s'établissent sur les rives du Nil
Agriculture et élevage

Vers 3000
Le roi Narmer unifie probablement la Haute-Egypte (d'Assouan au Caire) et la Basse-Egypte (delta du Nil)
Fondation de l'Etat, administration, calendrier, découverte de l'écriture
Tombeaux de briques dans le désert d'Abydos

L'Ancien Empire

2670–2195 (IIIe à VIe dynastie)

IIIe dynastie
Djéser
Premier édifice de pierre monumental : la pyramide à degrés de Saqqarah

IVe dynastie
Memphis devient la capitale, l'administration est centralisée
Snéfrou construit la pyramide rhomboïdale de Dahchour
Khéops construit la plus grande des pyramides à Gizeh
Khéphren construit une pyramide et le sphinx de Gizeh
Mykérinos construit une pyramide

V^e^ dynastie
Ounas construit une pyramide et fait aménager des salles intérieures où sont inscrits des recueils liturgiques, les *Textes des Pyramides*
Des enseignements de sagesse sont rédigés

Première période intermédiaire

2195–2040 (VIIIe–XIe dynastie)

Anarchie, décadence de l'Empire, viol des tombeaux. Le pouvoir royal d'ordre divin est remis en question
Début d'une littérature diversifiée, chants de harpistes

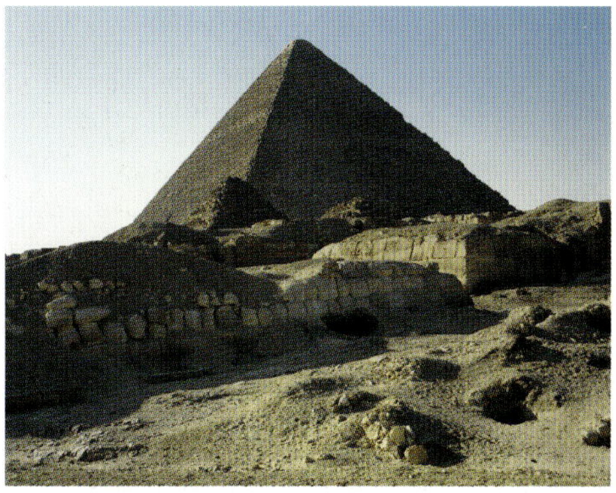
Pyramide de Khéops à Gizeh

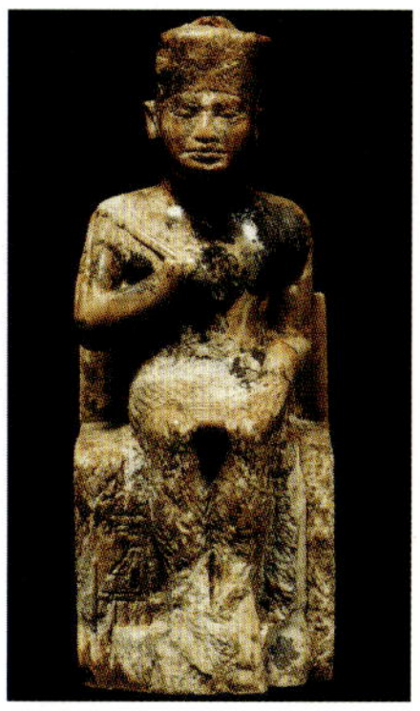
Khéops

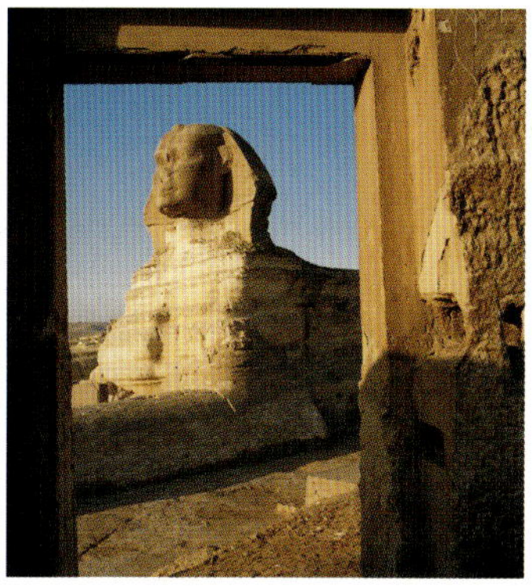
Sphinx de Gizeh

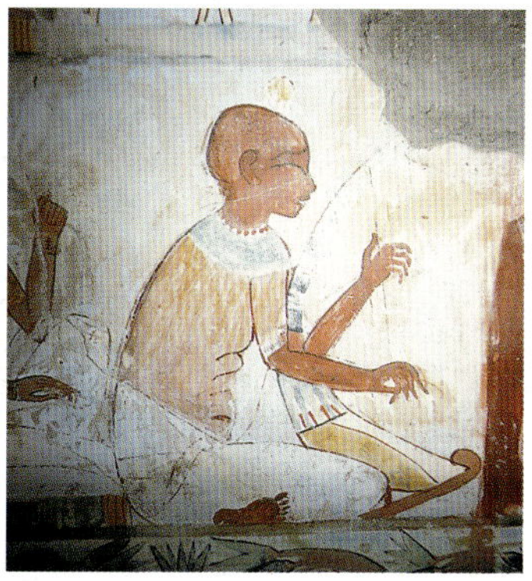
Harpiste avengle

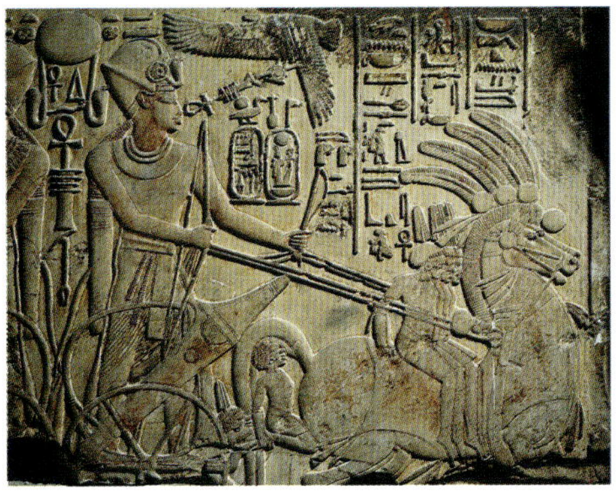

Pharaon avec cheval et char de combat

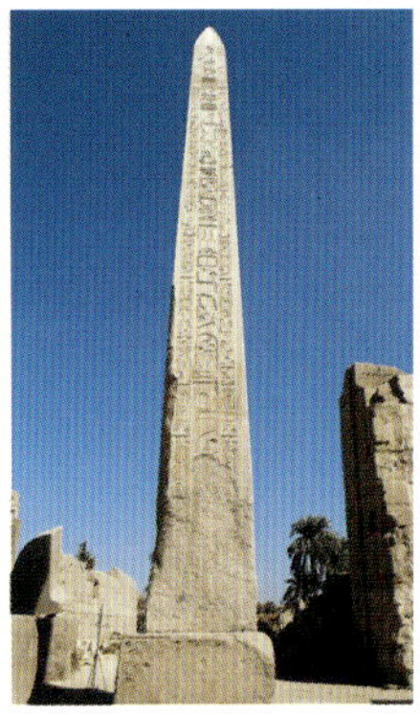

Obélisque de Thoutmosis

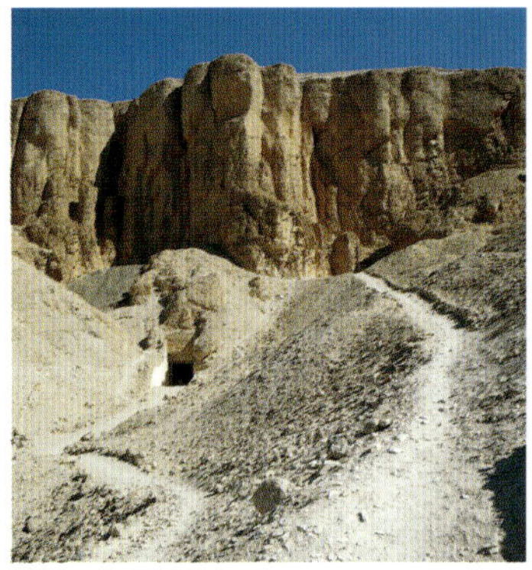

Vallée des Rois

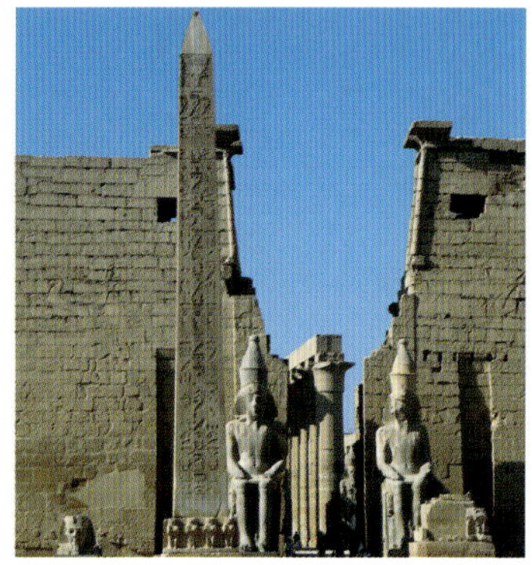

Temple de Louqsor

Le Moyen Empire

2040–1781 (XIe–XIIIe **dynastie**)

XIe dynastie
Monthouhotep renverse les gouverneurs locaux, réunit à nouveau la Haute et la Basse-Egypte et fait de Thèbes la capitale

XIIe dynastie
Amenemat Ier – Amenemat IV
Les terres des particuliers redeviennent propriété de l'Etat
Campagnes militaires en Libye et en Palestine
Sésostris Ier – Sésostris III
Conquêtes en Nubie
Œuvres littéraires majeures telle l'histoire de Sinouhé

Deuxième période intermédiaire

1650–1550 (XIVe–XVIIe **dynastie**)

Les Hyksos venus d'Asie règnent sur la Basse-Egypte (delta)

Le Nouvel Empire

1550–1075 (XVIIIe–XXe **dynastie**)

XVIIIe dynastie
Ahmosis, Aménophis Ier
Thoutmosis Ier et Thoutmosis II
Les Hyksos sont chassés. Expansion de l'Empire jusqu'à la Syrie et l'Euphrate
Apogée de la puissance et de la civilisation égyptienne, Thèbes est la capitale, Amon le dieu officiel
Temples de Louqsor et de Karnak, tombeaux de la Vallée des Rois
Hatchepsout
Temple de Deir el Bahari

Thoutmosis III et Thoutmosis IV
La puissance des militaires, des prêtres et des fonctionnaires s'accroît

Aménophis II et Aménophis III
Richesse et épanouissement culturel

Aménophis IV (Akhenaton)
Réforme religieuse et révolution culturelle, fondation d'une nouvelle capitale à Tell el-Armana

Toutankhamon revient à Thèbes
Haremhab

XIXe dynastie
Ramsès Ier, Sethi Ier
Ramsès II
Grands édifices, Karnak, Ramesseum
Abou Simbel, Pi-Ramsès dans le delta

XXe dynastie
Ramsès III
Troubles à Deir el Medineh, le village des artisans funéraires

Ramsès IV – Ramsès X
Ramsès XI
Procès des pilleurs de tombes, agitations
Tanis (ville du delta) devient la capitale
Thèbes aux mains du clergé

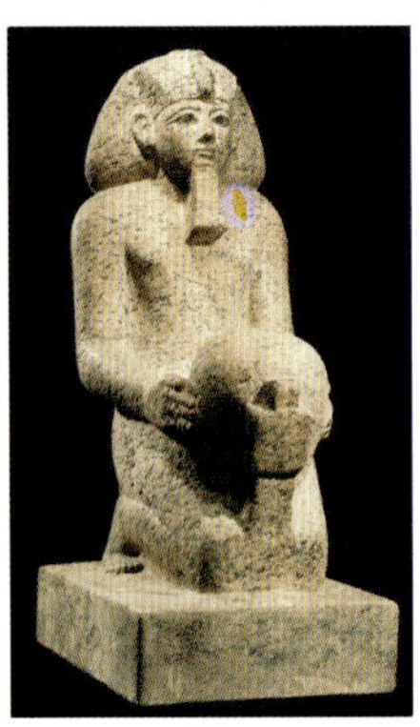

Hatchepsout

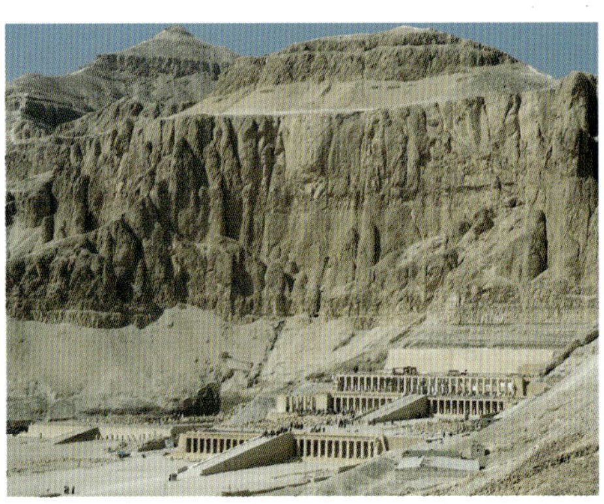

Temple de Deir el Bahari

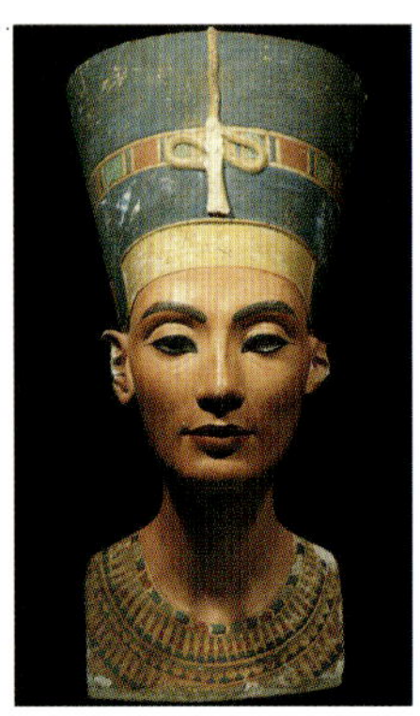

Nefertiti

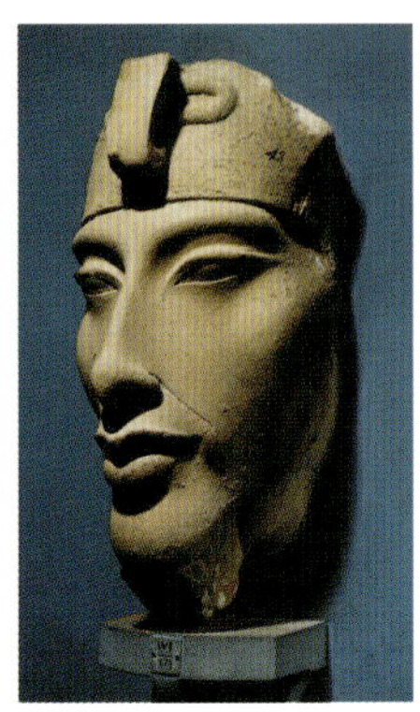

Akhenaton

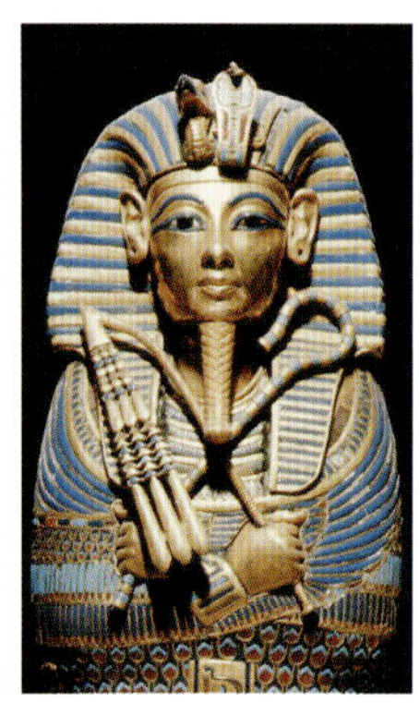

Toutankhamon

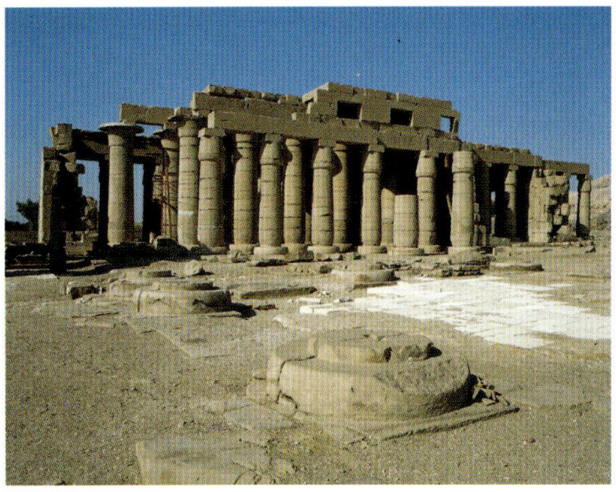
Ramesseum

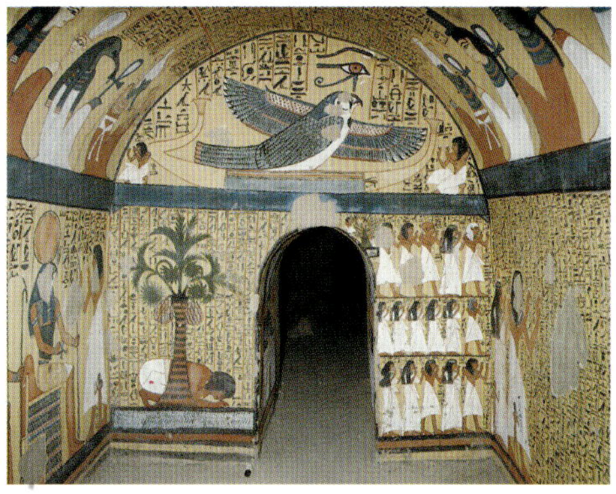
Tombeau de Pachédou

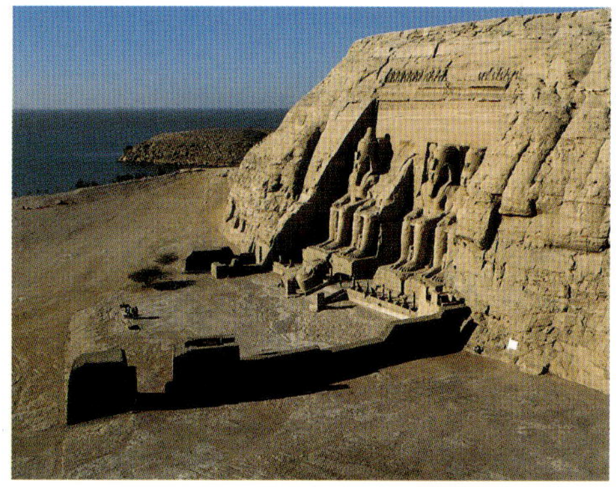
Abou Simbel

Troisième période intermédiaire
1075–650 (XXIe–XXVe dynastie)

Le déclin de l'Empire

La Basse Époque
664–332 (XXVIe–XXXe dynastie)

Souverains libyens, éthiopiens et perses en Egypte

Epoque ptolémaïque

332–30: Alexandre le Grand conquiert l'Egypte et fonde Alexandrie, le futur centre intellectuel de l'espace méditerranéen

Ptolémées
Lignée de souverains grecs originaires de Macédoine, introduite par Alexandre le Grand

310–30
Ptolémée Ier–Ptolémée XII
Cléopâtre Ière – Cléopâtre VI
Temples de Denderah, Esna, Edfou, Kom Ombo, Philae

Cléopâtre VII
Dernière reine égyptienne (en fait grecque)
Incendie de la bibliothèque d'Alexandrie

Domination romaine
30 avant notre ère – 395 de notre ère

L'Egypte devient une province romaine
391: L'empereur Théodose Ier le Grand instaure le christianisme religion d'Etat, la plupart des temples égyptiens sont fermés

Domination byzantine
394–640 de notre ère

L'Egypte est gouvernée de Constantinople
550 apr. J.-C.: fermeture du temple d'Isis à Philae

Domination arabo-musulmane

640 apr. J.-C.: les Byzantins sont chassés, l'Egypte devient une province de l'Empire califien

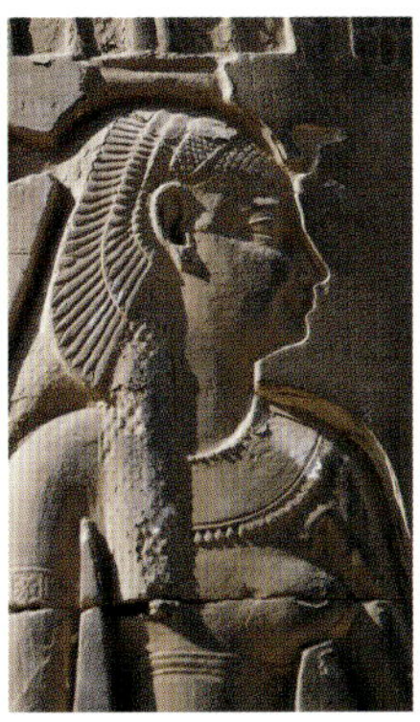
Cléopâtre

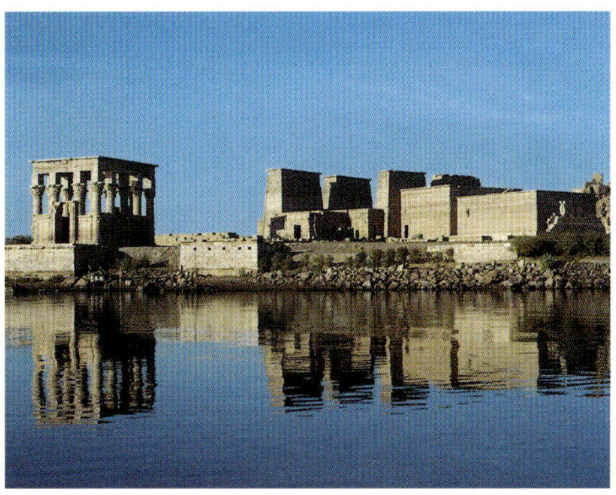
Philae

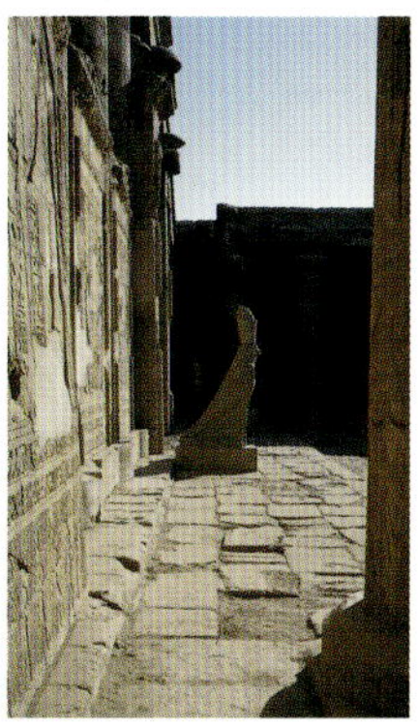
Cour du temple d'Edfou

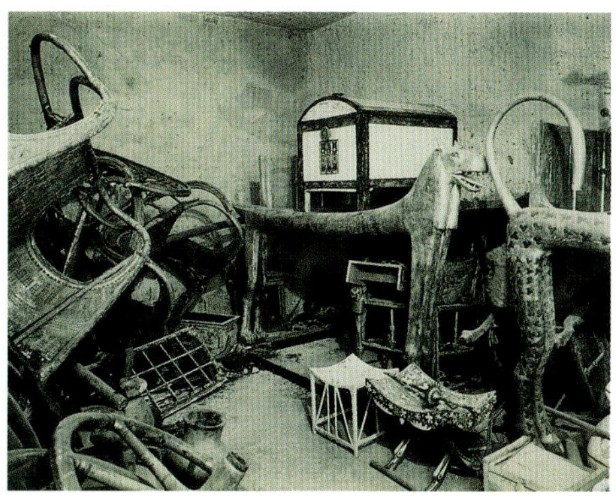
Dans le tombeau de Toutankhamon

Index – Personnes

Index – Monuments et tombeaux

Bibliographie

Arnold, Dieter: *Die Tempel Ägyptens, Götterwohnungen, Kultstätten, Baudenkmäler*, Zurich, 1992.

Assmann, Jan: *Ägyptische Hymnen und Gebete*, Zurich, 1975.

Bierbrier, Morris L.: *The Tomb-builders of the Pharaohs*, Londres 1982/ Le Caire, 1989.

Brunner Hellmut: *Die Weisheitsbücher der Ägypter, Lehren für das Leben*, Zurich/Munich, 1991.

Brunner-Traut, Emma: *Die Alten Ägypter, Verborgenes Leben unter den Pharaonen*, Stuttgart, 1981.

Brunner-Traut, Emma: *Altägyptische Märchen, Mythen und andere volkstümliche Erzählungen*, Cologne, 1991.

Carter, Howard: *La fabuleuse découverte de la tombe de Toutankhamon*, Paris, 1978.

Description de l'Egypte publiée par les ordres de Napoléon Bonaparte, réimpression, Cologne, 1998.

Desroches Noblecourt, Christiane: *La Femme au temps des Pharaons*, Paris, 1986.

Desroches Noblecourt, Christiane: *Ramsès II. La véritable histoire*, Paris, 1996.

Donadoni-Roveri, Anna Maria éd.: *Das Alte Ägypten, 3 vol.: Das Alltagsleben/Die religiösen Vorstellungen/Kunst als Fest*, Milan, 1987.

Dunand, Françoise et Roger Lichtenberg: *Les momies, un voyage dans l'éternité*, Paris, 1991.

Eggebrecht, Arne éd.: *Das Alte Ägypten, 3000 Jahre Geschichte und Kultur des Pharaonenreiches*, Munich, 1988.

Egypte, Guide bleu, Paris, 1990.

Fahkry A.: *The Pyramids*, Chicago-Londres, 1969.

Flamarion, Edith: *Cléopâtre, vie et mort d'un pharaon*, Paris, 1993.

Gardiner, Sir Alan: *Egyptian Grammar*, Oxford, 1927/1988.

Gautier, Théophile: *Le Roman de la Momie*, Paris, 1997.

Germer, Renate: *Mumien, Zeugen des Pharaonenreiches*, Zurich et Munich, 1991.

Germer, Renate éd.: *Momies. La vie après la mort dans l'Ancienne Egypte*, Munich, 1997.

Gutgesell, Manfred: *Arbeiter und Pharaonen, Wirtschafts- und Sozialgeschichte im Alten Ägypten*, Hildesheim, 1989.

Helck, Wolfgang éd.: *Lexikon der Ägyptologie*, 6 vol., Wiesbaden, 1972.

Helck, Wolfgang et Eberhard Otto: *Kleines Wörterbuch der Ägyptologie*, Wiesbaden, 1987.

Hérodote: *Histoires*, Paris, 1966.

Hornung, Erik: *L'Un et le Multiple – Les dieux de l'Egypte*, Monaco, 1986.

Hornung, Erik: *Geist der Pharaonenzeit*, Munich, 1992.

Hornung, Erik: *Tal der Könige. Die Ruhestätte der Pharaonen*, Zurich, 1982.

Jacq, Christian: *Le petit Champollion illustré. Les hiéroglyphes à la portée de tous*, Paris, 1994.

Kemp, Barry John: *Ancient Egypt. Anatomy of a Civilization*, New York, 1993.

Leclant, Jean éd.: Le Monde égyptien, 3 vol.: I. Le Temps des pyramides, Paris, 1978; II. L'Empire des conquérants, Paris, 1979; III. L'Egypte du crépuscule, Paris, 1980.

Lichtheim, Miriam: *Ancient Egyptian Literature, A Book of Readings*, 3 vol., Berkeley/Los Angeles/ Londres, 1980.

Manniche, Lise: *Sexual Life in Ancient Egypt*, Londres/New York, 1987.

Mekhitarian, Arpag: *La Peinture égyptienne*, Genève, 1954.

Montet, Pierre: *La Vie quotidienne en Égypte au temps des Ramsès*, Paris, 1946.

Omlin, Jos A.: *Der Papyrus 55Lz12d1001 und seine satirisch-erotischen Zeichnungen und Inschriften*, Turin, 1973.

Peck, William H. et J. G. Ross: *Drawings from Ancient Egypt*, Londres, 1978.

Quirke, Stephen et Jeffrey Spencer éd.: *The British Museum Book of Ancient Egypt*, Londres, 1992.

Robins, Gay: *Women in Ancient Egypt*, Londres, 1993.

Romer, John: *Ancient lives*, Londres, 1981.

Schlott, Adelheid: *Schrift und Schreiber im Alten Ägypten*, Munich, 1989.

Schlögl, Hermann A.: *Amenophis IV. Echnaton*, Reinbek, 1986.

Schlögl, Hermann A.: *Ramsès II*, Reinbek, 1993.

Schmitz, Bettina / Ute Steffgen éd.: *Waren sie nur schön? Frauen im Spiegel der Jahrtausende*, Mayence, 1998.

Schott, Siegfried: *Altägyptische Liebeslieder*, Zurich, 1950.

Schüssler, Karlheinz: *Die ägyptischen Pyramiden, Erforschung, Baugeschichte und Bedeutung*, Cologne, 1983.

Simoën, Jean-Claude: *Egypte éternelle, les voyageurs photographes au siècle dernier*, Paris, 1993.

Stadelmann, Rainer: *Die ägyptischen Pyramiden: Vom Ziegelbau zum Weltwunder*, Mayence, 1985.

Stierlin, Henri: *Les Pharaons bâtisseurs*, Paris, 1992.

Stierlin, Henri: *L'or des Pharaons*, Paris, 1993.

Tompkins, Peter: *Secrets of the Great Pyramid*, New York, 1973.

Vercoutter, Jean: *A la recherche de l'Egypte oubliée*, Paris, 1986.

Vernus, Pascal: *Affaires et scandales sous les Ramsès. La crise des valeurs dans l'Egypte du Nouvel Empire*, Paris, 1993.

Wildung, Dietrich: *Egypte. De la préhistoire aux Romains*, Cologne, 1997.

Catalogues de collections

Musée du Caire. Catalogue officiel des œuvres majeures, Mayence, 1986.

Ägyptisches Museum Berlin der Staatlichen Museen Preußischer Kulturbesitz, Berlin, 1989.

Ägyptisches Museum Museumsinsel, Staatliche Museen zu Berlin, Stiftung Preußischer Kulturbesitz, Mayence, 1991.

Museo egyzio di Torino, Milan, 1989.

Ancient Egyptian Art in the Brooklyn Museum, New York, 1989.

Le Louvre, Les Antiquités égyptiennes, Paris, 1990.

The Luxor Museum of Ancient Egyptian Art, Guidebook, Le Caire, 1978.

Catalogues d'exposition

Toutankhamon et son époque, Petit Palais, Paris, 1967.

Ramsès le Grand, Grand Palais, Paris, 1976.

La femme au temps des pharaons, Munich/Berlin, 1985.

Suche nach Unsterblichkeit. Totenkult und Jenseitsglaube in Alten Ägypten, Roemer- und Pelizaeus-Museum, Hildesheim, 1990.

In the Tomb of Nefertari, Conservation of the Wall Paintings, The J. Paul Getty Museum and the Getty Conservation Institute, Santa Monica, 1992.

La Magia in Egitto ai Tempi die Faraoni, Mantoue, 1991.

Aménophis III – Le Pharaon-Soleil, Galeries nationales du Grand Palais, Paris, 1993.

Egyptomania – L'Egypte dans l'art occidental 1730–1930, Musée du Louvre, Paris, 1994.

Musées et Collections

Allemagne

Berlin
Ägyptisches Museum und Papyrussammlung
Schloßstr. 70
14059 Berlin et
Bodestraße 1–3
10178 Berlin
(Un regroupement des musées est prévu sur l'île du musée)

Francfort
Liebighaus
Museum Alter Plastik
Schaumainkai 71
60596 Frankfurt

Hanovre
Kestner-Museum
Trammplatz 3
30159 Hannover

Heidelberg
Sammlung des Ägyptologischen Instituts
Universität Heidelberg
Marstallhof 4
69117 Heidelberg

Hildesheim
Roemer- und Pelizaeus-Museum
Am Steine 1–2
31134 Hildesheim

Leipzig
Ägyptisches Museum der Universität Leipzig
Schillerstraße 6
04109 Leipzig

Munich
Staatliche Sammlung Ägyptischer Kunst
Hofgartenstraße 1 (Residenz)
80539 München

Tübingen
Ägyptische Sammlung der Universität
Schloß Hohentübingen
72070 Tübingen

Würzburg
Martin-von-Wagner-Museum der Universität Würzburg
Tor A
Residenz
97070 Würzburg

Autriche

Vienne
Kunsthistorisches Museum
Burgring 5
1010Wien

Belgique

Bruxelles
Musées Royaux d'Art et d'Histoire/ Koninklijke Musea voor Kunst en Geschiedenis
Parc du Cinquantenaire 10
1000 Bruxelles

Morlanwelz-Mariemont
Musée royal de Mariemont
100 Chaussée de Mariemont
7140 Morlanwelz-Mariemont

Brésil

Rio de Janeiro
Museu Nacional
Universidade Federal de Rio de Janeiro
Quinta da Boa Vista São Cristovão
20000 Rio de Janeiro

Canada

Toronto
Royal Ontario Museum
100 Queen's Park
Toronto
Ontario M5S 2C6

Croatie

Zagreb
Archäologisches Museum – Zagreb
Trg Nikole Šubića Zrinskog 19
10000 Zagreb

Danemark

Copenhague
Ny Carlsberg Glyptotek
Dantes Plads 7
1556 København

Nationalmuseet
Frederiksholms Kanal 12
1220 København K.

Egypte

Alexandrie
Musée des antiquités gréco-romaines
Museum Street
21521 Alexandria

Assouan
Musée d'Assouan
Elephantine Island
Aswan

Le Caire
Musée Egyptien
11556 Midan el-Tahrir
Misr al-Kahira

Louqsor
Musée de Louqsor
Cornish Street
al-Uksûr

Espagne

Barcelone
Museu Arqueològic
Parque de Montjuich
08004 Barcelona

Madrid
Museu Arqueológico Nacional
Calle de Serrano 13
28001 Madrid

Etats-Unis

Baltimore
Walters Art Gallery
600 N. Charles Street
Baltimore
Maryland 21201

Berkeley
Phoebe Hearst Museum of Anthropology
103 Kroeber Hall #3712
University of California
Berkeley
California 94720–3712

Boston
Museum of Fine Arts
465 Huntington Avenue
Boston
Massachusetts 02115

Brooklyn
The Brooklyn Museum
2000 Eastern Parkway
Brooklyn
New York 11238–6052

Chicago
Oriental Institute Museum
University of Chicago
1155 East 58th Street
Chicago
Illinois 60637

Cleveland
Cleveland Museum of Art
11150 East Boulevard
Cleveland
Ohio 44106

Los Angeles
Los Angeles County Museum of Art
5905 Wilshire Boulevard
Los Angeles
California 90036

Memphis
Art Museum
The University of Memphis Campus
3750 Norriswood Avenue
Memphis
Tennessee 38152

New York
The Metropolitan Museum of Art
5th Avenue at 82nd Street
New York
New York 10028

Philadelphie
University of Pennsylvania Museum of Archaeology & Anthropology
33rd and Spruce Streets
Philadelphia
Pennsylvania 19104 6324

Princeton
The Art Museum
Princeton University
Department of Ancient Art
Princeton
New Jersey 08544–1018

Richmond
Virginia Museum of Fine Arts
2800 Grove Avenue
Richmond
Virginia 23221–2472

Seattle
Seattle Art Museum
100 University Street
P. O. Box 22000
Seattle
Washington 98Lz14d1101

France

Amiens
Musée de Picardie
48, rue de la République
80000 Amiens

Avignon
Musée Calvet
65, rue Joseph-Vernet
84000 Avignon

Lyon
Musée des Beaux-Arts
Palais Saint-Pierre
20, place des Terreaux
69001 Lyon

Marseille
Musée d'Archéologie Méditerranéenne
Centre de la Vieille Charité
2, rue de la Vieille Charité
13002 Marseille

Paris
Musée du Louvre
34–36, quai du Louvre
75058 Paris

Roanne
Musée Joseph-Déchelette
22, rue Anatole-France
42300 Roanne

Strasbourg
Musée de l'Art égyptien
Palais Universitaire
67000 Strasbourg

Toulouse
Musée Georges Labit
43, rue des Martyrs de la Libération
31400 Toulouse

Grande-Bretagne

Birmingham
Birmingham Museum and Art Gallery
Chamberlain Square
Birmingham B3 3DH

Cambridge
Fitzwilliam Museum
Trumpington Street
Cambridge CB2 1RB

Édimbourg
Royal Museum of Scotland
Chambers Street
Edinburgh EH1 1JF

Glasgow
Hunterian Museum
University of Glasgow
University Avenue
Glasgow G12 8QQ

Liverpool
Liverpool Museum
William Brown Street
Liverpool L3 8 EN

Londres

British Museum
Great Russell Street
London WC1B 3DG

Petrie Museum of Egyptian Archaeology
University College
Gower Street
London WC1E 6BT

Manchester
Manchester Museum
University of Manchester
Oxford Road
Manchester M13 9PL

Oxford
Ashmolean Museum of Art and Archaeology
Beaumont Street
Oxford OX1 2PH

Swansea
Wellcome Museum of Antiquities
University of Wales Swansea
Singleton Park
Swansea SA2 8PP

Hongrie

Budapest
Szépűvészeti Múzeum
Dózsa György út 41
1396 Budapest 62

Israël

Jérusalem
Israel Museum
P. O. Box 71Lz14d1117
91710 Jerusalem

Italie

Bologne
Museo Civico Archeologico
Via Dell'Archinginnasio 2
40124 Bologna

Florence
Museo Archeologico
Via della Colonna 36
50121 Firenze

Milan
Museo d'Arte Antica
Castello Sforzesco
20121 Milano

Naples
Museo Archeologico Nazionale
Piazza Museo 19
80135 Napoli

Rome
Monumenti, Musei e Gallerie Pontificie
Museo Gregoriano Egizio
Viale Vaticano
00120 Cittá del Vaticano

Turin
Museo Egizio
Via Accademia delle Scienze 6
10123 Torino

Pays-Bas

Amsterdam
Allard Pierson Museum
Archeologisch Museum van de Universiteit van Amsterdam
Oude Turfmarkt 127
1012 GC Amsterdam

Leyde
Stichting Rijksmuseum van Oudheden
Rapenburg 28
2311 EW Leiden

Pologne

Cracovie
Muzeum Narodowe w Krakowie
Ulice Pilsudskiego 12
31–109 Kraków

Varsovie
Muzeum Narodowe w Warszawie
Aleje Jerozolimskie 3
00–495 Warszawa

Portugal

Lisbonne
Museu Calouste Gulbenkian
Avenida de Berna 45 A
1093 Lisboa

République Tchèque

Prague
Náprstkovo muzeum asijských, afrických a amerických kultur
Betlémské námesti 1
110 00 Praha 1

Russie

Moscou
Musée Pouchkine
Ulica Volchonka 12
121019 Moskva

Saint-Petersbourg
Musée de l'Ermitage
Dvorcovaja Nabereżnaja 34–36
191065 Sankt-Peterburg

Soudan

Khartoum
Sudan National Museum for Antiquities
El Neel Avenue
P. O.Box 178
Khartoum

Suède

Stockholm
Medelhavsmuseet
Fredsgatan 2
Box 5405
11484 Stockholm

Uppsala
Museum för Klassika Fornsaker
Gustavianum
75220 Uppsala

Suisse

Bâle
Museum für Völkerkunde
Augustinergasse 2
4001 Basel

Genève
Musée d'art et d'histoire
2, Rue Charles-Galland
C. P. 3432
1211 Genève 3

Crédits photo-graphiques

La Maison d'édition remercie les musées, les archives et les photographes qui l'ont autorisee à reproduire les illustrations et lui ont apporté leur aimable soutien lors de la réalisation de ce livre.

Hans Christian Adam, Göttingen: 226 en bas

Ägyptisches Museum der Universität Leipzig: 160

Archiv für Kunst und Geschichte, Berlin/Werner Forman: 54, 100, 106 en haut, 179

Axiom, Londres/James Morris (photos): 2, 8–9, 75, 91 en haut, 171, 174 en haut, 197 en bas

Bibliothèque nationale de France, Paris: 16 en bas, 18, 208, 211, 217

Bildagentur Schuster/Altitude, Yann Arthus-Bertrand (photo): 24

The British Museum, Londres: 20, 64 en haut, 84, 128 en bas, 166 en bas, 167, 185 en haut, 201, 204, 223

The Brooklyn Museum of Art, Brooklyn NY: 87, 115

Deutsches Apotheken-Museum im Heidelberger Schloß: 213 en haut à gauche

The Fitzwilliam Museum, Cambridge: 86

The Griffith Institute Ashmolean Museum, Cambridge: 145 en haut

Gustav-Lübcke-Museum, Hamm: 213 en bas

Courtesy of the Getty Conservation Trust, Los Angeles, © The J. Paul Getty Trust: 94, 227

Claus & Liselotte Hansmann Kulturgeschichtliches Bildarchiv, Munich: 180, 218

Kestner-Museum, Hanovre: 78 à gauche

IFAO, Le Caire: 210

The Image Bank, Düsseldorf (Foto: Guilian Colliva): 230–231

Lois Lammerhuber, Baden: 12–13

Lehnert & Landrock, Le Caire: Pages de garde, 16 au centre

Jürgen Liepe, Berlin: 22 en haut, 22 en bas, 26, 30, 42 en haut, 46, 58 en haut, 61 en haut, 65, 69 en bas, 81 en haut, 85, 93 à gauche, 93 à droite, 96 à gauche, 98–99 en bas, 111 en bas, 114 en haut, 114 en bas, 124 en haut, 130 en bas, 133 en haut, 134 au centre, 139 en haut, 144 en bas, 146, 148, 154, 158, 162, 163, 164, 169, 170 à gauche, 172, 175, 178 à droite, 183 à droite, 184, 186 en haut, 186 en bas, 202 en haut, 206 à gauche, 206 à droite

The Manchester Museum, Manchester: 212

The Metropolitan Museum of Art, New York, photograph © 1989/92 The Metropolitan Museum of Art: 96–97, 187 en bas

Museo Egizio di Torino, Turin: 61 en bas, 80 en bas, 81 en bas, 89, 130 en haut, 134 en bas, 136 en bas

Pelizaeus-Museum, Hildesheim: 56 en haut, 71, 82 en haut, 82 en bas, 88 en haut, 113, 147 en haut, 149, 150, 151, 152 en haut, 155, 170 à droite

Collection privée: 52, 213 en haut à droite, 215 en haut

Rheinisches Bildarchiv, Cologne: 51 en bas, 193, 224

Rijksmuseum van Oudheden, Leyde: 59 en bas, 120 à gauche, 136 en haut, 145 en bas

RMN, Paris: 107 (photo: Hervé Lewandowski), 112 (photo: B. Hatala), 116, 152 en bas (photos: Chuzeville), 220–221 (photo: Gérard Blot)

Skira, Milan: 105, 109, 110 à droite, 111 en haut, 128 en haut, 129, 132, 182

Staatliche Museen zu Berlin – Preußischer Kulturbesitz, Ägyptisches Museum und Papyrussammlung: 99 en haut, 104 en haut, 106 à gauche, 134 en haut, 140 en haut, 181 à droite

Staatliche Museen zu Berlin – Preußischer Kulturbesitz, Kunstbibliothek: 219

Staatliche Sammlung Ägyptischer Kunst, Munich: 197 en haut
Georg Stärk, Horgen: 18–19

Henri Stierlin, Genève: 6, 35, 38, 50, 53, 78 à droite, 121 à droite, 153, 174 en bas, 187 en haut, 194, 196, 198 à gauche, 199, 205 en bas, 207

Sygma, Paris: 215 en bas

Frank Teichmann, Stuttgart: 21 en haut, 29 en bas, 69 en haut, 117, 183 à gauche, 192 à droite

Eberhard Thiem, Kaufbeuren: 10–11, 14, 23, 27, 28, 29 en haut, 31, 32, 33, 37, 40, 41 en haut, 41 en bas, 42 en bas, 43, 44 à gauche, 44 à droite, 45, 47, 48, 49, 51 en haut, 56, 57 en haut, 57 en bas, 58 en bas, 59 en haut, 60 en haut, 62, 63, 64 en bas, 66, 68 en haut, 72, 74 à gauche, 74 à droite, 76, 77, 79, 80 en haut, 83, 88 en bas, 90, 91 en bas, 92 en haut, 96 en bas, 98 en haut, 101, 102, 104 en bas, 108, 110 à gauche, 118 à gauche, 118 à droite, 119, 120 à droite, 121 à gauche, 122, 123, en haut, 123 en bas, 125, 126, 131, 133 en bas, 135, 137, 138, 139 au centre, 140 en bas, 141, 142, 144 en haut, 147 en bas, 156, 159, 161, 165, 166 en haut, 168, 176, 177, 178 à gauche, 181 à gauche, 185 en bas, 188, 191, 195 en haut, 200 à gauche, 200 à droite, 203, 205 en haut, 225, 226 en haut

UNESCO, Paris: 228, 229

Victoria & Albert Museum, Londres, Picture Library: 190 en bas

Dietrich Wildung, Berlin: 21 en bas, 68 en bas, 92 en bas, 195 en bas

TASCHEN
est. 1980